BÜRGERTUM
Beiträge zur europäischen Gesellschaftsgeschichte

Band 19

BÜRGERTUM

Beiträge zur europäischen Gesellschaftsgeschichte

Herausgegeben von
Neithard Bulst, Peter Lundgreen,
Wolfgang Mager, Paul Nolte und
Hans-Ulrich Wehler

Band 19

Vandenhoeck & Ruprecht
in Göttingen

Amerikanischer Liberalismus und zivile Gesellschaft

Perspektiven sozialer Reform
zu Beginn des 20. Jahrhunderts

von

Friedrich Jaeger

Vandenhoeck & Ruprecht
in Göttingen

Meinen Kindern
Hannah, David und Marie

Die Deutsche Bibliothek – CIP-Einheitsaufnahme

Jaeger, Friedrich:
Amerikanischer Liberalismus und zivile Gesellschaft :
Perspektiven sozialer Reform zu Beginn des 20. Jahrhunderts /
von Friedrich Jaeger. – Göttingen : Vandenhoeck und Ruprecht, 2001
(Bürgertum ; Bd. 19)
Zugl.: Bielefeld, Univ., Habil.-Schr., 1998
3-525-35684-6

Diese Arbeit ist im Sonderforschungsbereich 177
»Sozialgeschichte des neuzeitlichen Bürgertums« an der Universität Bielefeld
entstanden und wurde auf seine Veranlassung unter Verwendung der ihm von der
Deutschen Forschungsgemeinschaft zur Verfügung gestellten Mittel gedruckt.

© 2001, Vandenhoeck & Ruprecht in Göttingen. – Printed in Germany.
http://www.vandenhoeck-ruprecht.de
Alle Rechte vorbehalten. Das Werk einschließlich aller seiner Teile ist urheber-
rechtlich geschützt. Jede Verwertung außerhalb der engen Grenzen des Urheber-
rechtsgesetzes ist ohne Zustimmung des Verlages unzulässig und strafbar. Das
gilt insbesondere für Vervielfältigungen, Übersetzungen, Mikroverfilmungen
und die Einspeicherung und Verarbeitung in elektronischen Systemen.
Gesetzt aus der Bembo von Berthold auf PageOne
Druck- und Bindearbeiten: Hubert & Co., Göttingen

Gedruckt auf alterungsbeständigem Papier.

INHALT

Vorwort 7

1. Einleitung 9
   a) Die Moderne in der Perspektive des Progressive Movement .. 10
   b) Die Intellektuellen und die Ideengeschichte der Gesellschaft .. 20
   c) Methoden, Fragestellungen und Untersuchungsschritte 28

2. Die politischen Intellektuellen und die Transformation des Liberalismus 38
   a) Urbane Entstehungsmilieus sozialer Reform und die New School for Social Research 41
   b) Die politische Philosophie des New Liberalism 49
   c) Der gesellschaftliche Ort der Intellektuellen 63

3. Fortschritt und Zivilisation im Zeichen der Progressive History .. 75
   a) Die Kategorie des Fortschritts und die Begründung sozialer Reform 75
   b) Zivilisation als geschichtlicher Prozeß 81
   c) Politik und Wissenschaft als Medien gesellschaftlicher Erneuerung 91

4. Die Genese des Sozialstaats und der Beitrag der Intellektuellen .. 108
   a) Die politischen Intellektuellen als sozialstaatliche Avantgarde . 109
   b) Die gesellschaftstheoretische Legitimierung regulativer Politik . 117
   c) Konzeptionen des Sozialstaats zwischen Progressive Era und New Deal 124

5. Die Geschlechterdimension sozialer Reform 152
   a) Der sozialpolitische Sonderweg der USA und die Rolle der Frauenbewegung 155
   b) Zur politischen und historischen Identität des sozialen Feminismus 172
   c) Gleichheit und Differenz im Verhältnis der Geschlechter 184

6. Die Intellektuellen und die organisierte Gesellschaft 202
   a) Professionalisierung als Triebkraft sozialer Reform 207
   b) Der Glaube an die Wissenschaft als Ressource gesellschaftlicher Problemlösung 225
   c) Organisierter Liberalismus und autoritäre Herrschaft 242

7. Pragmatismus, Demokratie und zivile Gesellschaft 266
   a) Der Begriff der Erfahrung und das Paradigma der Kunst . . . 270
   b) Die Genese der Zivilgesellschaft im Prozeß der
      Kommunikation 283
   c) Politische Öffentlichkeit und kommunitärer Liberalismus . . . 292

8. Immigration, nationale Identität und Zivilreligion 310
   a) Der kulturelle Pluralismus und die Anerkennung von
      Differenz 320
   b) Zivilreligion als Element der politischen Kultur 339
   c) Religionsphilosophie und demokratische Legitimität 355

9. Rückblick und Ausblick 372
   a) Die Progressive Era als Wandel der intellektuellen Kultur . . . 373
   b) Der kommunitäre Liberalismus in historischer Perspektive . . 378
   c) Herausforderungen der Gesellschaftstheorie und die
      Bedeutung der Ideengeschichte 392

10. Literaturverzeichnis 407
    a) Primärtexte 407
    b) Forschungsliteratur 415

Register 466
   a) Sachregister 466
   b) Personenregister 467

Vorwort

Im April 1998 ist diese Arbeit von der Fakultät für Geschichtswissenschaft und Philosophie an der Universität Bielefeld als Habilitationsschrift angenommen worden. Zum gleichen Zeitpunkt habe ich die inhaltliche Arbeit an dem Manuskript abgeschlossen; die seither erschienenen Forschungsbeiträge konnten daher nicht mehr berücksichtigt werden. Hervorgegangen ist die Untersuchung aus einem Projekt des Bielefelder Sonderforschungsbereichs »Sozialgeschichte des neuzeitlichen Bürgertums: Deutschland im internationalen Vergleich«. Ich danke der Fakultät für die guten Arbeitsbedingungen und meinen Kollegen und Kolleginnen im SFB für angenehme Zusammenarbeit und inspirierende Diskussionen.

Nach dem Auslaufen des Sonderforschungsbereichs ist die Arbeit durch ein Habilitationsstipendium der DFG weitergefördert worden, was auch einen Forschungsaufenthalt in den USA möglich gemacht hat. Georg und Wilma Iggers sowie den Freunden und Gesprächspartnern, die wir in Buffalo und an anderen Orten gefunden haben, danke ich – auch im Namen meiner Familie – herzlich für ihre Gastfreundschaft und Unterstützung.

Die Fertigstellung dieser Arbeit für den Druck erfolgte im Rahmen meiner derzeitigen Tätigkeit am Kulturwissenschaftlichen Institut in Essen. Auch dieser Einrichtung des Landes Nordrhein-Westfalen sowie ihren Mitarbeitern und Mitarbeiterinnen bin ich für organisatorische und persönliche Hilfe dankbar.

Britta Jünemann, Matthias Horwitz und Sebastian Manhart haben als Projektmitarbeiter die Forschungsarbeit auf vielfältige Weise unterstützt; Marion Kintzinger hat das Manuskript gelesen und wichtige Hinweise für die Überarbeitung gegeben. Dafür danke ich ihnen herzlich.

Wie schon die Dissertation hat Jörn Rüsen auch diese Arbeit maßgeblich gefördert. Ihm danke ich für viele Jahre der Zusammenarbeit und Unterstützung, auch und gerade in schwierigen Lagen.

Jedoch ist dieses Buch nicht allein in einem günstigen wissenschaftlichen Umfeld entstanden, sondern auch im Rahmen einer Familie, ohne deren Hilfe und Rückhalt ich es nicht hätte schreiben können. Dafür danke ich vor allem meiner Frau Astrid.

Bielefeld und Essen, im Mai 2001

1. Einleitung

Im Mittelpunkt dieser Untersuchung steht eine Gruppierung amerikanischer Intellektueller zu Beginn des 20. Jahrhunderts, in deren Werk sich eine differenzierte Theorie der modernen Gesellschaft abzeichnet. Zu ihr gehörten Charles und Mary Beard, Herbert Croly, John Dewey, Horace M. Kallen, Walter Lippmann, James H. Robinson, Thorstein B. Veblen und Walter Weyl. Mit Ausnahme Mary Beards bildeten sie die Gründungsgruppe der New School for Social Research in New York. Intendiert ist hier allerdings keine Gründungs- und Institutionengeschichte der New School,[1] sondern die Rekonstruktion einer amerikanischen Konzeption der »civil society« im Spiegel der zeitgenössischen Reflexionen von Modernisierungsproblemen. Die erwähnten Intellektuellen haben die Transformationsprozesse reflektierend begleitet, die die amerikanische Gesellschaft im Zuge von Industrialisierung, Urbanisierung, Bürokratisierung und Professionalisierung zu einer spezifisch ›modernen‹ Gesellschaft werden ließen. Zugleich bildeten sie aber auch eine wichtige soziale Trägergruppe des Progressive Movement und fungierten als Avantgarde sozialpolitischer Reformen und kultureller Innovationen. Vor allem die durch John Dewey entwickelte und öffentlichkeitswirksam vertretene Philosophie des amerikanischen Pragmatismus etablierte sich in dieser Zeit zum beherrschenden Deutungsparadigma von Gesellschaft und Politik, indem sie eine Konzeption von Zivilgesellschaft und politischer Öffentlichkeit bereitstellte, die den zeitgenössischen Reformbestrebungen auf kongeniale Weise entsprach und ihnen einen inneren Zusammenhang verlieh. Der »New Liberalism« etwa, der als neues Politikmodell den Laissez faire-Liberalismus des 19. Jahrhunderts ablöste und in dessen Zentrum eine spezifisch amerikanische Programmatik wohlfahrtsstaatlicher Politik stand, erweist sich als weitgehend pragmatistisch inspiriert.

Unter methodischen Gesichtspunkten beschränkt sich die hier unternommene Analyse eines diskursprägenden intellektuellen Milieus des frühen 20. Jahrhunderts nicht auf die ideengeschichtliche Rekonstruktion theoretischen Wissens. Vielmehr besitzt sie einen problemgeschichtlichen Ansatz und verfolgt am Leitfaden intellektueller Deutungen sozialer Realität die Transformationskrisen und Umbruchprozesse der amerikanischen Gesellschaft in dieser Zeit. Auf diesem Wege soll ein Beitrag zur Vermittlung von Ideengeschichte, Sozialgeschichte und Politikgeschichte geleistet werden.

---

1 Siehe hierzu bereits: *Rutkoff u. Scott*, New School.

Darüber hinaus versteht sich diese Untersuchung als ein Beitrag zu zwei Forschungs- und Diskussionsfeldern, die hier einleitend nur kurz erwähnt werden sollen: Zum einen steht sie unter gesellschaftsgeschichtlichen Gesichtspunkten in engem Zusammenhang mit der neueren deutschen Bürgertumsforschung. Auch wenn sie selbst keinen systematischen Vergleich deutscher und amerikanischer Entwicklungen anstellt, läßt sie doch die Spezifik einer amerikanischen Konzeption der »civil society« sichtbar werden, die einer vergleichend angelegten Bürgertumsgeschichte als Kontrastfolie der deutschen Konzeption »bürgerlicher Gesellschaft« dienen könnte.

Zum anderen läßt sie in gesellschaftstheoretischer Perspektive die pragmatistischen Ursprünge eines Gesellschaftskonzepts greifbar werden, das den gegenwärtigen Debatten um zivile Bürgergesellschaft und politische Öffentlichkeit gewöhnlich unterliegt. Insofern eröffnet die Rekonstruktion des intellektuellen Milieus des Progressive Movement der gegenwärtigen Auseinandersetzung zwischen Liberalismus und Kommunitarismus eine historische Dimension, die diese Debatte in neuem Licht erscheinen läßt.

Damit sind in aller Kürze die Fragestellungen dieser Arbeit benannt, die nun einleitend weiter entfaltet und in den verschiedenen Kapiteln im einzelnen verfolgt werden sollen.

a) Die Moderne in der Perspektive des Progressive Movement

Die von den zeitgenössischen Intellektuellen formulierte Theorie der Civil Society reflektierte den Durchbruch der Moderne, der sich während der Progressive Era vollzog. Diese Epoche stellt eine Transformationsperiode dar, in der sich ein tiefgreifender Wandel von Gesellschaft, Politik und Kultur vollzog. In der historischen Forschung gilt die Progressive Era seit langem als eine Wasserscheide der amerikanischen Geschichte, die die moderne Gesellschaft konstituiert und von ihren vormodernen Traditionen emanzipiert habe.[2] Das Zusammentreffen verschiedener Modernisierungskrisen im Kontext von Industrialisierung, Urbanisierung und der »New Immigration« seit der Jahrhundertwende hatten zu einem Problemstau ge-

---

2 Trotz der Fülle der neueren Forschungsliteratur, die die Progressive Era zu einer intensiv bearbeiteten Periode amerikanischer Geschichte gemacht hat, stammen die bis heute bedeutendsten Syntheseversuche bereits von *Hays*, Response und *Wiebe*, The Search. Beide haben den Schritt von einer politikgeschichtlichen zu einer sozialgeschichtlichen Interpretation der Progressive Era vollzogen, indem sie die Modernisierungsproblematik der amerikanischen Gesellschaft ins Blickfeld der Forschung gerückt haben. – Als nützliche und gut strukturierte Überblicke über die ältere Forschung siehe auch *Buenker*, The Progressive Era; *Wiebe*, The Progressive Years. – Als neuere Epochenüberblicke siehe *Chambers*, The Tyranny; *Cooper*, Pivotal Decades; *Eisenach*, The Lost Promise; *Klein*, The Flowering; *Sklar*, The United States; *Smith*, The Rise.

führt, der einen folgenreichen innergesellschaftlichen Transformationsschub bewirkte.

In sozialgeschichtlicher Perspektive ging vor allem von der Zersetzung der tradierten, durch lokale Zugehörigkeiten geprägten Communities ein struktureller Zwang zur Innovation von Politik und Gesellschaft aus. Diese »island communities« hatten bis in das 20. Jahrhundert hinein die Lebensrealität breiter Bevölkerungsgruppen bestimmt und waren durch Prozesse von Urbanisierung, Bürokratisierung, Immigration, Professionalisierung und der Durchsetzung der modernen Marktgesellschaft in allmählicher Auflösung begriffen.³ Das nicht mehr lokal, sondern funktional ausgerichtete System der sozialen Integration, das sich in der Progressive Era auszubilden begann, versuchte den Verlust dieser traditionellen Lebenswelten und Vergemeinschaftungsformen durch den Aufbau neuer politischer Handlungseinheiten, bürokratischer Organisationen und sozialer Zusammenschlüsse zu kompensieren.⁴

Die Reaktion des Progressive Movement auf diese Modernisierungskrisen war keineswegs einheitlich und konsistent, obwohl sich trotz der unübersehbaren Heterogenität der verschiedenen Reformbestrebungen einige Gemeinsamkeiten ausmachen lassen.⁵ Als ein »system of shared ideas« ist die politische Philosophie des Progressive Movement durch eine auf den ersten Blick verwirrende Gleichzeitigkeit einer moralischen und einer technischen Reformkonzeption geprägt. Jedoch wurde diese wechselseitige Überlagerung eines »gospel of morality« und eines »gospel of efficiency« im theoretischen Horizont der Zeitgenossen keineswegs als Gegensatz wahrgenommen. Eher galten sie als zwei Seiten derselben Reformstrategie: Das moralische Ziel einer Revision von Politik und Gesellschaft im Sinne sozialer Verantwortung und Gerechtigkeit⁶ sollte mit der technischen Hilfe der Wissenschaft und der »social experts« erreicht werden.⁷

---

3 Wiebe hat diesen Zusammenbruch der »society of island communities« und deren Ersetzung durch eine »new bureaucratic vision« in bis heute gültiger Form analysiert: *Wiebe*, The Search, S. 44ff., 164ff. – Siehe aber auch *Bender*, Community, S. 108ff.

4 *Skowronek*, Building, 163ff.; mit Bezug auf die städtische Ebene: *Schiesl*, The Politics.

5 Die Heterogenität des Progressive Movement betonte bereits *Filene*, An Obituary, S. 20: »This essay seeks to prove ... that ›the progressive movement‹ never existed.« – Anknüpfend an seine These siehe *Buenker u.a.*, Progressivism. – Die übergreifenden Merkmale des Progressive Movement betonen dagegen *Chambers*, The Tyranny; *Link u. McCormick*, Progressivism, S. 21ff., 72ff.; *McCormick*, Progressivism, S. 269ff.; *ders.*, Public Life, S. 106ff.; *Rodgers*, In Search, S. 121ff.

6 Hierzu *Dawley*, Struggles, S. 98ff.

7 Zu der bereits auf Th. Roosevelt zurückgehenden Differenzierung zwischen moralischen und sozialtechnischen Impulsen des Progressive Movement siehe *Chambers*, The Tyranny, S. 109ff. – *Rodgers*, In Search greift diese Differenzierung wieder auf, indem er zwei »Sprachen« des Progressive Movement voneinander abgrenzt: die »language of social bond« und die »language of efficiency, rationalization, social engineering«, S. 124ff.

1. Als »gospel of morality« vereinigte das Progressive Movement ein breites Spektrum unterschiedlicher Motive und Strategien, die trotz ihrer Unterschiedlichkeit im einzelnen ein übergreifendes Reformklima des frühen 20. Jahrhunderts markieren. Es ging weniger um eine kurzfristige Realisierung politischer Reformen, als vielmehr um eine geistige Erneuerung der amerikanischen Demokratie sowie um einen langfristig wirksamen Wandel von Denkstilen und Lebensformen. Diese Zeit repräsentiert insofern einen Durchbruch der kulturellen Moderne,[8] der sich in der Kunst, in der Religion, im Wandel von Moralvorstellungen und nicht zuletzt in der Philosophie des Pragmatismus als einer neuartigen Interpretation von Politik und Gesellschaft niedergeschlagen hat.[9]

In diesem Zusammenhang ist der religiöse Impuls des Progressive Movement zu erwähnen, der im Social Gospel zum Ausdruck kam. Dabei handelt es sich um eine religiöse Reformbewegung, die nicht nur das liberal-protestantische Milieu dieser Zeit dominierte, sondern mit der Forderung nach einer Christianisierung der sozialen Ordnung auf das kulturelle Milieu der Progressive Era insgesamt ausstrahlte.[10] Erwähnenswert ist insbesondere ihr Einfluß auf die Settlement-Bewegung in den Großstädten des Ostens.[11]

Weitere Merkmale des »moral gospel« lassen sich anhand von Reforminitiativen rekonstruieren, die auf die politische Erneuerung der amerikanischen Gesellschaft zielten. Sie beabsichtigten die Ablösung des überlieferten »state of courts and parties« durch ein System gesellschaftlicher Bewegungen und Pressure Groups, das die Orientierung der Politik einerseits an den pluralistischen Interessen gesellschaftlicher Gruppen, andererseits aber auch an den Prinzipien des Gemeinwohls und sozialer Gerechtigkeit gewährleisten sollte.[12] An die Stelle des als korruptionsanfällig und undemokratisch kritisierten Zweiparteiensystems sollte ein Netz konkurrierender Interessengruppen treten, die in ihrem öffentlich ausgetragenen Streit durch die

---

8 Zu den avantgardistischen Strömungen der Zeit siehe *Heller u. Rudnick (Hg.)*, 1915, The Cultural Moment. – Siehe auch *Dumenil*, The Modern Temper, S. 302.

9 Als Vertreter einer kulturgeschichtlichen Deutung der Progressive Era siehe *Burnham*, The Cultural Interpretation; *Crunden*, Ministers; *ders.*, American Salons, S. 337ff. – Zum Pragmatismus als einer spezifisch amerikanischen Philosophie der Moderne: *Campbell*, The Community; *Diggins*, The Promise; *Feffer*, The Chicago Pragmatists; *Joas*, Pragmatismus; *Kuklick*, The Rise; *Lentricchia*, Philosophers; *Shalin*, Mead.

10 In der historischen Forschung ist der Zusammenhang zwischen religiöser und sozialer Reform deutlich herausgearbeitet worden. Als Beiträge der letzten Jahre siehe: *Curtis*, Consuming Faith; *Danbom*, »The World of Hope«, S. 52 ff., 80 ff.; *Gorrell*, The Age; *White u. Hopkins*, The Social Gospel.

11 *Carson*, Settlement Folk; *Davis*, Spearheads; *Deegan*, Jane Addams; *Hutchinson*, Social Work.

12 Dies erklärt die verbreitete Kritik des etablierten Parteiensystems und der Herrschaft der »political machines«: *Eisenach*, The Lost Promise, S. 104 ff.; *DiGaetano*, Urban Political Reform; *Buenker*, The New Politics. – Zur Bedeutung des »Experten« als Träger einer »antimachine politics« seit dem späten 19. Jahrhundert siehe jetzt *Finegold*, Experts.

Abgleichung ihrer Interessen zugleich das Gemeinwohl realisieren würden. Dieser Vorstellung von »social movements as creative powers« hatten Croly mit seinen beiden Klassikern »The Promise of American Life« und »Progressive Democracy«, Lippmann in »Drift and Mastery« sowie Weyl in seiner Schrift »The New Democracy« Ausdruck verliehen. Dewey erneuerte diese politische Konzeption der Civil Society nach dem Ende des Progressive Movement als politischer Bewegung in seiner Schrift »The Public and Its Problems« aus dem Jahre 1927.[13] Das einheitsstiftende Merkmal des Progressive Movement kann in der Überzeugung gesehen werden, daß sich in der Transformation der Individuen zu Bürgern und in der aktiven Partizipation der Betroffenen das Common Good realisieren lasse. Die heterogenen Strömungen des Progressive Movement zeichneten sich durch eine Konzeption des Politischen aus, deren Mittelpunkt ein republikanisches Verständnis von »citizenship« und die Idee einer Selbstorganisation der Gesellschaft durch die »voluntary associations« und die politische Öffentlichkeit bildete.[14] Ein gutes Beispiel für die Bedeutung sozialer Bewegungen bei der Erneuerung von Politik und Öffentlichkeit ist die amerikanische Frauenbewegung, die über politische Wahlrechtsforderungen hinaus die Position der Frau in Politik und Gesellschaft neu definierte, deren Anspruch auf ein »public life« anmeldete und eine neue Konzeption von Citizenship ausarbeitete.[15]

Die Tatsache, daß in der Progressive Era das Spannungsfeld zwischen liberalen und republikanischen Elementen des Politischen neu vermessen worden ist, erklärt auch die theoriegeschichtliche Bedeutung der damaligen Diskurse um »citizenship« und »civic consciousness« für die gegenwärtigen Debatten um Liberalismus, Republikanismus und Kommunitarismus. Vor dem Hintergrund dieser aktuellen Debatten soll hier die Frage nach der Gesellschaftstheorie und politischen Philosophie des Progressive Movement neu gestellt werden.

Als Strategie einer politischen Erneuerung der Civil Society stellt die Progressive Era schließlich die Entstehungsphase einer interventionistischen Staats- und Politikkonzeption dar, die sich im Werk der hier untersuchten Intellektuellen dokumentiert. Diese Zeit ist die eigentliche Geburtsstunde des

---

13 Aus der Forschungsliteratur zu Croly, Lippmann und Weyl siehe zu diesem Punkt bereits *Forcey*, The Crossroads; *Stettner*, Shaping.
14 Dieser Aspekt findet sich bereits bei *Thelen*, The New Citizenship, S. 55f. – Grundsätzlich zum historischen und politischen Bedeutungsspektrum von Citizenship als politischer Ordnungsidee siehe *Shklar*, American Citizenship.
15 Empirische Einzelstudien zu diesem Thema bieten: *Helly u. Reverby (Hg.)*, Gendered Domains. Als kurzen Überblick siehe *Lebsock*, Women. – Daß die Transformation der politischen Kultur durch die gesellschaftlichen Interessengruppen das wichtigste Resultat der Progressive Era gewesen sei, betont mit Blick auf die politischen Erfolge der Frauenbewegung *McCormick*, Public Life, S. 106ff. – Grundlegend hierzu *Baker*, The Domestication; *Cott*, The Grounding. – Zur Frage der Geschlechtsspezifik von Citizenship siehe auch *Bock u. James (Hg.)*, Beyond Equality.

amerikanischen Wohlfahrts- und Sozialstaats.[16] Seit den 1880er Jahren kam es im Kontext politischer Reformgruppen zunehmend zu einer Absetzbewegung von der liberalen Tradition des 19. Jahrhunderts. Unter maßgeblichem Einfluß der zeitgenössischen Intellektuellen vollzog sich eine Umorientierung zu Leitvorstellungen von »social responsibility«,[17] unterstützt durch eine neue philosophische Anthropologie, die Menschsein durch die soziale Fähigkeit zur Übernahme wechselseitiger Verantwortung füreinander definierte.[18] Ganz in diesem Sinne hatte Croly in seinem Werk »Progressive Democracy« die Hinwendung zu einer Politik im Sinne sozialer Verantwortung und den Übergang vom Prinzip des »live and let live« zu dem des »live and help live« gefordert:

»If the prevailing legalism and a repressive moral code are associated with the rule of live-and-let-live, the progressive democratic faith finds its consummation rather in the rule of live-and-help-live. The underlying assumption of live-and-let-live is an ultimate individualism, which limits the power of one human being to help another, and which binds different human beings together by allegiance to an external authority. The underlying assumption of live-and-help-live is an ultimate collectivism, which conceives different human beings as part of the same striving conscious material, and which makes individual fulfilment depend upon the fulfilment of others lives and upon that of society as a whole.«[19]

Parallel mit diesem kulturellen Wertewandel entstand, ausgehend von der Ebene innerstädtischer Reformen, eine regulative Public Policy-Tradition, die auf die komplexer gewordenen Arbeits- und Sozialbeziehungen antwortete und die traditionelle Schwäche des amerikanischen Sozialsystems auf interventionistischem Wege zu beseitigen suchte.[20]

---

16 Die konsequenteste Deutung der Progressive Era als Durchsetzung einer interventionistischen Politik stammt von *Chambers*, The Tyranny, S. 229 ff. – Zum privatwirtschaftlichen »welfare capitalism« dieser Zeit siehe *Berkowitz u. McQuaid*, Creating. – Ebenso wie *Heclo*, Welfare unterstreichen *Critchlow u. Hawley (Hg.)*, Federal Social Policy den Einfluß des kulturellen Individualismus auf die Entwicklung der amerikanischen Sozialpolitik (S. 128 ff.). – Die Rolle des interventionistischen Staates als »independent factor« betonen *Evans u.a. (Hg.)*, Bringing, S. 4 ff., 350 ff. – Als Überblick siehe: *Jansson*, The Reluctant Welfare State. Mit international vergleichender Perspektive: *Levine*, Poverty; *Skocpol u. Ikenberry*, The Political Formation. – Zur Bedeutung der American Association of Labor Legislation siehe jetzt: *Moss*, Socializing Security. – Informative Forschungsüberblicke bieten *Skocpol*, Social Policy, S. 15 ff.; *Weir u.a. (Hg.)*, The Politics, S. 3 ff.

17 Hierzu siehe *Burlingame (Hg.)*, The Responsibilities; *Brock*, Investigation; *Dawley*, Struggles. – Die Bedeutung der Intellektuellen betont *Furner*, The Republican Tradition. – Zum Beitrag der Sozialwissenschaften siehe *Furner u. Supple (Hg.)*, The State, S. 242 ff. – Einschlägig außerdem *Rueschemeyer u. Skocpol (Hg.)*, States. – Aus der älteren Forschung siehe vor allem *Fine*, Laissez-Faire, S. 252 ff.

18 Darauf verweist *McCormick*, Progressivism, S. 280 f. – Am Beispiel Meads rekonstruiert diese neue Anthropologie *Shalin*, Mead, S. 936 ff.

19 Siehe *Croly*, Progressive Democracy, S. 426 f. – Crolys Synthese liberaler und republikanischer Politiktraditionen betont *O'Leary*, Herbert Croly, S. 533 u. 535.

20 Siehe hierzu *Freyer*, Regulating; *Keller*, Regulating a New Economy; *ders.*, Regulating a New Society; *McCraw*, Regulation; *Peritz*, Competition Policy.

Zu einem der produktivsten Forschungszweige hat sich in den letzten Jahren die Diskussion um den Beitrag der amerikanischen Frauenbewegung zur Entstehung des Wohlfahrtsstaates in der Progressive Era entwickelt, die zur These des »maternal welfare state« geführt hat. Es ließ sich zeigen, daß die in den weiblichen und mütterlichen Lebenszusammenhängen der »separate spheres« virulenten Werte sozialer Vergemeinschaftung vor allem seit dem zweiten Drittel des 19. Jahrhunderts den eng umzirkelten Bereich des Hauses allmählich aufsprengten und den bis dahin männlich dominierten Politikdiskurs liberaler Prägung zu modifizieren begannen. Durch den Einbruch der in weiblichen Lebensformen aufgespeicherten kommunitären Ideen in die Welt des Politischen sei ein soziales Reformklima geschaffen worden, in dem sich die Reformbewegung des Progressive Movement erfolgreich ausbreiten konnte.[21] Deren politischen Kern bildete eine neue Konzeption von Citizenship, Civil Society und Civilization, in der sich die liberale Tradition auf vielschichtige Weise mit republikanischen und kommunitären Elementen vermischte. Erst diese Vermengung unterschiedlicher Politiktraditionen habe die sozialstaatliche Transformation des Liberalismus des 19. Jahrhunderts möglich gemacht.

Neuere Arbeiten zur amerikanischen Frauengeschichte und zu den Ursprüngen des »maternal welfare state« in den USA haben den zentralen Stellenwert der Geschlechterproblematik in dieser Zeit empirisch untermauert. Es bestätigte sich, daß die Politisierung des ehemals antipolitischen Raumes der »separate spheres« und des dort angesammelten kulturellen Vorrats an alternativen Ideen sozialer Vergemeinschaftung eine wichtige Voraussetzung des amerikanischen Sozialstaats darstellte. Die Reformkonzeptionen des frühen 20. Jahrhunderts sind, und darin ist der sozialpolitische Sonderweg der USA zu Beginn des 20. Jahrhunderts begründet,[22] erst durch die Einführung einer spezifisch weiblich geprägten politischen Kultur kommunitärer Vergemeinschaftung möglich geworden; ein Zustand, den erst der New Deal und die zunehmende Integration von Frauen in liberale Politikmuster beendet hat.[23]

---

21 Bahnbrechend hierzu *Baker*, The Domestication, die auf die Bedeutung der Frauenbewegung für die Transformation des Politischen seit der Revolution hingewiesen und damit die Diskussion entfacht hat. Siehe auch *dies.*, The Moral Frameworks; *Wortman*, Domesticating.

22 Zur Frage des Sonderweges des amerikanischen Welfare State siehe: *Fraser u. Gordon*, Contract; *Skocpol*, Social Policy, S. 72 ff.

23 Siehe hierzu *Cohen u. Hanagan*, The Politics; *Frankel u. Dye (Hg.)*, Gender; *Gordon (Hg.)*, Women; *dies.*, Social Insurance; *Koven u. Michel (Hg.)*, Mothers; *Orloff*, Gender; *Sarvasy*, Beyond; *Sklar*, Two Political Cultures; *Skocpol*, Protecting; *dies.*, Social Policy, S. 72 ff. – In komparativer Perspektive siehe *Bock u. Thane (Hg.)*, Maternity; *Koven u. Michel (Hg.)*, Womanly Duties; *Skocpol u. Ritter*, Gender; *Wikander u. a. (Hg.)*, Protecting Women. – Die Entstehung des Maternal Welfare State beleuchtet jetzt aus biographischer Sicht am Beispiel einer wichtigen Führungsfigur *Sklar*, Florence Kelley. – Zur Abgrenzung von männlich dominierten Strategien wohlfahrtsstaatlicher Politik siehe: *Pateman*, The Patriarchal.

Als »gospel of morality« läßt sich unter Berücksichtigung dieser Aspekte eine Vielfalt von Modernisierungsdiskursen rekonstruieren, die auf zeitgenössische Krisen und Problemlagen reagierten und im Werk der Intellektuellen ihren Niederschlag gefunden haben. Der »spirituelle« Charakter des Progressive Movement sowie dessen Überzeugung, daß die anstehende Erneuerung von Politik und Gesellschaft von einem Wandel kultureller Ideen ausgehen müsse, bietet einer Ideengeschichte der Civil Society einen günstigen Anknüpfungspunkt.

2. Allerdings repräsentiert dieser moralisch inspirierte Modernisierungsdiskurs des frühen 20. Jahrhunderts nur die eine Seite der politischen Kultur des Progressive Movement, die in einem spannungsreichen Verhältnis zu ihrer Kehrseite, dem »gospel of efficiency« steht. In diesem Begriff kommen vor allem drei Implikationen und Motive des Progressive Movement zum Ausdruck: Er dokumentiert erstens die Überzeugung breiter Reformströmungen, daß es bei der erforderlichen Transformation der Gesellschaft nicht um eine radikale Systemveränderung, sondern eher um eine Systemstabilisierung durch Effizienzsteigerung gehe, die allein durch die spezifische Rationalität der »professional middle class« als Trägerschicht sozialer Reformen dauerhaft geleistet werden könne. Er begründet zweitens die politische Bedeutung dieser Experten mit dem von ihnen reklamierten Anspruch »to speak in the name of the public good«, d.h. mit der ihnen zugesprochenen Fähigkeit zur Bändigung der Privatinteressen zugunsten des Gemeinwohls. Die selbstbewußt in Anspruch genommenen Tugenden von »disinterestedness« und »nonpartisanship« markieren ein zentrales Element dieser sozialen Trägerschicht des Progressive Movement. Drittens schließlich bindet der Begriff des »gospel of efficiency« die politische Reformperspektive der Professional Middle Class an das Medium der Wissenschaft als wichtigster Ordnungsmacht der Lebenswelt. Wissenschaftliche Rationalität wurde zur Grundlage von »social planning and control«, was anfangs noch nicht zu einem sozialtechnischen Instrumentarium gesellschaftlicher Planungseliten verengt wurde, sondern als eine notwendige Voraussetzung kultureller Selbstreflexivität und der Kompetenz zur vorausschauenden Steuerung der Gesamtgesellschaft galt.

Seit der Wendung von einer politikgeschichtlichen zu einer sozialgeschichtlichen Interpretation der Progressive Era in den sechziger Jahren gilt die Professional Middle Class – die ihr zugehörigen Frauen inbegriffen[24] – aufgrund ihrer funktionsspezifischen Problemlösungsfähigkeit als die

---

24 Zur Rolle von Frauen in den Professionen siehe *Cott*, The Grounding, S. 213 ff.; *Glazer*, Unequal Colleagues; *Harris*, Beyond Her Spere. – Zu ihrer Stellung in den Wissenschaften: *Fitzpatrick*, Endless Crusade; *Goggin*, Challenging; *Rossiter*, Women Scientists; *Smith*, Gender. – Für die entstehende Sozialarbeit: *Walkowitz*, The Making.

wichtigste Reformkraft der Progressive Era.[25] In der neueren Professionalisierungsforschung hat sich diese These der besonderen Bedeutung der amerikanischen Mittelklassen für die Lösung der Transformationskrisen des frühen 20. Jahrhunderts bestätigt.[26] Auch in der Urbanisierungsforschung ließ sich ein direkter Zusammenhang zwischen der Entstehung einer »City Planning Profession« und den Reforminitiativen des Progressive Movement nachweisen, die auf den Aufbau einer Verwaltungs- und Expertenbürokratie zielten.[27]

Für die Rekonstruktion dieses professionalistischen Selbstverständnisses des Progressive Movement sind die Schriften Veblens, Deweys, Crolys, Lippmanns und Beards von großer Bedeutung, da sie den Entwurf einer Gesellschaft auf der Grundlage professionellen Expertentums enthalten.[28] Ihr Werk diente der Legitimierung des »social trustee professionalism«, der das Reformklima der Progressive Era prägte.[29]

Dieser Aspekt verweist bereits auf das von der professionellen Mittelklasse in Anspruch genommene und ihr von den Intellektuellen der Progressive Era auch explizit zugedachte Ideal des »disinterested expert«, das zu einem wichtigen Faktor der kulturellen Selbstlegitimierung der neuen Professionen wurde. An erster Stelle ist Thorstein Veblen zu nennen, dessen Werk von der Idee durchzogen ist, daß die neuen Professionen – insbesondere die »social engineers« – die Gegenspieler egoistischer Profitinteressen und damit die Garanten einer Gesellschaft auf dem Boden des Gemeinwohls seien.[30]

Die damit einhergehende Frage nach der Sozialethik der neuen Professionen zwischen »career and calling«, zwischen bloßem Job und sozialer Verantwortung, ist nicht nur bis heute ein weithin ungeklärtes Problem, sondern auch eines der umstrittensten Forschungsprobleme der Progressive Era. Das Spektrum der konkurrierenden Interpretationen reicht von der Be-

---

25 *Wiebe*, The Search, S. 111 f. – Siehe ferner *Bledstein*, The Culture; *Haber*, Efficiency; *Hays*, The New Organizational Society, S. 7 ff. – Als Textsammlung älterer Forschungsbeiträge zur New Middle Class jetzt *Vidich (Hg.)*, The New Middle Classes.
26 *Brint*, In an Age. – Mit Blick auf die »social policy professions« *Kirschner*, The Paradox; in vergleichender Perspektive *Kocka*, Angestellte; aus philosophischer Sicht *Sullivan*, Work. – Als wichtige Aufsatzsammlungen siehe *Haskell (Hg.)*, The Authority; *Hatch (Hg.)*, The Professions; *Torstendahl u. Burrage (Hg.)*, The Formation. – Zur Vorgeschichte der Progressive Era siehe *Haber*, The Quest; *Kimball*, The »True Professional Ideal«.
27 *Schiesl*, The Politics, S. 171 ff.; *Schultz*, Constructing; *Tropea*, Rational Capitalism, S. 139 ff. – Für die nationalstaatliche Ebene siehe den ähnlichen Befund bei: *Skowronek*, Building.
28 Aus der Sicht der deutschen Bürgertumsforschung siehe zum Verhältnis zwischen Bürgertum und Professionen *Siegrist (Hg.)*, Bürgerliche Berufe, der die »Bürgerlichkeit der Professionen« betont, S. 35 f.
29 *Brint*, In an Age, S. 37.
30 *Veblen*, The Engineers; *ders.*, The Instinct. – Zu Veblens Thesen siehe auch *Layton*, The Revolt.

tonung der damals entstandenen und in der Gegenwart zur Erneuerung anstehenden Tradition des »civic professionalism«, der seine Repräsentanten nicht als Träger eines wertfreien, rein formalen Wissens sieht, sondern in die Pflicht sozialer Verantwortung nimmt,[31] bis hin zu einer ideologiekritischen Entlarvung der professionsspezifischen Service-Idee als Verschleierung ökonomischer Marktpositionen und politischer Interessenlagen.[32]

Jedoch läßt sich das kulturelle Selbstbild der neuen Professionen als Garanten einer Politik des Public Good nicht allein auf den Akt einer ideologischen Selbsttäuschung reduzieren, da ihm ein objektiver sozialgeschichtlicher Zusammenhang zwischen Professionalisierung, dem Aufstieg der universitär verankerten Wissenschaften und schließlich der Übernahme von Verantwortung für die Durchsetzung notwendiger Modernisierungsleistungen und sozialer Reformen entspricht. Die Professionen brachten mit ihrem Anspruch, ein den Partialinteressen vor- und übergeordnetes Interesse zu vertreten, die Überzeugung von der gesamtgesellschaftlichen Bedeutung wissenschaftlicher Rationalität zum Ausdruck, der nicht nur ein innerwissenschaftlicher, sondern vor allem ein praktischer Wahrheitsanspruch zukomme.[33] Der intellektualistische Grundzug des Progressive Movement resultiert aus diesem engen Zusammenhang zwischen Wissenschaft, Professionalisierung und sozialer Reform.[34]

Die Grundüberzeugung des Progressive Movement, daß die Interesselosigkeit der Wissenschaft und der sie vertretenden Berufsgruppen eine am Kriterium des Allgemeinwohls orientierte Reformpolitik jenseits der Agonie egoistischer Partialinteressen möglich machen werde, erklärt auch deren hohes Prestige: Die Wissenschaft und eine durch sie geprägte Technik wurden zu Leitgrößen des Fortschritts und zu Adressaten politischer Zielprojek-

---

31 *Brint*, In an Age, S. 212. – Besonders *Sullivan*, Work, betont die Aktualität dieser Tradition eines sozialethisch orientierten Professionalismus für die Gegenwartsgesellschaft (S. XV). – Ebenso plädiert *Freidson*, Professionalism Reborn für die Erneuerung der »virtues of professionalism« (S. 175 ff.) und auch *McClelland*, The German Experience erwähnt eine spezifische Verhaltensethik, eine altruistische Orientierung sowie den »public service«-Gedanken als konstitutive Elemente eines »ideal type of a profession« (S. 14). – Daß die Frage nach der Berufsethik der Professionen in der Gegenwart noch keineswegs abschließend geklärt ist, zeigen auch *Baumrin u. Friedman (Hg.)*, Moral Responsibility; *Bayles*, Professional Ethics; *Goldman*, The Moral Foundations.

32 Mit Bezug auf die »social engineering profession« jetzt *Jordan*, Machine-Age. Von der älteren Forschung siehe vor allem *Larson*, The Rise; *Noble*, America by Design, S. 321 ff. – Auch *Schiesl*, The Politics, zieht im Hinblick auf die Unparteilichkeit der städtischen Verwaltungsbürokratie eine kritische Bilanz (S. 191).

33 *Furner*, Advocacy; *Haskell*, The Emergence.

34 Am Beispiel Chicagos hat *Diner*, A City, diesen Zusammenhang überzeugend herausgearbeitet. Methodisch liegt seiner Untersuchung die Analyse des Chicagoer Progressive Movement anhand von etwa 2500 Aktivisten und Reformern zugrunde, die in mehr als 70 Gruppierungen aktiv waren und sich sozialstrukturell vornehmlich aus dem Bereich der New Professions rekrutierten (siehe insbes. S. 52 ff., 187 ff., 191 ff.).

tionen, in deren Mittelpunkt der Gedanke einer rationalen und bewußten Gestaltung der Lebenspraxis stand.[35]

Der New Liberalism, der als eine neue Theorie der Politik und Gesellschaft vor dem Ersten Weltkrieg insbesondere von Dewey, aber auch von Croly, Lippmann und Weyl als Herausgebern der Zeitschrift »The New Republic« herausgearbeitet worden ist, war an den Leitwerten wissenschaftlicher Rationalität orientiert[36] und ist zu einer oszillierenden Konzeption von »social planning« und »social intelligence« ausgebaut worden, hinter der sich grundverschiedene Positionen verbergen konnten.[37] Obwohl sich auf lange Sicht eine Nähe dieser Gesellschaftskonzeption zu autoritären und elitären Lösungsmodellen politischer Fragen ergeben konnte und auch historisch ergeben hat,[38] bestand das ursprüngliche Motiv eher darin, auf dem Boden eines wissenschaftlich fundierten Zugangs zu praktischen Fragen die Gesellschaft im Sinne der berufsspezifischen Leistungsqualifikationen und kulturellen Leitvorstellungen der neuen Professionen zu reformieren. Mit der Anwendung experimenteller Methoden der Wissenschaft auf die Probleme der Gesellschaft würden sich ein innovationsfreudiger Umgang mit den Orientierungsproblemen der Gegenwart einstellen und die Anpassungskapazität der Gesellschaft an ihre Umwelt erhöhen. Damit könnten sich zugleich neue Fortschrittsperspektiven der Civil Society ergeben. In der Auseinandersetzung mit den eingangs erwähnten Intellektuellen wird sich nicht nur der Entstehungskontext der sozialen Reformkonzeptionen des frühen 20. Jahrhunderts herausarbeiten lassen, sondern auch deren autoritäre Wendung in den dreißiger und vierziger Jahren.

---

35 Beispielhaft hierfür ist *Beard (Hg.)*, Whither Mankind; *ders. (Hg.)*, Toward Civilization. – Dasselbe Motiv findet sich auch bei *Ross*, Social Control, S. 432 ff. – Am Beispiel der utopischen Romanliteratur des 19. Jahrhunderts erweist sich der enge Zusammenhang zwischen dem Glauben an Wissenschaft und Technik und einer neorepublikanischen Politik *Kasson*, Civilizing. – Zum positiv besetzten »public image of science« in den amerikanischen Massenmagazinen der ersten Hälfte des 20. Jahrhunderts siehe auch *LaFollette*, Making Science.

36 *Nuechterlein*, The Dream.

37 Zur Konjunktur des Social Planning während der Progressive Era siehe: *Alchon*, The Invisible Hand; *Krueckeberg*, The American Planner, S. 1–34; unergiebig dagegen *Friedman*, Planning. – Zur Vorbildfunktion des entstehenden City Planning siehe: *Dahlberg*, The New York Bureau; *Fairfield*, The Scientific Management; *Tropea*, Rational Capitalism.

38 Die Transformation des Progressive Movement zu bloßer Sozialtechnik betonen *Akin*, Technocracy; *Bachrach*, The Theory; *Lasch*, The New Radicalism, S. 141 ff. – Insbesondere die konservative Wendung Lippmanns in den zwanziger Jahren steht für eine derartige Neuorientierung des New Liberalism nach dem Ersten Weltkrieg: *Steel*, Walter Lippmann, S. 211 ff.; *Forcey*, The Crossroads, S. 297 ff. – Zu unkritisch gegenüber dieser Entwicklung Lippmanns hin zum Democratic Elitism ist *Riccio*, Walter Lippmann, S. 95 ff.

b) Die Intellektuellen und die Ideengeschichte der Gesellschaft

Über dieses Interesse an dem in der Progressive Era entstandenen amerikanischen Modell moderner Gesellschaft hinaus ist für diese Untersuchung auch ein komparatives Interesse an unterschiedlichen Theorietraditionen »bürgerlicher Gesellschaft« leitend geworden. Auch wenn sie selbst keinen derartigen Vergleich enthält, sondern sich auf gelegentliche Andeutungen eines solchen beschränkt, könnten sich ihre Ergebnisse für künftige, vergleichend angelegte Studien als nützlich erweisen. Denn bisher ist die von den amerikanischen Intellektuellen formulierte Theorietradition der Civil Society von der deutschen historischen Bürgertumsforschung nicht rezipiert worden, obwohl sie sich als Vergleichsfolie ihres Begriffs der bürgerlichen Gesellschaft geradezu anbietet. Damit ist nicht gemeint, daß der amerikanische Begriff der Civil Society und der deutsche Begriff der bürgerlichen Gesellschaft dieselbe Bedeutung besitzen. Eher handelt es sich um begriffliche Äquivalente, die auf unterschiedliche Weise vergleichbare Phänomene thematisieren und jenseits aller Differenzen zumindest eines gemeinsam haben: Sie bringen Modernisierungsprozesse und -erfahrungen seit dem späten 18. Jahrhundert auf den Begriff. Es handelt sich um zwei unterschiedliche Theorietypen moderner Gesellschaft.[39]

1. In der deutschen Bürgertumsforschung der letzten Jahre ist wiederholt auf die forschungsstrategische Bedeutung der Begriffe bürgerliche Gesellschaft und Civil Society hingewiesen worden, in denen sich Vorstellungen politischer Ordnung und gesamtgesellschaftlicher Entwicklung niederschlagen. Zum einen handelt es sich um Instrumente der Vernetzung einer interdisziplinär ausgerichteten Bürgertumsgeschichte;[40] des weiteren ermöglichen sie den internationalen Vergleich unterschiedlicher Entwicklungswege;[41] schließlich implizieren sie Richtungsbestimmungen gesellschaftlicher Prozesse. Als Ideen der Akteure bringen sie die Erfahrungen und Erwartungen der Zeitgenossen zum Ausdruck, als Interpretationskonzepte der Forschung verweisen sie auf das Interesse an einer entwicklungstypologischen Interpretation moderner Gesellschaften.[42]

Jenseits dieser forschungsstrategischen Gründe für die Arbeit mit Beschreibungsmodellen wie dem der bürgerlichen Gesellschaft oder der Civil Society

---

39 Diese Gleichzeitigkeit von Gemeinsamkeit und Differenz betonen *Alexander u. Smith*, The Discourse of American Civil Society, S. 161.
40 *Kocka*, Bürgertum und bürgerliche Gesellschaft, S. 39: »Will man verschiedene Fachdisziplinen zur Arbeit an einem Thema zusammenführen, dann braucht man weitgespannte Begriffe. Systembegriffe wie ›bürgerliche Gesellschaft‹ und ›Bürgerlichkeit‹ leisten ungleich mehr für die Verknüpfung von Fächern und heterogenen Themen als der bloße Bezug auf das Bürgertum als soziale Formation.«
41 *Haltern*, Gesellschaft der Bürger, S. 129 sowie *ders.*, Bürgerliche Gesellschaft.
42 *Wehler*, Wie bürgerlich war das Deutsche Kaiserreich?, S. 257.

gibt es noch ein weiteres Argument für deren Verwendung: Die neuere Forschung hat gezeigt, daß sich die soziale Formation »Bürgertum« bei näherem Hinsehen als ein vielschichtiges Gebilde unterschiedlicher Lebensstile und Klassenlagen, Einkommensarten und Marktpositionen, Berufs- und Funktionsgruppen, politischer Fraktionen und Interessen erweist, das sich zu ganz unterschiedlichen »Bürgertümern« aufzufächern beginnt.[43] In dem Maße, in dem sich die Homogenität des Bürgertums als sozialer Klasse auflöst, gewinnt die Frage nach der bürgerlichen Gesellschaft an Bedeutung, weil sie die Einheit der sozioökonomischen Interessen, politischen Ordnungsmodelle und kulturellen Ideen zu rekonstruieren ermöglicht, auf deren Boden sich das Bürgertum historisch konstituiert hat.[44] Die Idee der bürgerlichen Gesellschaft im Sinne eines die sozialstrukturelle Heterogenität der bürgerlichen Mittelschichten überwölbenden Einheitskonzepts war niemals ein eindeutig und endgültig definiertes Gebilde, sondern in sich gebrochen und ständig im Fluß. Gleichwohl lassen sich konstitutive Elemente ausmachen: auf ökonomischer Ebene ein ausdifferenziertes System von Marktbeziehungen und die Tendenz zur Professionalisierung; auf politischer Ebene Prozesse der Bürokratisierung, aber auch die Instanz der politischen Öffentlichkeit sowie die Installierung liberaldemokratischer Legitimitätskriterien der politischen Herrschaft mit einer impliziten Universalisierungstendenz; auf gesellschaftlicher Ebene die Abgrenzung und Distanzierung von Adel und unterbürgerlichen Schichten sowie das Prinzip der sozialen Statuszuweisung aufgrund individuell zurechenbarer Arbeit und Leistung; auf kultureller Ebene schließlich die Idee der Bildung und das Prinzip persönlicher Freiheit und Autonomie. Insbesondere die bürgerliche Bildungsidee besaß eine wichtige Homogenisierungsfunktion für die kulturelle Vergesellschaftung heterogener Mittelschichten zum Bürgertum und wurde zu einem wichtigen Faktor der Konstituierung des Bürgertums als sozialer Formation.[45]

---

43 Etwa: *Kocka*, Bürgertum und Bürgerlichkeit, S. 21ff.; *Lepsius*, Bürgertum als Gegenstand, S. 61.
44 Zur einheitsverbürgenden Kraft der Idee der bürgerlichen Gesellschaft siehe *Lepsius*, Zur Soziologie des Bürgertums, S. 161: Der geschichtliche Erfolg des Bürgertums beruhte auf »der Kraft einer Ordnungsidee, welche die Einzelinteressen der bürgerlichen Fraktionen zu verbinden vermochte. Bloß klassenspezifische materielle Interessen hätten diese Vergesellschaftung heterogener ›Bürgertümer‹ nicht zustande gebracht. Zur Formulierung des welthistorisch mächtigen Bürgertums bedurfte es eines ideellen Interesses, das die unterschiedlichen materiellen Interessen verbinden konnte. Dieses ideelle Interesse wurde durch Intellektuelle artikuliert und mit den Machtmitteln des Wirtschaftsbürgertums durchgesetzt.« – Ähnlich *Nipperdey*, Kommentar, S. 143ff.
45 Hierzu *Tenbruck*, Bürgerliche Kultur. – Mit Blick auf das Bildungsbürgertum bestätigt diese These *Lepsius*, Das Bildungsbürgertum, S. 10: »Der schillernde Charakter des Bildungsbürgertums nach Herkunft, Beruf, politischer und religiöser Orientierung, Einkommenslage und Besitz wird dadurch überformt, daß sich seine Vergesellschaftung primär an einem anderen Merkmal ausrichtet, nämlich an dem die Gemeinsamkeit bei aller Unterschiedlichkeit stiftenden Bildungswissen.«

Seit der Aufklärung ist diese Konzeption moderner Gesellschaft von Intellektuellen artikuliert worden. Ihr Wissen ist daher von grundlegender Bedeutung für die Ideengeschichte der bürgerlichen Gesellschaft. Jenseits aller Unterschiede zwischen unterschiedlichen Strömungen lassen sich übergreifende Elemente und Funktionen intellektueller Wissensformen ausmachen: Eine erste Gemeinsamkeit ist darin zu sehen, daß sie theoretischer Natur sind, d. h. konkrete Einzelbeobachtungen empirischer Phänomene zu allgemeineren Aussagen über Strukturen und Entwicklungen der Gesellschaft aggregieren. Damit werden sie zu Interpretationsleistungen mit einem hohen Deutungsanspruch und Erklärungswert.

Ein zweites Merkmal von Theorien bürgerlicher Gesellschaft ist ihr Praxisbezug: Sie tragen zur Orientierung von Individuen und sozialen Gruppen über die Probleme ihrer Lebensführung bei und repräsentieren einen Modus kultureller Selbstreflexion, indem sie auf die Wertideen, Sinnkriterien und Handlungsmotive der gesellschaftlichen Akteure einwirken und sie im Lichte historischer Erfahrungen, moralischer Überzeugungen oder politischer Zukunftserwartungen beeinflussen. Intellektuelle als Autoren dieser praktisch wirksamen Theorieleistungen vermögen zwar keine kollektiven Identitäten zu stiften, prägen jedoch die Prozesse gesellschaftlicher Identitätsbildung auf vielfältige Weise.[46]

Drittens sind Theorien bürgerlicher Gesellschaft durch Revisionsfähigkeit geprägt: Intellektuelle reflektieren den Wandel ihrer Gesellschaft und ermöglichen damit kulturelle Anpassungsleistungen. Ihre Deutung bürgerlicher Gesellschaft stellt insofern eine strukturelle Innovationschance dar. Sie besitzt ein Potential zur ständigen Selbsttransformation der Gesellschaft durch institutionalisierte Selbstkritik, die über die kulturelle Fortschrittsfähigkeit dieser Gesellschaft mit entscheidet. Als Elemente der modernen Kultur zeichnen sich Theorien bürgerlicher Gesellschaft in der Regel durch einen normativen Erwartungsüberschuß aus: Sie lassen sich nicht auf die unmittelbaren Interessenlagen sozialer Gruppen, etwa der Bourgeoisie, festlegen, sondern transzendieren diese Interessen im Lichte der in der Idee der bürgerlichen Gesellschaft lagernden Zukunftsvorstellungen.[47] Im theoretischen Blick der Intellektuellen auf die Gesellschaft wird ein anti-traditionalistisches Potential frei, das Prozesse kultureller Dynamisierung einzuleiten vermag. In der ihm eigenen kultursoziologischen Sensibilität hat Simmel die Chancen kultureller Verfremdung durch intellektuelle Distanz am Beispiel des Fremden herausgearbeitet, der dem Typus des Intellektuellen nahe kommt, denn beide kennzeichnet die Gleichzeitigkeit von Nähe und Ferne, von Integration und Fremdheit, von Gleichgültigkeit und Engagement und

---

[46] Giesen nennt dies die »Saatbeet-Funktion« der Intellektuellen für die Formierung kollektiver Identität (*Giesen*, Die Intellektuellen, S. 25). – Die Unabhängigkeit der Intellektuellen von Vorgaben politischer Klassen betont *Eisenstadt*, Intellectuals.
[47] Dies betonen *Lepsius*, Institutionalisierung, S. 50; *Tenbruck*, Bürgerliche Kultur.

verleiht ihnen ein größeres Maß an geistiger Beweglichkeit, Objektivität und persönlicher Freiheit:

»Objektivität ist keineswegs Nicht-Teilnahme, – denn diese steht überhaupt jenseits von subjektivem und objektivem Verhalten – sondern eine positiv-besondere Art der Teilnahme. ... Man kann Objektivität auch als Freiheit bezeichnen: der objektive Mensch ist durch keinerlei Festgelegtheiten gebunden, die ihm seine Aufnahme, sein Verständnis, seine Abwägung des Gegebenen präjudizieren könnten. Diese Freiheit, die den Fremden auch das Nahverhältnis wie aus der Vogelperspektive erleben und behandeln läßt, enthält freilich allerhand gefährliche Möglichkeiten. ... Er ist der Freiere, praktisch und theoretisch, er übersieht die Verhältnisse vorurteilsloser, mißt sie an allgemeineren, objektiveren Idealen und ist in seiner Aktion nicht durch Gewöhnung, Pietät, Antezedentien gebunden. ... Endlich gewinnt die Proportion von Nähe und Entferntheit, die dem Fremden den Charakter der Objektivität gibt, noch einen praktischen Ausdruck in dem *abstrakteren* Wesen des Verhältnisses zu ihm.«[48]

Viertens schließlich partizipieren die von Intellektuellen formulierten Theorien bürgerlicher Gesellschaft an den Prozessen der innergesellschaftlichen Kommunikation über die für diese Gesellschaft maßgeblichen Handlungsnormen. Sie leisten damit einen wichtigen Beitrag zur Konstituierung einer diskursiven Öffentlichkeit, in der sich die politische Kultur einer Gesellschaft ausbildet und repräsentiert.

Jenseits dieser übergreifenden Gemeinsamkeiten von Theorien bürgerlicher Gesellschaft gibt es nationalspezifische Besonderheiten intellektueller Milieus.[49] So lassen sich die von den deutschen Intellektuellen formulierten Theorien der bürgerlichen Gesellschaft noch bis zum Beginn des 20. Jahrhunderts einer bildungsbürgerlichen Tradition zurechnen, die durch mehrere Eigentümlichkeiten gekennzeichnet war:[50]

Gegenüber der anglo-amerikanischen Tradition ist die deutsche Entwicklung erstens von einer größeren Bürokratie- und Staatsnähe des Bildungsbürgertums gekennzeichnet, was die Ausbildung einer autonomen Schicht von Intellektuellen für lange Zeit erschwert oder gar verhindert hat.[51]

---

48 *Simmel*, Exkurs über den Fremden, S. 687f.
49 Giesens These konkurrierender »intellektueller Codes« läßt sich auf die internationale Dimension ausweiten (*Giesen*, Die Intellektuellen, S. 79ff.). – Grundlegend für den transatlantischen Vergleich intellektueller Milieus des frühen 20. Jahrhunderts ist *Kloppenberg*, Uncertain Victory.
50 Zur Transformation dieser bildungsbürgerlichen Tradition in einen postbürgerlichen Typ von Intellektualität siehe *Hübinger u. Mommsen (Hg.)*, Intellektuelle; *Mommsen*, Bürgerliche Kultur, S. 97ff.
51 *Kocka*, Bürgertum und bürgerliche Gesellschaft, S. 74f. – Aus der Sicht der Professionalisierungsforschung erwähnt McClelland die fehlende »autonomy from state intervention« als eine Spezifik der deutschen Entwicklung, in: *McClelland*, The German Experience, S. 22 u. 231. – Der Vergleich der Reformintellektuellen des Vereins für Sozialpolitik mit denen der Fabian Society in England bestätigt diesen Befund: *Rueschemeyer u. Van Rossem*, The Verein für Sozialpolitik, S. 149f. – Siehe schließlich auch Collinis These, daß die englischen

Bemerkenswert ist an der deutschen Entwicklung zweitens das frühzeitige Ende der Symbiose zwischen Bildungsbürgertum und Liberalismus seit den 80er Jahren des 19. Jahrhunderts, wodurch ein lange andauernder Entliberalisierungsprozeß eingeleitet wurde, der sich etwa am Funktionswandel des Nationalismus als Integrationsideologie der bürgerlichen Gesellschaft ablesen läßt.[52]

An die Stelle der ursprünglich liberalen Prägung des deutschen Bildungsbürgertums trat drittens seit dem späten 19. Jahrhundert zunehmend eine unpolitische, oftmals sogar antipolitische Haltung der deutschen Intellektuellen, eine – wie Sombart es programmatisch forderte – »Abkehr der Gebildeten von der Politik«.[53] Praxisferne wurde ein konstitutives Element der Bildung. Thomas Manns »Betrachtungen eines Unpolitischen« oder auch Jaspers' »Idee der Universität« sprechen in diesem Zusammenhang eine deutliche Sprache. Die deutsche Theorielandschaft repräsentiert geradezu eine Tradition von Intellektuellen, die keine sein wollten und die den konstitutiven Praxisbezug und politischen Kontext ihres Denkens bewußt leugneten. Dieser Anti-Intellektualismus der deutschen Intellektuellen hat sich bis in die Frühgeschichte der Bundesrepublik hinein als äußerst wirksam erwiesen und ist erst seither allmählich zugunsten einer Konzeption des politischen Intellektuellen in den Hintergrund getreten.[54]

Viertens schließlich bildete die Tendenz zur utilitaristischen Verkürzung der Gesellschaft und zur Entgegensetzung von Kultur und Zivilisation einen Grundzug der deutschen Theorietradition der bürgerlichen Gesellschaft.[55] Dazu gehört sowohl das Auseinandertreten von wertrational integrierter Gemeinschaft und zweckrational geprägter Gesellschaft, als auch die Trennung der subjektiven Kultur der Individuen von der objektiven Kultur der Dinge, in der Simmel etwa die »Tragödie der modernen Kultur« begründet sah.[56] Die anti-rationalistischen Tendenzen, die bereits vor dem Ersten Weltkrieg unter den deutschen Intellektuellen präsent waren und durch ihn nur weiter verschärft wurden, gelangten zunehmend in einer sich radikalisierenden Kulturkritik der bürgerlichen Gesellschaft zum Ausdruck.

Intellektuellen im Gegensatz zum deutschen Bildungsbürgertum weniger eine staatliche Funktionselite, als vielmehr eine gesellschaftliche Berufselite darstellten: *Collini*, Public Moralists, S. 32.

52 *Langewiesche*, Bildungsbürgertum, S. 104 u. 113; *Wehler*, Deutsches Bildungsbürgertum, S. 233.

53 Siehe hierzu *Lenger*, Werner Sombart, S. 154 ff.

54 *Habermas*, Heinrich Heine, S. 46 f.

55 *Mommsen*, Bürgerliche Kultur, S. 6; *Ringer*, Die Gelehrten, S. 393 f.; *Pflaum*, Die Kultur-Zivilisations-Antithese, S. 313 ff., 327 ff.

56 Hierzu *Lenk*, Das tragische Bewußtsein; *Jaeger*, Bürgerlichkeit, S. 176 ff.

2. Im folgenden soll jedoch nicht die deutsche Theorietradition der bürgerlichen Gesellschaft, sondern der amerikanische Diskurs über die Civil Society während der ersten Hälfte des 20. Jahrhunderts näher untersucht werden. Dies soll in der Auseinandersetzung mit dem Werk derjenigen Intellektuellen geschehen, die die Transformationsphase der amerikanischen Gesellschaft seit der Jahrhundertwende und die sie begleitenden Modernisierungskrisen reflektiert haben.[57]

Seit einigen Jahren mehren sich in den USA die Klagen über den Verlust des politischen Intellektuellen, der zunehmend durch den praxisfernen Akademiker und professionellen Experten verdrängt werde.[58] Damit steht eine Tradition von Intellektualität zur Disposition, die mit der Transformation des Gebildeten vom »guardian of learning« zum »public intellectual« seit der Jahrhundertwende begonnen hatte. In dieser Zeit entstand ein neuer Typus des Intellektuellen, der sich scharf von der Tradition unpolitischer Bildung absetzte und sich stattdessen als Vertreter einer politisch-kritischen Reflexionskompetenz und als Träger sozialer Reformen gesellschaftlich neu verortete.[59]

Als Teil der professionellen »new middle class« hatten sich die politischen Intellektuellen zu Beginn des 20. Jahrhunderts in einer spezifischen Konstellation kulturgeschichtlicher und soziopolitischer Faktoren formiert:[60] Unter kulturgeschichtlichen Gesichtspunkten stand der amerikanische Pragmatismus, insbesondere in der Version John Deweys, seit dem späten 19. Jahrhundert zur Legitimierung des politischen Intellektuellen und für die Vermittlung von Theorie und Praxis bereit.[61] In Anknüpfung an James nahm Dewey

---

57 Zum Begriff der Civil Society siehe vor allem *Cohen u. Arato*, Civil Society; *Shils*, Was ist eine Civil Society?, die jedoch nicht näher auf die amerikanische Begriffsvariante eingehen. – Auch in der deutschen Bürgertumsforschung fehlt es an Arbeiten, die die amerikanische Tradition der Civil Society thematisieren: *Koselleck u.a.*, Drei bürgerliche Welten?, beschränken sich auf die deutsche, englische und französische Begriffsgeschichte; *Fisch*, Zivilisation, Kultur, S. 721 f., enthält einige Bemerkungen zur Entstehung des amerikanischen Begriffs im späten 18. Jahrhundert; *Hilgers-Schell u. Karuth*, Culture und Civilization bieten einige wortgeschichtliche Befunde.
58 *Bell*, The »Intelligentsia«, S. 136; *ders.*, Kulturkriege, S. 114 ff.; *Bender*, Intellect, S. 140 ff.; *Bender u. Sennett*, New York, S. 184; *Diggins*, Die Intellektuellen, S. 37 ff.; *Falcetano*, Disappearing Intellectuals; *Jacoby*, The Last Intellectuals; *Rorty*, Intellectuals in Politics, S. 490. – Zur amerikanischen Tradition des »cultural critic« siehe jetzt *Murray (Hg.)*, American Cultural Critics.
59 Hierzu *Lasch*, The New Radicalism, der die Kritik und Reformorientierung der Intellektuellen des frühen 20. Jahrhunderts als »a sense of being at odds with the rest of society« identifiziert (S. XII).
60 Zur Entstehung der professionellen New Middle Class siehe *Wiebe*, The Search, S. 111 ff.
61 *Campbell*, The Community, S. 116; *Cotkin*, Reluctant Modernism, S. 28. – Den Einfluß des Pragmatismus auf die amerikanischen Sozialwissenschaften reflektiert *Ross*, The Origins, S. 162 ff. – Zur politischen Bedeutung der Progressive History siehe *Glassberg*, History and the Public.

Wissenschaft und »public philosophy« in die Pflicht experimenteller Problemlösung und akzentuierte damit ihre lebenspraktische Funktion.[62]

Darüber hinaus war die Politisierung der Intellektuellen durch die Ausdifferenzierung und Professionalisierung des Wissenschaftssystems begleitet, ein Prozeß, der durch den Ausbau der Universitäten institutionell ermöglicht worden war.[63] In neueren Studien ist gezeigt worden, daß der mit Industrialisierung und Urbanisierung verbundene Aufstieg der modernen Professionen zu Funktionseliten und insbesondere der Professionalisierungsprozeß der Sozialwissenschaften durch ein neues Selbstverständnis der »knowledge-bearing elites« begleitet war, die sich zunehmend als Vertreter der öffentlichen Interessen und des Gemeinwohls zu definieren begannen und daraus auch einen Großteil ihres Selbstbewußtseins generierten.[64] Die neue Generation der amerikanischen Intellektuellen verstand sich als eine wissenschaftlich geschulte Reflexionselite von »social experts«, die ihre Analyse gesellschaftlicher Problemlagen mit einem ausgeprägten Reformwillen verband: Die Verwissenschaftlichung von Politik und Lebenswelt säumte den Königsweg zu einer neuen Gesellschaft »in the public interest«.[65] Dieser Zusammenhang erklärt auch, warum die Intellektuellen den Praxisbezug ihres Denkens und ihr Engagement für soziale Reformen mit einem emphatischen Begriff von Unparteilichkeit und »disinterestedness« verbinden konnten:[66] Ihre politische Reformphilosophie berief sich auf die Objektivitätsgarantien der Wissenschaft und gewann damit die Aura einer moralischen Instanz jenseits des politischen Tageskampfes und egoistischer Privatinteressen.[67] Die an die Stelle der Politik getretene Wissenschaft bzw. eine an ihren Rationalitätskriterien orientierte Verwaltung ermöglichten die Erneuerung

---

62 *Dewey*, The Development of American Pragmatism, (LW 2), S. 12. f.; *ders.*, Die Erneuerung der Philosophie. – Zur Bedeutung, aber auch zu den Grenzen von William James für die Begründung des politischen Intellektuellen siehe: *Cotkin*, William James. – Zur öffentlichen Rolle Deweys als »engaged philosopher« siehe jetzt vor allem *Ryan*, John Dewey, S. 24; *Westbrook*, John Dewey.

63 Zur Bedeutung des amerikanischen Universitätssystems in dieser Zeit siehe: *Barrow*, Universities; *Diner*, A City; *Liebersohn*, The American Academic Community; *Metzger*, The Academic Profession; *Oleson u. Voss (Hg.)*, The Organization.

64 Hierzu zuletzt: *Rueschemeyer u. Skocpol (Hg.)*, States, S. 3 ff.; *Sullivan*, Work.

65 Zu dieser Engführung zwischen Professionalisierung, Wissenschaft und sozialer Reform siehe *Brint*, In an Age; *Diner*, A City, S. 3 ff.; *Furner*, Advocacy; *dies.*, The Republican Tradition; *Haskell*, The Emergence; *Wunderlin*, Visions. – Zur Programmatik einer »politics under the banner of science« siehe auch *Gilbert*, Designing, S. 34 f. – Zur wissenschaftlichen Durchdringung alltäglicher Lebensformen in den europäischen Humanwissenschaften des 20. Jahrhunderts siehe *Raphael*, Die Verwissenschaftlichung; *ders.*, Vom Sozialphilosophen.

66 Dies betont *McClay*, The Masterless, S. 149 ff.

67 Hierzu *Smith*, Social Science, S. 20. – Siehe ferner die Einleitung der Herausgeber zu *Lacey u. Furner (Hg.)*, The State, S. 23 ff., die die Sonderbedeutung der American Social Science Association herausarbeiten. – Auf welche Weise die Rationalitätskriterien wissenschaftlicher Disziplinen zu politischen Maximen sozialer Reform wurden, zeigt am Beispiel des »city planning« *Fairfield*, The Scientific Management.

der republikanischen Idee des Common Good, die das Selbstverständnis der amerikanischen Intellektuellen dieser Zeit weitgehend prägte und ihrer Kritik des Laissez faire-Liberalismus zugrunde lag.[68]

Auf die enge Verbindung zwischen dem Aufstieg der Wissenschaft zum entscheidenden Ordnungsfaktor der Gesellschaft und dem gleichzeitigen Anspruch auf ihre moralisch-spirituelle Erneuerung verweist auch die Nähe vieler Intellektueller zur religiösen Reformbewegung des Social Gospel.[69] Die mit dem quasi-religiösen Pathos eines »sense of the whole« auftretende Wissenschaft reklamierte für sich die Kompetenz, die Gesellschaft jenseits politischer Partialinteressen zu einer moralischen Ordnung auf der Basis des Gemeinwohls und sozialer Verantwortung umgestalten zu können.[70]

Dieses Selbstverständnis der amerikanischen Intellektuellen als überparteilichen Vertretern des Common Good war keineswegs bloße Ideologie, sondern entsprach der sozialgeschichtlichen Situation und dem sozialpolitischen Sonderweg der USA in den ersten Jahrzehnten des 20. Jahrhunderts: Es spiegelte eine objektive Aufgabe der Professionen wider, denen angesichts eines bis ins späte 19. Jahrhundert durch das Fehlen einer funktionierenden Bürokratie geprägten »state of courts and parties« eine Schrittmacherfunktion für den Aufbau eines Wohlfahrts- und Interventionsstaates zuerkannt wurde.[71] Die intensiven Diskussionen der letzten Jahre um den »maternal welfare state« haben gezeigt, daß die Intellektuellen und Professionen des frühen 20. Jahrhunderts mit der Frauenbewegung die Aufgabe gemein hatten, die sozialpolitische Schwäche des amerikanischen Staates zu beheben: Angesichts der im internationalen Vergleich zurückgebliebenen inneren Staatsbildung sind die wirkungsvollsten Initiativen zum Aufbau eines modernen Wohlfahrtsstaats in den USA von der amerikanischen Frauenbewegung und den Vertretern der akademischen Reformeliten der New Middle Class ausgegangen.[72]

---

68 *Rodgers*, Contested Truths, S. 176 ff.
69 Hollinger spricht in diesem Zusammenhang treffend vom »intellectual gospel« der Progressive Era: *Hollinger*, Justification, S. 134.
70 Zu diesem Typus des Intellektuellen siehe: *Dean*, The Religious Critic.
71 *Brint*, In an Age, S. 208. – Am Beispiel der Sozialwissenschaften bestätigen diesen Befund jetzt *Rueschemeyer u. Skocpol (Hg.)*, States, S. 3; sowie *Lacey u. Furner (Hg.)*, The State, S. 15. – *Lubove*, The Struggle hat die Bemühungen der Intellektuellen um den Aufbau des Wohlfahrtsstaats als Gegenströmung eines Individualismus interpretiert, der einer bürokratischen Lösung von Modernisierungsproblemen mißtraute und stattdessen das System der »voluntary associations« als Lösungsinstrument der sozialen Frage bevorzugte (S. 8 ff.).
72 *Skocpol*, Social Policy, S. 19 ff., 72 ff. – Zur inneren Staatsbildung der USA seit den 1870er Jahren siehe *Skowronek*, Building, der auch die Bedeutung der Intellektuellen der Progressive Era als »America's state-building vanguard« innerhalb der zeitgenössischen Staatsbildungskoalitionen unterstreicht, S. 286. – Siehe außerdem *Nelson*, The Roots.

c) Methoden, Fragestellungen und Untersuchungsschritte

1. In methodischer Hinsicht versteht sich diese Untersuchung des intellektuellen Milieus in den USA während der ersten Hälfte des 20. Jahrhunderts als ein Beitrag zur Vermittlung von Ideen- und Sozialgeschichte: Denn einerseits soll ein bestimmter Theorietyp der Civil Society und des politischen Intellektuellen herausgearbeitet werden, der auf zeitspezifische Problemlagen und einen soziokulturellen Erfahrungshintergrund verweist; andererseits soll aber auch der räumliche und zeitliche Diskursraum abgesteckt werden, in dem diese Reflexionsleistungen entstanden sind.

Ausgangspunkt ist eine Interpretation der Texte, die einen Bedeutungsgehalt besitzen, der sich nicht auf dem Wege einer diskursanalytischen Rekonstruktion des sozialen Umfeldes erschließt, in dem sie entstanden sind. Sie besitzen vielmehr ein intellektuelles Eigenleben, das unter Anwendung hermeneutischer Verfahren der Textinterpretation eigens entschlüsselt werden muß und das durch eine Beschränkung auf sozialgeschichtliche Methoden der Rekonstruktion nicht stillgestellt werden darf, weil es selbst einen hohen Informationswert für das Verstehen der sozialen Realität besitzt, aus der sie hervorgegangen sind. Intellektuelle sind Hermeneuten der Lebenswelt, ihr Werk eine interpretierte soziale Realität, in dem sich das vortheoretische Wissen, Problembewußtsein und Selbstverständnis einer Gesellschaft dokumentiert. Als interpretierte Wirklichkeit schließen intellektuelle Reflexionsleistungen an eine immer schon selbstreflexive Dimension der Gesellschaft an. Sie stellen nicht nur selbst eine soziale Realität sui generis dar, sondern verweisen darüber hinaus auf eine ›theoretische‹ Qualität der Gesellschaft, an die sie nur anknüpfen und die sie auf spezifische Weise zum Ausdruck bringen. Im Kontext moderner, intellektualisierter Gesellschaften kennzeichnet theoretisches Wissen eine Wirklichkeit eigenen Rechts: Das Werk von Intellektuellen als Interpreten der Lebenswelt zeugt von einer Selbstreflexivität der Gesellschaft, die wir in Form sozial, politisch und institutionell geronnener Ideen täglich »leben«. Diesen Ansatzpunkt einer erneuerten Ideen- und Theoriegeschichte hat Sandel in seiner Rekonstruktion der amerikanischen Public Philosophy überzeugend zum Ausdruck gebracht:

»Political philosophy seems often to reside at a distance from the world. Principles are one thing, politics another, and even our best efforts to live up to our ideals seldom fully succeed. Philosophy may indulge our moral aspirations, but politics deals in recalcitrant facts. Indeed some would say the trouble with American democracy is that we take our ideals too seriously, that our zeal for reform outruns our respect for the gap between theory and practice. But if political philosophy is unrealizable in one sense, it is unavoidable in another. This is the sense in which philosophy inhabits the world from the start; our practices and institutions are embodiments of theory. We could hardly describe our political life, much less engage in it, without recourse to a language laden with theory – of rights and obligations, citizenship and freedom, democracy and law. Political institutions are not simply instruments that implement ideas independently conceived; they are themselves embodiments of ideas. For all we may resist such ultimate questions as the meaning of justice and the nature of the good life, what we cannot escape is that we live some answer to these questions – we live some *theory* – all the time. ... If theory never keeps its distance but inhabits the world from the start, we may find a clue to our condition in the theory that we live. Attending to the theory implicit in our public life may help us to diagnose our political condition. It may also reveal that the predicament of American democracy resides not only in the gap between our ideals and institutions, but also within the ideals themselves, and within the self-image our public life reflects.«[73]

Nimmt man diese selbstreflexive Dimension der Gesellschaft und die kulturelle Vergesellschaftung sozialer Gruppen im Medium der Theorie ernst, erscheint auch die Exegese intellektuellen Wissens in einem neuen Licht: nicht mehr als Rekonstruktion eines bloßen Ideenhimmels, der einer sozialgeschichtlichen Unterfütterung bedarf, um Wirklichkeitsnähe beanspruchen zu können, sondern als Dokumentation einer kulturellen Selbstwahrnehmung der Gesellschaft. Dem entspricht die Rolle des Intellektuellen als hermeneutischem Interpreten der Lebenswelt, der das Alltagswissen und die Alltagsmoral einer Gesellschaft nicht transzendiert, sondern kritisch reflektiert.[74]

Die hier beabsichtigte Ideengeschichte der Civil Society versucht, dem sich abzeichnenden Verlust der Texte in der Intellectual History entgegenzuwirken, indem sie sie erneut ins Zentrum der Analyse rückt.[75] Allerdings sollen die Texte nicht begriffsgeschichtlich auf den semantischen Bedeutungshorizont von »Civil Society« hin untersucht werden. Vielmehr wird danach gefragt, welche Problemlagen und Modernisierungskrisen sich in ihnen manifestieren. Es geht um die Rekonstruktion eines Problembewußtseins der amerikanischen Gesellschaft aus den Schriften ihrer professionellen Interpreten, in denen sich ein hohes Maß an Theoriekompetenz, Kritikfähigkeit und Selbstreflexivität dokumentiert. Zwar läßt sich die Frage nach der gesellschaftlichen Bedeutung von Intellektuellen nicht hinreichend mit dem Verweis auf eine lange Liste wichtiger Bücher beantworten; gleichwohl wird man der spezifischen sozialen Bedeutung von Intellektuellen bei Vernachlässigung ihrer Texte nicht gerecht werden können.[76] Entscheidend

---

73 *Sandel*, Democracy's Discontent, S. IXf.
74 Diese Bestimmung von Intellektualität als kritischer Interpretation liegt auch Walzers Programm der Gesellschaftskritik zugrunde: *Walzer*, Zweifel; *ders.*, Kritik, dort S. 7.
75 Westbrook hat auf die Gefahren einer Ausblendung der Texte aufmerksam gemacht: »American intellectual historians have often failed to undertake a close analysis of the ideas themselves. As a result, we have studies that explore the origins and impact of ideas that never existed in the minds of those thinkers to whom they have been attributed.« (*Westbrook*, John Dewey, S. XIIf.).
76 Welche Faktoren über Einfluß und Bedeutung von Intellektuellen entscheiden, untersucht *Karl*, The Power of Intellect, der die jahrzehntelang einzigartige Stellung Charles Beards auf dessen Fähigkeit zurückführt, sich im Zentrum der wichtigsten akademischen

für deren Bedeutung im Kontext ihrer Zeit ist die kulturelle Orientierungskraft des von ihnen erbrachten Bildungswissens, das in modernen Gesellschaften ein wichtiger Faktor der kulturellen Vergesellschaftung ist.[77] Eine Geschichte von Intellektuellen, die auf die hermeneutische Interpretation der Texte verzichtet, hat enge Grenzen, weil sie die eigentliche Besonderheit von Intellektuellen ausblendet: nämlich ihre spezifisch ›intellektuelle‹ Kompetenz zur Analyse von Modernisierungsproblemen und sozialem Wandel. Diese Kompetenz manifestiert sich allein in den Texten; eine Diskursanalyse sozialer und urbaner Milieus, für die es auch mit Blick auf die amerikanischen Intellektuellen gute Beispiele gibt,[78] kann die hermeneutische Rekonstruktion theoretischer Texte ergänzen, aber nicht ersetzen, wenn man an der Spezifik des von Intellektuellen erbrachten Bildungswissens und ihres einzigartigen Beitrages zu den Prozessen der kulturellen Vergesellschaftung interessiert ist. Diese Spezifik kommt nur dann in den Blick, wenn man der theoretischen Qualität intellektueller Welt- und Zeitdeutungen gerecht wird, in denen sich der kulturelle und soziale Erfahrungshintergrund der Ideen überhaupt erst manifestiert. Die in dieser Untersuchung im einzelnen einzulösende Hypothese lautet, daß die Bedeutung der hier untersuchten Intellektuellen in der Komplexität ihrer gesellschaftstheoretischen Interpretation der zeitgenössischen Modernisierungsproblematik begründet liegt, – aus damaliger wie aus heutiger Sicht. Ihr Gewicht als öffentlichkeitswirksame Instanzen der politischen Kultur ist eine von dieser theoretischen Reflexionskompetenz abgeleitete Bestimmung.

In der Einzelforschung zu den verschiedenen Vertretern dieser Gruppierung sind seit langem die Aspekte herausgearbeitet worden, die sie zu den diskursprägenden Gestalten ihrer Zeit gemacht haben.[79] Die Aufgabe, die

---

Institutionen zu verankern. – Daß eine Orientierung an Bourdieus Begriff des »intellektuellen Feldes« bei der Analyse der sozialen und institutionellen Fundierung von Ideen zu methodischen Innovationen führen kann, zeigt *Ringer*, Fields, S. 4 ff.

[77] Darauf verweisen übereinstimmend *Lepsius*, Das Bildungsbürgertum, S. 9 ff.; sowie *Shils*, Was ist eine Civil Society?, S. 38.

[78] Methodisch gesehen ist das Werk Benders durch den weitgehenden Verzicht auf Werkanalysen gekennzeichnet. Stattdessen geht es ihm um die Einbindung der Intellektuellen in die urbanen Milieus, die öffentliche Kultur sowie die »communities of discourse« ihrer Zeit: *Bender*, The Cultures, S. 181; *ders.*, The Culture; *ders.*, New York Intellect; *ders.*, Toward; *ders.*, Intellect; *ders.*, New York in Theory. – Methodisch ähnlich gelagert ist die Arbeit zu den nicht-akademischen Intellektuellen New Yorks während der ersten Hälfte des 20. Jahrhunderts von *Biel*, Independent Intellectuals; zur ästhetischen Bohemekultur siehe auch: *Crunden*, American Salons, S. 337 ff.

[79] Keine hinreichende Begründung ihrer theoriegeschichtlichen Bedeutung, wohl aber ein erster Hinweis auf ihre Wichtigkeit ist eine von Herausgebern der Zeitschrift »The New Republic« veranstaltete Umfrage unter Freunden und Kollegen aus dem Umfeld des politischen Zeitschriftenwesens zu den »books that changed our minds« aus dem Jahre 1939, bei der Dewey, Beard und Veblen beinahe unangefochten das Spitzentrio der einflußreichsten Autoren der Zeit bildeten: *Cowley u. Smith (Hg.)*, Books that changed our minds. – Nicht fehlen darf an dieser Stelle die geradezu klassisch gewordene Formulierung Commagers zur

sich hier vor allem stellt, ist die Analyse eines heterogenen Theoriemilieus, aus dem sich, ohne die Unterschiede zwischen den jeweiligen Positionen verwischen zu wollen, der historische Erfahrungshintergrund und die soziopolitische Struktur des amerikanischen Begriffs der Civil Society ablesen läßt.

Neben dieser ideengeschichtlichen Fragestellung bietet die Rekonstruktion eines räumlich und zeitlich begrenzten intellektuellen Milieus aber auch die Chance zur Vermittlung von Ideen- und Sozialgeschichte: Die intellektuelle Gruppierung um die New School for Social Research ist in hohem Maße durch die Spezifik des urbanen Diskursraumes geprägt, in dem sie sich konstituiert hat und auf den sie zurückwirkt.[80] Dieser urbane Zusammenhang ist bei der Analyse eigens in Rechnung zu stellen und methodisch zu berücksichtigen, da er in erheblichem Maße den sozialgeschichtlichen Erfahrungshintergrund der intellektuellen Entwürfe jener Zeit bestimmte.[81]

Die New School for Social Research ist aus der besonderen Konstellation New Yorks zu Beginn des 20. Jahrhunderts hervorgegangen und hat auf eine urbane Atmosphäre reagiert, die durch die Industrialisierungs-, Urbanisierungs- und Immigrationsproblematik der Zeit geprägt war und sich gerade deshalb durch eine besondere kulturelle Vitalität und Dynamik auszeichnete.[82] In dieser Zeit wurde New York nicht nur zum intellektuellen Zentrum Amerikas und zu seinem »Laboratorium der Moderne«, sondern auch zu dem Ort, an dem die Transformation europäischer Einflüsse zu einem spezifisch amerikanischen Ideenkonglomerat stattfand und sich das Paradigma einer eigenständigen amerikanischen Kultur abzuzeichnen be-

---

überragenden Bedeutung Deweys als Public Intellectual während der ersten Jahrzehnte des 20. Jahrhunderts, die trotz aller Mystifizierung Deweys einen wahren Kern enthält: »So faithfully did Dewey live up to his philosophic creed that he became the guide, the mentor and the conscience of the American people; it is scarcely an exaggeration to say that for a generation no major issue was clarified until Dewey had spoken.« (*Commager*, The American Mind, S. 100). – In immer neuen Superlativen ist diese intellektuelle Ausnahmestellung Deweys in der Geschichte der Progressive Era und des New Liberalism der ersten Hälfte des 20. Jahrhunderts beschrieben worden: *Rorty*, Consequences, vergleicht die »moral leadership« Deweys in der politischen Öffentlichkeit seit den 20er Jahren mit derjenigen Fichtes und Hegels im Deutschland des frühen 19. Jahrhunderts (S. 63); *Diggins*, The Promise nennt ihn nicht ohne Ironie den »high priest of American liberalism« (, S. 218). – Ähnlich *Westbrook*, John Dewey, S. XIV; sowie *Karier*, John Dewey, S. 439.

80 Zur Einordnung der New School in das kulturelle Klima New Yorks siehe vor allem: *Rutkoff u. Scott*, New School. – Als eine wichtige Parallelstudie zu einer vergleichbaren Institution siehe jetzt *Dahrendorf*, A History.
81 *Lees*, Cities Perceived, S. IX.
82 *Bender*, New York Intellect; *Mollenkopf*, Power; *Shefter*, Capital; *Ward u. Zunz (Hg.)*, The Landscape. – Zum besonderen kulturellen Klima von Greenwich Village, wo die New School bis heute angesiedelt ist: *Beard*, Greenwich Village; *Ware*, Greenwich Village, eine in den frühen 30er Jahren entstandene Pionierleistung aus der Tradition der Community-Studies.

gann.[83] Methodisch verweist die Untersuchungsgruppe auf den Zusammenhang zwischen moderner Geistes- und Stadtgeschichte, weil Intellektualisierungsprozesse weitgehend an den sozialen Raum der Stadt gebunden sind.[84] Als »communities of discourse« und Interpretationsgemeinschaften der modernen Gesellschaft stehen intellektuelle Milieus im Schnittpunkt vielfältiger Prozesse, die den sozialgeschichtlichen Hintergrund ihres Reflexionswissens manifestieren. Im Rekurs auf konkretisierbare urbane Formen intellektueller Vergemeinschaftung läßt sich dieses Wechselverhältnis zwischen kulturellen Ideen und sozialen Kontexten methodisch kontrolliert herausarbeiten.[85]

Als Beitrag zu einer Geschichte der amerikanischen Intellektuellen während der ersten Hälfte des 20. Jahrhunderts bewegt sich diese Studie unter methodischen Gesichtspunkten jenseits von Begriffsgeschichte, Kollektivbiographie, Institutionenanalyse und Wissenschaftsgeschichte. Am ehesten ließe sie sich als eine an den zeitgenössischen Orientierungsproblemen und Modernisierungskrisen ansetzende Ideengeschichte der Gesellschaft charakterisieren. Es geht um die Rekonstruktion eines Modernisierungsdiskurses, der sich gleichermaßen im Rahmen theoretisch einflußreicher Texte und öffentlich wirksamer Debatten konstituiert hat.[86]

2. Die bisher dargelegten Aspekte sollen in mehreren Schritten verfolgt werden: In einem ersten Schritt wird es darum gehen, die Formierung der

---

83 Diese Bedeutung New Yorks als Entstehungsort einer spezifisch amerikanischen Kultur betont *Bender*, New York in Theory, S. 60; *ders.*, New York Intellect, S. XIII f.: »We cannot understand ourselves as intellectuals, as Americans, until we grasp the special character of New York – both its possibilities and its limitations – as a place of intellect.« – Man muß seiner Ansicht nicht unbedingt zustimmen, daß sich am Schicksal New Yorks das Schicksal der modernen Kultur überhaupt entscheidet, um dieser Stadt, in der sich seit dem 18. Jahrhundert eine Theorie der modernen Gesellschaft und Kultur im Gegensatz zum Neuengland-Puritanismus entwickelte, eine besondere Bedeutung zubilligen zu können. – Zur Bedeutung New Yorks als kulturellem Zentrum der USA siehe auch *Lees*, Cities Perceived, S. 205.

84 Klassisch zum Zusammenhang zwischen Urbanisierung und Intellektualisierung und für die Bedeutung der Großstadt »in der Weltgeschichte des Geistes« ist *Simmel*, Die Großstädte (Zitat S. 241). – Diesen Zusammenhang reflektiert auch Prigge in seiner Studie zur kulturellen Intelligenz in Wien um 1900, in Frankfurt um 1930 und in Paris um 1960, in der er die urbanen Grundlagen intellektueller Milieus herausarbeitet und die Stadt als Zirkulationsraum von Ideen entfaltet, in: *Prigge (Hg.)*, Städtische Intellektuelle, S. 12 f.: »Geistesgeschichte ist Stadtgeschichte. Städtische Kulturen bilden die materiellen Voraussetzungen für die Entfaltung von Intellektualität; die Geschichte der Ideen materialisiert sich in ihnen durch Netzwerke und Verflechtungen intellektueller Strategien, deren Zusammentreffen und Austauschformen spezifische urbane Milieus erzeugen. ... Moderne Ideengeschichte ist durchaus im Lichte der Stadtkulturen zu lesen: als materiale Geschichte einer Urbanisierung des Geistes.«

85 Im amerikanischen Forschungskontext betont diesen methodischen Wert lokaler Milieustudien für die Sozialgeschichte der Ideen vor allem *Bender*, The Cultures, S. 191 f.

86 Methodisch ähnlich gelagert ist *McClay*, The Masterless, S. 7 f.

Intellektuellen des Progressive Movement aus drei unterschiedlichen Perspektiven zu skizzieren. Besondere Aufmerksamkeit kommt dabei zunächst dem urbanen Milieu New Yorks zu Beginn des 20. Jahrhunderts zu, da sich die Programmatik der New School und die in sie eingegangenen Reformmotive wesentlich aus dieser innerstädtischen Konstellation herleiten lassen. Ferner sollen überblicksartig die Elemente und Strukturen des New Liberalism herausgearbeitet werden, der die politische Philosophie des Progressive Movement wesentlich bestimmt hat. Schließlich soll das wissenssoziologische Selbstverständnis der amerikanischen Intellektuellen rekonstruiert werden, weil es Aufschluß darüber gibt, welche Aufgaben und Funktionen sie sich als »public intellectuals« selber zugeschrieben und wie sie ihre Position in der Gesellschaft legitimiert haben (2.).

Ein konstitutiver Faktor für die Entstehung des Progressive Movement war eine neue Theorie des gesellschaftlichen Fortschritts, die sich zunehmend sowohl von kulturkritischen, als auch von positivistischen Vorbildern abgrenzte. Die Auseinandersetzung mit den Schriften Charles und Mary Beards sowie James H. Robinsons gibt die Gelegenheit, am Beispiel der Progressive History Grundelemente und Grenzen der Fortschritts- und Zivilisationskonzeption jener Zeit herauszuarbeiten (3.).

Das folgende Kapitel widmet sich der amerikanischen Tradition des Sozial- und Interventionsstaats. Die Bedeutung der zeitgenössischen Intellektuellen ist in diesem Zusammenhang darin zu sehen, daß sie erstens krisendiagnostisch auf die sozioökonomischen Problemlagen der Zeit aufmerksam gemacht haben, daß sie zweitens durch ihre Mitarbeit in zahlreichen Organisationen praktische Reformstrategien entwickelt und erprobt haben, und daß sie drittens schließlich gesellschaftstheoretische Perspektiven für die sozialstaatliche Revision von Politik und Gesellschaft erarbeitet haben. Angesichts der fehlenden administrativen Voraussetzungen einer interventionistischen Politik haben sie die bereits angesprochene Stellvertreterfunktion der neuen professionellen Mittelklassen erfolgreich wahrgenommen (4.).

Diese Stellvertreterfunktion teilten die Reformintellektuellen mit der amerikanischen Frauenbewegung, die ebenfalls eine wichtige soziale Trägergruppe der wohlfahrtsstaatlichen Politik des frühen 20. Jahrhunderts darstellte. Die Geschlechterfrage gehörte aufgrund des rapiden Wandels weiblicher Lebens- und Berufsrollen zu den umstrittensten Problemfeldern der Zeit und gehörte zum Kern der zeitgenössischen Diskussionen um Citizenship und Civil Society. In ingeniöser Weise hat Mary Beard diese Auseinandersetzungen aufgegriffen und zu leitenden Perspektiven ihres historiographischen Werks ausgearbeitet. Dabei hat sie in den zeitgenössischen Diskussionen um den amerikanischen Sozialstaat bereits im Sinne des Maternal Welfare State Position bezogen und die Bedeutung von Frauen für die soziale Umgestaltung von Staat und Gesellschaft sowie für die Überwindung des Laissez faire-Kapitalismus betont. Darüber hinaus hat sie mit einer Reihe historischer Pionierstudien aus den 30er und 40er Jahren in die Auseinandersetzungen der amerikanischen Frauenbewegung um das Equal Rights Amendment und die Arbeitsschutzbestimmungen speziell für Frauen (Protective Labor Legislation) eingegriffen,[87] die nach der Erringung des Wahlrechts aufkamen und auch in der heutigen Frauenbewegung als »equality-difference-dilemma« weiterhin aktuell sind.[88] In ihren Schriften hat Mary Beard die Differenz weiblicher Lebensformen gegenüber männlich dominierten Handlungsfeldern betont und den »social feminism«[89] als konstitutiven Faktor gesellschaftlicher Veränderung legitimiert. Die Auseinandersetzung mit dem Werk Mary Beards bietet neben der Chance zur Rekonstruktion einer Pionierleistung amerikanischer Frauengeschichte die Gelegenheit, ihre bisher weitgehend vernachlässigte Bedeutung innerhalb der Progressive History aufzuarbeiten (5.).[90]

Im Anschluß daran sollen die damals wie heute umstrittenen Ordnungsvorstellungen von Social Control und Social Planning thematisiert werden. Als Grundelemente des New Liberalism brachten sie Ideen moderner Demokratie zum Ausdruck, deren Spektrum von einem sozialtechnisch motivierten »democratic elitism« im Stile Lippmanns bis zu Deweys Version von »social intelligence« reichte, die als Element der politischen Öffentlichkeit die Rationalität experimenteller Wissenschaft für praktische Lebenszusammenhänge fruchtbar machen wollte.[91] Für Dewey besaß die Wissenschaft aufgrund der Affinität ihrer methodischen Verfahren der Wahrheitsfindung zu den Prinzipien demokratischer Vergesellschaftungsformen eine Vorbildfunktion für die Gestaltung der Civil Society. Mit der These eines untrennbaren Zusammenhangs zwischen Wissenschaft und Demokratie griff er zwar die seinerzeit gängigen Forderungen nach »social efficiency« auf, gab ihnen jedoch im Gegensatz zu vielen anderen Intellektuellen seiner Zeit keine sozialtechnische Wendung im Sinne einer Herrschaft der Experten und der neuen Eliten der »professional middle class«. Vielmehr ging es ihm um eine zeitgemäße Vermittlung von Theorie und Praxis. Was die Wissenschaft für ihn attraktiv und wichtig machte, waren die Aspekte von Diskursivität, experimenteller Methode und Erfahrungsoffenheit, eine institutionalisierte Selbstreflexivität und -kritik und schließlich die Verpflichtung auf

---

87 *Becker*, The Origins; *Cott*, The Grounding, S. 115ff.; *Lehrer*, Origins; *Lunardini*, From Equal Suffrage; *Sealander*, Feminist.

88 *Bock u. James (Hg.)*, Beyond Equality; *Buechler*, Women's Movements; *Chafe*, Women; *Elshtain*, The Feminist Movement; *Gatens*, Feminism; *Gilligan*, In a Different Voice; *Rendall (Hg.)*, Equal or Different; *Rhode (Hg.)*, Theoretical Perspectives; *Sarvasy*, Beyond; *Scott*, Deconstructing; *dies.*, History.

89 Siehe hierzu *Cott*, What's in a Name.

90 Auch noch bei *Breisach*, American Progressive History ist der Beitrag Mary Beards unberücksichtigt geblieben. Siehe jedoch bereits *Cott*, Two Beards; *Lebsock*, Reading; *Smith*, Seeing; *Turoff*, Mary Beard.

91 Siehe zu Deweys Wissenschaftstheorie *Manicas*, Pragmatic Philosophy; *Wilson*, Science, Community.

das Prinzip der Öffentlichkeit und der ausschließlichen Geltung des besseren Arguments. Nicht die Verwissenschaftlichung der Lebenswelt im Sinne einer »planned society« standen hinter Deweys Vermittlungsversuch von Demokratie und Wissenschaft, sondern die Überzeugung eines unlösbaren Zusammenhangs von theoretischer und praktischer Vernunft. Nach dem Vorbild der Wissenschaft konzipierte Dewey Demokratie und Öffentlichkeit als Strategien experimenteller Problemlösung. Darum pflegte er seine Variante pragmatistischer Philosophie auch »experimentalism« und »instrumentalism« zu nennen (6.).

Dieser zeitgenössischen Bedeutung Deweys widmet sich auch das folgende Kapitel. Wie kein anderer Intellektueller der ersten Hälfte des 20. Jahrhunderts hat Dewey öffentlichkeitswirksam die Problemlagen seiner Zeit reflektiert und seine Variante des amerikanischen Pragmatismus in enger Fühlungnahme mit gesellschaftlichen Erfahrungen und Orientierungsbedürfnissen entwickelt. Einer der Grundbegriffe der pragmatistischen Gesellschaftstheorie ist der Begriff der Erfahrung. Eine Erfahrung ist der Schritt, der zwischen Problem und Problemlösung liegt; eine Erfahrung zu machen bedeutet, auf eine Herausforderung im Sinne der Störung eines bestehenden Gleichgewichts kulturell so zu reagieren, daß die notwendigen Anpassungsleistungen erfolgen können, mit denen ein Gleichgewicht auf neuer Stufe wiederhergestellt werden kann. Deweys Erfahrungsbegriff gründet in einer Anthropologie, die den Menschen als ein gefährdetes Wesen in einer kontingenten Welt begreift. Erfahrungen sind für ihn die Summe problemlösender Reaktionen auf diese strukturelle Gefährdung.[92] In diesem Zusammenhang gewinnt Deweys Ästhetik ihre gesellschaftstheoretische Bedeutung, weil sie die Kunst als ein Paradigma dieser kulturellen Aneignung von Erfahrung entwirft.

Ausgehend vom Begriff der Erfahrung lassen sich aber auch die demokratietheoretischen Grundlagen des amerikanischen Pragmatismus rekonstruieren. Besondere Bedeutung kommt dabei Deweys kommunikationstheoretischer Erneuerung der politischen Philosphie zu, die als das anspruchsvollste Theorieprogramm des New Liberalism gelten kann.[93] Wie bereits angedeutet, war die Progressive Era durch einen rapiden Wandel der Mechanismen sozialer Integration und durch den Übergang von lokalen Vergemeinschaftungsformen zu komplexeren Vergesellschaftungsmechanismen geprägt. Dewey hat die damit einhergehenden Probleme im Rahmen seiner Theorie der »Great Society« durchdacht[94] und mit einer neuen Konzeption politi-

---

[92] Siehe hierzu vor allem das Kapitel »Das Prekäre und das Stabile als Eigenschaften des Daseins« in *Dewey*, Erfahrung und Natur, S. 55. ff., 411 ff.
[93] Siehe zuletzt *Kloppenberg*, Pragmatism, S. 119 ff. – Außerdem *Joas*, Pragmatismus, S. 284 ff.; *Shalin*, Mead, S. 936 ff.
[94] Der Begriff der »Great Society« geht zwar auf das Buch von *Graham Wallas*, The Great Society: A Psychological Analysis, zurück, jedoch gab ihm Dewey einen eigenständigen Bedeutungsgehalt.

scher Öffentlichkeit beantwortet. Mit ihr reagierte er auf die zeitgenössischen Ideen des »democratic elitism« und der »planned society« als autoritären Auswegen aus der Modernisierungskrise der Gegenwart, wie sie etwa von Lippmann ausgearbeitet worden sind (7.).[95]

Eine weitere Fragestellung dieser Arbeit zielt auf den in der amerikanischen Ideengeschichte traditionell engen Zusammenhang zwischen nationalem und religiösem Diskurs, der in der hier untersuchten Epoche zu einer besonderen Form der Zivilreligion geführt hat. Die Progressive Era fiel zeitlich mit dem Höhepunkt der New Immigration zusammen, die von vielen Zeitgenossen als eine kulturelle Gefahr wahrgenommen wurde, weil sie die relative Homogenität der amerikanischen Gesellschaft bedrohte.[96] Entsprechend verschärften sich die ethnischen Auseinandersetzungen der Zeit zu nativistischen Strömungen und Amerikanisierungsbestrebungen, in denen die zivilreligiöse Legitimierung Amerikas zum Instrument kultureller Repression und zum Organ eines aggressiven Nationalismus wurde.

Auch von den hier untersuchten Intellektuellen wurde die Immigrationsproblematik des frühen 20. Jahrhunderts als ein Problem der kulturellen und sozialen Integration aufgegriffen und zu neuen Theorieentwürfen nationaler Identität verarbeitet. In dieser Zeit entwickelte Kallen im Gegensatz zu den etablierten Assimilations- und Melting Pot-Konzeptionen die Theorie des Cultural Pluralism, die eine Anerkennung von Anderssein und Differenz mit der gemeinsamen Verpflichtung auf die Declaration of Independence und die amerikanische Verfassung zu verbinden suchte.[97] An seinem Beispiel läßt sich die Frage der nationalen Identität als ein wichtiges Theorieelement der Civil Society rekonstruieren. Zugleich zeichnet sich bei ihm eine andere, mit seinen jüdischen Wurzeln vermittelte Idee der Zivilreligion ab, die gerade nicht die Pflicht begründete, gleichartig zu sein, sondern das »right to be different« als Grundlage einer liberalen Gesellschaft religiös legitimierte.

In der Auseinandersetzung mit Kallens Theorie des Cultural Pluralism, aber auch mit Deweys pragmatistischer Religionsphilosophie läßt sich die religiöse Dimension des Progressive Movement erörtern und die Frage nach der Bedeutung der Religion für die Legitimation und Kritik politischer Herrschaft stellen. Damit ergeben sich zugleich Anknüpfungspunkte an die Diskussion zur amerikanischen Tradition der Civil Religion,

---

95 Etwa in *Lippmann*, Public Opinion; *ders.*, The Phantom Public.
96 Siehe noch immer als maßgebliche Darstellungen dieser Zusammenhänge *Gordon*, Assimilation; *Higham*, Strangers; *Bodnar*, The Transplanted.
97 *Kallen*, Democracy versus the Melting Pot; *ders.*, Culture and Democracy; *ders.*, Cultural Pluralism. – Trotz einiger Unterschiede bezieht jetzt *Hollinger*, Postethnic America eine vergleichbare Position. – Zum Spektrum der zwischen Cultural Pluralism und Melting Pot schwankenden Positionen innerhalb des Progressive Movement siehe *Lissak*, Pluralism.

die sich in der Gegenwart zu einem breiten Forschungszweig aufgefächert hat (8.).[98]

In einem resümierenden Schlußkapitel soll schließlich auf die theoriehistorische Bedeutung des hier untersuchten Diskurses für die gegenwärtigen Kontroversen um Liberalismus und Kommunitarismus eingegangen werden.[99] Daß dieser Kontroverse eine historische Dimension bis heute fehlt, kann als Indiz ihrer mangelnden Selbstreflexivität gelten.[100] In den gegenwärtigen Diskussionen geht es wie zu Beginn des 20. Jahrhunderts um das Spannungsverhältnis zwischen liberalen und kommunitären Elementen der modernen Gesellschaft. Für die historische Interpretation des amerikanischen Liberalismus ist das intellektuelle Milieu des frühen 20. Jahrhunderts von Bedeutung, weil der New Liberalism der Progressive Era das Verhältnis dieser beiden Formen des Politischen zueinander neu arrangiert hat und damit die Grundlagen des kommunitären Liberalismus in der amerikanischen Gesellschaftstheorie des frühen 20. Jahrhunderts gelegt hat. Die Rekonstruktion dieser Zusammenhänge könnte den neuen Kontroversen eine theoriegeschichtliche Perspektive beisteuern (9.).[101]

---

98 *Bellah*, Civil Religion; *ders*., Religion and Polity; *ders. u. Hammond*, Varieties. – Aus der neueren Forschung siehe: *Chidester*, Patterns of Power, der verschiedene Typen von Civil Religion in den USA herausarbeitet; *Dean*, The Religious Critic; *Fowler*, Religion and Politics; *ders*., Unconventional Partners; *Kleger u. Müller (Hg.)*, Religion des Bürgers; *Lacey (Hg.)*, Religion; *Ostendorf*, Identitätsstiftende Geschichte; *Richey u. Jones (Hg.)*, American Civil Religion; *Wilson*, Public Religion.

99 Einen Überblick über diese Debatte bieten: *Brumlik u. Brunkhorst (Hg.)*, Gemeinschaft; *Daly (Hg.)*, Communitarism; *Honneth (Hg.)*, Kommunitarismus; *Zahlmann (Hg.)*, Kommunitarismus.

100 Diesen Mangel erwähnt mit Recht *Eisenach*, The Lost Promise, S. 205.

101 Auf die Notwendigkeit, die Geschichte der »public philosophy« immer wieder neu zu erzählen zu müssen, verweist *Sandel*, Democracy's Discontent, S. 351.

2. Die politischen Intellektuellen und die Transformation des Liberalismus

In den letzten Jahren häufen sich die Klagen, daß New York seine angestammte Bedeutung eines innovativen Zentrums der amerikanischen Kultur verloren habe und daß dieser Bedeutungsverlust unmittelbar mit dem Verschwinden des politischen Intellektuellen zusammenhänge.[1] Dementsprechend ist der Streit um die öffentliche Bedeutung des Intellektuellen erneut entbrannt. Versuche zur Wiederbelebung der Public Philosophy[2] im Sinne eines öffentlichen Räsonnements über die politischen, gesellschaftlichen und kulturellen Grundlagen gegenwärtiger Lebensformen finden sich – teilweise in direkter Anknüpfung an die Gründergeneration der New School – vor allem im Kontext der Kommunitarismuskontroverse, die das gesellschaftstheoretische Klima der letzten Jahre dominiert hat.[3] In diesen Debatten bleiben die Intellektuellen des frühen 20. Jahrhunderts aktuell, weil sich die von ihnen aufgeworfenen Fragen gegenwärtig neu stellen. Michael Walzer hat die politische Bedeutung der Intellektuellen auf die Formel gebracht, daß deren Interpretationsleistungen aus dem Innern der Gesellschaft selber und nicht von einem archimedischen Standpunkt außerhalb stammen; sie artikulieren ein gesellschaftliches Selbstbewußtsein: »Zweifellos kritisieren sich Gesellschaften nicht selbst: Gesellschaftskritiker sind Individuen, aber sie sind ebenso – wenigstens in den allermeisten Fällen – auch Mitglieder der Gesellschaften, die sie kritisieren; und sie reden in der Öffentlichkeit zu anderen Gesellschaftsmitgliedern, die ihrerseits am Gespräch teilnehmen und deren Rede eine kollektive Reflexion auf die Bedingungen kollektiven Zusammenlebens darstellt.«[4] Der Typus des Intellektuellen ist nicht der »Fremde« Simmels, kein externer Kritiker oder »alienated intellectual«, der zu der Gesellschaft, die er beobachtet und beschreibt, bewußt Abstand hält, sondern er ist in sie verstrickt. Intellektuelle im Sinne kulturell vergesell-

---

[1] Etwa bei *Bender u. Sennett*, New York, S. 190. – Zur Bedeutung New Yorks in der Geschichte der amerikanischen Linken siehe *Diggins*, The Rise and Fall, S. 50. – Daß das Verschwinden der Intellektuellen in direktem Zusammenhang mit dem Aufstieg angestellter Professoren stehe, ist die zu vereinfachende These von *Jacoby*, The Last Intellectuals.
[2] Zum Bedeutungsgehalt des Begriffs siehe *Sandel*, Democracy's Discontent: »By public philosophy, I mean the political theory implicit in our practice, the assumptions about citizenship and freedom that inform our public life.« (S. 4). – Mit ähnlicher Tendenz siehe *Sullivan*, Reconstructing; *Bellah u. a.*, The Good Society.
[3] Siehe hierzu außerdem *Fowler*, The Dance; *Ketcham*, Individualism; *Walzer*, Kritik; ders., Zweifel; ders., Zivile Gesellschaft. – Einen Überblick über die Diskussion verschafft *Daly (Hg.)*, Communitarianism.
[4] *Walzer*, Kritik, S. 45.

schafteter und assoziierter Individuen knüpfen an das existierende Selbstbewußtsein einer Gesellschaft und deren Formen immanenter Selbstkritik an und steigern diese alltäglichen Interpretationsleistungen der »public philosophy« zu theoretischen Deutungssystemen. Sie entwerfen keine konstruierte, eigentliche Wirklichkeit jenseits der alltäglichen Erfahrung, sondern widmen sich auf besondere Weise derjenigen Erfahrungswelt, in der sich eine Gesellschaft selber deutet und kulturell orientiert. Damit ist die Fähigkeit zur bewußten Selbstkorrektur, zur Artikulation von Kritik und Hoffnungen, aber auch zur Erschließung neuer Entwicklungsperspektiven gemeint. Die theorieförmigen Interpretationsleistungen von Intellektuellen sind Deutungsangebote, die keine Wirklichkeit jenseits der alltäglichen Lebenserfahrung eröffnen, sondern direkt in die existierende Gesellschaft hineinführen. Ganz in diesem Sinne charakterisiert Walzer den Public Intellectual als reflektierten Vertreter der Alltagsmoral und als Experten des »common complaint«:

»Gesellschaftskritik ist weniger ein Abkömmling wissenschaftlichen Wissens als vielmehr der gebildete Vetter der gemeinen Beschwerde. Wir werden gewissermaßen auf natürliche Weise zum Sozialkritiker, indem wir auf der Grundlage der bestehenden Moral(auffassungen) aufbauen und Geschichten von einer Gesellschaft erzählen, die gerechter ist als die unsere, aber niemals eine völlig andere Gesellschaft. Es ist besser, Geschichten zu erzählen – besser, obwohl es keine definitive oder beste Geschichte gibt, besser, obwohl es keine letzte Geschichte gibt, die, sobald sie einmal erzählt wurde, alle künftigen Geschichtenerzähler beschäftigungslos machen müßte.«[5]

Die Interpretation und Kritik von Intellektuellen realisiert auf besondere Weise eine Grundform menschlicher Selbstreflexivität, in der sich Gesellschaften kulturell deuten, verstehen und verändern. Walzer interpretiert das allgemein-menschliche Faktum des Klagens als uralten Mechanismus sozialer Selbstdeutung. Die Klage ist das von Intellektuellen nur verfeinerte Instrumentarium eines menschlichen Gemeinschaftslebens, das darauf zielt, sich über sich selbst kulturell zu verständigen und sich seiner Identität zu vergewissern: »Die Klage ist eine der Grundformen gegenseitiger Anerkennung. ... Ich klage, also bin ich. Wir sprechen über die Klagen, also sind wir.«[6]

Die öffentliche Wirksamkeit des Intellektuellen, d.h. seine Kompetenz, aufklärend, streitend und informierend in die lebensweltlichen Prozesse der kulturellen Orientierung einzugreifen, ist der Lohn seines Anknüpfens an die gesellschaftliche Normalsprache und resultiert aus dem erfahrungsnahen und reflektierten Aufgreifen aktueller Problemlagen. Durch die Vermittlung von Theorie und Praxis werden Intellektuelle zu Trägern der politischen Öffentlichkeit und der »public philosophy« einer Gesellschaft, von denen

---

5 *Ebd.*, S. 78f.
6 *Ders.*, Zweifel, S. 13.

die in Mentalitäten und Institutionen geronnenen Formen kollektiver Identität zum Ausdruck gebracht oder in Frage gestellt werden.

Mit diesen gegenwärtigen Diskussionen um die politische Bedeutung des Intellektuellen und um die heutzutage angemessenen Strategien der Gesellschaftsanalyse wächst erneut das Interesse an der Progressive Era, da in ihr die Grundlagen für eine neue Konzeption der Public Philosophy und der politischen Rolle des Intellektuellen gelegt worden sind.[7]

In diesem Kapitel sollen zunächst überblicksartig und in methodischer Kombination ideen- und sozialgeschichtlicher Fragestellungen der historische Formationsprozeß, die politische Ideenwelt und die wissenschaftstheoretische Selbstlegitimierung der zeitgenössischen Intellektuellen herausgearbeitet werden. Dies wird in drei Schritten geschehen: Zunächst ist die urbane Atmosphäre New Yorks zur Zeit der Progressive Era als das spezifische Umfeld zu rekonstruieren, in dem eine neue Generation von Intellektuellen entstanden ist und in dem die Gründung der New School for Social Research im Jahre 1919 erfolgte (a).

Am Beispiel dieses Milieus läßt sich die wichtigste Theorieleistung des frühen 20. Jahrhunderts herausarbeiten: das Politikmodell des »New Liberalism« (b). Der amerikanische Begriff des Liberalismus stellt weniger eine parteipolitische Kategorie, als vielmehr ein gewöhnlich von Intellektuellen formuliertes Theoriekonstrukt dar,[8] mit dem Strukturen der modernen Gesellschaft gekennzeichnet werden. Zwar gilt dies auch für die englische Variante des New Liberalism, der sich ebenfalls weniger parteipolitisch zuordnen läßt, als vielmehr eine ideenpolitische Position repräsentiert, die im Kontext intellektueller Gruppierungen als »Gedankenwerkstätten des sozialen Liberalismus« formuliert wurde.[9] Jedoch scheint ein wichtiger Unterschied gegenüber der amerikanischen Spielart darin bestanden zu haben, daß sich die englischen Intellektuellen noch durchaus in der Tradition des älteren Liberalismus gesehen haben, den sie durch die Ergänzung um ein sozialpolitisches Modernisierungsprogramm erhalten und weiterführen wollten, während das politische Selbstverständnis der amerikanischen Intellektuellen durch einen radikaleren Bruch mit den liberalen Traditionen des 19. Jahrhunderts gekennzeichnet war.[10]

---

[7] *Sandel*, Democracy's Discontent, S. 201 ff. – Vor allem deshalb gilt Dewey heute als Vertreter einer »conception of politics, from which we still have much to learn« (*Bellah u. a.*, The Good Society, S. 139).

[8] Dies betonen *Gerstle*, The Protean Character; *Kloppenberg*, Uncertain Victory. – Zu den Liberalismus-Diskussionen der Jahrhundertwende siehe auch *Lustig*, Corporate Liberalism. – Zur Vermittlung ideengeschichtlicher und politischer Aspekte des Liberalismus siehe *Garry*, Liberalism.

[9] So *Rohe*, Sozialer Liberalismus, S. 112, 116.

[10] Als Vergleichsstudie zum englischen New Liberalism siehe *Freeden*, The New Liberalism.

Schließlich soll das wissenschaftstheoretische Selbstverständnis der zeitgenössischen Intellektuellen dargelegt werden, das in den wissenssoziologischen und gesellschaftstheoretischen Diskussionen der Gegenwart erneut aufgegriffen wird (c).

a) Urbane Entstehungsmilieus sozialer Reform und die New School for Social Research

Die Gründung der New School im Jahre 1919 erfolgte vor dem Hintergrund eines urbanen Transformationsprozesses, der den gesellschaftlichen Diskursraum der amerikanischen Intellektuellen, die »social matrix of intellectual life« nachhaltig veränderte.[11] Während des 19. Jahrhunderts hatte sich das intellektuelle Leben in den USA noch weitgehend innerhalb kleinräumiger lokaler Einheiten abgespielt und war in den öffentlichen Kommunikationszusammenhang der Stadt eingebunden. Für diese Zeit gilt noch die Gleichung, daß Ideengeschichte immer auch Stadtgeschichte sei und räumlich, institutionell und atmosphärisch an urbane Räume gebunden sei.[12] Seit der zweiten Hälfte des 19. Jahrhunderts wurde dieser urbane Kontext kultureller Selbstverständigung durch zwei Trends zunehmend unterhöhlt: zum einen durch einen Prozeß von Urbanisierung, der das tradierte Gefüge der innerstädtischen Kommunikation und öffentlichen Kultur zugunsten der unpersönlichen Beziehungsmuster eines neuen Großstadttyps auflöste; zum anderen durch einen Prozeß von Professionalisierung, der an die Stelle der »urban intellectual public culture« die »nonlocal culture of professionalism« setzte.[13] Damit entstand ein Spannungsverhältnis zwischen konkurrierenden Mechanismen der sozialen Integration sowie zwischen unterschiedlichen Methoden einer intellektuellen Selbstdeutung der Civil Society: Die unpersönlichen Kommunikationsstrukturen professioneller Expertendiskurse und hochspezialisierter Fachdisziplinen entkoppelten sich vom Sozialzusammenhang eines öffentlichen Meinungs- und Informationsaustauschs der Bürger, der sich bisher in kleinräumigen, an die Partizipation der Bürger und an deren face to

---

11 Zur Rekonstruktion dieses urbanen Feldes siehe *Bender*, The Cultures; *ders.*, New York Intellect; *ders.*, Intellect; *ders.*, Metropolitan Life. – Siehe außerdem *Lees*, Cities Perceived; *ders.*: The Metropolis.

12 Dazu *Bender*, Community, S. 61 ff.; *Crunden*, American Salons, S. XIV; *Prigge*, Städtische Intellektuelle, S. 12; schließlich: *Simmel*, Die Großstädte, S. 232.

13 *Bender*, The Cultures, S. 187; *ders.* (Hg.), The University; *ders.*, Toward. – Die klassische Studie dieses Transformationsprozesses ist *Wiebe*, The Search, S. 11 ff., der den Zusammenbruch des Systems der »island communities« als sozialgeschichtlichen Basisprozeß des späten 19. Jahrhunderts rekonstruiert hat (S. 44). – Ferner siehe *ders.*, The Segmented Society; *Berry*, The Human Consequences, S. 27 ff.

face-Kommunikationen gebundenen Einheiten sozialer Vergemeinschaftung vollzogen hatte.[14]

Am Beispiel der Intellektuellen des Progressive Movement ist dieser »process of transition from urban-based to disciplinary intellectual life« als eine Konkurrenz unterschiedlicher Modelle der kulturellen Wissensproduktion rekonstruierbar, die jedoch im Selbstbewußtsein der Zeitgenossen keineswegs in einem klaren Gegensatz zueinander standen, sondern eher wechselseitig aufeinander verwiesen: Die Professionalisierung des Wissens stand für die Intellektuellen des Progressive Movement im Dienste der Erneuerung des ehemals urbanen und partizipatorischen Diskursraumes der Zivilgesellschaft.[15]

Auch für die Intellektuellen des frühen 20. Jahrhunderts gilt daher, daß sie ohne die Berücksichtigung der urbanen Kontexte, in denen sie lebten und auf die sie reagierten, nicht hinreichend zu verstehen sind. Unter methodischen Gesichtspunkten muß die Stadt als ein sozialgeschichtlicher Erfahrungshintergrund und Kommunikationsraum intellektueller Entwürfe der modernen Gesellschaft berücksichtigt werden, der eine eigenständige Analyse erfordert. Die amerikanischen Metropolen des frühen 20. Jahrhunderts konstituierten ein soziales, politisches und kulturelles Feld, in dem sich die kommunikativen Netzwerke der Intellektuellen als Interpretationsgemeinschaften der modernen Gesellschaft ausbildeten und auf das sie sich reflektierend zurückbezogen. Sie konstituierten damit ein Schnittfeld von Ideen und sozialer Realität, das sich methodisch im Interesse einer Sozialgeschichte der Ideen nutzen läßt.[16]

Gleichzeitig ist jedoch zu berücksichtigen, daß das intellektuelle Klima eines urbanen Diskursraumes ein kulturelles Eigenleben besitzt und keineswegs auf den sozialen und ökonomischen Kontext zurückgeführt werden darf, in dem es sich konstituiert. Es realisiert einen kulturellen Überschuß über die soziale Realität einer Zeit, der nicht sozialgeschichtlich ausgeblendet werden darf, sondern kultur- und ideengeschichtlich eingeholt werden muß.[17]

Im Horizont der Zeitgenossen galt die Metropole des frühen 20. Jahrhunderts als ein Phänomen, an dem sich die Zukunft der modernen Kultur insgesamt entscheiden werde. Sie wurde als ein widerspruchsvolles Paradigma von Modernität wahrgenommen, weil hier nicht allein die Transformationskrisen und Modernisierungsprobleme der amerikanischen Gesell-

---

14 *Bender*, The Cultures, S. 187 ff; *ders.*, The Erosion, S. 101.
15 Bender unterschätzt diese mit der Professionalisierung ursprünglich verbundene republikanische Intention des Progressive Movement, die auf die Rekonstruktion der Zivilgesellschaft mit den Mitteln des »civic professionalism« zielte. – Dazu *Sullivan*, Work, S. 63 ff.
16 *Bender*, The Cultures, S. 181. – Als Beispiel einer derartigen Kulturgeschichte der Stadt siehe *Schorske*, Fin-De-Siecle.
17 *Bender*, Metropolitan Life, S. 262.

schaft in besonderer Schärfe zum Ausdruck kamen, sondern auch die Intensivierung kulturellen Lebens und die Freiheitschancen individualisierter Lebensstile besonders deutlich erkennbar waren. Intellektuelle wie Jane Addams, Charles und Mary Beard, Morris L. Cooke, Theodore Dreiser, Frederic. C. Howe, Lewis Mumford, Lincoln Steffens, Charles Zueblin und andere reflektierten die Ambivalenzen großstädtischen Lebens aus politik- und kulturwissenschaftlichen Perspektiven,[18] wobei sich im Vergleich mit der verbreiteten anti-urbanen Haltung europäischer Intellektueller unter ihren amerikanischen Kollegen ein freundlicheres Bild der Großstadt abzeichnet. Das Beispiel Walter Weyls zeigt, daß die Stadtkritik der amerikanischen Intellektuellen eher aus einem unerfüllten Erwartungsüberschuß als aus einer Kulturkritik der Moderne abgeleitet werden kann. Mit dem Prozeß der Urbanisierung sah er die Entstehung eines »new social civic ideal« einhergehen und verband mit ihm gleichzeitig die Erwartung »that in a moral as well as physical sense the city advances more rapidly than does the country, and that it is precisely in the city, with its errors and its carelessness and its ruthlessness, that the foundations are discovered upon which is to be reared a great moral democratic American civilization«.[19] Dementsprechend stand die Urbanisierungsproblematik des frühen 20. Jahrhunderts im Zentrum der politischen Reformphilosophie des Progressive Movement, das die Verbesserung städtischer Lebensbedingungen durch administrative Reformen und den Aufbau einer City Planning Profession in Angriff nahm.[20] Die Zielperspektive war eine rational gesteuerte und politisch kontrollierte Stadtentwicklung, die an die Stelle eines sich bisher weitgehend unkontrolliert vollziehenden Urbanisierungsprozesses

---

18 Siehe etwa: *Ch. Beard*, American City Government; *M. Beard*, Woman's Work; *Dreiser*, The Color; *Howe*, The City; ders., The Modern City; *Steffens*, The Shame; *Mumford*, The Culture. – Wichtig aus der Forschung ist *McCarthy*, Urban Optimism; *McKelvey*, The Emergence; *Miller*, The Urbanization; *Mohl*, The History; ders. (Hg.), The Urban Experience; ders. (Hg.), The Making; *Monkkonen*, America; *Teaford*, The Twentieth-Century American City; ders., The Unheralded Triumph. – Zur Bedeutung der Intellektuellen des Progressive Movement für die Ideengeschichte der Stadt siehe *Lees*, Cities Perceived, S. 164 ff., 201 ff., 247 ff.; *Conzen*, The New Urban History, S. 70 f. – Zur Methodenproblematik *Hays*, From the History. – Einen neueren Forschungsüberblick bieten *Conzen u. Ebner*, Moderne Stadtgeschichtsforschung.

19 *Weyl*, The Brand, S. 774 f. – Ähnlich argumentiert *Beard*, The City's Place, S. 215, der im »city planning« das Vorbild einer rationalen Gesellschaftsgestaltung sah. – *Lees*, Cities Perceived, arbeitet die »ultimate acceptance of the modern city« (S. 13) als eine Besonderheit der amerikanischen Intellektuellen heraus. Zur Gegenposition siehe *White*, The Intellectual; ders, Two Stages. Doch auch White sieht den »anti-urbanism« der Intellektuellen nicht durch Großstadtfeindschaft und Community-Romantik motiviert, sondern versteht ihn als eine Kritik der Unterbietung der zivilisatorischen Möglichkeiten urbaner Lebensformen (S. 92).

20 Zur sozialgeschichtlichen Rekonstruktion der Urbanisierungsproblematik amerikanischer Städte vor dem Ersten Weltkrieg siehe *Lenger*, Großstädtische Eliten, S. 322 ff. – Für die Zeit zwischen den beiden Weltkriegen siehe *Johnson*, Regional Planning.

treten sollte.[21] Den sozialgeschichtlichen Hintergrund der neuen Ordnungsideen bildete die Auflösung der aus dem 19. Jahrhundert tradierten Community-Einheiten im Zuge von Massenimmigration, Industrialisierung und sozialer Frage sowie die Korruptionsanfälligkeit einer auf Parteizugehörigkeiten und -loyalitäten basierenden städtischen Politik. Diese Entwicklungen überforderten die tradierten Strukturen der »public policy«[22] und sollten aus der Sicht des Progressive Movement durch eine neue Konzeption von Politik abgelöst werden, die auf den unpersönlichen Rationalitäts- und Legitimitätsprinzipien bürokratischer Herrschaft basierte und das auf persönlichen Beziehungen beruhende Herrschaftssystem der Parteien und lokalen Parteiführer außer Kraft setzen sollte.[23] Die Gegnerschaft gegenüber dem Korruptionssystem der Parteien besaß eine große Einigungswirkung auf die Reformgruppen des Progressive Movement und präfigurierte zugleich die politischen Alternativen, die sie ihm entgegensetzten.[24] Das neue System politischer Herrschaft und »social control« basierte gegenüber den persönlichen Abhängigkeits- und Verpflichtungsverhältnissen des »Boss«- und Parteiensystems auf der unpersönlichen »authority of a professional municipal administration«. Dies konnte mit einer Begrenzung der politischen Demokratie durch die Zentralisierung politischer Kompetenzen in den Händen einer überparteilichen Verwaltungsbürokratie einhergehen, in der ein gestaffeltes System politischer Direktverantwortlichkeiten den Austausch des Führungspersonals erleichtern sollte.[25]

Für die Entstehung dieser Reformkonzeption waren die Intellektuellen des Progressive Movement von großer Bedeutung. In New York etablierte sich das 1907 gegründete New York Bureau of Municipal Research, dem auch Charles Beard angehörte und von 1918 bis zu seiner durch die privaten Geldgeber des Bureaus erzwungenen Ablösung im Jahre 1921 als Direktor

---

21 Siehe hierzu *Fairfield*, The Scientific Management; *Krueckeberg*, The Culture. – Zur Entstehungsgeschichte des City Planning siehe *Arnold*, City Planning; *Boyer*, Dreaming; *Callow (Hg.)*, American Urban History; *Fairfield*, The Mysteries; *Hall*, Cities; *Lemon*, Urban Planning; *Schultz*, Constructing; *Sutcliffe (Hg.)*, The Rise. – Einen Abriß in international vergleichender Perspektive bietet *ders.*, Towards.

22 Zur Transformation der Public Policy siehe *Keller*, Regulating a New Society.

23 *Schiesl*, The Politics, S. 6ff.; *Mohl*, Shifting Patterns. – Zum Patronagesystem der Parteiführer und der »political machines« siehe *ebd.*, S. 25ff. sowie *DiGaetano*, Urban Political Reform, S. 38ff.; *Brown u. Halaby*, Machine Politics. – Zu den Auseinandersetzung zwischen »bossism« und Reformern seit den 1880er Jahren siehe außerdem *Miller*, The Urbanization, S. 99ff.; *Stave*, Urban Bosses. – Zur Entstehung der »machine politics« siehe *Bridges*, Rethinking. – Zur Bürokratiekonzeption der Reformer siehe *Tropea*, Rational Capitalism. – Zur politischen Bedeutung der Expertenprofessionen siehe *Finegold*, Experts.

24 Zur Korruptionsgeschichte New Yorks siehe *Homberger*, Scenes.

25 *Tropea*, Rational Capitalism, S. 139. – Die antidemokratischen Implikationen dieser Reformrhetorik, die den Interessen der wirtschaftlichen Oberschicht entsprochen habe, akzentuiert *Hays*, The Politics, S. 165ff.

vorstand, als eine einflußreiche Institution des »urban political progressivism«, die wichtige Reforminitiativen realisierte.[26] Ein weiteres Beispiel für die »symbiotic relationship between civic reform and scholarship« stellt die Frühgeschichte der 1892 gegründeten Universität Chicago und insbesondere ihrer Soziologie-Abteilung dar, aus der nicht nur die moderne Stadtsoziologie hervorgegangen ist, sondern aus der sich auch viele Führungspersönlichkeiten des Chicagoer Progressive Movement rekrutierten. Dewey lehrte dort von 1894 bis zu seinem Wechsel an die New Yorker Columbia-Universität im Jahre 1904 und gehörte zusammen mit Jane Addams, zu der er in engem Kontakt stand, sowie mit seinen Kollegen George H. Mead und James H. Tufts zum engeren Führungskreis der innerstädtischen Reformbewegung.[27]

Aufgrund mehrerer Faktoren stellten sich die mit der Transformation städtischer Lebenswelten verbundenen Probleme in New York City seit der Jahrhundertwende in verschärfter Form, was dieser Stadt eine einzigartige Dynamik sowie den Ruf als »the best of cities and the worst of cities« verschaffte.[28] Mit der Zusammenlegung von fünf Bezirken im Jahre 1898 stieg New York zu der nach London bevölkerungsreichsten Stadt der Welt auf, wurde zum wichtigsten Finanzzentrum und zugleich zum Einfallstor der New Immigration, die die kulturelle Vielfalt der Stadt verstärkte und die Urbanität New Yorks prägte.[29] Die soziale Realität ethnischer Differenz trug zu dem ebenso dynamischen und weltoffenen wie konfliktreichen Milieu New Yorks bei, das diese Stadt bereits seit dem 18. Jahrhundert zu einer Ausnahmeerscheinung innerhalb der amerikanischen Gesellschaft und zugleich zum Paradigma von Modernität gemacht hatte.[30] In der Summe dieser verschiedenen Faktoren entwickelte sich New York in der Progressive Era zu einer unverwechselbaren »landscape of modernity« auf amerikanischem Boden, die neue Lösungsformeln zeitgenössischer Problemlagen nahelegte und ein kulturelles Klima schuf, das neue Theorieformen der Civil Society

---

26 *Bender*, Intellect, S. 91 ff. – Siehe auch *Schiesl*, The Politics, S. 112 ff.; *Dahlberg*, The New York Bureau; *Gulick*, Beard, S. 49 ff. – Einen Überblick über die Auseinandersetzungen zwischen den »reform coalitions« und den Parteiapparaten bietet *Shefter*, Political Incorporation. – Zur Stellung Beards am Bureau siehe *Nore*, Charles A. Beard, S. 38 ff. – Einen Überblick über die verschiedenen Reformansätze in New York geben *Revell*, Beyond Efficiency; *Cerillo*, The Impact; *ders.*, Reform. – Aus zeitgenössischer Sicht siehe *Beard*, American City Government; *ders.*, The Advancement.
27 *Diner*, A City, S. 43. – Siehe hierzu auch *Bulmer*, The Chicago School; *Deegan*, Jane Addams, S. 249 ff.; *Feffer*, The Chicago Pragmatists; *Westbrook*, John Dewey, S. 83 ff.
28 *Bender*, New York Intellect, S, 3.
29 Zur ethnischen und kulturellen Diversität dieser Stadt siehe die jedoch zu optimistische Erfolgsgeschichte ethnischer Integration von *Binder u. Reimers*, All the Nations; *Maffi*, Gateway.
30 Die Einzigartigkeit New Yorks betont *Bender*, New York in Theory, S. 53: »Culture and politics in New York are based on fundamentally different premises, premises not shared by the dominant American culture.« – Siehe auch *ders.*, New York Intellect, S. 6.

und modernen Kultur ermöglichte.³¹ Insbesondere Greenwich Village, wo sich die New School for Social Research später ansiedelte, entwickelte sich in den ersten Jahrzehnten des 20. Jahrhunderts zu einem Ort, an dem sich eine künstlerische Avantgarde und literarische Bohemekultur ausbildete, der die hier untersuchten Intellektuellen verbunden waren.³²

In dieses urbane Milieu New Yorks zu Beginn des 20. Jahrhunderts läßt sich die Gründungsgeschichte der New School for Social Research einordnen. Mit der Ankunft Beards und Deweys an der Columbia-Universität im Jahre 1904 war New York zum heimlichen Zentrum der amerikanischen Intellektuellen aufgestiegen.³³ Vor allem für Beard bedeuteten die Jahre zwischen 1904 und 1917, die er an Columbia verbrachte und die durch eine einzigartige Produktivität gekennzeichnet waren,³⁴ den Aufstieg zum »mass educator«, dessen öffentlicher Einfluß auf die politische Kultur nur mit demjenigen Deweys und Veblens vergleichbar war. Sein entschiedenes Bekenntnis zur politischen Rolle des Intellektuellen und zu dessen Verantwortung für den historischen Fortschritt und das soziale Wohlergehen der Gesellschaft brachte ihn auf Konfrontationskurs mit der Universität als akademischer Institution und leitete die Entstehungsgeschichte der New School for Social Research ein. Diese Geschichte ist Teil der Auseinandersetzungen der Public Intellectuals der Progressive Era um den gesellschaftlichen Standort von Universität und Wissenschaft.³⁵

Nach dem Kriegseintritt der USA am 6. April 1917 hatte Nicholas Murray Butler, der Rektor der Columbia-Universität und ein entschiedener Verfechter des Ideals unpolitischer Wissenschaft, allen Mitgliedern des Lehrkörpers jegliche Stellungnahme gegen die Kriegspolitik Wilsons und des Kongresses untersagt. Im Oktober kam es daraufhin zur Entlassung des Psychologieprofessors Cattell und des Literaturwissenschaftlers Dana, die gegen den Kriegs-

---

31 Siehe *Ward u. Zunz (Hg.)*, The Landscape, S. 3–15. – Zur Politik- und Sozialgeschichte New Yorks siehe *Hammack*, Power; *Mollenkopf (Hg.)*, Power. – Einen Abriß der Transformationsprozesse zwischen 1890 und 1940 bietet *Jackson*, The Capital. – Speziell zur Wohnungsnot als Ausdruck der Urbanisierungskrise New Yorks siehe jetzt *Plunz*, A History. – Zu New York als Metropole der Moderne siehe *Shefter (Hg.)*, Capital.

32 *Bender*, New York Intellect, S. 228 ff. – Siehe auch die Studie aus den frühen 30er Jahren von *Ware*, Greenwich Village. – Überblicke über die Boheme-Kultur in Greenwich Village bieten *Beard u. Berlowitz (Hg.)*, Greenwich Village; *Heller u. Rudnick (Hg.)*, 1915, the Cultural Moment. – Beschränkt auf die Geschichte Manhattans aus kultur- und städtebaulicher Perspektive ist *Allen*, New York.

33 Zum biographischen Hintergrund siehe *Hofstadter*, The Progressive Historians, S. 179 ff.; *Nore*, Charles A. Beard, S. 28 ff.; *Westbrook*, John Dewey, S. 117 ff. – Zur Gründungsgeschichte von Columbia sowie zur New Yorker Universitätslandschaft insgesamt siehe *Bender*, New York Intellect, S. 271 ff.

34 Allein in dieser Zeit entstanden 11 Bücher, die eine Millionenauflage erreichten. Näher hierzu *Hofstadter*, The Progressive Historians, S. 18 ff.; *Smith*, Social Science, S. 159 ff.

35 Zur Geschichte der New School siehe *Rutkoff u. Scott*, New School. – Zu den emigrierten deutschen Wissenschaftlern an der New School siehe *Krohn*, Wissenschaft im Exil; *Luckmann*, Eine deutsche Universität.

eintritt der USA protestiert hatten und die Einberufenen aufgefordert hatten, sich ihrer Rekrutierung zu widersetzen. Daraufhin verließ Beard, der selber den Kriegseintritt der USA befürwortete, jedoch auf das Recht freier politischer Meinungsäußerung pochte, am 8. Oktober 1917 aus Protest gegen diese Verletzung der Freiheit der Wissenschaft die Universität; sein Freund und Kollege James H. Robinson folgte ihm einige Tage später.[36] In seinem »Letter of Resignation« gab Beard die Behinderung politischer Intellektualität als Grund für seinen Entschluß an, die Universität zu verlassen:

»Having observed closely the inner life at Columbia for many years, I have been driven to the conclusion that the university is really under the control of a small and active group of trustees who have no standing in the world of education, who are reactionary and visionless in politics, narrow and mediaeval in religion. ... I am convinced that while I remain in the pay of the trustees of Columbia University I can not do effectively my humble part in sustaining public opinion in support of the just war on the German Empire or take a position of independence in the days of reconstruction that are to follow.«[37]

Nach dem Verlassen der Columbia-Universität schlossen sich Beard und Robinson einem Zirkel von Intellektuellen um die im Jahre 1915 von Herbert Croly gegründete politische Zeitschrift »The New Republic« an, die bis heute eines der führenden liberalen Organe in den USA darstellt.[38] Von diesem Kreis, dem außer Croly, Beard und Robinson auch noch Walter Lippmann und Walter Weyl als Mitherausgeber der Zeitschrift angehörten, wurden Pläne zur Gründung einer »Independent School of Social Science for Men and Women« ins Auge gefaßt, die auf regelmäßigen Treffen erörtert wurden, zu denen u.a. auch Dewey, Veblen sowie Kallen eingeladen wurden. Das Ziel

---

36 Siehe zu diesen Vorgängen auch *Rutkoff u. Scott*, New School, S. 1ff.; *Summerscales*, Affirmation, S. 94ff.; *Nore*, Charles A. Beard, S. 77ff.; *Hofstadter u. Metzger*, The Development, S. 470ff. – Als Ausdruck eines generationsspezifischen Trends rekonstruiert Biel die Universitätskritik der Intellektuellen um die New School: *Biel*, Independent Intellectuals. In ihr kündigte sich der Aufstieg einer »anti-professional community of intellectuals« (S. 5) an, die sich hauptsächlich aus Greenwich Village-Avantgardisten rekrutierte. Angesichts der Praxisferne der Universität hielten sie sich abseits des akademischen Betriebes und zogen als Vertreter eines »free-lance criticism« ein materiell prekäres Leben im Umfeld der politischen Magazine und Verlage vor (S. 11ff.).

37 *Beard*, Professor Beard's Letter of Resignation from Columbia University, S. 446. – Ein Nachhall dieser Vorgänge findet sich in einem Beitrag Beards aus dem Jahre 1918, in dem er sich kritisch mit der praktischen Bedeutung der Universität auseinandersetzt: *Beard*, The University and Democracy, S. 336: »Those who have the great passion to create, to mould, to lead, to find new paths will look upon the university professorship as an unclean thing, or at best no thing to challenge their hope and courage.«

38 Siehe zu ihrer Geschichte von der Gründung bis in die 40er Jahre: *Nuechterlein*, The Dream; *Seideman*, The New Republic; *Wallace*, Liberal Journalism. – Eine gute Zusammenfassung ihrer Frühgeschichte bietet auch *Levy*, Herbert Croly, S. 185ff. – Am Beispiel der Rezeption des Ersten Weltkriegs arbeitet *Thompson*, Reformers die Bedeutung der politischen Wochenmagazine für die politische Meinungsbildung heraus. – Nichts zur »New Republic« enthält *Schneirov*, The Dream, der sich auf die Organe des »Muckraking« beschränkt.

war eine freie Bildungs- und Forschungsinstitution, die die zeitgenössischen Ideen gesellschaftlicher Reform, politischer Erziehung und objektiver Wissenschaft realisieren sollte. Das gemeinsame Fundament war der Glaube an eine vom etablierten universitären Spezialistentum verleugnete erzieherische Macht der Wissenschaft, insbesondere der modernen Sozialwissenschaft. Gerade die »disinterestedness« der Wissenschaft machte sie in den Augen dieser Intellektuellen zur wichtigsten Triebkraft sozialer und politischer Reformen. Croly hatte diese Überzeugung in einer Programmschrift aus dem Jahre 1918 deutlich formuliert: »The new American school will, it is hoped, contribute to the social education of the American people and to the better realization of the social ideal, implicit in American democracy, by promoting the disinterested investigation of the subject matter of modern society and by deriving therefrom more serviceable social disciplines.«[39]

Trotz dieser weitgehenden Übereinstimmung im Hinblick auf die Bedeutung der Wissenschaft existierte innerhalb der Gründungsgruppe der New School von Anfang an ein Spannungsverhältnis zwischen konkurrierenden Vorstellungen zum Verhältnis von wissenschaftlicher Forschung und politischer Bildung. Dafür steht der Widerspruch zwischen Robinsons Plänen zur Gründung einer Institution der Erwachsenenbildung und Crolys Idee eines reinen Forschungsinstituts, was letztlich zum Auseinanderbrechen der Gruppe im Jahre 1923 führte. Diese ereignis- und institutionengeschichtlichen Zusammenhänge sollen hier nicht weiter verfolgt werden,[40] wichtig ist für die hier beabsichtigte Theoriegeschichte der Civil Society, daß der Gründung der New School die Überzeugung von der politischen Aufgabe des Intellektuellen und der Wissenschaft als gesellschaftlicher Ordnungs- und Erziehungsmacht zugrundelag. Darin bestand die gemeinsame Idee der Intellektuellen, die sich bei aller Unterschiedlichkeit im einzelnen an der New School für eine kurze Zeit unter dem Dach eines gemeinsamen Ideenvorrats intellektuell miteinander vergesellschafteten.[41]

Im folgenden sollen zuächst die theoretischen Implikationen ihres Denkens näher untersucht werden. Das urbane Milieu New Yorks bot ihnen einen fruchtbaren Boden für die gesellschaftstheoretische Reflexion der mit dem Durchbruch der Moderne einhergehenden Transformationskrisen, so daß es hier zu einer neuen Konzeption von Liberalismus und Civil Society

---

39 *Croly*, A School of Social Research, S. 167.
40 Ausführlicher hierzu *Rutkoff u. Scott*, New School, S. 9–42. – Zur internen Entwicklung der New School siehe auch *Johnson*, Pioneer's Progress, S. 271 ff., der nach dem frühen Auseinanderbrechen der Gründungsgruppe die Leitung übernahm und die New School mit einer intelligenten Kombination von Erwachsenenbildung und sozialwissenschaftlicher Forschung erfolgreich aus der Krise führte.
41 Ein wichtiges Dokument dieser gemeinsamen Grundüberzeugung von der Wissenschaft als Ordnungs- und Erziehungsmacht ist das an der New School unter dem Eindruck dieser Diskussionen entstandene Buch von *Robinson*, The Mind in the Making.

kommen konnte. Welche besonderen Merkmale aber haben die New Yorker Intellektuellen des Progressive Movement zu einflußreichen Akteuren der politischen Öffentlichkeit qualifiziert? – Insgesamt sind in dieser Frage zwei grundlegende Aspekte von Bedeutung, die in den folgenden beiden Abschnitten thematisiert werden sollen: Zum einen arbeiteten sie an einer Vermittlung von Theorie und Praxis, was die Transzendierung fachlicher Ressortgrenzen erforderte und die Wissenschaft in die Pflicht sozialer Reformen im Interesse des Gemeinwohls nahm. Zum anderen haben sie die Politik- und Gesellschaftskonzeption des New Liberalism in den kulturellen Orientierungsdebatten ihrer Zeit verankert und neu begründet. Die Konturen dieses New Liberalism sollen zunächst näher beleuchtet werden.

b) Die politische Philosophie des New Liberalism

Entgegen der Kritik der New Yorker Intellektuellen an der unpolitischen Orientierung und akademischen Selbstgenügsamkeit der Universitäten bildeten diese zu Beginn des 20. Jahrhunderts die eigentlichen Zentren der Debatten um Liberalismus und moderne Gesellschaft. Dieser Diskurs wurde zumeist abseits der politischen Parteien geführt; in einem Umfeld, das stattdessen von Universitäten, Zeitschriften, Verlagen, Intellektuellen und urbanen Reformgruppen dominiert wurde.[42]

Der New Liberalism, der das wichtigste Theorieprojekt der Intellektuellen zwischen Progressive Era und den 40er Jahren darstellte, läßt sich als eine Konzeption der modernen Gesellschaft verstehen. Die republikanischen Implikationen und Intentionen dieser Politikkonzeption sind bereits erwähnt worden, wobei jedoch noch der spezifische Bedeutungsgehalt des zunächst in anderen Forschungskontexten entstandenen und verwandten Republikanismusbegriffs in Bezug auf die Ideengeschichte des Progressive Movement zu klären bleibt. Der Aufstieg des Republikanismus-Paradigmas ist eine historiographische Erfolgsgeschichte der 70er und 80er Jahre: Angestoßen vor allem vom republikanischen Revisionismus Bailyns, Pococks und Woods, die den liberalen Konsens der amerikanischen Geschichtswissenschaft seit den späten 60er Jahren erstmals aufgesprengt hatten, ergaben sich durch den Aufweis der Weiterexistenz oder periodischen Wiederkehr republikanischer Elemente in der politischen Entwicklung des 19. Jahrhunderts neue Interpretationsmöglichkeiten amerikanischer Geschichte seit der Revolution.[43]

---

42 Dies betonen *Rochester*, American Liberal Disillusionment; *Gerstle*, The Protean Character.
43 Das zähe Weiterleben des Republikanismus als »political underground« der politischen Kultur wird gegenwärtig durch den amerikanischen Kommunitarismus betont; siehe etwa *Bellah u.a.*, Gewohnheiten, S. 331 ff.; *Sandel*, Democracy's Discontent, S. 3 ff.; *Sullivan*, Reconstructing, S. 13.

Die politische Brisanz dieses Streits zwischen den Vertretern einer liberalen und einer republikanischen Interpretation amerikanischer Geschichte liegt vor allem darin begründet, daß die Antwort auf die Frage nach der politischen Identität der USA in hohem Maße davon abhängig ist, wie groß der jeweilige Anteil von Liberalismus und Republikanismus an der politischen Kultur des Landes historisch gewesen ist.

Im Zusammenhang dieser Diskussionen ist auch gezeigt worden, wie das von der amerikanischen Revolutionsforschung ausgearbeitete Interpretationskonzept des Republikanismus auf andere Forschungsgebiete ausgeweitet und dort ebenfalls fruchtbar gemacht werden konnte.[44] Die Progressive Era stellt ein historisches Untersuchungsfeld dar, in das die Diskussionen um Liberalismus und Republikanismus frühzeitig Eingang gefunden haben. Dies ist dadurch erklärbar, daß in jener Zeit die liberalen und republikanischen Elemente der amerikanischen Geschichte erneut aufeinander bezogen worden sind: Die politische Philosophie des Progressive Movement implizierte die Rückkehr republikanischer Denkelemente in die liberale Theorie der Civil Society und des Verhältnisses von Staat und Markt.[45]

Unter welchen Gesichtspunkten läßt sich jedoch die Progressive Era als die Erneuerung eines republikanischen Politikmodells und einer dementsprechenden Konzeption von Citizenship im Gewande des New Liberalism interpretieren? – Blickt man unter dieser Fragestellung auf das Werk der zeitgenössischen Intellektuellen, erweisen sich zwei Elemente als besonderes bedeutsam: Zum ersten ist das Verhältnis zwischen Individuum und Gesellschaft neu definiert worden, indem die soziale Konstitution des Subjekts betont wurde. Für die Vertreter des New Liberalism waren nicht mehr die Individuen im Sinne der liberalen Tradition des 19. Jahrhunderts Keimzellen des sozialen Lebens, sondern die sie vergesellschaftenden Prozesse. Der sozialstaatliche Interventionismus mit seiner Akzentuierung des Gemeinwohls läßt sich als adäquater Ausdruck dieser neuen Konzeptualisierung von Individuum und Gesellschaft verstehen. Der von den Intellektuellen als Element einer erneuerten Politik und Gesellschaft hervorgehobene Begriff des »public interest« meinte die Tugend der Abstraktion von egoistischen Privatinteressen und die Fähigkeit zur Orientierung des eigenen Handelns an den Kriterien eines übergeordneten »common welfare«, ein Aspekt, der auch in den neueren Interpretationen der Civil Society betont wird.[46]

---

44 *Rodgers*, Republicanism.
45 *Ross*, Liberalism, S. 758. – Zur Rückkehr des Republikanismus in die politische Ökonomie des späten 19. Jahrhunderts siehe auch *Furner*, The Republican Tradition, S. 172.
46 *Shils*, Was ist eine Civil Society?, S. 15: »Zum Kollektivbewußtsein der civil society gehört ein Interesse am Gemeinwohl. ›Zivilität‹, Bürgersinn ist die charakteristische Denk- und Verhaltensweise in einer civil society, die der Teilhabe des einzelnen am Kollektivbewußtsein der civil society entspringt. Bürgersinn bedeutet unter anderem eine Bindung an die Gesamtgesellschaft; er fließt in alle Entscheidungen und Handlungen ein, die darauf gerichtet sind, das Wohl der ganzen Gesellschaft zu wahren und zu fördern.«

Zu Beginn des 20. Jahrhunderts stellte diese Überzeugung den politischen Hintergrund für den Aufstieg der Wissenschaft zum bevorzugten Medium gesellschaftlicher Problemlösung im Sinne des Common Good dar (1.). Ein zweites aus dem Arsenal republikanischer Traditionen der politischen Philosophie stammendes Merkmal der Gesellschaftstheorie des New Liberalism war die politische Aufwertung der Öffentlichkeit zu einem Diskursraum der Bürger mit wichtigen Kontrollfunktionen der politischen Herrschaft.[47] Unter diesem Gesichtspunkt zielt die republikanische Konzeption von Citizenship und Civil Society auf die Ausweitung von »self-government« als Voraussetzung von Demokratie (2.).[48]

Michael Sandel hat den Zusammenhang dieser beiden Aspekte des New Liberalism in seiner Definition des Republikanismus als Paradigma amerikanischer Politik herausgearbeitet:

»Central to republican theory is the idea that liberty depends on sharing in self-government. This idea is not by itself inconsistent with liberal freedom. Participating in politics can be one among the ways in which people choose to pursue their ends. According to republican political theory, however, sharing in self-rule involves something more. It means deliberating with fellow citizens about the common good and helping to shape the destiny of the political community. But to deliberate well about the common good requires more than the capacity to choose one's ends and to respect others' rights to do the same. It requires a knowledge of public affairs and also a sense of belonging, a concern for the whole, a moral bond with the community whose fate is at stake.«[49]

Damit knüpft er an die intellektuelle Tradition des frühen 20. Jahrhunderts an, die von den Initiatoren der New School for Social Research begründet worden ist. Diese repräsentieren die politischen Intentionen der Progressive Era, weil sie den Zusammenhang dieser beiden Grundelemente des New Liberalism herausgearbeitet haben.

1. Der New Liberalism hat das Verhältnis von Individuum und Gesellschaft sowie die Voraussetzungen der Balance zwischen persönlicher Freiheit und sozialer Verantwortung neu definiert. Er impliziert die Orientierung an einem anspruchsvollen Begriff des Gemeinwohls, ohne daß dabei die Macht individueller Interessen ausgeblendet worden wäre. Vielmehr wird Politik zu dem Ort, an dem sich die strukturelle Spannung zwischen diesen konkurrierenden Handlungsorientierungen austrägt. Dies läßt sich am Politikbegriff Charles Beards zeigen, der stets die überragende Bedeutung individueller

---

47 Zur Entwicklung der amerikanischen Public Philosophy von der frühen Republik bis zur Gegenwart siehe jetzt *Sandel*, Democracy's Discontent, speziell zur Progressive Era S. 201 ff. – Ferner *Sullivan*, Reconstructing.
48 Hierzu jetzt *Wiebe*, Self-Rule, der den Diskussionen um Liberalismus und Kommunitarismus eine ideengeschichtliche Perspektive beisteuert. Zur Progressive Era siehe S. 113 ff.
49 *Sandel*, Democracy's Discontent, S. 5.

ökonomischer Interessen als Faktoren des politischen Handelns betonte und sie als die eigentlichen Triebkräfte der gesellschaftlichen Entwicklung begriff:

»Ich war nie in der Lage, einen umfassenden Determinismus in der Geschichte zu entdecken. ... Aber jeder, der den Einfluß wirtschaftlicher Faktoren aus der Geschichte oder aus der Diskussion öffentlicher Fragen wegläßt, ist in tödlicher Gefahr, Mythologie an die Stelle der Wirklichkeit zu setzen und die Probleme zu verwirren, anstatt sie zu klären. ... Wir ... müssen uns ständig und eindringlich fragen, wenn Theorien über nationale Macht oder Rechte des Staates vorgetragen werden: ›Welche Interessen stehen hinter ihnen, und wessen Vorteil werden Veränderungen oder die Erhaltung von alten Formen dienen?‹ Tun wir das nicht, werden wir zu Opfern der Geschichte und zum Spielzeug in der Hand derer, die sie machen.«[50]

Auf der anderen Seite hat Beard die Aufgabe der Politik darin gesehen, individuelle Interessen im Sinne eines übergeordneten Gemeinwohls zu zähmen und ihnen dadurch ihre sozialdestruktive Macht zu nehmen. Dies zeigt sich an seiner Kritik des Laissez faire-Kapitalismus seit der amerikanischen Revolution als einer »policy of non-interference«, der er die am Gemeinwohl orientierte politische Philosophie des Progressive Movement entgegensetzte. Die Ausweitung regulativer Staats- und Herrschaftsfunktionen im sozialstaatlichen Interesse wurde zum entscheidenden Kriterium zivilisatorischen Fortschritts.[51]

Der darin zum Ausdruck kommende Politikbegriff ist in einer neuen Anthropologie fundiert, die das Verhältnis von Individuum und Gesellschaft neu konzeptualisierte. Croly hat ihr programmatisch Ausdruck verliehen, indem er die Gesellschaft als Summe sozialer Gemeinschaften und nicht vereinzelter Individuen verstand: »A society is not made up primarily of individuals. It is made up of an innumerable number of smaller societies. ... The societies necessarily seek some form of mutual accomodation and adjustment. They acquire joint responsibilities and seek the realization of common purposes. Out of these joint responsibilities and common purposes a social ideal gradually emerges.«[52] Im Zentrum seines Republikanismus stehen nicht die autonomisierten Privatleute der liberalen Tradition, sondern die sozialen Netze und freien Assoziationen, in denen sie sich miteinander vergesellschaften und so erst die Civil Society als Summe sozialer Einheiten und Lebensformen entstehen lassen.[53] Der sozialstaatliche Forderungskatalog des Progressive Movement läßt sich im wesentlichen auf diese neue Anthropologie zurückführen, die das Individuum in den sozialen Kontext gemeinschaftlicher Lebensformen stellt und seine Rechte von hier ausgehend begründet. Diese Anthropologie implizierte jedoch keineswegs eine

---

50 *Beard*, Eine ökonomische Interpretation, S. 52f.
51 *Beard*, American Government and Politics, S. 5ff. (in der vierten Ausgabe von 1924).
52 *Croly*, Progressive Democracy, S. 197.
53 Diesen kommunitären Aspekt rekonstruiert als ein sich durchhaltendes Element des klassischen Republikanismus *Oldfield*, Citizenship, S. 145.

sozialkonservative Wendung des amerikanischen Liberalismus hin zu traditionellen Gemeinschaftswerten, vielmehr läßt sie sich als eine wichtige Quelle der Reformimpulse zu Beginn des 20. Jahrhunderts rekonstruieren.[54]

Unter historischen Gesichtspunkten hatte Croly seine Idee des kommunitären Liberalismus in ein Interpretationsmodell der amerikanischen Geschichte eingebettet, das durch ein grundlegendes Spannungsverhältnis zwischen individualistischen und republikanischen Traditionen geprägt war und in dem Jefferson das liberal-individualistische und Hamilton das republikanische Erbe repräsentierte, die es im Kontext eines neuen Liberalismus zu versöhnen gelte.[55] Wie unterschiedlich diese Versöhnung von Individuum, Staat und Gesellschaft unter dem Dach des New Liberalism begriffen werden konnte, zeigt Crolys eigener Denkweg geradezu exemplarisch: Während er in seinem Buch »The Promise of American Life« aus dem Jahre 1909, mit dem er schlagartig zu einem der »opinion leaders« des Progressive Movement aufstieg,[56] vor allem einem starken nationalen Macht- und Interventionsstaat sowie den politischen Führungsqualitäten gesellschaftlicher Eliten die Fähigkeit zur Versöhnung von individuellen Freiheitsrechten und nationalen Interessen zuerkannte, sah er 1914 in seinem Buch »Progressive Democracy« eher in einer pluralistischen Zivilgesellschaft und einem freien Assoziationswesen die Voraussetzungen für eine republikanische Erneuerung des amerikanischen Liberalismus gegeben.[57]

Dieser einschneidende Wandel in Crolys gesellschaftstheoretischer Position, ein Wandel, der bei Lippmann in genau entgegengesetzter Richtung zu einer Theorie des »democratic elitism« erfolgte, verrät den zunehmenden Einfluß Deweys und seiner pragmatistischen Konzeption eines kommunitären Individualismus, die dieser 1908 in seiner gemeinsam mit Tufts veröffentlichten Ethik entfaltet hatte. Sie formulierte die Gesellschaftstheorie des New Liberalism aus der Perspektive des Pragmatismus und prägte weitgehend das gesellschaftstheoretische Selbstverständnis des Progressive Movement.[58] In ihrem Zentrum stand wie bei Croly eine soziale Konstruktion des Subjekts, ein neues Verständnis des Verhältnisses zwischen Individuum und Gesellschaft und schließlich eine staatsinterventionistische Idee der politischen Ordnung, die nicht als Einschränkung individueller Rechte, sondern als deren Garantie verstanden wurde. Vor dem zeitgeschichtlichen Erfah-

---

54 *Garry*, Liberalism, S. 131 ff.
55 *Croly*, The Promise, S. 28 f.
56 *Levy*, Herbert Croly of the New Republic, S. 95.
57 *O'Leary*, Herbert Croly, leitet die Bedeutung Crolys im Kontext der gegenwärtigen Liberalismus-Diskussionen aus dessen Wendung von einer elitären zu einer deliberativen Demokratiekonzeption ab, die er zwischen diesen beiden programmatischen Schriften des Progressive Movement vollzogen habe (S. 552). – Zu den werkgeschichtlichen und biographischen Hintergründen der beiden Bücher Crolys siehe *Levy*, Herbert Croly, S. 96 ff. u. 162 ff.; *Forcey*, Crossroads, S. 25 ff. u. 155 ff.; *Stettner*, Shaping, S. 33 ff. u. 77 ff.
58 *Dewey und Tufts*, Ethics, (MW 5).

rungshintergrund eines Endes der Pioniergesellschaft und der zunehmend sichtbaren sozialen Folgekosten eines unkontrollierten Kapitalismus band Dewey die Möglichkeit individueller Freiheit nicht mehr an die Abwesenheit des Staates, sondern an die Existenz einer regulativen Politik und einer sozialen Gewährleistung der Freiheit aller. Deweys Liberalismus meinte nicht mehr die Minimierung politischer Herrschaft im Sinne der Überzeugung »that government is best which governs least«, sondern die Herstellung und Bewahrung persönlicher Freiheit sowohl durch staatliche Intervention wie durch gesellschaftliche Selbstorganisation:

»The pioneer days of America are practically ended. American cities and states find themselves confronted with the same problems of public health, poverty and unemployment, congested population, traffic and transportation, charitable relief, tramps and vagabondage, and so forth, that have troubled older countries. We face these problems, moreover, with traditions which are averse to ›bureaucratic‹ administration and public ›interference.‹ Public regulation is regarded as a ›paternalistic‹ survival, quite unsuited to a free and independent people. It would be foolish, indeed, to overlook or deny the great gains that have come from our American individualistic convictions: the quickening of private generosity, the growth of a generalized sense of *noblesse oblige* – of what every successful individual owes to his community; of personal initiative, self-reliance, and versatile ›faculty‹; of interest in all the voluntary agencies which by education and otherwise develop the individuality of every one; and of a demand for equality of opportunity, a fair chance, and a square deal for all. But it is certain that the country has reached a state of development, in which these individual achievements and possibilities require new civic and political agencies if they are to be maintained as realities. Individualism means inequity, harshness, and retrogression to barbarism (no matter under what veneer of display and luxury), unless it is a *generalized* individualism: an individualism which takes into account the real good and effective – not merely formal – freedom of *every* social member.«[59]

Die Vorstellung eines interventionistischen Staates, die nicht nur für Dewey, sondern auch für die anderen hier behandelten Intellektuellen des Progressive Movement leitend wurde, läßt sich auf die Überzeugung zurückführen, daß mit dem Mittel staatlicher Politik der Zweck der Versöhnung von Individuum und Gesellschaft zu erreichen sei. Sie bildet jedoch nur die eine Seite der politischen Philosophie des Progressive Movement, deren andere Seite durch die Akzentuierung eines differenzierten Assoziationswesens und der vergemeinschaftenden Funktionen der »local communities« gekennzeichnet ist. Die Idee der Zivilgesellschaft als einer sich im Kontext der »voluntary associations« selbst organisierenden Gemeinschaft freier Individuen ist fundamental für die republikanisch motivierte Politik- und Gesellschaftstheorie des New Liberalism.[60]

---

59 *Ebd.*, S. 421 f.
60 Zu diesen kommunitären Aspekten des amerikanischen Republikanismus siehe auch *Sandel*, Democracy's Disconent, S. 117.

2. Eine partizipatorische Demokratie und politische Öffentlichkeit gehörten im Bewußtsein der amerikanischen Intellektuellen zu den konstitutiven Strukturelementen der Civil Society.[61] Auch unter diesem Gesichtspunkt sind wichtige Impulse von Deweys kommunikationstheoretischer Wendung der politischen Philosophie ausgegangen, in der er die Demokratie als eine Kommunikationsgemeinschaft von Bürgern rekonstruiert, die sich über den öffentlichen Austausch von Erfahrungen, Ideen, Interessen und Argumenten miteinander vergesellschaften: »A democracy is more than a form of government; it is primarily a mode of associated living, of conjoint communicated experience.«[62] Politischer Fortschritt ist für Dewey identisch mit der Ausweitung von Kommunikation und ihrer politischen, ökonomischen, technischen und kulturellen Mittel und Voraussetzungen. Damit aktualisiert Dewey ein politisches Erbe, das schon Tocqueville zur notwendigen Voraussetzung der amerikanischen Demokratie erklärt hatte: den »freien Zusammenschluß der Bürger«, ein eng verzahntes System freiwillig eingegangener Vereinigungen und kündbarer Gemeinschaften als Basiseinheiten des sozialen Lebens und Mittel der politischen Selbstorganisation der Bürger.[63] Tocqueville ist bis heute ein wichtiger Ideengeber der kommunitaristischen Theorie der Zivilgesellschaft geblieben, weil er mit seiner Konzeption des Assoziationswesens als Grundlage der modernen Gesellschaft die politische Enge des klassischen Republikanismus zugunsten einer zugleich liberalen und republikanischen Demokratie überwunden und dem Republikanismus damit erst einen Einfluß auf die politische Gedankenwelt der Moderne ermöglicht hat:

»If Tocqueville was correct, a vital democracy requires a complex effort to achieve a political community through balancing the relationships among the administrative organization of the state, the private citizen, and the associations that come between individual and state. ... Association does something more fundamental than accomplish the liberal goal of providing the greatest happiness for the greatest number: it brings into being a political situation qualitatively different from that of individuals confronted by an apparatus of state control. By association, individuals can become citizens and thereby acquire a sense of personal connection and significance unavailable to the depolicized, purely private person. Through mutual deliberation and joint initiative guided by the public framework of law and search for equity, moral relationships of trust and mutual aid are built up which come to transform the individual into a citizen.«[64]

---

61 Wie Lustig gezeigt hat, läßt sich dieses Element des New Liberalism als eine Reaktion auf die Herrschaft organisierter Eliten und privatwirtschaftlicher Interessen im Zusammenhang der »corporate society« rekonstruieren: *Lustig*, Corporate Liberalism, S. 263 f.
62 *Dewey*, Democracy and Education, (MW 9), S. 93.
63 *Tocqueville*, Über die Demokratie, Bd. I, S. 12. Tocqueville hat diesen Gedanken der freien Zusammenschlüsse als Strukturkernen der Civil Society vor allem in dem Kapitel »Wie die Amerikaner den Individualismus durch freiheitliche Einrichtungen bekämpfen« entwickelt (Bd. II, S. 118 ff.).
64 *Sullivan*, Reconstructing, S. 217 f. – In der Tradition von Tocquevilles Vermittlungsversuch einer liberalen und republikanischen Demokratiekonzeption verorten sich bis heute

Erst mit Tocquevilles Vermittlung der republikanischen Tradition mit den Grundsätzen einer liberalen Vorstellung von Demokratie wurde der politische Gehalt des klassischen Republikanismus angesichts einer komplexer gewordenen Gesellschaft erneut rezeptionsfähig. Daher gibt sein Entwurf eines kommunitären Liberalismus auch die Richtung an, in die der Versuch der Intellektuellen des Progressive Movement ging, eine republikanische Konzeption von Politik und Gesellschaft aufzugreifen und vor dem spezifischen Erfahrungshintergrund des frühen 20. Jahrhunderts als eine realistische Perspektive politischer Reform zu aktualisieren.[65]

Das Vertrauen auf die Möglichkeit einer politischen Selbstorganisation der Civil Society durch das breitgefächerte System bürgerlicher Vereinigungen als der »creative powers of our times« bildete ein Grundelement des zeitgenössischen Politikverständnisses. Croly erkannte in den miteinander konkurrierenden Interessengruppen die wichtigsten Träger von »self-government«, von denen aufgrund ihrer Überwindung traditioneller Parteistrukturen eine Dynamisierung des politischen Lebens ausgehe:

»The number of civic societies, voters' leagues, ballot associations, woman's suffrage unions, single-tax clubs and the like are increasing steadily and are exercising more and more influence upon the political action of their members. All these associations are competing both with one another and with the traditional parties for the allegiance of a certain proportion of the electorate. They are becoming the most effective formative elements in American public opinion, and more than anything else they justify an increase of direct popular political power and the creation of a system of direct representation.«[66]

In der politischen Philosophie des Progressive Movement bildeten politische Bewegungen und Vereinigungen eine institutionelle Voraussetzung für die Überwindung des etablierten Parteiensystems mithilfe einer partizipatorischen »grass-roots-democracy«, als deren Vertreter Dewey gelten kann. Die Idee einer sich aus den lebensweltlich verankerten lokalen Gemeinschaften her aufbauenden pluralistischen Zivilgesellschaft bildet das Herzstück der politischen Philosophie des New Liberalism und wurde außer durch Dewey und Croly auch von Weyl einflußreich vertreten. Sie durchzieht aber ebenso das Frühwerk Walter Lippmanns, der in den gesellschaftlichen Bewegungen seiner Zeit die wichtigsten politischen Ordnungsfaktoren der Zukunft angelegt sah: »The world is so complex that no official

---

die kommunitären Strömungen der amerikanischen Gesellschaftstheorie. Als prominente Beispiele siehe *Bellah u. a.*, Gewohnheiten, S. 16; *Taylor*, Der Begriff, S. 141 ff. – *Diggins*, The Lost Soul, S. 231, nennt Tocqueville schlicht »the greatest analyst of the problem of classical virtue in democratic America.«

65 Noch bei *Beard*, American Government and Politics, S. 19 (in der 10. Auflage von 1949) findet Tocquevilles »Demokratie in Amerika« als das neben dem »Federalist« wichtigste Dokument der politischen Philosophie Erwähnung.

66 *Croly*, Progressive Democracy, S. 317 f.

government can be devised to deal with it, and men have had to organize associations of all kinds in order to create some order in the world. They will develop more of them, I believe, for these voluntary groupings based on common interests are the only way yet proposed by which a complicated society can be governed.«[67]

Aus diesem gesellschaftstheoretischen Zusammenhang heraus lassen sich auch die Forderungen des Progressive Movement nach »popular control« und »direct government« erklären, die dazu beitragen sollten, eine politische Verselbständigung von Exekutive und Legislative ebenso zu unterbinden wie eine »aristocracy of the robe«.[68]

Im Zentrum der politischen Philosophie des Progressive Movement steht das Motiv einer Kräftigung der »active citizenry«; sie ist durch die Überzeugung geleitet, daß erst im Medium einer partizipatorischen Politik und Zivilgesellschaft die Individuen zu Bürgern werden und daß umgekehrt politisch partizipierende Bürger die Voraussetzung einer funktionierenden Demokratie bilden. »To be a citizen« bedeutete für die Intellektuellen des Progressive Movement vor allem, im Rahmen der bürgerlichen Öffentlichkeit politisch aktiv zu sein.[69] In der Tradition dieser republikanischen Grundüberzeugung steht auch noch die gegenwärtige Kritik des Kommunitarismus am Politikmodell des Liberalismus. Sandels These der »unencumbered selves« der liberalen Gesellschaft und der politischen Philosophie der »procedural republic« erneuert sie als Kritik am Verlust einer partizipatorischen Kultur, aufgrund dessen der Liberalismus nicht in der Lage sei, die Freiheitsversprechen, für die er steht, auch einzulösen: Der Liberalismus »conceives persons as free and independent selves, unencumbered by moral or civic ties they have not chosen. ... The liberal vision of freedom lacks the civic resources to sustain self-government. This defect ill-equips it to address the sense of disempowerment that afflicts our public life. The public philosophy by which we live cannot secure the liberty it promises, because it

---

67 *Lippmann*, Drift and Mastery, S. 96. Siehe auch bereits *ders.*, A Preface to Politics, S. 62f., wo er die Öffnung der Politik gegenüber den neuen gesellschaftlichen Bewegungen als Kern der politischen Reformbewegung des Progressive Movement erkannte: »For unions and trusts, sects, clubs and voluntary associations stand for actual needs. ... If you ask what for political purposes a nation is, a practical answer would be: it is its ›movements.‹ They are the social *life*. So far as the future is man-made it is made of them. They show their real vitality by a relentless growth in spite of all the little fences and obstacles that foolish politicians devise. ... In fact, unless a political invention is woven into a social movement it has no importance. Only when that is done is it imbued with life.«

68 *Croly*, Progressive Democracy, S, 215. Systematisch entfaltet Croly seine Ideen direkter Demokratie und »popular control« vor allem in dem Kapitel »The Advent of Direct Government«, *ebd.*, S. 245ff. – Siehe hierzu programmatisch auch *Weyl*, The New Democracy, S. 310f. und seinen Entwurf eines »glass-house government«. – Aus der Forschungsliteratur siehe *Cronin*, Direct Democracy; *Piott*, The Origins.

69 Dies betont *Kloppenberg*, Uncertain Victory, S. 414.

cannot inspire the sense of community and civic engagement that liberty requires.«[70]

Unmittelbar verbunden war die Überzeugung der Intellektuellen des Progressive Movement von einer Konstituierung des Politischen durch die Partizipation der Bürger mit dem Vertrauensverlust gegenüber den formalen und prozeduralen Verfahren des liberalen Systems im allgemeinen, sowie gegenüber der politischen Vernunft der Verfassung und ihrer legislativen, exekutiven und rechtlichen Organe im besonderen.[71] An die Stelle dieses verlorenen Vertrauens in die Institutionen der repräsentativen Demokratie, in das formale Recht[72] oder in das System der »checks and balances« trat der Glaube an die Vernunft, Tugend und soziale Verantwortung der Bürger. Angesichts der verbreiteten Überzeugung vom Ungenügen verfassungsrechtlicher Garantien der Freiheit und materiellen Wohlergehens trat für die Intellektuellen des New Liberalism das republikanische Ideal der politischen Selbstorganisation der Civil Society und der freien Assoziierung »tugendhafter« und aufgeklärter Bürger ins Zentrum der politischen Kultur. Dies erklärt auch den verbreiteten politischen Spiritualismus, der materiale Glaubensinhalte an die Stelle formaler Verfahren setzte und von Croly als ein konstitutives Merkmal des Progressive Movement und eines erneuerten Republikanismus betont worden ist:

»The assurance which American progressivism is gradually acquiring, and of whose necessity it is finally becoming conscious, is merely an expression of faith – faith in the peculiar value and possible reality of its own enterprise, faith in the power of faith. A democracy becomes courageous, progressive and ascendant just in so far as it dares to have faith, and just in so far as it can be faithful without ceasing to be inquisitive. Faith in things unseen and unknown is as indispensable to a

---

70 *Sandel*, Democracy's Discontent, S. 6. – Ähnlich *Barber*, Strong Democracy, S. XV f.; *Bellah u. a.*, The Good Society, S. 15; *Sullivan*, Reconstructing, S. 9; *Fishkin*, Deliberative Democracy.

71 Als Beispiel für die Kritik der Verfassungsorgane siehe Beards Interpretation der Verfassung als Instrument der besitzenden Klassen zur Wahrung ihrer Interessen in: *Beard*, Eine ökonomische Interpretation, S. 208 ff. Dies schloss nicht aus, daß er sich gleichzeitig zum politischen und ökonomischen Realismus der Federalists bekannte und als Anhänger eines starken Nationalstaates im Sinne Hamiltons zu erkennen gab. Diese schwierige Gratwanderung Beards zwischen Ablehnung und Befürwortung der Verfassung, die auf eine unaufgelöste Spannung innerhalb seiner politischen Philosophie hindeuten, beleuchtet *McCorkle*, The Historian. – Weitere Beispiele für die Kritik des politischen Systems sind Croly's und Weyls Auseinandersetzung mit der exponierten Stellung der Juristen und der politischen Rolle des Supreme Court, an dessen Einspruch viele Reformvorhaben und Amendment-Initiativen der Progressive Era scheiterten (*Croly*, The Promise, S. 131 ff.). – Zu Weyls Interpretation des Supreme Court und der Parteien als Reformblockaden siehe »The Plutocracy in Politics« in: *Weyl*, The New Democracy, S. 96 ff. u. 109 ff. – Aus der Forschungsliteratur siehe hierzu auch *Barrow*, Historical Criticism.

72 Speziell zur Kritik des formalen Rechts und zu seiner Ablösung durch eine materiale Idee sozialer Gerechtigkeit und Verantwortung siehe das Kapitel »The Law and the Faith« in *Croly*, Progressive Democracy, S. 163 ff.

progressive democracy as it is to an individual Christian. In the absence of such a faith, a democracy must lean, as the American democracy has leaned in the past, upon some specific formulation of a supposedly or temporarily righteous Law; but just in proportion as it has attained faith it can dispense with any such support.«[73]

Auch die große Bedeutung von »education« als einer Leitkategorie des Progressive Movement, die auf die Steigerung der politischen, ideellen und moralischen Kompetenzen der Bürger zielte und als wichtigste Voraussetzung für die bewußte Selbstgestaltung der Civil Society begriffen wurde, wird in diesem Zusammenhang verständlich.[74] Im Denken Deweys fungiert Erziehung als ein Medium des zivilisatorischen Fortschritts und als ein Instrument der gesellschaftlichen Erneuerung, weil durch sie erst die kulturellen, politischen und sozialen Bedingungen geschaffen werden, die eine freie Vergesellschaftung der Individuen möglich machen.[75] In seiner für das Selbstverständnis des Progressive Movement grundlegenden Schrift »Democracy and Education« aus dem Jahre 1916 hat er seine Theorie der Erziehung mit einer deliberativen Konzeption von Demokratie verknüpft. Mit »education« ist hier eine sich in den öffentlichen und partizipatorischen Vereinigungen der Zivilgesellschaft vollziehende Aneignung von Erfahrung gemeint, – ein Prozeß, dessen politische Qualität darin besteht, daß er auf dem Wege einer Ausweitung kommunikativer Kompetenzen, Verständigungsmöglichkeiten und Handlungsspielräume die Freiheit und wechselseitige Anerkennung der Individuen ermöglicht: »Not only is social life identical with communication, but all communication (and hence all genuine social life) is educative. To be a recipient of a communication is to have an enlarged and changed experience. ... The very process of living together educates.«[76]

Der sozialethische Anspruch des Progressive Movement sowie der von den Intellektuellen emphatisch zum Ausdruck gebrachte »faith in education« ver-

---

[73] *Croly*, Progressive Democracy, S. 168. – Zu diesem politischen Spiritualismus des Progressive Movement siehe auch *Noble*, The Paradox, S. 70.

[74] Charles Beard hat die Bedeutung von »education« als Instrument der Lösung gesellschaftlicher Problemlagen zu einer Spezifik der amerikanischen Kultur erklärt: »The American people have an almost pathetic confidence in education as a guarantee for the stability of republican institutions and a solution of all social problems. Our strong individualism has never allowed this faith in education to waver and apparently no voice is ever lifted against this species of large-scale collectivism.« (*Charles Beard*, American City Government, S. 311).

[75] *Dewey*, My Pedagogic Creed, (EW 5), S. 93. – Zur Bedeutung von Education bei Dewey siehe auch *Zilversmit*, Changing Scools.

[76] *Dewey*, Democracy and Education, (MW 9), S. 8f. – Bis heute steht der Begriff der Erziehung im Zentrum einer republikanischen Politikkonzeption: *Barber*, An Aristocracy; in Anknüpfung an Dewey siehe *Gutmann*, Democratic Education, S. 13. – Zu der im Zusammenhang des Progressive Movement entstandenen Konzeption von Education als Medium einer Verarbeitung der zeitgenössischen Transformationskrisen siehe *Cremin*, American Education, S. 154, 157ff., 519ff. – Zur »progressive education« als »education for citizenship« siehe auch *Kloppenberg*, Uncertain Victory, S. 373ff.

raten deutlich den Einfluß klassisch-republikanischer Ideen. Auch bei Croly ist die in der Denktradition des Civic Republicanism verwurzelte Überzeugung präsent, daß die Existenz einer Demokratie an persönliche Qualifikationen und Verantwortlichkeiten ihrer Bürger gebunden ist.[77] Deutlich wird dies an seinem Begriff von »social education« als Mittel politischen und gesellschaftlichen Fortschritts sowie als Appell an die Zurücknahme politischer Eigeninteressen zugunsten des Gemeinwohls: »The creation of an adequate system of educating men and women for disinterested service is a necessary condition both of social amelioration and social conservation.«[78]

Die politische Philosophie des Progressive Movement stellt ein massives Aufbegehren gegen eine Tradition des Liberalismus dar, die es durch den Rückgriff auf das Ideenreservoir republikanischer Politiktraditionen aufzubrechen und mit neuem Leben zu füllen gelte. Es ist jedoch auffällig, daß die in der Tradition Tocquevilles von Dewey formulierte Alternative eines kommunitären Liberalismus bei vielen Vertretern des New Liberalism durch Elemente einer elitären Demokratiekonzeption überlagert worden ist, die sich ebenfalls aus republikanischen Politiktraditionen speisten.[79] Von den hier untersuchten Intellektuellen hat sich allein Dewey als resistent gegenüber dem Reiz des »democratic elitism« erwiesen, der in der Akzentuierung von »political leadership« und »professional expertise« als Triebkräften sozialer Reform zum Ausdruck kam. Der Glaube an die politische Führungsstärke unbestechlicher Individuen und besonders qualifizierter Eliten, oder aber an die fachliche Autorität der Wissenschaft und der neuen Professionen, war anschlußfähig an das klassisch-republikanische Ideal einer Herrschaft der »few«. An die Stelle dieser Wenigen trat im politischen Denken des Progressive Movement die »natural aristocracy« charismatischer Führer, professioneller Experten oder aber der wissenschaftlichen Träger von »intelligence«. In jedem Falle ist der zivilisatorische Fortschritt Sache moralisch Auserlesener und fachlich Qualifizierter: »The great mass of humanity has never had anything to do with the increase of intelligence except to act as its medium of transfusion and perpetuation. Creative intelligence is confined to the very few.«[80] Deren Einsichtsfähigkeit in die objektiven Abläufe des politischen und gesellschaftlichen Lebens sollte dazu dienen, die Civil Society

---

77 Hierzu *Oldfield*, Citizenship, S. 28; *Sandel*, Democracy's Discontent, S. 6 – Siehe auch den an Kohlbergs Stufenschema der Moralentwicklung orientierten Entwurf von »civic competence« als Element eines erneuerten Liberalismus bei *Anderson*, Pragmatic Liberalism, S. 194 ff.
78 *Croly*, Progressive Democracy, S. 408.
79 Dies betont *Ross*, Liberalism, S. 758 f. – Siehe in diesem Zusammenhang auch Kapitel 7 dieser Untersuchung.
80 *Robinson*, The Mind in the Making, S. 78. – Es waren vor allem die großen Individuen in den Wissenschaften und Künsten, die Robinson als die »mind makers« und sozialen Träger des zivilisatorischen Fortschritts begriff. – Siehe hierzu auch *ders.*, The Humanizing of Knowledge, S. 16.

unter rationalen Gesichtspunkten zu reorganisieren und über den Antagonismus individualistischer Interessen zu erheben.

Ein klassisches Dokument dieser elitären Demokratiekonzeption und der Theorie einer plebiszitär verankerten Form von »political and executive leadership« ist Lippmanns »A Preface to Politics«, sein durch lebensphilosophische und irrationalistische Motive durchzogenes Erstlingswerk aus dem Jahre 1913. In ihm stellte er der politischen Klasse der »routineers« den Typus des charismatischen Reformers von Politik und Gesellschaft gegenüber, der in direkter Anknüpfung an den Willen des Volkes und an die unmittelbaren Erfahrungen und Interessenlagen der Individuen das politische System zu erneuern und zu dynamisieren vermag: »While the routineers see machinery and precedents revolving with mankind as puppets, he puts the deliberate, conscious, willing individual at the center of his philosophy. This reversal is pregnant with a new outlook for statecraft. I hope to show that it alone can keep step with life; it alone is humanly relevant; and it alone achieves valuable results. Call this man a political creator or a political inventor.«[81] Wie bei Croly wird auch hier die symbiotische Beziehung zwischen »democratic reform« und »executive leadership«, zwischen den republikanisch-partizipatorischen und den charismatisch-elitären Aspekten innerhalb der politischen Philosophie des New Liberalism deutlich, die Parallelen zu Max Webers Idee der plebiszitären Führerdemokratie aufweist.[82] Diese Idee eines unmittelbaren Zusammenspiels zwischen politischen Führern und souveränem Volk unter Umgehung der parlamentarischen und legislativen Instanzen der repräsentativen Demokratie, zwischen »executive leadership« und »public opinion«, ist auch noch in Crolys »Progressive Democracy« ein konstitutives Merkmal des New Liberalism. Erst die Organisation des politischen Volkswillens durch charismatische Führerpersönlichkeiten läßt die »majority rule« politisch wirksam werden:

»Public opinion requires to be aroused, elicited, informed, developed, concentrated and brought to an understanding of its own dominant purposes. The value of executive leadership consists in its peculiar serviceability not merely as the agent of a prevailing public opinion, but also as the invigorator and concentrator of such opinion. Progressive democracy needs executive leadership, because it accomplishes so effectively one very important object of democratic political organization. Better than any exclusively parliamentary system, any legalistic system or any system of pure democracy, it organizes and vitalizes the rule of the majority.«[83]

Als eine exemplarische Einlösung der Forderungen des Progressive Movement nach politischer Führung und exekutiver Effizienz erwähnt Croly das »commission-system« und den »city-manager-plan«, die beide die politische

---

81 *Lippmann*, A Preface to Politics, S. 9.
82 Siehe hierzu näher *Mommsen*, Max Weber, S. 44 ff.
83 *Croly*, Progressive Democracy, S. 304.

Reformprogrammatik jener Zeit zum Ausdruck bringen, indem sie vor allem auf städtischer Ebene eine Zentralisierung der politischen Verwaltungsfunktionen in den Händen einer kleinen Führungsgruppe professioneller Experten und Fachleute vorsahen, die innerhalb eines übersichtlichen Systems politischer Direktverantwortlichkeiten handelten.[84] Wie Croly sah auch Beard die Forderung nach mehr »expertness and efficiency in municipal administration« an die Stärkung der politischen Position von Verwaltung und Exekutive durch die »separation of politics from administration« gebunden. Auch für ihn stellte die Emanzipation professioneller Verwaltungsbürokratien von den einer korrupten Parteiendemokratie hilflos ausgelieferten parlamentarischen und legislativen Instanzen ein Herzstück der politischen Reformkonzeption des Progressive Movement dar.[85] Allerdings wird an seinem Beispiel zugleich die Differenz zwischen den Vertretern einer elitären Politikkonzeption und dem eher deliberativen Flügel des Progressive Movement deutlich. Beard stand den politischen Forderungen nach »executive leadership« und »commission government« ambivalent gegenüber: Auf der einen Seite befürwortete er die Effizienz- und Rationalitätsgewinne, die er mit dem Aufstieg einer weitgehend autonomen und unabhängigen professionellen Verwaltungsbürokratie einhergehen sah, auf der anderen Seite befürchtete er langfristig einen durch diese Entwicklung hervorgerufenen Bedeutungsverlust von »self-government« und der partizipatorischen Elemente der »voluntary associations«:

»From the standpoint of pure business administration, the commission form of government has many features to commend it. It centralizes power and responsibiliy in a small group of men constantly before the public and subjected to the scrutiny of public criticism; ... On the other hand, it destroys the deliberative and representative element in municipal government, and may readily tend to reduce its administration to a mere routine business, based largely upon principles of economy, to the exclusion of civic ideals.«[86]

Aufgrund der Überlagerung einer pluralistisch-deliberativen und einer an technischen Effizienzkriterien orientierten elitären Demokratie- und Gesellschaftskonzeption, die sich beide aus dem Erbe republikanischer Politiktraditionen abzuleiten und zu legitimieren vermochten, erweist sich der New Liberalism der amerikanischen Intellektuellen in der Progressive Era keineswegs als eine einheitliche Theorieposition, sondern als ein heteroge-

---

84 *Ebd.*, S. 286 ff. – Deren Bedeutung für die Reorganisation der innerstädtischen Politik unterstreicht auch *Beard*, American Government and Politics (1949[10]), S. 744 ff., 746 ff. – Aus der Forschungsliteratur siehe hierzu *Schiesl*, The Politics, der den City Manager als Vertreter einer neuen Profession und Typus des modernen Bürokraten rekonstruiert (S. 171 ff.). – Siehe außerdem bereits *Hays*, The Politics, S. 182 f.; *McCraw*, The Progressive Legacy, S. 184; *Weinstein*, Organized Business.
85 *Beard*, American City Government, S. 108 f.
86 *Ebd.*, S. 96.

nes Ideenkonglomerat, aus dem sich im Laufe der 20er und 30er Jahre konkurrierende Strömungen der politischen Theoriebildung herausbildeten und zu alternativen Ideen der Civil Society polarisierten.[87]

c) Der gesellschaftliche Ort der Intellektuellen

Neben diesem heterogenen Theorieprojekt des New Liberalism bestand eine weitere Gemeinsamkeit der Intellektuellen des Progressive Movement darin, daß sie das akademische Spezialistentum der Wissenschaften, denen sie als ausgewiesene Experten angehörten, wissenschaftstheoretisch zu überwinden versuchten und als »purposivists« von der Warte ihres professionellen Wissens aus zu den Problemlagen ihrer Zeit politisch Stellung bezogen haben.[88] In der erwähnten Universitätskritik Beards war deutlich geworden, daß der Zustand der Universitäten seit der zweiten Dekade des 20. Jahrhunderts nicht mehr dem politischen Überschwang und den zivilisatorischen Erwartungen entsprach, die die Intellektuellen des Progressive Movement ursprünglich mit ihnen verbunden hatten. 1904 hatte Dewey noch die Universität als adäquate Institution einer Philosophie verstanden, von der die soziale Erneuerung der Gesellschaft ausgehen könne: »The connection of philosophy with the work and function of the university is natural and inevitable. The university is the fit abode of philosophy. It is in the university that philosophy finds the organ, the working agency, through which it may realize its social and national aim.«[89] In der Eigendynamik disziplinärer Spezialisierung drohte jedoch dieser »purposivism« der Wissenschaft, d.h. ihre Aufgabe einer Analyse der Civil Society im Interesse gesellschaftlichen Fortschritts durch permanente Reform und damit ihr Status als »a way of solving social problems« verloren zu gehen und durch das Ideal einer positivistischen Wissenschaft ersetzt zu werden. Infrage gestellt war damit die für das epistemologische Selbstverständnis der amerikanischen Sozialwissenschaften seit den 80er Jahren konstitutive Vermittlung von sozialer Reformorientierung und wissenschaftlichem Objektivitätsanspruch. Die akademischen Professionals hatten sich auf die Basis ihres Expertenwissens zurückgezogen und sich damit ihres ursprünglichen Anspruchs entledigt, in der wissenschaftlichen Reflexion der industriellen Gesellschaft zugleich die Bedingungen ihres permanenten gesellschaftlichen und politischen Fortschritts zu ga-

---

87 Die Desillusionierung des New Liberalism durch den Ersten Weltkrieg rekonstruiert Rochester, der den »persevering optimism« Deweys, die konservative Wendung Lippmanns und den Entpolitisierungsprozeß Crolys als Reaktionen der amerikanischen Intellektuellen typologisch voneinander abgrenzt: *Rochester*, American Liberal Disillusionment, S. 111 und 121 ff.
88 Das betont *Smith*, Social Science.
89 *Dewey*, Philosophy and American National Life, (MW 3), S. 77.

rantieren.⁹⁰ Die Wissenssoziologie der Intellektuellen des Progressive Movement war der Versuch, diese Prozesse einer positivistischen Abkoppelung der Wissenschaft von den Problemlagen der Zeit rückgängig zu machen und die Wissenschaft erneut als eine über den Partialinteressen stehende Reformkraft und Repräsentantin des Common Good gesellschaftlich zu verankern. Diese Überzeugung manifestiert sich in Beards programmatischer Begründung einer Sozialwissenschaft, die sich nicht auf die wertfreie Analyse empirischer Phänomene beschränkt, sondern die erneut – in bewußter Anknüpfung an aristotelische Denktraditionen – die moralische Frage nach dem guten Leben und nach der »good society« als einer an Kriterien des Gemeinwohls orientierten Lebensform stellt. Beard reklamiert Aristoteles als Vorbild einer erneuerten politischen Theorie, weil mit ihr Praxis zum Gegenstand der Theorie wird:

»The Greek philosopher, Aristotle, writing on politics more than three hundred years before Christ, fused history, ethics, economics, administration, public policies, and government into one organic whole. ... At no time did he lose sight of ethics. The aim of the family and of property, as of the state, was the best life. ... Statesmanship as the art of gaining power and holding it was to him an unworthy concept. Always before him he held an ethical ideal: what is the best kind of society of which human nature is capable? The mere description of government without explanation and without reference to ideal ends would have been to Aristotle, as to Buckle, no science at all, – merely a collection of more or less useful but unrelated data.«⁹¹

Die Progressive History betonte die konstitutive Bedeutung der öffentlichen Transferleistungen zwischen Wissenschaft und Gesellschaft und wurde damit paradigmatisch für das wissenschaftstheoretische Selbstbewußtsein der Public Intellectuals zu Beginn des 20. Jahrhunderts. Für Beard wie für Robinson war die Überzeugung leitend, daß die Geschichtswissenschaft an den praktischen Erkenntnisinteressen der Gegenwart anknüpfen müsse, um zu relevanten Forschungsergebnissen zu kommen und die kulturellen Bedürfnisse der Gesellschaft nach historischer Orientierung befriedigen zu können. Wissenschaft und politische Öffentlichkeit konnten auf dieser Grundlage als zwei Seiten derselben Erinnerungsgemeinschaft gedacht werden, deren ungebrochene Einheit sich im Werk des Historikers dokumentieren müsse. Robinson hatte die Überzeugung, daß Geschichte der Selbstaufklärung der Gegenwart diene, zum Kern seines geschichtstheoretischen Mo-

---

90 Dies betont *Furner*, Advocacy, S. 324. – Siehe auch *Haskell*, The Emergence, S. VI; sowie *Ross*, The Development, S. 122 f.; *dies*., The Origins, S. 141 ff. – Zu den zeitgleichen Diskussionen in der Geschichtswissenschaft siehe *Novick*, That Noble Dream.
91 *Beard*, American Government and Politics, S. 13 f. (hier zitiert nach der vierten Auflage von 1924). – Siehe zu Beards Frage »What is good?« als neorepublikanischem Element seiner Gesellschaftstheorie auch das Kapitel »Ethical Elements in Statesmanship« in *ders*., Public Policy and the General Welfare, S. 14 ff. u. 24.

dernisierungsversuchs der Geschichtswissenschaft gemacht: »But the one thing that it ought to do, and has not yet effectively done, is to help us to understand ourselves and our fellows and the problems and prospects of mankind. It is this most significant form of history's usefulness that has been most commonly neglected.«[92]

Weil jedoch die in Anspruch genommene Aufklärungsfunktion der Wissenschaft im Selbstverständnis der Intellektuellen identisch war mit der Parteilichkeit für eine aus republikanischen Traditionen gespeiste Idee des Gemeinwohls hoch über den Interessen,[93] repräsentierte die Wissenschaft zugleich eine an den Idealen von »disinterestedness« und »nonpartisanship« orientierte kulturelle Wissensform. Diese wissenschaftstheoretischen Zusammenhänge werfen Licht auf die eigentümliche Konstellation von wissenschaftlichem Objektivitätsanspruch und politischer Parteilichkeit im Werk der Intellektuellen des Progressive Movement. Ihr entschiedenes Eintreten für eine politische Strategie sozialer Reform, in deren Zentrum die Ersetzung des kulturellen und ökonomischen Individualismus durch einen sozialstaatlich motivierten Interventionismus stand, konnte aufgrund der Identifizierung der Wissenschaft als Vertreterin des Gemeinwohls durchaus einhergehen mit ihrem bereits erwähnten Anspruch auf Autonomie, Neutralität und Unparteilichkeit. Als Wissenschaftler standen sie nicht nur auf der Seite dieser objektiven Fortschrittstendenz, zu der sie sich auch als Bürger politisch bekannten, sondern verkörperten sie geradezu. Ihr wissenschaftlicher Glaube an Objektivität und Unparteilichkeit stand daher nicht im Widerspruch zu der politischen Parteilichkeit für dasjenige Gesellschaftsmodell, das der Objektivität ihrer wissenschaftlichen Fortschrittsidee entsprach.[94]

In der historischen Forschung der letzten Jahre ist herausgearbeitet worden, auf welchen Praxisfeldern der von den Intellektuellen der Progressive Era erhobene Anspruch eingelöst worden ist, im Medium der Wissenschaft einen praktischen Beitrag zur Erneuerung von Politik und Gesellschaft zu leisten.[95] Dies zeigt, daß das ausgeprägte Selbstbewußtsein der amerikani-

---

92 *Robinson*, The New History, S. 17. – Aus der Forschung siehe *Breisach*, American Progressive History, S. 50ff.; *Glassberg*, History, der ausgehend von der Progressive History das Verhältnis zwischen gesellschaftlichen Orientierungsbedürfnissen und Geschichtswissenschaft im 20. Jahrhundert rekonstruiert.
93 Dies betont *Gilbert*, Designing, S. 27: »Many intellectuals were becoming, in fact, a kind of professional public interest.«
94 Zu den offensichtlichen Parallelen mit der Objektivitäts- und Parteilichkeitskonzeption des deutschen Historismus siehe *Rüsen*, Konfigurationen, S. 157ff.
95 *Brint*, In an Age; *Diner*, A City; *Furner*, Advocacy; *Furner u. Supple (Hg)*, The State; *Gilbert*, Designing; *Haskell*, The Emergence; *ders. (Hg.)*, The Authority; *Keller*, Regulating a New Society; *Kloppenberg*, Uncertain Victory; *Lacey u. Furner (Hg.)*, The State; *Lustig*, Corporate Liberalism; *McClay*, The Masterless; *Rueschemeyer u. Skocpol (Hg.)*, States; *Skowronek*, Building; *Smith*, Social Science. – In einer marxistischen Version bestätigt dies *Barrow*, Universities, der das politische Selbstverständnis der Public Intellectuals als ideologische Verschleierung ihrer Abhängigkeit von Staat und organisiertem Kapitalismus rekonstruiert.

schen Intellektuellen, als Avantgarde der »new professional class« im Zentrum des geschichtlichen Fortschritts zu stehen und als Vordenker und Träger von Modernisierung zu fungieren, keine bloße Ideologie war, sondern ein sozialhistorisch und politikgeschichtlich rekonstruierbarer Tatbestand, der in den weiteren Kapiteln dieser Untersuchung aus unterschiedlichen Perspektiven beleuchtet werden soll. Das zeitgeschichtliche Phänomen des »intellectual gospel«, d.h. die ersatzreligiöse Aufladung der Wissenschaft zur wichtigsten kulturellen Orientierungs- und gesellschaftspolitischen Ordnungsmacht,[96] läßt sich mit den enormen Erwartungen erklären, die sich mit der Wissenschaft und einer wissenschaftlich aufgeklärten Expertenbürokratie als überparteilichen, jenseits des gewöhnlichen Interessenkampfes stehenden Instanzen sozialer Reform und Innovation verbanden. Erstaunlich ist dabei die fehlende Sensibilität der amerikanischen Intellektuellen gegenüber dem politischen und kulturellen Bedrohungspotential, das von wissenschaftlichen und bürokratischen Expertengruppen als Reformeliten auszugehen vermag; die von Max Weber akzentuierte Kluft zwischen Bürokratie und Demokratie spielte in ihrem Denken kaum eine Rolle.[97]

Allerdings existierten bei den Intellektuellen des Progressive Movement jenseits ihrer gemeinsamen Überzeugung von der lebenspraktischen Funktion der Wissenschaft auch erhebliche Unterschiede hinsichtlich ihrer Legitimierung der Wissenschaft zum Instrument einer Gesellschaftsreform im Interesse des Common Good. Wie schon im Falle der bereits erwähnten Konkurrenz zwischen verschiedenen Konzeptionen der Civil Society lassen sich auch diese Unterschiede auf ein ambivalentes Erbe der republikanischen Denktradition zurückführen. Der bereits angedeutete strukturelle Gegensatz zwischen einem elitären und technizistischen Demokratie- und Gesellschaftsverständnis auf der einen Seite und einem pluralistischen bzw. deliberativen auf der anderen setzt sich bis in die jeweiligen Interpretationen der zivilisatorischen Bedeutung der Wissenschaft hinein fort. In beiden Fällen bildete ein aus republikanischen Traditionen stammendes Verständnis von Wissenschaft als Organ des Common Good die Basis. Obwohl – wie im Falle Crolys – sich in der Progressive Era durchaus noch beide Lösungsformeln wechselseitig überlagern konnten und in einem theoretisch zumeist ungeklärten Verhältnis zueinander befanden, sind hier bereits die Keimzellen für den Polarisierungsprozeß der verschiedenen Strömungen während der 20er und 30er Jahre angelegt. Insgesamt ergibt sich daher das Bild eines sehr uneinheitlichen Einflusses republikanischer und kommunitärer Ideen auf die politische Philosophie des New Liberalism, der zu höchst unterschiedlichen Formen einer Theorie der Civil Society führte. Im Kontext der hier untersuchten Intellektuellen ist vor allem von Veblen und Lippmann das Verhältnis von Wissenschaft und Gesellschaft im Sinne des »democratic

---

96 *Hollinger*, Justification, S. 133f.; *Nuechterlein*, The Dream.
97 Dies betont *Kloppenberg*, Uncertain Victory, S. 276.

elitism« aufgelöst worden, indem sie den wissenschaftsspezifischen Aspekt von »expertise« in den Vordergrund rückten und aus ihm eine Position von »social control« entwickelten, in der die Professionen der New Middle Class eine gesellschaftliche und politische Führungsrolle innehatten (1.). Die epistemologische und wissenssoziologische Gegenposition dazu bezog vor allem Dewey, dessen Begriff von »social intelligence« die Vorbildfunktion der Wissenschaft für Demokratie und Gesellschaft aus den ihr eigenen diskursiven und methodisch-selbstreflexiven Elementen ableitete, ohne in eine elitäre oder sozialtechnisch geprägte Konzeption der Civil Society zu münden (2.).

1. Das schwierig aufzulösende Spannungsverhältnis zwischen einer pluralistischen Demokratie und den neuen gesellschaftlichen Führungseliten war das entscheidende Problem, das dem Auseinanderdriften der amerikanischen Intellektuellen in den 20er und 30er Jahren zugrunde lag. Die Idee einer republikanischen Erneuerung der Civil Society mit Hilfe der Wissenschaft und der durch sie ausgeübten Kontroll- und Steuerungsfunktionen bildete den Ausgangspunkt der vor allem seit dem Ende des Ersten Weltkriegs zunehmenden Tendenz hin zu einem »democratic elitism«. Dieser war an professionellen Qualifikationen und technischen Gesellschaftsmodellen orientiert und verweist auf die autoritäre Wendung der amerikanischen Intellektuellen in dieser Zeit, denn es läßt sich eine Affinität zwischen republikanischen Politiktraditionen und einer elitären Demokratie- und Gesellschaftskonzeption feststellen. Dies wird am Beispiel Veblens besonders deutlich, der zu den einflußreichsten Soziologen und Ökonomen des Progressive Movement gehörte und dessen wissenschaftstheoretisch fundierte Kritik des etablierten Universitätssystems eine große Bedeutung für das Wissenschaftsverständnis der Intellektuellen um die New School besaß.

Auf den ersten Blick scheint Veblen der These eines Zusammenhangs von Wissenschaft und Gesellschaft zu widersprechen, indem er die moderne Wissenschaft als Vertreterin einer bewußt praxisfernen »idle curiosity« und als »knowledge without any ulterior purpose« definiert.[98] Den Verlust dieser Interesselosigkeit der Wissenschaft zugunsten ihrer Indienstnahme durch die ökonomischen Profit- und Geschäftsinteressen der Wirtschaft kritisierte er dementsprechend als den kapitalistischen Sündenfall des amerikanischen Bildungs- und Universitätssystems.[99] Dahinter stand jedoch gerade nicht die positivistische Vorstellung einer empirischen Wissenschaft ohne unmittelbaren Bezug zu Gesellschaft und Politik; vielmehr muß seine Wissenschaftstheorie vor dem Hintergrund seiner Idee von Wissenschaft und Technik als elementaren Ordnungsmächten der Gesellschaft gelesen werden, die ein höherrangiges öffentliches Gesamtinteresse jenseits der partikularen Egoismen

---

98 *Veblen*, The Place of Science, S. 17f. – Siehe außerdem *ders.*, The Higher Learning.
99 *ders.*, The Higher Learning, S. VIIf.

gesellschaftlicher Gruppen repräsentieren und mithilfe der »social engineers«, der unparteilichen Agenten dieses technischen Gesamtinteresses, politisch realisiert werden: »Hence the easy copartnership between the two. Science and technology play into one another's hands.«[100] Die Pointe in Veblens Wissenschafts- und Gesellschaftstheorie ist die Verbindung ökonomisch-technischer Effizienzkriterien und einer neorepublikanisch inspirierten Idee des Common Good. Für Veblen stellten, und das kennzeichnet ihn als intellektuelles Sprachrohr der »managerial revolution«, die neuen wissenschaftlichen Experteneliten der Techniker und Ingenieure aufgrund ihres Interesses an der Optimierung ökonomischer Produktivität die wichtigste Personalressource für die notwendige Erneuerung von Kapitalismus, Demokratie und bürgerlicher Gesellschaft dar,[101] weil sie allein die erforderlichen ökonomischen Bedingungen von »public welfare« und industrieller Produktion garantieren könnten:

»The expert men, technologists, engineers, or whatever name may best suit them, make up the indispensable General Staff of the industrial system; and without their immediate and unremitting guidance and correction the industrial system will not work. It is a mechanically organized structure of technical processes designed, installed, and conducted by these production engineers. Without them and their constant attention the industrial equipment, the mechanical appliances of industry, will foot up to just so much junk. The material welfare of the community is unreservedly bound up with the due working of the industrial system, and therefore with its unreserved control by the engineers, who alone are competent to manage it. To do their work as it should be done these men of the industrial general staff must have a free hand, unhampered by commercial considerations and reservations; for the production of the goods and services needed by the community they neither need nor are they in any degree benefited by any supervision of interference from the side of the owners. Yet the absentee owners, now represented, in effect, by the syndicated investment bankers, continue to control the industrial experts and limit their discretion, arbitrarily, for their own commercial gain, regardless of the needs of the community.«[102]

---

100 *ders.*, The Place of Science, S. 17. – Zu seiner Standortbestimmung der »social engineers« siehe *ders.*, The Engineers.
101 Aus der umfangreichen Forschungsliteratur siehe hierzu *Bell*, Veblen and the Technocrats, der die Ideen Veblens in den Zusammenhang seiner These der »postindustriellen Gesellschaft« rückt, S. 89 f.; *Layton*, Veblen and the Engineers; *Riesman*, Thorstein Veblen, S. 99 ff.; *Stabile*, Veblen. – Eine Kritik an Veblens Idee des »social engineering« aus der Perspektive Max Webers enthält *Diggins*, The Bard of Savagery, S. 138. – Unergiebig dagegen *Dorfman*, Thorstein Veblen.
102 *Veblen*, The Engineers, S. 69 f. – Zu Veblens Verbindung von »detached scientific analysis and engaged social criticism« siehe auch *Eby*, Thorstein Veblen, S. 146. – Veblen fügt sich durchaus dem Bild des »engaged intellectual« und ist daher auch nicht »the only true outsider« der amerikanischen Sozialwissenschaften des frühen 20. Jahrhunderts, zu dem ihn *Ross*, The Origins erklärt (S. 204).

Für Veblen war es gerade die Praxisabstinenz und Wertfreiheit der Wissenschaft, ihre reine »matter-of-fact«-Orientierung, die dem »disinterested scientific spirit« eine eminent praktische Bedeutung verschaffte. Denn erst aufgrund ihrer Distanz zu den interessegeleiteten Tageskämpfen der Gegenwart gewann sie für ihn die Aura einer übergeordneten Rationalisierungsinstanz des gesellschaftlichen Lebens und konnte zur eigentlichen Triebkraft gesellschaftlicher Neuorganisation aufsteigen.[103]

In Veblens ökonomischem und wissenschaftstheoretischem Denkweg offenbart sich eine Synthese republikanischer Motive und technokratischer Gesellschaftsmodelle. Von der Transformation praktischer Fragen in technische Problemlösungen und von der Herrschaft der »Maschine« und ihrer Erfüllungsgehilfen, der »technical engineers« erwartete er die Lösung der sozialen Frage und die Sicherstellung der materiellen Wohlfahrt infolge der Sicherstellung ökonomischer Prosperität und Rationalisierung. Die Maschine ist für Veblen keine Bedrohung, sondern Garant einer sozialen Ordnung auf dem Boden des Common Good. Von daher erklärt sich auch die Faszination Veblens durch die »matter-of-fact habits of thought« und seine zwischen objektiver Analyse und euphorischer Zustimmung schwankende Haltung zu den depersonalisierenden und dehumanisierenden Wirkungen der Technik auf die moderne Zivilisation, die ihn zum Antipoden einer Gesellschafts- und Kulturanalyse werden lassen, wie sie etwa von den deutschen Intellektuellen des frühen 20. Jahrhunderts[104] formuliert worden ist:

»The machine throws out anthropomorphic habits of thought. It compels the adaptation of the workman to his work, rather than the adaptation of the work to the workman. The machine technology rests on a knowledge of impersonal, material cause and effect, not on the dexterity, diligence, or personal force of the workman, still less on the habits and propensities of the workman's superiors. Within the range of this machine-guided work, and within the range of modern life so far as it is guided by the machine process, the course of things is given mechanically, impersonally, and the resultant discipline is a discipline in the handling of impersonal facts for mechanical effect.«[105]

Diesen Aspekt der Gesellschaftstheorie Veblens, der die Unterwerfung des Menschen unter die Herrschaft der Maschine nicht nur in ihrer Faktizität konstatiert, sondern geradezu als den einzig möglichen Ausweg aus der Irrationalität des Kapitalismus normativ prämiert, hat Adorno auf den Einfluß des amerikanischen Pragmatismus zurückgeführt, den er als eine Philoso-

---

103 Daher ist auch Diggins' These, daß Veblens Werk durch die Distanz zur Politik definiert sei und die genaue Gegenposition zu einem eingreifenden Denken markiere, dahingehend zu relativieren, daß es für Veblen gerade der überpolitische Charakter des wissenschaftlichen Denkens war, der ihm eine eminent politische Funktion im Zusammenhang der modernen Gesellschaft verlieh; siehe *Diggins*, The Bard of Savagery, S. X.
104 Zu den Unterschieden zwischen den deutschen und amerikanischen Intellektuellen des frühen 20. Jahrhunderts siehe *Jaeger*, Bürgerlichkeit.
105 *Veblen*, The Theory of Business Enterprise, S. 310.

phie der Anpassung an die empirische Realität des Falschen interpretiert hat: »Anpassung ist die Verhaltensweise, welche der Situation des Zuwenig entspricht. Der Pragmatismus ist darum befangen und eng, weil er diese Situation als ewig hypostasiert.«[106] Damit hat er zwar nicht Veblen, wohl aber den amerikanischen Pragmatismus mißdeutet, der sich auf eine Philosophie der Anpassung an die Wirklichkeit des Existierenden nicht reduzieren läßt.

Außer Veblen hat von den hier untersuchten Intellektuellen noch Walter Lippmann die Position des »democratic elitism« vertreten. Von Beginn an ist sein Werk durch einen weitgehend an den technischen Rationalitätskriterien der Wissenschaft orientierten Fortschrittsglauben geleitet, wie er auch den übrigen Intellektuellen der Progressive Era zu Eigen war.[107] Insbesondere »Drift and Mastery« aus dem Jahre 1914, eine wie Crolys »Progressive Democracy« auf dem Höhepunkt des Progressive Movement erschienene Programmschrift, ist durch den Gedanken einer Identität von Wissenschaft und Demokratie geprägt und empfahl die Verwissenschaftlichung der Lebenspraxis als Weg zu einer neuen Zivilisationsstufe:

»Rightly understood science is the culture under which people can live forward in the midst of complexity, and treat life not as something given but as something to be shaped. Custom and authority will work in a simple and unchanging civilization, but in our world only those will conquer who can twin understand. There is nothing accidental then in the fact that democracy in politics is the brother of scientific thinking. ... The scientific spirit is the discipline of democracy, the escape from drift, the outlook of a free man.«[108]

Während das Frühwerk Lippmanns, insbesondere jedoch »Drift and Mastery« durchaus noch durch den Einfluß Deweys und des amerikanischen Pragmatismus geprägt war, begann die Entwicklung hin zu einer Experten- und Elitendemokratie mit seinem Buch »Public Opinion« aus dem Jahre 1922, in dem er die politische Öffentlichkeit, das pluralistische Vereinigungswesen sowie die Mechanismen von »self-government« und direkter Demokratie mit der Aufgabe überfordert sah, den politischen und gesell-

---

106 *Adorno*, Veblens Angriff, S. 95. – Ausführlicher zur deutschen Rezeptionsgeschichte des Pragmatismus siehe *Joas*, Pragmatismus, S. 114 ff. – Zur Rezeptionsgeschichte Veblens siehe *Tilman*, Thorstein Veblen, speziell zur Kritik der Frankfurter Schule siehe S. 190 ff.

107 Als exemplarisch für die an Wissenschaft und Technik orientierte Fortschrittsidee der Intellektuellen des Progressive Movement siehe die Einleitung von Beard zu *Bury*, The Idea of Progress, S. IX ff.; *Robinson*, The Humanizing. – Aus der Forschungsliteratur siehe *Lasch*, The True and Only Heaven; *Marcell*, Progress. – Als Überblick siehe *Mathiopoulos*, Amerika.

108 *Lippmann*, Drift and Mastery, S. 151. – Siehe hierzu auch *Forcey*, The Crossroads, S. 88 ff., 163 ff.; speziell zu Lippmann jetzt *Riccio*, Walter Lippmann, S. 29 ff. – Zu den biographischen Details und zum werkgeschichtlichen Hintergrund siehe auch *Steel*, Walter Lippmann, S. 76 ff. – Durch eine vergleichbare Wissenschaftsgläubigkeit ist die Gesellschaftstheorie Robinsons geprägt: *Robinson*, The Mind; *ders.*, The Humanizing.

schaftlichen Problemstau der »Great Society« zu bewältigen. Vielmehr könnten die Wunden der zeitgenössischen Gesellschaft allein durch die Instanz geheilt werden, die sie auch geschlagen habe, – durch die politischen und wissenschaftlichen Vertreter einer rein technischen und instrumentellen Rationalität.[109]

2. Während Lippmann und Veblen die technischen und administrativen Experteneliten der New Middle Class in das Zentrum der Gesellschaftstheorie des Progressive Movement rückten, haben vor allem Dewey und mit einigen Einschränkungen auch Charles Beard die Frage nach dem Verhältnis von wissenschaftlichem Expertentum und politischer Demokratie anders beantwortet. Beard hat eine Elitenherrschaft der »technologists« und die politische Zielutopie einer technokratisch regierten Gesellschaft abgelehnt und auch noch unter den geschichtlichen Bedingungen des »machine age« auf einer demokratischen Kontrolle des politischen Expertenhandelns beharrt:

»History-making in a machine age is a mass process rather than an operation managed by a small aristocracy of conquest. Hence, we are forced to the conclusion that in any working scheme of modern government, provision must be made for bringing to a focus of power the opinions of the multitude as such. Most of these views may be foolish, as alleged by the ›intelligent,‹ but, springing from the very heart of the productive organism, they cannot be ignored by superiour persons who imagine themselves directing the drama. ... Beyond the technical specialties there is unity – a unity which must be dealt with by a competence transcending that of particular experts.«[110]

Die anspruchsvollste Reaktion auf diese gesellschaftstheoretische und politische Zumutung der »elitists« stammte jedoch von Dewey, dessen 1927 publiziertes Werk »The Public and Its Problems« unter dem zeitgeschichtlichen Erfahrungsdruck der Great Society die Idee der Demokratie im Rekurs auf die diskursiven Elemente der politischen Öffentlichkeit erneuerte. Deweys Begriff von »science« und »social intelligence« implizierte eine Gegenposition zu der des »democratic elitism«, weil er zwar ebenfalls an der spezifischen Rationalität der Wissenschaft orientiert war, jedoch gleichzeitig den Einfluß der Zivilgesellschaft auf Wissenschaft und Politik als Faktoren

---

109 *Lippmann*, Public Opinion, S. 370: »The Great Society had grown furiously and to colossal dimensions by the application of technical knowledge. ... It could be brought under control only by the technic which had created it. Gradually, then, the more enlightened directing minds have called in experts who were trained, or had trained themselves, to make parts of this Great Society intelligible to those who manage it.«

110 *Beard*, Government by Technologists, S. 119. – Auch Bender hat Beards Position von derjenigen des »elitism« deutlich abgegrenzt: »Charles [Beard] rejected professionalism as a form of authority. He had great faith in science and expertise, but not in privilige, believing that intellectual standing came from one's ability to engage the common culture, not from one's ability to set oneself up above it.« (*Bender*, In Retrospect, S. 614).

der Lebensgestaltung betonte und damit deren Verselbständigung entgegenwirkte.[111]

Dewey hat die Idee der praktischen Relevanz theoretischen Wissens mit seinem Begriff von »social intelligence« zum Ausdruck gebracht, der die Wissenschaft im Zentrum des gesellschaftlichen Wandels verankerte. Er zielte auf die »social mobilization of science«[112] und brachte die Überzeugung zum Ausdruck, daß die methodischen Erkenntnisverfahren der Wissenschaft als »educational agency« für die Lösung der politischen und sozialen Probleme der Gegenwart unverzichtbar seien. Auch Deweys Selbstkennzeichnung seiner pragmatistischen Philosophie als »experimentalism« verweist auf das Programm einer permanenten Transformation und Selbstreform der Gesellschaft durch die Applikation wissenschaftsspezifischer und experimenteller Erkenntnisverfahren auf die soziale Praxis. Diese Idee eines sozialen Experimentalismus und der Begriff der »social intelligence« bildeten den Hintergrund für sein Programm einer »Reconstruction in Philosophy«, mit dem er auf die politische Enttäuschungserfahrung des Ersten Weltkrieges intellektuell reagierte:

»Das Wort [Intelligenz] benennt etwas ganz Verschiedenes von dem, was als das höchste Organ oder ›Vermögen‹ angesehen wurde, letzte Wahrheiten zu begreifen. Es ist eine Kurzbezeichnung für große und stetig anwachsende Methoden der Beobachtung, des Experiments und des reflektierenden Schließens, die in sehr kurzer Zeit die physischen und zu einem beträchtlichen Grade die physiologischen Bedingungen des Lebens revolutioniert haben, die aber bis jetzt noch nicht für eine Anwendung auf das entwickelt worden sind, was selbst spezifisch und grundlegend *menschlich* ist. ... Die vorzunehmende Erneuerung besteht nicht darin, ›Intelligenz‹ als etwas Fertiges anzuwenden. Sie besteht darin, die Art von Methode (die Methode der Beobachtung, die Auffassung von der Theorie als einer Hypothese und die experimentelle Überprüfung), durch die das Verständnis der physischen Natur auf seine gegenwärtige Höhe gebracht worden ist, auf die Erforschung menschlicher und moralischer Gegenstände zu übertragen.«[113]

Vom Durchbruch einer wissenschaftsspezifischen »social intelligence« zum gesellschaftlichen und politischen Ordnungsfaktor ersten Ranges erwartete Dewey nicht weniger als eine zweite kopernikanische Revolution, die es erlauben würde, erstmalig in der Geschichte der Menschheit Lebenszusammenhänge bewußt, d.h. auf der Basis realer Erfahrungen zu gestalten und dem objektiven Wandel der Umstände ständig neu anzupassen. Seine Strategie einer Vermittlung von Theorie und Praxis entsprach dem intellektua-

---

111 In zahlreichen Schriften hat Dewey auch noch in den 30er Jahren in Opposition zu den zeitgenössischen Ideen von »social planning« und einer elitären Demokratietheorie seine Vorstellung von Wissenschaft als Instrument rationaler Gesellschaftsgestaltung dargelegt: *Dewey*, Individualism, Old and New, (LW 5); *ders.*, Science and Society, (LW 6); *ders.*, Liberalism and Social Action, (LW 11). – Siehe hierzu Kapitel 7 dieser Arbeit.
112 *Dewey*, What are We Fighting for?, (MW 11), S. 99.
113 *Dewey*, Die Erneuerung der Philosophie, S. 12f.

listischen Selbstverständnis und der auf die Wissenschaft als Rationalisierungsmacht der Lebensführung gerichteten Erwartungshaltung der Progressive Era, ohne freilich in bloße Sozialtechnik abzugleiten. Dewey vermied diese Gefahr, indem er die innere Affinität der wissenschaftlichen Verfahren der Wahrheitsfindung und Geltungssicherung mit den Prinzipien der modernen Demokratie und der politischen Öffentlichkeit betonte und der Wissenschaft insofern eine praktische und nicht bloß technische Vorbildfunktion für die Gestaltung der Civil Society zuerkannte.

Dewey griff mit dem Gedanken eines untrennbaren Zusammenhangs zwischen Wissenschaft und Lebenspraxis zwar die seinerzeit gängigen Forderungen nach »social efficiency« und »social control« auf, gab ihnen jedoch im Gegensatz zu vielen anderen Intellektuellen seiner Zeit keine sozialtechnische Wendung im Sinne einer Herrschaft der Experten und Professionseliten der »new middle class«.[114] Vielmehr ging es ihm um die Vermittlung von Theorie und Praxis im Interesse einer zeitgemäßen Begründung von Demokratie. Was die Wissenschaft für seine Konzeption von Demokratie und Civil Society attraktiv machte, waren die Aspekte von Diskursivität, experimenteller Methode, wechselseitiger Kritik, die institutionalisierte Kompetenz zur Selbstreflexivität und -korrektur im Lichte neuer Erfahrungen und schließlich die Verpflichtung auf das Prinzip der Öffentlichkeit und der ausschließlichen Geltung des besseren Arguments. Nicht die Verwissenschaftlichung der Lebenswelt im Sinne der damals virulenten Vorstellungen einer Planned Society standen hinter Deweys Vermittlung von Gesellschaft, Demokratie und Wissenschaft, sondern die Überzeugung eines Zusammenhangs von theoretischer und praktischer Vernunft. Dem entsprach zugleich die Transformation des weltabgewandten Philosophen zum engagierten Intellektuellen, der mit seinem theoretischen Wissen zur kulturellen Orientierung seiner Gesellschaft angesichts kontingenter Zeiterfahrungen beiträgt:

»Philosophers are not to be a separate and monopolistic priesthood set apart to guard, and, under certain conditions, to reveal, an isolated treasury of truths. It is theirs to organize – such organization involving, of course, criticism, rejection, transformation – the highest and wisest ideas of humanity, past and present, in such fashion that they become most effective in the interpretation of certain recurrent and fundamental problems, which humanity, collectively and individually, has to face.«[115]

Damit sind zunächst umrissartig der geschichtliche Hintergrund und das politische Milieu der Gesellschaftstheorie des Progressive Movement skizziert, wie sie sich im Werk der hier untersuchten Intellektuellen um die New

---

114 Dies betonen *Campbell*, The Community, S. 49 ff.; *Joas*, Pragmatismus, S. 32 ff.; *Kloppenberg*, Pragmatism, S. 119.
115 *Dewey*, Philosophy and American National Life, (MW 3), S. 77.

School for Social Research niedergeschlagen hat. Während es in diesem Kapitel zunächst vor allem darum ging, diesen Theorietyp der modernen Gesellschaft in groben Zügen herauszuarbeiten, sollen im folgenden seine unterschiedlichen Aspekte gesondert und vertiefend untersucht werden. Dies wird zunächst am Beispiel des Fortschrittsbegriffs der Progressive History geschehen, der das historische Denken Charles und Mary Beards sowie Robinsons prägt, der aber auch das Werk der übrigen Intellektuellen durchzieht.

3. Fortschritt und Zivilisation im Zeichen der Progressive History

Die seit dem späten 18. Jahrhundert entstehenden Theorien moderner Gesellschaften waren begleitet durch eine Historisierung des Zeitbewußtseins, die sich im Aufstieg der historischen Wissenschaften im Laufe des 19. Jahrhunderts dokumentiert. Im Zuge dieses Prozesses gewann der Fortschrittsbegriff einen neuen Bedeutungsgehalt, indem Geschichte nun als zukunftsoffener Prozeß gedacht werden konnte.[1] Von Charles und Mary Beard sowie James H. Robinson als den Vertretern der Progressive History ist diese Fortschrittsdimension sozialen Wandels mit der Kategorie der »Civilization« zum Ausdruck gebracht worden.[2] Im folgenden soll dieser Begriff als ein Element der amerikanischen Theorie der Civil Society näher untersucht werden. Zu diesem Zweck soll zunächst der Fortschrittsdiskurs der Intellektuellen des Progressive Movement rekonstruiert werden (a). In einem zweiten Schritt geht es um die Konkretisierung dieses Diskurses am Beispiel der Progressive History (b). Schließlich ist der besondere Stellenwert von Politik und Wissenschaft herauszuarbeiten, die von der Progressive History als die Garanten des Zivilisationsprozesses verstanden worden sind (c).

a) Die Kategorie des Fortschritts und die Begründung sozialer Reform

Die Idee des Fortschritts stellte ein zentrales Element der Gesellschaftstheorie des Progressive Movement dar und wurde von den Intellektuellen des frühen 20. Jahrhunderts auf neue Weise begründet. Crolys Programmschrift von 1909 dokumentiert die Überzeugung, daß sich Amerika kulturell über die Kategorie des Fortschritts konstituiere; seine »peculiarity consists, not merely in its brevity, but in the fact that from the beginning it has been formed by an idea. From the beginning Americans have been anticipating and projecting a better future. From the beginning the Land of Democracy has been figured as the Land of Promise.«[3] Verbunden war diese kulturelle Fortschrittsorientierung Crolys mit der Abwendung von den Denktraditionen des 19. Jahrhunderts, die im Sinne eines »optimistic fatalism« den Fortschritt

---

1 *Rüsen*, Lebendige Geschichte, S. 52 ff.; *ders.*, Historisches Lernen, S. 190 ff.
2 Zur gegenwärtigen Bedeutung und Diskussion des Zivilisationsbegriffs siehe *Kaelble*, Der historische Zivilisationsvergleich; *Haupt u. Kocka (Hg.)*, Geschichte und Vergleich; *Matthes (Hg.)*, Zwischen den Kulturen?; *Osterhammel*, Sozialgeschichte.
3 *Croly*, The Promise, S. 3.

der Geschichte auf das Wirken evolutionärer Automatismen zurückführten und »as something which fulfills itself« begriffen.[4] Stattdessen wurde Fortschritt zur Aufgabe politischen Handelns und einer bewußten Gestaltung der Geschichte: »This better future ... will have to be planned and constructed rather than fulfilled of its own momentum.«[5]

Insofern liegt der politischen Philosophie des Progressive Movement ein anti-evolutionistisches und anti-positivistisches Programm zugrunde. Die bereits erwähnte Einführung republikanischer Elemente in die politische Philosophie des New Liberalism diente bei Croly unter anderem der Wiedergewinnung einer durch die Herrschaft des Laissez faire-Liberalismus und durch die sozialen Schieflagen des frühen 20. Jahrhunderts verschütteten Fortschritts- und Freiheitsidee der amerikanischen Geschichte, die in seinem Verständnis durch die Einheit von persönlicher Freiheit, bürgerlicher Tugend und materieller Wohlfahrt geprägt war. Es ging ihm um die Bewahrung eines nationalen Erbes politischer Freiheit, das sich nicht auf eine Realisierung der »self-interests« beschränkte, sondern an das Kriterium des Gemeinwohls gebunden war. Der Gewinn der Zukunft erforderte für Croly die Zähmung der individuellen Interessen aus national-sozialer Verantwortung. Aus diesem Blickwinkel erscheint auch die Geschichte des amerikanischen Individualismus im Sinne des Laissez faire als eine Abweichung von den vorgezeichneten Bahnen amerikanischer Nationalgeschichte:

»If the fulfillment of our national Promise can no longer be considered inevitable, if it must be considered as equivalent to a conscious national purpose instead of an inexorable national destiny, the implication necessarily is that the trust reposed in individual self-interest has been in some measure betrayed. No preestablished harmony can then exist between the free and abundant satisfaction of private needs and the accomplishment of a morally and socially desirable result. ... The automatic fulfillment of the American national Promise is to be abandoned, if at all, precisely because the traditional American confidence in individual freedom has resulted in a morally and socially undesirable distribution of wealth.«[6]

Diese Überzeugung schlug sich im nationalistischen Grundton seiner politischen Philosophie nieder und lag seinem Syntheseversuch von Nationalismus, Republikanismus und sozialstaatlichem Interventionismus zugrunde.[7] Zugleich macht sie jedoch auch die politische Zweischneidigkeit der Kritik des individualistischen Liberalismus durch Croly deutlich: Zum einen ermöglichte sie die Ausarbeitung einer wohlfahrtsstaatlichen Konzeption der

---

4 *Ebd.*, S. 4 und 18.
5 *Ebd.*, S. 6.
6 *Ebd.*, S. 22.
7 Daß der New Liberalism Crolys, Lippmanns und Weyls einen Einblick in die intellektuelle Struktur des amerikanischen Nationalismus ermöglicht, betont *Forcey*, Crossroads, S. VIII f. – Zu den Gemeinsamkeiten zwischen Crolys politischer Philosophie und Theodore Roosevelts Programm des »New Nationalism« siehe *ebd.*, S. 130 ff.

Politik, zum anderen dokumentiert sie die Regression des Liberalismus zum Partikularismus einer patriotisch-republikanischen Tugendlehre.

Im Zentrum der geschichtsphilosophischen Fortschrittstheorie Crolys steht eine die amerikanische Geschichte seit der Unabhängigkeit kennzeichnende Spannung zwischen einer individualistischen Konzeption von Demokratie, Liberalismus und persönlicher Freiheit im Sinne Jeffersons auf der einen Seite und einer Politik des nationalen Interesses im Sinne Hamiltons auf der anderen.[8] Seither ist die Versöhnung einer im Kontext der Pioniergesellschaft angelegten Tradition des schwachen Staates mit einer Politik nationalen Interesses für Croly die sich immer wieder neu und angesichts der sozialen Problematik der Progressive Era sogar verschärft stellende Aufgabe der amerikanischen Geschichte. Die Lösungsformel Crolys angesichts dieser strukturellen Fortschrittsproblematik der amerikanischen Geschichte lautet, das Ziel Jeffersons – Demokratie und persönliche Freiheit – mit den politischen Mitteln Hamiltons – mit einem starken, zentralistischen Nationalstaat – zu erreichen. Der in der amerikanischen Geschichte seit ihren Anfängen bereits realisierte Fortschritt der Freiheit ist für Croly allein fortzusetzen durch den Aufbau eines interventionistischen Staates, der den Laissez faire-Liberalismus zugunsten einer sozial gezähmten Demokratie ablöst: »The hope of automatic democratic fulfillment must be abandoned. The national government must step in and discriminate, not on behalf of liberty and the special individual, but on behalf of equality and the average man.«[9]

Mit diesem Entwurf einer nationalistischen und staatsinterventionistischen Politik hat Croly das intellektuelle Klima der Progressive Era nachhaltig beeinflußt und die anti-positivistische und anti-evolutionistische Grundströmung seiner Zeit zum Ausdruck gebracht. In diesem Zusammenhang ist die zeitgenössische Rezeption Herbert Spencers bezeichnend: Zwar teilten die amerikanischen Intellektuellen des frühen 20. Jahrhunderts mit der positivistischen Tradition den Szientismus und den Glauben an die Wissenschaft als Leitinstanz der modernen Zivilisation, keinesfalls jedoch vertraten sie deren Evolutionismus in dem strengen Sinne einer gesetzesförmig und nach feststehenden Regeln wie ein Naturprozeß ablaufenden Entwicklung. Wenn sie den Terminus »evolution« benutzten, so taten sie es in der Regel nicht in diesem strengen positivistischen Wortsinne, sondern eher als ein Äquivalent für den Terminus »Geschichte«.[10]

---

8 *Croly*, The Promise, S. 27 ff.
9 *Ebd.*, S. 190.
10 Angesichts der zeitgenössischen Kritik an Spencer und dem mit seinem Namen verbundenen Theorietyp der Civil Society überrascht es, daß Waechter in Spencer den »Ideengeber für die gesellschaftstheoretische Anwendung der Evolutionslehre« in den amerikanischen Geistes- und Kulturwissenschaften des frühen 20. Jahrhunderts erkennt und insbesondere die Progressive History durch die »konsequent betriebene Anwendung des sozialen Evolutionismus auf die Geschichtsschreibung« geprägt sieht: *Waechter*, »Scientific History«, S. 40, 44.

Für diese Ablehnung evolutionistischer Theoreme gab es nicht nur epistemologische, sondern auch politische Gründe, weil die Vertreter des Progressive Movement die Idee eines sich gesetzmäßig entfaltenden Evolutionismus oder eine politische »philosophy of inactivity« im Sinne Spencers ablehnten. Tufts' und Deweys »Ethics« etwa stellte den Gegenentwurf zu einem Gesellschaftsmodell im Sinne des sozialen Evolutionismus dar. Spencer galt den Intellektuellen des New Liberalism übereinstimmend als der wichtigste Prophet des Laissez faire, gegen den sich ihr Denken richtete.[11]

Die Durchsetzung eines postevolutionistischen Denkstils war eine der folgenreichsten Theorieleistungen der Intellektuellen des Progressive Movement.[12] Sie setzten der Tradition des Evolutionismus ein kulturalistisches Verständnis von Geschichte, Fortschritt und Gesellschaft entgegen, das im wesentlichen durch drei Merkmale gekennzeichnet war:

1. Es reduzierte Geschichte und Gesellschaft nicht zum Ergebnis objektiver Wirkungsautomatismen, sondern erklärte sie aus den intentionalen Handlungszusammenhängen einer politischen und kulturell vermittelten Lebenspraxis. »Civilization« war für Dewey in diesem Sinne weder durch Gesetze geprägt, noch interpretierte er sie als einen planbaren oder prognostizierbaren Prozeß. Vielmehr stellte sie die Herausforderung von »intelligence« als einer kreativen und durch kulturelle Faktoren geprägten bewußten Gestaltung von Geschichte und Gesellschaft dar: »Progress is not automatic; it depends upon human intent and aim and upon acceptance of responsibility for its production. ... In dwelling upon the need of conceiving progress as a responsibility and not as an endowment, I put primary emphasis upon responsibility for intelligence, for the power which foresees, plans and constructs in advance.«[13]

2. Die Intellektuellen des Progressive Movement setzten ferner dem Liberalismus des Laissez faire und seiner konservativen »philosophy of inactivity«[14] ein Fortschrittsmodell entgegen, das auf der Notwendigkeit einer aktiven, staatsinterventionistischen Regulierung gesellschaftlicher Prozesse beharrte. In der modernen Technik und Wissenschaft erkannten sie politisch relevante Ordnungsfaktoren, die das Gesellschaftsmodell des Laissez

---

11 Siehe hierzu bereits *Noble*, The Paradox, S. 60f.; *Fine*, Laissez-Faire, S. 32ff. – Die wechselvollen Konjunkturen evolutionistischen Denkens im gesellschaftstheoretischen Diskurs der USA rekonstruiert jetzt am Beispiel Darwins auch *Degler*, In Search.

12 *Hofstadter*, Social Darwinism, S. 203.

13 *Dewey*, Progress, (MW 10), S. 238. – Siehe auch die Ablehnung des Gesetzesbegriffs bei *Robinson*, The Ordeal, S. 741f.

14 Zum Zusammenhang von Konservativismus und Evolutionismus siehe bereits *Hofstadter*, Social Darwinism, S. 5ff. – Im amerikanischen Kontext waren in der Regel die »liberals« Gegner des Laissez faire und Verfechter einer interventionistischen Politik. Dies betonen *Garry*, Liberalism, S. 154ff. und S. 77; *Gerstle*, The Protean Character S. 1046.

faire im Sinne Spencers durch anspruchsvollere Ordnungskonzepte ersetzten: »The process of subjecting the things of this world to a more ordered dominion of the spirit, here revealed as an outstanding characteristic of the modern age, makes short work of the doctrine of anarchy-plus-the-police-constable celebrated in the writings of Herbert Spencer. ... The wheel of time will not turn back again to the epoch of Manchesterism.«[15]

Der wichtigste Gewährsmann für dieses politische Fortschrittsdenken ist Dewey, dessen Philosophie ebenfalls auf die Ablösung der sozialkonservativen Philosophie des Laissez faire zugunsten eines politischen Interventionismus zielte:

»We are living still under the dominion of a Laissez faire philosophy. ... I mean by it a philosophy which trusts the direction of human affairs to nature, or Providence, or evolution, or manifest destiny – that is to say, to accident – rather than to a contriving and constructive intelligence. ... The only genuine opposite to a go-as-you-please let-alone philosophy is a philosophy which studies specific social needs and evils with a view to constructing the special social machinery for which they call. So far I have avoided any contrast of the so-called progressive attitude with the so-called conservative attitude. I cannot maintain that reserve any longer. While in general, the opposite of the progressive attitude is not so much conservatism as it is disbelief in the possibility of constructive social engineering, the conservative mind is a large factor in propagating this disbelief. The hard and fast conservative is the man who cannot conceive that existing constitutions, institutions and social arrangements are mechanisms for achieving social results. To him, *they* are the results; they are final.«[16]

3. Unter wissenschaftstheoretischen Gesichtspunkten schließlich revidierte die neue Fortschrittsidee den objektivistischen Reduktionismus evolutionistischer Theorieformen zugunsten eines dialektischen Zusammenhangs von Theorie und Praxis, auf dessen Grundlage die lebenspraktische Bedeutung theoretischer Selbstdeutungen der Gesellschaft komplexer legitimiert werden konnte, als es auf dem Boden einer positivistisch geprägten Erkenntnistheorie möglich war.[17] – Diese dreifache Kritik an der Tradition des szientifischen Positivismus und des gesellschaftspolitischen Laissez faire prägte das Denken der Intellektuellen des Progressive Movement und soll am Beispiel der Zivilisationskonzeption der Progressive History noch näher herausgearbeitet werden.

Die zeitgenössische Aktualität dieses Denkens resultierte aus der »revolt against positivism«,[18] d. h. aus der Emanzipation von evolutionistischen Tra-

---

15 *Ch. Beard (Hg.)*, Whither Mankind, S. 406f.
16 *Dewey*, Progress, (MW 10), S. 240f.
17 Siehe hierzu *Ross (Hg.)*, Modernist Impulses. – Zum anti-positivistischen Charakter der Wissenschaftstheorie Beards siehe auch *Nore*, Charles A. Beard, S. 158 ff.
18 *Ross (Hg.)*, Modernist Impulses, S. 4 f.; *Levy*, Herbert Croly, S. 67 ff. – Zwar ist auf Elemente eines an Comte orientierten Positivismus im Denken Crolys hingewiesen worden, die in seiner Idee einer politischen Eliten- und Expertenherrschaft zum Ausdruck ka-

ditionen der Fortschritts- und Gesellschaftstheorie. Es markiert geradezu eine Epochenschwelle der amerikanischen Theorie der Civil Society, indem es ein neues Verständnis von Fortschritt, Geschichte, Politik und Gesellschaft ermöglicht hat, das bis heute wirksam geblieben ist. Dies bedeutet keineswegs, daß die hier untersuchten Intellektuellen die große Bedeutung der evolutionistischen und positivistischen Denkformen für den geschichtlichen Durchbruch einer verwissenschaftlichten Zivilisation geleugnet hätten.[19] Jedoch dominierte trotz der vorbehaltlosen Anerkennung ihrer wissenschaftlichen und gesellschaftlichen Verdienste das Bewußtsein, daß die Tradition des szientifischen Positivismus durch ein neues wissenschafts- und gesellschaftstheoretisches Verständnis von »social intelligence« und des Verhältnisses von Politik und Wissenschaft ersetzt werden müßte, um die Gestaltungsfähigkeit von Staat und Gesellschaft zu steigern.

Zurückzuführen ist dieser interdisziplinäre Modernisierungsschub der amerikanischen Geistes- und Sozialwissenschaften und der damit verbundene Aufstieg der politischen Intellektuellen auf die zeitgenössische Verunsicherung der kulturellen Überlieferung, die eine Revision tradierter Denkformen erforderlich machte.[20] Das Bewußtsein von Kontingenz und nicht der Glaube an eine gesetzesförmige Entwicklung und prognostizierbare Zukunft wurde zum Stachel, der die intellektuelle Suche nach einem neuen überzeugenden Konzept des zivilisatorischen Fortschritts leitete. Ihren philosophisch reflektiertesten Niederschlag hat diese Erfahrung 1925 in Deweys »Experience and Nature« gefunden, wo er eine Anthropologie des gefährdeten Menschen in einer kontingenten Welt entwickelt und evolutionistischen Denkformen entgegengestellt hat. Beherrschend ist hier die Erfahrung des Prekären und Unstabilen, eines nicht immer schon evolutionistisch zugesicherten Fortschritts, – eine Erfahrung, die er als den Ursprung der Philosophie begreift. Das Bewußtsein einer kontingenten Welt erfordert für Dewey die Abwendung vom Positivismus: »Im Gegensatz zu dieser üblichen Identifikation der Wirklichkeit mit dem, was sicher, regelmäßig und vollendet ist, legt die Erfahrung in ihren unverbildeten Formen Zeugnis ab von einer ganz anderen Welt und verweist auf eine ganz andere Metaphysik.«[21] Philosophie beginnt für Dewey mit dem Einbruch des Unvorhersehbaren und Kontingenten in die Wirklichkeit; sie verfolgt das anti-positivistische Programm einer Erklärung der menschlichen Welt aus der Erfahrung

---

men. In seinem Buch »Progressive Democracy« traten diese jedoch unter dem Einfluß des amerikanischen Pragmatismus in den Hintergrund. Siehe hierzu *Harp*, Positivist Republic, S. 207, 213.

19 Siehe in diesem Zusammenhang nur *Robinson*, The Humanizing, S. 47 ff.
20 *Ross (Hg.)*, Modernist Impulses, S. 1 f. – Auch *Breisach*, American Progressive History, S. 7 ff. rekonstruiert den Entstehungsprozeß der Progressive History vor dem Hintergrund der »uncertainties of modernity«. – Zum Ausmaß der kulturellen Verunsicherung siehe auch *Cotkin*, Reluctant Modernism; *Lears*, No Place.
21 *Dewey*, Erfahrung und Natur, S. 61.

des Zusammenbruchs von Gewißheit und nicht aus der evolutionistischen Überzeugung, daß die Zukunft es schon richten werde: Die Philosophie verweist

»uns auf eine herausragende Tatsache: die Evidenz, daß die Welt der empirischen Dinge das Unsichere, Unvoraussagbare, Unbeherrschbare und Zufällige einschließt. ... Der Mensch findet sich in einer vom Zufall bestimmten Welt; mit einem Wort, seine Existenz ist ein Glücksspiel. Die Welt ist ein Gefahrenschauplatz; sie ist ungewiß, unstabil, auf unheimliche Weise unstabil; ihre Gefahren sind regellos, unbeständig, unvorhersehbar.«[22]

Philosophie konstituiert sich in der inneren Dialektik von Problem und Problemlösung als der strukturellen Existenzvoraussetzung einer menschlichen Kultur, in der die geistige Verarbeitung von Kontingenz zu Erfahrung nur dazu dient, sich neuer Probleme bewußt zu werden. Der Stand der Kultur bemißt sich daher an dem Reichtum wahrgenommener Probleme.

b) Zivilisation als geschichtlicher Prozeß

Dieser anti-positivistische Grundzug des Progressive Movement und seiner Vorstellung geschichtlichen Fortschritts manifestiert sich auch in der Geschichtstheorie und im Politikbegriff der Progressive History, die im Kontext der hier ausgewählten Untersuchungsgruppe durch Charles und Mary Beard sowie James Harvey Robinson repräsentiert ist.[23] Auffällig ist jedoch, daß der Beitrag Mary Beards, der Mitautorin der bahnbrechenden Geschichte der »American Civilization«, die den Ruhm und die beherrschende Stellung der Progressive History in den 20er und 30er Jahren vor allem begründete, bis heute chronisch unterbelichtet geblieben ist, obwohl die konzeptuellen Innovationen der Beardschen Zivilisationsgeschichte und dabei insbesondere die Berücksichtigung geschlechter- und kulturgeschichtlicher Fragestellungen zu einem großen Teil auf ihren Einfluß zurückgeht.[24]

Die Kategorie der »Civilization« bildet bei Charles und Mary Beard sowie bei Robinson die geschichtsphilosophische Kategorie, um die sich ihr Werk kristallisiert. Sie bringt die historische Dimension und Langzeit-Perspektive ihrer Theorie der Civil Society zur Geltung und kennzeichnet sie als eine an

---

22 *Ebd.*, S. 56f. – Deweys Philosophieren gründet in der anti-positivistischen Überzeugung, daß »genau dieses Problem der unentwirrbaren Mischung von Stabilität und Ungewißheit den Ursprung der Philosophie bildet und sich in all ihren wiederkehrenden Themen und Streitfragen widerspiegelt« (S. 60) und verzweigt sich von diesem Kern ausgehend in ihre einzelnen Aspekte.
23 Zur Ablehnung des positivistischen Gesetzesbegriffs und zum Primat einer handlungstheoretisch fundierten Kultur- und Geschichtskonzeption bei Beard und Robinson siehe *Breisach*, American Progressive History, S. 75 ff.
24 Siehe hierzu jetzt *Cott*, Two Beards, S. 282f. – Zur historiographischen Bedeutung Mary Beards siehe im einzelnen Kapitel 5 dieser Arbeit.

der Idee des Fortschritts orientierte Variante modernisierungstheoretischen Denkens. Die Fragestellungen dieses Kapitels zielen daher auf den spezifischen Bedeutungsgehalt von »Civilization«. Im Mittelpunkt stehen die mit dieser Kategorie verbundenen Vorstellungen der historischen Entwicklungsrichtung und der Triebkräfte von Modernisierung, ferner die methodischen Implikationen und analytischen Grenzen der durch sie geprägten Theorie der Civil Society, und schließlich der politische Kontext und die politische Theorie, auf die sie verweist.

Nach seiner Rückkehr aus England im Jahre 1902 an das »Columbia Department of Political Science« hatte Charles Beard gemeinsam mit seinem älteren Freund und Kollegen, dem Historiker Robinson, damit begonnen, eine neue Konzeption von Geschichtswissenschaft auszuarbeiten, die zu einem der einflußreichsten »grand narratives« in der amerikanischen Geschichtswissenschaft des 20. Jahrhunderts wurde.[25] Den ersten Niederschlag fand sie 1907/08 in ihrem gemeinsamen Werk zur europäischen Geschichte des 18. und 19. Jahrhunderts, das bereits die drei wesentlichsten Innovationen ihres historiographischen Neuansatzes realisierte:[26]

In gesellschaftstheoretischer Hinsicht stellte der historische Entwurf eines an den Rationalisierungsleistungen der Wissenschaft orientierten Zivilisationsmodells ein erstes konstitutives Element der entstehenden »New History« dar.[27] Hier ist bereits die am Paradigma der Wissenschaft gewonnene Fortschrittstheorie von »Civilization« und »Civil Society« angelegt, die noch die historiographischen Hauptwerke Charles und Mary Beards sowie Robinsons aus der Blütezeit der Progressive History von den zwanziger bis in die frühen vierziger Jahre maßgeblich inspiriert hat.

Unter geschichtstheoretischen Gesichtspunkten bildete die Vermittlung von Gegenwart und Vergangenheit sowie die Beförderung des historischen Denkens zum Instrument einer Selbstaufklärung der Gegenwart ein zweites grundlegendes Prinzip ihres historischen Denkens, das zugleich die Neubegründung wissenschaftlicher Objektivitätsansprüche ermöglichte: »It has been a common defect of our historical manuals that, however satisfactorily they have dealt with more or less remote periods, they have ordinarily failed to connect the past with the present. ... In preparing the volume in hand, the writers have consistently subordinated the past to the present. ... In permit-

---

25 *Ross*, Grand Narrative, S. 656f. – Am Beispiel der »Rise of American Civilization« bestätigt dieses Urteil *Bender*, In Retrospect, S. 612f.: »The book defined for a full generation the character and meaning of American history. ... Since 1948, *The Rise of American Civilization* has lost this centrality within the profession and within the larger intellectual culture of the nation, but it has not been replaced.« – Zur Biographie von Charles und Mary Beard sowie Robinson siehe vor allem *Braeman*, Charles A. Beard; *Hofstadter*, The Progressive Historians, S. 167ff.; *Nore*, Charles A. Beard; *Turoff*, Mary Beard; *Cott*, Putting Women; *Barnes*, James Harvey Robinson; *Braeman*, What Is the Good; *Hendricks*, James Harvey Robinson.
26 *Ch. Beard, u. Robinson*, The Development of Modern Europe.
27 *Ebd.*, S. 405ff.

ting the present to dominate the past, they do not feel that they have dealt less fairly with the general outline of European history during the last two centuries than they would have done had they merely narrated the events with no ulterior object. There has been no distortion of the facts in order to bring them into relation to any particular conception of the present or its tendencies.«[28] – Eine weitere geschichtstheoretische Innovationsleistung stellte die thematische Erweiterung einer engen politikhistorischen Konzeption durch wirtschaftshistorische Erkenntnisinteressen und die Berücksichtigung der »fundamental economic matters« als Triebkräfte und Bedingungsfaktoren des geschichtlichen Wandels dar. Die damit einhergehende Komplexitätssteigerung des historischen Denkens fand einige Jahre später ihren Niederschlag in Beards revolutionierend wirkender Methode der »economic interpretation« sowie in Robinsons Konzeption der »New History« als einer interdisziplinär ausgerichteten Variante des historischen Denkens.[29]

Unter politischen Gesichtspunkten schließlich bildete die historische Rekonstruktion des modernen Interventionsstaates und die Legitimation der »responsibilities of modern governments« eine dritte Innovationsleistung der Progressive History, in der die politische Agenda des Progressive Movement und insbesondere die Kritik des Laissez faire-Kapitalismus im Spiegel der europäischen Geschichte des 18. und 19. Jahrhunderts historisch abgestützt werden sollte.[30]

Wenn die eingangs formulierte These richtig ist, daß sich die Entstehung der Progressive History einem anti-evolutionistischen Impuls verdankte, stellt sich die Frage, welcher Fortschritts- und Zivilisationsbegriff an die Stelle der von den Intellektuellen des frühen 20. Jahrhunderts abgelehnten Geschichts- und Gesellschaftskonzeption des evolutionistischen Positivismus trat. Mit keinem anderen Theorieelement der Progressive History war deren Aufstieg und Niedergang so eng verknüpft wie mit ihrer Konzeption von Civilization, mit der ihre Vertreter die Überzeugung des Zusammenhangs zwischen Civil Society und geschichtlichem Fortschritt zum Ausdruck brachten. Die Kategorie der »Civilization« bildet den strukturbildenden Kern der Progressive History im Sinne einer Fortschrittskonzeption des historischen Denkens. Obwohl der Begriff schon frühzeitig in den Schriften Robinsons und der beiden Beards präsent ist, steigt er erst in den 20er Jahren zur beherrschenden Kategorie auf. Dabei ist auffällig, daß er keineswegs ei-

---

28 *Ch. Beard, u. Robinson*, The Development, S. III f. – Zur Objektivitätsfrage in der amerikanischen Geschichtswissenschaft siehe *Novick*, That Noble Dream; zu den Positionen Beards und Beckers in den 30er Jahren siehe S. 252–78.
29 Siehe *Beard*, Eine ökonomische Interpretation; *ders.*, Economic Origins of Jeffersonian Democracy; aus späterer Zeit siehe *ders.*, The Economic Basis of Politics. – *Robinson*, The New History.
30 *Ch. Beard u. Robinson*, The Development of Modern Europe, S. 373 ff.

nen einheitlichen Bedeutungsgehalt besitzt, was auf erhebliche Unterschiede zwischen den Geschichtskonzeptionen der Beards auf der einen Seite und Robinsons auf der anderen und auch zwischen ihren jeweiligen Strategien einer Erneuerung des historischen Denkens zurückzuführen ist.

Im Werk Robinsons stellt »Civilization« eine universalhistorische Kategorie dar, die auf kulturanthropologisch fundierte Mechanismen der menschlichen Vergesellschaftung hinweist. Der Prozeß der Zivilisation ist die geschichtliche Totalität eines kulturell vermittelten und reflektierten menschlichen Selbstverhältnisses und als solches ein uraltes Phänomen der Menschheitsgeschichte. In diesem allgemeinen Sinne repräsentiert sie die »story of human achievement in all its bewildering developments. It shows what men during hundreds of thousands of years have been learning about themselves, their world and the creatures which share it with them.«[31] In Anknüpfung an die kulturanthropologische Forschung seiner Zeit[32] reservierte Robinson den Begriff der Civilization nicht für die Interpretation neuzeitlicher Modernisierungsprozesse, sondern konzipierte ihn als ein kulturübergreifendes Phänomen der Weltgeschichte:

»Modern anthropologists have pointed out that peoples without cities, such as the tribes of Polynesia and the North American Indians, are really highly ›civilized,‹ in the sense that upon sympathetic examination, they are found to have subtle languages, ingenious arts, admirably suited to their conditions, developed institutions, social and political; religious practices and confident myths, no better and no worth substantiated than many that prevail among the nations of Europe.«[33]

Gegenüber dieser interkulturellen Qualität des Zivilisationsbegriffs bei Robinson ist er bei Charles und Mary Beard enger auf die Analyse der amerikanischen Geschichte und neuzeitlicher Modernisierungsprozesse zugeschnitten, obwohl auch hier ein universalhistorischer Erklärungsanspruch

---

31 *Robinson*, Civilization, S. 734.

32 Robinson dürfte sich bei seinem Plädoyer für die Berücksichtigung der Anthropologie als wichtigster Disziplin unter den »new allies of history« (*Robinson*, The New History, S. 70 ff.) insbesondere auf Franz Boas und dessen Schüler Alexander Goldenweiser bezogen haben, die entweder – wie Goldenweiser – der New School seit ihrer Gründung angehörten, oder – wie Boas – über regelmäßige Gastveranstaltungen intellektuell präsent waren. Goldenweiser zählte gleichzeitig zu den Initiatoren der »Encyclopedia of the Social Sciences«, wo Robinsons Artikel zur »Civilization« erschien. – Siehe zu diesen Verbindungen näher *Rutkoff u. Scott*, New School, S. 8, 22, 67. – Zur zeitgenössischen Bedeutung von Boas siehe jetzt: *Handler*, Boasian Anthropology; *Hyatt*, Franz Boas.

33 *Robinson*, Civilization, S. 735. – Daher liegt es auch nahe, daß Robinson Civilization auf das universelle Phänomen der Sprache zurückführt und Geschichte als einen Prozeß der kulturellen Selbsttranszendierung des Menschen ableitet: »Without language civilization could hardly even have begun and certainly could never have attained its higher forms. Speech underlies thinking and conscious planning and research. It does more. It creates a world of ideas which interpenetrates and seems to transcend that of the facts of human experience.« (*Ebd.*, S. 739).

erhoben wird. Mit ihrem Konzept von Civilization reagierte die Progressive History auf die zeitgeschichtlichen Erfahrungen einer tiefgreifenden Modernisierungskrise der amerikanischen Gesellschaft, die neue Erklärungsmuster geschichtlichen Wandels und gesellschaftlichen Fortschritts erforderlich machte. Ihr Aufstieg ist Teil eines internationalen Durchbruchs neuer Deutungsmuster von Geschichte und Gesellschaft zu Beginn des 20. Jahrhunderts. Jenseits der politischen Sonderbedingungen und ideengeschichtlichen Eigentümlichkeiten, die die verschiedenen nationalen Diskussionsfelder jeweils kennzeichnen, läßt sich ein Zusammenhang zwischen kulturellen Krisenerfahrungen und der Innovation historischer Denkformen als eine Gemeinsamkeit der »Krise des Historismus« innerhalb der deutschen Geschichtswissenschaft, der Entstehung der »Annales« in Frankreich und der Progressive History in den USA begreifen.[34]

Im amerikanischen Kontext wurde der gestiegene Interpretationsbedarf zu alternativen Legitimationsmustern der Wissenschaft im allgemeinen und des historischen Denkens im besonderen verarbeitet. Die Progressive History kann daher als ein fachspezifischer Beitrag zu einer sich interdisziplinär vollziehenden Erneuerung und Professionalisierung der amerikanischen Geistes- und Sozialwissenschaften zu Beginn des 20. Jahrhunderts angesehen werden.[35] Diese Erfahrungen stellten intellektuelle Herausforderungen dar, die zu neuen Denkstilen der modernen Gesellschaft führten und Verwissenschaftlichungsprozesse einleiteten, die ihren Niederschlag in einer Ausdifferenzierung der universitären Infrastruktur fanden.[36]

Dieser zeithistorische Zusammenhang läßt sich anhand der Entstehungs-, Wirkungs- und Rezeptionsgeschichte der Progressive History aufzeigen. Ihr Aufstieg in der zweiten Dekade des 20. Jahrhunderts zum dominierenden Paradigma des historischen Denkens resultierte aus der Fähigkeit Beards und Robinsons, die Reformintentionen des Progressive Movement im Lichte einer historischen Fortschrittsperspektive der Civil Society mit Realitätsgehalt zu versehen und sie als Ergebnis einer historischen Entwicklung plausibel zu machen. Ihnen gelang es, die Vorstellung einer Identität von Fortschritt und amerikanischer Zivilisation auch noch angesichts der Enttäuschungserfahrungen in der Folge des Ersten Weltkrieg aufrechtzuerhalten

---

34 Die Fruchtbarkeit einer vergleichenden Interpretation unterstreicht *Breisach*, American Progressive History, S. 4. – Als Überblick siehe *Iggers*, Geschichtswissenschaft, S. 16 ff. – Zum Vergleich der deutschen und amerikanischen Historiographie im 19. und 20. Jahrhundert siehe jetzt *Schulin*, German and American Historiography. – Unter komparativen Gesichtspunkten siehe außerdem *Raphael*, Historikerkontroversen.

35 *Ross*, The Origins, S. 141 ff.

36 Zu den Professionalisierungsprozessen innerhalb der amerikanischen Historiographie und zum Durchbruch einer neuen Historikergeneration um die Jahrhundertwende siehe immer noch *Higham*, History; *Hofstadter*, The Progressive Historians, S. 35 ff.; *Holt (Hg.)*: Historical Scholarship. – Im interdisziplinären Rahmen siehe *Metzger*, The Academic Profession; *Oleson u. Voss (Hg.)*, The Organization.

und damit die Auflösung des Progressive Movement als politischer Bewegung historiographisch zu kompensieren. Die Kontinuierung des Fortschrittsmodells der Progressive Era begründete die Blüte der Progressive History in den 20er und frühen 30er Jahren. Erst der Plausibilitätsverlust dieses Modells im Zusammenhang mit Weltwirtschaftskrise, Depression und Zweitem Weltkrieg leitete ihren Niedergang seit den späten dreißiger Jahren ein. Besiegelt war deren Ende schließlich mit Hofstadters Fundamentalkritik an Charles Beard, einem Paradestück intellektuellen ›Vatermordes‹: »Today Beard's reputation stands like an imposing ruin in the landscape of American historiography. What was once the grandest house in the province is now a ravaged survival, afflicted, in Beard's own words, by ›the pallor of waning time.‹«[37]

Hofstadters Kritik an seinen »intellectual fathers« und insbesondere an Charles und Mary Beards »Rise of American Civilization« als wichtigstem Bezugspunkt der eigenen historiographischen Identität entzündete sich vor allem an ihrem, von Hofstadter nur noch als nostalgische Verklärung geschichtlicher Realität wahrzunehmenden Begriff des zivilisatorischen Fortschritts, den sie als ein Erbe des New Liberalism in ihre Geschichte der amerikanischen Zivilisation hinübergerettet hatten:

»We could not share the simple faith of the Progressive writers in the sufficiency of American liberalism. We found ourselves living in a more complex and terrifying world, and when we set about criticizing the Progressive historians I believe it was with a keener sense of the difficulties of life and of the problem of rendering it in intelligible historical terms. ... Gradually they ceased to be the leading interpreters of our past and became simply a part of it.«[38]

Die hier am Beispiel Hofstadters angedeutete Rezeptionsgeschichte Charles Beards macht deutlich, daß Beard mit Dewey und anderen Intellektuellen seiner Generation ein weitgehend identisches Karrieremuster teilt: Beide stiegen aufgrund ihrer innovativen wissenschaftlichen und politischen Antworten auf die Orientierungskrisen ihrer Zeit zu wichtigen »opinion leaders« des Progressive Movement auf und gehörten nicht nur in ihren Disziplinen, sondern auch innerhalb einer breiteren politischen Öffentlichkeit zu den einflußreichsten politischen Intellektuellen der 20er und 30er Jahre. Der Umschwung erfolgte noch zu ihren Lebzeiten in den 40er Jahren, in denen sie intellektuell völlig bedeutungslos wurden, ein Zustand, der bis in die 70er Jahre hinein andauerte. Ihr theoriegeschichtliches Comeback vollzog

---

37 *Hofstadter*, The Progressive Historians, S. 344.
38 *Ebd.*, S. XV. – Zu einem vergleichbaren Urteil kommt *Diggins*, Power, S. 701: »Perhaps no historian has been so esteemed in one period and so systematically criticized in another as Charles A. Beard (1874–1948). Praised in the Progressive era as the prophet of the ›New History,‹ he was dismissed in the 1950s as a well-intentioned but rather simple-minded historian who had led astray an entire generation of scholars.« – Eine abwägendere Bilanz der Progressive History findet sich bei *Nore*, Charles A. Beard.

sich erst allmählich auf dem Boden eines wiedererwachenden Interesses an der Tradition der Public Intellectuals und schlug sich in einer seither sprunghaft steigenden Rezeptionsintensität nieder.

Aufstieg und Niedergang der Progressive History sind untrennbar verknüpft mit ihrem Konzept von Civilization, das die Fortschrittsidee, die Gesellschaftstheorie und das Politikmodell des Progressive Movement wirkungsmächtig zum Ausdruck brachte, bevor es unter dem Erfahrungsdruck der Katastrophen des 20. Jahrhunderts seine Plausibilität verlor. Die wichtigsten Elemente der Zivilisationsgeschichte der New History sollen im folgenden herausgearbeitet werden.

Angesichts der großen Bedeutung der Zivilisationskategorie innerhalb ihres historiographischen Werks überrascht es, daß Charles und Mary Beard nicht mit einer eigenständigen Zivilisationstheorie operiert haben, sondern ihre Ideen entweder eher beiläufig im Zusammenhang ihrer empirischen Untersuchungen entwickelten, oder aber sich begriffshistorisch auf die Zivilisationsbegriffe anderer Autoren bezogen.[39] Daher muß das ihrem Werk implizit zugrunde liegende Konzept von »Civilization« aus ihren empirischen Arbeiten zur amerikanischen Geschichte und Politik erschlossen werden. Aus ihnen lassen sich der Bedeutungsgehalt und die Funktionen ihres Zivilisationsbegriffs rekonstruieren.

Als ein geschichtsphilosophisches Theoriemodell von Geschichte und Gesellschaft dient ihnen der Begriff der »civilization« vor allem dazu, die Triebkräfte des geschichtlichen Wandels zu identifizieren und in ein Verhältnis zueinander zu bringen. Der Fortschritt der Geschichte wird so denkbar als ein gerichteter Prozeß menschlicher Vergesellschaftung, der aus einer bestimmten Konstellation zwischen ökonomischen Interessen, politischen Handlungsfaktoren und kulturellen Ideen hervorgeht. Diese Konstellation ist zwar im Prinzip nicht hierarchisch konstruiert, jedoch wird den ökonomischen Interessen deutlich eine geschichtliche Schrittmacherrolle und Priorität zuerkannt. Die ihr historisches Denken beherrschende zivilisationstheoretische Denkfigur besagt, daß die Dynamik der Geschichte aus der Freisetzung der individuellen, jedoch tendenziell zivilisationsgefährdenden ökonomischen Interessen resultiert. Der Realisierung individueller Interessen entspricht die Ausbreitung sozialer Anarchie, die durch die Konstituierung einer neuen politischen Ordnung bewältigt werden muß. Diese sich ständig neu stellende politische Aufgabe einer Bewahrung der »public interests« durch die Bändigung der ordnungs-widrigen Triebkräfte des ökonomischen Individualismus kennzeichnet den Prozeß der Zivilisation. Der geschichtliche Fortschritt, der sich bei Charles und Mary Beard in der Geschichte der »American Civiliza-

---

39 Der vierte und letzte Band ihrer Geschichte der amerikanischen Zivilisation, der am ehesten die Explikation ihrer Zivilisationstheorie hätte erwarten lassen, ist ein bloßes Zusammentragen von Lesefrüchten: *Ch. u. M. Beard*, The American Spirit.

tion« paradigmatisch manifestiert, geht aus der sich immer wieder erneut aufbauenden Spannung zwischen den »self-interests« und dem »social principle« hervor; er realisiert sich in der periodisch zu vollziehenden Auflösung dieser Spannung im Kontext neuer politischer Ordnungssysteme.

Das erklärt auch, warum die Politik trotz der von Charles Beard in seiner Theorie der »ökonomischen Interpretation« postulierten ökonomischen Determinierung geschichtlicher Prozesse stets einen geschichtstheoretisch legitimierten Status relativer Autonomie zu behaupten vermochte. Politik ist in der Lage, die Entwicklungsrichtung von Modernisierungsprozessen entscheidend zu beeinflussen, Prozeßgeschwindigkeiten schlagartig – etwa durch Revolutionen – zu erhöhen oder durch die Etablierung neuer Ordnungsideen einen erlahmten Fortschrittsprozeß erneut zu initiieren.[40] In diesem Sinne erkannte Beard insbesondere der modernen Demokratie eine eigenständige Gestaltungsmacht der Gesellschaft zu, die es verbot, sie zu einem bloßen Begleitphänomen des Kapitalismus zu degradieren. Zunächst mit Blick auf die politischen Reformanstrengungen des Progressive Movement und später in Anspielung auf den New Deal betonte er in Opposition zur Ideologie des Laissez faire die Fähigkeit demokratischer Politik zur bewußten Gestaltung geschichtlichen Wandels:

»The rise of democracy represented a movement of human forces deeper than capitalism, deeper than the accumulation of profits. Yet the idea of democracy has never been entirely disassociated from the forms and distribution of wealth. ... So today American democracy, in seeking to preserve its institutions, does not offer itself as a mere foil or mask for capitalism and the poverty and degradation that have accompanied its triumph. It is not true that democracy originated or is identical with the creed and practice of Laissez faire which capitalism and its professors have sought to impose upon the people as public policy.«[41]

Diese zivilisatorische Grundspannung zwischen Individualismus und Gemeinwohl schlägt sich für Beard in den zeitgenössischen Theorien der Civil Society nieder:

»Zwei Theorien oder Deutungen kämpften um die Oberhand. Die eine stellte das Individuum in den Mittelpunkt des Interesses und machte den individuellen Unternehmungsgeist zur wichtigsten Quelle von Erfindung, Fortschritt, Reichtum und nationaler Größe. Die andere erhob die Gesellschaft und das Gemeinwohl zum bestimmenden Faktor und betonte, daß der einzelne, und mochte er auch noch so aufgeklärt und stark sein, sein Dasein, seine Sprache, den größten Teil seiner Kenntnisse und seiner Möglichkeiten der Gesellschaft verdankte, in welcher er lebte und arbeitete. Beide Theorien wurden von mächtigen Interessengruppen der amerikanischen Gesellschaft für ihre Zwecke benützt.«[42]

---

40 Näher hierzu siehe *Jaeger*, New History, S. 354 ff.
41 *Beard*, The Rise of the Democratic Idea, S. 202.
42 *Ch. u. M. Beard*, Geschichte der Vereinigten Staaten, S. 345.

Der Zivilisationsbegriff der Progressive History verweist auf gravierende Unterschiede zwischen der deutschen und amerikanischen Theorietradition und ihrer jeweiligen Konzeptualisierung des Verhältnisses von Individuum und Gesellschaft.⁴³ Charles und Mary Beard haben den Zusammenhang von Zivilisation und Individualismus in diametralem Gegensatz zur deutschen Theorietradition bestimmt, die »Zivilisation« mit der Herrschaft unpersönlicher Lebensmächte sowie mit dem Sinnverlust des Menschen innerhalb einer zweckrationalisierten Gesellschaft identifizierten, der sie die Wertrationalität einer individuierenden und zugleich vergemeinschaftenden Kultur gegenüberstellten. In semantischer Anlehnung an lateinische Begriffstraditionen definierten Charles und Mary Beard »civilization« demgegenüber als eine durch die Existenz sozialer Vergemeinschaftungsformen und öffentlicher Bedeutungen geprägte Lebensform, der sie die individualistische Beschränktheit von »culture« gegenüberstellten:

»While *civis*, the root of the word civilization, signified the life, rights, duties, and moderation of citizenship – a care for public affairs – *cultus* carried different implications. Culture as tillage of the soil was private; as adornment, cultivation, or elegance, it was also private or could be, although as religious rite in private or family interest it could be more communal. At all events in its origins it had nothing to do with the State, democracy, or the progress of society.«⁴⁴

Während in der deutschen Gesellschaftstheorie auf der Grundlage einer bildungshumanistisch erhöhten Individualitätskonzeption die Zivilisation als Bedrohung des Individuums und der Kultur wahrgenommen wurde,⁴⁵ interpretierten Charles und Mary Beard aus der Perspektive eines besitzindividualistisch erniedrigten Individualismus die kollektive Freisetzung der individuellen Interessen als eine Bedrohung der Zivilisation: »Whether employed systematically or carelessly, the idea of individualism was hostile to the social principle in the idea of civilization and it worked as a disintegrating force in many directions – in thought and action, in education and in practical affairs. Its tendency was anarchic despite insistence upon ›law and order‹.«⁴⁶ Aus dieser Überzeugung speiste sich ihre politische Kritik des amerikanischen Individualismus, den sie als eine Tyrannei egoistischer Pri-

---

43 Zur international vergleichenden Begriffsgeschichte des Wortes »individualism« siehe *Lukes*, Types of Individualism, der die Bedeutungsvielfalt des Begriffs rekonstruiert und zu insgesamt 11 unterschiedliche Bedeutungsebenen ausdifferenziert (S. 597 ff.). – In ähnlicher Form: *ders*., Individualism; *ders*., Meanings.
44 Siehe *Ch. u. M. Beard*, The American Spirit, S. 60.
45 Siehe hierzu im einzelnen *Jaeger*, Bürgerlichkeit; *ders*., Gesellschaft, S. 305 ff.; *Mommsen*, Bürgerliche Kultur, S. 106 ff.; *Rammstedt*, Zweifel.
46 *Ch. u. M. Beard*, The American Spirit, S. 338. – Die Ausgangsfrage dieser begriffsgeschichtlichen Studie zur amerikanischen Idee der Zivilisation lautete, wie sich die Transformation von »individuality« als kultureller Bedingung persönlicher Freiheit zum »individualism« als Verhinderung von Freiheit, Zivilisation und Fortschritt vollzogen habe (*ebd.*, S. 332 f.).

vatleute interpretierten, durch die der Tradition der »American Civilization« der geschichtliche Boden entzogen werde: »The spirit of this arbitrary act of denying one's debts and obligations to family, friends, and society, of declaring one's complete independence from all social relations, entered into the idea of individualism as it was developed, especially in relation to economic activities and vested rights.«[47]

Dieser anti-individualistische Grundzug der Zivilisationstheorie von Charles und Mary Beard wirft auch Licht auf das ambivalente Verhältnis Charles Beards zu Frederick Jackson Turner, der den Individualismus der Pioniergesellschaft als entscheidenden Faktor der amerikanischen Zivilisationsgeschichte und als wichtigste Triebkraft bei der Eroberung des Westens akzentuiert hatte.[48] Zwischen Beard und Turner als Vertretern der Progressive History existieren erhebliche geschichtstheoretische Differenzen, die in Beards Betonung der »social frontier« gegenüber Turners, an den »räumlichen« Faktoren der amerikanischen Landnahme und am Individualismus der Pioniergesellschaft orientiertem historischem Denken zum Ausdruck kommen. Beards Thema war im Unterschied zu Turner nicht der Westen, sondern der industrialisierte Osten der USA sowie die Modernisierungsproblematik, die sich dort den Vertretern des Progressive Movement stellte.[49] In Beards Distanzierung von der Frontier-These Turners dokumentiert sich daher auch die Kritik der Progressive History an der politischen Philosophie des Laissez faire und ihre Abwendung vom evolutionistischen Positivismus im Sinne Spencers:

»Likewise overworked, in my opinion, was the ›individualism‹ of the frontier, which has been seized upon by James Truslow Adams and others less sophisticated as a stick to beat the New Deal. I knew in my youth pioneers in Indiana who had gone into the county of my birth when it was a wilderness. My early memories are filled with the stories of log-cabin days – of community helpfulness, of cooperation in building houses and barns, in harvesting crops, in building schools, in constructing roads and bridges, in nursing the sick, in caring for wi-

---

47 *Ebd.*, S. 333.
48 Zu diesem Aspekt siehe jetzt *Waechter,* Die Erfindung. – Zu den geschlechterpsychologischen Aspekten des Individualismus Turners siehe auch *Pettegrew,* Man As Individual.
49 Zum Begriff der »social frontier« siehe *Dewey,* Individualism, Old and New, (LW 5), S. 86. – Deutlich wird die Distanz der Intellektuellen des Progressive Movement zu der Frontier-Historiographie Turners auch bei Croly und Weyl, die ein an den Problemlagen der industrialisierten Gesellschaft orientiertes Gegenwartsbewußtsein artikulierten. Croly entwarf sein Zukunftsmodell einer »nationalized democracy« in diametralem Gegensatz zur individualistischen Tradition der Pioniergesellschaft, die für ihn ein Gesellschaftsmodell repräsentierte, das seine Plausibilität verloren hatte und durch eine komplexere Form nationaler Identität überwunden werden müsse (*Croly,* The Promise, S. 55 ff.; 102 ff.). – In ähnlichem Sinne argumentiert *Weyl,* The New Democracy, S. 71 f, der das Elend der Städte als die Kehrseite desjenigen Individualismus akzenuiert, der den Westen erobert hatte und nun durch eine neue Form der politischen Herrschaft abgelöst werden müsse: »The individualist, conquering the primeval wilderness, had erected upon the cleared land a *city wilderness.*«

dows, orphans and the aged. Of individuals I heard much, of individualism little. I doubt whether anywhere in the United States there was more community spirit, more mutual aid in all times of need, so little expectation of material reward for services rendered to neighbors. ... It is not impossible that the talk about individualism among intellectuals at that time stemmed from the vogue of Darwinism, Spencerism and Manchesterism rather than from the thoughts of dwellers on the frontier.«[50]

Am konkreten Fall der Zivilisationstheorie der Progressive History bestätigt sich somit die eingangs erwähnte politische Stoßrichtung, die der Fortschrittsbegriff der amerikanischen Intellektuellen seit der Progressive Era besaß: Mit der Kritik an Individualismus und Laissez faire sowie mit der Abgrenzung von einem positivistisch geprägten Selbstverständnis der Wissenschaft ging es ihnen um eine Neubegründung von Politik und Wissenschaft als Fortschrittsmächten des Zivilisationsprozesses.

c) Politik und Wissenschaft als Medien gesellschaftlicher Erneuerung

Wie die politische Ordnung der modernen Gesellschaft angesichts der Destabilisierung ihrer Bindungskräfte durch Kapitalismus und Besitzindividualismus bewahrt werden könne, bildete die Ausgangsfrage der Progressive History und umreißt zugleich die Aufgabe, der sich ihre Zivilisationsgeschichte stellte. Die von ihnen unterstellte strukturelle Spannung zwischen der Anarchie der »private interests« und der Ordnung des »common good«, in der sich der geschichtliche Fortschritt vollzieht, läßt sich an zwei Forschungsschwerpunkten Charles Beards und Robinsons konkretisieren: Gemeint sind zum einen Beards »ökonomische Interpretation der amerikanischen Verfassung«[51]

---

[50] *Beard*, Turner's »The Frontier in American History«, S. 69f. Siehe hierzu in ähnlichem Sinne auch *ders.*, The Myth of Rugged American Individualism. – Auch Breisach akzentuiert die Differenzen zwischen Turner und Beard, in denen er die Grenzen Turners bei der Interpretation der industriellen Gesellschaft zum Ausdruck kommen sieht: *Breisach*, American Progressive History, S. 28, 88f. – Waechter sieht dagegen in Turner den wichtigsten Ideengeber der Progressive History (*Waechter*, »Scientific History«, S. 44f.) und unterschätzt damit die Differenzen, die zwischen Beard und Turner existieren. Obwohl sich Beard häufiger zustimmend auf Turner bezogen hat, nahm er ihn vor allem als Vertreter einer Individualismus-Tradition wahr, von der er sich kritisch absetzte. – Siehe hierzu *Ch. u. M. Beard*, The American Spirit, S. 360ff.

[51] *Ch. Beard*, Eine ökonomische Interpretation; *ders.*, Economic Origins of Jeffersonian Democracy; *ders.*, The Economic Basis of Politics. – Zum Zusammenhang zwischen Beards politischer Philosophie und seiner Methode der ökonomischen Interpretation siehe *Borning*, The Political and Social Thought, S. 39ff., 254f. – Zu Beards Verfassungsinterpretation siehe *Stimson*, Reflections, der die anhaltende Aktualität der »Beard-These« unterstreicht. – Von älteren Forschungsbeiträgen siehe noch am besten *Benson*, Turner and Beard, S. 95ff.; *Hofstadter*, The Progressive Historians, S. 207ff., 246ff.

und zum anderen die zivilisationstheoretischen Schriftens Beards und Robinsons aus den 20er und frühen 30er Jahren, in denen sie die politischen Steuerungsfunktionen von Wissenschaft und Technik in den Mittelpunkt ihrer Zivilisationsgeschichte rückten. Die systemstabilisierenden Ordnungsfaktoren der Politik und die Rationalitätsprinzipien der Wissenschaft fungieren in der Progressive History als Gegenmächte eines systemgefährdenden Individualismus. Sie etablieren neue Formen von »social control« und gesellschaftlicher Selbststeuerung, die in der Lage sind, die Folgeprobleme ökonomischer Entwicklungen im Sinne der »public interests« zu bändigen.

1. Gemäß der geschichtstheoretischen Grundüberzeugung der Progressive History, daß der Prozeß der historischen Forschung seinen Ausgang von den Problemlagen und Orientierungsbedürfnissen der Gegenwart zu nehmen habe, steht im Zentrum von Beards »ökonomischer Interpretation der Amerikanischen Verfassung« die Frage, ob angesichts der sozialen Kosten des modernen Kapitalismus und der Entfesselung der individuellen Interessen noch eine politische Systemstabilisierung der Civil Society möglich sei. Im folgenden geht es dabei nicht darum, die Plausibilität der »Beard-These« zu überprüfen. Die historische Forschung seit den 60er Jahren hat Beards Ableitung der Amerikanischen Verfassung aus den ökonomischen Interessenlagen führender gesellschaftlicher Gruppen sowohl revidiert wie differenziert. Im Lichte neuerer Arbeiten, die die Transformation der amerikanischen Gesellschaft zwischen Revolution, Verfassungsgebung und früher Republik als allmählichen Übergang von einer an klassisch-republikanischen Ordnungsmodellen orientierten Politik- und Gesellschaftskonzeption hin zu einer »modernen«, liberalkapitalistisch und individualist geprägten Gesellschaft interpretieren, wirkt Beards ökonomische Interpretation zu grobschlächtig und einlinig. Sein Bild der Federalists als Vertretern einer modernen Politik, Gesellschaftstheorie und Wirtschaftsgesinnung, die sich bereits eher an Marktgesetzen und Interessen als an der moralischen Ökonomie des klassischen Republikanismus orientierten, wird der Überlagerung unterschiedlicher Traditionen in der Mentalität der Zeitgenossen und in der politischen Philosophie der Zeit kaum gerecht, wenn auch die Entwicklung in die Richtung ging, die Beard zur Zeit der Verfassungsdiskussion in den 80er Jahren des 18. Jahrhunderts als bereits abgeschlossen angesehen hatte.[52]

Im folgenden geht es um die Rekonstruktion des politischen Gegenwartsbezuges seiner Verfassungsinterpretation. Im Zentrum steht die Frage, inwieweit sich die politische Konstellation und gesellschaftliche Modernisie-

---

52 Aus der Forschungsliteratur zu dieser Transformationsphase amerikanischer Geschichte siehe *Appleby*, Liberalism; *Nolte*, Die amerikanische Revolution; *ders.*, Ideen; *Shain*, The Myth; *Shalhope*, The Roots; *ders.*, Republicanism; *Sinopoli*, The Foundations. – Zum Entstehungsprozeß der Amerikanischen Verfassung siehe *Heideking*, Verfassungsgebung; *ders.*, Die Verfassung.

rungsproblematik der Progressive Era in Beards Geschichte der Amerikanischen Verfassung spiegelt, denn vor dem Hintergrund dieser zeitgeschichtlichen Problemstellungen hat der Prozeß der Verfassungsgebung im Verständnis Beards erst seine einzigartige Bedeutung für die Geschichte der »American Civilization« gewonnen.

Gerade weil er in Anknüpfung an die politischen Forderungen des Progressive Movement die Anpassung der Verfassung an die veränderten Bedingungen des frühen 20. Jahrhunderts einklagte und für ihre Revision im Interesse wohlfahrtsstaatlicher Reformen plädierte, betonte er ihre Entstehung aus den ökonomischen Interessenlagen einer intellektuellen und gesellschaftlichen Führungsgruppe des späten 18. Jahrhunderts. Denn dieser pragmatische Entstehungskontext der Verfassung und ihre Bindung an Interessenlagen nahm ihr die Aura eines unantastbaren Erbes der amerikanischen Zivilisation und ließ sie als einen politischen Gestaltungsrahmen der Gesellschaft begreifen, der den sich wandelnden Bedingungen und Interessenlagen der Gegenwart kontinuierlich angepasst werden dürfe, ja sogar angepasst werden müsse. Das bedeutet zugleich, daß Beard keineswegs der radikale Verfassungkritiker war, als der er oftmals wahrgenommen worden ist. Die Aufdeckung der ökonomischen Handlungsmotive der Verfassungsväter disqualifizierte diese im Verständnis Beards keineswegs zu moralisch zwielichtigen Vertretern egoistischer Partialinteressen, noch entlarvte sie die Verfassung als ein ideologisches Instrument einer Politik ökonomischer Bestandswahrung, sondern verlieh ihnen überhaupt erst ihre spezifische geschichtliche Signatur.[53] Ganz in diesem Sinne schrieb er im Vorwort einer späteren Ausgabe seiner »Economic Interpretation« anläßlich der Verteidigung seines Buches gegenüber den scharfen Angriffen, die es bei seiner Erstveröffentlichung erfahren hatte: »Moralische Urteile werden auf keiner Seite gefällt.«[54]

Beard sah die zivilisatorische Bedeutung der Amerikanischen Verfassung darin begründet, daß sie erstmalig in der Geschichte die politische Bedeutung der ökonomischen Interessen gesellschaftlicher Gruppen in Rechnung gestellt und von dort ausgehend eine Neuordnung des politischen Gemeinwesens unternommen hatte. Die Verfassungsgründer leiteten für Beard eine neue Epoche der Politik ein, indem sie realisierten, daß ökonomische Interessen für die Konstituierung politischer Herrschaft von elementarer Bedeutung sind, sie »traten an die Seite der großen Staatsmänner aller Zeiten und unterwiesen folgende Generationen in der Kunst des Regierens, gerade weil sie die Macht wirtschaftlicher Interessen im Bereich der Politik erkannten.«[55]

---

53 Siehe hierzu auch *Thomas*, A Reappraisal, S. 375.
54 *Beard*, Eine ökonomische Interpretation, S. 46.
55 *Ebd.*, S. 53.

Als zeitgenössischen Beleg und theoretische Grundlage des ökonomischen Determinismus in der Politik führte Beard stets den von James Madison verfassten 10. Artikel des »Federalist«[56] an, der ihm die Augen für den engen Zusammenhang zwischen ökonomischen Interessen und politischer Ordnung geöffnet habe und den er stets als eine »meisterhafte Darstellung des ökonomischen Determinismus in der Politik« anführte. Madison schreibt dort:

»Die Hauptquelle aller Spaltungen bildete stets die ungleiche Verteilung des Eigentums. Die Besitzenden und die Besitzlosen haben seit jeher zwei verschiedene Interessengruppen gebildet. ... Die Grundbesitzer, die Fabrikanten, die Kaufleute, die Finanzwelt und andere, weniger einflußreiche Kreise bilden in einer zivilisierten Nation notwendigerweise verschiedene Interessengruppen und spalten die Nation in verschiedene Klassen mit unterschiedlichen Gefühlen und Meinungen. Diese verschiedenen, einander widersprechenden Interessen miteinander in Einklang zu bringen, ist die Hauptaufgabe der modernen Gesetzgebung. Parteigeist und Spaltung in Interessengruppen haben also ihren Platz im normalen Ablauf der Regierungstätigkeit.«[57]

Beard rühmte den politischen Realismus der Verfassungsgründer und sah ihre geschichtliche Leistung vor allem darin begründet, daß sie mit der Schaffung der amerikanischen Verfassung erstmals eine politische Ordnung auf dem Boden des ökonomischen Individualismus konstituiert hatten:

»Es läßt sich also nicht behaupten, daß die Mitglieder des Konvents ›ohne Interessen‹ waren. Wir sind im Gegenteil genötigt, die äußerst wichtige Schlußfolgerung zu akzeptieren, daß sie durch ihre persönlichen Erfahrungen in wirtschaftlichen Angelegenheiten von vornherein ganz genau wußten, wohin die neue Regierung, die sie einsetzten, führen sollte. Als eine Gruppe von Theoretikern wie die Versammlung in der Frankfurter Paulskirche von 1848 wären sie kläglich gescheitert. Als Männer der Praxis vermochten sie die neue Regierung auf der einzigen Grundlage aufzubauen, die Festigkeit versprach: auf fundamentalen wirtschaftlichen Interessen.«[58]

Beard legte großen Wert auf die Feststellung, daß er die Idee der ökonomischen Interpretation nicht aus europäischen oder gar marxistischen Quellen bezogen habe, sondern der amerikanischen Tradition politischer Philosophie entnahm. Auffällig ist jedoch, daß er sich dabei – zumindest in seiner »Economic Interpretation« von 1913 – ausschließlich auf den Verfassungstext bzw. auf die Position des »Federalist« bezog, den er als maßgebliches Dokument der politischen Philosophie der Amerikanischen Verfassung re-

---

56 Siehe jetzt die deutschsprachige Ausgabe von *Adams, A. u. W.P. (Hg.)*, Die *Federalist*-Artikel. – Ein weiterer Ideengeber neben Madison war zweifelsfrei auch *Seligman*, The Economic Interpretation.
57 *Beard*, Eine ökonomische Interpretation, S. 70.
58 *Ebd.*, S. 207.

spektierte und zugleich als wichtigste Inspiration seiner ökonomischen Interpretation der Politik anerkannte.[59]

Dieser einseitigen Orientierung Beards an der politischen Theorie der Federalists entsprach die Ausblendung der von Jefferson verfassten »Declaration of Independence« und der Argumente aus den Reihen der Verfassungsgegner, der Anti-Federalists.[60] Diese Parteinahme Beards für den politischen Standpunkt der Federalists und damit für die Verfassung verweist deutlich auf den zeitgeschichtlichen Kontext, in dem Beards ökonomische Interpretation der Amerikanischen Verfassung entstanden ist und zugleich auf die politischen Motive, die er mit ihr verband. Als Beard seine Interpretation der Amerikanischen Verfassung auf dem Höhepunkt der Progressive Era im Jahre 1913 vorlegte, neigte er in politischer Hinsicht dem »Hamiltonian-Wing« des New Liberalism im Sinne Crolys und Theodore Roosevelts zu, deren Forderungen nach einer staatsinterventionistischen Beendigung des Laissez faire, sowie nach einem neuen Gleichgewicht zwischen individueller Freiheit und politischer Ordnung er historiographisch durch den Rekurs auf die Gründungsgeschichte der Amerikanischen Verfassung zu legitimieren versuchte. Die Verfassung hatte den politischen Schwebezustand der Articles of Confederation mit der Schaffung einer zentralen Regierungsgewalt beendet und damit eine tiefgreifende Transformationskrise der amerikanischen Gesellschaft durch die Etablierung einer neuen politischen Ordnung beendet. Dieses Bekenntnis Beards zum politischen Realismus und nationalen Zentralismus der Federalists ist bereits vor der Publikation von »An Economic Interpretation« im Jahre 1913 deutlich präsent. Bereits in seiner »Politik« aus dem Jahre 1910 hat sich Beard eindeutig zur Verfassung bekannt und ihr geschichtliches Recht gegenüber den Articles of Confederation betont:

»For the purpose of safeguarding and advancing the interests of a nation with such vast natural resources at its command, a more inadequate instrument could scarcely be imagined. ... It was not merely the Confederation that failed – the entire system, state and national, did not correspond to the real and permanent interests of that portion of the population who by reason of their property and intelligence possessed both the will and the capacity for concerted action on a scale large enough to overthrow the confederate government and set up an adequate system of union in its stead.«[61]

---

59 *Ebd.*, S. 209. – Dieser Interpretation des »Federalist« als Dokument eines liberalen Politikverständnisses ist in der neueren Forschung widersprochen worden, besonders pointiert durch *Wood*, Interests, der die Charakterisierung der Federalists als Vertreter einer liberal-individualistischen Position, und der Anti-Federalists als Repräsentanten eines traditionalistischen Politik- und Gesellschaftsverständnisses auf den Kopf stellt. – Insgesamt siehe zur Bedeutung und Rezeptionsgeschichte des »Federalist« in den politischen Wissenschaften der Progressive Era *Mahoney*, A Newer Science.
60 Dies betont *McCorkle*, The Historian, S. 333.
61 *Beard*, American Government and Politics, S. 41 f.

Die Verfassungsgründer werden so als die politischen Vorgänger des Progressive Movement sichtbar, die auf exemplarische Weise eine Aufgabe erfolgreich gelöst hatten, die sich in vergleichbarer Dringlichkeit zu Beginn des 20. Jahrhunderts erneut stellte: nämlich durch die Anpassung des politischen Systems an die veränderten geschichtlichen Rahmenbedingungen der Gegenwart die Gefahr gesellschaftlicher Anarchie zu beseitigen und ein erneutes Gleichgewicht zwischen individuellen und öffentlichen Interessen dauerhaft zu gewährleisten.

Aus diesem zeitgeschichtlichen Kontext erklärt sich die entschiedene Parteinahme Beards für die Federalists und seine ebenso entschiedene Kritik Jeffersons, dessen spätere Präsidentschaft für ihn den Aufstieg einer liberal-individualistischen Demokratiekonzeption einleitete, die in der Gegenwart der Progressive Era durch die Wiederbelebung einer interventionistischen Politik im öffentlichen und nationalen Interesse abgelöst werden müsse.[62] Der Verbrauch des zivilisatorischen Ordnungspotentials der Amerikanischen Verfassung sowie die Aushöhlung der ihr ursprünglich zukommenden Regulierungsfunktionen setzt für Beard zunächst mit der »Jeffersonian Democracy« unter vorindustriellen, jedoch bereits agrarkapitalistisch geprägten Vorzeichen ein, kennzeichnet des weiteren die amerikanische Geschichte des 19. Jahrhunderts als »sweep of economic forces« und »politics of economic drift«, erreicht dann seinen Zenit im Anschluß an den amerikanischen Bürgerkrieg, der »second American revolution«, und kommt schließlich im »triumph of business enterprise«, in der vollendeten Herrschaft des Laissez faire-Individualismus an der Jahrhundertwende zum Abschluß. So lautet, grob zusammengefasst, der historiographische Erzählrahmen der zweibändigen »Rise of American Civilization«, bei der die Dynamik ökonomischer Wandlungsfaktoren und Triebkräfte im Mittelpunkt steht.[63]

Für Beard stellte das Progressive Movement den erfolgversprechenden Versuch dar, den sich im 19. Jahrhundert vollziehenden Verbrauch zivilisatorischer Ressourcen der kulturellen und sozialen Vergemeinschaftung auf dem Wege einer politischen Gesamtreform der Civil Society zu stoppen und in der Rückkehr zu einer Politik aus dem Geist des »public good« zu revidieren. Diese Revision durfte nach Beards Überzeugung allerdings nicht vor der Verfassung haltmachen, – eine Überzeugung, die den realen Hintergrund seiner Verfassungskritik markiert. Sie stellte jedoch keine grundsätz-

---

[62] Diese Kritik Jeffersons holte Beard 1915 nach: *Beard*, Economic Origins of Jeffersonian Democracy. Gegenüber der politischen Modernität und dem ökonomischen Realismus der Federalists betont er die Unzeitgemäßheit von Jeffersons politischer Philosophie mit agrarkapitalistischem Zuschnitt, die vor der Aufgabe einer politischen Steuerung der industriellen Gesellschaft zwangsläufig versage: »Even when urging most strongly the principle of majority rule and reliance upon the mass of the people as the surest safeguard of republican government, Jefferson qualified his doctrines by making them inapplicable to an industrial population.« (*Ebd.*, S. 426).

[63] Siehe insbesondere Bd. 1: S. 628ff., 663 ff; Bd. 2: S. 52ff., 166ff.

liche Infragestellung dieses überlieferten Ordnungsinstruments dar, sondern muß im Gegenteil als Aufforderung verstanden werden, die Verfassung im Lichte der zeitgenössischen sozialen Problemlagen zu erneuern. Es ging Beard nicht um Dekonstruktion, sondern um Rekonstruktion der Verfassung, – um ihre zeitgemäße Wiedererweckung zu neuem politischen Leben aus dem Geiste des Progressive Movement und einer Politik nach Maßgabe der »public interests«.

Beards ökonomische Interpretation der amerikanischen Verfassung steht in einem untrennbaren Zusammenhang mit der politischen Reformphilosophie seiner Zeit. Sie dient der Vermittlung von Vergangenheit, Gegenwart und Zukunft, in der die kulturelle Kontinuität und Fortschrittsfähigkeit der »American Civilization« sichtbar werden sollte. Umgekehrt diente aber auch die Ausarbeitung einer sozialstaatlich orientierten Reformstrategie der amerikanischen Gesellschaft der Wiedergewinnung eines verlorenen Erbes der Federalists. Auf diese Einheit zwischen historischer Verfassungsinterpretation und politischer Reformintention verweist der enge Zusammenhang, in dem Beards ökonomische Interpretation der Amerikanischen Verfassung und sein politischer Rekonstruktionsversuch der »American Citizenship« zueinander stehen.[64] Das gemeinsame Ziel seiner politischen Philosophie und seiner Geschichte der American Civilization war es, die zeitgenössische Anarchie der »self-interests« durch eine neue, an das verfassungsmäßige Erbe anknüpfende und es zugleich modifizierende Ordnungsidee zu beenden. Dieser neue Ordnungsentwurf, auf den die Zivilisationsgeschichte der Progressive History perspektivisch hinausläuft und dessen Legitimität sie historisch erweisen soll, ist gekennzeichnet durch die Wiederkehr des Common Good als Leitkriterium der Politik. Im Kontext einer geschichtlichen Dialektik von Individualismus und Gemeinwohl, in der sich die Aufgabe politischer Ordnungsstiftung angesichts einer individualistisch zerfallenden Gesellschaft periodisch neu stellt, ist die am Begriff des »common welfare« orientierte politische Zukunftsperspektive des Progressive Movement als eine »counter-reformation against individualism« historisch legitimiert. Ihr Ziel ist es, »to ... restore the social principle to thought about civilization«.[65] Die politische Philosophie des Progressive Movement stellt die Kontrastfolie dar, die Charles und Mary Beard als eine zeitgemäße Version von »American Citizenship« der Tradition des Individualismus programmatisch gegenüberstellen:

---

64 Dies legt die Gleichzeitigkeit wichtiger historischer und politischer Arbeiten Beards nahe: 1912, ein Jahr vor der »Economic Interpretation«, erscheint sein Entwurf einer städtischen Erneuerungspolitik: *Beard*, American City Government. Gleichzeitig mit seiner Analyse der Nachgeschichte der amerikanischen Verfassung (*Beard*, Economic Origins of Jeffersonian Democracy) publizieren die Beards das Buch »American Citizenship« unter der Leitfrage: »Is ours the best government which it is possible for the American people to establish and maintain?« (S. VIII).

65 *Beard, Ch. u. M.*, The American Spirit, S. 477f. – Die Autoren beziehen sich an dieser Stelle insbesondere auf Jane Addams und Hull House.

»To sum up, the purpose of government, as we view it in our day, is to do those things which cannot be done well or justly by individuals working alone, and to regulate the doings of private persons in such a manner as to improve the general standard of life, labor, and education. The very essence of government, according to the democratic ideal, is cooperation or union of effort for the common good. ... In viewing the government as an agent of common welfare, we have divided this book into three parts: to show (1) which of our personal needs are beyond complete individual satisfaction and involve governmental action; (2) how the great branches of the government, national, state, and local, are organized to deal with these needs; and (3) what work the government now undertakes in recognition of these needs.«[66]

Damit ist der von der Progressive History geschichtsphilosophisch legitimierte Ort des Politischen innerhalb des Zivilisationsprozesses der Civil Society benannt: Dieser Prozeß wird geschichtlich angetrieben durch die Realisierung der ökonomischen Interessen und muß gleichzeitig im Zuge einer periodisch wiederkehrenden politischen Ordnungsstiftung kontrolliert werden. Die spezifische Rationalität des Politischen als Garant des Fortschritts und die insbesondere unter dem Erfahrungsdruck der industriellen Gesellschaft gestiegene »role of government as a stabilizer of civilization«[67] besteht in der Erhaltung einer sozialen und kommunitären Infrastruktur der Gesellschaft, in der Rettung des »common good« und der »public virtues« vor der zivilisationsgefährdenden Dynamik der »self-interests« und des ökonomischen Individualismus. Ganz im Sinne des deutschen Historismus besitzen Staat und Politik daher auch für die Progressive History die Qualität »sittlicher Mächte«: Sie gewährleisten und erneuern einen zivilisatorisch notwendigen Grundbestand an übergreifenden Normen, kulturellen Ideen und vergemeinschaftenden Lebensformen, in denen sich die Prozesse materieller Individuierung überhaupt erst vollziehen können. Erst in dieser politischen Selbstbegrenzung einer sich über Marktmechanismen und Eigennutzenkalküle reproduzierenden Gesellschaft wird der geschichtliche Fortschritt zu einem konstitutiven Element der »American Civilization«. Diese zivilisierende Aufgabe hat die Politik mit der Wissenschaft gemein, die in der Progressive History als weiterer Garant einer an Kriterien des Gemeinwohls orientierten Ordnung fungiert und für Robinson sogar die Bedeutung der Politik als Steuerungsinstrument des sozialen Wandels übertraf: »The scientist now revolutionizes human existence and habits far more profoundly than politicians and clergymen, who aspire to conduct our public and private lives.«[68]

2. Nachdem sich ein großer Teil der politischen Reformhoffnungen des Progressive Movement unter dem Eindruck des Ersten Weltkriegs und der

---

66 *Beard, Ch. u. M.*, American Citizenship, S. 6f.
67 *Beard, Ch. u. W.*, The American Leviathan, S. 5.
68 *Robinson*, The Ordeal, S. 729f.

sich daran anschließenden Reaktionsphase des »Red Scare« als unrealisierbar erwiesen hatte, setzte in den zwanziger Jahren eine Neuorientierung des New Liberalism ein, die sich unter dem Eindruck der Weltwirtschaftskrise zu Beginn der dreißiger Jahre noch verstärkte.[69] Im Zusammenhang dieser gesellschaftstheoretischen Umorientierung der politischen Intellektuellen stieg die Wissenschaft zur kulturell dominierenden »basis of the modern civilization« auf und bestimmte mit ihren Rationalitätsprinzipien den Fortschrittsdiskurs der Zeit.[70]

Dieser Fortschrittsbegriff stellte keineswegs einen Bruch mit der politischen Philosophie und Gesellschaftstheorie des Progressive Movement dar, sondern setzte sie modifiziert fort. Allerdings gewannen die vorher eher an politische Prozesse und Akteure geknüpften Erwartungen einen verstärkt sozialtechnischen Akzent; ein deutlich sichtbarer »technological drive in politics«[71] prägte den intellektuellen Liberalismus der 20er und 30er Jahre. Dies gilt in besonderem Maße für die Progressive History, deren Zivilisationsgeschichte in dieser Zeit von der Idee einer Gesellschaft auf der Basis von Wissenschaft und Technik durchdrungen war.

Den sozialgeschichtlichen Hintergrund dieser Tendenz bildete eine beschleunigte Professionalisierung der amerikanischen Middle Class, die eine Bedeutungszunahme der Wissenschaft mit sich brachte und als eine »culture of professionalism« Politik und Gesellschaft zunehmend bestimmte.[72] Dieser an dem Aufstieg der Professionen ablesbare Prestigegewinn der Wissenschaft schlug sich sowohl in der Fortschritts- und Zivilisationskonzeption der Progressive History, als auch in ihrem wissenschaftstheoretischen Selbstverständnis nieder.

In der Progressive History fungiert die Wissenschaft als ein Instrument gesellschaftlicher Reform. Ganz in diesem Sinne haben Charles und Mary Beard die geschichtliche Fortschrittsdynamik und Entwicklungsrichtung der American Civilization auf den Einfluß der Wissenschaft zurückgeführt. Mit ihr ging eine Revolutionierung des menschlichen Weltverständnisses einher, das von konstitutiver Bedeutung für die Durchsetzung der modernen Gesellschaft wurde:

---

69 Zur Desillusionierung der liberalen Intellektuellen durch den Ersten Weltkrieg siehe *Adams (Hg.)*, The Great War; *Bourne*, War; *Graham*, The Great Campaigns; *Hawley*, The Great War; *Kaplan*, Social Engineers; *Kennedy*, Over Here; *Link u. Leary (Hg.)*, The Progressive Era; *May*, The End; *Rochester*, American Liberal Disillusionment; *Thompson*, Reformers; *Trattner*, Progressivism; *Wynn*, From Progressivism. – Zu den Folgen des Ersten Weltkriegs für die deutschen Intellektuellen siehe *Mommsen (Hg.)*, Kultur und Krieg.

70 *Beard (Hg.)*, Whither Mankind, S. 16. – Aus der Forschungsliteratur siehe *Lasch*, The True and Only Heaven; *Marcell*, Progress and Pragmatism, S. 196 ff., 258 ff.; *Mathiopoulos*, Amerika, S. 256 ff.

71 *Beard, Ch. u. W.*, The American Leviathan, S. 5 ff.

72 Siehe hierzu *Bledstein*, The Culture; *Brint*, In an Age; *Haber*, The Quest, S. 193 ff.; *Hatch (Hg.)*, The Professions; *Sullivan*, Work.

»It was science, not paper declarations relating to the idea of progress, that at last made patent the practical methods« by which democracy could raise the standard of living for the great masses of the people. Finally science gave to man revolutionary concepts of the world and of his place in the great scheme of nature, feeding the streams of thought which wore down ancient institutions of church and state.«[73]

Bei Robinson wird der zeitgenössische Hintergrund dieses Aufstiegs der Wissenschaft zu einem Primärfaktor der Zivilisation exemplarisch deutlich: Seine normativ und kognitiv an den Rationalitätskriterien von Wissenschaft und Technik orientierte Fortschrittsidee gründete in der Enttäuschung über das Versagen politischer Reformstrategien, die sich als unfähig erwiesen hatten »to meet the crisis in which civilized society now finds itself«.[74] Diese Kritik der Progressive History an den fehlgeschlagenen Emanzipationshoffnungen des Progressive Movement mündete einerseits in einer Depolitisierung der Reformperspektiven ihrer Zivilisationsgeschichte und andererseits in der Idee einer verwissenschaftlichten Politik, die in einem neuen Begriff von »social intelligence« zum Ausdruck kam. Weil das Innovationspotential der modernen Sozialwissenschaften im Gegensatz zur erlahmten Reformdynamik der Politik für Robinson noch keineswegs verbraucht war, sondern in seiner gesamtgesellschaftlichen Relevanz noch nicht einmal erkannt war, wies er ihnen als zukunftsweisenden Regularien der Lebenspraxis die Rolle legitimer Erben des Politischen zu: »Have we any other hope? Yes, there is Intelligence. That is as yet an untested hope in its application to the regulation of human relations. It is not discredited because it has not been tried on any large scale outside the realm of natural science.«[75] Der Fortschritt der modernen Zivilisation erscheint so in einer Verwissenschaftlichung der Lebenspraxis begründet, in der sich die sozialpolitischen Problemlagen der Gegenwart zu technisch und wissenschaftlich lösbaren Aufgaben transformieren.[76]

Im Kontext der Progressive History ist es niemals zur Ausformulierung einer konkreten Reformprogrammatik gekommen, die dieser gesellschaftstheoretischen Grundüberzeugung von der lebenspraktischen Bedeutung der

---

73 *Ch. u. M. Beard*, The Rise of American Civilization, Bd. 1, S. 737f. – Als Beispiele für diese Wendung der Progressive History siehe *Ch. Beard (Hg.)*, Whither Mankind, S. 1–24, 403 ff.; Beards Einleitung zu *Bury*, The Idea of Progress, S. IX–XL; schließlich *ders. (Hg.)*, Toward Civilization, S. 1 ff., 297 ff., ein Band, mit dem Beard auf die anti-amerikanische Kritik der europäischen Intellektuellen antwortete. Ihrem Vorwurf einer »Americanization of the soul« durch Mechanisierung, Persönlichkeitsverlust und Massengesellschaft stellte er die Idee eines »planning of civilization« im Sinne eines neuen szientistischen Humanismus gegenüber: »In a strict sense this volume by engineers and scientists is a humanist document. ... Our authors offer a humanism of science and engineering that has multiplied the powers of mankind to deal intelligently with human affairs.« (S. 4 f., 297 ff., 306).
74 *Robinson*, The Mind, S. 24.
75 *Ebd.*
76 Eine vergleichbare Tradition der deutschen und europäischen Sozialwissenschaften rekonstruiert *Raphael*, Die Verwissenschaftlichung, insbes. S. 171 ff.

Wissenschaft entsprochen und auf überzeugende Weise technisches Wissen an die Stelle praktischer Politik gesetzt hätte. Bei Robinson ist es im wesentlichen bei der leerformelhaften Beschwörung eines neuen »general frame of mind« geblieben, der die epistemologische Kluft und das Rationalitätsgefälle zwischen Natur- und Sozialwissenschaften überbrücken sollte und die Sozialwissenschaften mit einer bisher nicht erreichten Erklärungsmacht und Gestaltungskompetenz von Politik und Gesellschaft ausstatten sollte, die der Beherrbarkeit der Natur durch die technischen Wissenschaften vergleichbar wäre. Insofern kam es bei Robinson auch durchaus zu einer zeitweiligen Wiederannäherung an ein positivistisches Erbe, allerdings mit einem gravierenden Unterschied: Im expliziten Gegensatz zur Tradition des szientifischen Positivismus haben sowohl Charles und Mary Beard als auch Robinson den ihnen eigenen gesellschaftstheoretischen Glauben an die Wissenschaft nicht mehr mit der Idee einer objektiven und gesetzesförmigen Struktur der Wirklichkeit selber in Zusammenhang gebracht. Die gesellschaftliche Realität blieb eine Aufgabe praktischen Handelns, wenn auch in einer verwissenschaftlichten Form, und wurde nicht zu einem Ergebnis evolutionärer Automatismen objektiviert, die sich unabhängig von kulturellen Interpretationsleistungen vollziehen. Daraus folgte notwendigerweise der Abschied von der Gesellschaftsidee des Laissez faire zugunsten der Idee eines wissenschaftlich und technisch untermauerten »social planning«. Gesellschaftliche Planung als Symbiose von Wissenschaft und Politik war im Kontext der Progressive History verbunden mit einem »ethical interest«: Ihre soziale Trägerschicht, die Vertreter der neuen »engineering professions«, standen für Beard und Robinson in der Tradition einer politisch zwar gescheiterten, wissenschaftlich und technisch jedoch äußerst erfolgreichen Reformintention des Progressive Movement und handelten aufgrund der sie kennzeichnenden »disinterestedness« zum Wohle des gesellschaftlichen Ganzen: »Heir of the past, path-breaker in the present, the engineer, by virtue of his labors, is in a strategic position to make a survey of the civilization in which he is a creator and seeker. He is at the very centre of the machine process.«[77]

Der Aufstieg der modernen Technik zum »supreme instrument of modern progress«[78] sowie die Idee einer durch Wissenschaft und Professionalisierung planbar gewordenen Gesellschaft erlaubte der Progressive History, die politische Enttäuschungserfahrung des Ersten Weltkrieges und das daraus resultierende politische Scheitern des Progressive Movement unter Beibehaltung der kulturell tragenden Fortschrittsperspektive ihrer Zivilisationsgeschichte intellektuell zu verarbeiten.

---

77 Beard (Hg.), Toward Civilization, S. 15. Siehe auch dort S. 297 ff. – Zu Beards Idee des Social Planning siehe auch ders., (Hg.), America Faces the Future, S. 117 ff., 400 ff.
78 Beard in der Einleitung zu *Bury*, The Idea of Progress, S. XXII. – Aus der Forschung siehe hierzu Noble, The End, S. 53.

Doch äußerte sich dieser Glaube der Progressive History an die zivilisatorische Ordnungsmacht der modernen Wissenschaft nicht allein in ihrem Politikmodell, das sie dem Modell des Laissez faire entgegenstellten. Sie äußerte sich auch in einer erkenntnistheoretischen Wendung. Vor allem drei Gesichtspunkte sind in diesem Zusammenhang von Bedeutung: Zum einen zielte die Progressive History auf die Überwindung des Evolutionismus und eines weltabgewandten Forschungspositivismus, indem sie die praktischen Bildungs- und Orientierungsfunktionen des historischen Denkens rekonstruierte; ferner näherte sie sich in erkenntnistheoretischer Hinsicht subjektivistischen Positionen, indem sie den konstruktiven Charakter der historischen Erkenntnis unterstrich; und schließlich betonte sie die geschichtliche Macht der Ideen als Triebkräften des sozialen Wandels. – Unter diesen drei Gesichtspunkten stellte die Progressive History einen Vorbehalt gegenüber einer positivistischen Konzeption von Zivilisation und geschichtlichem Fortschritt dar, der sie eine kulturalistische Konzeption von Geschichte und historischer Erkenntnis gegenüberstellte.

Zunächst zur erkenntnistheoretischen Neubegründung der lebenspraktischen Bildungs- und Orientierungsfunktionen des historischen Denkens, die ihrer Kritik der historiographischen Tradition zugrunde lag und im Zentrum ihres Erneuerungsversuchs der Geschichtswissenschaft stand:[79] Wie die übrigen Intellektuellen des Progressive Movement waren auch die Vertreter der Progressive History davon überzeugt, daß der von ihnen vollzogene Professionalisierungsschub der Geschichtswissenschaft von gesamtgesellschaftlicher Bedeutung sei. Als Vertreter des »civic professionalism« gingen sie davon aus, daß der Ertrag ihrer Wissenschaft nicht nur innerdisziplinärer Natur sei, sondern als ein lebenspraktisch relevantes kulturelles Reformpotential genutzt werden müsse. Auch sie kennzeichnete »a moral commitment of service to the public«.[80]

Bei Robinson äußerte sich dieser Impuls zur Vermittlung von Theorie und Praxis in der Kritik der positivistischen Selbstgenügsamkeit der tradierten Historiographie: »Our books are like very bad memories which insist upon recalling facts that have no assignable relation to our needs, and this is the reason why the practical value of history has so long been obscured.«[81] Die Handlungsfähigkeit konkreter Individuen wie ganzer Gesellschaften

---

79 Zur Kritik der Progressive History an der historiographischen Tradition siehe vor allem *Robinson*, The New History, S. 1 ff.; *Beard*, Eine ökonomische Interpretation, S. 56 ff. – Breisach hat die Überlagerung von Rankeanismus, Comteanismus und Darwinismus beschrieben, in der die lebenspraktische Bedeutung des historischen Denkens verschüttet worden war, so daß »American historians and their public had fallen out of step with each other« (*Breisach*, American Progressive History, S. 19). Dementsprechend betont er die Erneuerung der praktischen Orientierungsfunktionen als ein zentrales Ausgangsmotiv der Progressive History (*ebd.*, S. 31 ff.); ebenso *Glassberg*, History.
80 *Hatch*, The Professions, S. 2.
81 *Robinson*, The New History, S. 22.

war für ihn an ein historisches Bewußtsein des eigenen Gewordenseins gebunden, das eine kulturelle Selbstreflexivität der Lebenspraxis gewährleistet, durch die Zivilisation ein bewußt zu gestaltender Prozeß wird. Aus diesem Grunde betonte er »our dependence upon history in dealing with the present«.[82] Fortschritt und Geschichte sind keine objektiven Gegebenheiten, sondern ihre kulturelle Bedeutung erschließt sich erst in der Vermittlung von Gegenwart und Vergangenheit, in der sich eine die Zukunft mit umschließende Vorstellung historischer Kontinuität ausbildet. Der Fortschritt der Zivilisation läßt sich sinnvoll nur als ein Element gesellschaftlicher Praxis begreifen; es handelt sich um eine zu gestaltende Aufgabe und nicht um einen objektiven Prozeß. Als ein Element dieser praktischen Aufgabe haben Charles und Mary Beard ihre eigene Fortschrittsgeschichte der amerikanischen Zivilisation begriffen und sie aus dieser Überzeugung heraus lebenspraktisch begründet: »The history of a civilization, if intelligently conceived, may be an instrument of civilization.«[83]

Mit dieser geschichtstheoretischen Grundüberzeugung der Progressive History steht eine weitere in unmittelbarem Zusammenhang: Da Geschichte erst in der Vermittlung von Theorie und Praxis entsteht und ihre kulturelle Orientierungsfähigkeit erst in der Konfrontation von Gegenwart und Vergangenheit erlangt, ändert sich auch ihr epistemologischer Status. Sie repräsentiert keinen eindeutigen und objektiven Prozeß im Sinne des evolutionären Positivismus, sondern ein kulturell zu deutendes Geschehen, dessen Sinngehalt sich erst in dieser Deutungsleistung konstituiert. Diese Position hat Beard in seinen wissenschaftstheoretischen Schriften aus der Mitte der 30er Jahre entfaltet und damit eine im Zusammenhang des deutschen Späthistorismus geführte Diskussion in den amerikanischen Kontext überführt.[84] In der Forschungsliteratur ist dieser Konstruktivismus Beards wiederholt in direktem Gegensatz zu seiner Fortschritts- und Zivilisationskonzeption gesehen und als eine durch die Krisenerfahrungen der 20er und 30er Jahre hervorgerufene Wendung zum Relativismus interpretiert worden.[85] Jedoch überzeugt diese Interpretation nicht, weil die erkenntnistheo-

---

82 Ebd.
83 Ch. u. M. Beard, The Rise of American Civilization, Bd. 1, S. VII.
84 Beard, Written History; ders., That Noble Dream; ders. u. Vagts, Currents of Thought. – Allerdings ist der Gedanke bereits in Robinsons Begründung der New History präsent: »I have gradually come to realize how completely we are dependent on the past for our knowledge and our ideals; how it alone can explain why we are what we are, and why we do as we do. History is what we know of the past. ... History ... is in this sense not fixed and immutable, but ever changing. Each age has a perfect right to select from the annals of mankind those facts that seem to have a particular bearing on the matters it has at heart.« (Robinson, The New History, S. 134 f.).
85 Am deutlichsten von Breisach, American Progressive History, S. 53, 172 ff.; Hofstadter, The Progressive Historians, S. 308. – Eine Zusammenfassung der erkenntnistheoretischen Position Beards bietet Nore, Charles A. Beard, S. 154 ff. und vor allem die Überblicksstudie von Novick, That Noble Dream, S. 252 ff.

retische Position, die Beard seit 1934 im Sinne des Konstruktivismus bezogen hat, keineswegs im Widerspruch zu seiner Konzeption des zivilisatorischen Fortschritts stand, sondern sich als durchaus mit ihr vereinbar erweist.

Beards konstruktivistische Position wird erst erklärbar, wenn man den dritten Aspekt seiner Wissenschaftstheorie berücksichtigt. Seine Betonung des subjektiven Charakters der historischen Erkenntnis verweist auf dieselbe Wurzel seines Denkens wie seine politische Philosophie und seine Zivilisationsgeschichte: Ihnen ist ein Praxis- und Kulturbegriff gemeinsam, der Fortschritt und Zivilisation an Handeln bindet. Geschichte geht für die Progressive History aus einer Konstellation handlungsleitender Ideen und Interessen hervor. So wie der Fortschritt der Zivilisation erst mit der politischen Zähmung der Interessen möglich wird und immer wieder neu in Gang gesetzt werden kann, so erschließt sich diese Fortschrittsgeschichte der menschlichen Zivilisation erst im Kontext einer kulturellen Verstehensleistung, in der die Ideen den Bedeutungsgehalt der Geschichte konstituieren.

Im Theorierahmen der Progressive History ist die geschichtliche Bedeutung der kulturellen Ideen als »interior aspects of civilization«[86] systematisch verankert. Charles Beard etwa hat die Fortschrittsfähigkeit der Zivilisation auf die regulativen Wirkungen der Ideen zurückgeführt und dabei insbesondere die politische, gesellschaftliche und geschichtstheoretische Bedeutung der Fortschrittsidee hervorgehoben:

»Constitutional and democratic government is impossible unless the significance of ideas is recognized. It is founded on the assumption that all social conflicts will be fought out within the framework set by the fundamental law through the exchange of ideas. ... It is not only in politics that ideas are important. They are regnant in every department of civilized life – in art, letters, economy, and social custom. One might almost say that peoples are civilized in proportion as they mingle ideas with their labors and aspirations. ... Now among the ideas which have held sway in public and private affairs for the last two hundred years, none is more significant or likely to exert more influence in the future than the concept of progress.«[87]

Mit ihrer am Fortschrittsbegriff orientierten Zivilisationsgeschichte ist es der Progressive History gelungen, die von den amerikanischen Intellektuellen seit der Progressive Era ausgearbeitete Theorie der Civil Society um eine historische Dimension zu bereichern, die nicht nur die amerikanische Geschichtswissenschaft, sondern auch eine breite Öffentlichkeit geprägt hat.[88] Insbesondere die Zivilisationsgeschichte Charles und Mary Beards, die sie

---

86 *Beard, Ch. u. M.*, The American Spirit, S. V. – Siehe dort insbesondere das Kapitel »The Power of Ideas as World-Views« (S. 1 ff.).

87 Einleitung Beards zu *Bury*, The Idea of Progress, S. X f.

88 So *Glassberg*, History, der das Ende der Progressive History zugleich als Entfremdung der Geschichtswissenschaft von den öffentlichen Formen und Funktionen des Geschichtsbewußtseins interpretiert, S. 979.

seit den 20er Jahren mit der für die damalige Zeit sensationellen »Rise of American Civilization« auszuarbeiten begannen, stellte eine bedeutende historiographische Innovation dar. Mit der Verknüpfung sozialgeschichtlicher, politikgeschichtlicher und kulturgeschichtlicher Fragestellungen auf der Basis der »ökonomischen Interpretation« gelang ihnen eine Syntheseleistung, die über drei Jahrzehnte hinweg wirksam war und mehrere Generationen amerikanischer Historiker intellektuell sozialisiert hat. Eine besondere Innovationsleistung war dabei die auf Mary Beard zurückgehende Integration geschlechtergeschichtlicher Aspekte in den Erzählrahmen der Progressive History.[89]

Abschließend ist jedoch noch auf eine Grenze der Zivilisationsgeschichte Charles und Mary Beards einzugehen: Das Problem ihres Fortschritts- und Zivilisationsbegriffs besteht darin, daß er kognitiv und normativ an die Politik-, Gesellschafts- und Wertideen des modernen Amerika gebunden war und die Vergangenheit allein in ihrem Lichte sah. Dies führte zu einer problematischen Auflösung des Kontinuitätszusammenhangs zwischen Gegenwart und Vergangenheit. Was zunächst als eine erkenntnistheoretische Normalität gedeutet werden könnte: nämlich die Erschließung der Vergangenheit aus dem begrifflichen Reservoir und Problemhorizont der Gegenwart, wird bei ihnen in einer Weise realisiert, die den kulturellen Eigensinn und die Individualität der Vergangenheit nicht erschließt, sondern im Medium einer prätendierten Universalgeschichte zum Verschwinden bringt. Das zunächst heuristisch fruchtbare Prinzip der »ökonomischen Interpretation«, also die Zurückführung geschichtlichen Wandels auf ökonomische Interessen, verliert in seiner Aufblähung zu einer anthropologischen Konstante seinen methodischen Wert. Die Weltgeschichte wird über den Leisten einer spezifisch modernen Rationalität geschlagen und »the continuous search for riches« wird zu einer metaphysischen Triebkraft geschichtlicher Prozesse ontologisiert, die die Vielfalt der Geschichte zur ewigen Wiederkehr des Gleichen stillstellt und die kulturelle Spezifik vergangener Zeiten aus dem Blick verliert:

»In the development of every great civilization in the past, there had come to the top groups of rich and enterprising business men devoted to commerce, industry, and finance. The sources of their fortunes varied and their modes of acquisition differed from age to age, but they formed a dynamic element in every ancient so-

---

[89] Hierzu *Cott*, Two Beards; *dies.*, Putting Women. – Die geschlechtergeschichtliche Pionierleistung der »Rise of American Civilization« war jedoch für Mary Beard mit einer intellektuellen Außenseiterschaft verbunden, die auf die Ausschlußmechanismen einer gegenüber derartigen Fragen verschlossenen amerikanischen Geschichtswissenschaft verweist. Hierzu näher *Scott*, American Women Historians; *Smith*, The Contribution; *dies.*, Gender. – Allgemein siehe zur Stellung von Frauen in den amerikanischen Professionen *Harris*, Beyond. – (Siehe zu diesem Aspekt im einzelnen Kapitel 5).

ciety that passed beyond the primitive stage of culture and everywhere they advanced with deadly precision on the classes which derived their sustenance from agriculture. In the documents which record the rise of civilization in Egypt, Babylonia, and Persia and in the trading centers of Tyre, Sidon, and Carthage, the immense operations of business men can be traced, though priests, singer, poets, philosophers, and courtiers were the chief masters of the written word.«[90]

Die Zivilisationsgeschichte der Progressive History scheitert daher vor der Aufgabe einer historischen Deutung kultureller Differenz und wird zum historiographischen Ethnozentrismus. Ein Beispiel dafür ist der Widerspruch zwischen ihrem universalhistorischen Erklärungsanspruch und ihrer analytischen Hilflosigkeit gegenüber historischen Phänomenen, die sich den ökonomischen, politischen oder gesellschaftlichen Rationalitätskriterien neuzeitlicher Modernisierungsprozesse gegenüber sperrig verhalten. Deutlich wird dies bei ihrer Schilderung der Konfrontationen zwischen indianischer Kultur und weißen Siedlern, die in starkem Kontrast zu ihrer analytischen Gewandtheit bei der Rekonstruktion sozioökonomischer Prozesse einen Erklärungsnotstand gegenüber Erfahrungen kultureller Differenz verrät. Was sich nicht ökonomisch erklären läßt bzw. der zivilisatorischen Dialektik von ökonomischen Interessen und kulturellen Ideen nicht fügt, wird ihnen zum unauflöslichen Rätsel: »Some things seem to be deeply rooted in the very constitution of the universe.«[91]

Auch das Fehlen einer anspruchsvollen Interpretation der Sklaverei- und Rassenproblematik verweist auf derartige Grenzen ihrer Zivilisationskonzeption. Geschichtliche Phänomenbestände, die nicht unmittelbar auf politische Konflikte oder ökonomische Interessenkollisionen zurückgeführt werden können, machen die kategorialen Schwächen ihrer Zivilisationskonzeption deutlich. Das methodische Prinzip, die in der Auseinandersetzung mit der neuesten Geschichte gewonnenen Kategorien unverblümt auf die Vergangenheit zu applizieren, macht aus den produktiven Fragestellungen, Instrumentarien und Interpretationsmodellen ihrer Zivilisationsgeschichte schematische Erklärungsmuster, die mit universalhistorischem Deutungsanspruch auftreten, ohne ihn einlösen zu können. Mit dem Aufstieg der ökonomischen Interpretation zu einem Universalprinzip der historischen Erklärung verliert es seine erkenntnisleitende Kraft und wird zum methodologischen Kolonialismus, der ein Verstehen der Vergangenheit unmöglich macht. So sprechen Charles und Mary Beard irritierenderweise mit Blick auf die römische Geschichte von den »Morgans, Vanderbilts, and Goulds of that period – masterful capitalists whose augmenting riches and luxurious lives shocked stern old patricians drawing meager revenues from estates tilled by slaves.«[92]

---

90 *Ch. u. M. Beard*, The Rise of American Civilization, Bd. 1, S. 7; Bd. 2, S. 166f.
91 *Ebd.*, Bd. 2, S. 147f.
92 *Ebd.*, S. 168.

Der Zivilisationsgeschichte im Sinne von Charles und Mary Beard fehlt eine Theorie historischer Alterität und der Spezifik vergangener Zeiten, die sie daran hindert, die kulturelle Andersartigkeit und Individualität historischer Phänomene heuristisch wahrzunehmen und methodisch zur Geltung zu bringen. Unter Abstraktion vom historischen Eigensinn der Vergangenheit nähern sie sich ihr mithilfe der analytischen Kategorien, die ihnen vertraut und im Zusammenhang der »ökonomischen Interpretation« erprobt sind. Indem sich jedoch auf diese Weise die geschichtliche Partikularität ihrer Zeit sowohl in synchroner wie diachroner Hinsicht mit einem universellen Bedeutungsgehalt auflädt und die Logik des Zivilisationsprozesses überhaupt repräsentiert, geht ihr genau diejenige kulturelle Spezifik verloren, die die Zivilisationsgeschichte der Progressive History historisch aufzuklären beansprucht. Der Fortschritt der Geschichte partikularisiert sich zur Geschichte der »American Civilization«.

4. Die Genese des Sozialstaats und der Beitrag der Intellektuellen

Die Intellektuellen um die New School for Social Research haben ihre Reflexion der Civil Society mit der Forderung nach einer regulativen Politik verbunden und damit einen gesellschaftstheoretischen Beitrag zur Legitimierung des Sozialstaats geleistet. Ihr Werk ist ein wichtiger Bezugspunkt für die Sozial- und Ideengeschichte des amerikanischen »welfare state«. Ohne die realgeschichtliche Bedeutung und den politischen Einfluß von Intellektuellen überschätzen zu wollen, ermöglicht doch die Auseinandersetzung mit ihrem Werk eine Rekonstruktion des kulturellen Klimas, in dem sich die Grundlagen des amerikanischen Wohlfahrtsstaats zu Beginn des 20. Jahrhunderts entfalten konnten.[1] Als Public Intellectuals haben sie öffentlichkeitswirksam zu den brennenden sozialpolitischen Fragen ihrer Zeit Stellung bezogen.[2] Wenn im folgenden die theoriegeschichtlichen Aspekte des amerikanischen »welfare state« thematisiert werden, so stehen dabei vor allem drei Fragestellungen im Mittelpunkt:

Zunächst soll die politisch-strategische Bedeutung der Intellektuellen der Progressive Era für die Herausbildung eines interventionistischen Sozialstaats herausgearbeitet werden. Mit dieser Fragestellung läßt sich an die neuere Forschungsliteratur anknüpfen, in der die Rolle der Intellektuellen als einer »state building elite« betont worden ist (a).

In einem zweiten, eher ideengeschichtlich orientierten Schritt geht es um die kulturelle Legitimierung einer regulativen Politik in der amerikanischen Gesellschaftstheorie der ersten Hälfte des 20. Jahrhunderts. Erst unter Berücksichtigung dieser von Intellektuellen formulierten Konzepte, die auf die sozialhistorischen Problemlagen der Zeit antworteten, werden die Voraussetzungen deutlich, die die Transformation des Laissez faire-Individualismus zum New Liberalism bewirkt haben (b).

Schließlich lassen sich am Beispiel der Intellektuellen um die New School die unterschiedlichen Theoriemodelle einer sozialstaatlichen Politik typologisch ausdifferenzieren. Zusammengenommen repräsentieren sie die Vielfalt der sozialstaatlichen Lösungsstrategien des frühen 20. Jahrhunderts.

---

1 Vor einer Überschätzung der politischen Bedeutung von Intellektuellen warnt *Kloppenberg*, Uncertain Victory, S. 353: »Intellectuals may help to make changes possible by articulating different visions of society, but between idea and reality there falls much more than a shadow.«

2 Zum gegenwärtigen Stand der Forschung siehe: *Furner u. Supple (Hg.)*, The State; *Lacey u. Furner (Hg.)*, The State; *Rueschemeyer u. Skocpol (Hg.)*, States. – Zur politischen Ideengeschichte des »welfare state« siehe auch *Heclo*, Welfare. – Zur internationalen Dimension *Freeden*, The New Liberalism, S. 195 ff.

Dazu gehören zum einen der von Dewey im Zusammenhang seiner Theorie des »new individualism« und der politischen Öffentlichkeit entwickelte Typ eines deliberativen Wohlfahrtsstaats; ferner die von Horace Kallen und Walter Weyl entwickelten Vorstellungen eines an den Bedürfnislagen der Verbraucher orientierten »consumerism«, den sie einer durch Produzenteninteressen geprägten Ökonomie entgegensetzten; und schließlich Veblens Konzeption des »social engineering«, die den sozialplanerischen Diskurs der 20er und 30er Jahre weitgehend prägte (c).

a) Die politischen Intellektuellen als sozialstaatliche Avantgarde

In der Auseinandersetzung mit der Fortschritts- und Zivilisationskonzeption der Progressive History ist bereits angedeutet worden, daß im Zentrum der zeitgenössischen Theoriemodelle moderner Gesellschaft die Kritik des Laissez faire-Liberalismus stand. Zunehmend galt er als ein »primitive economic system« und Dokument eines »rugged individualism«, der durch sozial-interventionistische Politik- und Gesellschaftsmodelle sowie durch eine wissenschaftliche Durchdringung der sozialen Lebenswelt im Interesse des Gemeinwohls ersetzt werden müsse.[3] Dieser bereits vor der Jahrhundertwende spürbare gesellschaftstheoretische Trend gelangte während der Progressive Era zu einem ersten Höhepunkt und prägte auch noch den während des New Deal geführten »social planning«-Diskurs.[4] Damit ist keine ideengeschichtliche Kontinuität zwischen Progressive Era und New Deal unterstellt; vielmehr lag dem New Deal ein anderes Reformmodell zugrunde, was sich in einer Reserviertheit der »old progressives« gegenüber den Ordnungsvorstellungen des New Deal niederschlug. Ihn umstandslos in die politische Tradition des New Liberalism zu stellen,[5] wird der Gleichzeitigkeit von Gemeinsamkeiten und Unterschieden, Kontinuität und Diskontinuität nicht gerecht.[6] Obwohl sich durchaus positive Würdigungen des New Deal durch die hier untersuchten Intellektuellen finden lassen, die ihn als Wiederbelebung der Reformideen der Progressive Era interpretierten,[7] dominierte doch weitgehend eine Kritik des New Deal als einer ökonomischen

---

3 *Ch. Beard*, American Government and Politics (Ausgabe von 1910), S. 722; *ders.*, The Myth of Rugged American Individualism. – Siehe auch seine Kritik des Laissez faire in *ders.*, The Idea of Let Us Alone; *ders. u. M. Beard*, The American Spirit, S. 332 ff.; 602. – Zur Transformation der Sozialwissenschaften der Jahrhundertwende siehe auch *Lacey u. Furner (Hg.)*, The State, S. 3 ff., 171 ff.
4 *Eisenach*, The Lost Promise, S. 143 ff.; *Chambers*, The Tyranny, S. 107 ff., 230 ff.
5 So etwa bei *Stettner*, Shaping, S. 3.
6 Siehe *Graham*, Enforce, der die Differenzen herausarbeitet, S. 166.
7 *Ch. Beard u. Smith*, The Future Comes; *dies.*, The Old Deal and the New, S. 276 ff.

und bürokratischen Verengung der ursprünglich breiter angelegten Reformintentionen des Progressive Movement.[8]

Im folgenden sollen am Beispiel der Intellektuellen um die New School Grundzüge einer Theoriegeschichte des Sozialstaats zwischen Progressive Era und New Deal entwickelt werden. Die von ihnen formulierten Ideen verweisen nicht nur auf einen nachhaltigen Strukturwandel der amerikanischen Gesellschaft, sondern auch auf einen Prozeß der inneren Staatsbildung.[9] Ein kurzer Blick auf die Entwicklungen des späten 19. Jahrhunderts verdeutlicht den Zusammenhang dieses Prozesses mit der Transformation intellektueller Milieus: Der Ausbau der bürokratischen Staatsfunktionen beendete die politische Ausnahmesituation der USA während des 19. Jahrhunderts, die in der eigentümlichen Staatslosigkeit der sich westwärts ausdehnenden Pioniergesellschaft begründet war und zu dem »state of courts and parties« geführt hatte, der die Abwesenheit einer institutionellen Infrastruktur nur mühsam kompensierte. Mit dem Ende der Frontier entfielen die Entstehungs- und Existenzbedingungen dieses schwachen Staates und seiner gesellschaftlichen Grundlage: des ökonomischen Individualismus.

Diese Vorstellungen bildeten bereits den Erzählrahmen von Crolys Interpretation der amerikanischen Geschichte, die das intellektuelle Klima der Progressive Era entscheidend geprägt hat. Der ökonomische Individualismus stellte für Croly das adäquate Handlungsmuster für die Expansionsphase der amerikanischen Gesellschaft während des 19. Jahrhunderts dar, weil es die für die Erschließung des Kontinents erforderlichen Energien bereitstellte. Erst mit dem Ende der Pioniergesellschaft brach für ihn der Gegensatz zwischen individuellen Interessen und Gemeinwohl auf und führte im Kontext des Progressive Movement zu neuen Vermittlungen von Individuum und Gesellschaft: »Harmony between industrial and social interest could no longer be automatically created merely by stimulating individual economic enterprise within the limits of a few self-executing rules laid down in advance by society.«[10]

In den Metropolen der Ostküste traten die Grenzen des liberalen Politikmodells bei der Bewältigung sozialer Probleme und Urbanisierungskrisen offen zutage.[11] Seit dem letzten Viertel des 19. Jahrhunderts formierte sich daher unter dem Problemdruck der industriellen Gesellschaft allmählich

---

8 So die neuere Forschungsliteratur zum Verhältnis von Progressive Era und New Deal; siehe etwa *Braeman*, The New Deal; *Gerstle*, The Protean Character, S. 1044 f.; *Ross*, Liberalism, S. 758 ff. – Speziell zur Programmatik des New Deal siehe *Brinkley*, The End of Reform; *Dubofsky (Hg.)*, The New Deal; *Eden (Hg.)*, The New Deal; *Fraser u. Gerstle (Hg.)*, The Rise and Fall; *Gordon*, New Deals; *Kidd*, Redefining; *McElvaine*, The Great Depression; *Parrish*, Anxious Decades; *Pells*, Radical Visions; *Watkins*, The Great Depression.

9 Siehe *McDonagh*, Representative Democracy.

10 *Croly*, Progressive Democracy, S. 97.

11 Klassisch *Hays*, The Response. – Mit Blick auf die Urbanisierungsproblematik siehe *Schiesl*, The Politics; *Fairfield*, The Mysteries; *ders.*, The Scientific Management.

eine parteiunabhängig agierende Verwaltungsbürokratie, mit der sich staatliche Herrschaft auf immer neue Bereiche des öffentlichen Lebens ausdehnte.[12]

In der Progressive Era wurde die Rolle des Staates für den Prozeß der gesellschaftlichen Modernisierung völlig neu definiert und das politische System den Erfordernissen der industriellen Gesellschaft angepasst. Dies bedeutete die Reorganisation des »most inefficient central government of any civilized nation in the world west of Russia«.[13] Erst vor diesem sozialgeschichtlichen Hintergrund gewinnt die intellektuelle Revolution der Progressive Era ihre spezifische Signatur.

Die »state-building coalition« der amerikanischen Intellektuellen wurde auf eine doppelte Weise wirksam: zum einen durch die wissenschaftlich fundierte Kritik des etablierten Systems, und zum anderen durch die Entwicklung tragfähiger Perspektiven seiner Reform. In diesem Zusammenhang war die bereits angesprochene Kritik des Laissez faire-Liberalismus von besonderer Bedeutung, weil sich in ihr das zeitgeschichtliche Problembewußtsein der Intellektuellen fokussierte; die Abgrenzung vom Laissez faire wurde zum Kern der politischen Identität des Progressive Movement.

Die Progressive Era zählt neben dem New Deal und der Great Society-Reformperiode der 60er Jahre zu den entscheidenden »big bangs of reform« in der amerikanischen Geschichte des 20. Jahrhunderts.[14] Als der eigentliche Durchbruch zur Moderne gilt sie unter anderem deshalb, weil sich in ihr Elemente eines Wohlfahrtsstaats herausgebildet haben. In dieser Zeit entstanden die Voraussetzungen einer sozialpolitischen Regulierung von Gesellschaft und Politik, mit der die USA Anschluß an einen internationalen Entwicklungstrend fanden, in dem sich die bis heute tragenden Grundlagen politischer Modernität ausgebildet haben.[15]

Um die funktionale Bedeutung der Intellektuellen der Progressive Era für die Genese des amerikanischen Wohlfahrtsstaats rekonstruieren zu können, ist eine politische Soziologie dieser Intellektuellen als einer sozialstaatlichen Funktionselite erforderlich, die die »Logik« ihres Handelns sowie die leitenden Interessen, denen es gehorchte, erklären könnte. Eine solche wissenssoziologische Interpretation der amerikanischen »Gelehrtenpolitik« hätte sich jenseits der idealistischen Reformrhetorik und zeitgenössischen Selbstbeschreibung der Intellektuellen als interesselosen Vertretern der »public interests« zu plazieren, ohne im Gegenzug einem Reduktionismus zu verfallen, der sie zu bloßen Handlangern der ökonomischen Interessen von »big busi-

---

12 Einen problemgeschichtlichen Überblick über diese Entwicklungen bietet *Keller*, Affairs; *ders.*, Regulating a New Economy; *ders.*, Regulating a New Society.
13 *Harris*, Industrial Democracy, S. 49.
14 Siehe die Einleitung der Herausgeber zu *Weir u.a (Hg.)*, The Politics, S. 16ff., Zitat S. 22.
15 Dies betont *Keller*, Social Policy, S. 110. – Zu den internationalen Entwicklungen siehe *Flora u. Heidenheimer (Hg.)*, The Development; *Levine*, Poverty; *Ritter*, Der Sozialstaat, S. 138ff.

ness« verkürzt oder den politischen Imperativen eines allmächtigen »ideological state apparatus« unterordnet.¹⁶

Im Hinblick auf die Bedeutung der amerikanischen Intellektuellen für die Entstehung des Wohlfahrtsstaats stellt sich die Aufgabe einer politischen Soziologie professioneller Expertengruppen mit besonderer Dringlichkeit, weil sich ihre Interessen hinter einer idealistischen Reformrhetorik und einer Ideologie reinen Expertentums im Interesse des Common Good zu verbergen pflegten. Damit sind die eigentlichen Handlungsmotive in der Regel bis zur Unkenntlichkeit verzerrt. Ganz in diesem Sinne hat sich Samuel Hays bereits vor längerer Zeit zum Fürsprecher einer politischen Soziologie intellektueller Expertengruppen gemacht, die es erlauben würde, das Handeln von professionellen Funktionseliten und Verwaltungsbürokratien jenseits ihrer jeweiligen Selbstdeutungen auf reale Interessenlagen zurückzubeziehen. Auf diesem Wege ließen sich die professionalistischen Selbstbilder von »disinterestedness« und reiner »expertise in the public interest« relativieren und durch realistischere Konzeptualisierungen professionellen Expertenhandelns ersetzen.¹⁷

Die Entstehung des amerikanischen Sozialstaats zwischen Progressive Era und New Deal war begleitet durch einen lebhaften Diskurs der Intellektuellen, in dem sich die Konturen der Civil Society nachhaltig veränderten. Es ist zu fragen, ob die Berücksichtigung dieser intellektuellen Dimension von »social welfare« Rückschlüsse auf die Ursachen des sozialpolitischen »Sonderweges« der USA zuläßt oder Ansatzpunkte für seine Erklärung bietet. Üblicherweise werden in der Forschung eine ganze Reihe von Ursachen der amerikanischen Sonderentwicklung angeführt, die sich im Vergleich mit europäischen Entwicklungen sowohl in der Verspätung, als auch in der langandauernden Schwäche und nur bruchstückhaften Realisierung des Sozialstaats manifestiert;¹⁸ denn erst mit dem New Deal kam es zu einer national operierenden Sozialpolitik, mit dem die USA zum »member of the Western world's capitalist welfare states« wurden.¹⁹

---

16 Ein solcher Reduktionismus dominiert in der marxistischen Rekonstruktion der amerikanischen Universitätslandschaft durch *Barrow*, Intellectuals; *ders.*, Universities, S. 7, 250 ff. – Derselbe Reduktionismus kennzeichnet auch Kolkos und Weinsteins Interpretationen der Progressive Era als Durchbruch des »political capitalism«: *Kolko*, The Triumph, S. 255 ff., 279 ff.; *Weinstein*, The Corporate Ideal, S. XII ff. – Trotz (oder gerade wegen) dieses Reduktionismus sind die Arbeiten Kolkos und Weinsteins wichtig geworden, weil sie eine differenziertere Bestimmung der Rolle von Funktionseliten für die Entstehung des Welfare State erzwangen; hierzu *Critchlow u. Hawley (Hg.)*, Federal Social Policy, S. 12.
17 *Hays*, Political Choice, S. 140 ff.
18 Zu den USA als »welfare state laggard« siehe *Skocpol*, Social Policy, S. 12. – Zur Kluft zwischen dem Elend der öffentlichen Fürsorge (»public assistance«) und der relativen Generosität des auf Erwerbstätigkeit zugeschnittenen Social-Insurance-Systems *Katz*, In the Shadow.
19 *Levine*, Poverty, S. 255. – Zum Social Security Act als »Magna Charta of the American welfare state« siehe *Jansson*, The Reluctant Welfare State, S. 133 ff.

Zu den wichtigsten Ursachen des sozialpolitischen Sonderwegs der USA seit dem späten 19. Jahrhundert gehören vor allem vier Faktorenbündel:

Erstens läßt sich die traditionelle Reserviertheit der amerikanischen Gesellschaft gegenüber sozialstaatlichen Prinzipien auf die zu Beginn der Progressive Era noch ungebrochene Virulenz einer individualistischen Kultur zurückführen:

»But the ideological element was unique in the American situation. By the opening decade of the twentieth century, the concept of individualism had become so well entrenched that any social action seemed a threat to personal liberty. A rival pattern of voluntary effort was regarded as more appropriate and more in accord with national character. Social security proposals, therefore, were not considered simply in the light of the needs they served, but as an entering wedge in the process of extending state power that would ultimately curtail individual freedom.«[20]

Diese tief verwurzelte Tradition des Individualismus, zu der das Mißtrauen gegenüber einer staatlich initiierten und mit bürokratischen Mitteln exekutierten Sozialpolitik gehörte, nötigt zur Anerkennung der mentalitätsgeschichtlichen Tatsache, »that Americans did not have social insurance before 1935 because Americans did not want social insurance.«[21] Diese kulturgeschichtliche Besonderheit der USA erklärt die Dominanz solcher kompensatorischen Ersatzlösungen wie die des privatwirtschaftlich fundierten »welfare capitalism«, der kollektiven Selbsthilfe, privat organisierter Wohlfahrtseinrichtungen sowie schließlich des Systems der »voluntary associations«, das als Schnittstelle zwischen Individuum, Staat und Gesellschaft quasi-staatliche Verteilungs- und Steuerungsfunktionen übernahm.[22]

Die große Bedeutung, die den Intellektuellen des Progressive Movement für die wohlfahrtsstaatliche Wendung der amerikanischen Politik zu Beginn des 20. Jahrhunderts zukam, ist nur erklärbar, wenn man ihre in der amerikanischen Geschichte angelegte sozialpolitische Pionierrolle und Kompensationsfunktion in Rechnung stellt, die ihnen aufgrund der Stärke des kulturellen Individualismus in den USA während des 19. Jahrhunderts zugewachsen ist.

20 So Oscar Handlin in seinem Vorwort zu *Lubove*, The Struggle, S. VII. – Ebenso betont *Caputo*, Welfare, den Widerstand des tradierten Voluntarismus gegen die Einführung zentralstaatlicher Regulierungen. – Auch *Hawley*, Social Policy, rekurriert auf die Besonderheit einer individualistisch geprägten Kultur, um die Verspätung des amerikanischen Wohlfahrtsstaats zu erklären (S. 128ff.). – Generell siehe *Rimlinger*, Welfare Policy.

21 *Levine*, Poverty, S. 179. – Zur Spannung zwischen Individualismus und »social citizenship« siehe *Fraser u. Gordon*, Contract, S. 64f. sowie *Weir u.a. (Hg.)*, The Politics, S. 10f. – Die Grenzen einer am Phänomen des Individualismus ansetzenden Erklärung amerikanischer Besonderheiten betont dagegen *Skocpol*, Social Policy, S. 15f., indem sie auf das frühzeitige Auftreten antiindividualistischer Gegenbewegungen im Kontext des New Liberalism verweist.

22 Die Grenzen dieses Systems betonen *Lubove*, The Struggle, S. 2, sowie *Skocpol*, Social Policy, S. 18. – *Berkowitz u. McQuaid*, Creating, S. 1ff., unterstreichen demgegenüber die Notwendigkeit des »welfare capitalism« angesichts der Schwäche der Politik.

Als zweiter Erklärungsfaktor des sozialpolitischen Sonderwegs der USA ist die politische Schwäche der Zentralregierung sowie der bis ins 20. Jahrhundert nur rudimentär erfolgte Aufbau des bürokratischen Systems zu berücksichtigen, – Sonderbedingungen, die eine wohlfahrtsstaatliche Umverteilungspolitik lange Zeit unmöglich machten.[23] Die Ersatzbildungen für die fehlenden Institutionen einer sozialstaatlichen Politik und insbesondere für das durch Parteien getragene, auf persönlichen Loyalitäten beruhende Patronagesystem erwiesen sich als langfristig wirksame Hemmfaktoren des amerikanischen Wohlfahrtsstaats.[24]

Von erheblicher Bedeutung war drittens der im internationalen Vergleich relativ hohe Lebensstandard der amerikanischen Arbeiterschaft sowie die traditionelle Schwäche der politischen Arbeiterbewegung in den USA, von der keine Impulse für den Aufbau eines ausdifferenzierten Sozialsystems ausgehen konnten.[25] Hinzu kam die Abneigung der amerikanischen Gewerkschaftsbewegung gegenüber einer staatlichen Sozialpolitik.[26]

Schließlich ist viertens die ethnische und regionale Vielfalt der USA sowie die spezifische Struktur des amerikanischen Föderalismus in Rechnung zu stellen, die den Aufbau eines gesamtstaatlichen Versorgungssystems erschwerten und dazu geführt haben, daß noch während der Progressive Era der Schwerpunkt sozialstaatlicher Initiativen eher auf der kommunalen Ebene oder allenfalls auf der Ebene der Einzelstaaten lag, nicht aber als Aufgabe nationaler Politik begriffen wurde.[27] Doch auch auf der State-Ebene existierten erschwerende Bedingungen, die sich aus der Konkurrenz zwischen den Einzelstaaten um die jeweils besseren ökonomischen Standortbedingungen für Industrie- und Gewerbeansiedlungen ergaben und die oftmals die Bildung politischer Koalitionen zur Durchsetzung des Welfare State blockierten. Die zentrale Sorge der Einzelstaatsregierungen war die vor der Abwanderung von Betrieben aufgrund von Belastungen durch das Sozialsystem in die Nachbarstaaten.[28] Die mit der Einführung sozialpolitischer Leistungen verbundene Erhöhung der Arbeitskosten wurde als ein ökonomischer Standortnachteil wahrgenommen, der den Widerstand politisch einflußreicher Wirtschaftskreise gegen die Einführung sozialstaatlicher Elemente in die Politik verschärfte.

---

23 Zur Schwäche der Staatsbürokratie als Erklärungsfaktor des sozialpolitischen Sonderwegs der USA siehe *Hawley*, Social Policy, S. 125 ff.; *Orloff*, The Political Origins, S. 59; *Skocpol*, Social Policy, S. 92. – Siehe außerdem *Nelson*, The Roots; *Schiesl*, The Politics; *Skowronek*, Building.
24 Zum System der »patronage democracy« siehe *Orloff*, The Political Origins, S. 42 ff.; *Skocpol*, Social Policy, S. 24 f., 93.; *dies. u. Ikenberry*, The Political Formation, S. 92 ff.
25 Siehe *Weir u. a. (Hg.)*, The Politics, S. 13 ff.; *Keller*, Regulating a New Society, S. 180.
26 Die Gegnerschaft Samuel Gompers' und der American Federation of Labor erwähnt *Lubove*, The Struggle, S. 15 ff. – Siehe außerdem *Levine*, Poverty, S. 173.
27 *Lenger*, Großstädtische Eliten; *Keller*, Regulating a New Society, S. 180.
28 Dies unterstreicht *Robertson*, The Bias, S. 262.

Obwohl weitere Faktoren hinzukamen – etwa die oftmals erfolgreiche Abwehr sozialpolitischer Initiativen des Progressive Movement durch die Gerichte, die Stärke der Farmer und des politischen Konservativismus sowie schließlich der sozialpolitisch hemmende Einfluß der Immigration – sind es vor allem diese historischen Ursachenkomplexe gewesen, die der Schwäche und Verspätung der amerikanischen Sozialstaatsentwicklung zugrunde lagen.

Vor dem historischen Hintergrund dieser Faktoren wird die Bedeutung der Intellektuellen des Progressive Movement für die Legitimierung des Interventionsstaates deutlich: Im Sinne von »social welfare elites« und »social interest groups« kompensierten sie das Fehlen anderer Bedingungsfaktoren und wurden dadurch besonders wirksam. Bei ihnen handelt es sich um Vorreiter und Protagonisten einer erst allmählich entstehenden »national reform bureaucracy«, die einen hohen funktionalen Stellenwert für die Initiierung und Realisierung der Reformvorhaben des frühen 20. Jahrhunderts besaßen. Diese Initiativfunktion stellvertretender »social welfare elites«, durch die das Fehlen einer effektiven Sozialstaatsbürokratie substituiert worden ist, wird in der historischen Forschung als eine Spezifik der amerikanischen Entwicklungsvariante herausgestellt.[29]

Insbesondere die Intellektuellen aus den amerikanischen Sozialwissenschaften waren in führenden Positionen der verschiedenen Reformorganisationen verankert und entwickelten dort die langfristig wirksamen sozialpolitischen Strategien.[30] Sie lassen sich als »America's state-building vanguard« begreifen, indem sie eine neue Theoriekonzeption der Civil Society entwarfen und damit einen Transformationsprozeß des Politischen in Gang gesetzt haben, der die Neudefinition staatlicher Herrschafts- und Verwaltungsaufgaben implizierte:

»The challenge of building a new kind of state in America was taken up in the post-Civil War era by an emergent intelligentsia rooted in a revitalized professional sector and a burgeoning university sector. These intellectuals championed a fundamental reconstruction of the mode of governmental operations to be centered in an administrative realm possessing ›finish, efficacy, and permanence.‹ If the discipline of courts and parties could be broken and replaced with the discipline of cosmopolitan bureaucratic routines, new capacities for national governmental control could be tapped in the maintenance of social order, and the influence of a new type of professional could be institutionalized in the high

---

29 *Skocpol*, Social Policy, S. 92. – Siehe auch *Berkowitz u. McQuaid*, Creating, S. 2 ff., die den Welfare-Capitalism als das wichtigste Welfare State-Substitut des frühen 20. Jahrhunderts interpretieren (S. 25, 44 ff.). – Schließlich ist *Hawley*, Social Policy zu nennen, der das Fehlen einer absolutistischen Bürokratietradition als Ursache dafür rekonstruiert, daß sich eine »administrative class« zunächst in privaten Sektoren entwickelt habe (S. 119 ff.).

30 Neben dem »New York Bureau of Municipal Research« wäre hier die »American Association for Labor Legislation« zu nennen, deren Geschichte jetzt aufgearbeitet worden ist durch *Moss*, Socializing Security.

affairs of state. The emergence of this interest in a reconstruction of American government was grounded in a general reorganization of American professional life.«[31]

Die Bedeutung der Intellektuellen für die Entstehung des amerikanischen Wohlfahrtsstaats ist in ihrer gesellschaftstheoretischen Initiierung eines Klimawandels begründet, in dem die Prinzipien einer interventionistischen Politik neu legitimiert worden sind und gegenüber individualistischen Theorie- und Politiktraditionen zur Geltung gebracht werden konnten.[32] Sie wurden zu Statthaltern des Sozialstaats in einer Gesellschaft, die aufgrund einer ausgeprägten Tradition des kulturellen und ökonomischen Individualismus dieser Idee gegenüber kritisch eingestellt war, weil sie als ein Widerspruch zu den amerikanischen Traditionen von persönlicher Freiheit, Selbstverantwortlichkeit und »limited government« wahrgenommen wurde und zudem mit dem Ruch paternalistischer Bevormundung behaftet war.[33]

Daher wird auch gegenwärtig die Notwendigkeit einer »intellectual history of the welfare state« betont, die eine methodische Ergänzung der Rekonstruktion der ökonomischen, politischen und gesellschaftlichen Transformationsprozesse darstellt, in denen sich der amerikanische Sozialstaat seit dem Beginn des 20. Jahrhunderts allmählich herausgebildet hat. Erst eine solche Theorie- und Ideengeschichte des Sozialstaats seit der Progressive Era läßt den engen Zusammenhang zwischen kultur- und sozialgeschichtlichen Faktoren deutlich werden, denen sich seine Entstehung verdankt. Damit gewinnen insbesondere die für Initiierung sozialpolitischer Maßnahmen oftmals entscheidenden Sozialwissenschaftler dieser Zeit einen völlig neuen Stellenwert, weil sich an ihrem Beispiel das Wechselverhältnis zwischen sozialgeschichtlichen Herausforderungen und sozialpolitischen Innovationen rekonstruieren läßt.[34] An ihrem Fall kann gezeigt werden, »how the social dilemmas of industrialization changed the ways in which knowledge about social and economic life was created – and how, in turn, new knowledge and newly constituted knowledge groups influenced the substance and direction of governmental policies. Looking at the emer-

---

31 *Skowronek*, Building, S. 41. – Siehe auch *Fine*, Laissez Faire, der die Kritik des Laissez faire als intellektuellen Beitrag zur Genese des Sozialstaats rekonstruiert (S. 47 ff., 165 ff.). – Als wichtige Fallstudien, die die Bedeutung des »expert knowledge« für die Grundlegung des Welfare State am Beispiel Chicagos dokumentieren siehe *Diner*, A City, insbes. S. 119 ff.; *Feffer*, The Chicago Pragmatists, 91 ff.

32 Hierzu *Rueschemeyer u. Skocpol (Hg.)*, States; *Gilbert*, Designing, S. 18 ff.; *Kloppenberg*, Uncertain Victory, S. 170 ff., 282 ff.; *Skocpol u. Ikenberry*, The Political Formation, S. 98 ff.

33 *Lubove*, The Struggle, S. 5 ff. – Als Rekonstruktion dieses individualistischen Erbes siehe *Diggins*, The Lost Soul; *Vorländer*, Auf der Suche. – Ein Klagelied über die Moderne als Herrschaft der Selbstsucht ist *Collier*, The Rise of Selfishness.

34 Zur weltweiten Bedeutung der zeitgenössischen Sozialwissenschaften als einer »army of interventionism« siehe *Coleman*, The World of Interventionism, S. 69 ff.

ging social sciences in relation to governmental policymaking enhances our general understanding of the cultural accompaniments and intellectual bases of state action.«[35]

Die Selbstverständlichkeit, mit der sozialwissenschaftliches Expertenwissen und – auch in den USA – Grundelemente von Sozialstaatlichkeit heute als politisches Legitimationskriterium akzeptiert werden, sollte nicht den Blick auf die erheblichen Umbrüche in der politischen Philosophie verstellen, mit denen ihre Etablierung in den USA seit dem späten 19. Jahrhundert verbunden war. Im folgenden soll die auf das Einströmen sozialstaatlicher Ideen zurückgehende Transformation der politischen Philosophie näher beleuchtet werden.

b) Die gesellschaftstheoretische Legitimierung regulativer Politik

In der Auseinandersetzung mit der Fortschrittstheorie der Progressive History hatte sich gezeigt, daß die Kritik des Laissez faire eine kanalisierende Bedeutung für die zeitgenössische Transformation der amerikanischen Gesellschaftsthheorie besaß, der Croly mit seiner Forderung nach dem Übergang von der Kultur des »live and let live« zu derjenigen des »live and help live« programmatisch Ausdruck verliehen hatte.[36] Am Beispiel Charles Beards läßt sich eine dreifache Revision des liberalen Politikmodells ausmachen, indem er für die Moralisierung, Professionalisierung und Verstaatlichung der Sozialpolitik plädierte.

1. Die Forderung Beards nach einer Moralisierung der sozialen Reformstrategien verweist auf seine Kritik am liberalen Paradigma eines neutralen Staates, der sich auf die Sicherstellung individueller Rechte und der formalen bzw. prozeduralen Bedingungen beschränkt, unter denen sich die Individuen miteinander vergesellschaften. In bewußtem Gegensatz zu dieser politischen Philosophie des amerikanischen Liberalismus setzte Beard erneut auf »values as the basis of a new social philosophy«, durch die allein die Modernisierungskrise seiner Zeit behoben werden könne: »Any hope for a successful escape from the dilemma in economy and thought makes necessary the formulation of new policy, and into that policy ideal elements of ethics and aesthetics must enter.«[37]

---

35 *Rueschemeyer u. Skocpol (Hg.)*, States, S. 3. – Zur Dominanz der Sozialwissenschaftler siehe *Furner u. Supple (Hg.)*, The State; *Lacey u. Furner (Hg.)*, The State; *Ross*, The Origins, S. 141 ff.; *Smith*, Social Science.
36 *Croly*, Progressive Democracy, S. 426 f.
37 *Ch. Beard*, Public Philosophy and the General Welfare, S. 11, 34 f.

Derselbe gesellschaftstheoretische Trend einer Moralisierung des Politischen zeigt sich auch in Deweys »Ethics of Democracy« aus dem Jahre 1888, wo er bereits die Grundzüge seiner politischen Philosophie entwickelte. In ihrem Zentrum steht das Bekenntnis zu einer aus dem Geiste des Gemeinwohls ethisch erneuerten Idee von Demokratie, Persönlichkeit und individueller Freiheit, die eine Reorganisation gesellschaftlicher Beziehungen möglich machen werde.[38] Wie bei Beard nimmt die praktische Philosophie Deweys ihren Ausgang von der Konfrontation politischer Herrschaft mit moralischen Kriterien, die für den amerikanischen Welfare-Diskurs seit der Jahrhundertwende richtungsweisend geworden ist. Aus dieser auch von den übrigen Intellektuellen des Progressive Movement vollzogenen Wendung ergab sich eine Neudefinition des Individualismusbegriffs, der sich durch Elemente sozialer Verantwortung anreicherte: »Responsibility is a name for the fact that we are, and are something definite and concrete – specific individuals. I am myself, I am conscious of myself in my deeds (self-conscious), I am responsible, name not three facts, but one fact.«[39]

Dieses Bekenntnis Deweys zum Prinzip sozialer Verantwortung als Kern seiner politischen Philosophie besaß deutlich religiöse Konnotationen, wie seine zeitweilige Nähe zur Reformbewegung des Social Gospel zeigt. Die Reformkonzeptionen der Progressive Era besitzen Züge eines »social awakening«, indem die Forderungen nach einer neuen Ordnung im Sinne des Common Good religiös legitimiert wurden. Einerseits gewinnt die politische Programmatik des Progressive Movement die Qualität einer Christianisierung der sozialen Ordnung und andererseits steigt die Religion zum Medium und Instrument einer Transformation des Politischen im Sinne sozialer Verantwortung auf, durch die sich eine sozialstaatlich verfasste Demokratie zum »kingdom of God on earth« spiritualisiert.[40]

Als »gospel of morality« verweist die politische Philosophie des New Liberalism auf eine Sensibilisierung von Politik und Öffentlichkeit gegenüber sozialen Gerechtigkeitsfragen und auf die Suche nach neuen Formen innergesellschaftlicher Solidarität. Sie repräsentiert ein Klima, in dem es angesichts der sich verschärfenden Modernisierungskrisen der Gegenwart möglich wurde, die Frage nach der sozialen Verantwortung von Politik und Gesellschaft neu zu stellen und gesellschaftstheoretisch zu reflektieren. Der moralische Impuls der Intellektuellen und ihrer »ethics of responsibility«

---

38 *Dewey*, The Ethics of Democracy, (EW 1), S. 247. – Zur Entwicklung von Deweys Moralphilosophie bis zur »Ethics« von 1908 siehe *Welchman*, Dewey's Ethical Thought.
39 *Dewey*, The Study of Ethics: A Syllabus, (EW 4), S. 342.
40 Zur Bedeutung des Social Gospel siehe *Gorrell*, The Age, S. 277 ff. – Zur religiösen Dimension der politischen Philosophie Deweys siehe *Rockefeller*, John Dewey: Religious Faith; *Feffer*, The Chicago Pragmatists, S. 67 ff. – Aus der älteren Forschung siehe *Hopkins*, The Rise; *Hutchinson*, The Modernist Impulse; *Miller*, American Protestantism; *White u. Hopkins*, The Social Gospel. – Aus zeitgenössischer Sicht siehe *Rauschenbusch*, A Theology.

läßt sich somit als eine kulturelle Voraussetzung des amerikanischen Sozialstaats rekonstruieren.[41]

Als das wichtigste gesellschaftstheoretische Dokument dieser neuen politischen Kultur kann Deweys und Tufts' Ethik aus dem Jahre 1908 angesehen werden, die in bewußter Opposition zur Philosophie des Laissez faire die Herstellung einer »just moral order« als Aufgabe politischen Handelns definierte und eine sozialstaatliche Konzeption der Politik legitimiert hat.[42] Mit ihr entstand ein völlig neuer Reflexionstyp der Civil Society, der die »social aspects of morality« ins Zentrum des Politischen rückte.[43]

Dieser Impuls kommt in der zweiten Auflage der »Ethics« aus dem Jahre 1932 noch deutlicher zum Ausdruck, indem sie die »ethical problems of the economic life« entfaltet und auf der Grundlage einer intensiven Auseinandersetzung mit den akuten Problemlagen der Zeit die pragmatistische Imprägnierung der sozialpolitischen Konzeptionen des Progressive Movement zum Ausdruck bringt.[44] Die angesichts sozioökonomischer Problemlagen erforderliche sozialstaatliche Transformation des Politischen wird hier als ein Problem von moralphilosophischer Tragweite erkannt:

»Most political issues of the present arise out of economic conditions; they have to do with the distribution of wealth and income, the ownership and control of property. Taxation, tariff, money and credit, security of employment, unemployment insurance, regulation of rates of railways and public utilities, control of super-power, child labor, pensions of mothers and for old age, are economic in nature, while they are also questions on which citizens divide politically. ... In any case, there is a problem of value of a moral nature beneath all these politico-economic questions. The question of how far and by what means political agencies shall be used to promote social welfare is itself ultimately a moral question.«[45]

2. Ein weiteres Element der Gesellschaftstheorie des Sozialstaats in der Progressive Era war das Plädoyer für eine »Professionalisierung« bzw. »Verwissenschaftlichung« der sozialen Reformstrategien.[46] Die Durchführung sozialpoli-

---

41 Aus der neueren Forschung siehe hierzu *Brock*, Investigation; unter Berücksichtigung der amerikanischen »philanthropic tradition« *Burlingame (Hg.)*, The Responsibilities. – Einen Vergleich der deutschen und amerikanischen Lösungsstrategien bietet *Dawley*, Struggles. – Ein wichtiges sozialmoralisches Entstehungsmilieu des Wohlfahrtsstaats war das durch den »spirit of social christianity« geprägte Settlement Movement. Siehe hierzu *Carson*, Settlement Folk; *Davis*, Spearheads; *Deegan*, Jane Addams; *Trolander*, Professionalism.
42 *Dewey u. Tufts*, Ethics (1908), (MW 5); siehe vor allem den dritten Teil: »The World of Action«, S. 381 ff., Zitat: S. 433.
43 *Ebd.*, S. 383.
44 *Dewey u. Tufts*, Ethics (1932), (LW 7), S. 373 ff.
45 *Ebd.*, S. 357.
46 Eine Schlüsselbedeutung kommt in diesem Zusammenhang der Professionalisierung der Sozialwissenschaften zu; siehe *Lacey u. Furner (Hg.)*, The State, S. 28 ff., die die Rolle der American Social Science Association betonen. – Siehe außerdem: *Haskell*, The Emergence; *Lubove*, The Struggle, S. 25 ff.; *Ross*, The Origins, S. 141 ff.

tischer Maßnahmen wurde wissenschaftlich ausgebildeten Expertengruppen anheimgegeben, womit sich die Aufgabe sozialer Reformen von einer Mission zur Profession wandelte. Der gesellschaftliche Aufstieg der »knowledge-based professional elites« steht in einem untrennbaren Zusammenhang mit der Entstehung des modernen Sozialstaats, von dem ein erheblicher Nachfragedruck nach dem spezifischen Expertenwissen der neuen Professionen ausging.[47] Die Progressive Era dokumentiert in dieser Hinsicht eine massenhafte Transformation engagierter Dilettanten, wohlmeinender Bürger und gesinnungsethischer Altruisten zu professionellen Vertretern sozialer Reform.[48]

Auch unter diesem Gesichtspunkt sind von den Intellektuellen um die New School wichtige Reflexionsleistungen erbracht worden, indem sie die Professionalisierung von Politik und Verwaltung als eine notwendige Voraussetzung zur Bewältigung der sozialen Problemlagen erkannten. Die an wissenschaftlich-technischen Leitideen orientierte Professionalisierung derjenigen Expertengruppen, die für die Ausübung der sich ausweitenden Staatsfunktionen zuständig waren, wurde daher auch nicht als Gegensatz zu einer moralisierten Politik angesehen, sondern als deren notwendige Ergänzung. Hier wird eine deutliche Differenz zwischen den Intellektuellen des New Liberalism und Max Weber deutlich, dessen Bürokratietheorie die scharfe Trennung von Expertenhandeln und Moral vorsieht und die Wertneutralität und formale Rationalität des bürokratischen Verwaltungshandelns betont. Für Weber bedeutete die moderne Bürokratie gerade den Abschied von materialen Vorstellungen einer »good society« zugunsten einer Erledigung ihrer Amtsgeschäfte »sine ira et studio«.[49]

Auch diese Überlagerung ethischer und technischer Reformideen in der Gelehrtenpolitik der amerikanischen Intellektuellen sowie ihre Vorstellung eines inneren Zusammenhangs zwischen Professionalität und Moral läßt sich anhand der Schriften Beards und Deweys rekonstruieren: Charles Beard hatte den institutionellen Komplex der »public administration« als die einzige Instanz einer moralischen Erneuerung der Civil Society im Sinne des Gemeinwohls und sozialer Verantwortung ausgemacht, die der Veränderungsdynamik und Komplexitätssteigerung der modernen Gesellschaft gerecht werden könne:

---

47 Dies betont *Brint*, In an Age, S. 7. – Als »hallmark of the Progressive Era« rekonstruiert auch Lustig die »fascination with administrative solutions« im Kontext des New Liberalism: *Lustig*, Corporate Liberalism, S. 151. – Daß die Verwissenschaftlichung der Lebenswelt eine Begleiterscheinung des entstehenden Sozialstaats gewesen sei, bestätigt am Beispiel der europäischen Humanwissenschaften *Raphael*, Die Verwissenschaftlichung, S. 172 ff.

48 Von exemplarischer Bedeutung ist die Entstehung von »social work« als Disziplin: *Kunzel*, Fallen Women; *Lubove*, The Professional Altruist; *Walkowitz*, The Making; *Wenocur u. Reisch*, From Charity. – Zu den Professionalisierungsprozessen innerhalb der Settlement-Bewegung siehe *McClymer*, War and Welfare, S. 12 ff.

49 *Weber*, Wirtschaft und Gesellschaft, S. 563. – Zum Vergleich von Weber und Dewey als »pioneer modernists« siehe *Kloppenberg*, Democracy.

»It is evident that there is no other science more important in the present age than that of administration. The society of the future will be an industrial society, an economic society. The state of the future will be a state of service, an economic state, whatever its other functions. Technology will occupy the major portion of the field of public and private administration. If we continue to develop power, machines, and chemistry without a corresponding development of the science of administration, then we may destroy by physical violence – social and international wars – the fruits of the highest forms of human intelligence. So, whatever may be the future, the science of administration will be an essential instrument of human welfare.«[50]

In demselben Sinne fungiert auch in Deweys Ethik eine nach Maßgabe wissenschaftlicher Kriterien handelnde Bürokratie als das angemessene Instrument zur Durchsetzung der angestrebten moralischen und sozialstaatlichen Ordnung:

»The great masses are dependent upon public agencies for proper air, light, sanitary conditions of work and residence, cheap and effective transportation, pure food, decent educative and recreative facilities in schools, libraries, museums, parks. The problems which fall to the lot of the proper organs of administrative inspection and supervision are essentially *scientific* problems, questions for expert intelligence conjoined with wide sympathy. In the true sense of the word political, they are political questions: that is, they relate to the welfare of society as an organized community of attainment and endeavor. ... Now there is needed a constructive reform of civil administration which will develop the agencies of inquiry, oversight, and publicity required by modern conditions; and which will necessitate the selection of public servants of scientifically equipped powers.«[51]

Für die Vertreter des New Liberalism war der Prozeß der gesellschaftlichen Modernisierung im Sinne wohlfahrtsstaatlicher Ideen identisch mit der Tendenz zur Bürokratisierung und das hieß zugleich: mit dem Trend zur Verstaatlichung sozialer und politischer Reformstrategien. Eine staatlich gelenkte Sozialpolitik erscheint daher in der Ideenwelt der zeitgenössischen Intellektuellen als Synthese der moralischen und technischen Motive des Progressive Movement.

3. Bis heute gelten professionell arbeitende und rational organisierte Bürokratien als unerläßliche institutionelle Voraussetzungen jeder staatlichen Interventionspolitik; beide Faktoren bedingen und verstärken sich wechselseitig.[52] Daher steht die Forderung der amerikanischen Intellektuellen nach einer administrativen Professionalisierung der sozialen Reformstrategien in einem systematischen Zusammenhang mit ihrem Plädoyer für die »Verstaatlichung« des sozialpolitischen Interventionshandelns und mit ihrer gesellschaftstheore-

---

50 *Ch. Beard*, Public Philosophy and the General Welfare, S. 159.
51 *Dewey u. Tufts*, Ethics, (LW 7), S. 422f.
52 In der Tradition der Bürokratietheorie Webers stehend erneuern diese Überzeugung *Rueschemeyer u. Evans*, The State, S. 51ff.

tischen Begründung einer regulativen Politik.⁵³ Beards Konzeption des Sozialstaats stellt in gewisser Weise die Synthese von sozialmoralischer Verantwortung und professioneller Sozialtechnik dar: Im institutionellen Rahmen einer wohlfahrtsstaatlichen Politik realisiert sich für ihn das sozialmoralisch legitimierte Ziel des öffentlichen Wohls im Zuge einer bürokratischen Organisation des Politischen und einer Verwissenschaftlichung des Sozialen.⁵⁴

Auch Dewey und Tufts haben den Wohlfahrtsstaat als alleiniges Heilmittel derjenigen Probleme interpretiert, die die Regulierungskompetenz des Laissez faire-Liberalismus und der »competitive society« überforderten. Der Staat wird zu derjenigen Instanz, die ihrem moralphilosophischen Ideal einer Erneuerung der Civil Society im Sinne sozialer Verantwortung und Gerechtigkeit entspricht: »It was therefore only by the intervention of the State that just conditions in industry could be secured.«⁵⁵

Das Werk Beards und Deweys verweist auf einen langfristigen Entwicklungstrend der politischen Philosophie, der durch die Politisierung des »gospel of morality« zur Theoriekonzeption des New Liberalism geprägt war, in der sich die Erfahrungen des amerikanischen Trust-Kapitalismus und der organisierten Gesellschaft niedergeschlagen haben.⁵⁶ Mit dem New Liberalism beginnt ein bis in die Gegenwart andauernder Diskurs um die Aufgaben, Strategien und Grenzen einer interventionistischen Politik, – dies macht die Progressive Era im Hinblick auf die Geschichte des Wohlfahrtsstaats zur Wasserscheide amerikanischer Politik.⁵⁷ Dabei ist es eine umstrittene Frage, ob die Einführung sozialinterventionistischer Elemente in die Politik die Kontrolle wirtschaftlich führender Kreise über das politische System weiter zementierte,⁵⁸ oder ob sie sich eher zugunsten eines Primats

---

53 Daher ist auch die These nicht zu halten, daß die amerikanischen Intellektuellen dieser Zeit aufgrund der anhaltenden Dominanz des liberalen Individualismus »distrustful of increasing the power of the state« (*Wittrock u. Wagner*, Social Science, S. 98) gewesen seien. – Die Handlungsfelder der regulativen Politik in der Progressive Era rekonstruiert *Keller*, Affairs; *ders.*, Regulating a New Economy; *ders.*, Regulating a New Society; *McCraw (Hg.)*, Regulation.

54 *Beard*, American Government and Politics, S. 488 ff., 709 ff. (in der zehnten Auflage aus dem Jahre 1949). – Die Nähe seiner Konzeption des Sozialstaats zum New Deal betont *Borning*, The Political and Social Thought, S. 88.

55 *Dewey u. Tufts*, Ethics, (LW 7), S. 378.

56 Zum sozioökonomischen Hintergrund des New Liberalism siehe vor allem *Critchlow u. Hawley (Hg.)*, Federal Social Policy; *Lichtenstein u. Harris (Hg.)*, Industrial Democracy; *Lustig*, Corporate Liberalism; *Sklar*, The Corporate Reconstruction. – Aufgrund der Fusionswelle der Jahrhundertwende wurde die Kontrolle der Trusts zu einem Kernproblem des Progressive Movement; hierzu jetzt in vergleichender Perspektive *Freyer*, Regulating, speziell zur Progressive Era S. 11 ff.

57 *Coleman*, The World, S. 63 ff.

58 Pointiert hierzu *Kolko*, The Triumph: »It is business control over politics ... rather than political regulation of the economy that is the significant phenomenon of the Progressive Era.« (S. 3, 255 ff., 279 ff.). – Mit ähnlicher Tendenz *Sklar*, The Corporate Reconstruction; *Weinstein*, The Corporate Ideal. – Im Hinblick auf den New Deal bestätigt diese Interpretation *Gordon*, New Deals.

staatlichen Handelns gegenüber Kapitalismus und »big business« auswirkte, wie in den neueren Rekonstruktionsversuchen der »roles of states in policy making and social change« betont wird.[59] Indem diese neueren Strömungen der amerikanischen Sozialwissenschaften erneut die relative Autonomie des Staates gegenüber wirtschaftlichen und gesellschaftlichen Partikularinteressen betonen und seine Bedeutung eines »independent factor« der gesamtgesellschaftlichen Entwicklung ins Zentrum stellen, kommt es zu einer überraschenden Renaissance der politischen Theorie des frühen 20. Jahrhunderts. Insbesondere erfährt die Überzeugung eine Wiederbelebung, daß ein bürokratisches Interventionshandeln notwendigerweise dem Einfluß partikularer Interessen enthoben und stattdessen an Kriterien verallgemeinerbarer Interessen im Sinne des Common Good orientiert sein müsse. Der Glaube der Intellektuellen des Progressive Movement an eine partielle Autonomie des Staates und seine durch Bürokratisierung erworbene Durchsetzungsfähigkeit gegenüber partikularen gesellschaftlichen Interessengruppen bleiben so auch in den neueren Theorien des Staates als eines »coherent corporate actor« virulent:

»First, in order to undertake effective interventions, the state must constitute a bureaucratic apparatus with sufficient corporate coherence. Second, a certain degree of autonomy from the dominant interests in a capitalist society is necessary not only to make coherent state action in pursuit of any consistent policy conception possible, but also because some of the competing interests in economy and society, even structurally dominant ones, will have to be sacrified in order to achieve systematically required ›collective goods‹ that cannot be provided by partial interests.«[60]

Ursprünglich wurden zu Beginn des 20. Jahrhunderts mit der Forderung nach einer Verstaatlichung des amerikanischen Sozialsystems die zeitgenössischen Erfahrungen einer Überforderung des Welfare Capitalism zum Ausdruck gebracht. Im Zuge der Transformation sozialer Sicherungssysteme wurde die Abfederung der individuellen Lebensrisiken von einer innerbetrieblichen Angelegenheit zu einer nationalen Aufgabe.[61] Noch bevor die Weltwirtschaftskrise die Unangemessenheit des Welfare Capitalism endgültig offenbarte, hatte sich bei den Intellektuellen der Progressive Era die Überzeugung durchgesetzt, daß unter den Bedingungen der industriellen Gesellschaft der Übergang zum »welfare state« vollzogen werden müsse.

---

59 Siehe hierzu die Beiträge in *Evans u. a. (Hg.)*, Bringing, die von einer relativen Autonomie staatlicher Interventionspolitik ausgehen und für »a new theoretical understanding of states in relation to social structures« plädieren (*Skocpol*, Bringing, S. 28).
60 *Rueschemeyer u. Evans*, The State, S. 68.
61 Siehe zur Nationalisierung und Verstaatlichung der amerikanischen Sozialpolitik in der Progressive Era *Berkowitz*, Social Welfare, S. 174 ff. – Zum Welfare Capitalism, in dem »employer-initiated welfare measures« den zu Beginn des 20. Jahrhunderts als Faktor sozialpolitischen Handelns noch kaum existenten Staat ersetzten siehe *Berkowitz u. McQuaid*, Creating, S. 1 ff., 44 ff.

Daher erscheint auch die in der Forschung vertretene These fraglich, daß die 20er Jahre noch wesentlich durch die Tradition des Welfare Capitalism geprägt gewesen seien.[62] Innerhalb der Gesellschaftstheorie des frühen 20. Jahrhunderts läßt sich schon weit früher eine Kritik dieses Systems erkennen, dessen offensichtliches Scheitern die zeitgenössische Suche der Intellektuellen nach neuen Lösungen motivierte. Aussagekräftig ist in diesem Zusammenhang etwa die Ankunft Deweys an der Universität Chicago auf dem Höhepunkt des Pullman-Streiks im Jahre 1894, der ihm deutlich den Zusammenbruch des paternalistischen Welfare-Capitalism vor Augen führte.[63]

Die in der Progressive Era formulierten Theorien des amerikanischen Sozialstaats sind im wesentlichen aus diesen drei Impulsen zu einer Moralisierung, Professionalisierung und Verstaatlichung der politischen Reformstrategien hervorgegangen, wobei sich durchaus unterschiedliche Gewichtungen dieser Elemente erkennen lassen. Mit der Synthese von sozialmoralischer Verantwortung, effizienter Bürokratie und regulativer Politik zu einer neuen, wohlfahrtsstaatlich und interventionistisch ausgerichteten Konzeption der Civil Society brachten die Intellektuellen des frühen 20. Jahrhunderts einen sozialgeschichtlichen Prozeß der inneren Staatsbildung auf den Begriff, der in den 70er Jahren des 19. Jahrhunderts eingesetzt hatte und in der Progressive Era einen ersten Höhepunkt erfuhr.[64] In dieser Zeit sind Theorieentwürfe von »social welfare« entstanden, die im folgenden exemplarisch herausgearbeitet werden sollen.

c) Konzeptionen des Sozialstaats zwischen Progressive Era und New Deal

Jenseits der übergreifenden Gemeinsamkeit dieser Entwürfe existierten durchaus unterschiedliche Konzeptionen einer Reorganisation des Politischen aus dem Geiste des Gemeinwohls. Mit Blick auf die hier gewählte Untersuchungsgruppe lassen sich – läßt man zunächst einmal Mary Beards Variante eines »maternal welfare state« außer Betracht – vor allem drei Positionen voneinander unterscheiden: Deweys Konzeption eines deliberativen Wohlfahrtsstaats, die er im Zusammenhang seiner Theorie des »new individualism« und der politischen Öffentlichkeit seit der zweiten Hälfte der 20er Jahre ausgearbeitet hat (1.); Horace Kallens und Walter Weyls Idee

---

62 *Ebd.*, S. 160ff.
63 Siehe hierzu *Westbrook*, John Dewey, der dieses Ereignis als eine politische Schlüsselerfahrung Deweys mit weitreichenden Konsequenzen für dessen Idee des Sozialstaats rekonstruiert, S. 88. – Zur Kritik an der These des »welfare capitalism« siehe auch *Skocpol*, Social Policy, S. 18.
64 *Skowronek*, Building; *Nelson*, The Roots.

des »consumerism«, bei der die Realisierung der Verbraucherinteressen und einer größeren Verteilungsgerechtigkeit des gesellschaftlich erwirtschafteten Reichtums als Ziel einer sozialstaatlichen Politik im Mittelpunkt steht (2.); und schließlich Veblens Vorstellungen eines paternalistischen Professionalismus, bei denen die Reorganisation von Politik und Gesellschaft zur Aufgabe technischer Expertengruppen sowie ihrer Kompetenz des »social engineering« wird (3.).

1. »Dewey was a prophet of the welfare state that emerged with the New Deal and the Great Society.«[65] – Diese weit verbreitete Einschätzung ist unter zwei Gesichtspunkten fragwürdig: zum einen, weil sie Intellektualität und Politik kurzschließt und damit der kulturellen Spezifik und relativen Autonomie intellektuellen Wissens nicht gerecht wird; zum anderen, weil es fraglich ist, ob Dewey wirklich als ein Vertreter jenes Sozialstaats gelten kann, der sich mit dem New Deal in den USA durchzusetzen begann. Gleichwohl enthält diese Aussage einen wahren Kern: Wie kaum ein anderer seiner Zeitgenossen hat Dewey mit seinem philosophischen, politischen und gesellschaftstheoretischen Werk dazu beigetragen, daß sozialstaatliche Ideen Einfluß auf das kulturelle Selbstverständnis der USA während der ersten Hälfte des 20. Jahrhunderts gewinnen konnten. Auf dem genuinen Feld des Public Intellectual: der politischen Öffentlichkeit, hat er, ohne jemals in verantwortlicher Stellung an der politischen Durchsetzung des Sozialstaats direkt beteiligt gewesen zu sein, einen politischen Klimawechsel eingeleitet, in dessen Sog sich seit der Progressive Era erste Ansätze eines sozialstaatlichen Interventionismus ausbilden konnten.[66] Insbesondere seine gemeinsam mit Tufts verfaßte »Ethics« aus den Jahren 1908 und 1932, die eine sozialpolitische Programmatik im Sinne des Progressive Movement legitimierte, war in diesem Zusammenhang von großer Bedeutung.[67]

In frappierender Gleichzeitigkeit mit dem Börsenkrach vom Oktober 1929, der schlagartig eine ganze Epoche des amerikanischen Liberalismus beendete, hat Dewey mit einer Artikelserie in der Zeitschrift »The New Republic« unter dem programmatischen Titel »Individualism, Old and New« seine Version eines sozial erneuerten Liberalismus vorgestellt. Mit dieser Schrift setzte er seinen Rekonstruktionsversuch der amerikanischen Demokratie fort, den er 1927 mit »The Public and Its Problems« begonnen hatte und 1935 in seiner Schrift »Liberalism and Social Action« zu einem vorläufigen Abschluß führte. Die Besonderheit seines »welfare liberalism« muß in diesem geschichtlichen Kontext gesehen werden. Im Zentrum dieses wohl-

---

65 *Rockefeller*, John Dewey: Religious Faith, S. 438.
66 Zu Deweys Mitarbeit in politischen Organisationen siehe *Westbrook*, John Dewey. Zu seiner Konzeption einer interventionistischen Politik siehe vor allem 86 ff., 300 ff.
67 *Ryan*, John Dewey, betont, daß sie bis heute eines der erfolgreichsten Textbooks in der Geschichte der amerikanischen Philosophie darstellt (S. 119).

fahrtsstaatlich erneuerten Liberalismus steht die Idee einer interventionistischen Politik:

»The majority who call themselves liberals today are committed to the principle that organized society must use its powers to establish the conditions under which the mass of individuals can possess actual as distinct from merely legal liberty. They define their liberalism in the concrete in terms of a program of measures moving toward this end. They believe that the conception of the state which limits the activities of the latter to keeping order as between individuals and to securing redress for one person when another person infringes the liberty existing law has given him, is in effect simply a justification of the brutalities and inequities of the existing order.«[68]

Es ist jedoch auffällig, daß Dewey, obwohl er sich insbesondere in seiner Moralphilosophie immer wieder auf die Ebene konkreter Problemlagen begeben hat und an ihnen Grundfragen ökonomischer Verteilungsgerechtigkeit sowie Leitlinien einer moralisch gerechtfertigten Politik herausarbeitete, seine Ideen eines »welfare liberalism« und eines sozial gezähmten Kapitalismus niemals zu einem in sich geschlossenen Konzept ausgearbeitet hat. Dies ist häufig auf die angebliche Abstraktheit seines Denkens zurückgeführt worden, hat aber Methode und ist letztlich in seiner Idee einer demokratischen Öffentlichkeit begründet, die für ihn allein legitimiert war, konkrete Reformstrategien auszuarbeiten und umzusetzen. Für Dewey gab es es kein besseres Medium zur Realisierung des Common Good als die diskursiven Verfahren einer von unmittelbaren Legitimierungszwängen freigesetzten politischen Öffentlichkeit.[69] Diese Zurückhaltung gegenüber einem definitiven Entwurf sozialstaatlicher Ordnung ist als ein Grundmuster pragmatistischer Gesellschaftstheorie und Politik herausgearbeitet worden:

»Pragmatists and progressives refused to specify the exact nature of a future democratic society because they believed that ›every generation has to accomplish democracy over and over again,‹ that ›the very idea of democracy ... has to be constantly discovered, and rediscovered, remade and reorganized‹. Progressives were essentially right in leaving it to the public to define and redefine continuously what shape their ideal of a more democratic and humane society should assume in a given historical setting. ... In the long run a public forum is the best one for articulating the public good.«[70]

In der politischen Bedeutung, die Dewey der Öffentlichkeit beigemessen hat, kommt der deliberative Charakter seines »welfare liberalism« zum Ausdruck: Jede sozialstaatliche Reform des Politischen hatte aus der Initiative der Civil Society als der Summe demokratisch vergesellschafteter Subjekte

---

68 *Dewey*, Liberalism and Social Action, (LW 11), S. 21 f.
69 *Dewey*, The Public and Its Problems, (LW 2), S. 364 ff.
70 *Shalin*, G.H.Mead, S. 945.

und Gruppen auszugehen, in denen sich auf dem Boden einer wechselseitigen Anerkennung der Individuen und ihrer jeweiligen Unterschiede die verallgemeinerbaren sozialen Interessen und die Ideen des Gemeinwohls erst bilden. Es ist kein Zufall, daß Dewey die »organized society« als Träger und Organ einer sozialstaatlichen Transformation des Politischen bestimmte. Wenn oben gesagt wurde, daß sein Werk von der Intention einer Verstaatlichung sozialer Reformstrategien getragen ist, so verweist dies auf einen Begriff des Staates, der in einem Ableitungsverhältnis zur Civil Society und politischen Öffentlichkeit steht. In seiner Schrift »The Public and Its Problems« hat sich Dewey zu einer »pluralistic conception of the state« bekannt, für die der Staat eine »secondary form of association« repräsentiert.[71] Staatliche Herrschaft ist für Dewey die nachgeordnete Organisationsform einer Zivilgesellschaft, die als öffentliche Macht den von ihr abhängigen Staat und dessen Organe kontrolliert:

»The lasting, extensive and serious consequences of associated activity bring into existence a public. In itself it is unorganized and formless. By means of officials and their special powers it becomes a state. A public articulated and operating through representative officers is the state; there is no state without a government, but also there is none without the public. ... Conceptions of ›The State‹ as something *per se*, something intrinsically manifesting a general will and reason, lend themselves to illusions. ... Since, however, a public is organized into a state through its government, the state is as its officials are. Only through constant watchfulness and criticism of public officials by citizens can a state be maintained in integrity and usefulness.«[72]

Öffentlichkeit und Zivilgesellschaft definiert Dewey als eine Summe freier Assoziierungen, es handelt sich um »individuals in their connections with one another«.[73] Als solche sind sie jedoch keine staatsfreien Räume oder gar Gegenwelten des Staates, sondern schließen ihn ein und setzen ihn als politischen Garanten ihrer eigenen Fortexistenz ins Recht. Als ein Netzwerk freier Vereinigungen erfordern sie den demokratischen Staat als politischen Rahmen, dessen Funktion es ist, die politischen Grundlagen dieses Systems freier Vereinigungen zu garantieren und zu stützen.[74]

---

71 *Dewey*, The Public and Its Problems, (LW 2), S. 279 ff.
72 *Ebd.*, S. 277 f.
73 *Ebd.*, S. 278.
74 Michael Walzer hat Deweys Zuordnung aufgegriffen und die Civil Society als ein Verhältnis von Staat und Gesellschaft begriffen, in dem der Staat Teil der Gesellschaft ist und zugleich als regel- und rahmensetzende Instanz fungiert: »Staatsbürger zu sein, ist eine der vielen Rollen, die Mitglieder spielen, aber der Staat selbst ist keine Vereinigung wie die anderen. Er ist einerseits Rahmen für die zivile Gesellschaft, und nimmt andererseits einen Platz in ihr ein. Er legt die Grenzbedingungen und die grundlegenden Regeln aller Tätigkeiten in den Vereinigungen fest (einschließlich der politischen). Er nötigt die Mitglieder der Vereinigungen, sich über ein Gemeinwohl Gedanken zu machen, jenseits ihrer eigenen Vorstellungen vom guten Leben.« (*Walzer*, Zivile Gesellschaft, S. 89 f.).

Aufgrund dieses Verhältnisses von Staat und Gesellschaft im politischen Denken Deweys läßt sich seine Variante des »welfare state« auch eher als die einer »welfare society« kennzeichnen. Indem Dewey seinen Entwurf des New Liberalism vor allem als eine Rekonstruktion der politischen Öffentlichkeit angelegt hat, steigt die sich im Netzwerk der freien Vereinigungen konstituierende Civil Society zum Organ einer interventionistischen Politik auf. Sein Leitbegriff der »organized society« verweist daher auch weniger auf die mit dem New Deal eingeschlagene Entwicklung hin zu einem bürokratisch organisierten nationalen Welfare State,[75] als vielmehr auf die Steigerung der interventionistischen Steuerungskapazität der Öffentlichkeit, die sich staatlich-bürokratischer Instanzen zwar als Hilfsmittel bedient, letztlich aber auf die Selbstorganisation ihrer Mitglieder im Rahmen freiwilliger Vereinigungen angewiesen ist: »It would be in accord with the spirit of American life if the movement were undertaken by voluntary agreement and endeavor rather than by governmental coercion.«[76]

Dieser deliberative Charakter von Deweys Sozialstaatsidee scheint auf den ersten Blick in einem Gegensatz zu der auch von ihm betonten Notwendigkeit professioneller Expertengruppen für die Durchsetzung wohlfahrtsstaatlicher Prinzipien zu stehen. Auch für ihn bildeten die wissenschaftlich ausgebildeten Professionen der New Middle Class einen wichtigen Faktor bei der Realisierung des Gemeinwohls. Nur mit ihrer Hilfe ließ sich auf den Problemdruck der Gegenwart angemessen reagieren und konnte die erforderliche Anpassung von Politik und Gesellschaft an die zeitgenössischen Bedingungen erfolgen: »Actual problems, actual in the sense of being contemporary, were not dreamed of when our political forms took shape. Those of tariff, money and credit, public utilities, power, management of municipalities with respect to housing, traction, water, light, schools, sanitation, are technical requiring the special knowledge and trained ability of the expert rather than the general judgment of the average voter.«[77]

Aufzuklären ist diese Spannung zwischen den deliberativen Elementen der »welfare society« und den Professionalisierungsleistungen der »welfare elites« bei Dewey nur unter Berücksichtigung seines Begriffs der Wissenschaft, die neben der politischen Öffentlichkeit den zweiten Faktor repräsentierte, der nach seinem Verständnis für die Etablierung eines wohlfahrtsstaatlichen Liberalismus von entscheidender Bedeutung war. Die Wissen-

---

75 Dies betont *Ryan*, John Dewey, S. 292 ff. mit Blick auf Deweys »hostility to Roosevelt«.
76 Mit der Forderung nach der Aktivierung der »welfare society« zielte Dewey bereits auf einen Sozialstaat »with the poor« und nicht »for the poor«, wie er in der Tradition Deweys heute ebenfalls von Walzer gefordert wird. Wie Dewey geht es Walzer darum, »to find ways in which the strengths of civil society can be reflected in, and enhanced rather than overwhelmed by, the growing activism of the state.« (*Walzer*, Socializing, S. 17). Dies zeigt, daß Deweys Idee einer pluralistischen Zivilgesellschaft als Agentin öffentlicher Interessen bis heute lebendig ist.
77 *Dewey und Tufts*, Ethics, (LW 7), S. 352 f.

schaft und ein aus ihr abgeleitetes technisches Expertenwissen hat Dewey als Instrumente zur Selbststeuerung der Gesellschaft begriffen, weil sie eine moderne Form von »social intelligence« verkörperten, die für eine Rationalsierung sozialer Lebenszusammenhänge fruchtbar gemacht werden könne und müsse: »A new individualism can be achieved only through the controlled use of all the resources of the science and technology that have mastered the physical forces of nature.«[78]

Für die Durchsetzung einer wohlfahrtsstaatlichen Politik ist die Wissenschaft aufgrund ihres experimentellen Methodenkanons von großer Bedeutung, weil sie im Verständnis Deweys ebenfalls ein deliberatives Element verkörperte. Die Übertragung ihres experimentellen Methodenkanons auf soziale Lebenszusammenhänge würde eine bewußte Gestaltung der Gesellschaft und neue Formen von Demokratie und »social control« möglich machen, weil sie sich in diesem Falle nicht allein auf ihre Rolle eines wertneutralen Instruments zur Entzauberung der Welt zurückziehe, sondern als kongeniales Mittel gesellschaftlicher Reform und der Herstellung einer diskursiven Öffentlichkeit zur Geltung bringe. Mithilfe der Wissenschaft als einer experimentellen Form von »social intelligence« kann die Gesellschaft im Verständnis Deweys flexibel auf eine sich wandelnde Umwelt reagieren und erhält eine größere Anpassungskapazität gegenüber äußeren Bedingungen und Herausforderungen. In diesem Sinne eines institutionalisierten Faktors gesellschaftlicher Reform manifestiert sich in der Wissenschaft für Dewey auch die adäquate Methode der »welfare society«: Wissenschaft als eine »method of democracy«[79] besitzt eine originäre Bedeutung für die zeitgenössisch geforderte Reorganisation der Civil Society:

»Such a science would be at the opposite pole to science conceived as merely a means to special industrial ends. It would, indeed, include in its scope all the technological aspects of the latter, but it would also be concerned with control of their social effects. A human society would use scientific method, and intelligence with its best equipment, to bring about human consequences. Such a society would meet the demand for a science that is humanistic, and not just physical and technical.«[80]

---

78 *Dewey*, Individualism, Old and New, (LW 5), S. 86. – Zur Wissenschaftstheorie des amerikanischen Pragmatismus siehe *Wilson*, Science, Community, (zu Dewey vor allem S. 64 ff., 122 ff.).
79 *Dewey und Tufts*, Ethics, (LW 7), S 329.
80 *Ebd.*, S. 107. – Zum Zusammenhang zwischen Wissenschaft und Demokratie siehe auch *Shalin*, G.H. Mead. Er versteht die pragmatistische Konzeption der Wissenschaft »as a form of rational discourse in which every participant has a say, all claims are subject to testing, and each solution undergoes continuous revision. It is certainly not a perfect institution, but ... science offers the best available model for democracy in action, and we should credit pragmatists for focusing attention on the operations of value-tolerant science and the contribution it could make to rational discourse in society at large.« (S. 946). – Zur pragmatistischen Vorstellung von Wissenschaft als Element praktischer Vernunft siehe auch *Joas*, Pragmatismus, S. 304 f.

Dewey ging es einerseits um die Überwindung eines Wissenschaftsverständnisses, das die Wissenschaft auf die Bedeutung eines technischen Instruments zurückschraubt und andererseits um die Legitimierung der Wissenschaft als Medium der praktischen Vernunft. Das deliberative Element der politischen Öffentlichkeit und das experimentelle Element der modernen Humanwissenschaften verhalten sich wie zwei Seiten derselben Medaille zueinander; sie kostituieren für Dewey gemeinsam ein kulturelles Klima, in dem eine Revision der amerikanischen Gesellschaft im Sinne einer »welfare society« möglich wird, weil es beiden um eine bewußte Gestaltung der Civil Society im Sinne einer sozialinterventionistischen Revision des Liberalismus geht:

»The general adoption of a scientific attitude in human affairs would mean nothing less than a revolutionary change in morals, religion, politics and industry. The fact that we have limited its use so largely to technical matters is not a reproach to science, but to the human beings who use it for private ends and who strive to defeat its social application for fear of destructive effects upon their power and profit. A vision of today in which the natural science and the technologies that flow from them are used as servants of a humane life constitutes the imagination that is relevant to our own time. A humanism that flees from science as an enemy denies the means by which a liberal humanism might become a reality.«[81]

Die Spezifik von Deweys pragmatistischer Konzeption des modernen Sozialstaats liegt in dieser Kombination deliberativer und szientifischer Elemente begründet, in der sich die experimentelle Rationalität der Wissenschaft und die praktische Vernunft von Demokratie und politischer Öffentlichkeit wechselseitig ergänzen. Daher nennt Dewey auch »the experimental method ... the only one compatible with the democratic way of life, as we understand it.«[82] Indem sich die »welfare society« in dieser Einheit von Öffentlichkeit, Demokratie und Wissenschaft konstituiert, dokumentiert sie die Einheit von theoretischer und praktischer Vernunft und ermöglicht die Transformation des Laissez faire-Liberalimus zu einem »higher individualism«, der persönliche Freiheit und soziale Verantwortung miteinander in Einklang bringt.[83]

2. Zu Beginn des 20. Jahrhunderts erfolgte der Durchbruch des modernen Massenmarktes, in dem sich die steigende Kaufkraft breiter Bevölkerungskreise manifestierte und eine durch Massenproduktion und -verbrauch gekennzeichnete Konsumgesellschaft herausbildete. Dieser sozialgeschicht-

---

81 *Dewey*, Individualism, Old and New, (LW 5), S. 115.
82 *Ders.*, The Underlying Philosophy of Education, (LW 8), S. 102. – Zu den politischen Implikationen und Konsequenzen von Deweys Philosophie des »experimentalism« siehe im einzelnen Kapitel 7.
83 Zum Begriff des »higher individualism« siehe *Feffer*, The Chicago Pragmatists, S. 243 ff. – Zu den sozialen Implikationen von Deweys »experimentalism« siehe auch *Campbell*, The Community, S. 38 ff.

liche Prozeß erklärt den hohen Stellenwert des Verbraucherschutzes als einer politischen Reformforderung des Progressive Movement, das sich als eine Schutzgemeinschaft der Konsumenten und als politischer Arm ihrer Interessen definierte. Die Forderungen nach »pure food and drugs«, Umweltschutz und »blue sky laws«, nach menschenwürdigen Wohnungen und urbanen Lebensbedingungen sowie schließlich nach »public ownership« der städtischen Verkehrssysteme und Versorgungsunternehmen für Gas, Wasser und Elektrizität machten einen Kernbestandteil des Progressive Movement aus und erweisen dessen Orientierung an den materiellen Bedürfnislagen und Schutzinteressen der Verbraucher.[84]

Auf die Bedeutung des Verbraucherschutzes in der Progressive Era verweist auch die Entstehung einer ganzen Reihe von politischen Organisationen wie der »National Consumer's League«, die die Interessen der Konsumenten vertraten und sich zu einem Großteil aus der amerikanischen Frauenbewegung rekrutierten.[85] Als besonders öffentlichkeitswirksam und mobilisierend erwiesen sich außerdem die skandalträchtigen Enthüllungen der »Muckrakers«, einer zeitkritischen Unterströmung des politischen Journalismus, deren erklärtes Ziel es war, die den Konsumenten betreffenden Übel in der amerikanischen Wirtschaft, Gesellschaft und Politik schonungslos aufzudecken. Die Themenpalette dieses politischen Journalismus war breit gefächert und reichte vom Wohnungselend der Großstädte über die unhygienischen Zustände in der Ernährungsindustrie bis hin zu Korruption und rücksichtslosen Geschäftspraktiken in Politik und Wirtschaft.[86]

84 Zur Etablierung von Massenmarkt und »consumerism« siehe *Brewer u. Porter (Hg.)*, Consumption; *Strasser*, Satisfaction; *Tedlow*, New and Improved. – Zur vergleichenden Analyse der »consumer culture« in den USA, England und Frankreich *Cross*, Time and Money. – Zur Genese und andauernden Bedeutung des Consumerism *Gabriel u. Lang*, The Unmanageable Consumer, S. 7 ff.; *Fox u. Lears (Hg.)*, The Culture of Consumption; *Grant*, Insurance Reform. – Als eine »intellectual history of consumtion« siehe *Horowitz*, The Morality of Spending. – Die Bedeutung der Progressive Era als »the first era of consumer activism« unterstreicht *Mayer*, The Consumer Movement, S. 12 ff. – Zu den politischen Auseinandersetzung der Progressive Era um »pure food and drugs« siehe *Okun*, Fair Play; *Young*, Pure Food. – Zur Durchsetzung des »Konsum«-Gedankens in England und Deutschland *Prinz*, Brot und Dividende. – Zur Bedeutung der Konsumkultur für den Durchbruch der Marktgesellschaft siehe *Nolte*, Der Markt, S. 340 ff.
85 Den Einfluß der amerikanischen Frauenbewegung auf den Consumerism betonen *Cott*, The Grounding, S. 122 ff.; *Sklar*, Two Political Cultures, S. 43 ff.; *dies.*, The Historical Foundations, S. 68 f.; *Skocpol*, Protecting, S. 350 ff.; *Wolfe*, Women. – Zu Florence Kelley als der wichtigsten Führungsfigur der »National Consumer's League« siehe jetzt vor allem den ersten Band von *Sklar*, Florence Kelley, der allerdings nur die Zeit bis zur Gründung der Organisation im Jahre 1899 thematisiert. Der zweite Band wird die Rolle Kelleys innerhalb des »consumer's movement« ab 1899 herausarbeiten.
86 Aus der Forschungsliteratur siehe *Schneirov*, The Dream, S. 202 ff.; *Munslow*, The Progressive Era, S. 25 f.; *Freyer*, Regulating, S. 64 ff. – Als ältere Beiträge siehe *Chalmers*, The Social and Political Ideas; *Filler*, Muckrakers; *Schultz*, The Morality. – Als Klassiker der Muckraker-Literatur siehe: Henry Demarest Lloyd: Wealth against Commonwealth; Jacob Riis: How the Other Half Lives; Lincoln Steffens: The Shame of the Cities; Upton Sinclair: The Jungle.

Die Intellektuellen der Progressive Era reagierten auf die Entstehung der Konsumgesellschaft und des Massenmarktes mit der Ausarbeitung des »consumerism« als Theorietyp des Welfare State, der durch die sozialpolitische Forderung nach einer Stärkung der Massenkaufkraft geprägt war.[87] Ihm lag ein Konfliktmodell zugrunde, das den Interessengegensatz zwischen Verbrauchern und Produzenten akzentuierte. Das Ziel war der Umbau des ökonomischen Systems zugunsten der Verbraucher gegenüber den Profitinteressen der Produzenten und diente der Stärkung ihrer Marktmacht. Obwohl auch Dewey den Aspekt des Verbraucherschutzes als ein gesellschaftstheoretisches Problem und wichtiges Element einer sozialstaatlichen Erneuerung der Civil Society thematisiert hat,[88] sind es vor allem Horace Kallen und Walter Weyl gewesen, die diesen politischen Impuls des Progressive Movement aufgegriffen und zu einer eigenständigen Reformperspektive der Gesellschaft im Sinne des »common welfare« entfaltet haben.[89] Ihre Überzeugung war, daß die ökonomische Emanzipation breiter Bevölkerungskreise, die ihnen neue und erweiterte Konsumchancen eröffnete, zugleich die wichtigste Voraussetzung politischer Reformen darstelle. Diese Identifikation von ökonomischer und politischer Emanzipation implizierte unter gesellschaftstheoretischen Gesichtspunkten den Aufstieg des Konsumenten zum Träger einer politischen Erneuerung der Civil Society.

Auf dem Höhepunkt der Progressive Era erschien im Jahre 1912 Weyls Entwurf einer politischen Ökonomie des Progressive Movement, in der er unter dem Leitbegriff der »socialized democracy« das Programm eines sozialstaatlich revidierten Liberalismus entwickelte.[90] Im Mittelpunkt dieses Programms stand die Idee einer Sozialisierung und staatlichen Regulierung der industriellen Produktion zum Zwecke einer Steigerung des privaten Konsums und einer Umverteilung des gesellschaftlich erzeugten Reichtums:

»The industrial goal of the democracy is the socialization of industry. It is the attainment by the people of the largest possible industrial control and of the largest possible industrial dividend. The democracy seeks to attain these ends through

---

87 Auf die enge Verflechtung zwischen Verbraucherbewegungen und den verschiedenen Ausbauphasen des amerikanischen Sozialstaats verweist *Mayer*, The Consumer Movement, S. 31.
88 Siehe etwa *Dewey u. Tufts*, Ethics, (LW 7), S. 433 ff.
89 *Weyl*, The New Democracy. – Kallen hat vor allem in den 20er und 30er Jahren seine ursprünglichen Ideen des Consumerism ausgearbeitet und zum Herzstück seiner Version des »new individualism« gemacht, die sich von der Konzeption Deweys deutlich unterschied: *Kallen*, Individualism, S. 198 f.; ders., A Free Society, S. 74 ff.; ders., The Decline.
90 *Weyl*, The New Democracy, S. 36 ff., 320 ff. – *Sandel*, Democracy's Discontent, S. 223, hat dieses Buch zu Recht als »the fullest statement of the consumer-based vision of Progressive reform« gewürdigt.

government ownership of industry; through government regulation; through tax reform; through a moralization and reorganization of business in the interest of the industrially weak.«[91]

Die besondere Rolle Weyls innerhalb der politischen Philosophie des Progressive Movement besteht darin, daß für ihn weder die politisch partizipierenden Bürger im Sinne des modernen Republikanismus, noch die pauperisierten Klassen im Sinne des Sozialismus die eigentlichen Akteure der sozialen Reformbewegung repräsentieren. Vielmehr fungiert der einkommensstarke und in seiner Marktposition gefestigte Konsument als das politisch handlungsfähige Subjekt der Gegenwart. Adressaten der politischen Reformhoffnungen Weyls sind daher vor allem die ökonomisch aufsteigenden Bevölkerungsteile der modernen Gesellschaft: »It is the increasing wealth of America, not the growing poverty of any class, upon which the hope of all democracy must be based.«[92] Die Zukunft und Fortschrittsfähigkeit der Civil Society gründet für ihn weniger in der politischen Tugend der Bürger oder im Aufstand unterbürgerlicher Schichten, als vielmehr in der ökonomischen Prosperität einer aufstiegsorientierten und konsumfreudigen Mittelklasse. Ihr zunehmender Wohlstand erzeuge einen sozialen Überschuß (»social surplus«), der eine Voraussetzung und Schubkraft von Demokratisierung darstelle und sich als ein dynamisierendes Element der gesellschaftlichen Entwicklung erweise. Eine prosperierende, konsumfähige und von der Aufgabe bloßer Existenzsicherung weitgehend entlastete Mittelschicht bildete daher für Weyl die wichtigste Triebkraft des Progressive Movement:

»Generally speaking, however, intense poverty, bearing the sordid fruits, pauperism, crime, vice, sickness, and premature death, does not make for democratic reform. A really effective discontent accompanies a larger income, a greater leisure, a fuller education, and a vision of better things. The hope of society lies, not in the oppression of men to the verge of revolt, but in the continuous elimination of oppression. The hunger of the multitude is not the true motive of revolution. Hunger degenerates; insecurity of life leads to crime; and these, by enfeebling their victims, strengthen the oppressive bonds and make them perpetual.«[93]

Der ökonomische Aufstieg einer breiten bürgerlichen Mittelklasse und die damit verbundene massenhafte Ausweitung von Konsumchancen bildeten im Denken Weyls die zentralen Voraussetzungen für die Entstehung einer Gesellschaft auf dem Boden des »common welfare«. Den gemeinsamen Nenner der Demokratiebewegung seiner Zeit und den Kern eines sozialstaatlichen Umbaus der Civil Society sah Weyl daher auch vor allem in ihrer Forderung nach einer größeren Verteilungsgerechtigkeit und einer breiten

---

91 *Weyl*, The New Democracy, S. 276.
92 *Ebd.*, S. 191.
93 *Ebd.*, S. 180f.

Streuung des gesellschaftlichen Reichtums: »The various democratic groups have two chief elements of solidarity: a common antagonism to the plutocracy, and a common interest in the social surplus.«[94]

Weyls Theorie des New Liberalism basiert auf dem Glauben an die politische Vernunft des Konsumenten, sie setzt auf einen untrennbaren Zusammenhang zwischen der politischen Reform der Civil Society und der ökonomischen Prosperität ihrer Individuen.[95] Dieser gesellschaftstheoretischen Grundüberzeugung Weyls liegt die geschichtsphilosophisch legitimierte Idee zugrunde, daß in der Regel nicht sozial verelendete, sondern ökonomisch aufsteigende Schichten die Träger geschichtlichen Fortschritts und gesellschaftlicher Reformen gewesen seien und weiterhin sein würden. Im Gegensatz zu dem sich gegenwärtig abzeichnenden »twilight of consumerism« und zur heute vorherrschenden Kulturkritik der Konsumgesellschaft als eines Faktors der Depolitisierung politischer Fragen[96] gründete Weyl seinen Glauben an die politische Reformfähigkeit der Civil Society auf die Existenz einer breiten Schicht kaufkräftiger Konsumenten als Repräsentanten einer »population growing in wealth, intelligence, political power, and solidarity.«[97]

Weyls Konzeption des New Liberalism ist an einem Handlungsmodell orientiert, in dessen Mittelpunkt nicht der »virtuous citizen« und das partizipatorische Politikkonzept republikanischer Theorietradition stehen, sondern vielmehr der seine materiellen Interessen zielstrebig verfolgende Konsument. Entsprechend ist seine Idee der »socialized democracy« vor allem um das sozialpolitische Problem zentriert, wie angesichts des erreichten »social surplus« der etablierten Überflußgesellschaft eine ökonomische Verteilungsgerechtigkeit erreicht werden könne, die breite Bevölkerungsteile mit einem ausreichenden Maß an konsumierbaren materiellen Gütern versorgt. Dies hat Sandel dazu veranlaßt, in Weyl den Protagonisten eines neoindividualistischen Modells der Civil Society zu sehen, das in Spannung zu einem republikanischen Politik- und Gesellschaftsmodell im Sinne Crolys stehe:

»The shift from producer-based reform to consumer-based reform was more than a new way of organizing interests. It reflected a shift in the aim of reform and in the vision of democracy underlying it. In the republican tradition of political economy that informed nineteenth-century American debate, producer identities mattered because the world of work was seen as the arena in which, for

---

94 *Ebd.*, S. 244.
95 Den Zusammenhang zwischen politischer Reform und materiellem Wohlstand bei Weyl betont auch *Forcey*, The Crossroads, S. 80ff.
96 Zur Kluft, die die gegenwärtigen Kritiker des »consumerism« von den Hoffnungen der zeitgenössischen Intellektuellen auf die Konsumgesellschaft trennt, siehe *Gabriel u. Lang*, The Unmanageable Consumer, S. 187ff.; *Cross*, Time and Money; *Fox u. Lears (Hg.)*, The Culture of Consumption. – Als Klassiker einer Kulturkritik der Konsumgesellschaft siehe *Galbraith*, The Affluent Society; *Bell*, The Cultural Contradictions; *Lasch*, The Culture of Narcissism.
97 *Weyl*, The New Democracy, S. 349.

better or worse, the character of citizens was formed. Consumption, when it figured at all in republican political economy, was a thing to be moderated, disciplined, or restrained for the sake of higher ends. ... The shift to consumer-based reform in the twentieth-century was thus a shift away from the formative ambition of the republican tradition, away from the political economy of citizenship. Although they did not view their movement in quite this way, the Progressives who urged Americans to identify with their roles as consumers rather than producers helped turn American politics toward a political economy of growth and distributive justice whose full expression lay decades in the future.«[98]

Dieser Interpretation steht allerdings entgegen, daß Weyl seine Idee der Konsumgesellschaft als einer zukunftsweisenden Version der Civil Society mit einem »social program of the democracy«[99] verbunden hat, das sich nicht auf die Sicherstellung der ökonomischen Grundversorgung privatisierter Individuen mit materiellen Gütern beschränkt, sondern als Ausdruck eines »new social spirit« gerade auf die Revision des liberalen und individualistischen Erbes zielt:

»In obedience to this new spirit we are slowly changing our perception and evaluation of the goods of life. We are freeing ourselves from the unique standard of pecuniary preeminence and are substituting new standards of excellence. ... The inner soul of our new democracy is not the unalienable rights, negatively and individualistically interpreted, but those same rights, ›life, liberty, and the pursuit of happiness,‹ extended and given a social interpretation. It is this social interpretation of rights which characterizes the democracy coming into being, and makes it different in kind from the so-called individualistic democracy of Jefferson and Jackson. It is this social concept which is the common feature of many widely divergent democratic policies.«[100]

Allerdings bleibt Weyls Konzeption des Sozialstaats im Sinne einer »socialized democracy« aufgrund des unaufgelöst bleibenden Spannungsverhältnisses zwischen einer sozialisierten Produktionssphäre und einer individualisierten Konsumsphäre weitgehend unklar. Insbesondere vermag er nicht plausibel zu machen, warum das Interesse der Individuen an der Ausweitung ihrer persönlichen Konsumchancen mit dem von ihm für die Realisierung einer sozialen Demokratie als grundlegend erachteten Prinzip des Gemeinwohls vereinbar sein soll. Weyl setzt zwar die Harmonisierbarkeit von »private interests« und »common good« voraus, kann sie jedoch gesellschaftstheoretisch nicht begründen. Damit verweist sein Versuch einer sozialstaatlichen Erneuerung des Liberalismus auf die für die politische Philosophie des Progressive Movement grundlegende Frage, wie sich die Spannung zwischen den miteinander konkurrierenden ökonomischen Interessen der Individuen und dem sozialen Kontext, in dem sie sich realisieren, im Sinne des

---

98 *Sandel*, Democracy's Discontent, S. 224 f.
99 *Weyl*, The New Democracy, S. 320 ff.
100 *Ebd.*, S. 161 f.

»common welfare« lösen läßt. Diese Frage nach dem Verhältnis von Individuum und Gesellschaft bildete den Ansatzpunkt von Kallens pragmatistischer Variante des »consumerism« als einer Philosophie des amerikanischen Wohlfahrtsstaats.

Bei Horace Kallen handelt es sich, im Vergleich mit dem damals wie heute weitaus einflußreicheren Dewey, um einen kaum bekannten Vertreter des amerikanischen Pragmatismus, der zudem in dem wenig schmeichelhaften Ruf eines Popularisierers der pragmatistischen Philosophie steht, dessen Sache eher die philosophische Bestätigung eines liberalen Common Sense gewesen sei.[101] Angesichts dieses verbreiteten Urteils droht jedoch die Gefahr, zwei philosophische Beiträge Kallens zum intellektuellen Diskurs der Progressive Era und zur damaligen Theorie der Civil Society zu übersehen: zum einen seinen Entwurf des »cultural pluralism«, der den Assimilations- und Melting Pot-Theorien einen dritten, eigenständigen Theorietyp nationaler Identität zur Seite stellte,[102] zum anderen seine Version eines »consumerism«, mit der er den Welfare-Diskurs der Progressive Era und der zwanziger Jahre beeinflusste.

Kallen hat die Theorie des Consumerism eingebettet in seine philosophische Grundfrage nach der Möglichkeit von Individualität und Freiheit unter den Bedingungen moderner Gesellschaften. Das Grundproblem seiner Philosophie lautete: »What might be the form, what the method, by which individuals, each different from the other, might live together with each other as free as may be, both in the negative sense *free*, and in the positive?«[103] Auffällig ist jedoch, daß Kallen die Frage nach dem Verhältnis zwischen Individuum und Gesellschaft auf eine für die Zeit untypische Weise beantwortet hat.[104] Eine typische Auflösung dieser Spannung unter den Intellektuellen des Progressive Movement war die Kombination der Kritik des Laissez faire-Liberalismus mit einer sozialen Konstruktion des Subjekts. Für die meisten Autoren konstituierte sich Individualität im Kontext gesellschaftlicher Assoziierungen und Gruppenzugehörigkeiten und war unter Abstraktion von diesem Vergesellschaftungszusammenhang gar nicht denkbar. Diese zeitgenössische Überzeugung von der logischen Vorgängigkeit sozialer Lebens- und kultureller Bedeutungszusammenhänge zeigt sich etwa in Deweys Leugnung der Möglichkeit einer präsozialen Individuali-

---

101 *Cotkin*, Middle-Ground Pragmatists, S. 283, 300ff.; *Rubin*, The Making. – Kloppenberg sieht Kallen gar als einen Simplifizierer des Pragmatismus, der maßgeblich zu dessen philosophischem Niedergang seit den 40er Jahren beigetragen habe: *Kloppenberg*, Pragmatism, S. 107f.
102 Siehe hierzu im einzelnen Kapitel 8.
103 *Kallen*, A Free Society, S. 74.
104 Bezeichnend ist in diesem Zusammenhang, daß ein zunächst mit Dewey gemeinsam geplantes Buch zum Individualismus aufgrund zunehmender Differenzen nicht zustande gekommen ist. Erwähnt ist diese Episode in *Kallen*, Individualism, S. 3f.

tät: »Individuals who are not bound together in associations, whether domestic, economic, religious, political, artistic or educational, are monstrosities.«[105]

In dieser Sicht sind zwar die Individuen aus ihrer Gesellschaft erklärbar, nicht aber die Gesellschaft aus ihren Individuen. Im Gegensatz zu einer solchen Auflösung des Verhältnisses von Individuum und Gesellschaft hat Kallen auf dem logischen und moralischen Primat des Individuums vor der Gesellschaft beharrt:

»It would be wrong, however, to suppose that this life is primarily group life or even more widely social. It is not. It is an individual and private life. The primary aim of society is not self-preservation, but the preservation of its members. Society persists in the interest of the individual, not the individual in the interest of society. Society is the instrument of private happiness, and it is altered and reshaped as it succeeds or fails in safeguarding this happiness for its members. ... The individual is the standard of value, the rest of the world is only its content.«[106]

Kallens Theorie der »consumer's economy«, mit der er einen philosophischen Beitrag zu den Sozialstaatsdiskussionen zwischen Progressive Era und den 30er Jahren leistete, muß in unmittelbarem Zusammenhang mit seinem Begriff des Individuums gesehen werden. Im Zentrum seines »consumerism« steht der Mensch als Verbraucher materieller Güter: »It cannot be too often repeated, mankind are, first and last, consumers.«[107] Der Bezug zur Individualitätsproblematik ergibt sich dabei aus der Überlegung Kallens, daß die Individualität des Menschen an seine gesellschaftliche Rolle als Verbraucher gebunden ist und daß aus diesem Grunde die Existenz einer Wirtschaftsordnung im Interesse der Verbraucher zugleich die Voraussetzung für die Erhaltung und Rekonstruktion von Individualität darstellt. Aus diesem engen Zusammenhang zwischen Individualität und Konsum schloß Kallen auf einen anthropologischen Primat der Konsumtion vor der Produktion von Gütern: »Consumtion holds a biological and moral as well as an economic priority over production.«[108]

Diese philosophische Überzeugung Kallens stand in scharfem Widerspruch zu seiner Gegenwartsdiagnose, daß der Durchbruch des modernen Kapitalismus eine Entkoppelung des Wirtschaftshandelns von den materiellen Reproduktionsbedürfnissen der Individuen bewirkt habe, was sich in der Autonomisierung der Produzenten gegenüber den Konsumenten wirtschaftlicher Güter niederschlage: »During the past hundred years and lon-

---

105 *Dewey*, Individualism, Old and New, (LW 5), S. 80f.
106 *Kallen*, Art, Philosophy, and Life, S. 47. – Zu den Differenzen zwischen Dewey und Kallen im Hinblick auf ihren jeweiligen Begriff von Individualität siehe *Maxcy*, Horace Kallen's, S. 33. – Ähnlich argumentiert *Wissot*, John Dewey, S. 190.
107 *Kallen*, Individualism, S. 199.
108 *Ders.*, The Liberal Spirit, S. 62. – Siehe auch *ders.*, The Decline, S. 88.

ger, one image has come to overrule all others depicting man and his destiny. This is the figure of ›the economic man,‹ man as a producer of goods to sell.«[109] Die Reduktion des Menschen auf seinen Produzenten-Status stellte für Kallen die soziale Grundproblematik der Gegenwart dar und markierte zugleich den Ansatzpunkt seines Alternativentwurfs einer verbraucherorientierten Wirtschaftsethik:

»The consumers we are by nature were thrown into an artificial subjection to the producers we are compelled to become by nurture. *The Decline and Rise of the Consumer* is a study of the character and consequences of this separation and this subjection in the life of the modern world, and a research of remedies. ... It traces the resurgence of the consumer in us, the slow formation of the consumer ideal and the progressive embodiment of this ideal in the forms of coöperative association and the techniques of the cooperative arts, which are singular among the arts of economic organization, management and control in that the means employed are of an identical nature and form as the ends sought.«[110]

Den fundamentalsten Interessenkonflikt zwischen sozialen Gruppen sieht Kallen – nicht nur im Kontext moderner Gesellschaften, sondern in jeder bisher realisierten Wirtschaftsform – in dem Antagonismus zwischen Konsumenten und Produzenten begründet.[111] Sein Konzept des »consumerism« ruft dabei in Opposition zur zeitgenössischen Herrschaft der Produzenten das kulturanthropologische Faktum in Erinnerung, daß die Produktion wirtschaftlicher Güter ursprünglich dem Zweck ihres Verbrauchs und den Bedürfnissen ihrer Konsumenten gedient habe, und nicht umgekehrt der Konsum von Gütern der Ankurbelung der Produktion und den Profitinteressen der Produzenten. Der kapitalistische Primat der Produzenteninteressen und die Herrschaft entsprechender Marktgesetze hatte für Kallen die eigentliche Logik ökonomischen Handelns außer Kraft gesetzt, nach der die Produktion wirtschaftlicher Güter eine Funktion der materiellen Reproduktion und Bedürfnisbefriedigung von Individuen ist. Mit der Unterordnung des Wirtschaftshandelns unter die Profitinteressen der Produzenten sah er die Verbraucher-Individuen zu bloßen Funktionsträgern des Produktionssystems herabgestuft. Indem sie im Zuge der Durchsetzung der kapitalistischen Produktion vom Zweck zum Mittel ökonomischen Handelns reduziert werden, geht ihnen für Kallen zugleich die an ihrem Verbraucherstatus haftende Individualität verloren:

---

109 *Ebd.*, S. 9.
110 *Ebd.*, S. 12.
111 Siehe *ders.*, A Free Society, S. 80f.: »The point of departure is the observation that consumers and producers ... come at a certain level into inevitable conflict with each other. This conflict is more widespread and more fundamental than the Socialist's class war, inasmuch as the latter obtains only between different classes of producers in the same field of endeavor, while the former is coextensive with mankind and obtains in the heart of each and every human being.«

»The sole ground for production is consumption; there can be no other. ... To treat persons merely as producers is to degrade them to mere tools, to machine parts which differ from others because they are alive. Just this is what the financial-industrial establishment does to the sad aggregation of men. It robs them of their birthright as free individuals, transforms them into depersonalized labor, to be nourished and sheltered well enough to keep them functioning at the machine, but no more.«[112]

Mit seiner Forderung nach einer Ökonomie im Interesse der Verbraucher plädierte Kallen für eine Umkehrung des Verhältnisses von Produzenten und Konsumenten und damit zugleich für die erneute Anbindung des Kapitalismus an die lebensweltlichen Bedürfnislagen konkreter Individuen: »Its basic difference from its rivals would lie in the fact that it defines its structure and its function in terms of consumption and not in terms of production. In a producer's economy consumption is supposed to exist for the sake of production and as a consequence the multitudes work without living and the priviledged live without working.«[113]

Die Transformation der kapitalistischen Ökonomie im Sinne der Verbraucher war für Kallen nur auf dem Wege ihrer politischen Selbstorganisation im Rahmen von »consumer cooperatives« zu erreichen,[114] wobei das Ziel des Consumerism die Transformation einer »competitive society« der miteinander um Absatz- und Profitchancen konkurrierenden Produzenten in eine »cooperative society« war, in der Individuen ihre materiellen Bedürfnisse uneingeschränkt befriedigen. Während die Durchsetzung der Produzenteninteressen mit der Etablierung des modernen Kapitalismus die Entfremdung ökonomischen Handelns von den Bedürfnislagen der Konsumenten und eine Autonomisierung von Profitinteressen zur Konsequenz hatte, zielte Kallens Idee des »consumerism« im Gegensatz dazu auf die erneute Orientierung ökonomischer Produktion an den Bedürfnissen der Verbraucher.

Wie Weyl besitzt auch Kallen noch ein völlig ungebrochenes, unter dem gegenwärtigen Eindruck einer strukturellen Depolitisierung der Konsumgesellschaft geradezu naives Vertrauen auf die politische Fortschrittsdynamik und die ökonomischen Freiheitsspielräume einer materiellen Überflußgesellschaft. Seine Ideen setzen die Existenz einer »economy of abundance« voraus,[115] in der sich die Individuen über die Aneignung und den Konsum von Gütern frei miteinander vergesellschaften. Erst auf ihrer ökonomischen Grundlage ergab sich für ihn die geschichtliche Möglichkeit der Durchsetzung eines »image of man as Consumer, realized by means of free association

---

112 *Ders.*, Individualism, S. 190.
113 *Ders.*, The Decline, S. 425.
114 *Ders.*, A Free Society, S. 88 f.
115 *Ders.*, The Liberal Spirit, S. 65 f. – Zur mentalitätsprägenden Kraft der amerikanischen Konsumgesellschaft siehe auch *Potter*, People of Plenty; *Susman*, Introduction.

of free individuals in a consumer-economy.«[116] Doch während Weyl staatlichen Regulativen noch eine unverzichtbare Garantiefunktion für den Erhalt der politischen Rahmenbedingungen dieser ökonomischen Vergesellschaftung freier Individuen im Rahmen der Konsumgesellschaft zuerkannte, räumt Kallen sozial›staatlichen‹ Regulativen keinen systematischen Stellenwert mehr ein. Bei ihm hat sich der Welfare State endgültig zur Welfare Society transformiert, deren soziale Qualität sich in der politischen Selbstorganisation der Individuen innerhalb eines freien Vereinigungswesens und in den ökonomischen Interessenvertretungen der Verbraucher realisiert.

Wie Deweys Lösungsversuch verweist auch die Welfare-Konzeption Kallens letztlich eher auf die Idee einer Welfare Society als auf die eines Welfare State. Dieses Projekt der Welfare Society verdankt sich nicht nur einer Sensibilität gegenüber den sozialdestruktiven Aspekten der kapitalistischen Ökonomie, sondern auch einem tief verwurzelten Mißtrauen gegenüber dem als Bedrohungspotential erfahrenen Eingriff eines bürokratischen Interventionsstaates in die sozialen Lebenswelten der Individuen. Zwar läßt sich zeigen, daß dieses Mißtrauen gegenüber zentralstaatlichen Eingriffen aufgrund des Scheiterns der Laissez faire-Tradition des amerikanischen Liberalismus zeitweise abgemildert worden ist, jedoch wurde die antietatistische Grundstimmung der Intellektuellen niemals völlig zugunsten einer uneingeschränkten Bejahung des interventionistischen Sozialstaats in den Hintergrund gedrängt. Die Alternative, die Dewey, Weyl und Kallen bei allem heute grotesk anmutenden Vertrauen in das emanzipatorische Potential der Konsumgesellschaft anboten, war die Idee einer kommunikativen Infrastruktur der Welfare Society, die ein ausdifferenziertes Netz an politischen Öffentlichkeiten und Formen der politischen Selbstorganisation der Civil Society umfaßte.

Wenn es stimmt, daß in der Gegenwart das in die Krise geratene Reformprojekt des Sozialstaats selber reformiert werden muß und die »Verabschiedung von utopischen Gehalten der Arbeitsgesellschaft«,[117] zu der die Idee des Wohlfahrtsstaats hinzugehört, notwendig und wahrscheinlich wird, könnte es sein, daß dieses intellektuelle Erbe der »welfare society« eine unerwartete Bedeutungszufuhr erfährt, indem es einen neuen Zugang zu den sozialen Problem- und Bedürfnislagen jenseits anonymer Sozialstaatsbürokratien eröffnet und sozialpolitische Entscheidungsprozesse an die Mitwirkung der unmittelbar Betroffenen koppelt. Die gegenwärtige Krise und Überforderung des Sozialstaats, aber auch die verlorene Unschuld einer bürokratischen Überformung des Alltags könnte die sozialinterventionistische Bedeutung der Öffentlichkeit und der politischen Kultur demokratischer Selbstorganisation erhöhen. Damit aber ist genau die Ebene der Civil

---

116 *Kallen*, The Decline, S. 15.
117 *Habermas*, Die Krise, S. 161.

Society tangiert, die sich in Anlehnung an die amerikanischen Intellektuellen der Progressive Era als die Ebene der Welfare Society kennzeichnen ließe.[118]

3. Eine weitere Theorie des Sozialstaats zwischen Progressive Era und New Deal repräsentiert die politische Ökonomie Thorstein B. Veblens, der zu den bedeutendsten amerikanischen Gesellschaftstheoretikern seiner Zeit zu rechnen ist. Unbestritten gilt das Urteil Haskells, daß Veblens Schriften »tell us more about his generation's view of society than those of any other single American except John Dewey«.[119] Vor allem seine beiden Klassiker »The Theory of the Leisure Class« und »The Theory of Business Enterprise« gehören zu den intellektuell einflußreichsten gesellschaftstheoretischen Schriften aus dem ersten Drittel des 20. Jahrhunderts, in denen sich die Gesellschaftskritik der Progressive Era am Liberalismus und Kapitalismus des 19. Jahrhunderts wirkungsmächtig manifestierte.[120]

Im Zentrum von Veblens ökonomischer Theorie des Gemeinwohls steht die Forderung nach der Maximierung der Produktion von Konsumgütern zum geringstmöglichen Preis und zur Versorgung einer größtmöglichen Anzahl von Menschen: »The common good, so far as it is a question of material welfare, is evidently best served by an unhampered working of the industrial system at its full capacity, without interruption or dislocation.«[121] Im Unterschied zu Kallen und Weyl entwirft Veblens Gesellschaftstheorie die Wohlfahrtsfrage nicht als ein Verteilungs- und Konsumtionsproblem, sondern als ein Problem der industriellen Produktivität. Seinem intellektuellen Selbstverständnis als »detached observer« gesellschaftlicher Prozesse gemäß interessieren Veblen keine sozialen Gerechtigkeitsfragen.[122] Im Zentrum seines Denkens stehen weder die »soziale Frage« noch eine moralisch fragwürdige Verteilung gesellschaftlichen Reichtums, sondern der ökonomische Skandal, daß der moderne Kapitalismus bei der Produktion von Verbrauchsgütern unterhalb des ihm grundsätzlich möglichen Produktivitätsniveaus bleibt. Veblens Denken kreist nicht um die Bedingungen der Abschaffung menschlichen Elends, sondern um die Beendigung ökonomischer Ressourcenverschwendung. Die Frage nach den Bedingungen für die Steigerung der

---

118 In diese Richtung gehen die Überlegungen von *Walzer,* Socializing.
119 *Haskell,* Veblen on Capitalism, S. 558. – Ähnlich *Lerner,* Thorstein Veblen, S. 125; *Tilman,* Thorstein Veblen. – Aus der älteren Forschungsliteratur sind ergiebig *Daugert,* The Philosophy; *Harris,* Veblen; *Noble,* Veblen and Progress; *Riesman,* Thorstein Veblen. – Neuere Erkenntnisse enthalten *Ross,* The Origins, S. 204 ff.; *Eby,* Thorstein Veblen. – Als Gesamtdarstellungen seines Werks siehe *Diggins,* Bard of Savagery; *Dorfman,* Thorstein Veblen. – Eine scharfsinnige Kritik stammt von *Adorno,* Veblens Angriff.
120 *Cowley u. Smith (Hg.),* Books, S. 3 ff., 91 ff.
121 *Veblen,* The Vested Interests, S. 93.
122 Zu Veblens »professional identity as a detached scholar« siehe *Eby,* Thorstein Veblen, S. 143; *Diggins,* Bard of Savagery.

ökonomischen Produktivität bildet den Kern seines Werks, das insofern nur indirekt als ein gesellschaftstheoretischer Beitrag zum Problem des Gemeinwohls und des Sozialstaats zu verstehen ist.[123]

Zwei Aspekte stehen im Mittelpunkt seines Interesses: Zum einen reflektiert er die gesellschaftlichen Ursachen für den zu geringen materiellen »output« des kapitalistischen Systems, der die Entstehung einer Gesellschaft des »material welfare« verhindere; zum anderen interessieren ihn die Institutionen und sozialen Träger, von denen eine Produktivitäts- und Leistungssteigerung des ökonomischen Systems ausgehen könne und damit zugleich die Voraussetzungen für die materielle Wohlfahrt der Gesellschaft geschaffen werden könnten.

Veblens berühmtes Erstlingswerk »The Theory of the Leisure Class« aus dem Jahre 1899, mit dem er einem breiten Lesepublikum schlagartig bekannt wurde, entwickelte die These, daß die ökonomisch führende Klasse der Kapitalbesitzer zu einem Hemmschuh der weiteren Produktivkraftentfaltung und damit zugleich zu einem Hindernis für die Realisierung des Gemeinwohls geworden sei. Als Indikator für diese Entwicklung interpretiert er den müßigen Lebensstil der »leisure class«, die kein Interesse an einer Steigerung der materiellen Produktion, sondern allein an der Steigerung ihrer Profite besitze.

Als theoretische Grundlage seiner Analyse fungiert eine Kulturanthropologie, die den Prozeß der Zivilisation aus einer bestimmten Konstellation gesellschaftlich habitualisierter »Instinkte« hervorgehen läßt und vor allem durch den Widerstreit zwischen »workmanship« und »predatory instinct«, zwischen produktiven und destruktiven Faktoren der gesellschaftlichen Entwicklung geprägt sieht.[124] Während Veblen unter dem Arbeits- und Werkinstinkt die Summe der produktiven Tätigkeiten versteht, mit denen die Bedingungen der materiellen Reproduktion der Gesellschaft sichergestellt und erweitert werden, expliziert er den »räuberischen Instinkt« am Beispiel des demonstrativen Müßiggangs als ein archaisches Erbe der barbarischen Gesellschaft, in der ein hohes kulturelles und soziales Prestige gesellschaftlicher Gruppen an ihrer Chance festgemacht wurde, dem Zwang materieller Selbstreproduktion durch Arbeit zu entgehen und eine betont unproduktive Lebensweise führen zu können. Als »conspicious consumtion« begreift Veblen den parasitären Verbrauch eines nicht durch Arbeit erwirtschafteten Reichtums. Seine Kapitalismus- und Gesellschaftskritik entzündet sich an der Existenz einer solchen »müßigen Klasse«, einer Plutokratie von Kapitaleigentümern, die aufgrund ihrer ökonomischen Position dem Zwang zur Arbeit entronnen ist und damit die Steigerung der Produktivkräfte behindert.

---

123 Zu Veblens Verständnis des »human welfare« siehe auch *Daugert*, The Philosophy, S. 86 ff.
124 Veblen hat seine Anthropologie der Instinkte als der »prime movers in human behaviour« entfaltet in *Veblen*, The Instinct of Workmanship, Zitat S. 1.

In Veblens Anthropologie kehrt sich das Verhältnis zwischen Produktion und Konsumtion wieder um, das Kallen und Weyl zugunsten eines Primats des Konsums aufgelöst hatten, indem sie den bedürfnisregulierten Verbrauch von Gütern als den Zweck ökonomischen Handelns definiert hatten, dem das Mittel der Produktion zu dienen habe. Veblen dagegen verachtet den Konsum und »vergötzt die Sphäre der Produktion«.[125] Produktive Arbeit als Realisierung des Arbeits- und Werkinstinkts ist für ihn die anthropologische Zweckbestimmung sozialen Handelns, gewissermaßen der kulturelle Schöpfungsakt des Menschen, der im demonstrativen Konsum und in der müßigen Verschwendung von Zeit wieder verspielt wird, indem der Mensch in seinem Verzicht auf produktive Arbeit erneut auf eine barbarische Stufe zurücksinkt, auf der sich der soziale Rang eines Menschen an seiner Distanz zur Sphäre der Arbeit bemißt. Der einzige kulturelle Gradmesser der zivilisatorischen Entwicklung einer Gesellschaft ist für Veblen das Ausmaß ihrer Orientierung am Kriterium ökonomischer Produktivität. Die für die materielle Wohlfahrt und das Gemeinwohl einer Gesellschaft entscheidende Sphäre ist nach seinem Verständnis die Sphäre der Produktion, – und er mißtraut allen kulturellen Relativierungen ihrer uneingeschränkten Herrschaft. Daß eine soziale Klasse den ehernen Notwendigkeiten produktiver Arbeit in eine Sphäre der Muße und der kulturellen Distanz zum ökonomischen Alltag entkommt, mißgönnt er ihr und macht sie zur Zielscheibe seiner Kritik. Sein Argument lautet, daß die Kapitalbesitzer der »müßigen Klasse« zu einem retardierenden Element der ökonomischen Entwicklung und zu Fesseln jenes Fortschritts der Produktivkräfte geworden seien, von dem die Zukunft des Gemeinwohls und der materiellen Wohlfahrt der Gesellschaft abhänge. Im Zentrum der Gesellschaftstheorie und Kapitalismusanalyse Veblens steht der Gegensatz zwischen den ökonomischen Interessen der Kapitaleigentümer und den materiellen Bedingungen des Gemeinwohls.

Seine scharfe Kritik der »leisure class« und der durch sie geprägten Gesellschaft des späten 19. Jahrhunderts stellt die ökonomische Kultur des etablierten Kapitalismus und die Wirtschaftsethik der ihn tragenden Klassen als eine institutionelle Verhinderung von Produktivitätsfortschritten dar. Verdächtig ist ihm alles, was die funktionale Optimierung gesellschaftlicher Anpassungsleistungen an äußere Umweltbedingungen behindert und der Realisierung des einzigen Leitwertes entgegensteht, den seine Gesellschaftstheorie kennt: die Steigerung ökonomischer Produktivität. Dies erklärt, warum Veblen die Maschine, die allem Lebendigen ihren Rythmus aufzwingt und am machtvollsten das Prinzip einer reinen ökonomischen Vernunft verkörpert, als die angemessene symbolische Repräsentation des geschichtlichen Fortschritts

---

125 *Adorno*, Veblens Angriff, S. 82.

und zugleich als den wichtigsten Garanten materieller Wohlfahrt begriffen hat.

Veblen hat die soziale Logik der »conspicious consumption« im Sinne eines archaischen Elements der barbarischen Gesellschaft vorzugsweise am Beispiel der politischen Ökonomie der Frau und der weiblichen Kleidung demonstriert. Die gesellschaftliche Rolle der Frau in der modernen Gesellschaft symbolisiert für ihn das Prinzip ökonomischer Unproduktivität und Arbeitsunfähigkeit in seiner kulturell reinsten Form: »Im Idealfall, wie er sich annähernd im Leben der reichsten Klassen verwirklicht, stellt die Pflege der demonstrativen Verschwendung von Geld und Energie normalerweise die einzige wirtschaftliche Funktion der Frau dar. ... Und zu guter Letzt wurde von den Frauen nicht nur verlangt, die Rolle des lebendigen Beweises eines Lebens der Muße zu spielen, sondern auch sich selbst zu verstümmeln, damit sie jeder nützlichen Tätigkeit unfähig waren.«[126] Nirgendwo wird daher auch für Veblen die politische Unterdrückung der Frau so sinnenfällig wie am Beispiel ihrer gesellschaftlich erzwungenen Nutzlosigkeit, die die müßige Verschwendung von Zeit und Geld repräsentiert. Als ursprüngliche Vertreterinnen der produktiven Kräfte von »workmanship« und »industry« sind es daher die Frauen, »die in den modernen Verhältnissen am meisten unter dem müßigen Leben leiden müssen«.[127]

Hatte Veblen zunächst am Beispiel der müßigen Klasse die kulturanthropologischen Kategorien seiner Gesellschaftskritik und insbesondere seine Überzeugung von der grundlegenden Bedeutung des »Arbeitsinstinkts« für

---

126 *Veblen*, Theorie der feinen Leute, S. 176. – Siehe auch *ders.*, The Barbarian Status; *ders.*, The Economic Theory of Woman's Dress, wo er die ökonomische Bedeutung weiblicher Kleidung als »display of wasteful expenditure« rekonstruiert: »It is the essence of dress that it should (appear to) hamper, incommode, and injure the wearer, for in so doing it proclaims the wearer's pecuniary ability to endure idleness and physical incapacity.« (S. 74). – Zu dem geschlechterpsychologischen Aspekt in Veblens politischer Ökonomie siehe *Diggins*, The Bard of Savagery, S. 141 ff.; *Eby*, Veblens Anti-Anti-Feminism. – Scharfsinnig hat Adorno den theoriestrategischen Stellenwert von Veblens politischer Ökonomie der Frau erkannt und zum Anknüpfungspunkt einer völlig anderen Theorie gesellschaftlicher Emanzipation gemacht: »Vermöge ihrer Distanz zum Produktionsprozeß hält sie (die Frau) Züge fest, in denen der noch nicht ganz erfaßte, noch nicht ganz vergesellschaftete Mensch überlebt. ... Man könnte seinen (Veblens) Gedanken dahin treiben, daß die Frau der Produktionssphäre nur entronnen ist, um von der Sphäre der Konsumtion um so vollkommener aufgesaugt zu werden, gebannt in der Unmittelbarkeit der Warenwelt, so wie die Männer fixiert sind an die Unmittelbarkeit des Profits. Das Unrecht, das die männliche Gesellschaft den Frauen angetan hat, wird von diesen zurückgespiegelt: sie gleichen den Waren sich an. Veblens Einsicht indiziert eine Veränderung in der Utopie der Emanzipation. Hoffnung zielt nicht darauf, daß die verstümmelten Sozialcharaktere der Frauen den verstümmelten Sozialcharakteren der Männer gleich werden, sondern daß einmal mit dem Antlitz der leidenden Frau das des tatenfrohen, tüchtigen Mannes verschwindet; daß von der Schmach der Differenz nichts überlebt als deren Glück. Solche Gedanken freilich liegen Veblen fern.« (*Adorno*, Veblens Angriff, S. 81 f.).

127 *Veblen*, Theorie der feinen Leute, S. 372.

das materielle Gemeinwohl der modernen Gesellschaft entfaltet, so hat er in seinen folgenden Werken die gesellschaftstheoretische Demontage der »business class« seiner Zeit fortgesetzt und zugleich mit der Legitimierung der »social engineers« als sozialen Trägern der Gemeinwohlidee verbunden. Wichtigstes Merkmal seiner Konzeption des »common welfare« wurde die Transformation moralisch-praktischer Fragen zu technischen. Bei Veblen hat die Idee des Gemeinwohls jegliche politische Qualität verloren. Sie ist von allen normativen Voraussetzungen und Zielvorstellungen praktischen Handelns entkoppelt und unterliegt daher auch nicht mehr der Zuständigkeit eines interventionistischen Sozialstaats und einer regulativen Politik, die für Veblen keine eigenständigen Faktoren der gesellschaftlichen Entwicklung mehr repräsentieren. Vielmehr ist die Politik für Veblen insgesamt zum Spielball ökonomischer Interessen geworden:

»Representative government means, chiefly, representation of business interests. The government commonly works in the interest of the business men with a fairly consistent singleness of purpose. And in its solicitude for the business men's interests it is borne out by current public sentiment, for there is a naive, unquestioning persuasion abroad among the body of the people to the effect that, in some occult way, the material interests of the populace coincide with the pecuniary interests of those business men who live within the scope of the same set of governmental contrivances. This persuasion is an article of popular metaphysics, in that it rests on an uncritically assumed solidarity of interests, rather than on an insight into the relation of business enterprise to the material welfare of those classes who are not primarily business men.«[128]

Der Sozialstaat spielt im Denken Veblens keine Rolle mehr für die Durchsetzung des »common welfare«. An seiner Stelle übernehmen die sozialen Träger eines dehumanisierten »machine process« die notwendigen Funktionen zur Herstellung des Gemeinwohls. In der politischen Ökonomie Veblens wird die materielle Wohlfahrt der Civil Society zur Aufgabe einer Optimierung gesellschaftlicher Anpassungsleistungen an die Logik einer ökonomischen Produktionssphäre, die durch die Herrschaft der Maschine geprägt ist. Das Gemeinwohl setzt für ihn die bedingungslose Ausrichtung der Gesellschaft und ihrer Individuen an den technischen Erfordernissen der »machine production« voraus.

Der für Veblens Konzeption des Gemeinwohls entscheidende Gedanke ist die Differenzierung zwischen der ökonomischen Rationalität dieser maschinellen Produktion und der ökonomischen Irrationalität einer Klasse »räube-

---

[128] *Ebd.*, S. 286f., siehe auch S. 268ff. – Die Ausblendung politischer Faktoren betont auch *Bell*, Veblen and the Technocrats, S. 87. – Angesichts seiner Entpolitisierung der Gesellschaftstheorie ist es auch sehr fragwürdig, sie zum »prototype of New Deal philosophy« zu erklären, wie dies bei *Harris*, Veblen as a Social Philosopher, S. 3 geschieht. – Eine abgewogenere Interpretation des Verhältnisses zwischen dem Werk Veblens und der Politik des New Deal findet sich bei *Lerner*, Thorstein Veblen, S. 137.

rischer« Eigentümer.¹²⁹ Die charakteristische Problemlage der Gegenwart resultiert aus dem Auseinanderklaffen der individuellen Profitinteressen der Eigentümer, der Konsuminteressen der Verbraucher und der ökonomischen Effizienzinteressen einer neuen Klasse professioneller Experten, deren technische Aufgabe in der Produktivitätssteigerung industrieller Fertigungsprozesse besteht. Veblen argumentiert, daß angesichts der Differenzierung zwischen den Eigentümern von Produktionsmitteln und den für den Einsatz dieses privatwirtschaftlichen Kapitals im Produktionsprozeß zuständigen Expertengruppen der »social engineers« den letzteren die Aufgabe zufällt, das Gemeinwohl zu garantieren: »The material welfare of the community is bound up with the due working of this industrial system, which depends on the expert knowledge, insight, and disinterested judgment with which it is administered. It should accordingly have seemed expedient to entrust its administration to the industrial engineers, rather than to the captains of finance. The former have to do with productive efficiency, the latter with the higgling of the market.«¹³⁰

Mit gesellschaftstheoretischer Erleichterung konstatiert Veblen das Phänomen, daß die Herstellung des Gemeinwohls zur Sache eines durch die Herrschaft der Maschine dehumanisierten Produktionsprozesses sowie einer an technischen Effizienzgesichtspunkten orientierten Expertenelite geworden ist. Er ist fasziniert von der Herabstufung des Menschen zum Handlanger eines sich eigengesetzlich vollziehenden Mechanismus der maschinellen Produktion:

»Under this new order of industrial methods and values it has already come to be a commonplace of popular ›knowledge and belief‹ that the mechanical equipment is the creative factor in industry, and the ›production‹ of the output is credited to the plant's working capacity and set down to its account as a going concern; whereas the other factors engaged, as e.g., workmen and materials, are counted in as auxiliary factors which are indispensable but subsidiary. ... Under the new order the going concern in production is the plant or shop, the works, not the individual workman. The plant embodies a standardised industrial process. The workman is made use of according as the needs of the given mechanical process may require.«¹³¹

---

129 Das Spätwerk Veblens dient der Folgenanalyse dieser Trennung von Eigentümern und »mechanical engineers«. Siehe vor allem *Veblen*, The Vested Interests, S. 44 ff.; *ders.*, The Engineers; *ders.*, Absentee Ownership.
130 *Veblen*, The Vested Interests, S. 89. – Siehe zur »theory of modern welfare« auch *ders.*, The Theory of Business Enterprise, S. 177 ff. – Die angesprochene Differenzierung bildete den Hintergrund der zeitgenössischen »managerial revolution«; hierzu *Chandler*, The Visible Hand. – Zum »Veblenianism« als Theorie des »social engineering« siehe jetzt *Jordan*, Machine-Age, S. 13 ff. – Zum Einfluß des »engineering Progressivism« auf die Reformbewegung zwischen Progressive Era und New Deal siehe *Layton*, The Revolt.
131 *Veblen*, The Vested Interests, S. 38.

In theoriehistorischer Sicht ist auffällig, daß die intellektuellen Zeitgenossen Veblens im Deutschland des frühen 20. Jahrhunderts – speziell Max Weber, Werner Sombart und Georg Simmel – aus derselben Gegenwartsdiagnose einer zunehmenden »Entmenschlichung« und Depersonalisierung des modernen Kapitalismus diametral entgegengesetzte Schlüsse gezogen haben. Jener geschichtliche Prozeß einer fortschreitenden Entkoppelung des ökonomischen Systems von allen Handlungsmotiven und Sinnzuschreibungen, der Veblen zu der Hoffnung auf einen qualitativen Zivilisationssprung der modernen Gesellschaft veranlasste, wurde von ihnen als ein Ende der Kultur sowie als Verlust persönlicher Freiheit wahrgenommen. Sombart etwa interpretierte die Entkopplung der ökonomisch-technischen Entwicklung und des maschinellen Produktionsprozesses von kulturellen Sinnzuschreibungen im Gegensatz zu Veblen, der sie als einen Rationalisierungsschub der modernen Zivilisation begrüßte, als abruptes Ende der modernen Kultur: »Daher die völlige Irrationalität, die Ziel- und Sinnlosigkeit unserer materiellen Kultur; daher aber auch die Tendenz zur Gemeinheit in der qualitativen Gestaltung dieser Kultur.«[132]

Gegenüber diesen Formen intellektueller Kulturkritik beruht Veblens Gesellschaftstheorie auf einer völlig anderen Geschichtsphilosophie. Für ihn bedeutet die Überwindung der barbarischen Kultur des ökonomischen Individualismus mit den Mitteln der modernen Wissenschaft und Technik, die sich in der Welt der Maschine geschichtlich durchsetzen, die Rückkehr des Menschen zu einer präindividualistischen und damit zugleich vorbarbarischen Entwicklungsstufe. Die Maschine erneuert eine »savage inheritance«, ein mythisches Einverständnis zwischen Mensch, Natur und Gemeinschaft, die durch den anthropologischen Primat der drei wichtigsten konstruktiven »Instinkte« geprägt ist, die Veblen kennt: produktive Arbeit (»workmanship«), interesseloser Wissensdrang und bloße Neugier (»idle curiosity«) sowie schließlich zweckfreie Gemeinschaft zwischen Menschen auf dem Boden unbedingter Anerkennung und Zuneigung (»parental bent«).

Worin hat Veblen jedoch die spezifische Rationalität des »machine process« und der »social engineers« als seiner sozialen Träger begründet gesehen, die sie zu Vertretern des Gemeinwohls machte? – Im Verständnis Veblens waren die »pecuniary interests« der Eigentümer der Produktionsmittel allein am Maßstab des individuellen Profits und nicht an der Steigerung der ökonomischen Produktivität im gesamtgesellschaftlichen Interesse ausgerichtet.[133] Sie implizierten letztlich die Vernichtung ökonomischer Ressourcen im Interesse stabiler Preise und hoher Profite, während die neuen Experteneliten den Übergang zu einer neuen Zivilisationsstufe per-

---

[132] *Sombart*, Der moderne Kapitalismus, Bd. III,1, S. 95. – Zur »kulturkritischen Komponente« im Werk Sombarts siehe *Lenger*, Werner Sombart, S. 136ff. – Zum kulturkritischen Milieu des Deutschen Kaiserreichs siehe *Mommsen*, Bürgerliche Kultur, S. 97ff.
[133] *Veblen*, The Theory of Business Enterprise, S. 36f.

sonifizierten, weil sich ihr professionelles Handeln nicht an Kriterien der Profitakkumulation und Preisstabilität orientierte, sondern am Ziel der Produktivitätssteigerung, des gesellschaftlichen Nutzens und der massenhaften Verfügbarkeit von Verbrauchsgütern.[134] Damit vertreten sie im Gegensatz zu den Profitinteressen der Kapitaleigentümer die ökonomischen Bedürfnisse der Verbraucher: »The business interests of these absentee owners no longer coincide in any passable degree with the material interests of the underlying population, whose livelihood is bound up with the due working of this industrial system, at large and in detail. The material interest of the underlying population is best served by a maximum output at a low cost, while the business interests of the industry's owners may best be served by a moderate output at an enhanced price.«[135] An dieses Argument knüpft sich Veblens These, daß die Interessen der Produzenten und Kapitaleigentümer zwangsläufig auf eine gemeinwohlwidrige Angebotsverknappung der materiellen Güter im Interesse der Preis- und Profitstabilität gerichtet sein müssen. Veblen bringt dies auf den Nenner einer »sabotaged production« oder eines »legal right of sabotage«, einer künstlichen Verknappung von Konsumgütern im Interesse hoher Preise: »It consists, on the one hand, in stopping down production to such a volume as will bring the largest net returns in terms of price, and in allowing so much of a livelihood to the working force of technicians and workmen, on the other hand, as will induce them to turn out this limited output.«[136]

Veblen identifiziert das Preissystem als den Marktmechanismus, der einerseits die Profite der Privateigentümer garantiert und andererseits die Organisation der Gesellschaft am Leitwert des »material welfare« verhindert. Eine Ökonomie auf dem Boden des Privateigentums ist am Kriterium profitabler Preise orientiert und muß aus diesem Grunde für Veblen zwangsläufig unterhalb seiner produktiven Möglichkeiten bleiben, um der ständigen Gefahr von Überproduktion und Unterkonsumtion zu entgehen:

»In no such community can the industrial system be allowed to work at full capacity for any appreciable interval of time, on pain of business stagnation and consequent privation for all classes and conditions of men. The requirements of profitable business will not tolerate it. So the rate and volume of output must be adjusted to the needs of the market, not to the working capacity of the available resources, equipment and man power, nor to the community's need of consumable goods.«[137]

Veblen sieht den eigentlichen Skandal des modernen Kapitalismus darin begründet, daß der ökonomische Erfolg der Privateigentümer auf der Verhin-

---

134 *Riesman*, Thorstein Veblen, bringt diesen Gegensatz zwischen den beiden Wirtschaftsethiken auf die treffende Formel »workmanship versus wastemanship« (S. 45).
135 *Veblen*, Absentee Ownership, S. 10.
136 *Ebd.*, S. 66f.
137 *Veblen*, The Engineers and the Price System, S. 9.

derung von Produktivitäts- und Effizienzsteigerungen im Interesse stabiler Preise und hoher Profite beruht.

Die Differenzierung zwischen den ökonomischen Interessenlagen der »business men« und der »mechanical engineers« dient Veblen zur Unterscheidung zwischen zwei miteinander konkurrierenden Wirtschaftsgesinnungen. Gegenüber der Effizienzorientierung der technischen Experten und ingenieurwissenschaftlichen Professionen ist das ökonomische Handeln der Kapitaleigentümer an egoistischen Motiven orientiert und steht im Dienste einer profit- und nicht nutzenmaximierenden Organisation industrieller Abläufe:

»The business man's place in the economy of nature is to ›make money,‹ not to produce goods. The production of goods is a mechanical process, incidental to the making of money; whereas the making of money is a pecuniary operation, carried on by bargain and sale, not by mechanical appliances and powers. The business men make use of the mechanical appliances and powers of the industrial system, but they make a pecuniary use of them. ... The highest achievement in business is the nearest approach to getting something for nothing.«[138]

Demgegenüber liegt dem Prinzip des »social engineering« die Idee einer Organisation der gesellschaftlichen Güterproduktion gemäß der Prinzipien von »workmanship«, »industry« und »mechanical efficiency« zugrunde. Veblen betont, daß die technischen Professionen dem Gemeinwohl nicht etwa aufgrund einer besonders ausgeprägten moralischen Sensibilität gegenüber Unterdrückung und sozialem Elend dienen, sondern indem sie sich darauf beschränken, das mechanische System der Güterproduktion zu kontrollieren: »The technician is an active or creative factor in the case only in the sense that he is the keeper of the logic which governs the forces at work.«[139] Die technische Optimierung maschineller Produktion, durch die sich der Ausstoß an konsumierbaren Gütern maximiert, ist für Veblen der sicherste Garant des öffentlichen Wohls, zumal die Dehumanisierung der Ökonomie durch die Maschine zugleich den ökonomischen Individualismus und die Herrschaft der Privatinteressen zugunsten der Ausbreitung alternativer Vergesellschaftungsformen untergräbt. Dem Aufstieg der Maschine und ihrer Betreiber korrespondiert »the natural decay of business enterprise«:

»The growth of business enterprise rests on the machine technology as its material foundation. The machine industry is indispensable to it; it cannot get along without the machine process. But the discipline of the machine process cuts away the spiritual, institutional foundations of business enterprise; the machine industry is incompatible with its continued growth; it cannot in the long run, get along with the machine process. In their struggle against the cultural effects of the machine process, therefore, business principles cannot win in the long run.«[140]

138 *Veblen*, The Vested Interests, S. 92.
139 *Veblen*, Absentee Ownership, S. 262.
140 *Ebd.*, S. 374 ff.

Allerdings ließ Veblen die Frage unbeantwortet, wie sich die von ihm unterstellte Gemeinwohlorientierung der zeitgenössischen Experteneliten im direkten Interessengegensatz zu den Profitinteressen der Eigentümer, in deren Diensten sie doch in der Regel standen, praktisch realisieren sollte.[141] Einerseits beharrte er darauf, daß die »engineering professions« durch den besonderen Charakter ihre Handlungsmotive wie auch aufgrund ihrer strategischen Position in Wirtschaft und Gesellschaft die einzige mögliche Trägerschicht einer Umgestaltung des kapitalistischen Systems darstellten. Andererseits war er skeptisch hinsichtlich ihrer möglichen Organisierbarkeit und ihrer Emanzipation von den ökonomischen Interessen ihrer Arbeitgeber. Dies änderte sich 1919 kurzzeitig mit seiner Kontaktaufnahme zu einer Gruppierung innerhalb der American Society of Mechanical Engineers (A.S.M.E.) um deren Vizepräsidenten Morris L. Cooke sowie Henry L. Gantt, die ihre Profession als Organ und Funktionsträger des »public service« definierten und damit einen eigenständigen Typ des »engineering progressivism« schufen.[142] Veblen mißverstand diese Bewegung, deren primäres Motiv die sozialkonservative Statusbewahrung ihrer Profession war, als den möglichen Beginn einer Umgestaltung des ökonomischen Systems und entwarf die realitätsfremde Idee eines »soviet of technicians«, der die organisatorische Keimzelle einer von Wissenschaftlern, Technikern und Ingenieuren im Interesse des »material welfare« gesteuerten Planwirtschaft werden sollte: »The situation is ready for a self-selected, but inclusive, Soviet of technicians to take over the economic affairs of the country and to allow and disallow what they may agree on. ... Their Soviet must consistently and effectually take care of the material welfare of the underlying population.«[143]

141 Zu seiner Ehrenrettung ist allerdings zu berücksichtigen, daß die Frage der »independence from business« als ungelöstes Problem bis heute im Zentrum der amerikanischen Professionalisierungsforschung steht. Auf der einen Seite wird die Möglichkeit alternativer Wirtschaftsethiken mit Blick auf die abhängige Berufssituation der »engineering professions« negiert (so *Meiksins*, The »Revolt of the Engineers« Reconsidered, S. 424 ff.; besonders deutlich *Noble*, America by Design, S. 322 f.). Auf der anderen Seite wird nicht ausgeschlossen, daß sich im Zusammenhang einer »professional ethics« neue, politisch wirksame Ideen der Civil Society etablieren (siehe in diesem Zusammenhang vor allem *Sullivan*, Work, S. XIX).
142 Siehe zu dieser Episode in der Geschichte der amerikanischen »engineering professions« vor allem *Layton*, Veblen; *ders.*, The Revolt, S. 154 ff.; *Reynolds (Hg.)*, The Engineer in America, dort insbes. *Meiksins*, The »Revolt of the Engineers« Reconsidered, S. 407 ff.
143 *Veblen*, The Engineers and the Price System, S. 138 ff., Zitat S. 166. – Daß die Hoffnungen Veblens auf eine grundlegende Transformation des amerikanischen Kapitalismus unter der Leitung der »social engineers« schnell und umfassend enttäuscht worden sind, liegt bereits darin begründet, daß seine Interpretation des »engineering progressivism« ein völliges Mißverständnis dieser Bewegung gewesen ist. Dies betont in Anspielung auf Veblens Schrift »The Engineers and the Price System« *Layton*, Veblen, S. 70; *ders.*, The Revolt, S. 1 ff.; *Bell*, Veblen and the Technocrats, S. 71, 87; *Lerner*, Thorstein Veblen, S. 136. – Aus wirtschaftsgeschichtlicher Perspektive siehe zu diesem Thema *Stabile*, Veblen. – Zum Scheitern von Veblens »social trustee professionalism« siehe zuletzt *Brint*, In an Age, S. 36 ff., 56 ff.

Veblens entpolitisierte Konzeption des Sozialstaats, in der die Funktionseliten der New Middle Class anstelle einer regulativen Politik dem Zweck des Gemeinwohls dienen, dokumentiert eine wichtige gesellschaftstheoretische Dimension des Welfare-Diskurses in den USA und verdeutlicht die euphorischen Erwartungen, die sich nicht allein unter den Intellektuellen, sondern auch in der breiteren politischen Öffentlichkeit mit dem Aufstieg der neuen Professionen verbanden. Seine gesellschaftstheoretische Konzeption des Gemeinwohls verweist bereits auf den bedeutenden Stellenwert des »democratic elitism« und des »social planning« innerhalb der Gesellschaftstheorie des Progressive Movement.[144]

Aus dem intellektuellen Diskurs zwischen Progressive Era und New Deal schält sich abschließend keine einheitliche Konzeption des Welfare State heraus, sondern eine Reihe konkurrierender Positionen, die sich auf keinen gemeinsamen Nenner bringen lassen, wenn sich auch gemeinsame Elemente finden lassen. An der Vielfalt der verschiedenen Positionen zeigt sich, daß die politische Philosophie des Progressive Movement als eine vielstimmige Antwort auf die komplexen Problemlagen der modernen Gesellschaft begriffen werden muß. Die Intensität der damaligen Diskussionen zeigt, daß diese Epoche als eine tiefgreifende Transformationsphsae des Politischen wahrgenommen wurde, die neue sozialpolitische Antworten auf die zeitgenössische Modernisierungproblematik erforderlich machte. Im Kontext des hier untersuchten intellektuellen Milieus lassen sich die drei genannten Reaktionstypen voneinander unterscheiden: Während Beard und Croly der Idee eines Sozialstaats im europäischen Sinne am nächsten kamen, indem sie dem interventionistischen Staat den größten Stellenwert für die Durchsetzung einer regulativen Politik beimaßen, stand bei Dewey die Idee einer durch die deliberativen Verfahren der politischen Öffentlichkeit getragenen »welfare society« im Vordergrund. Kallen und Weyl haben den Aspekt der materiellen Grundversorgung der Verbraucher mit Konsumgütern betont und gehören somit zu den ersten Theoretikern der Konsumgesellschaft, wobei Weyl eher den Beitrag staatlicher Eingriffe in Produktionszusammenhänge betont hat, während Kallen seine Erwartungen eher auf eine politische Selbstorganisation der Verbraucher setzte. Veblen hat schließlich den Schwerpunkt auf die Professionen des »social engineering« als verantwortlichen Akteuren des öffentlichen Wohls gelegt und kommt daher einer Lösung der sozialen Frage im Sinne der »democratic elitists« am nächsten. Gemeinsam bringen diese verschiedenen Konzepte das intellektuelle Milieu einer Epoche zum Ausdruck, in der »social welfare« zu einem integralen Element des Politischen wurde.

---

144 Siehe hierzu im einzelnen Kapitel 6.

5. Die Geschlechterdimension sozialer Reform

Die Frage nach dem sozialpolitischen Sonderweg der USA im 20. Jahrhundert ist nur unvollständig beantwortet, wenn man das Phänomen des »maternal welfare state« sowie die Bedeutung der zeitgenössischen Frauenbewegung für den Aufbau des Sozialstaats ausblendet. Diese Aspekte standen im Zentrum der historischen Forschung der letzten Jahre, wobei insbesondere der sozialpolitische Beitrag einer auf die spezifischen Bedürfnisse von Frauen und Müttern zugeschnittenen »protective labor legislation« erwiesen werden konnte. Da die politische Philosophie und das historiographische Werk Mary Beards in diesen Kontext gehören, bietet sich die Gelegenheit, an ihrem Beispiel die Frage nach der zeitgenössischen Legitimierung des »maternal welfare state« zu thematisieren.[1]

Daß die Frauenbewegung des frühen 20. Jahrhunderts zum Kern des Progressive Movement gehörte und von ihr wichtige Reformimpulse ausgingen, ist bereits von der älteren Forschung gezeigt worden.[2] Die Brisanz der Geschlechterfrage resultierte aber nicht allein aus der politischen Dynamik der Frauenbewegung, die in der Erringung des Wahlrechts kulminierte, sondern auch aus der Tatsache eines rapiden Wandels weiblicher Rollen in Familie, Gesellschaft und Beruf, der in kurzer Zeit die Ordnung der Geschlechter veränderte.[3] Dieser sozialgeschichtliche Prozeß wurde durch

---

1 Obwohl die Frauenbewegung aufgrund der Sonderbedingungen der amerikanischen Entwicklung in den USA von besonderer Bedeutung war, läßt sich auch mit Blick auf die europäische Geschichte ihr Einfluß nachweisen: Siehe *Koven u. Michel*, Womanly Duties, die im »maternalism« das wichtigste Verbindungselement zwischen den Frauenbewegungen der untersuchten Länder sehen (S. 1091). – Zur internationalen Dimension des »maternal welfare state« siehe *Allen*, Feminism; *Bock u. Thane (Hg.)*, Maternity. – Daran anknüpfend: *Bock*, Weibliche Armut. – Zu den zeitgleich im Deutschen Kaiserreich verlaufenden Diskussionen um das sozialreformerische Programm der deutschen Frauenbewegung siehe *Schröder*, Wohlfahrt.
2 Siehe bereits *Hays*, The Response, S. 79; *Hofstadter (Hg.)*, The Progressive Movement, S. 8f.; *Link u. McCormick*, Progressivism; *McCormick*, Public Life, S. 95, 101, 108f. – Zuletzt siehe *Eisenach*, The Lost Promise, der ebenfalls die Geschlechterfrage im Zentrum des Progressive Movement lokalisiert (S. 181ff., 195ff.). – Daß die Frage des Geschlechterverhältnisses mittlerweile einen festen Platz in den neueren Überblicksdarstellungen der Epoche erobert hat, zeigt *Parrish*, Anxious Decades, S. 135ff.
3 Die Transformation tradierter Geschlechterrollen und die Entstehung der »new woman« ist mittlerweile gut untersucht: Siehe vor allem *Cott*, The Grounding. Als Forschungsüberblick siehe *Freedman*, The New Woman. – Als Überblicke siehe *Brown*, Setting; *Chafe*, Women; ders., The American Woman, S. 25ff.; ders., The Paradox; *Evans*, Born, S. 145ff.; *Filene*, Him/Her/Self; *Kleinberg*, American Women, S. 215ff.; *O'Neill*, Everyone, S. 146ff.; *Schneider u. Schneider*, American Women; *Sinclair*, The Better Half, S. 316ff.; *Ware*, Holding; dies.; Beyond Suffrage; *Woloch*, Women, S. 269ff.

einen intellektuellen Diskurs über die politische und gesellschaftliche Rolle von Frauen kulturell flankiert, der hier am Beispiel Mary Beards rekonstruiert werden soll.

Unter mehreren Gesichtspunkten verdient das politische und historiographische Werk Mary Beards in diesem Zusammenhang Beachtung: Politisch partizipierte sie noch an dem intellektuellen »awakening« einer Generation von Frauenrechtlerinnen, die wie Jane Addams und Florence Kelley eine scharfe Kritik des Laissez faire-Liberalismus mit der Idee einer wohlfahrtsstaatlichen Politik verbanden, in der die Frauenbewegung zu einem Garanten sozialer Reformen avancierte.[4] Nach Beards Rückzug aus der praktischen Politik in den Jahren 1917/18 aufgrund zunehmender Differenzen mit der Mehrheitsfraktion der Congressional Union in der Frage des von Beard abgelehnten »Equal Rights Amendment« widmete sie sich vor allem der Konzeptualisierung einer modernen Frauengeschichte. In ihrer historiographischen Arbeit setzte sich ein politischer Impuls fort, diente doch die historische Rekonstruktion der kulturellen Bedeutung der Frau als »co-maker of civilization« der Legitimierung einer Politik und Gesellschaft, an der Frauen gleichberechtigt teilhaben konnten. In historiographischer Hinsicht kann Mary Beard somit als Ideengeberin der gegenwärtigen Frauengeschichte gelten. Sie leistete historiographische Pionierarbeit, indem sie die Frauengeschichte in politischer Absicht als ein Element historischen Denkens begründete.[5]

Von den gegenwärtigen Vertreterinnen der amerikanischen Frauengeschichte hat sich Gerda Lerner am entschiedensten zu Mary Beard und insbesondere zu ihrem Werk »Woman as Force in History« bekannt: »Essentially, Mary Beard invented the concept of Women's Studies and Women's History.«[6] Was Beard – im Verständnis Lerners – für die moderne Frauen-

---

4 *Young*, Women's Place, S. 783 ff. – Ohne Beard zu erwähnen, rekonstruiert *Lagemann*, A Generation, S. 138 ff., im biographischen Zugriff auf die »progressive social reformers« die Erfahrungswelten der amerikanischen Frauenbewegung. – Speziell zur Rolle Beards in der Wahlrechtsbewegung siehe vor allem *Cott*, The Grounding, S. 53 ff.; *dies.*, Putting Women, S. 11 ff.; *Lane (Hg.)*, Mary Ritter Beard, S. 21 ff.; *Schaffer*, The New York City, S. 273; *Turoff*, Mary Beard, S. 19 ff.

5 Ihren »maternal influence on the history of women« betont *Smith*, Seeing Mary Beard, S. 414; als »founding mother of modern women's history« sieht sie *Cott*, What's in a Name?, S. 823. – Eine Zusammenfassung ihres historischen Denkens und ihres Beitrags zu der gemeinsam mit ihrem Mann publizierten Zivilisationsgeschichte findet sich in *dies.*, Putting Women, S. 19 ff.; *dies.*, Two Beards. – Grundzüge einer intellektuellen Biographie finden sich bei *Lane (Hg.)*, Mary Ritter Beard, S. 1–72. – Als kritische Würdigung siehe *Carroll*, Mary Beard's. – Ihre Vorbildfunktion für die erste Generation der neueren Frauengeschichte bis zum Beginn der 70er Jahre, aber auch die seither deutlich werdenden Grenzen rekonstruiert *Lebsock*, Reading, S. 326 f., während umgekehrt *Turoff*, Mary Beard, seit den späten 70er Jahren einen erneut steigenden Einfluß der Historiographie Beards konstatiert (S. 1 f.).

6 *Lerner*, The Majority, S. XXII. – Auch persönlich sah Lerner in Beard die wichtigste Quelle ihres eigenen historischen Denkens: »In a very real sense I consider Mary Beard, whom I never met, my principal mentor as a historian.« (S. XXIII).

geschichte vor allem rezeptionsfähig machte, war ihre Einsicht, »that women have always been active and at the center of history.«[7] Diese das Werk Beards leitende Überzeugung wurde zur Grundlage einer neuen historischen Perspektive, in der Frauen nicht mehr allein als Opfer der Geschichte wahrgenommen wurden, sondern als Akteure zivilisatorischer Prozesse, deren Handeln in der Gegenwart praktisch fortgesetzt werden müsse und könne. Auch wenn diese Grundidee der neueren Frauengeschichte bei Beard selber zunächst noch mit der Ausblendung der Unterdrückungssituation von Frauen einherging, so ermöglichte sie doch einen langfristig wirksamen Perspektivenwechsel des historischen Denkens, der bis in die Gegenwart weiterwirkt.[8] Die Leistung Mary Beards für die geschichtstheoretische und politische Begründung der Frauen- und Geschlechtergeschichte wird deutlich, wenn man sie in eine über 200jährige Tradition weiblicher Geschichtswissenschaft einrückt:

»In all the calls for a new positivism or a new orthodoxy, historians have yet to reach the sophisticated and self-conscious position of Beard, who saw multiple genres, methodological experimentation, and the insertion of women into historical narrative as a challenge to the priviliged position of male-centered scholarship. Beard's purpose was to open up the past to continuing interrogation from many standpoints and not to confine it to an encased orthodoxy. Without a knowledge of women's historiography and the guidance of Beard's scholarly vision, women's history will remain a foreign country.«[9]

Der große Einfluß Beards auf die Entstehung der neueren Frauengeschichte seit den 60er Jahren kontrastiert freilich stark mit ihrem zeitgenössischen Ausschluß aus den institutionellen Forschungskontexten und Karrieremustern der amerikanischen Geschichtswissenschaft. Mary Beard, die außer dem »Bachelor« keinen weiteren Abschluß erwarb, blieb aufgrund der Abwehrhaltung der etablierten Geschichtswissenschaft gegenüber frauen- und geschlechtergeschichtlichen Fragestellungen zeitlebens eine akademische Laufbahn verwehrt.[10]

---

7 *Ebd.*, S. XXI.
8 Neben Lerner betonen die inspirierende Wirkung Beards auf die neuere Frauengeschichte auch *DuBois u.a.*, Feminist Scholarship, S. 49f.; *Gordon*, U.S. Women's History, S. 187; *Hewitt u. Lebsock (Hg.)*, Visible Women, S. 345.
9 *Smith*, The Contribution, S. 732.
10 Den Karriereweg Beards verfolgt vor allem *Lane (Hg.)*, Mary Ritter Beard, S. 31 ff. – Zu den institutionellen Faktoren, die nicht nur Beard, sondern Frauen überhaupt eine akademische Karriere innerhalb der amerikanischen Geschichtswissenschaft verwehrten siehe *Scott*, American Women Historians. – Zuletzt siehe *Smith*, Gender and the Practices, die die männliche Konnotierung des zeitgenössischen Wissenschaftsverständnisses betont und sie als Ausdruck einer »masculine identity« rekonstruiert, die den Universalitätsanspruch der historischen Methode und ihres Wahrheitsbegriffs konterkariert (S. 1153). In der Tat ist mit der Geschlechterdimension der fachlich betriebenen Geschichtswissenschaft eine innere Wissenschaftlichkeitsgrenze der akademischen Geschichtswissenschaft markiert, die zwar nicht den grundsätzlichen Universalitätsanspruch der historischen Methode und ihres

Die Auseinandersetzung mit dem Werk Mary Beards bietet die Gelegenheit zur Thematisierung der Geschlechterdimension der Civil Society. Dabei stehen drei Fragestellungen im Mittelpunkt. Zunächst soll an das letzte Kapitel zur gesellschaftstheoretischen Legitimierung des amerikanischen Sozialstaats angeknüpft werden, indem die dort bereits behandelten Theorietypen des »social welfare« durch einen weiteren ergänzt werden: durch den Typ des »maternal welfare state«, der einen Schwerpunkt der gegenwärtigen Diskussionen zur Geschichte des Sozialstaats in der Progressive Era bildet. In einem ersten Untersuchungsschritt sollen daher die sozialpolitischen Strömungen innerhalb der Frauenbewegung des frühen 20. Jahrhunderts herausgearbeitet werden, um den geschichtlichen Hintergrund deutlich werden zu lassen, vor dem das historische und politische Denken Mary Beards gesehen werden muß (a). In einem zweiten Schritt soll ihr Werk als ein Beitrag zur Legitimierung eines auf die spezifischen Schutzbedürfnisse von Frauen und Müttern zugeschnittenen Typs wohlfahrtsstaatlicher Politik und eines den Interessen von Frauen Rechnung tragenden Zivilisationsmodells rekonstruiert werden. Zugleich ist in diesem Zusammenhang der Beitrag anzusprechen, den ihre Historiographie für die Entstehung der modernen Frauengeschichte geleistet hat (b). Schließlich verweist die Position Beards auf ein auch in der gegenwärtigen Frauengeschichte viel diskutiertes Theorieproblem: auf das »equality-difference-dilemma«, d.h. auf die Frage, wie die Spezifik von Frauen in Gesellschaft und Politik zur Geltung gebracht werden soll und kann: als Behauptung von Differenz oder als Realisierung von Gleichheit (c).

a) Der sozialpolitische Sonderweg der USA und die Rolle der Frauenbewegung

Im Jahre 1915 veröffentlichte Mary Beard eine Untersuchung der sozialpolitischen Frauenorganisationen ihrer Zeit, die auf einer breiten empirischen Grundlage erstmals den Beitrag der »public spirited women« jener Zeit für die Entstehung einer neuen sozialstaatlichen Ordnung in den urbanen Zentren der USA dokumentierte und die Transformation des Sozial- und Fürsorgesystems »from old-fashioned charity to coordinated social service« ein-

---

Wahrheitsbegriffs tangiert, wohl aber auf die nur begrenzte Einlösung dieses Anspruchs im Rahmen der amerikanischen Geschichtswissenschaft des 19. Jahrhunderts hinweist. – Zur Ausgrenzungspolitik der American Historical Association siehe *Goggin*, Challenging Sexual Discrimination, die den institutionengeschichtlichen Kontext beleuchtet, in dem Mary Beards Karriere als Historikerin letztlich gescheitert ist. – Nicht Beard, sondern Historikerinnen aus drei unterschiedlichen Generationen vor Beard thematisiert *Sklar*, American Female Historians. – Die ganze Vielfalt weiblicher Historiographie in der Geschichte der USA dokumentieren jetzt im biographischen Zugriff *Scanlon u. Cosner*, American Women Historians.

forderte.¹¹ Damit lenkte sie den Blick auf ein bis in die jüngste Gegenwart vernachlässigtes Phänomen: auf eine in der amerikanischen Frauenbewegung des frühen 20. Jahrhunderts entstandene Vorstellung von Sozialpolitik, in deren Zentrum eine neue Konzeption sozialer Verantwortung stand und die eine Initialzündung des Sozialstaats bewirkte. Beard verband mit ihrer Dokumentation weiblicher Reforminitiativen die Hoffnung, daß sich auf diesem Wege der bisher parteipolitisch restringierte, liberal-individualistische Begriff des Politischen erweitern ließe und damit eine von Frauen repräsentierte politische Öffentlichkeit in ihrer vollen Bedeutung erkennbar werden würde: »The story is told in the hope that more men may realize that women have contributions of value to make to public welfare in all its forms and phases, and come to regard the entrance of women into public life with confidence and cordiality, accepting in their cooperation, if not in their leadership, a situation full of promise and good cheer.«¹²

Beards Rekonstruktion einer von Frauen getragenen Gesellschaftsreform brachte ein historisches Phänomen in Erinnerung, das in den letzten Jahren einen Schwerpunkt der amerikanischen Sozialstaatsforschung bildete. Unter dem Leitbegriff des »maternal welfare state« sind soziale Reformstrategien der Progressive Era ins Blickfeld getreten, die von der Frauenbewegung jener Zeit organisatorisch getragen wurden und als Ursprungskontext des Sozialstaats anzusehen sind. Obwohl dies grundsätzlich ein internationales Phänomen darstellt, ist es in der amerikanischen Geschichte aufgrund der Stellvertreterfunktion der Frauenbewegung und anderer gesellschaftlicher Gruppen für die Durchsetzung sozialpolitischer Reformstrategien von besonderer Bedeutung.¹³

Das erklärungsbedürftige Problem läßt sich auf die Frage zuschneiden, warum die politische Entwicklung in den USA zu Beginn des 20. Jahrhunderts nicht zu einem am kulturellen Leitbild des »citizen worker« und männlicher Haushaltsvorstände orientierten paternalistischen Wohlfahrtsstaat geführt hat, sondern stattdessen zu »protective laws on women workers alone«.¹⁴ Das traditionelle Bild der USA als »welfare state laggard« ist revisionsbedürftig, weil es diese Geschlechterdimension des Sozialstaats unter-

---

11 *Beard*, Woman's Work, Zitat S. 240. – Als immer noch beste Dokumentation der von Frauen getragenen sozialpolitischen Reforminitiativen jener Zeit wird dieses Werk gewürdigt durch *Frankel u. Dye (Hg.)*, Gender, S. 9.
12 *Beard*, Woman's Work, S VII. – Die Rolle von Frauen als politischen Trägern des »social progressivism« akzentuiert auch *Lebsock*, Women, S. 46.
13 Aus der anschwellenden Literatur zu diesem Thema siehe unter Berücksichtigung der internationalen Dimension *Bock u. Thane (Hg.)*, Maternity; *Cohen u. Hanagan*, The Politics; *Koven u. Michel*, Gender; *dies.*, Womanly Duties; *dies. (Hg.)*, Mothers. – Mit Blick auf die spezifische Konstellation der USA siehe *Frankel u. Dye (Hg.)*, Gender; *Gordon (Hg.)*, Women; *Mink*, The Wages; *Muncy*, Creating; *Orloff*, Gender; *Skocpol u. Ritter*, Gender; *Skocpol*, Protecting; *dies.*, Social Policy, S. 72 ff.
14 *Ebd.*, S. 76. – Siehe auch *dies.*, Protecting, S. 1 ff.

schlägt. Gewöhnlich liegt der historischen Sozialstaatsforschung eine Konzeption von Arbeit, Politik und Staatsbürgerschaft zugrunde, die an männlichen Verhaltensmodellen und Politikmustern orientiert ist, die entsprechenden politischen Sozialstaatsstrategien normativ prämiiert und weibliche Beiträge als unpolitisch ausblendet.[15] Im Zentrum steht der »citizen as worker«, der gewöhnlich männliche Alleinverdiener. Offensichtlich entspricht jedoch die amerikanische Entwicklung während der Progressive Era nicht diesem Modell.

Warum aber ist es in den USA im 19. und frühen 20. Jahrhundert nicht zur Entstehung eines paternalistischen, auf eine männliche Arbeiterschaft zugeschnittenen Sozialstaats im europäischen Sinne gekommen, sondern stattdessen zu einer weitgehend auf die Schutzbedürfnisse von Frauen und Müttern beschränkten, maternalistischen Sozialgesetzgebung? – Diese Sonderentwicklung verweist auf die traditionelle Schwäche der amerikanischen Bürokratie, der es wie der Arbeiter- und Gewerkschaftsbewegung in einem durch Parteien und Gerichte geprägten politischen System an der Fähigkeit zur Durchsetzung langfristiger sozialpolitischer Reformprogramme mangelte.[16] In dieser Situation einer Machtlosigkeit derjenigen gesellschaftlichen und politischen Kräfte, die in Europa die Entstehung der Sozialstaaten seit dem 19. Jahrhundert bewirkt hatten, übernahm die amerikanische Frauenbewegung – in Analogie zu den Intellektuellen des New Liberalism – eine Stellvertreter- und Initialfunktion für die Durchsetzung sozialpolitischer Maßnahmen. Insofern läßt sich konstatieren, »that gender did the work of class in building and shaping social welfare in the Progressive Era United States.«[17]

Erfolge amerikanischer Sozialpolitik stellten sich zu Beginn des 20. Jahrhunderts vornehmlich bei gesetzlichen Bestimmungen zum Schutz von Frauen, Müttern und Kindern ein.[18] Noch bevor den amerikanischen Frauen das Wahlrecht zugesprochen wurde, erlangten sie einen größeren Einfluß auf die zeitgenössische Sozialgesetzgebung als die Arbeiter- und Gewerkschaftsbewegung, der es nicht gelang, entsprechende Schutzbestimmungen

---

15 Als Analyse und Kritik männlich dominierter Sozialstaatstraditionen siehe *Pateman*, The Patriarchal.

16 Die historischen Ursachen dieser sozialpolitischen Sonderentwicklung der USA ist von verschiedener Seite herausgearbeitet worden; siehe vor allem *Skocpol u. Ritter*, Gender, S. 54 ff., 70 ff.; *Skocpol*, Social Policy, S. 11 ff.

17 *Koven u. Michel (Hg.)*, Mothers, S. 25. – Zur Bedeutung von »gender as a substitute for class strategies« in der amerikanischen Geschichte siehe auch *Sklar*, The Historical Foundations, S. 45. – Zu den Ursachen für das Scheitern des »paternalist welfare state« siehe im einzelnen *Skocpol*, Protecting, S. 153 ff.

18 Als Überblicke dieser »protective legislation« siehe *ebd.*, S. 311–524; *Klaus*, Every Child; *Ladd-Taylor*, Mother-Work; *Muncy*, Creating; *Gordon*, Putting. – Eine genaue Auflistung der sozialpolitischen Erfolge und der Handlungsebenen der regulativen Politik in dieser Zeit (von der Gesundheitsvorsorge, über Arbeitsschutzgesetze speziell für Frauen und Kinder, bis hin zu Bestimmungen des Verbraucherschutzes) findet sich bei *Jansson*, The Reluctant Welfare State, S. 95.

für die Masse der männlichen Arbeiterschaft durchzusetzen. Im Zentrum der Sozialpolitik des frühen 20. Jahrhunderts stand somit weniger der »citizen-worker«, als vielmehr die »citizen-mother«.[19] In diesem Umstand liegt der sozialpolitische Sonderweg der USA begründet:

»Many social reforms were enacted into law during the progressive era, but not measures calling for new public social spending on old-age pensions or other kinds of working men's social insurance. The United States thus refused to follow other Western nations on the road toward a paternalist welfare state, in which male bureaucrats would administer regulations and social insurance ›for the good‹ of breadwinning industrial workers and their dependents. Instead, America came close to creating a pioneering maternalist welfare state, with female-dominated public agencies implementing regulations and benefits for the good of women and their children.«[20]

Worin sind jedoch die Ursachen für die Entstehung dieses »maternal welfare state« begründet? – Zwei Faktoren sind in diesem Zusammenhang von entscheidender Bedeutung: zum einen die erfolgreiche Politisierung der Idee der »separate spheres« im Kontext der amerikanischen Frauenbewegung seit dem späten 19. Jahrhundert und die damit einhergehende kulturelle Neubestimmung der Geschlechtercharaktere (1.); und zum anderen die Entstehung sozialpolitischer Organisationen und die zunehmende Qualifizierung und Professionalisierung der tragenden Gruppen des »social feminism«, was zu einer Verwissenschaftlichung der Wohltätigkeitskultur des 19. Jahrhunderts führte und Sozialpolitik auf eine neue Basis stellte (2.).

1. Die von Mary Beard erkannte politische Qualität der Reforminitiativen der amerikanischen Frauenbewegung bestätigt sich im Zusammenhang der neueren Diskussionen um den Maternal Welfare State. Dieser wäre undenkbar gewesen, wenn die Frauenbewegung nicht einen erheblichen Einfluß auf die Bestimmung dessen gehabt hätte, was als Politik zu gelten habe und mit welchen politischen Mitteln auf die Modernisierungskrisen des frühen 20. Jahrhunderts angemessen reagiert werden könne. Die Definitionsmacht von Frauen bei der Bestimmung des Politischen ist im Zusammenhang dieser gegenwärtigen Forschungsdiskussionen auf neue Weise in den Blick getreten. In den weiblichen Reforminitiativen der Progressive Era dokumentiert sich eine Transformation des Politischen, in der sich »charity« zu Sozialpolitik wandelte und sich moralische Betroffenheit mit politischem Bedeutungsgehalt auflud. Aus der Spezifik weiblicher Lebensformen resultierte eine besondere Sensibilität gegenüber den Problemlagen der Gegenwart, die zu Entwürfen einer sozialstaatlichen Politik verarbeitet wurden.[21]

19 *Mink*, The Lady, S. 93.
20 *Skocpol*, Social Policy, S. 12f.
21 Im Kontext ihrer biographischen Fallstudie zu Florence Kelley, von 1899 bis zu ihrem Tod im Jahre 1932 Generalsekretärin der Natonal Consumer's League, und außerdem eine

Der neue Politikbegriff entstand, als sich der aus dem 19. Jahrhundert überlieferte »cult of domesticity and true womanhood«, der die kulturelle Bedeutung der Frau auf ihre Funktion als Hüterin des Hauses und familiärer Werte begrenzte, angesichts des Zusammenbruchs tradierter Formen sozialen Zusammenlebens durch Urbanisierung und Marktvergesellschaftung mit politischem Gehalt anreicherte und als Lösungsmodell gesellschaftlicher Krisen begriffen wurde.[22] Die von den Frauen der amerikanischen Mittelklasse artikulierten Vorstellungen von »social service« und »civic improvement« gewannen Modellcharakter für den als notwendig erfahrenen Umbau der Gesellschaft und wurden in einer Vielzahl weiblicher Organisationen virulent. Deren Ziel war es, die sozialen Zustände der Städte den normativen Prämissen der »true womanhood« anzuverwandeln und damit politisch zu »domestizieren«. In diesem Politisierungsprozeß tradierter Weiblichkeitsideale und Geschlechterstereotype transformierte sich der traditionelle Bedeutungsgehalt der »separate spheres« auf entscheidende Weise:[23] Weibliche Erfahrungen und Lebensformen verloren ihre Beschränkung auf den privaten Bereich und wurden zu öffentlichen, politisch relevanten Phänomenen.

Die Überwindung der viktorianischen Ideen der Geschlechterdifferenz war eine entscheidende Leistung der politischen Frauenbewegung der Progressive Era.[24] Sie basierte auf einem Mobilisierungsschub von Frauen der amerikanischen Middle Class seit der zweiten Hälfte des 19. Jahrhunderts, in dem sich weibliche Geschlechterrollen politisierten.[25] Die Leistung dieser Frauengeneration ist es gewesen, den Eigensinn ihrer Lebensformen neu definiert zu haben, indem sie den politischen Charakter der bisher als unpolitisch geltenden Sphären weiblicher und insbesondere mütterlicher Lebens-

---

der einflußreichsten Sozialreformerinnen des »social feminism«, rekonstruiert Sklar jetzt diese politische Antwort der amerikanischen Frauenbewegung auf die Modernisierungsproblematik der industriellen Gesellschaft: Sklar, Florence Kelley, S. XII.

22 Siehe etwa *Sapiro*, The Gender; *Wortman*, Domesticating, S. 339f.

23 Als Forschungsüberblick über die Geschichte und den Begriff der »separate spheres« in den USA siehe *Kerber*, Separate Spheres. – Siehe außerdem *Welter*, The Cult.

24 In diesem Zusammenhang siehe *Rosenberg*, Beyond Separate Spheres, die die Bedeutung Chicagos und New Yorks für die Neubestimmung weiblicher und männlicher Geschlechterrollen zwischen 1870 und 1920 betont und dabei den Stellenwert Deweys, Veblens und Jane Addams' unterstreicht. Sie waren es vor allem, die ein Denken über die Ordnung der Geschlechter »beyond separate spheres« eingeleitet haben (S. 53ff., 207ff.). – Zu Deweys Unterstützung der Wahlrechtsbewegung siehe *Boydston*, John Dewey; *Laird*, Women. – Als Versuch, in Anknüpfung an Dewey eine feministische Perspektive der Gesellschaftstheorie zu begründen, siehe jetzt *Seigfried*, The Missing Perspective; *dies.* (Hg.), Feminism and Pragmatism; *dies.*, Pragmatism and Feminism.

25 Zum Wandel der Geschlechterrollen in der amerikanischen Geschichte siehe *Filene*, Him/Her/Self (zur Transformation des viktorianischen Rollenverständnisses während der Progressive Era siehe dort S. 1–112). Speziell zum New Yorker Entstehungsmilieu der »New Woman« siehe *Sochen*, The New Woman. – Die Politisierung traditioneller Frauenrollen in der Progressive Era betont auch *Young*, Women's Place, S. 783ff.

bereiche deutlich machten und deren kulturelles Innovationspotential politisch auszuschöpfen begannen.

Als eine unmittelbare Folge dieses Vorgangs veränderte sich das Verhältnis von Öffentlichkeit und Privatsphäre sowie das Verständnis der »separate public tasks« der beiden Geschlechter grundlegend.[26] In einem wegweisenden Artikel aus dem Jahre 1984 hat Paula Baker diesen Prozeß herausgearbeitet:[27] In Anknüpfung an die These einer grundsätzlichen Vereinbarkeit weiblicher und insbesondere mütterlicher Geschlechterrollen mit einem republikanisch geprägten Politikverständnis[28] und ihrer Symbiose mit den Tugendvorstellungen des späten 18. Jahrhunderts rekonstruierte sie den Prozeß, in dem sich während des 19. Jahrhunderts der Politikbegriff verengte und zunehmend als eine männliche, durch Parteien dominierte Praxis wahrgenommen wurde, aus der Frauen ausgeschlossen waren. Doch indem sich im Zuge dieser Entwicklung die Lebensbereiche von Frauen und Männern voneinander trennten, entstand zugleich Raum für die Eroberung neuer Politikfelder durch Frauen im Gegensatz zu einer liberal-individualistisch geprägten Parteipolitik und Ökonomie. Jenseits des Kampfes um das Wahlrecht gewann auf diese Weise eine Dimension des Politischen an Kontur, die in ihrer dezidiert politischen Qualität kaum wahrgenommen wurde, sondern als eine abseitige, ja geradezu anti-politische soziale Realität galt: Gemeint ist das breitgefächerte System der von Frauen der amerikanischen Mittelklasse getragenen Wohlfahrtsvereinigungen und »women's clubs«. Zunächst als institutionelle Verkörperungen von wahrer Weiblichkeit und Mütterlichkeit entstanden, begannen sie allmählich, sich aus den Schranken der »separate spheres« zu emanzipieren und ein Eigenleben zu entfalten. In ihnen entstanden Strategien einer ambitionierten Sozialreform, mit dem erklärten Ziel, »to bring the benefits of motherhood to the public sphere«.[29] Die Ausgrenzung von Frauen aus Wirtschaft und Parteipolitik, die als Formen öffentlichen Lebens Männern vorbehalten blieben, beschränkte deren Tätigkeitsfeld auf das Haus, das Familienleben und ein System sozialer Wohltätigkeitsorganisationen, – Felder, die trotz ihrer unpolitischen Aura

---

26 Dies betont *Baker*, The Moral Frameworks, die die Unterschiede zwischen dem männlichen und weiblichen Politik- und Öffentlichkeitsmodell seit den 70er Jahren des 19. Jahrhunderts herausarbeitet (S. 24 ff., 56 ff.). – Siehe zum Entwurf einer feministischen Konzeption der politischen Öffentlichkeit außerdem *Elshtain*, Public Man; *Evans*, Women's History; *Sassoon (Hg.)*, Women; *Sharistanian (Hg.)*, Beyond; *dies. (Hg.)*, Gender. – Am Beispiel Florence Kelley's verfolgt diese Transformation der politischen Kultur jetzt *Sklar*, Florence Kelley, insbesondere S. XIII. Sklar entfaltet diese neuen Ideen von Öffentlichkeit und Politik in Anknüpfung an Bender und Habermas, die beide der von Dewey entworfenen Konzeption der Civil Society nahekommen (S. XII).
27 *Baker*, The Domestication.
28 Siehe hierzu *Kerber*, Separate Spheres.
29 *Baker*, The Domestication, S. 96. – Siehe auch *Flanagan*, Gender. – Zu den Auswirkungen der amerikanischen Frauenbewegung auf den Wandel der politischen Kultur siehe auch *McGerr*, Political Style.

von Frauen als »chief avenues into the public sphere« genutzt worden sind.[30] Sie bildeten den Boden, auf dem sich die Ansätze eines Sozialstaats ausbilden konnten und im Kontext von Kommunalpolitik, Schulreformen, Gesundheitsfürsorge und Initiativen des Verbraucherschutzes eine erste Wirksamkeit entfalteten.[31]

Nicht trotz, sondern gerade wegen der Verweigerung des Wahlrechts blieb die Sphäre der »separate spheres« während des 19. Jahrhunderts kein politikfreier Raum, sondern wurde zur Keimzelle einer alternativen Konzeption des Politischen. Angesichts der Modernisierungskrisen der Progressive Era erfuhr sie eine schlagartige Aktualisierung und eine nun dezidiert öffentliche Bedeutung, weil dort die sozialen Kompetenzen nachgefragt und abgerufen werden konnten, die zur Lösung der Gegenwartsproblematik erforderlich waren, aber durch ein von Männern dominiertes politisches und ökonomisches System nicht zur Verfügung gestellt werden konnten. Weder eine handlungsfähige Sozialstaatsbürokratie, noch eine mächtige Arbeiter- oder Gewerkschaftsbewegung, sondern ein Netz ursprünglich als unpolitisch geltender Frauenorganisationen wurde so unter dem Problemdruck der Progressive Era zum organisatorischen Kern des Sozialstaats.[32] In der verstärkten Nachfrage der Progressive Era nach einem in weiblichen Organisationsformen gespeicherten Sozialwissen und den ihm entsprechenden sozialpolitischen Qualifikationen erfuhren die Nischen der Separate Spheres eine Aufwertung zu politischen Instanzen gesellschaftlicher Problemlösung.

Weibliche Lebenssphären, deren Aufgabe im kulturellen Selbstverständnis der Zeit eher die moralisch motivierte Rettung sozialer Gemeinschaften vor dem Zugriff der Politik und des Kapitalismus sein sollte, wurden so zu Triebkräften gesellschaftlicher Reformen, in denen die Grundlagen einer sozialstaatlichen Politik gelegt worden sind:

»Even as America's federal state of weak bureaucracies, patronage parties, and strong courts obstructed possibilities for paternalist labor regulations and social spending for the working class in general, it left space for forces advocating maternalist benefits and regulations targeted on women and children in particular. ... And at the turn of the century, higher-educated women reformers and widespread associations of married ladies, both inspired by normative ideals of women's separate sphere of domesticity and motherhood, were able to shape public discourse and put effective simultaneous pressure on many state legislatures at once, encouraging bipartisan support for women's labor regulations and mothers' pensions. Some tentative beginnings toward a distinctively maternalist American welfare state were thus made at a time when the prospects were dim for an early paternalist welfare state along British or European lines.«[33]

---

30 *Koven u. Michel (Hg.)*, Mothers, S. 29; *dies.*, Womanly Duties, S. 1107.
31 Das Spektrum weiblicher Sozialpolitik dokumentiert *Beard*, Woman's Work.
32 Siehe hierzu *Skocpol*, Social Policy, S. 28.
33 *Skocpol u. Ritter*, Gender, S. 92 f.

Die Sonderentwicklung des amerikanischen Sozialstaats zu Beginn des 20. Jahrhunderts ist nur unter Berücksichtigung dieser Geschlechterdimension erklärbar.³⁴ Ein Vergleich des weiblichen und männlichen Führungspersonals von Wohlfahrtsorganisationen des ersten Drittels des 20. Jahrhunderts hat diesen Befund bestätigt und ermöglicht es, eine weibliche »language of welfare« von einer männlich geprägten Konzeption sozialstaatlicher Politik abzugrenzen und so die Geschlechterspezifik der jeweiligen Lösungsstrategien zeitgenössischer Modernisierungsprobleme aufzuweisen, die sich als eine »rhetoric of needs« auf weiblicher Seite von einer »rhetoric of rights« auf männlicher kennzeichnen läßt. Dominiert beim männlichen Diskurs, der Logik der Lohnarbeit entsprechend, die Forderung nach einer individuellen Absicherung der Lebensrisiken im Rahmen eines Sozialversicherungssystems (»social security«), so beruht der weibliche Sozialstaatsdiskurs auf der Idee öffentlicher Fürsorge (»public assistance«), wechselseitiger Hilfe und auf einer Sozialethik des Gemeinwohls.³⁵

Bereits seit dem 18. Jahrhundert waren die Rollenzuschreibungen an die Adresse der Frau, die ihr einen Platz als Mutter im Haus und in der Familie zuwiesen, mit einer latent politischen Funktion verbunden. In dem Phänomen der »republican motherhood« etwa kam diese politische Qualität weiblicher Geschlechterrollen zum Ausdruck.³⁶ Auch während des 19. Jahrhunderts wurde Frauen und Müttern in einer liberal-individualistischen Welt eine Funktion für die Kontinuierung öffentlich relevanter Tugenden und vergemeinschaftender Qualifikationen zuerkannt, die den Zusammenhang der Gesellschaft sicherstellen sollten. »Mothering« besaß insofern auch in der viktorianisch geprägten Gesellschaft des 19. Jahrhunderts stets eine insgeheim politische Qualität im Sinne einer »counterbalancing power«: Sie sicherte die Grundvoraussetzungen der sozialen Integration im Rahmen einer materialistisch und individualistisch geprägten Gesellschaft. Als Wächter des zivilen Zusammenhangs waren Frauen nicht auf die Privatsphäre beschränkt, sondern nahmen öffentliche Aufgaben der kulturellen Reproduktion wahr.³⁷ In der Geschlechterordnung des 19. Jahrhunderts entsprach da-

---

34 Zur Kritik der »gender-blind welfare-state scholarship« siehe *Gordon (Hg.)*, Women, S. 10ff.; *Sapiro*, The Gender Basis. – Die Existenz von zwei geschlechterspezifischen Kulturen innerhalb der amerikanischen Sozialpolitik des frühen 20. Jahrhunderts bestätigt am Beispiel eines Vergleichs zwischen der National Consumers' League und der American Association of Labor Legislation *Sklar*, Two Political Cultures.

35 *Gordon*, Social Insurance. – Zur Ausgrenzung von Frauen und vor allem alleinstehenden Müttern aus dem auf männliche Arbeitnehmer zugeschnittenen Social Security-System siehe jetzt *dies.*, Pitied.

36 *Kerber*, Women of the Republic.

37 *Kann*, Individualism, S. 58. – Ein neues Licht auf das öffentliche Leben von Frauen im 19. Jahrhundert wirft jetzt *Ryan*, Women in Public, die die symbolische Präsenz von Frauen in der urbanen »public culture« jener Zeit rekonstruiert, die sich zwischen Bürgerkrieg und Progressive Era kontinuierlich steigerte. – *Dinkin*, Before Equal Suffrage, hält nicht, was der Titel verspricht.

her der politischen, ökonomischen und gesellschaftlichen Ausgrenzung der Frau aus den Prozessen des öffentlichen Lebens ihre Funktion für die Sicherstellung eines Zusammenhangs der Gesellschaft im Kontext der als privat geltenden Lebenskreise des Hauses, der Familie und der lokalen Communities. Gerade weil sie das »Andere der Gesellschaft« und einen Gegensatz zum Politischen verkörperte, war ihr ein kulturell überhöhtes Image als »housekeeper of the nation« mit einer wichtigen Korrektivfunktion gegenüber den sozialdestruktiven Tendenzen der kapitalistisch geprägten Gesellschaft sicher.[38]

Die Politisierung der Frauen- und Mutterrolle in den Organisationen des Social Feminism ging einher mit der Umkehrung des Verhältnisses von Öffentlichkeit und Privatsphäre: Galten in der kulturellen Geschlechterhierarchie des 19. Jahrhunderts die männlich besetzten Lebenswelten als öffentlich und politisch, während die von Frauen repräsentierten Lebenssphären als private Gegenwelten der politischen Gesellschaft wahrgenommen wurden, so kehrte sich diese Hierarchisierung im Verständnis des Social Feminism geradezu um: Die weiblich dominierten Lebensformen und Aufgaben in Familie und Communities als Elementarbausteinen der Civil Society gewannen nun eine dezidiert öffentliche Bedeutung und wurden als politische Erneuerungspotentiale der Gesellschaft entdeckt, während die im kulturellen Selbstverständnis der Zeit männlich besetzten Wirkungskreise als Ausdruck eines agonalen Besitzindividualismus zu gelten begannen, der seine politische Qualität bereits eingebüßt hatte und zu einer bloßen Begleiterscheinung des modernen Kapitalismus herabgesunken war.[39]

Die geschlechterhistorische Bedeutung der Progressive Era besteht darin, daß sich die auf die Tradition der »republican motherhood« zurückgehende Idee der zivilisatorischen Sonderrolle der Frau als Garantin sozialen Zusammenhangs, als Trägerin republikanischer Tugenden und als Gegenmacht des männlich geprägten Individualismus angesichts der objektiven Herausforderungen der industriellen Gesellschaft politisierte und einen dezidiert öffentlichen Bedeutungsgehalt erlangte. Eine im 19. Jahrhundert auf der organisatorischen Basis der »voluntary associations« ausgebildete, in ihrer politischen Qualität jedoch weithin latent gebliebene weibliche Kultur des sozialen Zu-

---

38 *Baker*, The Domestication, hat dieses viktorianische »ideal of womanhood« als eine geschlechterübergreifende Überzeugung rekonstruiert, die der Frau einen Platz zuwies, der bewußt im Gegensatz zu Politik und Ökonomie stand (S. 85). – Zum Weiblichkeitsideal des amerikanischen Viktorianismus siehe auch *Donnelly*, The American Victorian Woman, die den Zusammenhang zwischen politischer Ausgrenzung und kultureller Überhöhung herausarbeitet; sowie *Russett*, Sexual Science, die die natur- und kulturwissenschaftlichen Theorien der Frau in England und den USA während des Viktorianischen Zeitalters untersucht.

39 Die Tendenz des »gendering« historischer Phänomene hat vor dem amerikanischen Individualismus nicht haltgemacht. Als Ausdruck einer maskulinen Identität und als »malecentered discourse« rekonstruiert ihn *Kerber*, Women and Individualism, hier: S. 600.

sammenhangs stellte mit dem Ausbruch der Modernisierungskrisen zu Beginn des 20. Jahrhunderts die einzig aktualisierbare sozialpolitische Lösungsstrategie der zeitgenössischen sozialen Problemlagen dar. Erst der akute Handlungs- und Erfahrungsdruck der industriellen Gesellschaft erzeugte den politischen Bedarf an dem dort lebensweltlich gespeicherten sozialen Handlungswissen, mit dem ein parteipolitisch verengter Begriff des Politischen aufgesprengt werden konnte und die politische Relevanz der von Frauen der amerikanischen Middle Class getragenen sozialen und moralischen Reforminitiativen des 19. Jahrhunderts sichtbar wurde.[40]

Die Entstehung der neuen Sozialwissenschaften und sozialen Professionen, vor allem jedoch der Aufstieg des New Liberalism seit der Jahrhundertwende taten ein übriges, um die politische Bedeutung der zunächst als unpolitische Wohltätigkeit von Frauen wahrgenommenen Aktivitäten sichtbar werden zu lassen und damit einen Prozeß der »domestication of politics« einzuleiten:

»The willingness of government to accept these new responsibilities has to do with the transformation of liberalism in the early twentieth century. Liberalism came to be understood not as individualism and laissez faire but as a sense of social responsibility coupled with a more activist, bureaucratic, and ›efficient‹ government. This understanding of government and politics meshed nicely with that of women's groups. Both emphasized social science ideas and methods, organization, and collective responsibility for social conditions. Thus there were grounds for cooperation, and the institutions that women created could easily be given over to government. ... As government took up social policy – in part because of women's lobbying – they became part of the private domain. The domestication of politics, then, was in large part women's own handiwork. In turn, it contributed to the end of separate political cultures. First, it helped women gain the vote. ... The domestication of politics was connected, too, with the changed ideas of citizens about what government and politics were for.«[41]

In dieser geschichtlichen Situation wurden »Mütterlichkeit« und »Weiblichkeit« zu Kategorien, die die Prinzipien sozialer Vergemeinschaftung und die Idee des »community welfare« im Gegensatz zur Realität des Kapitalismus und einer liberal-individualistischen Gesellschaft zum Ausdruck brachten. Gerade die Nicht-Integration der Frauen in das politische und ökonomische System ermöglichte die Ausbildung einer alternativen Gesellschafts- und Politikkonzeption, die unter den besonderen Bedingungen des frühen 20. Jahrhunderts eine angemessene Antwort auf die Probleme der Zeit zu geben schien. Somit existiert eine innere Affinität dieser weiblichen politischen Subkultur mit den neo-republikanischen Intentionen des New Liberalism.[42] Der »cult of true womanhood« hatte bereits im 18. und 19. Jahr-

---

40 *Baker*, The Domestication, S. 91 ff.
41 *Ebd.*, S. 97 f. – In dieselbe Richtung weisen *Frankel u. Dye (Hg.)*, Gender, S. 3 ff.
42 *Baker*, The Domestication, S. 97 f.

hundert die sozialen Erneuerungspotentiale der modernen Gesellschaft in den Bereich weiblicher Lebenszusammenhänge verlagert. In der Progressive Era wurden diese latenten Innovationschancen von der Seite des Social Feminism aktualisiert, indem er den Begriff der politischen Öffentlichkeit neu definierte.

2. Neben dieser Erweiterung des Politikbegriffs waren der Aufbau eines sozialpolitischen Organisationswesens sowie die zunehmende Professionalisierung weiblicher Reformstrategien weitere Leistungen der amerikanischen Frauenbewegung seit dem späten 19. Jahrhundert, die für die Herausbildung des Maternal Welfare State von großer Bedeutung waren. Bevor das Werk Mary Beards als ein Beitrag zur Legitimierung des sozialen Feminismus untersucht wird, sollen zunächst die Infrastruktur und Trägergruppen dieser Fraktion der amerikanischen Frauenbewegung näher herausgearbeitet werden.[43]

Als organisatorische Basis der neuen weiblichen Politikvorstellungen entstand seit dem Ende des Bürgerkriegs in Reaktion auf die sich verschärfende Industrialisierungs- und Urbanisierungsproblematik ein System von »community improvement associations«, das sich seit den 90er Jahren verdichtete. Angesichts des weiterhin wirksamen Ausschlusses von Frauen aus Politik und Gesellschaft diente es als Ausweichmöglichkeit sozialpolitischen Engagements und als Ersatzöffentlichkeit kultureller Ideen.[44] Unter den spezifischen Bedingungen der Progressive Era konnte dieses breitgefächerte Organisationswesen aufgrund der in ihm konzentrierten sozialpolitischen Kompetenz einen erheblichen Einfluß auf das Reformklima der Zeit nehmen und die Initiative zu einer sozialstaatlichen Politik ergreifen.[45]

Diese weibliche Subkultur sozialpolitischer Reformorganisationen rekrutierte sich zu einem großen Teil aus den akademisch gebildeten Teilen der »urban middle class«, was sie in einen engen Zusammenhang mit den Professionalisierungstendenzen des frühen 20. Jahrhunderts stellt.[46] Obwohl

---

43 Zum Begriff des Social Feminism siehe vor allem *O'Neill*, Everyone; *Lemons*, The Woman Citizen; *ders.*, Social Feminism. – Es ist umstritten, ob sich mit diesem Begriff die Organisationen, Intentionen und Trägergruppen der damaligen Frauenbewegung angemessen erfassen lassen. Als Kritik dieses Begriffs siehe *Cott*, What's in a Name?, S. 818f., die einen Mangel an Trennschärfe konstatiert, aufgrund dessen die Unterschiede zwischen den einzelnen Strömungen der Frauenbewegung nicht differenziert genug wahrgenommen werden können. – Dennoch ist der Begriff des Social Feminism noch immer von großem Wert für die Identifikation des sozialpolitischen Flügels der amerikanischen Frauenbewegung. Siehe *Lipschultz*, Social Feminism, die ihn im Kern durch eine »new vision of industrial equality« geprägt sieht (S. 132); sowie *Cohen u. Hanagan*, The Politics. – Als einen politikwissenschaftlichen Beitrag zu gegenwärtigen Problemen des Social Feminism siehe *Black*, Social Feminism.
44 Als Überblick siehe *Scott*, Natural Allies.
45 Siehe hierzu immer noch *Beard*, Woman's Work.
46 Siehe hierzu im einzelnen Kapitel 6.

der Weg der amerikanischen Frauen in die modernen Professionen sich als schwierig gestaltete und nur langsam vorankam,[47] waren Professionalisierungsprozesse von Anfang an von großer Bedeutung für den Aufschwung der weiblich geprägten Reformorganisationen des frühen 20. Jahrhunderts. Es waren die »highly educated women«, die seit den 1890er Jahren oftmals die Führungspositionen innerhalb des sozialpolitischen Organisationswesens der Progressive Era besetzten.[48] Das System der »higher education«, in dem sich Frauen neue Qualifikationen und Lebenschancen erschlossen, war von zentraler Bedeutung für das Aufbrechen der Rollenzwänge der Separate Spheres. Die Colleges und Universitäten entwickelten sich so zum wichtigsten Ausgangspunkt für die Rückkehr von Frauen in das öffentliche Leben.[49]

»After college, what?« lautete die zunehmend dringlicher werdende Frage qualifizierter Frauen, auf die ihr Engagement in den Organisationen des Social Feminism oftmals die einzig mögliche Antwort darstellte.[50] Die dort ausgearbeiteten Entwürfe sozialpolitischen Handelns gehen weitgehend auf diese schmale, akademisch qualifizierte und beruflich spezialisierte Schicht der »educated women« zurück, die sich erfolgreich als »social policy experts« zu etablieren vermochten.[51] Mithilfe professionellen Wissens stellten sie, teilweise in enger Kooperation und Koalition mit männlichen Reformkräften,[52] den Sozialstaatsdiskurs auf neue Grundlagen, denn mit ihrem Eintritt in die Politik wandelten sich die Motive sozialpolitischen Handelns auf grundlegende Weise: Aus einer altruistisch geprägten Wohltätigkeitskultur wurde eine professionalisierte Reformstrategie, die auf der Basis sozialwissenschaftlicher Erkenntnis einen Ausweg aus den Problemen der Gegenwart wies.[53]

---

47 *Glazer u. Slater*, Unequal Colleagues, die an Fallstudien die Karrierestrategien einzelner Frauen untersuchen. Außerdem *Harris*, Beyond Her Sphere; *Walkowitz*, The Making. – Zur Stagnation des »female professionalism« in den 20er Jahren siehe *Cott*, The Grounding, S. 213 ff.
48 Dies betont *Skocpol*, Protecting, S. 529.
49 *Solomon*, In the Company; *Gordon*, Gender and Higher Education; *Fitzpatrick*, Endless Crusade. – Als interdisziplinär angelegte Untersuchung von Frauen in den Wissenschaften siehe schließlich *Bernard*, Academic Women; *Chamberlain (Hg.)*, Women in Academe; *Rossiter*, Women Scientists. – Zur »American Association of University Women« siehe *Levine*, Degrees.
50 Dies betonen *Sklar*, The Historical Foundations, S. 66; *Solomon*, In the Company, S. 115 ff.
51 In diesem Zusammenhang ist auch auf die steigende Bedeutung der »caretaking professions« in den entstehenden Wohlfahrtsbürokratien des frühen 20. Jahrhunderts hinzuweisen. Siehe *Koven u. Michel (Hg.)*, Mothers, S. 4 ff. – Zur Parallelität der Professionalisierung von Frauen und der Politisierung sozialer Reformvorstellungen siehe *Skocpol*, Social Policy, S. 118 f.; *Young*, Women's Place, S. 783.
52 Auf die Bedeutung dieser Koalitionsbildung verweist *Sklar*, The Historical Foundations, S. 69 ff.
53 Zur Wohltätigkeitsidee des 19. Jahrhunderts als Ausdruck einer »female morality« siehe *Ginzberg*, Women. – Zur Verwissenschaftlichung weiblicher Reformstrategien siehe bereits *Chambers*, Women.

Politische Forderungen nach Mindestlohngesetzen[54] und Arbeitszeitbeschränkungen für Frauen und Mütter wurden nun nicht mehr unter Berufung auf eine christlich geprägte Mitleidsethik, sondern im Rekurs auf fachliches Wissen begründet.[55] Allerdings stand diese Professionalisierung sozialer Reformstrategien nicht im Gegensatz zur Politik, vielmehr ergänzten und forderten sich beide wechselseitig. Die Wissenschaft besaß auch im Selbstverständnis der amerikanischen Frauenbewegung eine privilegierte Bedeutung für die Lösung gesellschaftlicher Problemlagen. Mit der Eroberung neuer beruflicher Rollen und akademischer Qualifikationen durch Frauen repräsentiert die Progressive Era den Entstehungsprozeß einer »female professional culture«, die in der Entstehung einer Infrastruktur sozialer Berufe zum Ausdruck kam.[56]

In den 1890er Jahren drängte erstmalig eine größere Anzahl amerikanischer Frauen mit akademischen Abschlüssen in Beruf und Politik, was einen Modernisierungsschub der Sozialpolitik mit sich brachte. Die lokalen, teilweise religiös geprägten Reformgruppierungen und Wohltätigkeitsorganisationen wurden zu Sammelbecken der vom etablierten Parteiensystem und den tradierten Formen des öffentlichen Lebens unbefriedigt gelassenen intellektuellen, politischen und moralischen Handlungsenergien des sozialen Feminismus. Organisationen wie die Settlement Movements, die Women's Trade Union League, die National Consumer's League, die Young Women's Christian Associations sowie ihre jeweiligen Filiationen wurden Zentren sozialpolitischer Reformideen. Jane Addams, Florence Kelley und auch Mary Beard wurden zu Leitfiguren, denen die Synthese moralischer Intentionen und einer gemeinwohlorientierten Reformstrategie gelang.[57]

Die vorherrschenden Organisationsformen des »maternal welfare state« rekrutierten sich aus den »voluntary associations« der amerikanischen Frauenbewegung und damit aus einem ausdifferenzierten Organisationswesen der Zivilgesellschaft.[58] Die ökonomische und politische Unterprivilegierung von Frauen in der Progressive Era prädestinierte geradezu die Organisa-

---

54 Zur Bedeutung der »minimum wage legislation« innerhalb der amerikanischen Frauenbewegung siehe *Lehrer*, Origins, S. 63 ff.

55 Die religiösen Ursprünge weiblicher Reformstrategien betont allerdings *de Swarte Gifford*, Women.

56 Diesen Faktor betont *Muncy*, Creating, S. XIV ff. – Zur Entwicklung der weiblich dominierten Sozialberufe siehe auch *Chambers*, Women. – Rosenbergs Interpretation des Progressive Movement als einer Reformbewegung, »in which men and women engaged in two separate campaigns«, von denen die humanitär-altruistische Strömung vornehmlich von Frauen repräsentiert wurde und das professionalistische Lager Männern vorbehalten blieb, geht an der Realität einer zunehmenden Professionalisierung weiblicher Reformstrategien seit dem späten 19. Jahrhundert vorbei. Siehe *Rosenberg*, The Academic Prism, S. 322 f.

57 Zu den sozialpolitischen Ideen Jane Addams' siehe den nützlichen biographischen Abriß von *Barker-Benfield*, Jane Addams (1860–1935). – Mit einem vergleichenden Blick auf Beatrice Webb und die englischen Fabier siehe *Hübinger*, Nationale Reformen, S. 263 ff.

58 *Scott*, Natural Allies.

tionsform des freien Zusammenschlusses dazu, eine alternative politische Kultur jenseits der Parteipolitik zu etablieren:

»During this watershed of American history marking the transition from preindustrial to industrial society, civil society and its myriad voluntary associations offered potential openings for the middle-class reconquest of government and the economic marketplace. For two hundred years, the power of the ›middling sort‹ in American society had been rooted in this civil terrain. Now it became the arena where they grappled with alarming new forces of unprecedented power. In this project, the public culture of middle-class women held two distinct advantages over that of middle-class men: women were not as deeply implicated in the war between capital and labor that seemed to immobilize civil society; nor were they as compromised by urban political machines. The exclusion of most middle-class women from wage earning and of all women from electoral activity situated them differently from men in civil society.«[59]

Zu den wichtigsten Organisationen des Social Feminism, denen auch Mary Beard nahestand, sind die Woman's Trade Union League,[60] die National Consumer's League[61] sowie schließlich das Settlement Movement[62] zu zählen. Sie alle verband die Idee einer Politisierung der traditionellen Frauen- und Mütterrolle und der Entwurf einer »weiblichen Politik«. Ihr Ziel war, »to ›mother‹ the world by entering the arena of the larger society through suffrage, politics, and the professions.«[63] Frauen kam aufgrund ihrer größeren Nähe zu den elementaren Prozessen der sozialen Vergemeinschaftung sowie aufgrund ihrer Distanz zu den entfremdenden und verdinglichenden Prozessen des Kapitalismus die Aufgabe einer erneuten Rückbindung des Politischen an die eigentliche Bedürfnisnatur des Menschen zu, – darin lag ihre exponierte Bedeutung für die soziale Erneuerung der Civil Society begründet.[64]

---

59 *Sklar*, Florence Kelley, (S. XII).
60 Zur Geschichte der von 1903 bis 1955 existierenden Women's Trade Union League siehe *Payne*, Reform; *Dye*, As Equals; *dies.*, Creating; *dies.*, Feminism or Unionism?; *Jacoby*, The Women's Trade Union League.
61 Die wichtigsten Forschungsbeiträge zur National Consumers' League stammen von *Sklar*, Florence Kelley. Siehe außerdem *Wolfe*, Women, die den Geschlechteraspekt der amerikanischen Verbraucherbewegung des »consumerism« als einer politischen Kraft betont, S. 364.
62 Siehe *Deegan*, Jane Addams, die die soziale Reformkonzeption Addams' im Zusammenhang mit ihrer Idee des »cultural feminism« rekonstruiert und damit die Geschlechterdimension aufweist. – Siehe außerdem *Sklar*, Hull House. – Auch *Koven u. Michel*, Womanly Duties erwähnen die Bedeutung der Settlement-Movements als »borderlands between the state and civil society where women developed social welfare programs and policies« (S. 1096). – Zur Geschichte des Settlement-Movement siehe *Trolander*, Professionalism.
63 *Payne*, Reform, S. 125.
64 Mit dieser Konstruktion der Geschlechtercharaktere, in der das Weibliche als ein Korrektiv einer männlich geprägten Gesellschaft fungierte und in dieser Funktion auch besonderen Schutz bedürfe, kam der Social Feminism Positionen nahe, wie sie auch innerhalb der deutschen Frauenbewegung dieser Zeit vertreten worden sind. Siehe hierzu *Gilcher-Holtey*, Modelle.

Die Forderung nach Arbeitsschutzgesetzen für Frauen diente im Selbstverständnis des Social Feminism dem Erhalt der kulturellen Sonderrolle der Frau als einer notwendigen Bedingung für den sozialpolitischen Umbau der Gesamtgesellschaft. Entsprechend lautete der Vorwurf an die Adresse der »individualistic feminists«, des radikalen Flügels der Frauenbewegung um Alice Paul und die National Woman's Party, daß diese mit ihrer Ablehnung der »protective labor legislation« und ihrer Forderung nach einer vollständigen ökonomischen, gesellschaftlichen, rechtlichen und politischen Gleichstellung von Männern und Frauen im Grunde nur die Integration der Frau in etablierte Systemstrukturen betreiben. Damit jedoch würde die Frauen und Müttern eigentümliche, an das Element kultureller Differenz gebundene Kritikfähigkeit verlorengehen. Dieser Gegensatz stand im Mittelpunkt des Streits um das von der National Woman's Party geforderte Equal-Rights-Amendment,[65] das von den Vertreterinnen des Social Feminism strikt abgelehnt wurde, – ein Streit, der die zwanziger Jahre weitgehend prägte und der auf eine Ausdifferenzierung der Frauenbewegung im Anschluß an die Erringung des Wahlrechts verweist.[66]

Das 19. Amendment aus dem Jahre 1920 setzte einen Integrationsprozeß der Frauenbewegung in das politische System in Gang und bewirkte gleichzeitig ihre zunehmende Fraktionierung. Nachdem der Homogenisierungseffekt des gemeinsamen Kampfes um das Wahlrecht weggefallen war, setzte eine politische Diversifizierung ein, die durch eine Erweiterung des gesellschaftlichen Rollenspektrums und eine Pluralisierung weiblicher Lebensformen als Folge von Professionalisierung und der Zunahme an Bildungschancen sozialgeschichtlich flankiert wurde. Hier zeigt sich die politische Kehrseite weiblicher Professionalisierungsprozesse, die langfristig zu einer Polarisierung konkurrierender Positionen geführt hat. Seither verliefen die Konfliktlinien nicht mehr allein zwischen Frauenbewegung und einer männlich geprägten Politik, vielmehr entstanden Interessenkollisionen auch im Innern der Frauenbewegung selbst. Frauen waren nicht mehr »above politics«, sondern wurden in die Mechanismen politischer Tageskämpfe verstrickt.[67] Die Fraktionsbildung, die sich in der Kluft zwischen Befürwortern und Gegnern des Equal Rights Amendment äußerte, läßt sich auf die

---

65 Ein Formulierungsvorschlag der National Woman's Party für das Equal Rights Amendment lautete: »No political, civil or legal disabilities or inequalities on account of sex, or on account of marriage unless applying alike to both sexes, shall exist within the United States or any place subject to their jurisdiction.« (*Cott*, The Grounding, S. 123).

66 Zu den Hintergründen dieses bis in die späten 70er Jahre anhaltenden Streits siehe im einzelnen *Becker*, The Origins; *Buechler*, Women's Movements; *Cott*, The Grounding, S. 115ff.; *dies.*, Feminist Politics; *Freeman*, From Protection; *Lunardini*, From Equal Suffrage; *Ryan*, Feminism, S. 9ff., 21ff.; *Sarvasy*, Beyond; *Sealander*, Feminist. – Die politische Einheit der Bewegung für Equal Rights wird jetzt infragegestellt durch *Mansbridge*, Organizing.

67 *Baker*, The Domestication, hat diese Aufsplitterung als eine Konsequenz des Wahlrechts herausgearbeitet, S. 100. – Ebenso argumentiert *Cott*, The Grounding, S. 271 ff.

Entstehung eines Qualifikationsgefälles als Folge der partiellen Integration von Frauen in die »manly professions« zurückzuführen. Diese Entwicklung erzeugte neue Loyalitäten auf der Seite derjenigen Frauen, die den Sprung in eine männlich geprägte Berufswelt schafften und beschwor damit zwangsläufig Konflikte zwischen den Interessen dieser aufstiegsorientierten »professional women« und den eher sozial-defensiven, auf die Bedürfnisse der »working-class women« ausgerichteten Strategien des Social Feminism herauf. Dieser Interessengegensatz fand seinen Ausdruck im Streit um das Gleichheitsprinzip.[68] Hinzu kamen erhebliche Unterschiede in den Frauenbildern der NWP und des Social Feminism: Die Befürworterinnen des Equal-Rights-Amendment hatten einen weiblichen Idealtyp vor Augen, der robust und qualifiziert genug sein werde, um allen Herausforderungen einer männlich geprägten Gesellschaft erfolgreich begegnen zu können. Die Vertreterinnen des sozialen Feminismus forderten dagegen spezielle Bestimmungen zum Schutz von Frauen vor den Härten des industriellen Alltags. Während die einen reklamierten, besondere Schutzgesetze würden starke Frauen bestrafen und ihren Erfolg auf dem Arbeitsmarkt behindern, sahen die anderen in der Durchsetzung des Gleichheitsprinzips die Schwachen den Starken und den Gesetzen des Marktes geopfert. Interpretierten die einen Frauen als Individuen, die sich in Politik, Ökonomie und Gesellschaft zu behaupten gelernt hätten, betonten die anderen den besonderen Status von Frauen in den Familien und ihre soziale Verantwortung als Mütter, Frauen, Witwen und Töchter, deren besondere Bedürfnisse mit bloßen Gleichheitsforderungen nicht anerkannt und befriedigt werden könnten.[69]

Der Zielkonflikt zwischen den »social feminists«, die von der Notwendigkeit einer Arbeitsschutzgesetzgebung für Frauen sowie von der Innovationskraft kultureller Differenz überzeugt waren, und den Vertreterinnen des Equal-Rights-Amendment, die das Festhalten an der Idee kultureller Differenz als Instrument einer fortwirkenden Diskriminierung von Frauen interpretierten,[70] war das Ergebnis der Polarisierung innerhalb der Frauenbewegung. Diese Kontroverse bildete eine wichtige Etappe in dem bis heute anhaltenden Streit um das »equality-difference-dilemma«, – um die Frage also, ob das Ziel der Frauenbewegung in der Erringung von Gleichheit zwischen Männern und Frauen auf allen Ebenen des gesellschaftlichen Lebens zu suchen sei, oder aber in der Behauptung von Differenz als einer Bedin-

---

68 Siehe hierzu *Becker*, The Origins, S. 275 ff. – Die »difficulties of women professionals in combining feminism with professionalism« betont auch *Cott*, The Grounding, S. 213 ff., 235 ff.
69 Ebd., S. 137 f.
70 Eine kritische Bilanz der Protective Labor Legislation ziehen *Dye*, As Equals, S. 140 ff., 162 ff., die die Nähe dieser Strategie zu »Victorian notions of femininity« akzentuiert (S. 142), sowie *Lehrer*, Origins, S. 227 ff. – Als zeitgenössischen Beitrag siehe *Baker*, Protective.

gung für eine wirkliche Erneuerung der Gesellschaft.⁷¹ Während die Befürworter des Equal-Rights-Amendment in einer Arbeitsschutzgesetzgebung speziell für Frauen und Mütter ein untaugliches Mittel sahen und stattdessen auf eine vollständige politische, soziale und ökonomische Angleichung der Startchancen drangen, sahen die Vertreterinnen des Social Feminism mit dem Equal Rights Amendment eine Auslieferung von Frauen an die Gesetze eines männlich geprägten Kapitalismus und liberalen Individualismus einhergehen, die sie ihrer kulturellen Differenz berauben würde.

Mit dem New Deal war die Episode des »maternal welfare state« im wesentlichen beendet und die sozialpolitische Stellvertreterfunktion des Social Feminism durch eine zentralstaatlich organisierte Sozialstaatsbürokratie obsolet geworden.⁷² Hier begann sich die Schere zwischen dem staatlicherseits forcierten Ausbau eines »social security system«, das auf die soziale Absicherung der in der Regel männlichen Berufstätigen und ihrer Angehörigen zielte, und einem finanzpolitisch fragilen und sozial ehrenrührigen »welfare system« zu öffnen.⁷³

Diese Entwicklungen des 20. Jahrhunderts erschweren eine Antwort auf die Frage nach dem politischen Erbe des »maternal welfare state« und der von der Frauenbewegung getragenen Reforminitiativen des frühen 20. Jahrhunderts. Sehen die einen in dieser Tradition ein fortsetzungsfähiges Potential weiblicher Reformstrategien verkörpert, das in einer der schwierigsten Transformationskrisen der amerikanischen Gesellschaft eindeutige Erfolge für sich verbuchen konnte und die Entwicklung hin zu einem leistungsfähigen Vorsorgesystem überhaupt erst geebnet hat,⁷⁴ so ziehen andere eine weit kritischere Bilanz. Sie verweisen darauf, daß die politischen Strategien des Social Feminism auf lange Sicht den marginalen Status von Frauen im Berufsleben und am Arbeitsmarkt festgeschrieben und die Entstehung einer auf dem Prinzip gleicher Rechte und Chancen basierenden Konzeption von Citizenship zugunsten des Festhaltens an der Idee der Separate Spheres eher behindert hätten. In der Mütterlichkeits- und Arbeitsschutzrhetorik jener Zeit sehen sie dementsprechend eher ein Instrument, Frauen die vollen bürgerlichen Rechte vorzuhalten:

---

71 Siehe hierzu im einzelnen Abschnitt c) dieses Kapitels. – Aus der umfangreichen Literatur siehe *Bock u. James (Hg.)*, Beyond Equality; *Gatens*, Feminism; *Rhode (Hg.)*, Theoretical Perspectives; *Sarvasy*, Beyond; *Scott*, Deconstructing; *dies.*, History and Difference; *Offen*, Feminism.
72 Die Differenz zwischen den sozialpolitischen Strategien der Progressive Era und des New Deal akzentuiert *Payne*, Reform, 167 ff. – Lemons These einer Kontinuität der sozialpolitischen Intentionen und Strategien zwischen Progressive Era und New Deal vermag unter dem Eindruck der neueren Forschung nicht mehr zu überzeugen (siehe *Lemons*, The Woman Citizen, 243 f.).
73 *Gordon*, Social Insurance; *Orloff*, Gender, S. 273 f. – Eine Verwaltungs- und Institutionengeschichte des Social Security-Systems bietet jetzt *Coll*, Safety Net.
74 So etwa *Skocpol*, Protecting, S. 536 ff.; *Sklar*, The Historical Foundations, S. 76 f.

»A rhetoric that reduced women who worked to inadequate mothers left little room for policies that might allow mothers more rights at work. Instead, it encouraged ways of removing mothers from the work force through such devices as mothers' pensions. ... the result was that women's individual rights as citizens were regulated on behalf of motherhood. The powerful images invoked in the debate enabled the public to accept the loss of economic rights for women in favor of the states' desire to protect the rights of all women to be mothers.«[75]

Diese unterschiedlichen Einschätzungen des Maternal Welfare State verweisen bereits auf die andauernden Kontroversen um »Gleichheit« und »Differenz« als Perspektiven einer feministischen Politik. Bevor dem weiter nachgegangen wird, soll zunächst das Werk Mary Beards in den sozialgeschichtlichen Kontext des frühen 20. Jahrhunderts eingeordnet werden.

b) Zur politischen und historischen Identität des sozialen Feminismus

Vor dem Hintergrund dieser sozialpolitischen Problemlagen des frühen 20. Jahrhunderts muß das historiographische Werk und das politische Denken Mary Beards gesehen werden. Nachdem sie sich in der Progressive Era zunächst an dem Kampf um das Wahlrecht aktiv beteiligt hatte, ging es ihr nach ihrem Rückzug aus der praktischen Politik seit den frühen zwanziger Jahren vor allem darum, die damals einsetzende Phase einer politischen Umorientierung der Frauenbewegung mit dem Entwurf einer neuen Konzeption von Frauengeschichte zu begleiten. Beards Ziel war es, den Beitrag von Frauen für den Prozeß der Zivilisation sowie die historische Vielfalt weiblicher Lebensformen zu rekonstruieren und diese Erinnerungsleistung als politischen Beitrag zur anstehenden Neuordnung der Frauenbewegung zu nutzen. Um ihren Standort im Diskurs der Zeit deutlich werden zu lassen, sollen zunächst die Grundelemente ihres politischen Selbstverständnisses thematisiert werden, die ihr eine Sonderrolle innerhalb der Frauenbewegung verschafft haben (1.), um anschließend ihre Konzeption von Frauengeschichte herauszuarbeiten, die bis in die Gegenwart hinein wirksam geblieben ist (2.).

1. Die politische Biographie Mary Beards in den ersten beiden Jahrzehnten des 20. Jahrhunderts dokumentiert geradezu paradigmatisch die praktische Philosophie des Social Feminism. Eine wichtige Prägung erfuhr sie zwischen 1900 und 1902 anläßlich eines gemeinsam mit ihrem Mann absolvierten England-Aufenthalts, bei dem sie eng mit dem radikalen Flügel der briti-

---

[75] *Kessler-Harris*, The Paradox, S. 353. Ähnlich argumentiert auch *Mink*, The Lady, S. 111. – Zur kritischen Bilanz der »protective legislation« zwischen 1880 und 1920 in internationaler Perspektive siehe *Wikander u.a. (Hg.)*, Protecting Women.

schen Wahlrechtsbewegung zusammenarbeitete. Aus dieser Zeit stammt auch ihre Sensibilität für die Probleme und Bedürfnisse der »working-class women«, was ihre spätere Rolle innerhalb der gewerkschaftlich orientierten amerikanischen Frauenbewegung und ihre Forderung nach besonderen Arbeitsschutzgesetzen für Frauen und Mütter bereits prädestinierte.[76] Zurück in den USA machte sie ihre Kenntnis der sozioökonomischen Situation von Frauen unter den Bedingungen der industriellen Gesellschaft im Rahmen ihres Engagements in der soeben gegründeten New York Women's Trade Union League fruchtbar. In dieser Organisation setzte sie sich nachhaltig für die Verbesserung der sozialen Lebensbedingungen der weiblichen Arbeiterschaft ein.[77] Gleichzeitig war sie in der Wahlrechtsbewegung dieser Zeit aktiv, unter anderem als Herausgeberin der Zeitschrift »The Woman Voter«, des offiziellen Organs der »Woman Suffrage Party« um Carrie Chapman Catt.[78] Nachdem Beard zunächst noch die Abspaltung des radikalen Flügels der Wahlrechtsbewegung um Alice Paul von der Woman Suffrage Party mitvollzogen hatte, die 1913 zur Konstituierung der »Congressional Union« und 1916/17 schließlich zur Gründung der »National Woman's Party« führte, zog sie sich seit 1916 zunehmend aus dem politischen Tagesgeschäft zurück und trat 1918 auch aus der National Woman's Party aus.

Der Grund dafür war ihre zunehmende Entfremdung von der Politik Alice Pauls, die den Kurs dieser Partei autoritär durchsetzte.[79] Die Kritik Beards entzündete sich vor allem an der Forderung der NWP nach dem Equal-Rights-Amendment im Anschluß an das 1917 im Bundesstaat New York durchgesetzte Frauenwahlrecht.[80] Mit dieser Forderung war die Ablehnung einer jeden Sonderstellung von Frauen im Arbeitsprozeß sowie eine Kritik spezieller Arbeitsschutzbestimmungen für Frauen verbunden, was in diametralem Widerspruch zu Beards Überzeugung von der Notwendigkeit einer sozialpolitischen Absicherung von Frauen als schwächsten Gliedern im System des modernen Kapitalismus stand.[81]

Die besondere Stellung Mary Beards unter den Intellektuellen ihrer Zeit ist darin zu sehen, daß sie ihre Kritik des Kapitalismus und den Entwurf einer gemeinwohlorientierten Politik unmittelbar mit der Geschlechterfrage

---

76 Dies betont *Lane (Hg.)*, Mary Ritter Beard, S. 21.
77 Ihre aktive Rolle in der New York Women's Trade Union League erwähnt *Dye*, As Equals, S. 34 ff., 124. – Siehe außerdem *Cott*, Putting Women, S. 11 ff.
78 Die Organisationsgeschichte der New Yorker Sektion dieser Partei rekonstruiert *Schaffer*, The New York City. Zur Rolle Beards als Herausgeberin des »Woman Voter« siehe insbes. S. 273.
79 Zu Paul siehe den biographischen Überblick bei *Lunardini*, Alice Paul (1885–1977).
80 Hierzu *Becker*, The Origins, S. 136 f.; *Turoff*, Mary Beard, S. 25 f.
81 Das erste historiographische Ergebnis dieser Überzeugung war Beards Geschichte der amerikanischen Arbeiterbewegung von 1920, die auch eine Reaktion auf die Politik der NWP darstellte. In ihr kritisierte sie die Vernachlässigung der Probleme und Bedürfnisse der Arbeiterklasse durch die zeitgenössischen Intellektuellen und die politischen Bewegungen der Progressive Era: *Beard*, A Short History.

verbunden und damit einen Beitrag zum »gendering« des Progressive Movement geleistet hat.[82] Die Überzeugung, daß »Geschlecht« in den Rang einer politischen Kategorie erhoben werden müsse, prägte die politische Philosophie, die sie 1915 auf dem Höhepunkt des Progressive Movement gemeinsam mit ihrem Mann skizziert hat. Ihren dort erhobenen Anspruch auf eine neue Form politischer Theoriebildung begründeten die Beards unter anderem damit, daß sie erstmals der Geschlechterdimension einen dezidiert politischen Stellenwert zuerkannt hatten. Mit ihnen sind Frauen zum Thema des zeitgenössischen Diskurses über Citizenship und Civil Society geworden:

»Another serious objection to the books on civics now available is that they are written almost wholly from a masculine point of view and appeal only to boys, destined to be voters. As a matter of fact, the vast majority of pupils in the high schools are girls, and if civics concerns only potential voters the subject should be confined to boys except in those states where women are enfranchised. But, in truth, civics concerns the whole community, and women constitute half of that community. They are mothers whom society holds largely responsible for the health and conduct of citizens; they are engaged in industries and professions of all kinds; they are taxpayers; they are subject to the laws; they suffer from the neglect of government as much as do the men; and they are just as deeply interested in government – whether they vote or not. Any work on civics which ignores the changed and special position of modern women in the family, in industry, before the law, and in the intellectual life of the community is, therefore, less than half a book.«[83]

Es wäre verfehlt, den Bruch Mary Beards mit dem radikalen Flügel der Frauenbewegung als Ausdruck eines zunehmenden Konservativismus zu deuten. Vielmehr speiste sich ihre Kritik an den Forderungen nach einem Equal Rights Amendment aus einer alternativen Interpretation der zivilisatorischen Rolle der Frau. Beards besondere Rolle innerhalb der Frauenbewegung resultierte aus dem Umstand, daß sie die Forderung nach gleichen politischen Rechten und Chancen für Frauen mit dem Argument ihrer kulturellen Differenz legitimierte. Geradezu obsessiv warf sie dem »rugged feminism« der National Woman's Party eine heimliche Komplizenschaft mit dem etablierten Laissez faire-Kapitalismus vor: Ein Equal Rights Amendment würde der Frau die ihr eigentümliche kulturelle Besonderheit und zivilisatorische Innovationsfähigkeit nehmen und sie stattdessen in die Systemstrukturen des existierenden Besitzindividualismus integrieren: »What is this equal opportunity in fact and in import? It is the mere chance to prove fitness and adaptability to a tooth-and-claw econo-

---

82 Diesen Aspekt betont *Lebsock*, In Retrospect, S. 333f.
83 *Charles u. Mary Beard*, American Citizenship, S. VIf. – Daß die volle Integration der Geschlechterdimension in die politische Theorie bis heute noch nicht gelungen ist, betont *Pateman*, The Disorder, S. 3.

mic struggle reflecting the greed and destructive propensities of the traditional pacer.«[84]

Ein instruktives Beispiel für Beards Ablehnung einer Vollintegration von Frauen in die existierende Gesellschaft stellt ihre Kritik an Universität und Wissenschaft dar, die sie als Organe männlicher Herrschaftsinteressen interpretierte, die unter dem Deckmantel universeller Wahrheits- und Rationalitätskriterien einen geschlechterspezifischen Partikularismus förderten.[85] Die Integration von Frauen in akademische Strukturen bedeutete für Beard zwangsläufig den Verlust ihrer Kritik- und Innovationsfähigkeit, weil sie die Distanz zu den Erkenntnisroutinen der etablierten Fachwissenschaft als eine notwendige Voraussetzung kreativer Arbeit ansah. Diese Wissenschafts- und Universitätskritik Beards ging mit ihrer persönlichen Absage an eine akademische Karriere einher und manifestierte sich in dem ausgeprägten Bewußtsein der eigenen Außenseiterschaft. Wie ihr Mann sah Mary Beard in den Institutionen des Universitätssystems einen Verlust geistiger Unabhängigkeit und insbesondere für Frauen auch die Gefahr einer politischen und intellektuellen Disziplinierung angelegt:

»There is considerable warrant for the thesis that university careers guided by men have deepened the intellectual cowardice of women instead of alleviating it. By accepting man's estimate of his own behavior, economic, political, industrial, and mental, at his own figures without considering the long and important drama of feminine behavior and feminine interests, women may lose ground both intellectually and economically. The objective of equal pay for equal work, or the mere feministic enthusiasm for sheer equalitarian effort with scholastics, has developed in women an over-respect for established thought.«[86]

Die Perspektive Beards zielte nicht auf die Angleichung weiblicher Bewußtseins- und Lebensformen an die einer männlich geprägten Gesellschaft, sondern auf die politische Entfaltung einer kulturellen Geschlechterdifferenz, in der sie die einzige Chance zur Überwindung des Laissez faire-Kapitalis-

---

84 *Beard*, The Feminist Progression, S. 241. – 1921, kurz nach der Durchsetzung des 19. Amendments, wunderte sie sich gegenüber einer ihrer früheren Mitstreiterinnen – durchaus mit selbstkritischem Blick auf ihren eigenen Beitrag zur Wahlrechtsbewegung, darüber, »how bourgeois our whole suffrage and equal opportunity movement is.« (Zitiert nach *Cott*, Putting Women, S. 24).

85 Diese Kritik Beards an den Strukturen der Geschichtswissenschaft als Ausdruck von »masculinity« ist zuletzt aufgegriffen und wiederbelebt worden durch *Smith*, Gender. – Zur kulturgeschichtlichen Rekonstruktion von »masculinity« in der amerikanischen Gesellschaft des 19. und 20. Jahrhunderts siehe jetzt *Rotundo*, American Manhood.

86 *Beard*, University Discipline, S. 149f. – Teil dieser Strategie Beards, ein autarkes System frauenhistorischer Forschung aufzubauen, war das »World Center for Women's Archives«, das im Januar 1936 in einem Büro des Rockefeller Center in New York eröffnet wurde und dem Beard bis zu seinem Scheitern im Jahre 1941 als Direktorin vorstand. – Zur Geschichte dieses Archivs und anderer Versuche Beards, eine autonome Frauenforschung jenseits des Universitätssystems zu etablieren siehe *Cott*, Putting Women, S. 47ff.; außerdem die Einleitung zu *Lane (Hg.)*, Mary Ritter Beard, S. 33ff.

mus und der »competitive society« der Gegenwart sah. Dieses Zukunftspotential der weiblichen Kultur erkannte sie in deren Fähigkeit, die Gesellschaft im Sinne einer größeren Verteilungsgerechtigkeit umzugestalten. Der politischen Equal Rights-Strategie der National Woman's Party stellte Beard das weibliche Zivilisationsprojekt einer sozialstaatlich organisierten Gesellschaft gegenüber.

Die erwähnte Politisierung der traditionellelen Frauenrollen der Separate Spheres seit dem späten 19. Jahrhundert gewinnt in der Auseinandersetzung mit dem Werk Mary Beards an gesellschaftstheoretischer Prägnanz: Die unter der Herrschaft der Separate Spheres in die unpolitischen Lebensbereiche der Familie und des Hauses abgedrängte Kompetenz des »social-world building« hieß es für sie auf der Grundlage eines neuen Zivilisationsmodells politisch zu nutzen und als Bedingung einer zukunftsfähigen Alternative des »rugged individualism« zu legitimieren.

Beard hat den geschichtlichen Sonderstatus der Frau und deren kulturelles Anders-Sein aus deren Fähigkeit abgeleitet, die Gesellschaft sozial zu gestalten und damit die Logik besitzindividualistischer Vergesellschaftungsformen durchbrechen zu können. Die Frau verkörperte für sie nicht das Andere der Modernität schlechthin, sondern eher die Spitze der Modernität im Sinne der Reformintentionen des Progressive Movement. Weiblichkeit und Mütterlichkeit stehen für sie nicht im Widerspruch zur Politik und zur spezifischen Rationalität der modernen Gesellschaft, sondern setzen die politischen und gesellschaftlichen Implikationen moderner Rationalität überhaupt erst ins Recht.[87] Sie repräsentierten keine privatistischen Gegenwelten der politischen Öffentlichkeit, sondern im Gegenteil deren aktuellste Form.

Darin ist ein wesentlicher Unterschied gegenüber dem deutschen Weiblichkeits- und Mütterlichkeitsdiskurs des frühen 20. Jahrhunderts zu sehen: Während Beard an der selber politischen Qualität weiblicher Lebensformen und mütterlicher Bindungen festgehalten hat und in ihnen Instrumente des Fortschritts gesehen hat, fungieren sie in der Metaphysik der Frau und Mutter, wie sie von Georg Simmel, Gertrud Bäumer und anderen Denkern dieser Zeit ausgearbeitet worden ist, eher als Elemente einer antimodernen Rationalität sowie als Erscheinungsformen einer gegenweltlichen Transzen-

---

87 In dieser positiven Einstellung gegenüber der Politik als Mittel zur Realisierung weiblicher Reformintentionen unterscheidet sich Beard auch von dem Flügel der amerikanischen Frauenbewegung, der die Integration von Frauen in Zusammenhänge politischer Herrschaft – und damit auch das Frauenwahlrecht – zugunsten einer alternativen Konzeption von Öffentlichkeit und sozialer Reform ablehnten. – Zur politischen Philosophie der Anti Suffrage Women der Progressive Era siehe jetzt *Thurner*, Better Citizens. – In gewisser Weise nimmt Beard zwischen dieser Strömung und dem in der NWP versammelten Flügel eine Mittelstellung ein, indem sie die Prinzipien einer weiblichen Gegenmacht zu den etablierten Formen politischer Herrschaft mit der Notwendigkeit von Politik als Instrument der Durchsetzung weiblicher Interessen zu vermitteln suchte.

denz, wobei ungeklärt bleibt, wie sie in ihrer Differenz gegenüber der Gesellschaft und Politik diese zu sich selbst bringen sollen.[88]

Im Denken Beards bleibt dagegen die kulturelle Differenz von Frauen an das Element des Politischen gebunden. Sie hat nicht die Integration von Frauen in ein unverändert bleibendes System als Innovationschance begriffen, sondern in der kulturellen Differenz von Frauen eine politische Bedingung für die Transformation der Gesamtgesellschaft gesehen. Die Gründe dafür, daß Beard die Prinzipien des Maternal Welfare State und der Protective Labor Legislation so vehement gegenüber deren Infragestellung von der Seite der National Woman's Party verteidigt hat, liegen darin begründet, daß sie in ihnen die zukunftsfähige Fortsetzung einer historisch überlieferten weiblichen Kultur sozialer Kooperation angelegt sah, aus der in der Gegenwart der politische Funken einer zivilisatorischen Erneuerung geschlagen werden könne. Beard verband die Forderung nach der vollen Emanzipation der Frau, die sie mit derselben Konsequenz wie die Vertreterinnen des Equal Rights Amendments einklagte, mit dem Argument, daß diese Emanzipation mit einer Transformation der Gesellschaft im Sinne sozialer Verantwortung verbunden werden müßte, für die die Errungenschaften des Maternal Welfare State von paradigmatischer Bedeutung seien. Damit läßt sich die Radikalität ihrer Kritik an der Strategie der National Woman's Party erklären und ebenso ihre Ablehnung eines professionalistischen Fortschritts- und Zivilisationsmodells, in das Frauen bruchlos integriert werden sollten: »The opportunity to rise in professions, if they remain anti-social or plain stupid in their outlook, is of no importance from the standpoint of a progressive society or State. ... Fixing the mind on man in an effort to pursue his course to the neglect of a consciousness of humanity in the large is a weakness – not a strength – in woman.«[89]

Auf dem Boden einer sozialpolitischen Umgestaltung der Gesellschaft ließ sich für Beard diejenige Geschichte fortsetzen, in der Frauen seit jeher als Träger der Zivilisation fungiert hatten, – eine Geschichte allerdings, die mit der Entstehung der industriellen Gesellschaft unterbrochen worden war und nun erneut politisch in Gang gesetzt werden mußte. Der durch die Prinzipien der industriellen Gesellschaft heraufbeschworene Verlust weiblicher Kulturleistungen, mit denen Frauen in der Vergangenheit die soziale Integration der Gesellschaft gewährleistet hatten, stellte für Beard die Grundlagen der Zivilisation insgesamt infrage und aus dieser existentiellen Bedrohungserfahrung resultierte die Unerbittlichkeit ihrer Kritik an denjenigen Fraktionen der amerikanischen Frauenbewegung, die sich politisch am Gleichheitsprinzip orientierten. Ihnen gegenüber ging es Beard um die Rettung weiblicher Differenz als Grundvoraussetzung einer sozial verant-

---

88 Siehe hierzu ausführlicher *Jaeger*, Bürgerlichkeit, S. 181 ff. – Insgesamt siehe zum Mütterlichkeits- und Weiblichkeitsdiskurs in Deutschland *Allen*, Feminism.
89 *Beard*, After Equality – What?, S. 228.

wortlichen Gesellschaft und als Bedingung für die Überwindung des »rugged individualism«.

Beard sah die Spezifik ihrer Gegenwart darin begründet, daß hier erstmalig in der Weltgeschichte die soziale Bedeutung von Frauen außer Kraft gesetzt und damit eine nachhaltige Störung der Geschlechterhierarchie heraufbeschworen worden war, die es politisch zu korrigieren gelte. Dies verweist auf einen Zusammenhang zwischen den politischen Intentionen und geschichtsphilosophischen Überzeugungen Beards: Die utopische Erwartung, daß das Geschlechterverhältnis in der Zukunft anders organisiert sein könne als in der Gegenwart, wo es aufgrund der Ausgrenzung der Frauen in das unpolitische Reich der Separate Spheres aus den Fugen geraten sei, beruhte auf der historischen Voraussetzung, daß es in der Vergangenheit bereits einmal anders strukturiert gewesen ist. Die politische Hoffnung Beards auf das zukünftige Ende einer gegenwärtigen Unterdrückungssituation der Frau ließ sich für sie nur plausibel machen im Rekurs auf die historische Erfahrung, daß diese Unterordnung der Frau keine universelle Struktur geschlechtlicher Hierarchien repräsentierte. Ihre Historiographie verdankt sich der Absicht, den historischen Ursprung und damit zugleich das mögliche Ende einer politischen Unterdrückung der Frau aufzuweisen und die angebliche Konstanz einer anthropologisch bedingten Asymmetrie des Geschlechterverhältnisses zu einem historischen Prozeß zu verzeitlichen. Mit dieser Denaturalisierung einer politisch und gesellschaftlich bedingten, und eben nicht biologisch determinierten Konstellation wollte Beard die Chance zukünftiger Veränderung als Motivation gegenwärtiger Praxis historisch begründen.[90]

Nur auf diese Weise war für Beard die Konsequenz zu vermeiden, daß die Transformation des Geschlechterverhältnisses einen »Sprung« der Frau aus ihrer geschichtlichen Isolation in die Gesellschaft und Politik erfordere, um ihre universelle Unterdrückungssituation politisch beenden zu können. Stattdessen bedürfe es einer Wiederanknüpfung an eine verschüttete Dimension weiblicher Sozialität, mit der sich die Strukturen des individualistischen Kapitalismus für Beard überwinden ließen. Einen ersten Beitrag zu dieser Entwicklung sah Beard in den sozialpolitischen Errungenschaften des entstehenden Maternal Welfare State. Dessen politische Vernunft ist somit geschichtsphilosophisch und zivilisationstheoretisch begründet.

---

90 Mary Beards Versuch einer Denaturalisierung des Geschlechterverhältnisses ist Teil einer disziplinübergreifenden Tendenz innerhalb der amerikanischen Kulturwissenschaften des späten 19. Jahrhunderts. Dies zeigt, von einer allerdings fragwürdigen soziobiologischen Position ausgehend *Degler*, In Search. Daß der Sieg der Geschichte und die Austreibung Darwins aus den modernen Kulturwissenschaften keineswegs endgültig war, weist er am Beispiel gegenläufiger Tendenzen in den modernen Sozial- und Kulturwissenschaften nach. Zur Rolle der Biologie bei der Bestimmung der »nature of females« in der neueren Soziologie und Anthropologie siehe insbesondere S. 293 ff.

2. Neben den für Beard fatalen politischen Folgen des »rugged feminism« und seiner Forderung nach einer Anpassung von Frauen an die Prinzipien einer männlich dominierten Gesellschaft hat sie ihm eine Fehldeutung der geschichtlichen Signatur weiblicher Lebensformen vorgeworfen. Ihre Kritik des Gleichheits-Feminismus richtete sich gegen die Unterdrückungsthese der radikalen Frauenbewegung, mit der diese den Beitrag von Frauen zum Zivilisationsprozeß ausblende, – mit schwerwiegenden politischen Konsequenzen für die Begründungsfähigkeit weiblicher Emanzipationsstrategien in der Gegenwart:

»As Sièyés contended in the French Revolution that the middle class had been nothing but was destined to be everything, so feminists have treated the history of women as if it had been a blank or a record of defeat. Thus unwittingly they have contributed to the tradition that history has been made by men alone; that civilization, at least the evils of it, is the fruit of masculine labors or will, and have demanded that those who have hitherto been nothing should become as near like the males as possible to be something. ... Broadly speaking, they have taken over the historical and social teachings of their masculine professors – man-made views of the universe – without critical examination ... The same loyalty of the disciple is likewise found in the typical woman who turns to political adventuring today, wondering how much of man's work she may assume and execute, never inquiring apparently whether there is a function she can perform of a better quality within the State.«[91]

Der Unterdrückungsthese stellte sie die Vermutung entgegen, daß Frauen seit jeher im Zentrum geschichtlichen Wandels standen und eine dem Mann grundsätzlich vergleichbare Bedeutung für den Fortgang der menschlichen Zivilisation besaßen. Die theoretische Basis ihres historischen Denkens bildete die Überzeugung »that woman has always been acting and thinking, intuitively and rationally, for weal or for woe, at the center of life.«[92] Die Kontinuität weiblicher »agency« bildete für sie die Voraussetzung dafür, in der Gegenwart die Forderung nach einer Anerkennung weiblicher Differenz politisch durchsetzen zu können.[93]

In »Woman as Force in History«, ihrem Haupt- und Spätwerk aus dem Jahre 1947, das ihren Ruhm als Vorreiterin einer modernen Frauen- und Geschlechtergeschichte begründete, hat Beard die geschichtstheoretische Es-

---

91 *Beard*, On Understanding Women, S. 31f.
92 *Beard*, America Through Women's Eyes, S. 4f.
93 Diese Überzeugung Beards, daß die Kritik einer männlich geprägten Realität an eine nicht nur politisch reklamierte, sondern auch historisch fundierte Handlungsfähigkeit gebunden sei, ist durch Elshtain, eine markante Vertreterin des »difference feminism« erneuert worden. Ganz im Sinne Beards verbindet sie die Kritik an der These einer totalen Unterdrückungssituation von Frauen in der Geschichte mit der Empfehlung, nicht ein männlich geprägtes Politik- und Gesellschaftsverständnis als Identitätsangebot für Frauen zu übernehmen, sondern in der Aktualisierung eines geschichtlichen Erbes kulturellen Anders-Seins die Voraussetzungen für eine Transformation von Politik und Gesellschaft zu schaffen (*Elshtain*, Antigone's Daughters, S. 338).

senz ihres historischen Denkens zusammengefasst. Im Mittelpunkt steht auch hier die Kritik der Unterdrückungsthese und der Versuch, das Handeln von Frauen im Zentrum geschichtlichen Wandels zu verankern:

»In the first place, it is a study of the tradition that women were members of a subject sex throughout history. This tradition has exercised an almost tyrannical power over thinking about the relations of men and women, for more than a hundred years. In the second place, the idea of subjection is tested by reference to historical realities – legal, religious, economic, social, intellectual, military, political, and moral or philosophical. ... In the third place, inasmuch as for more than a century it has been widely claimed that the idea of equality furnishes a perfect guide to women in their search for an escape from ›subjection,‹ the origin, nature, and applications of this idea, which had become traditional by 1848, are brought to the inquest. In the fourth place, I have roughly outlined, ... the kind of studying, writing, and teaching which I believe to be mandatory if a genuine interest in understanding human life is to be cultivated. For getting closer to the truth about it, the personalities, interests, ideas, and activities of women must receive an attention commensurate with their energy in history. Women have done far more than exist and bear and rear children. They have played a great role in directing human events as thought and action. Women have been a force in making all the history that has been made.«[94]

Beard hat die für das historische und politische Selbstverständnis der Frauenbewegung verhängnisvolle Idee einer kontinuierlichen Unterdrückungssituation der Frau auf den Einfluß des englischen Juristen William Blackstone zurückgeführt, der mit seinen »Commentaries on the Laws of England« (1765–69) die amerikanische Rechtsentwicklung und das Geschlechterverständnis des 19. Jahrhunderts weitgehend geprägt hatte. Beards Rekonstruktionsversuch des Geschlechterverhältnisses beginnt daher auch mit einer Kritik Blackstones und insbesondere seiner These des »civil death« der verheirateten Frau, die von der Frauenbewegung zu kritiklos übernommen worden sei.[95] Als einflußreiches Beispiel für die Übernahme dieser historisch und politisch fragwürdigen These erwähnt sie Mary Wollstonecraft: »In her portrayal of the alleged social tyranny exercised by man over woman, she helped to vitalize the doctrine that married women were civilly dead, members of a subject sex in effect, nothing in history save perhaps obse-

---

94 *Beard*, Woman as Force, S. V f.
95 *Ebd.*, S. 78 ff. – Angesichts der Negation weiblicher Besitzrechte durch das »common law« verweist Beard auf die Tradition der »equity jurisprudence«, mit deren Hilfe sie die Rechtsansprüche verheirateter Frauen auf andere Weise gewahrt und durchgesetzt sah (*ebd.*, S. 122 ff., 198 ff.). – Die neuere Forschung hat allerdings Beards Einschätzung der Equity-Rechtstradition als einer Gegenmacht geltender Rechtspraxis als falsch erwiesen. Vielmehr bestätigte sie weitgehend die Rechtsvorgaben des Common Law und damit die zivilrechtliche Entmündigung der verheirateten Frau. Damit entfällt zugleich ein wichtiger Pfeiler von Beards historischem Argument, daß es keine kontinuierliche politische und ökonomische Entrechtung der Frau in der Geschichte gegeben habe. – In Auseinandersetzung mit der neueren Forschungsliteratur erwähnt dies *Lebsock*, In Retrospect, S. 330.

quious playthings or furtive intriguers trying to make their way out from under man's domination.«⁹⁶ Die Kritik Beards entzündet sich daran, daß die Unterstellung einer totalen Unterdrückungssituation der Frau nicht die gesellschaftspolitischen Triebkräfte und kulturellen Potenzen namhaft machen könne, die in der Lage seien, in der Gegenwart die Voraussetzungen einer zukünftigen Emanzipation der Frau zu schaffen. Eine Position wie diejenige Wollstonecrafts konnte für Beard den Realitätsgehalt derjenigen Utopie, die ihr implizit zugrundelag, nicht plausibel begründen und daher auch die gegenwärtige Handlungspraxis nicht angemessen orientieren, weil Vergangenheit, Gegenwart und Zukunft nicht zur historischen Kontinuität einer in der Gegenwart zwar unterbrochenen, grundsätzlich jedoch fortsetzungsfähigen weiblichen Freiheits- und Emanzipationsgeschichte vermittelt werden konnten. Stattdessen mußte die Forderung nach gleichen Rechten durch einen voluntaristischen Ausstieg aus einer universellen Unterdrückungsgeschichte realisiert werden, der historisch nicht plausibel zu machen war und für den es auch keine geschichtlichen Vorbilder gab. Beard hielt diese Position vor allem deshalb für fragwürdig, weil sie nicht deutlich machen könne, auf welche Qualifikationen sich der in der Gegenwart eingeforderte Emanzipationsprozeß der Frau gründen sollte: »In the whole intellectual history of human beings there is surely nothing more extraordinary – and fateful – than this dogmatic summarizing of all women's history from antiquity to recent times under the head of ›subjection.‹«⁹⁷

Entsprechend steht für Beard am Ursprung der modernen Frauengeschichte die Infragestellung einer universellen Unterdrückungsgeschichte von Frauen und die daraus angeleitete Suche nach Spuren einer selbstbestimmten weiblichen Lebenspraxis, die die Forderung nach Emanzipation mit der Legitimität einer immer schon existierenden weiblichen Freiheitsgeschichte versehen: »Yet at other times and places, confronted with the question as to how a creature who had been nothing or nearly nothing in all history could suddenly, if ever, become something – something like man, his equal – a few leaders in the woman movement used history to show what force had displayed in history.«⁹⁸

Wie bereits am Beispiel ihrer politischen Philosophie deutlich geworden ist, verband Beard auch mit der Einführung der Geschlechterdimension in die historische Forschung den Anspruch auf eine Innovation, weil sie die Möglichkeit eines neuen Verständnisses von Zivilisation bot:

---

96 Beard, Woman as Force, S. 95 ff. – Als weiteres Beispiel der Unterdrückungsthese mit den gleichen fragwürdigen Konsequenzen für das politische Selbstverständnis der amerikanischen Frauenbewegung führt sie John Stuart Mills »The Subjection of Women« an (ebd., S. 100 ff.).
97 Ebd., S. 105.
98 Ebd., S. 156. – Als historiographisches Vorbild verweist sie hier auf die »History of Woman Suffrage« von Susan B. Anthony u. a.

»The narrative of history must be reopened, must be widened to take in the whole course of civilization as well as war, politics, gossip and economics. Woman and her work in the world can best be understood in relation to the total process that has brought mankind from primitive barbarism to its present state. Her moods and aspirations have their roots in the very beginnings of society and they have been nourished through the centuries by opportunities of her own making as well as by those of man's contrivance.«[99]

Beards Historiographie versucht, eine Kontinuität weiblicher Kulturleistungen sichtbar zu machen, durch die der Zusammenhang von Vergangenheit, Gegenwart und Zukunft unmittelbar deutlich wird. »Women launched civilization«,[100] so lautet ihre Grundthese, mit der sie die menschliche Frühgeschichte primitiver Kulturen, in der Frauen die Menschheit der bloßen Naturgeschichte entrissen und auf den Pfad der Zivilisation führten, mit den sozialpolitischen Maßnahmen des zeitgenössischen Maternal Welfare State zur Einheit eines Zivilisationsprozesses verknüpft, der historisch in die Zukunft weist:

»Woman's success in lifting men out of their way of life nearly resembling that of the beasts ... was a civilizing triumph. It involved infinite experimentation with natural resources, infinite patience, especial responsibility for offspring, peculiar taste, a sense of esthetics, extraordinary manual skill, and the highest quality of creative intelligence. Early woman had to start from scratch. She had no instruction from the past when she began her researches and invented the domestic arts.«[101]

Beards Vermutung lautet, daß es einen kontinuierlichen Beitrag von Frauen zur geschichtlichen Entwicklung gebe, in dessen Zentrum zwar eine spezifisch weibliche Form sozialer Verantwortung stehe, der aber keinen kulturellen Sonderstatus der Frau konstituiere. Frauen erscheinen so nicht als der moralisch bessere Teil der Menschheit, sondern lediglich als ihr historiographisch bisher vernachlässigter. Sie sind nicht das Andere einer männlich dominierten Gesellschaft und lassen für Beard auch keine besonders auszeichnenden sittlichen Qualitäten erkennen, die nur sie zu bestimmten Zivilisationsleistungen prädestinieren. Vielmehr haben sie an allen Aspekten des geschichtlichen Wandels in gleichem Maße wie Männer partizipiert, zum Nutzen wie zum Schaden der Gesamtgesellschaft: »There was not a type of war in which women did not participate.«[102]

Beards Historiographie versteht sich als eine universalhistorische Selbstvergewisserung weiblicher Kulturleistungen, die den sozialen Zusammen-

---

99 *Beard*, On Understanding Women, S. 32. – Zur Bedeutung der Frauengeschichte als einer »revolution in social thought« siehe auch *dies.*, America Through Women's Eyes, S. 2.
100 *Dies.*, On Understanding Women, S. 38.
101 *Dies.*, Woman as Force, S. 276.
102 *Ebd.*, S. 279.

hang menschlicher Lebensformen sichergestellt haben.[103] Sie sollte den Nachweis erbringen, daß Frauen die sozialen Träger und die politische Avantgarde eines neuen Zivilisationsmodells jenseits von Kapitalismus und Besitzindividualismus seien und eben nicht bloß »equal to men«. Damit stellt sich jedoch die Frage, wie sich die unterstellte Gleichgewichtigkeit der Frau im Prozeß der Zivilisation, die die Unterdrückungsthese des radikalen Feminismus außer Kraft setzt, vereinbaren läßt mit der These einer politischen Differenz und kulturellen Alterität der Frau, die sie zur sozialen Erneuerung der Gesellschaft privilegiert. In dieser Ambivalenz ist das geschichtsphilosophische Hauptproblem von Beards Interpretation des Geschlechterverhältnisses zu sehen: Ist die Frau ein dem Mann gleichberechtigtes Handlungssubjekt des geschichtlichen Wandels, haftet sie auch gleichermaßen für alle Folgen und Fehlentwicklungen. In diesem Fall läßt sich aber nicht plausibel machen, wie sich die auf sie gesetzten Hoffnungen politischer Erneuerung rechtfertigen lassen und warum das weibliche Zivilisationsprojekt mehr sein kann als ein tautologischer Nachvollzug des männlichen.

Das Werk Beards ist durch die Ambivalenz geprägt, daß sich das weibliche Geschlecht sowohl gleich und different gegenüber dem männlichen darstellt; in dieser These einer Gleichzeitigkeit von Identität und Alterität der Frau muß die Spezifik ihrer Position gesehen werden. Diese Konzeptualisierung der Geschlechtercharaktere ermöglichte ihr eine historisch sensibilisierte Wahrnehmung der vielfältigen Rollen, die Frauen in der Gesellschaft eingenommen haben. Gleichheit und Differenz stellten für Beard gleichermaßen Bedingungsfaktoren weiblicher Innovationschancen dar: Auf der einen Seite stellen Frauen vor allem aufgrund ihrer sozialen Rolle als Mütter diejenigen geschichtlichen Handlungssubjekte dar, die den Prozeß der Zivilisation in Gang gebracht haben, indem sie die Elemente sozialer Vergemeinschaftung und wechselseitiger Verantwortung verstärkten: »It was discovered that it was woman, principally responsible for the child she carried, who first turned external nature to the protection of human life, giving rise in the process to social groupings.«[104] Auf der anderen Seite erweisen sie sich jedoch auch im Hinblick auf die Prozesse der politischen, kulturellen, ökonomischen und technischen Vergesellschaftung als den Männern ebenbürtig: »There was no great historical contest in politics in which they did not appear somewhere. There was no religious cult which they did not affect. There were no exercises in intellectualism which they did not practice.«[105] – Es ist diese historische Doppelnatur des weiblichen Geschlechts, die ihm in der Gegenwart die Möglichkeit zu einer Transformation der Gesellschaft im

---

103 Dies betont *Cott*, Putting Women. Als zentrale Idee ihres Werks sieht sie »the vision of women as co-makers of civilization side by side with men and the implication that documenting their past shared leadership would help to cement it into contemporary reality.« (S. 21).
104 *Beard*, On Understanding Women, S. 39.
105 *Ebd.*, S. 515.

Sinne der Reformintentionen des Maternal Welfare State verschaffte und Frauen zur zukunftsfähigen »force in history« machte.

Beards Historiographie untermauerte ihre politische Arbeit auf zweifache Weise: Zum einen stellten Frauen aufgrund ihrer seit jeher ausgeübten Rolle als Vertreterinnen sozialer Fürsorge eine stille, unter den Bedingungen der industriellen Gesellschaft zunächst latent bleibende Zivilisationsreserve dar, die jedoch jederzeit aktualisierbar sei und im Zuge der Entstehung des Maternal Welfare State in ihrer Gegenwart auch aktualisiert worden sei. Zum anderen lehre die historische Erfahrung, daß Frauen immer schon den Männern ebenbürtige Handlungssubjekte gewesen seien, die in allen Lebensbereichen geschichtliche Prozesse entscheidend vorangetrieben hätten. Erst das Zusammenkommen beider Elemente, die historische Einheit von Gleichheit und Differenz, machte die weibliche Kultur für Beard zu derjenigen »force in history«, mit der sie die mit dem Maternal Welfare State verbundenen Hoffnungen legitimierte und als eine tragfähige Perspektive politischen Handelns zu begründen versuchte.

Beards Werk besaß eine Pionierfunktion für die neuere Frauengeschichte seit den 60er Jahren, veraltete dann jedoch schnell im Zuge der zunehmenden Ausdifferenzierung der Frauengeschichte und ihrer Öffnung gegenüber neuen Fragestellungen, Methoden und Arbeitsfeldern.[106] Unter einem Gesichtspunkt aber ist Beards Werk bis heute von einer erstaunlichen Aktualität geblieben: Die von ihr bereits historiographisch reflektierte Spannung zwischen Gleichheit und Differenz im Verhältnis der Geschlechter prägt die neuere Frauengeschichte bis heute. Abschließend soll dieses Theorieproblem Beards anhand der neueren Diskussionen des »equality-difference-dilemma« weiter verfolgt werden.

c) Gleichheit und Differenz im Verhältnis der Geschlechter

Die Entwicklungen der Progressive Era sowie die Auseinandersetzungen der 20er Jahre zwischen sozialem und egalitärem Feminismus markieren eine komplexe Transformationsphase des Geschlechterverhältnisses, die mit einer politischen Umorientierung der amerikanischen Frauenbewegung einherging.[107] Nachdem die kulturelle Hegemonie der Separate Spheres aufgebro-

---

106 Zur wechselvollen Konjunktur des Werks Mary Beards siehe *Lebsock*, In Retrospect, S. 326ff.
107 Zur Geschichte des »postsuffrage feminism« siehe vor allem *Cott*, The Grounding; *Sarvasy*, Beyond. – Zur Rolle der amerikanischen Frauen in der Parteipolitik zwischen Wahlrecht und New Deal siehe jetzt auch *Andersen*, After Suffrage. – Als Relativierung der Wasserscheide von 1920 und für eine stärkere Betonung von Kontinuitäten siehe jetzt jedoch *Cott*, Across the Great Divide.

chen und das Wahlrecht durchgesetzt worden war, drängten neue Problemlagen in den Vordergrund, die den »postsuffrage feminism« nachhaltig veränderten. Es ging darum, die tradierte Ordnung der Geschlechter den geänderten Rahmenbedingungen des frühen 20. Jahrhunderts anzupassen. Als lösungsbedürftig erwiesen sich nun zunehmend Fragen sozioökonomischer Gleichheit, des beruflichen Aufstiegs von Frauen in den Professions, der kulturellen Eigenständigkeit der »New Woman«[108] sowie schließlich die grundsätzliche Frage, welche Rolle die bereits erlangten politischen Mitspracherechte bei der Durchsetzung neuer Formen von Citizenship und Civil Society spielen sollten. In diesem Zusammenhang spielten die Auseinandersetzungen um Gleichheit und Differenz eine wichtige Rolle.

Trotz des konservativen Großklimas der 20er Jahre setzte sich der politische Streit zwischen konkurrienden Konzeptionen des Geschlechterverhältnisses fort. Nach dem Plausibilitätsverlust der tradierten »ideologies of gender« waren neue Ordnungsvorstellungen weiblicher Geschlechterrollen im Entstehen begriffen, die den erweiterten politischen Mitsprachemöglichkeiten von Frauen sowie der Erweiterung ihres beruflichen Rollenspektrums Rechnung tragen sollten. In gewisser Weise können die in dieser Situation ausgebrochenen Kontroversen um Gleichheit und Differenz, um weibliche Formen von Öffentlichkeit sowie um die politischen Implikationen von Mütterlichkeit als Nachfolgedebatten des Diskurses über die Separate Spheres im 19. Jahrhundert gelten.[109] Sie kreisen um das Problem einer »female citizenship« und um die Struktur einer Gesellschaft, in der die hermetische Abgeschlossenheit männlicher und weiblicher Lebensbereiche aufgebrochen war. Dazu war es notwendig, die weiblichen, an Familie, Erziehung und Mutterschaft gebundenen Formen sozialer Praxis neu zu definieren.

Das Werk Mary Beards und die Diskussionen des frühen 20. Jahrhunderts um den Maternal Welfare State geben Einblick in die geistige Struktur eines Feminismus, der auf der Differenz von Frauen beharrte, ohne damit gleichzeitig die Tradition der Separate Spheres fortzusetzen und Frauen auf tradierte Geschlechterrollen festzulegen.[110] Die sich seit den 20er Jahren neu strukturierenden Diskussionen um die Ordnung der Geschlechter, um Gleichheit und Differenz sowie um die politischen Implikationen weiblicher Lebensformen kennzeichnen den historischen Ursprungskontext der

---

108 Hierzu *Freedman*, The New Woman.
109 Zu diesen Zusammenhängen siehe *Ginzberg*, Women, S. 214ff. – Zur internationalen Dimension dieser Entwicklungen siehe *Rendall (Hg.)*, Equal, ein Band, der den englischen Diskurs des 19. Jahrhunderts rekonstruiert. Zur Mütterlichkeitsdebatte im deutschen Kaiserreich als »Knotenpunkt der Diskurse über die Geschlechter im Spannungsfeld von Gleichheit und Differenz« siehe *Wobbe*, Gleichheit, hier: S. 18.
110 Genau darauf zielt jedoch der Einwand Gordons. Sie lehnt Mütterlichkeit als Grundlage einer feministischen Konzeption der politischen Staatsbürgerschaft ab, weil Frauen damit erneut an tradierte Identitätsmuster gebunden würden: »Motherhood is by no means the major definer of women's identity.« (*Gordon*, Putting, S. 29).

heutigen Diskussionslage, die insofern auch die Aktualität eines Feminismus der Differenz im Sinne Mary Beards manifestiert.[111] »No issue has been more central to the American women's movement than sexual difference«, – dieses pointierte Urteil verweist zu Recht auf die seit der Progressive Era ungebrochene Virulenz einer geschlechtertheoretischen Position, die den kulturellen Sonderstatus und die historische Alterität von Frauen betont.[112] Ausgehend von der politischen Philosophie Mary Beards sowie vom Streit zwischen dem egalitären und dem sozialen Feminismus der 20er Jahre läßt sich auch heute noch die gegenwärtige Diskussion um Gleichheit und Differenz beleuchten, denn in dieser Zeit sind die bis heute existierenden Strukturen weiblicher Lebensformen entstanden.

Theoriehistorisch gesehen konnte die Betonung des Anders-Seins von Frauen (ebenso wie die Forderung nach »equal rights«) bis in die Gegenwart mit ganz unterschiedlichen Positionen einhergehen. Wie sich mit dem Gleichheitsprinzip sowohl Forderungen nach politischer, rechtlicher und sozioökonomischer Gleichstellung, als auch assimilatorische Strategien einer bloßen Integration von Frauen in existierende Systemstrukturen verbinden konnten, so ließen und lassen sich im Namen weiblicher Differenz sowohl die Tradierung von Ungleichheit, als auch Forderungen nach der Erneuerung von Politik und Gesellschaft kulturell begründen.[113] Eine Betonung weiblicher Differenz kann zu einer Ontologisierung überlieferter Frauenrollen im Kontext der Separate Spheres führen und so dazu beitragen, »to keep ›woman‹ in her ›natural‹ place«,[114] sie kann sich aber auch in der Tradition Beards mit einem Innovationsanspruch verbinden, der sich auf weibliche Lebensformen oder mütterliche Bindungen als alternative Paradigmen

---

111 Den gegenwärtigen Diskussionsstand dokumentieren *Bock u. James (Hg.)*, Beyond Equality, die auf die historische Konstanz der Spannung zwischen Gleichheit und Differenz hinweisen (S. 4). – Siehe außerdem zur »rhetoric of difference« *Hawkesworth*, Feminist Rhetoric, S. 447 ff.; *Ferguson*, Woman's Moral Voice; *Gatens*, Feminism; mit interdisziplinärem Zugriff *Rhode (Hg.)*, Theoretical Perspectives; darin vor allem *Offen*, Feminism. – Die andauernde Intensität dieser Debatten zeigt, daß der Feminismus der Differenz auch angesichts der seit dem frühen 20. Jahrhundert vorangekommenen Integration von Frauen in Politik und Gesellschaft seine geschlechtertheoretische Aktualität keineswegs verloren hat, wie dies etwa von *Tilly u. Gurin (Hg.)*, Women unterstellt wird: »It is unlikely that the ideology of difference will again dominate women's politics in the form that it did at the turn of the century because men and women are now much more integrated in the economy and in political institutions.« (S. 24).

112 *Rhode (Hg.)*, Theoretical Perspectives, S. 1.

113 Daß sich die politischen Interessen, die mit Gleichheit und Differenz als Strategieentwürfen der Frauenbewegung einhergehen, traditionellen links-rechts-Zuordnungen nicht fügen, erwähnen auch *Bock u. James (Hg.)*, Beyond Equality, S. 4; *Tilly u. Gurin (Hg.)*, Women, S. 23; dort auch *Klatch*, The Two Worlds, die mit ihrer Differenzierung zwischen den »social conservative women« und den »laissez-faire conservative women« zeigt, daß sich weiblicher Konservativismus gleichermaßen mit Differenz- und Gleichheitsargumenten verträgt (S. 529 ff.).

114 *Hawkesworth*, Feminist Rhetoric, S. 451.

von Vergesellschaftung beruft.[115] Diese lassen sich dann als Ressourcen für die Überwindung einer politischen und gesellschaftlichen Realität ausschöpfen, in der die spezifischen Interessen von Frauen strukturell ausgeblendet und unterdrückt werden.

Der differenztheoretische Feminismus ist eine Antwort auf die Frage nach den Bedingungen einer politischen Öffentlichkeit, an der Frauen in den Rollen, die sie lebensweltlich ausfüllen, gleichberechtigt teilhaben können. Er ist insofern Teil des »writing women into the history of citizenship« als Aufgabe gegenwärtiger Frauengeschichte.[116] Es geht um das Theorieproblem, wie sich die Forderung nach politisch-rechtlicher Gleichheit mit der Behauptung und Anerkennung der kulturellen Differenz von Frauen vereinbaren läßt. Bereits Beard hatte den Sinn der Forderung nach Gleichheit darin gesehen, deren kulturelle Differenz besser zur Geltung bringen zu können, – ihre Position verweist daher nicht auf einen Gegensatz, sondern auf einen inneren Zusammenhang von Gleichheit und Differenz. Für sie konnte das Geschlechterverhältnis nur dann eine freie Assoziierung auf der Grundlage gleicher politischer Rechte sein, wenn es die Möglichkeit einschloß, als Geschlecht zugleich verschieden zu sein und in dieser Verschiedenheit die gleichen bürgerlichen Rechte und sozialen Lebenschancen beanspruchen und realisieren zu können. Das Beharren auf weiblicher Differenz war für sie eine Voraussetzung für die Kritikfähigkeit gegenüber einer Gesellschaft, in der Anders-Sein mit politischer Unterprivilegierung und gesellschaftlicher Außenseiterschaft verbunden war.

Bis heute ist diese Überzeugung Beards, daß sich mit der Emanzipation der Frau zugleich auch die politische Struktur der Gesellschaft grundlegend verändern würde, für den Feminismus der Differenz von konstitutiver Bedeutung geblieben. Dabei wird unterstellt, daß in den geschichtlichen Strukturen weiblicher Lebensformen kulturelle Ideen beschlossen liegen, mit denen die etablierten Mechanismen von Herrschaft und Ungleichheit grundsätzlich infrage gestellt und durch neue Legitimitätskriterien ersetzt werden können.[117]

---

115 Auf die Notwendigkeit, zwischen repressiven und innovativen Strömungen des Feminismus der Differenz sowie den ihnen jeweils entsprechenden politischen Konsequenzen zu differenzieren verweist *Sarvasy*, Beyond, S. 360f.
116 *Vogel*, Is Citizenship Gender-Specific?, S. 64ff.
117 *Elshtain*, Antigone's Daughters, hat diese subversive Kraft weiblicher Differenz daher auch als die Fähigkeit bestimmt, »to throw sand into the machinery of arrogant public power« (S. 341). – Sie verleiht dieser weiblichen Fundamentalkritik politischer Herrschaft eine tragische Dimension, indem sie das aus konkurrierenden Werten und Loyalitäten gespeiste, im Gegensatz zu staatlichen Herrschaftsansprüchen stehende Handeln Antigones als das historische Vorbild einer Praxis expliziert, die im Rekurs auf die in den sozialen Lebenswelten von Frauen verankerten Handlungsnormen die Vorgaben der politischen Ordnung bewußt negiert: »The standpoint of Antigone is of a woman who dares to challenge public power by giving voice to familial and social imperatives and duties.« (*Elshtain*, Antigone's Daughters, S. 341).

Auf welche Qualitäten von Frauen läßt sich jedoch rekurrieren, um das unterstellte Fortschrittspotential weiblicher Differenz gesellschaftstheoretisch plausibel zu machen? Welche kulturellen Elemente werden im Zusammenhang weiblicher Lebensformen aktiviert, die dann für die Innovation von Politik und Gesellschaft bereitstehen? – Mary Beard und der Social Feminism, der sich in der Progressive Era als ein eigenständiger Theorietyp des modernen Geschlechterverhältnisses auszubilden begann, haben im Hinblick auf diese Fage bereits das Feld abgesteckt, in dem sich auch noch die gegenwärtigen Diskussionen um Gleichheit und Differenz argumentativ bewegen. Ihnen ging es bereits um eine Antwort auf die Frage, welche besondere Vernunft weiblicher Lebenswelten in den modernen Diskurs über Citizenship und Civil Society eingebracht und dort politisch genutzt werden kann. Dabei verwiesen sie bereits auf die Kompetenz von Frauen zur Gestaltung persönlicher Beziehungen und Gemeinschaften.[118] Seither geht es dem Feminismus der Differenz um das politische Potential persönlich geprägter Vergemeinschaftungsformen für die Transformation von Gesellschaft und Politik:

»This is the world of what we refer to variously as domestic life, family life, or, personal life. It is the world of love relations and of parenting, a world which includes all forms of social interaction which have as their primary reason for being the constitution, by way of social evocation and recognition, of the individual as a unique personality. It is thus a world which functions to express and recognize the personal as distinct from the public aspects of our lives.«[119]

Von hier aus lassen sich die Grundideen des sozialen Feminismus in den Blick bringen: Unter gesellschaftstheoretischen Aspekten ergibt sich eine Nähe zu einer kommunitären Konzeption von Politik und Gesellschaft, die die Sozialität der Individuen, ihr »being in relations« in den Mittelpunkt des Interesses rückt und darauf verweist, daß Individualität aufgrund ihrer Konstituierung in unverwechselbaren Formen sozialer Interaktion grundsätzlich partikular und konkret ist und daß von dieser Konkretheit der Individuen gesellschaftstheoretisch nicht abstrahiert werden darf. Greifbar wird hier ein erneuerter Liberalismus, der wie der New Liberalism des frühen 20. Jahrhunderts die soziale Konstitution des Subjekts akzentuiert (1.). Des weiteren ist die sozialfeministische Konzeption von Citizenship und Civil Society moralphilosophisch durch eine »ethics of care« geprägt, in der sich sowohl das geschärfte Bewußtsein einer sozialen Schutzbedürftigkeit von Indivi-

---

118 Bis heute steht dieses Argument einer besonderen Bedeutung von Frauen für »community-building« im Zentrum eines weiblichen Politikverständnisses, das die Differenz von Frauen akzentuiert: »Where women succeeded in creating community, they succeeded in creating a sense of belonging and bonding in contrast to the ruthless pursuit of individual self-interest.« (*Fox-Genovese*, Feminism, S. 37).
119 *Yeatman*, Women, S. 158f. – Siehe auch *dies.*, Gender; *dies.*, Despotism. – Zum Zusammenhang des Persönlichen und Politischen siehe auch *Pateman*, The Disorder, S. 131ff.

duen und einer Verantwortlichkeit gegenüber Schwächeren äußert, als auch die Fähigkeit, die Differenz und die Bedürfnisse von Anderen als Regulative eigenen Handelns anzuerkennen. Dies erklärt den normativen Primat von »motherhood« als Paradigma einer persönlichen Beziehung, die den Kriterien der »ethics of care« entspricht (2.).

1. Die gegenwärtigen Positionen, die den Faktor kultureller Differenz betonen, erneuern die von Mary Beard und anderen Intellektuellen der Progressive Era formulierte Überzeugung einer sozialen Konstitution des Individuums. Wie damals ist diese Überzeugung auch heute mit der Kritik eines Individualismus verbunden, der diese soziale Dimension menschlicher Individualität im Sinne eines »being in relations« ausblendet.[120] Dies erklärt, warum die Dichotomie zwischen sozialem und egalitärem Feminismus auch als eine Spannung zwischen »relational and individualistic feminism« rekonstruierbar ist. Während im Mittelpunkt der individualistischen oder egalitären Position die abstrakt-formalistische Forderung nach gleichen individuellen Rechten von Männern und Frauen steht, dominiert beim relationistischen Standpunkt (dem des »social feminism«) die Überzeugung, daß es der Frauenbewegung jenseits der Verwirklichung individueller Rechte vor allem um die Etablierung neuer Formen sozialer Verantwortlichkeit gehen müsse, die zu einem anderen Verständnis von Politik und Gesellschaft führen:

»Relational feminism emphasized women's rights *as women* (defined principally by their child-bearing and/or nurturing capacities) in relation to men. It insisted on *women's* distinctive contributions in these roles to the broader society and made claims on the commonwealth on the basis of these contributions. By contrast, the individualist feminist tradition of argumentation emphasized more abstract concepts of individual human rights and celebrated the quest for personal independence (or autonomy) in all aspects of life, while down-playing, deprecating or dismissing as insignificant all socially defined roles and minimizing discussion of sex-linked qualities or contributions, including child-bearing and its attendant responsibilities.«[121]

Diese Rekonstruktion der Frontstellung zwischen sozialer und egalitäter Frauenbewegung überzeugt unter historischen Gesichtspunkten vor allem deshalb, weil sie den engen Zusammenhang zwischen der Tradition des sozialen Feminismus und der politischen Philosophie des New Liberalism zu Beginn des 20. Jahrhunderts in Rechnung stellt.

---

120 Darauf verweist *Schmitt*, Beyond Separateness, der die Nähe einer sozialen Konstruktion von Individualität zu einer »ethics of care« betont, wie sie insbesondere in der Tradition Chodorows, Gilligans und Noddings' herausgearbeitet worden ist: *Chodorow*, The Reproduction; *Gilligan*, In a Different Voice; *Noddings*, Caring; *dies.*, Ethics. – Zur moralphilosophischen Kontroverse zwischen Gilligan und Kohlberg siehe *Flanagan u. Jackson*, Justice.
121 *Offen*, Defining Feminism, S. 76.

Die damalige Nähe zum New Liberalism findet gegenwärtig ihre Entsprechung in der engen Beziehung des Feminismus zu kommunitaristischen Positionen, die in vielfacher Hinsicht die politischen Ideen des New Liberalism aufgreifen.[122] In diesem Kontext gewinnt die bereits von Beard artikulierte Liberalismuskritik ihren gesellschaftstheoretischen Ort: Der Liberalismus erhebe zwar einen universalistischen Anspruch, repräsentiere jedoch in Wirklichkeit eine einseitig männliche und damit partikulare Version von Politik und Gesellschaft, in der die Interessen von Frauen ausgeblendet würden. Die politische Theorie des sozialen Feminismus rekonstruiert den abstrakten Egalitarismus und formalistischen Universalismus liberaler Gesellschaftstheorie als ein verstecktes Herrschaftsmittel des »economic man«: »Feminist scholars have revealed the inegalitarianism behind the myth of equal opportunity and made us aware of how such presumtions deny the social reality of unequal treatment, sexual discrimination, cultural stereotypes, and women's subordination both at home and in the marketplace.«[123]

In diesem Zusammenhang gewinnt der Rekurs des Feminismus auf kommunitaristische und republikanische Ideen einer partizipatorischen Zivilgesellschaft seinen spezifischen Sinn: Er dient der Entwicklung einer politischen Perspektive von Frauen jenseits ihrer bloßen Integration in dieses liberale System besitzindividualistischer Interessen und marktgesellschaftlich organisierter Beziehungen und zielt auf eine Revitalisierung der politischen Öffentlichkeit: »First, however, the urgency must be felt, and the spirit necessary for revitalizing citizenship must be enlivened in the public realm.«[124]

Der Perspektivenwechsel, den der soziale Feminismus vollzieht, lenkt den Blick vom abstrakten Universalismus des liberalen Individualismus auf die konkreten und persönlichen Verhältnisse zwischen den Individuen. Dabei

---

122 Diesen Zusammenhang betont *Fox-Genovese*, Feminism, S. 33 ff., die mit der feministischen Kritik des Besitzindividualismus auch die Gefahr einer sozialkonservativen Verklärung der Gemeinschaftsidee durch die »siren calls of nostalgic and utopian communitarianisms« einhergehen sieht (S. 54). – Auch Elshtains Version des »difference feminism« weist eine enge Beziehung zum Kommunitarismus auf, indem sie die Lebenswelt von Frauen als Ausgangspunkt für die Kritik an einer staatlichen und ökonomischen Ordnung begreift, die im Gegensatz zu den Prinzipien wechselseitiger Verantwortung steht: *Elshtain*, Antigone's Daughters, S. 342.

123 *Dietz*, Context, S. 6 f. – Dietz ist selber eine Kritikerin der »social feminists«, rekurriert jedoch ebenfalls auf den Kommunitarismus als Theorieangebot einer »feminist vision of citizenship« (S. 14 ff., 23). – Zur ökonomischen Liberalismuskritik aus kommunitaristischer Perspektive siehe jetzt *Friedland u. Robertson (Hg.)*, Beyond the Marketplace; *Mansbridge (Hg.)*, Beyond Self-Interest, ein Sammelband, der das Spektrum der neueren Strömungen präsentiert, die das »common good« vom Himmel des gesellschaftstheoretischen Wünschens herunterholen, ihm einen gleichberechtigten Platz neben den Self-Interests einräumen und empirisch in der modernen Gesellschaft verankern. – Zur feministischen Liberalismuskritik siehe dort insbesondere *Held*, Mothering.

124 *Dietz*, Context, S. 18.

wird eine Struktur sozialer Beziehungen sichtbar, denen eine eminent politische Bedeutung zukommt: »What are the possibilities of remaking society by remaking what have been thought of as ›personal‹ relations? Societies are composed of persons in relation to one another. The ›personal‹ relations among persons are the most affective and influential in many ways.«[125] Die persönliche Dimension der weiblichen Kultur wird so als ein Kontrastmodell sozialer Integration gegenüber der Vorherrschaft des »economic man« greifbar, in der die abstrakte Gleichheit formaler Rechte zu konkreten Rechten und Verantwortlichkeiten der sich unter besonderen Bedingungen miteinander vergesellschaftenden Menschen modifiziert wird:

»To see contractual relations between self-interested or mutually disinterested individuals as constituting a paradigm of human relations is to take a certain historically specific conception of ›economic man‹ as representative of humanity. And it is, many feminists are beginning to agree, to overlook or to discount in very fundamental ways the experience of women. I try in this paper to look at society from a thoroughly different point of view than that of economic man. I take the point of view of women, and especially of mothers, as the basis for trying to rethink society and its possible goals.«[126]

Zwar ist die Tendenz zu einem »sentimental view of community« als sozialtheoretische Begleiterscheinungen dieser Denkströmungen unübersehbar,[127] allerdings bleibt es ein wichtiges Ergebnis der Philosophie des sozialen Feminismus, daß die gesellschaftstheoretische Abstraktion von den partikularen Bedingungen, unter denen sich die Individuen miteinander vergesellschaften, überwunden wird. Zu diesen Bedingungen gehört eine konkrete Konstellation des Geschlechterverhältnisses ganz elementar hinzu. Diese Theorieleistung läßt sich auch als der Schritt vom abstrakten zum konkreten Individualismus begreifen. Mit ihr werden die universalistischen Normen des liberalen Individualismus nicht zugunsten partikularer Zugehörigkeiten unterboten, sondern sie werden gewissermaßen überboten, indem sie der Erfahrung des konkreten Andersseins von Individuen ausgesetzt werden. Universalistische Normen werden aus der betulichen Ruhe einer abstrakt-moralischen Welt in die Mitte einer umkämpften politischen Praxis gestellt, in der immer schon konkrete Anerkennungsleistungen erbracht und persönliche Verantwortlichkeiten für die Individualität des Anderen wahrgenommen werden müssen, um dem moralischen Gesetz Genüge zu tun. Der Feminismus der Differenz fordert dazu auf, die Anerkennung der konkreten Alterität des Anderen jenseits des abstrakten Egalitarismus als moralphilosophisches Problem ernst zu nehmen und reklamiert dabei die politische Bedeutung persönlicher Beziehungen, in denen diese Anerken-

---

125 *Held*, Mothering, S. 296.
126 *Ebd.*, S. 288.
127 Siehe hierzu *Fox-Genovese*, Feminism, S. 52.

nungsleistungen erbracht werden müssen.[128] Der Anspruch des Feminismus auf eine Erneuerung der politischen Theorie gründet sich vor allem darauf, jenseits der formalistischen Struktur gleicher individueller Rechte auf die konkrete Partikularität sozialer Beziehungen und politischer Verhältnisse aufmerksam gemacht zu haben, in denen diese verallgemeinerbaren Rechte durchzusetzen und anzuerkennen sind. Vor diesem Hintergrund werden die Unterschiede zwischen dem abstrakten und dem konkreten Individualismus deutlich sichtbar:

»The standpoint of the generalized other requires us to view each and every individual as a rational being entitled to the same rights and duties we would want to ascribe to ourselves. In assuming this standpoint, we abstract from the individuality and concrete identity of the other. ... The standpoint of the concrete other, by contrast, requires us to view each and every rational being as an individual with a concrete history, identity, and affective-emotional constitution. In assuming this standpoint, we abstract from what constitutes our commonality.«[129]

Angesichts der offensichtlichen Grenzen beider Positionen ist eine Vermittlung der Standpunkte des generalisierten und des konkreten Anderen erforderlich, um der Spannung zwischen verallgemeinerbaren Rechtsnormen mit universellem Geltungsanspruch und konkretisierbaren Identitäten mit partikularem Erfahrungshintergrund gerecht werden zu können. Der moralphilosophische Universalismus der liberalen Tradition erneuert sich in diesem Falle als das verallgemeinerbare Prinzip der wechselseitigen Anerkennung von Differenz und der unverwechselbaren Persönlichkeit des konkreten Anderen.

2. Damit stellt sich jedoch die Frage, ob es geschlechterspezifische Formen des Umgangs mit Differenz gibt, durch die der abstrakte zugunsten des konkreten Individualismus überwunden werden kann. Existiert ein innerer Zusammenhang zwischen weiblichen Identitäten und einer Gesellschaft, deren Referenzsubjekt nicht mehr der verallgemeinerte, sondern der besondere Andere ist? – Von der Seite des sozialen Feminismus wird diese Frage bejaht und mit dem Hinweis auf die moralische Struktur von »motherhood« als Paradigma einer Lebensform beantwortet, in der es um die Persönlichkeit des Anderen geht: »If we consider the mother-child relationship as paradigmatic, we can account for a domain frequently neglected in moral theory, the

---

128 Die moralphilosophische Dignität persönlicher Beziehungen, als deren historische Statthalter vor allem Frauen zu gelten haben, betont *Held*, Feminism, S. 117f.: »The region of ›particular others‹ is a distinct domain, where it can be seen that what becomes artificial and problematic are the very ›self‹ and ›all others‹ of standard moral theory. In the domain of particular others, the self is already closely entwined in relations with others. ... They are particular flesh and blood others for whom we have actual feelings in our insides and in our skin, not the others of rational constructs and universal principles.«

129 *Benhabib*, The Generalized and the Concrete Other, S. 163f.

realm of particular others.«[130] Die moralische Spezifik mütterlicher Lebensformen besteht aus dieser Sicht darin, daß sie im Sinne einer »morality of care and responsibility« Verhältnisse auf der Grundlage einer persönlichen Verantwortung des Einzelnen für das Wohlergehen des Anderen konstituieren. Die Anerkennung der spezifischen Bedürfnisnatur des Anderen ist in der kulturellen Logik von Mütterlichkeit immer schon vorausgesetzt. »Liebe« markiert gewissermaßen die universellste Form eines Verhältnisses, in der die Persönlichkeit und damit zugleich die Differenz des Anderen (sei es die zwischen den Geschlechtern oder die zwischen Eltern und Kindern) vorbehaltlos anerkannt wird und anerkannt werden muß, weil die kulturelle Eigentümlichkeit dieser sozialen Beziehung überhaupt erst in der Differenz der beteiligten Individuen begründet liegt und daraus ihren kulturellen Sinngehalt herleitet.[131]

»The power of motherhood is personal«,[132] auf diese Formel gründet der Anspruch der feministischen Moralphilosophie, in der normativen Privilegierung der Mutter-Kind-Beziehung eine Ethik zu begründen, der es jenseits der abstrakten Rechtsgleichheit der Individuen um die konkreten Bedingungen ihrer gesellschaftlichen und politischen Realisierung geht. Die sozialpolitischen Initiativen der amerikanischen Frauenbewegung, aus denen zu Beginn des 20. Jahrhunderts der Maternal Welfare State hervorgegangen ist, kennzeichnen den Entstehungskontext eines Feminismus der Differenz, der bereits durch diese politische Konzeption von Mütterlichkeit gekennzeichnet war. In dieser Idee einer politischen Bedeutung mütterlicher Lebensformen gründen bis heute die Strömungen des »maternal thinking«.[133]

Die politische Konzeption mütterlicher Bindungen impliziert die Chance zu einer gesellschaftstheoretischen Explikation geschlechtlicher Differenz: »Motherhood« und »maternalism« benennen im Verständnis dieses Feminismus geradezu paradigmatisch die moralischen Qualifikationen, die den kulturellen Unterschieden von Frauen gegenüber Männern zugrunde liegen und die der weiblichen Kultur ein politisches Veränderungspotential verleihen. In den gegenwärtigen Debatten dominiert daher auch gewöhnlich kein sentimentaler Begriff von Mütterlichkeit, der sie zu einer privatistischen

---

130 *Held*, Feminism, S. 111.
131 Zur ähnlich begründeten Kulturbedeutung der (erotischen) Liebe bei Max Weber siehe auch *Jaeger*, Bürgerliche Modernisierungskrise, S. 244 ff., 259 f. – Als Versuch einer »cultural analysis of love« in Amerika siehe *Seidman*, Romantic Longings, S. 2.
132 *Fox-Genovese*, Feminism, S. 27.
133 Als Beiträge zu einer feministischen Gesellschaftstheorie und Ethik, die die moralischen Implikationen von »mothering« und »caretaking« ins Zentrum stellen und von ihnen her eine neue Theorie der Civil Society begründen, siehe *ebd.*, S. 25 ff.; *Held*, Mothering; *Ruddick*, Maternal Thinking, die in der kulturellen Sinnbestimmung mütterlicher Lebensweisen »to preserve fragile life« und »foster growth« die politischen Grundlagen eines alternativen Gesellschaftsmodells beschlossen sieht (S. 216 ff.); ebs. *dies.*, Maternal Thinking: Toward a Politics; *Trebilcot (Hg.)*, Mothering; – Als Kritik des »maternal thinking« siehe *Dietz*, Citizenship; *Gordon*, Putting; *Tronto*, Women's Morality.

Gegenwelt von Politik und Gesellschaft verklärt, vielmehr wird sie als eine politische Veränderungsressource der Öffentlichkeit, als eine »protest language of human rights« sowie »rebellious and critical force« begriffen: »We have focused on motherhood as an inherently political experience, a vantage point from which to understand and question society.«[134]

Im politischen Selbstverständnis des »maternal thinking« realisiert sich in der Beziehung zwischen Müttern (bzw. »mothering persons«) und Kindern ein politisch relevantes Element von Kontrafaktizität und Unzeitgemäßheit, das die Realität einer durch Konkurrenz und Wettbewerb geprägten »contractual society« konterkariert. Ihm geht es weniger um eine sozialkonservative Stabilisierung der Familie als des dominanten Leitwertes der amerikanischen Gesellschaft oder um die Legitimation eines privatistischen Rückzuges der Bürger aus Politik und Gesellschaft in die Sinnhaftigkeit unmittelbarer Gemeinschaften. Politisches Ziel ist vielmehr die Vitalisierung eines unter den Bedingungen der Gegenwart versiegten öffentlichen Diskurses politisch partizipierender Staatsbürger, die sich unter der Idee einer wechselseitigen Verantwortung für das Wohl des jeweils Anderen miteinander vergesellschaften. Mütterlichkeit besitzt eine eminente Bedeutung für den neueren Differenz-Diskurs, indem sie eine »unique form of commitment and responsibility« repräsentiert,[135] die in deutlichem Kontrast zur unpersönlichen Vergesellschaftung von Individuen durch Marktmechanismen steht und aus diesem Kontrast ihre Kritikfähigkeit gegenüber den Strukturen gesellschaftlicher Realität schöpft:

»Most important for the purposes of feminist theory, these concepts and ends are dramatically at odds with the prevailing norms of our bureaucratic, and increasingly technological, public order. ... Maternal thinking reminds us that public policy has an impact on real human beings. As public policy becomes increasingly impersonal, calculating, and technocratic, maternal thinking insists that the reality of a single human child be kept before the mind's eye. Maternal thinking, like Antigone's protest, is a rejection of amoral statecraft and an affirmation of the dignity of the human person.«[136]

Die politische Relevanz von Mütterlichkeit liegt im Selbstverständnis des »maternal thinking« darin begründet, daß Mütter in ihrer Eigenschaft als »community builders« soziale Lebensformen und kulturelle Werte realisieren, die in anderen Formen sozialer Praxis nicht entstanden sind und auch nicht entstehen konnten. Frauen werden so zu den sozialen Trägern einer zweiten, eigenständigen moralischen Kultur.[137] Dieser kulturellen Einzigartigkeit mütterlicher Bindungen trägt der moralphilosophische Paradigmawechsel hin zu einer »ethics of care« Rechnung. Deren Ziel ist, eine am Vor-

---

134 *Bassin u.a. (Hg.)*, Representations, S. 13, 21. – *Elshtain*, Feminism.
135 *Bassin u.a. (Hg.)*, Representations, S. 11.
136 *Elshtain*, Antigone's Daughters, S. 342f.
137 *Katzenstein u. Laitin*, Politics, S. 263 ff.

bild ökonomischer Marktbeziehungen gewonnene Gesellschaftstheorie sowie eine am Leitbild autonomer Individuen orientierte formale Gerechtigkeitskonzeption durch die Theorie einer Gesellschaft zu ersetzen, in deren Zentrum die Idee einer moralischen Verantwortung der Individuen für das Wohl der jeweils Anderen und für das Gemeinwohl insgesamt gekoppelt ist:

»Mothering is at the heart of human society. If the dynamic relation between mothering person and child is taken as the primary social relation, then it is the model of ›economic man‹ that can be seen to be deficient as a model for society and morality, and unsuitable for all but a special context. A domain such as law, if built on no more than contractual foundations, can then be recognized as one limited domain among others. ... Neither can the domain of politics, if built on no more than self-interest or mutual disinterest, provide us with a model with which to understand and improve society and morality. And neither, even more clearly, can the market itself. ... Instead of seeing the family as an anomalous island in a sea of rational contracts composing economic and political and social life, perhaps it is instead ›economic man‹ who belongs on a relatively small island surrounded by social ties of a less hostile, cold, and precarious kind.«[138]

Vor allem drei Argumente werden für die Ethik sozialer Fürsorge ins Feld geführt: Ein erster Grundsatz bestehe darin, Individualität als ein konkretes Anderssein des Anderen zu begreifen. Die »ethics of care« manifestiert unter diesem Gesichtspunkt den Schritt vom verallgemeinerten zum konkreten Individualismus, mit dem die besondere Bedürfnislage des Anderen zu einem maßgeblichen Orientierungsmerkmal des eigenen Handelns wird. »Care« bedeutet in diesem Zusammenhang, das konkrete Anderssein des Anderen als legitimes Regulativ des eigenen Verhaltens anzuerkennen und seine aus diesem Anderssein heraus entspringenden Interessen nicht nur nicht zu verletzen, sondern als prinzipiell gleichrangig mit den eigenen zu respektieren und aktiv zu fördern:

»Care is held to encompass a range of characteristic dispositions, such as concern for the other not out of duty or obligation but out of feeling or sympathy; attention or attentiveness; sensitivity to the needs of others, and more strongly, taking the others' interests as equal to or more important than one's own; concern for the growth and enhancement of the other; and an orientation to the common interest of the family or of those who are close or related to one. These feelings and dispositions are directed to particular others rather than universally, and so contrast with traditional notions of universal and impartial principles and obligations.«[139]

Mit der Entwicklung des abstrakten zum konkreten Individualismus transformiert sich der Andere im Verständnis einer feministischen Ethik vom bloßen Mittel der Realisierung eigener Interessen erneut zu dem Zweck an und für sich selbst, der er in der liberalen Tradition ursprünglich einmal gewesen ist und als der er jedoch in der Herrschaft besitzindividualistischer Interes-

---

138 *Held*, Mothering, S. 304.
139 *Gould*, Feminism, S. 404.

sen verloren ging. Erst auf der Grundlage einer Ethik wechselseitiger Verantwortung gewinnt der Andere die persönliche Dignität eines Individuums zurück, das in seiner Unverwechselbarkeit unbedingt zu respektieren ist.

Zum anderen schärft das Prinzip der reziproken Anerkennung von Individualität das Bewußtsein der die Individuen miteinander verbindenden gemeinsamen Zwecke und des ihnen gemeinsamen Interesses an einer Politik und Gesellschaft, in der sie ihre jeweils individuellen Interessen gewahrt wissen. Eine Ethik der sozialen Verantwortung erneuert und präzisiert so die kulturelle Tradition des Gemeinwohls. Sie bietet die Chance, den zunächst im Horizont familiärer oder lokaler Formen der Vergesellschaftung erworbenen Erfahrungsschatz reziproker Beziehungsformen und gemeinsamer Interessenorientierungen zu einer verallgemeinerbaren Strukturbedingung demokratischer Politik zu erweitern und als ein übergreifendes Funktionsprinzip von Öffentlichkeit und Zivilgesellschaft moralphilosophisch zu begründen. Die republikanische Idee des Common Good gewinnt vor dem Hintergrund persönlich strukturierter Beziehungen an Plausibilität und kann von der Ebene unmittelbarer Gemeinschaften zu einem Fundamentalprinzip des politischen und gesellschaftlichen Lebens überhaupt extrapoliert werden.[140] Die feministische Ethik sozialer Verantwortung korrespondiert daher auch mit der kommunitaristischen Theorie der Demokratie als einer gemeinsamen Unternehmung politisch partizipierender Bürger, die in der wechselseitigen Wahrung und Anerkennung ihrer individuellen Interessen ein sie verbindendes Gesamtinteresse erkennen und realisieren.

Schließlich ist der Wohlfahrtsgedanke ein integrales Element dieser feministischen Moralphilosophie. Sie erweist sich als »devoted to the protection of a vulnerable human life«[141] und knüpft damit an die Tradition des Maternal Welfare State und des sozialen Feminismus zu Beginn des 20. Jahrhunderts an. Sie speist sich kulturell aus einer im Kontext weiblicher und mütterlicher Erfahrungen erworbenen moralischen Sensibilität für die Verletzlichkeit von Individuen in asymmetrisch strukturierten sozialen Beziehungen oder politischen Machtverhältnissen und bezieht aus diesen Erfahrungen den Impuls zum Schutz gerade der schwächsten Glieder in der Kette

---

140 Auch dieser Aspekt ist von Gould betont worden: »I think that the experience of caring and concern that is characteristically taken to belong to women facilitates an awareness of common interest that is fundamental to the possibility of a democratic community. In addition, I also believe that the typical concern for providing for the specific needs of others associated with mothering or parenting or with family relations more generally can usefully be imported into the larger democratic community in terms of a focus on meeting the differentiated needs of individuals and not simply protecting their negative liberties. Thus, care in this context translates into responsiveness to the particular needs and interests of individuals or groups instead of treating them all in the very same way. It also connotes a concern for providing the economic and social means for the development of individuals and not only refraining from impeding their choices.« (*Ebd*, S. 404 f.).

141 *Dietz*, Context, S. 10 f.

menschlicher Lebensformen. Dies erklärt auch, warum »care« und »welfare« im Verständnis einer feministischen Ethik etwas umfassenderes meinen als eine bloße Summe sozialpolitischer Strategien zur Linderung materiellen Elends: Es handelt sich vielmehr um universelle Regulative der menschlichen Existenz, die jenseits der Geschlechterbezüge als Fundamentalprinzipien sozialer Praxis wirksam sind.

Diese feministische Ethik sozialer Verantwortung ist Gegenstand vielfältiger Kritik, für die sie weniger eine weiterführende Moralphilosophie repräsentiert, als vielmehr eine Regression zu partikularen Identitäten und konservativen Gesellschaftsmodellen bedeutet. Die Kritik am Care-Modell als Vorbild staatsbürgerlicher und zivilgesellschaftlicher Beziehungen läßt sich im wesentlichen zu vier Einwänden bündeln. Sie besagen, daß die persönlichen Beziehungen, die im Kontext des Maternal Thinking als Alternativen des abstrakten Individualismus fungieren, auf politische und gesamtgesellschaftliche Kontexte nicht übertragbar sind, weil ihnen diejenigen Elemente freier Assoziierung fehlen, von denen im Kontext von Politik und Zivilgesellschaft nicht abstrahiert werden kann. Im einzelnen handelt es sich dabei erstens um die Möglichkeit einer wechselseitigen Kündbarkeit von Beziehungen, die mit den Abhängigkeiten, wie sie persönliche Beziehungen und dabei insbesondere das Verhältnis zwischen Müttern und Kindern prägen, nicht vereinbar sind. Eine zweite Eigenschaft persönlicher Fürsorge-Beziehungen, die liberalen Prinzipien entgegensteht, ist ihre prinzipiell asymmetrische Struktur: »Social care« fehlt damit genau das Merkmal symmetrischer Reziprozität, das zu den Strukturmerkmalen und -bedingungen liberal-demokratischer Gesellschaften gehört. Drittens ist »Liebe« als Konstituens mütterlicher Lebensformen zwar reziprok, aber hochexklusiv. Ihre Kulturbedeutung besteht gerade darin, daß sie nicht verallgemeinerbar, sondern an die Partikularität einer ganz bestimmten Beziehungskonstellation gebunden ist. Schließlich sind persönliche Beziehungsmuster im Kontext politischer und gesellschaftlicher Strukturen nicht institutionalisierbar. Vielmehr sind ihre Bestandsbedingungen an existentielle Formen der sozialen Interaktion gebunden, die in systematischer Spannung zu Politik und Gesellschaft stehen.

Diese Einwände verweisen auf Grenzen des Care-Modells, die es fragwürdig erscheinen lassen, in ihm eine adäquate Grundlage einer alternativen Gesellschaftstheorie, Politik und Ethik zu sehen. Persönlichen Beziehungen fehlen Merkmale, die als konstitutive Voraussetzungen einer freien politischen, rechtlichen und gesellschaftlichen Assoziierung gelten können. Daher sei es problematisch, sie zum moralisch privilegierten Paradigma menschlicher Existenz und Vergesellschaftung überhaupt zu erheben. Genau die persönlichen Bezüge, die dem Care-Modell zugrundeliegen und seine kulturelle Bedeutung ausmachen, können aus prinzipiellen Erwägungen heraus keine angemessene Grundlage der unpersönlichen Sphären der Gesellschaft, des Rechts und der Politik ergeben, – und umgekehrt wirkt sich die spezifische Handlungsrationalität dieser unpersönlichen Sphären kontraproduktiv auf die kulturelle Spezifik persönlicher Beziehungen aus: »Universality and equality are norms for politics in the context of law and rights in ways that are inappropriate for the domain of personal relations.«[142]

Darüber hinaus erscheint es aber auch unter geschlechterpolitischen Gesichtspunkten als fragwürdig, die kulturelle Differenz von Frauen an dem Phänomen mütterlicher Bindungen festzumachen oder gar darauf zu beschränken, weil damit unweigerlich eine erneute Festlegung von Frauen auf tradierte Geschlechterrollen und Stereotype verbunden wäre:

»It would be a mistake to focus the import of women's experience for democratic community exclusively on the domains of mothering, love, or family. This would make it appear that the context of work and of social engagement outside their personal relations is not a distinctive source of women's experience that is relevant to the concept of democratic community or indeed to the model of caring itself.«[143]

Entsprechend verweist die feministische Kritik an einer Ethik der Fürsorge auf die Grenzen des »maternalism« für die Vermittlung mütterlicher Tugenden und sozialmoralischer Sonderrollen von Frauen mit dem Universalismus einer liberalen und demokratischen Staatsbürgerschaft.[144] Die Kritik zielt auf das Scheitern der Mütterlichkeit vor der Aufgabe, die an persönliche Beziehungen gebundenen kulturellen Werte von Liebe, sozialer Fürsorge und wechselseitiger Förderung mit den Prinzipien der Demokratie und der Rationalität sozioökonomischer Beziehungen zu vermitteln und damit die Kluft zwischen den unterschiedlichen Anforderungsprofilen von »good mothers« und »good citizens« zu überbrücken. Die vor allem in familiären Lebenssphären realisierten und an persönliche Beziehungen gebundenen kulturellen Werte lassen sich nicht auf Politik und Gesellschaft übertragen und sind auch mit der Aufgabe überfordert, als ethisches Korrektiv einer moralisch indifferenten Gesellschaft zu fungieren. Die Maternalists – so lautet der Vorwurf – suchen an der falschen Stelle nach dem Modell einer demokratischen Öffentlichkeit und Zivilgesellschaft, wenn sie ihren Blick auf die persönlichen Strukturen in der Familie und anderen primären Formen menschlicher Vergemeinschaftung richten: »The goal of feminism must be to politicize consciousness, not to maternalize it. ... Not the language of love and compassion, but only the language of freedom and equality, citizenship and justice, will challenge nondemocratic and oppressive political institutions.«[145]

Bei dieser Kritik an Mütterlichkeit als einer apolitischen Haltung wird jedoch übersehen, daß auch dem »maternal thinking« das Motiv einer Politi-

---

142 *Gould*, Feminism, S. 408. – Die Grenzen der Care-Ethik als Modell von Zivilgesellschaft und demokratischer Politik betont auch *Dietz*, Citizenship.
143 *Gould*, Feminism, S. 410.
144 Siehe explizit bei *Dietz*, Citizenship, S. 20: »I contend that feminism can only succeed in its political mission by encouraging democratic practices and by nurturing the reality of women as, in large part, citizens.«
145 *Ebd.*, S. 34.

sierung gesellschaftlicher und geschlechtlicher Verhältnisse zugrundeliegt. Der Mütterlichkeitsdiskurs des 20. Jahrhunderts beruht auf dem Argument, daß mit dem Rekurs auf mütterliche Lebensformen und die soziale Ökologie persönlicher Beziehungen ein Politisierungsschub einhergehe, mit dem die politischen Debatten um Demokratie, Zivilgesellschaft und Öffentlichkeit erneut befruchtet werden können. Es geht gerade nicht darum, angesichts der Macht politischer und gesellschaftlicher Strukturen ein Rückzugsgefecht in die Welt des Privaten zu führen, sondern die eminent politische Qualität angeblich unpolitischer Geschlechterverhältnisse und geschlechtsspezifischer Qualifikationen nachzuweisen.

Infrage steht also die Vermittlungsfähigkeit der persönlichen Lebensformen, denen im Kontext des Maternal Thinking eine zentrale Bedeutung für die Fruchtbarmachung geschlechtlicher Differenz zukommt, mit den unpersönlichen und an universalistischen Gleichheitsprinzipien orientierten Ebenen politischer Staatsbürgerschaft. Diese Vermittlungsaufgabe stellt ein Theorieproblem des neueren Feminismus dar, an dem sich die Aktualität Mary Beards und des durch sie repräsentierten Flügels des Social Feminism erweist:

»Reintegrating individualistic claims for women's self-realization and choices, with its emphasis on rights, into the more socially conscious relational framework, with its emphasis on mutual responsibilities, may provide a more fruitful model for contemporary feminist politics, one that can accomodate diversity among women better than either of the two historical approaches can separately. It is historically significant that Anglo-American feminist theorists are today embarked on a reassessment and a cautious rehabilitation of relational feminist ideas about ›difference‹, womanliness, sexuality and motherhood itself. ... What feminists today must do – and are now beginning to do – is to reappropriate the relational part of our intellectual heritage, which we now know to be grounded in the very heart of western thought on ›the woman question‹, to reclaim the power of difference, of womanliness as women define it, to reclaim its concern for broad socio-political goals and to reweave it once again with the appeal to the principle of human freedom that underlines the individualist tradition.«[146]

Die Spannung zwischen Gleichheit und Differenz, die bereits im Zentrum der politischen Philosophie Beards stand, läßt sich demnach nur dann auflösen, wenn man den Universalitätsanspruch des Gleichheitspostulats als eine Bedingung der Möglichkeit von Differenz konzipiert. Der Universalismus gleicher Rechte und verallgemeinerbarer Normen ist erforderlich, um die Individuen überhaupt erst in die Differenz ihrer partikularen und geschlechterspezifischen Identitäten hinein freisetzen zu können.[147]

---

146 *Offen*, Defining Feminism, S. 85f.
147 Als Vermittlungsversuch des Gleichheits- und Differenzdiskurses, für die die Begriffe »motherhood« und »citizenship« stehen, siehe auch *Pateman*, Equality, die darauf hinweist, daß »motherhood and citizenship remain intimately linked«, wenn Gleichheit als das universell verallgemeinerungsfähige Recht begriffen wird, verschieden zu sein (S. 29).

Es hat sich gezeigt, daß der seit der Progressive Era in den USA geführte Geschlechterdiskurs, der hier am Beispiel Mary Beards und der Wirkungsgeschichte eines durch sie mitbegründeten »Feminismus der Differenz« rekonstruiert worden ist, ein wichtiges Element der zeitgenössischen Theorien moderner Gesellschaft darstellt. Die Entstehung des Maternal Welfare State und die Entfaltung des Social Feminism als einer sozialpolitisch einflußreichen Bewegung verweisen auf Bestrebungen zu einer Erneuerung des amerikanischen Liberalismus, in deren Zentrum eine Idee sozialer Verantwortung stand, die maßgeblich von den hier untersuchten politischen Intellektuellen formuliert und zu einer komplexen Strategie sozialer Reform ausgearbeitet worden ist. Im folgenden soll diese Gesellschaftstheorie der amerikanischen Intellektuellen am Beispiel des Professionalisierungsdiskurses während der ersten Hälfte des 20. Jahrhunderts weiter verfolgt werden.

Der gesellschaftstheoretische Zusammenhang zwischen dem Geschlechter- und dem Professionalisierungsdiskurs der Progressive Era zeigt sich am Beispiel Veblens. Seine Kritik des Kapitalismus war eng mit einer Theorie des Geschlechterverhältnisses verknüpft, die den Frauen den Status ökonomischer Produzentinnen zuerkannte, während sie die männlichen Geschlechterrollen mit ökonomisch unproduktiven Tätigkeiten identifizierte. Veblens bereits erwähnte Differenzierung zwischen »business« als Prozeß einer »räuberischen« Profitmaximierung und »industry« als Summe produktiver Arbeitsvermögen besitzt im Denken Veblens eindeutige Geschlechtermerkmale. »Masculinity« fungiert in seiner Anthropologie als Inbegriff destruktiver Kräfte und der Vernichtung ökonomischer Gebrauchswerte; die Herrschaft des Mannes leitet den Abstieg der menschlichen Zivilisation in die Barbarei des Kapitalismus ein: »Veblen's Adam, not Eve, brings sin into the garden.«[148]

Demgegenüber repräsentieren Frauen im Denken Veblens aufgrund ihrer Ausgrenzung aus einer männlich dominierten Gesellschaft auf anachronistische Weise eine nicht auf die Logik ökonomischer Profitmaximierung beschränkte Form der Vergesellschaftung. Als Vertreterinnen von »workmanship« und »parental bent« sind sie die sozialen Träger vergemeinschaftender Kräfte. Daher bezeugt auch der Verlust ihrer tradierten Geschlechterrollen sowie ihr kultureller Abstieg zu bloßen Objekten männlicher Herrschaftsinteressen und Prestigebedürfnisse am unmittelbarsten die deformierenden Kräfte des modernen Kapitalismus.[149]

---

148 *Eby*, Veblens Anti-Anti-Feminism, S. 227. – Zu Veblens Geschlechtertypologie siehe auch *Diggins*, Bard, S. 141 ff. – Zur Männlichkeitskonzeption und -kritik seit der Progressive Era siehe auch *Dubbert*, Progressivism; *Gilmore*, Manhood; *Stearns*, Be a Man.
149 *Veblen*, The Barbarian Status; ders., The Economic Theory of Woman's Dress. – Bereits Adorno hat die Tragweite der »Frauenfrage« in Veblens Denken deutlich gesehen: »Veblen, der vieles mit Ibsen gemein hat, ist vielleicht der letzte Denker von Rang, der sich die Frauenfrage nicht ausreden läßt. Als später Apologet der Frauenbewegung hat er die Strindbergschen Erfahrungen in sich aufgenommen. Ihm wird die Frau gesellschaftlich zu dem,

Die Kompetenz zur Produktion ökonomischer Gebrauchsgüter, die Veblens Anthropologie den Frauen als Garanten der menschlichen Zivilisation zuerkannt hatte, sah er in der Gegenwart auf die neue Klasse der »engineers« übergehen. Diese übernehmen das verlassene Erbe der weiblichen Kultur, verfeinern die ehemals von Frauen ausgeübten produktiven Fertigkeiten und werden auf diesem Wege die »new mothers« einer neuen Kultur auf der Grundlage professionellen Wissens und moderner Maschinentechnik.[150]

---

was sie psychologisch sich selbst ist, zum Wundmal. Er weiß von ihrer patriarchalen Erniedrigung.« (*Adorno*, Veblens Angriff, S. 81).
150 Dies betont *Eby*, Veblens Anti-Anti-Feminism, S. 231: »The engineers who assume the chief place in Veblen's ideal technological future share the world view of the women he placed in the centre of the technological past. ... The engineers are a return to the mother-principle of cooperation and productivity.«

6. Die Intellektuellen
und die organisierte Gesellschaft

In der Progressive Era bildete sich ein neuer Gesellschaftstyp heraus, dessen Grundelemente hier in der Auseinandersetzung mit den Intellektuellen um die New School for Social Research herausgearbeitet werden sollen: Es geht um die Rekonstruktion der organisierten Gesellschaft im Sinne des beherrschenden Modernisierungsprojekts des amerikanischen Liberalismus der ersten Hälfte des 20. Jahrhunderts.[1] Vor allem Croly, Lippmann, Weyl, Beard und Veblen gehörten zu den einflußreichsten Theoretikern dieses neuen Gesellschaftstyps und begriffen die organisierte Gesellschaft als Voraussetzung für die Lösung der zeitgenössischen Modernisierungskrisen.[2] Sie reflektierten den mit dem Durchbruch dieses Gesellschaftstyps verbundenen Strukturwandel moderner Lebensverhältnisse und brachten damit zugleich das Selbstbewußtsein seiner sozialen Trägerschicht zum Ausdruck: der New Middle Class.

Angesichts des Zusammenhangs zwischen Realität und Ideen ist die Geschichte der »corporate society« von zentraler Bedeutung für die sozialhistorische Kontextualisierung der Intellektuellen des Progressive Movement. Sie repräsentiert den Erfahrungshintergrund, vor dem deren Konzeption von Liberalismus und Zivilgesellschaft interpretiert werden muß. Wenn man wissen will, auf welche Zeiterfahrungen ihr Denken reagierte, ist es notwendig, eine präzise Vorstellung organisierter Gesellschaften zu entwickeln.

In seiner allgemeinsten Bedeutung verweist der Begriff der organisierten Gesellschaft auf die Umstellung von persönlichen auf unpersönliche Mechanismen der sozialen Integration, – er dokumentiert die Erfahrung der Unmöglichkeit, »to master an impersonal world through the customs of a personal society.«[3] In dieser Bedeutung erstreckt sich der Begriff gleichermaßen auf die sozioökonomischen, kulturellen und politischen Entwicklungen seit dem späten 19. Jahrhundert, durch die sich die Gesellschaft der »island-communi-

---

1 In der Forschung haben sich die Begriffe der »organizational society« bzw. der »corporate society« eingebürgert. – Siehe zu diesem Thema *Galambos u. Pratt*, The Rise; *Klein*, The Flowering; *Kocka*, Angestellte, zum internationalen Vergleich dort S. 58–78; *Lustig*, Corporate Liberalism; *Noble*, America by Design; *Sklar*, The Corporate Reconstruction; *Zunz*, Making America Corporate. – In ihrer klassischen Form wurde die These der »organizational society« formuliert von *Hays*, The Response; ders., The New Organizational Society.

2 Dewey besaß als Kritiker der »corporate society« eher eine Ausnahmestellung, die im nächsten Kapitel ausführlich thematisiert werden soll.

3 *Wiebe*, The Search, S. 12. – Daß die Frage nach dem »individual in an impersonal society« eine Kernfrage des Progressive Movement bildete, zeigt bereits *Hays*, The Response, S. 71 ff. – Siehe in diesem Zusammenhang auch *Bender*, Community.

ties« zu einer funktional ausdifferenzierten Gesellschaft wandelte. Die Kategorie der organisierten Gesellschaft verweist auf eine Neustrukturierung der sozialen Netze, in denen sich die Individuen miteinander vergesellschaften.[4]

In aller Kürze lassen sich die mit dem Durchbruch der organisierten Gesellschaft verbundenen Entwicklungen unter drei Gesichtspunkten zusammenfassen:

1. Ihr sozialgeschichtliches Fundament bildete ein Prozeß der Professionalisierung, in dem sich neue Expertengruppen in den Schaltstellen der gesellschaftlichen Entwicklung etablierten und Leitungsfunktionen neu für die Steuerung der Gesamtgesellschaft übernahmen.[5] Den Intellektuellen des Progressive Movement ging es entsprechend um die gesellschaftstheoretische Rekonstruktion der Bedeutung professionellen Wissens und Handelns für den Prozeß der Modernisierung. Rekonstruiert man die in ihrem Werk kondensierte »culture of professionalism«, so ermöglicht dies einen Einblick in die Identität der New Middle Class, aus der sich die sozialen Träger der zeitgenössischen Modernisierungsprozesse vornehmlich rekrutierten.

Die Herausbildung der Professionen gehört zu den Basisprozessen des 20. Jahrhunderts und erfolgte in den USA im zeitlichen Zusammenhang der Progressive Era. In ihr expandierten die Professionen zu einem Massenphänomen, das von den zeitgenössischen Intellektuellen reflektiert wurde. Der Prozeß der Professionalisierung kennzeichnet ein Rationalisierungsprojekt,

---

4 Die betont *Lustig*, Corporate Liberalism, in Auseinandersetzung mit den verschiedenen Bedeutungsebenen des Begriffs der »corporation«: »For the economist the corporation is a natural device for mobilizing capital, centralizing its control, and realizing economies of scale. For the organizational theorist it is the outer face of bureaucracy and the testing ground for new models of executive leadership. For the student of industrialism it is the necessary vehicle of large-scale capital-intensive technologies. And for the lawyer it is an association granted authority to act as a legal person and enjoy privileges ... denied to real individuals. But none of these definitions really gets to the heart of the matter. Money, machines, and charters are not enough to build the corporation. Men are needed too. Corporations are ways of ›condensing‹ human effort ... They are ways of structuring relations between *people*.« (S. 10).

5 Aus der Fülle der vergleichenden Professionalisierungsforschung siehe *Brint*, In an Age; *Burrage u. Torstendahl (Hg.)*, Professions; *Dingwall u. Lewis (Hg.)*, The Sociology; *Freidson*, Professionalism Reborn; *Larson*, The Rise; *Siegrist (Hg.)*, Bürgerliche Berufe; *Torstendahl u. Burrage (Hg.)*, The Formations. – Speziell zur amerikanischen Entwicklung siehe *Bledstein*, The Culture; *Haber*, The Professions. Zur Vorgeschichte der Progressive Era siehe ders., The Quest, S. 193 ff. – Außerdem *Haskell (Hg.)*, The Authority; *Hatch (Hg.)*, The Professions; *Kimball*, The »True Professional Ideal«; *Kirschner*, The Paradox; *Sullivan*, Work, der den Prozeß der Professionalisierung als »one of the pillars of the Progressive movement« rekonstruiert (S. 65 ff.). – Zur Bedeutung der Intellektuellen in diesem Prozeß siehe – unter besonderer Berücksichtigung der Sozialwissenschaften – *Furner*, Advocacy; *Haskell*, The Emergence; *Veysey*, Higher Education. – Die im Vergleich zu den anglo-amerikanischen Professionen größere Staats- und Bürokratienähe des deutschen, am Vorbild des Beamten orientierten »bureaucratic professionalism« betonen *McClelland*, The German Experience; ders., Escape; *Kocka*, »Bürgertum« and Professions, S. 72 f.

mit dem sich der Anspruch verband, die Transformationskrisen des 19. und 20. Jahrhunderts bewältigen zu können und die erforderliche Umstellung der sozialen Integration und Rollenzuweisung von persönlichen auf unpersönliche Mechanismen leisten zu können. Professionalisierung repräsentiert daher auch exemplarisch die Transformation einer Gesellschaft lokaler Gemeinschaften zugunsten einer funktional ausdifferenzierten Gesellschaft. Die Community-Islands des 19. Jahrhunderts »began to be replaced by forces that created new communities of people who were united primarily by their occupations.«[6] Professionen besitzen seither eine zentrale Bedeutung für die Zuweisung und Realisierung von Lebenschancen, indem sie die Individuen beruflich und sozial positionieren.[7] In einem ersten Schritt wird es darum gehen, den sozialgeschichtlichen Prozeß der Professionalisierung als eine zentrale Erfahrungsgrundlage der hier untersuchten Intellektuellen zu rekonstruieren, der sich in ihrer Theorie der Civil Society niedergeschlagen hat (a).

2. In kulturgeschichtlicher Hinsicht war die »corporate society« durch den Glauben an die Wissenschaft als Instanz gesellschaftspolitischer Problemlösung geprägt. Die Progressive Era manifestiert unter diesem Gesichtspunkt den Schritt zu einer kognitivistisch fundierten Kultur, die durch die mit hohem Sozialprestige ausgestatteten »science-admiring intellectuals« der Zeit legitimiert wurde. Sie waren es, die neben der ästhetischen Avantgarde des frühen 20. Jahrhunderts die »culture of modernism« maßgeblich prägten.[8]

Die Bedeutung der Wissenschaft im Kontext der »corporate society« ergibt sich bereits aus der Aufgabe der Universität für die Versorgung der Gesellschaft mit professionellem Wissen. Die monopolisierte Vergabe von Bildungspatenten durch das System der »higher education« dient der Absicherung des modernen Professionalismus. Die Universität garantiert diese Grundlagen, indem sie dem Arbeitsmarkt ausgebildete Experten zur Verfügung stellt und damit die »culture of professionalism« am Leben erhält.[9]

---

6 *Furner*, Advocacy, S. XI.
7 Dies betont *Wiebe*, The Search, S. 129: »These men and women communicated so well in part because they were the ones building a new structure of loyalties to replace the decaying system of the nineteenth-century communities. As members of the new middle class found their rewards more in the uniqueness of an occupation and in its importance to a rising scientific-industrial society, the primary differentiators of the nineteenth century weakened proportionately.«
8 *Hollinger*, The Knower, S. 32ff.
9 *Veysey*, Higher Education, S. 22f.; *Bledstein*, The Culture. – Diese funktionale Ausrichtung universitärer Ausbildung auf die Bedürfnisse der »professional culture« vereinseitigt Barrow in seiner politischen Ökonomie der amerikanischen Universität zur These ihrer vollständigen Abhängigkeit von den Imperativen des »corporate capitalism« und des ihm dienenden Staatsapparats. Die Reklamierung akademischer Freiheit und Autonomie gerinnt damit zur bloßen Ideologie: *Barrow*, Universities, S. 60ff., 250ff. Damit stellt er sich explizit (S. 10) in die Tradition von Veblens Kritik der Universität und ihrer Vertreter als willenlosen Opfern ökonomischer Interessen: *Veblen*, The Higher Learning.

Dieser Zusammenhang zwischen Universität und organisierter Gesellschaft schlug sich in der amerikanischen Bildungskonzeption des frühen 20. Jahrhunderts nieder und verankerte die Wissenschaft als kulturelle Leitgröße im Zentrum der modernen Gesellschaft. Seit dem späten 19. Jahrhundert setzte sich ein Rationalitätsmodell durch, in dem der Wissenschaft die Rolle einer beherrschenden Lebensmacht zugeschrieben wurde.

»Everything hangs on management«[10] – mit dieser Formel brachte Beard das Klima der 20er und 30er Jahre programmatisch zum Ausdruck. Dessen Kern bildete ein Rationalitätsmodell, in dem die Wissenschaft zum technischen Instrument gesellschaftlicher Problemlösung avancierte und eine Symbiose mit Ökonomie und Technik einging. Beard, Croly, Lippmann und Veblen lassen sich zu den wichtigsten Vertretern dieses »scientific progressivism« zählen. »Social efficiency«, »social control«, »elitism«, »planning«, »scientific management« und »social engineering« wurden die gesellschaftstheoretischen Schlüsselkategorien der Zeit. Sie verwiesen auf die Wissenschaft als Instrument, mit dem die Kontingenzen einer aus dem Ruder gelaufenen Modernisierung im Interesse einer erneuten Handlungsfähigkeit bewältigt werden sollten. »Drift« und »mastery« waren die gesellschaftstheoretischen Schlagworte, mit denen Lippmann, einer der enthusiastischsten Propheten der Wissenschaft unter den Intellektuellen des Progressive Movement, dieser Dialektik zeitgenössischer Modernisierungsprozesse Ausdruck verschaffte und zugleich die Wissenschaft als einen Faktor bewußter Lebensgestaltung im Zentrum der modernen Gesellschaft verankerte:

»Rightly understood science is the culture under which people can live forward in the midst of complexity, and treat life not as something given but as something to be shaped. Custom and authority will work in a simple and unchanging civilization, but in our world only those will conquer who can understand. There is nothing accidental then in the fact that democracy in politics is the twin-brother of scientific thinking. ... The scientific spirit is the discipline of democracy, the escape from drift, the outlook of a free man.«[11]

Die kulturellen Leitvorstellungen der Zeit zielten auf die Verwissenschaftlichung der Lebenspraxis als einer notwendigen Bedingung gesellschaftlichen Fortschritts. Dies erklärt auch den quasi religiösen Stellenwert der Wissenschaft, der das geistige Klima der Progressive Era kennzeichnete. Ungeniert wurde die Wissenschaft im Sinne eines »intellectual gospel« dazu in Anspruch genommen, die ehemals der Religion überantworteten Ordnungs- und Sinnbildungsfunktionen zu übernehmen und im Zusammenhang einer säkularisierten Kultur auf ihre Weise zu realisieren.[12] In einem

---

10 *Beard*, A »Five-Year Plan«, S. 131.
11 *Lippmann*, Drift, S. 151. – Zu Lippmanns Identifikation von Wissenschaft und Demokratie siehe auch *Hollinger*, In the American Province, S. 44ff.; *Forcey*, The Crossroads, S. 163ff.
12 *Hollinger*, Justification, S. 134.

zweiten Untersuchungsschritt soll diese Kultur des Szientismus am Leitfaden der Intellektuellen um die New School for Social Research als ein weiteres Element der organisierten Gesellschaft rekonstruiert werden (b).

3. Schließlich ging der an wissenschaftlichen Leitwerten orientierte Rationalismus mit politischen Argumenten eine trübe Verbindung ein und wurde zu einem wichtigen Baustein in der politischen Philosophie des organisierten Liberalismus.[13] Dessen Basis bildete der Glaube an die politische Vernunft des »social engineering« und an die Legitimität des Führungs- und Herrschaftsanspruchs der Experten als einer »elite of the competent«.[14] Abschließend ist daher das autoritäre Element der amerikanischen Gesellschaftstheorie herauszuarbeiten, das in der politischen Strömung des »democratic elitism« zum Ausdruck gelangte (c).

Es ist eine umstrittene Frage, in welchem Verhältnis diese autoritäre Variante des amerikanischen Liberalismus, die sich weitgehend aus republikanischen Traditionen und Motiven speiste,[15] zum New Liberalism des frühen 20. Jahrhunderts steht. Viele Autoren tendieren dahin, beide Strömungen miteinander zu identifizieren,[16] wobei jedoch die Unterschiede zwischen den einzelnen Positionen verwischt werden. Dazu gehört vor allem die Differenz Deweys gegenüber der Position des »corporate liberalism«. Dewey, der aufgrund seiner anhaltenden Resistenz gegenüber den autoritären Implikationen demokratischer Elitenherrschaft eine politische Sonderrolle in der politischen Philosophie seit der Jahrhundertwende spielte, setzte zwar auch auf »social efficiency« und auf die Wissenschaft als Element gesellschaftlicher Problemlösung, aber nicht auf soziale Eliten und »social engineering« als Legitimationsgrundlagen politischer Herrschaft. Der zentrale Unterschied besteht darin, daß Wissenschaft für Dewey keine privilegierte Wissensform darstellte, aus der sich in irgendeiner Weise Ansprüche auf »leadership« herleiten ließen, sondern ein Diskurs: eine besondere Form der öffentlichen Diskussion und der Begründung von Wahrheits- und Geltungsansprüchen, die mit der Lebenspraxis zwar in direktem Zusammenhang steht, aber nicht mit politischen Herrschaftsinteressen kurzgeschlossen werden darf.

---

13 Siehe hierzu vor allem *Lustig*, Corporate Liberalism.

14 Hierzu jetzt *Jordan*, Machine-Age; *Bachrach*, The Theory; *Akin*, Technocracy. – Als informative Quellensammlung siehe *Girvetz*, Democracy. – Im direkten Vergleich zwischen Lippmann und Schumpeter rekonstruiert die »elitist democratic theory« *Thompson*, The Democratic Citizen, S. 22 ff.

15 Als »heirs of the American republican tradition« interpretiert die Vertreter des »corporate liberalism« *Sklar*, The Corporate Reconstruction, S. 439. – Mit Blick auf das späte 19. Jahrhundert bestätigt diesen Befund *Furner*, The Republican Tradition. – Croly's Demokratietheorie als »clearly part of the republican tradition« rekonstruiert schließlich *O'Leary*, Herbert Croly, S. 549.

16 So etwa auch *Lustig*, Corporate Liberalism.

Naheliegender ist es daher, den »corporate liberalism« als eine Unterströmung des New Liberalism zu verstehen, an dessen anderem Ende Deweys pragmatistische Theorie der politischen Öffentlichkeit steht. Mit dieser Differenzierung lassen sich auch die politischen Entwicklungen innerhalb des New Liberalism der Progressive Era sowie der 20er und 30er Jahre besser in den Blick bringen. Croly etwa bewegte sich mit seinem Buch »Progressive Democracy« (1914) vom Pol des »corporate liberalism« (als dessen intellektuelles Fanal sein Werk »The Promise of American Life« aus dem Jahre 1909 gelten kann) in Richtung auf Deweys pragmatistische Liberalismuskonzeption zu, Lippmann dagegen in umgekehrter Richtung.[17]

a) Professionalisierung als Triebkraft sozialer Reform

Die Intellektuellen der Progressive Era brachten das Bewußtsein einer tiefgreifenden Krise der modernen Gesellschaft zum Ausdruck, der mit neuen Mitteln gesellschaftlicher Problemlösung begegnet werden müsse. Eine in dieser Hinsicht repräsentative Programmschrift ist Lippmanns Werk »Drift and Mastery« aus dem Jahre 1914:

»We have lost authority. We are ›emancipated‹ from an ordered world. We drift. The loss of something outside ourselves which we can obey is a revolutionary break with our habits. Never before have we had to rely so completely upon ourselves. No guardian to think for us, no precedent to follow without question, no lawmaker above, only ordinary men set to deal with heart-breaking perplexity. All weakness comes to the surface. We are homeless in a jungle of machines and untamed powers that haunt and lure the imagination. Of course, our culture is confused, our thinking spasmodic, and our emotion out of kilter. ... What nonsense it is, then, to talk of liberty as if it were a happy-go-lucky breaking of chains. It is with emancipation that real tasks begin, and liberty is a searching challenge, for it takes away the guardianship of the master and the comfort of the priest. The iconoclasts didn't free us. They threw us into the water, and now we have to swim.«[18]

»Uncertainty« wurde zur Signatur der Zeit und die Beseitigung der sie begleitenden Orientierungsprobleme zur Aufgabe der Professionen und Experten, die zuverlässiges Wissen und fachliche Kompetenzen zur Verfügung stellen, auf deren Grundlage erfolgversprechend gehandelt werden kann. Lippmanns Werk ist eine Hymne auf den »professional man« als der eigentlich revolutionären Figur der Gegenwart, – einer Figur, die Politik und Gesellschaft auf völlig neue Grundlagen stellt und zu rational planbaren Angelegenheiten werden läßt.[19]

---

17 Mit Blick auf Croly siehe hierzu auch *Stettner*, Shaping, S. 105; *Noble*, The Paradox, S. 72.
18 *Lippmann*, Drift, S. 111f.
19 Zu den großen kulturellen Erwartungen, die sich mit dem Aufstieg der modernen Professionen verbanden siehe *ebd.*, S. 43f.

Die von den Intellektuellen des frühen 20. Jahrhunderts gesellschaftstheoretisch formulierte Kultur des Professionalismus repräsentiert eine neue Ordnungsidee, die den Professionen eine besondere Bedeutung für die Selbstorganisation der Gesellschaft zuerkannte. Lippmann empfahl die Professionalisierung sozialer Praxis durch Orientierung an Wissenschaft und Technik als Steuerunginstrumenten gesellschaftlicher Prozesse: »You have to go about deliberately to create a large class of professional business men.«[20]

Die wichtigsten Strukturmerkmale der Professionen sind erstens eine spezialisierte, zumeist akademische Ausbildung mit rigorosen Leistungskriterien als Voraussetzung fachlichen Expertenwissens; zweitens ein spezielles Berechtigungswesen, das an bestimmte Auswahl-, Prüfungs- und Zulassungsverfahren gekoppelt ist, die fachliche Qualifikation voraussetzen und sicherstellen; drittens ein Aufstiegs- und Karrieresystem, das ein relativ hohes Einkommen ermöglicht und zugleich soziales Prestige begründet; viertens eine mit der Monopolisierung von Leistungsfunktionen einhergehende »power over the market«; fünftens eine weitgehende Unabhängigkeit von staatlichen Eingriffen sowie die Fähigkeit zur Selbstorganisation; und sechstens schließlich ein moralisch unterfütterter Verhaltenskodex, der mit der Selbstverpflichtung der Professionen zu einem Handeln im Sinne des öffentlichen Wohls einhergeht, – unter partieller Zurückstellung egoistischer Erwerbsmotive.[21]

Das Werk der hier untersuchten Intellektuellen bildet ein wichtiges Kapitel in der Etablierung der Professionen als typischen Berufsfeldern der neuen Mittelklassen zu Funktionsorganen der Civil Society und bietet gleichzeitig die Chance zu einer ideengeschichtlichen Rekonstruktion dieses sozialgeschichtlichen Phänomens. In ihrer gesellschaftstheoretischen Privilegierung der Professionen schlagen sich die Sonderbedingungen der amerikanischen Entwicklung nieder, aufgrund derer den freien Professionen und ihren Mandatsträgern frühzeitig Modernisierungsleistungen abverlangt wurden, die in Deutschland noch lange Zeit in den Händen einer verbeamteten Verwaltungsbürokratie verblieben.[22] Der hohe soziale Status und das

---

20 *Ebd.*, S. 98. – Das soziale Spektrum des »professional man« umfasste auch noch die gewerkschaftlich organisierte Arbeiterbewegung, da diese ebenfalls am Leitwert der ökonomischen Effizienz orientiert sei und einen wichtigen Beitrag zur »organization of labor« leiste. Ausgegrenzt werden müsse hingegen die unorganisierte Arbeiterklasse, die als Bedrohung aus dem Kontext der Civil Society herausfällt (S. 64). – Ebenso argumentiert *Croly*, The Promise, S. 385 ff.

21 Ähnlich bei *Freidson*, Are Professions Necessary?, S. 14 ff.; *McClelland*, The German Experience, S. 14; *Siegrist (Hg.)*, Bürgerliche Berufe, S. 14. – *Furner*, Advocacy, S. 3. erwähnt als Faktoren »a unique social mission, a systematized body of knowledge that provides the basis for practice and becomes increasingly esoteric, authority to perform a vital social function which is recognized and sanctioned either legally or informally by the community, a code of ethics to govern behavior toward colleagues and clients, and a unique professional culture.«

22 Dies betonen *Kocka*, Angestellte, S. 78 ff.; *ders.*, »Bürgertum« and Professions; *McClelland*, The German Experience, S. 16, 21 f.; *ders.*, Escape.

kulturelle Prestige der amerikanischen Professionen resultierten aus dem Umstand, daß kein bereits etabliertes Staatsbeamtentum existierte, das ersatzweise die Lösung der Modernisierungsprobleme des frühen 20. Jahrhunderts hätte erbringen können.[23] Daß in der amerikanischen Entwicklungsvariante das »higher calling« des Professionalismus sowie die Orientierung seiner Repräsentanten an Gemeinwohl und öffentlichen Interessen betont worden ist, liegt in dieser historischen Sonderbedingung begründet.

Angesichts des vor allem in den industriellen und urbanen Zentren zutage tretenden gesellschaftlichen Problemstaus des frühen 20. Jahrhunderts wurde die Progressive Era zum entscheidenden Durchbruch der Kultur des Professionalismus in den USA: Ihre Transformationskrisen wurden zum Nährboden, auf dem sich die »modern social policy professions« als Instanzen gesellschaftlicher Problemlösung etablieren konnten. In dieser Zeit entwickelte sich eine neue Idee von »social control« als Voraussetzung politischer Ordnung und sozialer Gerechtigkeit. Nach dem Verlust der Integrationsfunktionen der Communities in einer urbanisierten und funktional ausdifferenzierten Gesellschaft traten die Professionen mit dem Anspruch an ihre Stelle, auf der Grundlage einer neuen Vorstellung von »social planning« die Reorganisation einer Gesellschaft leisten zu können, deren sozialer Zusammenhalt zu Beginn des 20. Jahrhunderts nachhaltig bedroht war. Ihre Aufgabe und ihr Ziel waren, »to reintegrate a fragmented society«.[24]

Die Progressive Era bildete aufgrund dieser Entwicklungen den Durchbruch einer neuen Vorstellung gesellschaftlicher Rationalität, einer »language of efficiency, rationalization, social engineering«,[25] in der sich die kulturellen Leitbilder der aufstiegsorientierten professionellen New Middle Class niederschlugen.[26] Der prominente Stellenwert professionellen Funktionswissens sowie der Steuerungsfunktionen der Sozialwissenschaften war dabei in den Herausforderungen des frühen 20. Jahrhunderts begründet: Industrialisierung, Urbanisierung und Immigration, die Depersonalisierung sozialer Beziehungen durch Bürokratisierung, Zentralisierung der politischen Herrschaft und Entstehung der modernen Massenkommunikation, die Säkulari-

---

23 Diesen Faktor unterstreicht *Brint*, In an Age, S. 139. – Zum Beitrag der Professionen zur inneren Staatsbildung in den USA seit den 70er Jahren des 19. Jahrhunderts siehe auch *Skowronek*, Building.
24 *Kirschner*, The Paradox, S. 180. – Kirschner rekonstruiert am Beispiel von Sozialarbeit, Gesundheitsfürsorge und Städteplanung die Symbiose von Professionalisierung und sozialstaatlichem Reformanspruch.
25 *Rodgers*, In Search, S. 126ff.
26 *Zunz*, Making, S. 8ff. – Zunz schreibt die Entstehung des organisierten Kapitalismus als die Erfolgsgeschichte dieser New Middle Class und bildet damit die Gegenposition zu Mills klassisch gewordener Kritik der amerikanischen Mittelklasse: *Mills*, White Collar. – Als Sammlung der wichtigsten älteren Arbeiten zu diesem Thema siehe jetzt *Vidich* (Hg.), The New Middle Classes. – Mit Schwerpunkt auf die Zeit nach dem Zweiten Weltkrieg siehe *Bensman u. Vidich*, The New American Society. Zur Vorgeschichte siehe vor allem *Blumin*, The Emergence.

sierung des Denkens und der Aufstieg der Wissenschaft zur sozialregulativen Macht begründeten die Nähe des Progressive Movement zu den kulturellen Leitvorstellungen der professionellen Mittelklasse und machten es zu einem politischen Organ ihrer spezifischen Interessen. »Modernisierung« als Leitthema der Progressive Era begründete die Nähe der sozialen Reformgruppen zu einem Rationalitätsmodell, das maßgeblich durch Ideen ökonomischer Effizienz geprägt war. In der amerikanischen Gesellschaft des frühen 20. Jahrhunderts wurden die »nonpolitical elites« zu anerkannten Vertretern rationaler Problemlösung und die Realisierung des Common Good zur Aufgabe ihres Fachwissens.[27]

Im folgenden soll der Zusammenhang zwischen Modernisierungskrise, Professionalisierung und sozialer Reform in der Auseinandersetzung mit den Intellektuellen des frühen 20. Jahrhunderts unter zwei Gesichtspunkten herausgearbeitet werden: Zunächst ist die Entstehung des organisierten Kapitalismus als die größte Herausforderung der Zeit zu untersuchen, auf die der Prozeß der Professionalisierung reagierte (1.); in einem weiteren Untersuchungsschritt sollen die mit dem Professionalismus verbundenen Erwartungen rekonstruiert werden, in deren Zentrum die Idee eines durch die modernen Professionen garantierten Gemeinwohls stand (2.).

1. Der wichtigste Impuls für die Entstehung des modernen Professionalismus ging von dem Aufstieg des organisierten Kapitalismus aus, der als die eigentlich revolutionäre Macht der Gegenwart wahrgenommen wurde. Infolge der ökonomischen Fusionswellen dieser Zeit war er durch die Kapitalkonzentration in den Händen weniger marktbeherrschender Großunternehmen und durch eine Monopolisierung wirtschaftlicher Macht durch die Bildung von Trusts gekennzeichnet.[28] Darüber hinaus bedeutete er eine Neuorganisation innerbetrieblicher Arbeits- und Herrschaftsverhältnisse durch die zunehmende Trennung von Besitz und Management, führte zur Ausbildung einer breiten Schicht von Angestellten, bewirkte die Entstehung organisierter »pressure groups«, die sich zu politischen Organisationen und Interessenvertretungen verschiedener Berufsgruppen verfestigten und stand schließlich in einem komplexen Wechselverhältnis mit den zeitgenössischen Prozessen von Bürokratisierung und der Ausbildung einer regulativen Politik. In der Summe dieser Faktoren repräsentiert der »corporate capitalism«

---

27 *Wiebe*, The Progressive Years. – Zur Bedeutung der Efficiency-Kategorie für den gesellschaftstheoretischen Modernisierungsdiskurs der Progressive Era siehe auch *Haber*, Efficiency.
28 Zur Trustproblematik und »competition policy« siehe *Keller*, Regulating a New Economy, S. 20 ff.; *Freyer*, Regulating, S. 76 ff.; *Hofstadter*, What Happened; *May*, Antitrust; *Wood u. Anderson*, The Politics. – Die öffentlichen Reaktionen auf die Entstehung der Großunternehmen verfolgt anhand von Zeitschriftenanalysen *Galambos*, The Public Image. – Als einen bis in die Gegenwart reichenden Überblick siehe jetzt vor allem *Peritz*, Competition Policy.

des frühen 20. Jahrhunderts eine neue Stufe in der ökonomischen Entwicklung der USA.[29]

Unter drei Gesichtspunkten ergibt sich dabei ein enger Zusammenhang mit der Tendenz zur Professionalisierung, die für den Wandel der innerbetrieblichen Arbeitsorganisation, der Produktionsabläufe und der Marktbeziehungen von herausragender Bedeutung war: Gemeint ist erstens die »managerial revolution«, also die Trennung von Besitz und Kontrolle der Produktionsmittel und die Etablierung funktionsspezifisch ausgebildeter Experten an den Schaltstellen ökonomischer Prozesse,[30] zweitens der damit zusammenhängende Aufstieg der »engineering professions« zu den wissenschaftlich geschulten Garanten und Vertretern des ökonomischen Leitwertes »efficiency«,[31] und drittens die Modifizierung ökonomischer Marktprinzipien und Wettbewerbsmechanismen im Sinne einer stärkeren Planung, Kontrolle und Steuerung der Produktionsprozesse. Die Haltung der zeitgenössischen Intellektuellen zum organisierten Kapitalismus und zum Phänomen der Professionalisierung ist dadurch gekennzeichnet, daß sich ihre Kritik des »corporate capitalism« mit der Erwartung verband, daß von den im Umfeld der Großbetriebe entstehenden technischen und ingenieurwissenschaftlichen Angestelltenprofessionen eine grundlegende Umgestaltung der Gesellschaft ausgehen werde. Sie sahen in der Geschichte des organisierten

---

29 Siehe hierzu *Kocka*, Angestellte, S. 66 ff., der die wichtigsten Elemente des organisierten Kapitalismus herausarbeitet: »Konzentration und Zentralisation im ökonomischen Bereich; die Systematisierung und Spezifizierung der Arbeits- und Herrschaftsverhältnisse in den großen Unternehmen; die Herausbildung neuer Funktionsgruppen und die Vermehrung der Angestelltenschaft; die Organisation des Arbeitsmarktes, des Klassenkonflikts und der Interessenvertretung; die zunehmende Verschränkung der sozialökonomischen und politisch-staatlichen Sphäre; Leistungssteigerungen des staatlichen Apparats; und die Entwicklung neuer Ideologien und Denkhaltungen, die der kollektiven Aktion und dem Moment der Organisation mehr Gewicht beimaßen – dies waren die Elemente, die den sich seit den 90er Jahren herausbildenden organisierten Kapitalismus in Deutschland wie in den USA kennzeichneten.« (S. 77). – Siehe auch: *Lustig*, Corporate Liberalism; *Weinstein*, The Corporate Ideal; *Zunz*, Making. – Als eine Transformation des amerikanischen Kapitalismus »from its proprietary-competitive stage to its corporate-administered stage« interpretiert die Progressive Era *Sklar*, The United States, S. 23 ff. – In ähnlichem Sinne *ders.*, The Corporate Reconstruction, S. 431.

30 Siehe hierzu vor allem *Chandler*, The Visible Hand; *Watts*, Order, die auch die Bedeutung der Intellektuellen des Progressive Movement als Analytiker der Professionalisierung ökonomischer Produktionsabläufe erwähnt, S. 87–141; *Yates*, Control.

31 Siehe hierzu *Haber*, Efficiency, der die Bedeutung Crolys und Lippmanns für die Durchsetzung dieses Leitwerts des organisierten Kapitalismus in den USA der Progressive Era unterstreicht (S. 83 ff. 90 ff.); *Jordan*, Machine-Age, der in Anlehnung an die kulturelle Symbolik der Zeit den Typus des Ingenieurs als den »shining hero of the moment« (S. 2 f.) rekonstruiert, dem nicht allein ein technischer, sondern ein dezidiert sozialreformerischer Aufgabenbereich zuerkannt wurde. Er galt im Bewußtsein der Zeit als der genuine Vertreter der »public interests«. – Siehe hierzu außerdem *Noble*, America by Design, der die Symbiose von Wissenschaft und Kapitalismus als entscheidenden Faktor dieser Entwicklungen betont, S. 19.

Kapitalismus eine geheime Dialektik am Werk, die darin bestehe, daß sich der Kapitalismus zunehmend auf soziale Schichten stützen müsse, die die Bedingungen seiner Fortexistenz untergraben würden. Darin erweise sich die »List« der modernen Professionen, die sich zunehmend von den pekuniären Interessen ihrer Arbeitgeber, der Großunternehmen und deren Eigentümer, lösen und die Steuerung ökonomischer Prozesse in eigener Regie und nach Maßgabe anderer Erfolgskriterien unternehmen. Dies erklärt auch, warum die Intellektuellen des Progressive Movement einerseits zu den schärfsten Kritikern des organisierten Kapitalismus gehörten und andererseits zugleich ihre größten politischen Hoffnungen auf ihn setzten. Am konsequentesten ist diese Idee einer inneren Dialektik des organisierten Kapitalismus von Veblen formuliert worden, der damit das professionalistische Selbstverständnis seiner Zeit am deutlichsten zum Ausdruck gebracht hat.

Veblens Kritik entzündet sich an der Dominanz der Profitinteressen der Kapitaleigentümer, die in Amerika, dem Inbegriff eines »pecuniary organism«, beinahe uneingeschränkt herrschten, weil das politische System ihren ökonomischen Interessen nahtlos entspreche.[32] Veblens Kritik des organisierten Kapitalismus zielt vor allem auf die mit ihm einhergehende Trennung der Kapitaleigentümer von den Produktionsprozessen und damit auf den Verlust der sozialen Verantwortlichkeit der »leisure class« zugunsten des einzigen noch verbliebenen Leitwerts ihres ökonomischen Handelns: des persönlichen Profits. »Absentee ownership«, d.h. die Entkopplung einer Schicht von Plutokraten von den materiellen Produktionsprozessen und das damit verbundene Phänomen der »unearned incomes« einer nicht-arbeitenden Klasse von Kapitalbesitzern verweisen für Veblen auf die Vorherrschaft einer sozialen Schicht, die allein an der Steigerung ihrer Profite orientiert sei:

»Ownership has been ›denatured‹ by the course of events; so that it no longer carries its earlier duties and responsibilities. It used to be true that personally responsible discretion in all details was the chief and abiding power conferred by ownership; but wherever it has to do with the machine industry and large-scale organization, ownership now has virtually lost this essential part of its ordinary functions. It has taken the shape of an absentee ownership of anonymous corporate capital, and in the ordinary management of this corporate capital the greater proportion have no voice.«[33]

Infolge dieser Entwicklung beginnen die Privatinteressen der Eigentümer und die Erfordernisse des Gemeinwohls auseinanderzuklaffen. Der organisierte Kapitalismus bedeutet den gesellschaftlichen Aufstieg der »absentee owners«, deren pekuniäre Interessen den Versorgungsbedürfnissen des

---

32 Ein Kennzeichen der Gesellschaftstheorie Veblens ist es, daß sie der Politik keinerlei Eigenbedeutung zuerkennt, sondern sie zum Spielball ökonomischer Faktoren abwertet. Sein Werk ist durch das Fehlen einer politischen Theorie der modernen Gesellschaft gekennzeichnet: *Veblen*, The Theory of Business Enterprise, S. 286.
33 *Ders.*, The Vested Interests, S. 44.

»common man« aus strukturellen Gründen widersprechen müssen: Der Realisierung der »private interests« entspricht für Veblen der Verlust des Gemeinwohls und der Grundversorgung der sozialen Klassen, die von Arbeit leben müssen.[34] Mit der Etablierung einer Gesellschaft von »absentee owners« sind Produzenten- und Konsumenteninteressen auseinandergetreten; sie sind durch keine moralische Ökonomie mehr aufeinander bezogen und müssen daher neu miteinander vermittelt werden.

Während für Veblen das Privateigentum bisher eine große Bedeutung für die ökonomischee Dynamik des Kapitalismus besessen hatte, ist es nun zu einem Hemmschuh der weiteren Produktivkraftentfaltung geworden, was in seiner schärfsten Form im »legal right of sabotage« zum Ausdruck kommt: in dem Recht des Kapitals zur Beschränkung der materiellen Produktion im Interesse hoher Preise und im Gegensatz zu den Konsuminteressen der eigentumslosen Schichten.[35]

Die Großbetriebe, Trusts und Holdinggesellschaften, die seit dem Gilded Age, dem letzten Drittel des 19. Jahrhunderts, ein beherrschendes Phänomen des amerikanischen Kapitalismus darstellten, waren für Veblen das deutlichste Symbol für die Herrschaft der Profitinteressen der vom Produktionsprozeß abgespaltenen Eigentümer.[36] Es handelt sich um ihre Entkopplung von öffentlichen Interessen, etwa dem Interesse an Arbeitsplätzen, an niedrigen Konsumgüterpreisen oder an einer ausreichenden Grundversorgung der Bevölkerung:

»Its end and aim is not productive work, but profitable business; and its corporate activities are not in the nature of workmanship, but of salesmanship. If it is an ›industrial‹ corporation, so called, it will make use of technical ways and means, processes and products; but it makes use of them as ways and means of doing a profitable business. It has only an absentee beneficiary's interest in the work to be done. It is a pecuniary institution, not an industrial appliance. It is an incorporation of ownership to do business for private gain at the cost of any whom it may concern.«[37]

---

34 *Ders.*, Absentee Ownership, S. 10: »The business interests of these absentee owners no longer coincide in any passable degree with the material interests of the underlying population, whose livelihood is bound up with the due working of this industrial system, at large and in detail. The material interest of the underlying population is best served by a maximum output at a low cost, while the business interests of the industry's owners may best be served by a moderate output at an enhanced price.«
35 *Ebd.*, S. 66. – Siehe hierzu bereits Kap. 4.
36 In diesem Sinne definiert er auch die »corporation« als diejenige Unternehmensform, die den Profitinteressen des Kapitals am unmittelbarsten dient: Bei ihr handelt es sich um »a means of making money, not of making goods. The production of goods or services, wherever that sort of thing is included among the corporation's affairs, is incidental to the making of money and is carried only so far as will yield the largest net gain in terms of money.« (*Ebd.*, S. 85).
37 *Ebd.*, S. 83.

Der organisierte Kapitalismus stellt für Veblen eine Verhinderung ökonomischer Produktivkraftentfaltung und menschlicher Arbeitskraft dar, weil er auf dem Prinzip der Verschwendung und der »habitual sabotage on production« als Maxime der Leisure Class beruht.[38] Arbeitslosigkeit wird auf diese Weise zu einem Dauerproblem des Kapitalismus, weil den Profitinteressen der Kapitaleigner am besten mit hohen Preisen infolge einer künstlich verknappten Produktion von Waren gedient ist. Die Produktivität des industriellen Systems muß im Kontext eines privatwirtschaftlich organisierten Kapitalismus auf Kosten der Konsuminteressen des »common man« begrenzt werden. Daher geht für Veblen auch der Gedanke des Gemeinwohls und einer am Kriterium des Common Welfare orientierten Ökonomie mit der Herrschaft des organisierten Kapitalismus zwangsläufig verloren: »The corporation is organized for prosperity, not for adversity.«[39]

Der privilegierte Status der Professionen in der Gesellschaftstheorie Veblens steht in direktem Zusammenhang mit dieser Theorie des organisierten Kapitalismus, denn er sah in seinem Innern diejenigen sozialen Kräfte wirksam werden, denen er eine Umgestaltung der Civil Society im Sinne des Gemeinwohls zutraute.[40] Diese Chance beruhte auf der Aufspaltung zwischen »business« und »industry«: zwischen den Profitinteressen der Kapitaleigner und den Produktivitätsinteressen derjenigen Professionen, die nach dem Ausscheiden der Eigentümer aus dem Produktionsprozeß mit den Leitungsfunktionen innerhalb der Betriebe betraut waren.

Die »absentee owners« erkaufen sich für Veblen das ökonomische Privileg, verbrauchen zu können, ohne arbeiten zu müssen, mit der Installierung professioneller Expertengruppen in den Schlüsselpositionen des Produktionssystems, was den sozialgeschichtlichen Hintergrund der »managerial revolution« bildet, die für Veblen einer der wichtigsten Prozesse seiner Gegenwart darstellte: »The businessmen in control of large industrial enterprises are beginning to appreciate something of their own unfitness to direct or oversee, or even to control, technological matters, and so they have, in a tentative way, taken to employing experts to do the work for them. Such experts are known colloquially as ›efficiency engineers‹ and are presumed to combine the qualifications of technologist and accountant.«[41] Diese Entwicklung impliziert den Aufstieg technischer Experten ökonomischer Produktivität zu entscheidenden Agenten des modernen Kapitalismus: »Industrial experts, engineers, chemists, mineralogists, technicians of all kinds, have been drifting into more responsible positions in the industrial system and have been growing up and

---

38 *Ders.*, The Engineers, S. 108, 115.
39 *Ders.*, Absentee Ownership, S. 93.
40 Zum Zusammenhang zwischen organisiertem Kapitalismus und der Konsolidierung des Professionalismus siehe auch *Larson*, The Rise, S. 136 ff.
41 *Veblen*, The Instinct of Workmanship, S. 345.

multiplying within the system, because the system will no longer work at all without them.«⁴² Die Pointe in Veblens Argument ist die den amerikanischen Professionalisierungsdiskurs insgesamt kennzeichnende Idee einer Symbiose technischer Steuerungsfunktionen, materieller Wohlfahrt und sozialer Reform: Die Professionen übernehmen ökonomische Führungspositionen als genuine Vertreter des Gemeinwohls. Bei ihnen handelt es sich um Repräsentanten einer Wirtschafts- und Berufsethik, die sowohl die Logik der liberalen Wettbewerbsgesellschaft, als auch die des organisierten Kapitalismus hinter sich gelassen haben, um allein der Maxime ökonomisch-technischer Produktivität zu folgen.

Die Spezifik des organisierten Kapitalismus besteht für Veblen darin, daß derselbe Prozeß, der eine Klasse profitorientierter und amoralisch handelnder Kapitaleigentümer entstehen läßt, den Aufstieg ihrer geschichtlichen Gegenspieler in Gestalt der ebenso amoralisch handelnden »technicians and engineers« begründet. Diese können als Vertreter einer von allen moralischen Motiven entkoppelten und insoweit »unpersönlichen« Handlungsmaxime eine Wirkung im Sinne des Gemeinwohls entfalten: »Out of this increasing recourse to detailed, exact, objective knowledge there arose the industrial experts, engineers, technicians, who progressively took over the industrial functions of the captain of industry and left him free to devote his attention to business alone.«⁴³

Während der ehemalige Privatunternehmer seine Bedeutung für die Produktivkraftentwicklung verloren hatte und aufgrund eigener Profitinteressen zu deren Hemmschuh geworden war, ist die Dynamisierung der materiellen Entwicklung für Veblen zur Aufgabe technischer Professionen geworden. Sie werden zu legitimen Erben von »workmanship« als Inbegriff produktiver Kräfte, zu neuen Sachwaltern ökonomischer Produktivität im Interesse des Gemeinwohls. Diese rein technische Qualität ihres Handelns machte die Professionen für Veblen zur kreativsten Macht des modernen Kapitalismus: »The technician is an active or creative factor in the case only in the sense that he is the keeper of the logic which governs the forces at work.«⁴⁴ Der wohltätige Effekt, den die ingenieurwissenschaftlichen Professionen für die Gesellschaft besitzen, besteht für Veblen allein darin, daß sie der Technik ungehindert ihren Lauf lassen und damit die »große« Vernunft der Maschine nicht mehr durch die »kleine« Vernunft ihrer Profiteure behindern lassen. »Common welfare« ist für Veblen identisch mit der Entmachtung des Menschen zugunsten der Eigenlogik maschineller Produktionsprozesse. Der eigentliche Akteur des gesellschaftlichen Wandels ist ein von den Engineers kontrollierter mechanischer Prozeß geworden, der

---

42 *Ders.*, The Engineers, S. 44.
43 *Ders.*, Absentee Ownership, S. 257f.
44 *Ebd.*, S. 262.

die Individuen entmachtet und zu ausführenden Organen eines quasi übermenschlichen Prozesses herabstuft.

Diese neue Kultur der Maschine stellte für Veblen vor allem drei Elemente in Frage, die den liberalen Kapitalismus in den USA bisher getragen hatten: den sich ursprünglich aus der protestantischen Ethik speisenden Gedanken individueller Bewährung durch Arbeit und Leistung; ferner das sozialdarwinistische Verständnis sozialer Prozesse als Daseinskampf und als »survival of the fittest«; und schließlich eine politische Ökonomie, in deren Zentrum das Wettbewerbsprinzip und die Idee des freien Marktes standen. Es ist die »Maschine«, die aus dieser agonalen Gesellschaft egoistischer Individuen zu einer Überflußgesellschaft führt, deren Existenz durch Experten sichergestellt wird. Diese werden zu Protagonisten des »common welfare«, weil nicht Profitinteressen ihre handlungsleitenden Gesichtspunkte sind, sondern technische Effizienzkriterien und das daraus folgende Gebot von »serviceability«.[45]

In geradezu grotesker Überschätzung der Planbarkeit ökonomischer Prozesse durch diese ingenieurwissenschaftlichen Angestelltenprofessionen ging Veblen davon aus, daß sie bei entsprechender politischer Organisierung in der Lage sein würden, Grundregeln des Marktes wie etwa das System der Preisbildung außer Kraft zu setzen und zu kontrollieren.[46] Indem er ihre Produktivitätsinteressen in einem strukturellen Gegensatz zu den Profitinteressen der Kapitaleigner sah, in deren Diensten sie gleichwohl standen, vermutete er in ihnen zugleich die Ressourcen einer Transformation der Gesamtgesellschaft. Obwohl sich diese Klasse der Techniker und Ingenieure als der »general staff of the industrial system« bisher eher als die letzte Stütze der Kapitaleigentümer erwiesen hatte, indem sie die noch verbliebene Produktivität des ökonomischen Systems garantierten, rechnete Veblen mit der Möglichkeit, daß sie sich gegen die Profitinteressen der Kapitalbesitzer wenden und sich zu einer im Sinne des Gemeinwohls handelnden Gruppe organisieren könnten:

»The technicians are indispensable to productive industry of this mechanical sort; the Vested Interests and their absentee owners are not. The technicians are indispensable to the Vested Interests and their absentee owners, as a working force without which there would be no industrial output to control or divide; whereas the Vested Interests and their absentee owners are of no material consequence to the technicians and their work, except as an extraneous interference and obstruction. It follows that the material welfare of all the advanced industrial peoples rests in the hands of these technicians, if they will only see it that way, take counsel together, constitute themselves the self-directing General Staff of the country's industry, and dispense with the interference of the lieutenants of the

---

45 *Ders.*, The Theory of Business Enterprise, S. 51. – Zu Veblens »Theory of Modern Welfare« siehe dort S. 177 ff.
46 *Ders.*, The Engineers.

absentee owners. Already they are strategically in a position to take the lead and impose their own terms of leadership, so soon as they, or a decisive number of them, shall reach a common understanding to that effect and agree on a plan of action.«[47]

In ähnlicher Weise sahen auch Croly und die übrigen Herausgeber der »New Republic« trotz aller Kritik an den Trusts und großen Kapitalgesellschaften mit ihnen einen ökonomischen Rationalisierungsprozeß einhergehen, den sie aufgrund eines höheren Grades an Organisation und Effizienz grundsätzlich begrüßten.[48] Die vor allem von den neuen Professionen getragene Organisationsstruktur der großen Unternehmen, ihre Effizienzorientierung, regulative Kompetenz, ihre ausdifferenzierten Führungsstrukturen und Synergieeffekte wurden als Keimzellen einer neuen Gesellschaft wahrgenommen, als deren wichtigsten Repräsentanten die modernen Professionen galten.

Die Liberalismusidee der New Republic ist durch die Ablehnung des Wettbewerbsprinzips, durch einen »anticompetitive consensus« geprägt, der von den Trusts die Rationalisierung gesellschaftlicher Prozesse durch Ausschaltung ökonomisch dysfunktionaler Marktmechanismen zugunsten professioneller Planung, Kontrolle und Steuerung erwartete. Die Trusts dokumentierten den Beginn »of a collective organization of industry« und stellten die legitimen Erben der Marktgesellschaft und des Laissez faire dar.[49] Diese Vorbildfunktion erlangten die innerbetrieblichen Formen des

---

47 *Ebd.*, S. 136f.
48 *Croly*, The Promise, S. 115. – Selbst Weyl, der den »antidemocratic temptations« der Trusts noch am ehesten widerstand, wies ihnen eine unverzichtbare Ordnungsfunktion zu: »The trust tended to bring order out of chaos.« (*Weyl*, The New Democracy, S. 76). – Der antimonopolistische Grundzug des Progressive Movement war keineswegs so einheitsstiftend, wie es in der historischen Forschung oftmals unterstellt wird (etwa bei *Rodgers*, In Search, S. 123 ff.).
49 *Lippmann*, Drift, S. 79. – Das ursprüngliche Bekenntnis des Herausgeberkreises der New Republic zu Roosevelt bei gleichzeitiger Ablehnung Wilsons im Präsidentschaftswahlkampf von 1912 war weitgehend in der Antitrust-Haltung Wilsons begründet, die sie aus seiner Programmschrift zur »New Freedom« herauslasen, hinter der sie Fortschrittsfeindschaft und gesellschaftspolitische Antiquiertheit vermuteten: »The New Freedom means the effort of small business men and farmers to use the government against the larger collective organization of industry. Wilson's power comes from them; his feeling is with them; his thinking is for them. Never a word of understanding for the new type of administrator; the specialist, the professionally trained business man; practically no mention of the consumer – even the tariff is for the business man; no understanding of the new demands of labor, its solidarity, its aspiration for some control over the management of business; no hint that it may be necessary to organize the fundamental industries of the country on some definite plan so that our resources may be developed by scientific method instead of by men ›on the make‹, no friendliness for the larger, collective life upon which the world is entering, only a constant return to the commercial chances of young men trying to set up in business. That is the push and force of this New Freedom, a freedom for the little profiteer, but no freedom for the nation from the narrowness, the poor incentives, the limited vision of small

organisierten Kapitalismus vor allem aufgrund des mit ihnen verbundenen Aufstiegs der modernen Professionen zu wichtigen Gestaltungskräften gesellschaftlicher Prozesse mit eindeutigen Führungsaufgaben. Deren technische Rationalität und Effizienzorientierung wurde in der politischen Philosophie des Progressive Movement zum Paradigma einer im Sinne des Gemeinwohls erneuerten Gesellschaft.[50] Bereits die religiösen Ursprünge des Professionalismus verweisen auf die tief verwurzelte Spannung zwischen seinem Anspruch, dem Gemeinwohl zu dienen und der gleichzeitigen Verpflichtung, seinen Vertretern individuelle Karrierewege, sozialen Aufstieg und ein hohes Einkommen zu eröffnen. Das sich daher unweigerlich stellende Orientierungsdilemma der Professionen ist das zwischen »career and calling«. Der Versuch der Intellektuellen der Progressive Era bestand darin, den rapiden Fortschritt von Wissenschaft und Technik an die älteren Ideen des Gemeinwohls und der Public Interests zurückzubinden und damit Politik und Professionalisierung, Fachmenschentum und Staatsbürgertum zu versöhnen. Sie wurden damit zu einflußreichen Vertretern des »civic professionalism«,[51] der die technische und die praktische Dimension professionellen Handelns miteinander in Einklang zu bringen versuchte.

2. Mit dem Begriff der »Profession« ist ein komplexes Feld beruflicher Tätigkeiten, Qualifikationen und Leistungsfunktionen umrissen, die in Affinität zu den Herausforderungen der modernen Gesellschaft stehen und auf deren Problemlagen reagieren:

»Der soziologische Begriff ›*Profession*‹ meint eine besondere Sorte von Beruf, dessen Ausübung eine spezialisierte, tendenziell wissenschaftlich fundierte Ausbildung voraussetzt, in der berufsbezogenes, generalisierbares und theoriehaltiges Wissen zusammen mit ethischen Einstellungen vermittelt wird. Das Wissen, das uneigennützig, im Dienste des Allgemeinwohls und ohne Ansehen der Person einzusetzen sei, ist durch Examen und Berechtigungsscheine garantiert. Nur qualifizierte Experten seien in der Lage, bestimmte Funktionen und Dienstleistungen in der Gesellschaft auszuüben. Die Professionen beanspruchen ein Funktions- und Angebotsmonopol sowie die Freiheit von Fremdkontrollen durch Laien – oder den Staat. Die organisierte Berufsgruppe kontrolliert autonom den Zugang zum Beruf und die Tätigkeit. Unter Verweis auf Kompetenz und professionalistische

---

competitors.« (Ebd., S. 83 f.) – Siehe in diesem Kontext auch *Gilbert*, Designing, der ebenfalls betont, daß viele Intellektuelle dieser Zeit »viewed the emergent corporation as the prototype for the perfect society.« (S. 8).

50 Dies betont *Dorreboom*, The Challenge, S. 110 ff. – Siehe ferner *Hays*, The New Organizational Society, S. 7 ff. – Daß sich die politische Reformbewegung des Progressive Movement mehrheitlich aus den Professionen der New Middle Class rekrutierte und deren Wertesysteme und politischen Zielvorstellungen repräsentierte, ist von Lokalstudien eindeutig belegt worden. Siehe in diesem Zusammenhang etwa *Diner*, A City, S. 58 ff.

51 *Sullivan*, Work, S. 61. – Auch *Bender*, Intellect, operiert mit dem Begriff des »civic professionalism«. Er zielt auf die Tradition einer intellektuellen Kultur, die in das kommunale Leben der Stadt eingebunden ist (S. 6).

Dienstleistungsethik sowie auf die besondere Bedeutung der Leistung für Gesellschaft und Allgemeinwohl, beanspruchen Professionen eine besondere wirtschaftliche Belohnung und eine höhere soziale Geltung und Stellung.«[52]

Der Prozeß der Professionalisierung dokumentierte den gesellschaftlichen Aufstieg der New Middle Class und diente zugleich der Durchsetzung einer ihren Interessen entsprechenden sozialen Ordnung auf der Grundlage des Gemeinwohls.[53] Das erklärt den hohen legitimatorischen Stellenwert des heute weitgehend verschütteten Anspruchs, als Angehöriger einer Profession zugleich Diener eines über die eigenen Interessen hinausgehenden »public good« zu sein.[54] Für die Formationsphase der Professionen in der Progressive Era war die Überzeugung eines inneren Zusammenhangs zwischen Professionalisierung und sozialer Reform ungebrochen.[55] Mit keiner anderen gesellschaftlichen Gruppierung verbanden sich so ausgeprägte Fortschrittserwartungen wie mit ihr. Sie verkörperte geradezu »the hope of democracy« und ihre Vertreter galten als die Protagonisten einer neuen Zivilisationsstufe.[56] Daraus resultierte auch der Zusammenhang der Professionen mit der Genese des amerikanischen Sozialstaats, denn Sozialstaatlichkeit meinte oftmals nichts anderes die Organisation gesellschaftlicher Verhältnisse gemäß der gesellschaftspolitischen Konzeptionen des Professionalismus.[57]

52 *Siegrist (Hg.)*, Bürgerliche Berufe, S. 14.
53 Larson hat diese Verpflichtung der Professionen auf das Common Good als eine »preindustrial conception of social bonds« begriffen, mit der die Professionen Legitimität akkumulierten (*Larson*, The Rise, S. 62 f.). Allerdings läßt diese These unberücksichtigt, daß der Rekurs auf das Common Good gerade dazu diente, der Modernität zum Durchbruch zu verhelfen. Mit der Berufung auf »social service« und »social welfare« als Aufgaben des Professionalismus wurde den Privatinteressen der Eliten, die im Selbstbewußtsein der Professionen gerade aufgrund dieser bloßen Interessenorientierung als antiquiert galten, eine spezifisch »moderne« Berufsethik entgegengesetzt. Es wurde gerade nicht eine vormoderne Konzeption des Gemeinwohls, etwa im Sinne des klassischen Republikanismus, reproduziert, sondern eine neue formuliert, die der Gesellschaftskonzeption der New Middle Class entsprach.
54 Daß dieses ursprünglich wirkungsmächtige Merkmal des Professionalismus jedoch auch heute noch nicht ganz obsolet geworden ist, zeigt *Hatch (Hg.)*, The Professions, der die Professionen bis in die Gegenwart hinein durch das Bewußtsein öffentlicher Verantwortung geprägt sieht. Neben Autonomie, Fachwissen und Unabhängigkeit sieht er in der sozialen Verpflichtung der Professionen gegenüber dem Gemeinwohl einen wesentlichen Faktor ihres Selbstverständnisses, S. 2.
55 Dies betonen *Link u. McCormick*, Progressivism, S. 85: »Compared to the settlement-house kind of reformers whom we have called social progressives, the trained professionals whose reformism lay in the application of their special skills to social problems had a somewhat different conception of social justice and social control. Briefly, justice to them meant giving all elements of society the benefit of their expertise; control meant authorizing them to take whatever steps they thought necessary to achieve that justice. ... Almost all the trained professionals, moreover, were genuinely convinced that their methods offered the key to social harmony and justice.« – Ähnlich *Kirschner*, The Ambiguous Legacy.
56 *Wiebe*, The Search, S. 132.
57 *Bertilsson*, The Welfare State.

Die Bedeutung der Intellektuellen der Progressive Era im Entstehungskontext dieser Kultur des Professionalismus ist darin zu sehen, daß sie den Zusammenhang von Professionalisierung, Modernisierung und sozialer Reform theoretisch begründeten. Auch sie dokumentieren »an explicit commitment to expert public service«[58] und glauben, wissenschaftliche Rationalität auf die Mühlen ihrer sozialpolitischen Reformziele leiten und damit Fachmenschentum und Demokratie miteinander versöhnen zu können.

Bei Croly etwa prägen die kulturellen Leitbilder der zeitgenössischen Professionen erheblich seine Konzeption von Wohlfahrtsstaatlichkeit. Der professionalistische Tugendkanon steht hinter seinen Appellen an »good faith« und seiner Beschwörung der »public virtues«, die sein Werk durchziehen. Seine politische Philosophie setzt auf die Gestaltung der Gesellschaft durch eine professionelle Expertenkultur; sich ihren Gesellschaftsidealen anzupassen ist die Aufgabe der »good citizens«.[59]

Es liegt nahe, daß dieses von den Intellektuellen des frühen 20. Jahrhunderts formulierte Selbstverständnis eine besondere Anfälligkeit für sozialmanipulative Lösungswege der zeitgenössischen Modernisierungsproblematik besaß, die sich in der Transformation des »social trustee professionalism« zum »expert professionalism« nach dem Niedergang des Progressive Movement als einer politischen Reformkraft seit den frühen 20er Jahren manifestierte. Das Zerbrechen des politischen Reformkonsenses beendete definitiv die Symbiose von Professionalisierung und Reform; stattdessen läßt sich eine seit dem New Deal noch verschärfte Überlagerung wohlfahrtsstaatlicher durch sozialtechnische Reformkonzepte konstatieren. An die Stelle einer professionellen Verantwortung für soziale Gerechtigkeit traten Varianten von »social engineering« und »social control«, die sich von ihren ursprünglichen politischen Entstehungsmotiven gelöst hatten. Kennzeichnend für diesen Prozeß ist die zunehmende Kluft zwischen den Positionen Lippmanns und Deweys seit dem Beginn der 20er Jahre. Am Beispiel ihrer gesellschaftstheoretischen Auseinanderentwicklung läßt sich der Trennungsprozeß des Professionalisierungsdiskurses vom Reformdiskurs, bzw. die Transformation des sozialen zum elitären Professionalismus exemplarisch verfolgen.[60]

Die Entwicklungen seit den 20er Jahren zeitigten Ergebnisse, die den ursprünglichen Motiven der Progressive Era widersprachen. Insbesondere entlarvten sie die Idee der »disinterested expertise« als eine Selbsttäuschung des Professionalismus, die auf einer Überschätzung seiner Autonomie gegenüber ökonomischen Zwängen beruhte. Der Niedergang des »social trustee-

---

58 *Bender*, Intellect, S. 94.
59 *Nuechterlein*, The Dream, S. 169 ff. – Zu Crolys »abiding faith in the powerful few« siehe auch *Forcey*, The Crossroads, S. 38 ff., 43.
60 Siehe hierzu auch Kapitel 7.

professionalism« hing mit der zunehmenden Integration der professionellen Mittelklasse in Marktmächte und -beziehungen zusammen, die sie im Gegensatz zu den von den Intellektuellen gehegten Erwartungen nur in unzureichendem Maße zu kontrollieren vermochten. Hinzu kam der zunehmende Spezialisierungsdruck, dem die Professionen ausgesetzt waren und der eine weitere Ursache für den Verlust des »public professional« bildete, indem die gesellschaftlichen Bezüge fachlicher Ausbildung ausgeblendet wurden und sich der Blick auf die zeitgenössischen Problemlagen zunehmend verengte.[61]

Die Geschichte der 20er und 30er Jahre markiert den Verlust der ursprünglichen moralischen Selbstbindung des Professionalismus an die Ideen der sozialen Verantwortung und der sozialpolitischen Erneuerung der Gesellschaft, eine Entwicklung, die auf eine unausgetragene Spannung zwischen dem moralischen Anspruch und der technischen Rationalität der Professionen verweist. Am Beispiel der Intellektuellen des Progressive Movement läßt sich der Verlust der gesellschaftspolitischen Funktionen der Professionen zugunsten eines sozialtechnisch inspirierten Selbstverständnisses der »social experts« ideengeschichtlich verfolgen. Fachliches Expertentum und soziale Verantwortung, die sie anfangs noch als zwei Seiten derselben Medaille interpretierten, strebten im Verlauf der weiteren Entwicklung auseinander und mündeten in der Vorherrschaft des Expertenprofessionalismus im Dienste des organisierten Kapitalismus.

Allerdings läßt sich trotz des Verlusts der sozialen Dimension professioneller Selbstidentität das von den Intellektuellen artikulierte Selbstverständnis des »social trustee-professionalism« nicht auf eine bloße Ideologie der aufsteigenden Mittelklasse mit dem Ziel der Legitimitätsbeschaffung reduzieren. Dagegen spricht, daß sie bis heute virulent geblieben ist und als Element einer professionalistischen Ethik aktualisiert wird.[62] Bis in die Gegenwart hinein ist der Anspruch des Professionalismus umstritten geblieben, im

---

61 Zu dieser Entwicklungstendenz des Professionalismus *Brint*, In an Age, S. 17.
62 Einen kurzen Überblick dieser Wirkungs- und Rezeptionsgeschichte der Ethik des Professionalismus gibt *Freidson*, Are Professions Necessary?, S. 3 ff. – Er rekonstruiert die Idee der Progressive Era, daß die Professionen Organe einer sozialstaatlichen Reorganisation der Gesellschaft seien, als eine Tradition, die auch noch Parsons' Soziologie weithin geprägt habe. – Dies betont auch *Brunkhorst*, Solidarität, S. 75 ff.: Parsons hat die Professionen als Repräsentanten einer Solidaritätskonzeption begriffen, die in einer funktional differenzierten Gesellschaft die überlasteten Solidaritäten persönlicher Art durch komplexere Formen ergänzen. Als Beispiel für die Organisierbarkeit des Gemeinwohls unter Bedingungen einer nicht mehr allein durch die moralischen Intentionen persönlicher Beziehungen zusammengehaltenen Gesellschaft gilt Parsons das ärztliche Handeln, daß sich nicht auf ein reines Arbeitsverhältnis reduzieren läßt, sondern eine soziale Praxis repräsentiert, für die der Gedanke des Gemeinwohls und einer verallgemeinerten Solidarität konstitutiv bleibt. Professionalisierung ist daher für Parsons eine Reaktion auf die Depersonalisierung des Sozialen und zugleich der Versuch, an der Idee eines verallgemeinerungsfähigen Interesses festzuhalten.

Dienste eines »higher calling« zu stehen.[63] Repräsentieren die Professionen eine »enlarged vision of human life«,[64] indem sie die materiellen Bedingungen des Fortschritts schaffen, oder aber verkörpern sie die Gefahr einer Verarmung des öffentlichen Lebens, weil sie Aufgaben usurpieren, die nicht in die Hände professioneller Experteneliten, sondern allein in die einer aktiven Staatsbürgerschaft gehören?

Durch ihre Verklammerung professionellen Wissens mit sozialer Verantwortung und Gerechtigkeit haben die Intellektuellen des Progressive Movement trotz einer realitätsfernen Verkennung der Macht des Marktes, der auch die Professionen unterliegen, eine Debatte um die Berufsethik der Professionen begonnen, die bis heute andauert. Während die professionellen Mittelklassen im Verständnis ihrer gegenwärtigen Kritiker zu willenlosen Agenten des modernen Kapitalismus verkümmert sind,[65] ist für andere die Berufsethik des Professionalismus »a powerful source of moral meaning« geblieben.[66] Professionelles Wissen repräsentiert in diesem Verständnis ein Humankapital, das jenseits der offensichtlichen Integration seiner Träger in Marktmechanismen als eine Ressource gesellschaftlicher Erneuerung genutzt werden kann:

> »Educated, middle class Americans, the bulk of the twenty percent of the workforce classified professional and managerial, seem to be losing concern about their fellow citizens even as they scramble to keep up with occupational changes which offer them advantageous positions in the emerging global order. This group, like their peers in other societies, embodies enormous human capital in the form of knowledge, skill, and organizational abilities. These are key resources, not only for the growth of the world economy, but for any conceivable solutions to the problems of global population growth, social conflict, and environmental degradation. The nature of this new civilization will be determined by many factors, but one of the most important will surely be whether or not those who wield professional skill do so with a large sense of their responsibility for enhancing the quality of life for all.«[67]

Die Frage nach der Berufsethik der bürgerlichen Mittelklassen berührt bis heute Grundprobleme der modernen Gesellschaft. Infrage steht, ob Webers düstere Prognose des »Fachmenschentums« das letzte Wort in der Debatte um die gesellschaftliche und politische Bedeutung professionellen Wissens

---

63 Kritisch gegenüber diesem Anspruch siehe insbesondere *Larson*, The Rise; *dies.*, The Production; *Bender*, The Erosion. – Als einen Versuch zur Neubegründung dieser Idee siehe dagegen *Sullivan*, Work. – Als neuere Begründungsversuche einer Ethik des Professionalismus siehe außerdem *Bayles*, Professional Ethics; *Baumrin u. Freedman (Hg.)*, Moral Responsibility; *Goldman*, The Moral Foundations.

64 *Brint*, In an Age, S. 4.

65 *Ehrenreich*, Fear; *Larson*, The Rise; *Lasch*, The Revolt. – Klassisch geworden ist in diesem Zusammenhang Mills Kritik der amerikanischen Mittelklasse: *Mills*, White Collar.

66 *Sullivan*, Work, S. 11.

67 *Ebd.*, S. XIV f.

und seiner sozialen Träger darstellt, oder ob es Gründe dafür gibt, diese Debatte um »the human and moral meaning of professionalism« neu aufzugreifen.

Zweifellos haben sich die Hoffnungen der zeitgenössischen Intellektuellen, daß die Professionen einen Ausweg aus einer kapitalistisch geprägten Gesellschaft weisen, nicht erfüllt. Vielmehr hat der Prozeß der Professionalisierung das System, das er in ihrem Verständnis zugunsten des Gemeinwohls modifizieren sollte, eher stabilisiert als reformiert.[68] Doch trotz der Realitätsferne der Fortschrittshoffnungen, die mit der Kultur des Professionalismus einmal verbunden waren, ist die ursprüngliche Verpflichtung auf »public service« im kulturellen Gedächtnis der Professionen bis heute präsent.[69]

Daher rührt auch das gegenwärtige Forschungsinteresse an den Intellektuellen des Progressive Movement, die seit der Jahrhundertwende zu den wichtigsten Vertretern eines sozialpolitisch engagierten und reflektierten Professionalismus gehörten.[70] Mit der Erinnerung an sie wird zugleich die Frage akut, wie das Erbe dieses professionellen Selbstverständnisses angesichts des unvermeidbaren Spezialisierungsdrucks auf die wissenschaftlich fundierten Professionen erneuert werden kann, auf welchem Wege ein Bewußtsein ihrer politischen Funktionen zu bewahren ist und welche Formen gesamtgesellschaftlicher Verantwortung heute noch denkbar sind.

Im Kontext der Progressive Era ist diese Reflexion der moralischen und gesamtgesellschaftlichen Bedeutung des Professionalismus von den politischen Intellektuellen der Zeit noch geleistet worden, während der spätere Expertenprofessionalismus diese intellektuelle Reflexionsleistung nicht mehr erbracht hat. Wenn auch die Lösungen dieser Intellektuellen heute nicht mehr zu überzeugen vermögen, so repräsentieren sie gleichwohl noch immer einen wichtigen theoriegeschichtlichen Bezugspunkt für die Erarbeitung einer zeitgemäßen Berufsethik des Professionalismus. Sie haben zu ihrer Zeit stellvertretend eine politische Funktion übernommen, die von den Professionen selber nicht hinreichend wahrgenommen worden ist und wohl auch heute kaum erbracht werden kann, weil sie eine dezidiert gesellschaftstheoretische Reflexionsleistung erfordert.[71] Die Wiederbelebung des »pu-

---

68 Dies betont auch *Haskell*, Professionalism, S. 219f.
69 *Freidson*, Professionalism Reborn, S. 175ff. Freidsons These ist, daß sich der Anspruch des Professionalismus, eine maßgebliche Reformbedingung darzustellen, bis heute ungebrochen durchgehalten hat (S. 178). – Siehe als Beiträge zur neueren Professionssoziologie in ähnlichem Sinne auch *ders.*, Professional Powers; *MacDonald*, The Sociology. – Das beste Beispiel für diese Tendenz ist die aus kommunitaristischer Perspektive unternommene Neubegründung einer Ethik des Professionalismus von *Sullivan*, Work, S. 228.
70 *Brint*, In an Age, S. 202ff.
71 *Ebd.*, S. 209: »While the professions, transformed by the culture of expertise and increasingly divided in the political economy, decline as a source of collective moral force in public life, intellectuals remain, however tentatively, as a potential source of social and moral vision.«

blic professionalism« als einer zeitgemäßen Berufsethik der bürgerlichen Mittelklassen erfordert die Reflexionskompetenz des politischen Intellektuellen. Vor allem an ihn richten sich die gegenwärtigen Fragen nach der politischen Dimension und lebensweltlichen Funktion des Professionalismus, nach der Möglichkeit einer Transformation formalen und technischen Wissens zu einer reflektierten Praxis,[72] nach einer erneuerten Arbeits- und Berufsethik der Mittelklassen, nach einer alternativen Unternehmens- und Managementkultur sowie schließlich nach einer zeitgemäßen Philosophie des Sozialstaats. Es geht darum, Expertenwissen wiederum in eine politische und lebenspraktische Dimension zu rücken, in der es unter Reflexion der gegenwärtigen Problemlagen einen Beitrag zu ihrer Lösung leisten kann und gleichzeitig an das Kontrollmedium des politischen Diskurses der Staatsbürger zurückgebunden bleibt, weil nur so die naturwüchsigen Verselbständigungstendenzen spezialisierter Expertenkulturen vermieden werden können. Unter solchen Bedingungen blieben die Professionen das, was sie im Selbstverständnis der Intellektuellen des Progressive Movement sein sollten: ein Element gesellschaftlicher Selbstaufklärung und sozialer Reform.

Weil sich die tradierten Formen der Arbeitsgesellschaft infolge der Rationalisierungsschübe des modernen Kapitalismus dem Ende nähern, muß »Arbeit« als Faktor einer kulturellen Sinngebung menschlicher Lebensführung neu definiert werden. Es stellt sich die Aufgabe, sie nicht mehr nur als eine ökonomische Kategorie, sondern erneut auch als ein moralisches Phänomen wahrzunehmen. Erfahrungen von Erfolg und Scheitern, Karriere und Arbeitsplatzverlust, Reichtum und Armut machen den Faktor »Arbeit« unweigerlich zu mehr als nur zu einer Frage der »cash values«. Sie provozieren erneutes Nachdenken über den Sinn menschlicher Arbeit und über Möglichkeiten einer »Umwertung der Arbeit in unserer Gesellschaft«.[73] Die Intellektuellen des Progressive Movement sind mit ihrer Betonung der »public virtues« der modernen Professionen dabei von erstaunlicher Aktualität.

Gleichwohl ist die Bilanz der Progressive Era zwiespältig: Einerseits leisteten die damaligen Intellektuellen eine sorgfältige Analyse der dominanten Strukturprozesse sozialen Wandels. Angesichts der sich bis heute durchhaltenden Bedeutung des »Experten« haben sie bereits mit großer Weitsichtigkeit die Grundelemente moderner Gesellschaften herausgearbeitet und in

---

72 Sullivans Formel des »civic professionalism« lautet ganz in diesem Sinne »from formal knowledge to reflective practice« und zielt auf die Vermittlung von Politik, Ethik und Technik (*Sullivan*, Work, S. 172 ff.).

73 *Bellah u.a.*, Gewohnheiten, S. 326 f. – Gegenwärtig werden derartige Fragen nach einer neuen Arbeits- und Berufsethik vor allem im Kontext des Kommunitarismus gestellt. Es geht um eine Konzeption von »economic citizenship«, in der Arbeit nicht auf ihre Rolle bei der Realisierung individueller Interessen reduziert wird. – Siehe in diesem Zusammenhang auch *dies.*, The Good Society, S. 82 ff.

ihrer Tragweite erkannt.⁷⁴ Auf der anderen Seite war in ihrem Denken jedoch auch die Gefahr eines Verfalls der Gesellschaftstheorie zu bloßer Sozialtechnik, zur politischen Ideologie reiner Expertenherrschaft und eines »democratic elitism« angelegt, die sich mit dem Glauben an die Fähigkeit der Wissenschaft zu einer rationalen Gestaltung von Politik und Gesellschaft verband. Dies alles konnte zu einer Kritikunfähigkeit gegenüber den kulturellen Folgekosten der wissenschaftlich-technischen Zivilisation führen und hat auch dazu geführt.

Daß sich mit dem Prozeß der Professionalisierung bei den amerikanischen Intellektuellen die Erwartung einer grundlegenden Transformation der Civil Society verbinden konnte, läßt sich vor allem auf zwei Faktoren zurückführen: Zum einen rechtfertigte die Orientierung der Professionen an der Wissenschaft und ihren kognitiven Verfahren der Problemlösung die Aussicht, eine neue Stufe der gesellschaftlichen Entwicklung erreichen zu können. Kulturelle Leitwerte wie »expertise« und »efficiency«, das Prinzip institutioneller Autonomie, die Verpflichtung auf akademische Ausbildung und ein nach Leistungsgesichtspunkten verfahrendes Selektionssystem standen dafür ein, daß sich im Kontext des Professionalismus eine wissenschaftlich fundierte Rationalität zur Geltung bringen konnte. Zum anderen wurde mit dieser szientifischen Rationalität die Kompetenz zu einer politischen Regulierung der Gesellschaft verbunden. Dem entsprachen die Konzeptionen einer Experten- und Elitenherrschaft, die sich normativ an professionellen Wissensformen orientierten. Diesen Entwicklungen soll in den folgenden beiden Untersuchungsschritten dieses Kapitels weiter nachgegangen werden.

b) Der Glaube an die Wissenschaft als Ressource gesellschaftlicher Problemlösung

Ein auffälliges Phänomen der Progressive Era war der Glaube an die Wissenschaft als Instrument gesellschaftlicher Problemlösung.⁷⁵ Angesichts der Modernisierungsprobleme des frühen 20. Jahrhunderts wurde die Wissenschaft mit einem gesteigerten Erwartungsdruck konfrontiert, der dem Aufstieg der Professionen zu gesellschaftlichen Phänomenen mit weitreichenden Ordnungsfunktionen korrespondierte. Unter sozialgeschichtlichen Gesichtspunkten wurde die Wissenschaft zur intellektuellen Grundlage und die Universität zur institutionellen Voraussetzung des modernen Professionalismus. Gemeinsam reproduzierten sie die Existenzbedingungen einer

---

74 Hierzu *Rueschemeyer*, Professional Autonomy, S. 56.
75 Hierzu vor allem *Rosenberg*, No Other Gods. – Daß dieser Glaube keineswegs eine amerikanische Besonderheit darstellte, sondern auch den europäischen Wissenschaftsdiskurs des 20. Jahrhunderts prägte, zeigt *Raphael*, Die Verwissenschaftlichung.

Gesellschaft, in der den Professionen ein herausragender Stellenwert für die Sicherstellung der sozialen Ordnung zuerkannt wurde.

Der kulturelle Aufstieg der Wissenschaft hatte sich bereits weitgehend im 19. Jahrhundert vollzogen und ihren Vertretern in den sozialen Statushierarchien einen hohen Rang gesichert. In ihrer Orientierung an methodischer Forschung und Objektivität erlangten die »men of science« in der viktorianischen Gesellschaft ein hohes moralisches Ansehen und wurden als Repräsentanten einer Arbeits- und Berufsethik anerkannt, die in ihrer Orientierung an Kriterien des Gemeinwohls die Herrschaft der Privatinteressen zu überwinden vermochten und die Gesellschaft auf eine neue zivilisatorische Grundlage stellten.[76]

In der Progressive Era erlangten die amerikanischen Universitäten als Pflanzstätten dieser professionellen Berufsethik ihren bis heute zentralen Stellenwert für die Reproduktion der modernen Gesellschaft. Ihre kulturelle Bedeutung war keine bloße Fiktion gebildeter Mittelklassen, sondern geht auf einen sozialgeschichtlich rekonstruierbaren Zusammenhang zwischen Professionalisierung, innerer Staatsbildung und politischer Reform zurück.[77] Die Universitäten des frühen 20. Jahrhunderts bildeten das Herzstück des Professionalismus der New Middle Class; hier wurden die sie tragenden Expertenelten ausgebildet und damit die Voraussetzungen für die Fortexistenz einer Gesellschaft auf der Grundlage professionellen Wissens geschaffen:

»The creation of higher education made a difference in American history at a crucial moment when aspiring middle-class persons were struggling to define new career patterns, establish new institutions, pursue new occupations, and forge a new self-identity. The American university was basic to this struggle. It became a central institution in the competitive, status-conscious political economy of America. It held before the society the image of the modern professional person, who committed himself to an ethic of service, was trained in scientific knowledge, and moved his career relentlessly upward.«[78]

Indem die Universitäten die öffentliche Funktion wahrnahmen, durch die fachliche Qualifizierung die kognitiven Kompetenzen zur Lösung der zeitgenössischen Modernisierungsproblematik bereitzustellen, wurden sie zunehmend als ein privilegiertes Medium gesellschaftlicher Selbststeuerung und »social control« im Interesse des Gemeinwohls wahrgenommen. Wie keine andere Institution dokumentierten sie im zeitgenössischen Bewußtsein die Einheit von Wissenschaft und »common welfare«.[79]

---

76 Das kulturelle Prestige der »men of science« im 19. Jahrhundert beschreibt *Hollinger*, Inquiry.
77 Diesen Kontext der »higher education« rekonstruiert am Beispiel der Universität Chicago *Diner*, A City.
78 *Bledstein*, The Culture, S. 333. – Zur Bedeutung der Universität siehe auch S. 287 ff. – Zum Beitrag der Universität bei der Etablierung des »Experten« und der Professionen siehe generell *Oleson u. Voss (Hg.)*, The Organization; *Geiger*, To Advance Knowledge.
79 *Veysey*, The Emergence, S. 440 f.

Durch ihre Bedeutung für die Generierung professionellen Wissens wurden die Universitäten zu Elementen der organisierten Gesellschaft und zu wichtigen Institutionen des Progressive Movement. Sie bildeten die Voraussetzung für die Realisierung eines Reformprogramms, in dem die Wissenschaften und die neuen Professionen als Faktoren einer Selbstorganisation der Gesellschaft das Erbe einer irrationalen und egoistischen Interessenpolitik antraten.[80] Die Vertreter der akademischen Wissenschaft gehörten daher auch zur führenden Schicht einer nationalen Reformbürokratie, die in den Organisationen des Progressive Movement an verantwortlicher Stelle beteiligt waren. Insbesondere die Intellektuellen um die »New School for Social Research« und die Zeitschrift »The New Republic« verkörperten die politischen Intentionen dieses »scientific progressivism«.[81]

Dieser Konnex zwischen Wissenschaft und Professionalisierung bildete den sozialgeschichtlichen Hintergrund für den Aufstieg der Wissenschaft zu einem der beherrschenden Faktoren amerikanischer Kultur zu Beginn des 20. Jahrhunderts.[82] Von den Intellektuellen wurde die Wissenschaft als die neue Ordnungsmacht der modernen Demokratie gefeiert, weil sie nach dem Versagen des korrupten Parteiensystems und der mit ihm verbundenen Interessenpolitik die Aufgabe einer Neugestaltung der Gesellschaft auf der Basis fachlichen Wissens und »disinterested expertise« übernommen habe.[83] Auch in dieser Beziehung gehörte Walter Lippmann zu denen, die dem Glauben an die Wissenschaft als Grundlage der Demokratie und als Instrument rationaler Problemlösung Ausdruck verliehen: »We have a right to call science the discipline of democracy.«[84]

Mit der Wissenschaft verband sich die Erwartung einer flexiblen Anpassung an die Umweltbedingungen der modernen Gesellschaft; vor allem in dieser Leistung wurde ihr zivilisatorischer Wert gesehen, wie etwa Robinsons Schriften aus den 20er Jahren zeigen.[85] Dieser Glaube an die rationalisierende Macht der Wissenschaft konnte eine unverhohlen religiöse Qualität gewinnen; die Wissenschaft wurde in diesem Falle zum Träger eines säkularisierten Heilswissens. Hollinger hat dieses Phänomen auf den Begriff des »intellectual gospel« gebracht und als eine Kernüberzeugung der religiösen Reformbewegungen jener Zeit rekonstruiert:

---

80 *Barrow*, Universities, S. 7.
81 Siehe hierzu *Danbom*, »The World of Hope«, S. 112 ff.; *Nuechterlein*, The Dream.
82 Die Wahrnehmungsgeschichte der Wissenschaft in der amerikanischen Gesellschaft rekonstruiert am Beispiel populärer Zeitschriften und Magazine *LaFolette*, Making Science. – Zu ihrer kulturellen Bedeutung als Erziehungsfaktor siehe *Montgomery*, Minds, speziell zur Diskussionslage der Progressive Era siehe S. 130 ff. – Am Beispiel der »New York Academy of Science« rekonstruiert die kulturelle Bedeutung der Wissenschaft in der amerikanischen Gesellschaft des 19. und 20. Jahrhunderts *Baatz*, Knowledge.
83 *Veysey*, Higher Education, S. 24.
84 *Lippmann*, Drift, S. 155.
85 *Robinson*, The Mind, S. 208. Siehe ebenso *ders.*, The Humanizing.

»Just as the social gospel provided religious sanction for the liberal reforms carried out by the bourgeoisie in the face of tensions created by industrial capitalism, the intellectual gospel rendered a religious mission the production of the new knowledge on which the technologically sophisticated social order of modern times was increasingly dependent. Just as the social gospel inspired many church members to believe that the essence of their Christian birthright was a set of moral teachings not dissimilar to those found in other religions, the intellectual gospel inspired many intellectuals to believe that an aura of divinity accompanied the secularization of public doctrine in response to the content, scope, and dynamic character of modern scientific knowledge. Just as the social gospel encouraged its adherents to interpret their labors in society as signs of a right relationship with God, the intellectual gospel encouraged its adherents to interpret their labors in the laboratory and the archives as signs of a right relationship with whatever gods they recognized.«[86]

Im folgenden soll die Bedeutung der Wissenschaft in der Kultur und Gesellschaft des frühen 20. Jahrhunderts unter zwei Gesichtspunkten rekonstruiert werden: Zunächst ist die Wissenschaftstheorie Deweys als die damals einflußreichste Begründung der lebenspraktischen Funktion der Wissenschaft darzustellen. Ihre Eigentümlichkeit bestand darin, daß sie der Wissenschaft eine Bedeutung als Steuerungsinstrument von Gesellschaft und Politik zuerkannte, ohne die damit häufig verbundene Idee einer Herrschaft von Experten zu teilen (1.). Diese Konzeption der Expertenherrschaft ist das Thema eines weiteren Untersuchungsschritts, in dem die in der Progressive Era entstandenen Ordnungsvorstellungen von »social control«, »social engineering« und »social planning« als der Entstehungskontext einer autoritären Politik rekonstruiert werden sollen. Unter diesem Gesichtspunkt ergibt sich ein enger Zusammenhang zwischen dem sozialpolitischen Erbe der Progressive Era und den in den 20er und 30er Jahren verbreiteten Ideen des »democratic elitism«, die die Wendung der amerikanischen Intellektuellen zu autoritären und sozialtechnischen Demokratiemodellen dokumentieren (2.).

1. Der Glaube an die Wissenschaft war auf vielfache Weise durch die Wissenschaftstheorie des Pragmatismus geprägt.[87] Im Umfeld der hier untersuchten Intellektuellen hat John Dewey die differenzierteste epistemologische Begründung der Wissenschaft als Instrument einer Selbstorganisation der Civil Society erarbeitet. Bei ihm ist wissenschaftliches Wissen keine objektive Widerspiegelung der Welt, sondern eine besondere Form der sozialen Praxis und ein Element praktischer Weltgestaltung:

---

86 *Hollinger*, Justification, S. 134.
87 Hierzu *Manicas*, Pragmatic Philosophy; *Wilson*, Science, Community. – Zu Dewey als »one of the most forceful exponents of the progressive faith in science« siehe auch *Ross*, American Social Science, S. 161.

»On this basis, it is not the business of thought to mirror with theoretical or speculative exactness an outside world. It is its business to select whatever is relevant to the most effective carrying on of life functions, and to arrange what is selected, not on the basis of some outside pattern, but with reference to facilitating the complete practical performance of all the activities possible to an organic being. Knowledge, accordingly, is not an attempt to copy, after the fashion of an encyclopedia, all the facts of the universe. It is the expression of man's past most successful achievements in effecting adjustments and adaptations, put in a form so as best to help sustain and promote the future still greater control of the environment.«[88]

Als ein Faktor der Lebenswelt ist die Wissenschaft für Dewey kein rein technisches Phänomen. Vielmehr handelt es sich um einen Diskurs vergesellschafteter Menschen, die sich über die Probleme ihrer gemeinsamen Welt auf eine methodisch vermittelte Weise verständigen: »Our intelligence is bound up, so far as its materials are concerned, with the community life of which we are a part. We know what it communicates to us, and know according to the habits it forms in us. Science is an affair of civilization not of individual intellect.«[89]

Daß Dewey die Wissenschaft als soziale Praxis und eben nicht als eine objektive Widerspiegelung der Umwelt mit dem Ziel ihrer technischen Beherrschung begreift, hat wichtige Konsequenzen für ihre Bedeutung als Regulativ der gesellschaftlichen Entwicklung: Sie wird zu einem Teil der öffentlichen Instanzen, in denen sich die Identität einer Gesellschaft ausbildet: »Communication of the results of social inquiry is the same thing as the formation of public opinion.«[90] Die Wissenschaft stellte für Dewey das kognitive Pendant einer durch politische Öffentlichkeit und Zivilgesellschaft geprägten Lebenspraxis dar; vor allem diese wissenschaftstheoretische Überzeugung einer lebenspraktischen Fundierung der Wissenschaft bildete ein Widerlager gegenüber dem gesellschaftlichen und politischen Führungsanspruch von Experten, der die zeitgenössischen Diskussionen um die Kulturbedeutung der Wissenschaft oftmals kennzeichnete.[91]

---

88 *Dewey*, The Bearings of Pragmatism Upon Education, (MW 4), S. 179.
89 *Dewey*, Human Nature and Conduct, (MW 14), S. 216. – Im Kern von Deweys naturalistischer Wissenschaftstheorie steht die Überzeugung, daß Wissen eine Reaktion auf die Erfahrung von Kontingenz darstellt. Diesen Aspekt betont auch *Damico*, Individuality, S. 14.
90 *Dewey*, The Public and Its Problems, (LW 2), S. 345.
91 Zu Deweys Kritik an den Vorstellungen einer elitären Expertenherrschaft siehe *ebd.*, S. 362ff. – Wie in der Wissenschaftstheorie Deweys blieben auch für Mead Wissenschaft und Universität grundsätzlich mit den Strukturen der Zivilgesellschaft und der politischen Öffentlichkeit als Medien einer kommunikativen Selbstverständigung der sozialen Praxis vermittelt. Auch Mead konzeptualisierte die ihnen eigentümlichen Elemente von Professionalität als einen spezifischen Beitrag zur praktischen Selbsterkenntnis der Lebenswelt: »The university is not an office of experts to which the problems of the community are sent to be solved; it is a part of the community within which the community problems appear as its own.« Dieses Zitat findet sich bei *Shalin*, G.H.Mead, S. 935.

Deweys Konzeption von »social intelligence« als einer lebensweltlichen Praxis bezieht die methodischen Verfahren der Wissenschaft auf die Kontingenzen der Gegenwart sowie auf die aus ihnen resultierenden Bedürfnisse nach kultureller Orientierung. Die Wissenschaften – und zwar Naturwissenschaften wie Sozialwissenschaften gleichermaßen – sind im Verständnis des Pragmatismus allein als methodische Verfahren der Problemdiagnose und Problemlösung kulturell legitimiert, nicht aber als ein Wissen höherer Ordnung, das die Alltagserfahrung außer Kraft setzt.

Aufgrund dieser Ausrichtung der Wissenschaft an den akuten Problemen der Lebenspraxis interpretiert Dewey sie als eine kulturelle Anpassungsleistung des Menschen an eine natürliche und soziale Umwelt, die sich in ständigem Wandel befindet und aufgrund dieses Wandels eine strukturelle Herausforderung menschlicher Deutungsleistungen darstellt. »Anpassung« stellt dabei keineswegs ein Arrangement des Menschen mit dem je Gegebenen oder eine bloße Einordnung in einen immer schon existierenden Sinn- und Bedeutungszusammenhang dar. Vielmehr meint Dewey mit »adjustment« und »adaptation« eine aktive Leistung und kreative Fähigkeit des Menschen zur Reflexion und Bearbeitung einer kontingenten Welt. Wissenschaften repräsentieren »methods of solving problems«,[92] sie verkörpern die Kompetenz der Gesellschaft zur ständigen Selbsttransformation im Lichte der sich wandelnden Problemkonstellationen ihrer Zeit.[93]

Allerdings kann die Wissenschaft ihren Bezug auf die Orientierungsprobleme der Gesellschaft, deren Teil sie ist, nicht selber herstellen, sondern bedarf zu diesem Zweck der Philosophie, die Dewey als Instrument menschlicher Kontingenzverarbeitung begriffen hat. Programmatisch hatte er dies in seinem Erneuerungsprogramm der Philosophie seit dem Ersten Weltkrieg formuliert: »Philosophy recovers itself when it ceases to be a device for dealing with the problems of philosophers and becomes a method, cultivated by philosophers for dealing with the problems of men.«[94] Für Dewey sind Wissenschaft und Philosophie keineswegs identisch; Philosophie geht nicht in Wissenschaft auf, sondern ihre spezifische Aufgabe ist die Reflexion der Prozesse, in denen Wissen und Wissenschaft in der Gesellschaft virulent werden. Ihr geht es um die Vermittlung von Theorie und Praxis und um die Reflexion der Konsequenzen fachlichen Wissens oder professionellen Handelns für die Lebenspraxis. Dies ist eine Leistung, die die Wissenschaft nicht selber erbringen kann und daher wird die Philosophie für Dewey zum notwendigen Verbindungsglied zwischen dem formalen Fachwissen der Wissenschaft und dem praktischen Orientierungswissen der Gesellschaft, die zur Lösung ihrer Probleme die Fachkompetenz der Wissenschaft benö-

---

92 *Dewey*, The Bearings of Pragmatism Upon Education, (MW 4), S. 188.
93 *Campbell*, The Community, S. 1 ff.
94 *Dewey*, The Need for a Recovery of Philosophy, (MW 10), S. 46.

tigt.⁹⁵ In dieser Eigenschaft setzt die Philosophie die Wissenschaft als eine regulative Größe der Lebenspraxis in ihr Recht und beschränkt sie zugleich, indem sie sie als ein in die öffentlichen Verfahren der Zivilgesellschaft integriertes System der gesellschaftlichen Problemlösung expliziert. Damit eröffnet die Philosophie die Perspektiven, in denen die Wissenschaft ihre Prinzipien methodischer Rationalität in der Lebenswelt freizusetzen vermag, ohne sie einseitig zu dominieren. Dewey ging es darum, die Balance zwischen der methodischen Rationalität der Wissenschaft und der alltagsweltlichen Rationalität der Lebenspraxis zu wahren, – eine Balance, die in der politischen Philosophie des Progressive Movement mit dem unterstellten Zusammenhang zwischen Wissenschaft und Gemeinwohl zum Ausdruck gebracht wurde. Die theoretische Aufgabe der Philosophie ist es daher, die Bedingungen zu klären, unter denen sich fachliches Wissen im Sinne der Public Interests entfalten kann; ihre praktische Bedeutung ist die Bewahrung eines die Gesellschaft integrierenden Allgemeinen jenseits der Sphäre individueller Interessen.

Indem die Philosophie diese theoretische Reflexivität gegenüber der Wissenschaft bewahrt, die sie gleichzeitig zur Anwältin lebensweltlicher Orientierungsbedürfnisse macht, erhält sie sich die Fähigkeit zur Distanz gegenüber den Implikationen einer wissenschaftlich-technischen Zivilisation. Dewey plädierte nicht für die Auslieferung der Lebenswelt an die Erfordernisse der wissenschaftlich-technischen Zivilisation, sondern für deren kritische Analyse mit den Mitteln der Philosophie und im Interesse der Lebenswelt.⁹⁶ Dementsprechend hat er die Aufgabe der Philosophie darin gesehen, angesichts der geschichtlichen Erfahrung der technischen Zivilisation die Fähigkeit zur theoriegeleiteten Reflexion zu bewahren:

»Thus we are brought back to the question of the relation of philosophy to existing civilization in its dominantly industrial character. Unless philosophies are to be Edens of compensatory refuge, reached through an exercise of dialectic ingenuity, they must face the situation which is there. ... It is as an *operative* fact that philosophy has to accept the controlling role of technological industry in contemporary civilization. This acceptance is far from implying commitment to its characteristics as values, but it is precedent to any valid criticism of their value. Otherwise criticism is a complaint, an emotional cry, not an intellectual discrimination.«⁹⁷

---

95 Zur Bedeutung der Philosophie als »vital link between science and the problems of society« siehe auch *Wilson*, Science, Community, S. 195.
96 Dies verkennt Tenbruck in seiner Fundamentalkritik der pragmatistischen Wissenschaftstheorie und Sozialphilosophie George H. Meads: »Ahnungslos gibt Mead, der heute als Verteidiger der ›Lebenswelt‹ gefeiert wird, eben diese unbeschränkt frei für die Instrumentalisierung; denn offensichtlich ist die Welt der ›funktionalen‹ Werte gar nichts anderes als die Welt der wissenschaftlich realisierbaren Zwecke.« (*Tenbruck*, George Herbert Mead, S. 207).
97 *Dewey*, Philosophy, (LW 3), S. 127f.

Allerdings war auch Dewey nicht frei von Zugeständnissen an den Zeitgeist, der sich an den sozialtechnischen Kompetenzen der Sozialwissenschaften orientierte und in Spannung zu seinem Verständnis von Philosophie als einer Vermittlung zwischen Lebenswelt und Wissenschaft stand. Im Anschluß an die Schockerfahrung des Ersten Weltkriegs und den damit verbundenen Niedergang des Progressive Movement als einer politischen Kraft taucht im Werk Deweys die Idee einer »new social science« auf, die er als ein Gestaltungselement von Politik und Gesellschaft begriff und der er eine große Bedeutung für »the development of plans of social reordering and a technique of social control« zusprach.[98] Diese gesteigerten Erwartungen Deweys an die Adresse der Sozialwissenschaften spiegelten deren Aufstieg zu Disziplinen, die den modernisierungstheoretischen Diskurs seit der Jahrhundertwende entscheidend prägten. Es handelt sich um die Epoche, in der die erste Generation professionell ausgebildeter Sozialwissenschaftler die akademischen Positionen besetzten, – mit John Bates Clark, Simon Patten, Franklin Giddings, Albion Small, Richard Ely und E.A. Ross als herausragenden Vertretern.[99]

Mit dem Ende des Krieges sah Dewey eine Periode der sozialen Erneuerung beginnen, in der er die neuen Sozialwissenschaften, deren kognitive Struktur und fachliche Kompetenz gesellschaftspolitischer Problemlösung er niemals hinreichend präzisiert hat, als Vorbilder einer rationalen Selbststeuerung der Civil Society betrachtete. Als zugleich experimentelle und erfahrungsgeleitete Formen von »social intelligence« sah er mit ihnen die Möglichkeit gegeben, Gesellschaft und Politik auf eine höhere Entwicklungsstufe zu befördern. Diese Epoche einer verwissenschaftlichten Zivilisation beruhte für ihn auf der »systematic utilization of the scientific expert. Used for the ends of a democratic society, the social mobilization of science is likely in the end to effect such changes in the practice of government – and finally in its theory – as to initiate a new type of democracy.«[100]

Auch Dewey ist nicht unberührt von einem Fortschrittsglauben, der auf die modernen Sozialwissenschaften als Bedingungen menschlicher Freiheit und sozialer Ordnung setzte. Die nach dem Ersten Weltkrieg sowie im Anschluß an die Weltwirtschaftskrise anstehende Erneuerung der Civil Society betrachtete er als deren primäre Aufgabe: »The first lesson of scientific me-

---

98 *Ders.*, A New Social Science, (MW 11), S. 91.

99 Kennzeichnend für diesen Prozeß sozialwissenschaftlicher Professionalisierung ist der Niedergang der 1865 gegründeten American Social Science Association, die individualistischen Anschauungen verhaftet blieb, mit denen sich die Problemerfahrungen der Jahrhundertwende nicht mehr erschließen ließen. Sie wurde durch eine neue Generation von Sozialwissenschaftlern überwunden, die sich den strukturellen Bedingungsfaktoren des gesellschaftlichen Wandels zuwandten und damit einen Professionalisierungsschub der Sozialwissenschaften einleiteten. Siehe hierzu im einzelnen *Haskell*, The Emergence, S. 251 ff.; *Furner*, Advocacy; *Ross*, The Origins, S. 141 ff.

100 *Dewey*, What are We Fighting for, (MW 11), S. 99.

thod is that its fruit is control within the region where the scientific technique operates. Our almost total lack of control in every sphere of social life, international and domestic, is, therefore, sufficient proof that we have not begun to operate scientifically in these fields.«[101]

Dewey hat seine in den frühen 30er Jahren in Reaktion auf die Weltwirtschaftskrise ausgearbeitete Konzeption des New Individualism vor allem als das Ergebnis einer sozialpolitisch motivierten Applikation von Wissenschaft und Technik auf Politik und Gesellschaft begriffen:

»This reference to science and technology is relevant because they are the forces of present life which are finally significant. It is through employing them with understanding of their possible import that a new individualism, consonant with the realities of the present age, may be brought into cooperative being. ... The art which our times needs in order to create a new type of individuality is the art which, being sensitive to the technology and science that are the moving forces of our time, will envisage the expansive, the social, culture which they may be made to serve. I am not anxious to depict the form which this emergent individualism will assume. Indeed, I do not see how it can be described until more progress has been made in its production. But such progress will not be initiated until we cease opposing the socially corporate to the individual, and until we develop a constructively imaginative observation of the role of science and technology in actual society. The greatest obstacle to that vision is ... the perpetuation of the older individualism now reduced ... to the utilization of science and technology for ends of private pecuniary gain.«[102]

Jedoch ist es bei der leerformelhaften Beschwörung des sozialen Status der Wissenschaft und bei der Forderung nach einer »general adoption of a scientific attitude in human affairs« geblieben. Vor allem hat Dewey nicht expliziert, wie er sich das Verhältnis zwischen experimenteller Wissenschaft und politischer Öffentlichkeit dachte, die eine Verkürzung der Wissenschaft zu einem sozialtechnischen Instrument in der Hand der »social experts« verhindern sollte. Darin liegt eine innere Grenze seiner Wissenschaftstheorie begründet. Deweys Überlegungen zu einer rationalen Gestaltung der Lebenswelt mit den Mitteln der Wissenschaft gingen davon aus, daß sich die Wissenschaft nutzen ließe, ohne den tendenziell totalitären Konsequenzen einer Herrschaft der Experten anheimzufallen. Das Mittel, mit dem er deren Herrschaft zu verhindern trachtete: die Rückbindung der Wissenschaft an die politische Öffentlichkeit als einer diskursiven Instanz der Zivilgesellschaft, steht in keinem konsistenten Verhältnis zu den gesellschaftlichen Ordnungsmächten Wissenschaft und Technik. So hat Dewey der Wissenschaft – und nicht nur den diskursiven Mechanismen der politischen Öffentlichkeit – die Fähigkeit zuerkannt, Werte zu stiften:

---

101 Ders., Science and Society, (LW 6), S. 50f.
102 Ders., Individualism, Old and New, (LW 5), S. 88f.

»Take science (including its application to the machine) for what it is, and we shall begin to envisage it as a potential creator of new values and ends. We shall have an intimation, on a wide and generous scale, of the release, the increased initiative, independence and inventiveness, which science now brings in its own specialized fields to the individual scientist. It will be seen as a means of originality and individual variation. ... Because the free working of mind is one of the greatest joys open to man, the scientific attitude, incorporated in individual mind, is something which adds enormously to one's enjoyment of existence.«[103]

Wissenschaftliche und politische Mechanismen von »social control« stehen bei Dewey in keinem gesellschaftstheoretisch überzeugenden Vermittlungsverhältnis zueinander. Vor allem unter dem Eindruck der großen Depression und der ökonomischen Krisenperiode der frühen 30er Jahre tendierte er dahin, in Wissenschaft und Technik die wichtigsten Mächte rationaler Lebensgestaltung zu sehen und sie in dieser Bedeutung gesellschafts- und wissenschaftstheoretisch zu begründen, ohne jemals deutlich zu machen, wie er sich diese »social application« von Wissenschaft als »by far the most potent social factor in the modern world« in der Vermittlung mit politischen und gesellschaftlichen Faktoren konkret vorstellte.[104]

Dewey schwebte vor, die Wissenschaft in die Pflicht sozialer Verantwortung zu nehmen, sein Ziel war »the planned use of scientific knowledge for social welfare«.[105] In immer neuen Anläufen hat er versucht, seine Version von »social intelligence« von den Entwürfen des »social planning« und »social engineering« abzugrenzen, die im Stile Veblens und Lippmanns die soziale Erneuerung der Gesellschaft an die Rationalität der Experten banden, ohne gleichzeitig von der Idee einer Verwissenschaftlichung der Lebenswelt abzurücken. Die Formel, unter die er seinen Mittelweg zwischen Laissez faire und Social Planning gebracht hat, ist die des »social experimentalism«. Sie meint die nirgendwo klar explizierte Applikation der experimentellen Methode der Naturwissenschaften auf soziale Realität.[106]

Für Dewey standen Wissenschaft und Demokratie in einem untrennbaren Zusammenhang miteinander, ohne daß ihm eine überzeugende Begründung dieses Zusammenhangs gelungen wäre. Sein Argument lautete, daß Wissenschaft wie Demokratie Formen sozialer Praxis repräsentierten, in der sich Wahrheit und praktische Geltung in einem diskursiven Prozeß der Beteiligten konstituieren, – in der Form einer Kommunikation, in der allein wahre Aussagen möglich werden. Obwohl er dieses Ineinander praktischer und kognitiver Verfahren der Geltungssicherung gesellschaftstheoretisch nicht überzeugend geklärt hat, steht er mit dieser Idee dennoch in einem unübersehbaren Spannungsverhältnis zu den zeitgenössischen Varianten ei-

---

103 *Ebd.*, S. 118.
104 *Ders.*, Philosophy and Civilization, (LW 6), S. 53.
105 *Ebd.*, S. 59.
106 *Ders.*, The Social-Economic Situation and Education, (LW 8), S. 68.

ner sozialtechnischen Auflösung des Verhältnisses zwischen Wissenschaft und Lebenswelt. Was ihm vorschwebte, war die Nutzbarmachung einer experimentellen Wissenschaft zur Lösung praktischer Fragen nach dem Vorbild der modernen Demokratie, in der Probleme in öffentlichen Verfahren des Austauschens von Argumenten und Erfahrungen verhandelt werden. Wissenschaft blieb für ihn damit Praxis und war nicht auf eine bloße Technik gesellschaftlicher Problemlösung zu reduzieren. Trotz eines letztlich ungeklärten Begriffs von Sozialwissenschaft war es die Leistung seiner Wissenschaftstheorie, angesichts der verbreiteten Wendung der amerikanischen Intellektuellen zu »efficiency« und »expertise« als Leitwerten sozialer Reformen seit den 20er Jahren an dem Primat der Lebenswelt vor der Wissenschaft und den ihr zugehörigen Expertengruppen festgehalten zu haben.[107]

Diese Unterschiede lassen sich am Beispiel der unterschiedlichen Begriffe von »social control« verdeutlichen, mit denen die zeitgenössischen Vorstellungen einer sozialwissenschaftlichen Steuerung gesellschaftlicher Prozesse in Reaktion auf die Modernisierungskrisen des frühen 20. Jahrhunderts zum Ausdruck gebracht wurden. Deweys Begriff von Social Control meint nicht sozialen Zwang oder die manipulative Herstellung von Konformität, sondern eine reflexive Form gesellschaftlicher Selbstorganisation im Modus einer politischen Öffentlichkeit, die geprägt ist durch eine bewußte Folgenabwägung von Handlungszusammenhängen, einen sozialstaatlichen Interventionismus sowie durch die Idee sozialer Verantwortung jenseits der individuellen Interessen.[108]

2. Nach dem Ersten Weltkrieg ging der von Dewey reflektierte und für die Progressive Era noch konstitutive Zusammenhang zwischen Wissenschaft, Lebenspraxis und politischer Reformbewegung allmählich verloren. Stattdessen setzte sich ein Wissenschaftsverständnis durch, das Objektivität vor allem in der Trennung von Wissenschaft und gesellschaftlicher Praxis gewahrt sah.[109] Das Ende der Symbiose von Reform und Wissen-

---

107 Siehe hierzu im einzelnen Kapitel 7. – Dies betont auch *Wiebe*, Self-Rule, S. 176: »Like Lippmann, he valued expert knowledge; unlike Lippmann, he rejected expert government.«

108 Zum Bedeutungshorizont des pragmatistischen Begriffs von Wissenschaft und Social Control siehe *Joas*, Pragmatismus, S. 36 ff. sowie unter besonderer Berücksichtigung der Progressive Era *Shalin*, G.H.Mead, S. 943. – Allgemein siehe zum »American way of social control« als Teil des Corporate Liberalism des frühen 20. Jahrhunderts *Lustig*, Corporate Liberalism, S. 193 ff. – Beschränkt auf die Geschichte der amerikanischen Psychiatrie und des Strafvollzugs ist *Staples*, Castles.

109 Einschlägig hierzu ist *Smith*, Social Science. – Smith sieht die amerikanischen Sozialwissenschaften seit den 20er Jahren durch einen langfristigen Klimaumschwung zuungunsten der »purposivists« als denjenigen Intellektuellen geprägt, die die Wissenschaft auf die Orientierungsbedürfnisse der Lebenswelt ausrichteten und von ihnen her begründeten. In dieser Zeit begann eine Bewegung »toward extreme empiricism and avoidance of moral positions begun by behaviorism and cultural relativism. The social scientist became the ser-

schaft bedeutete zugleich das Ende des Progressive Movement als politischer Bewegung.

Diese positivistische Wendung der Sozialwissenschaften unter Abstraktion von den lebenspraktischen Orientierungsbedürfnissen der Gegenwart konnte sich auf Tendenzen innerhalb der Wissenschaftstheorie des Progressive Movement selbst berufen. Bereits Veblen hatte die Wissenschaft als Ausdruck einer »idle curiosity« bestimmt und damit ihre Interesselosigkeit und Wertfreiheit unterstrichen. Diese Eigenschaft machte sie zu einem kongenialen Partner der modernen Technik: Gemeinsam geht es Wissenschaft und Technik um die Organisation der Gesellschaft nach Maximen einer rein technischen, an Produktivitäts- und Effizienzgesichtspunkten orientierten Rationalität. Gerade ihre völlige Interesselosigkeit und »matter-of-fact-conception« verschafft der Wissenschaft einen beherrschenden Einfluß auf die moderne Zivilisation. Demgegenüber repräsentierte die Orientierung an normativ-praktischen Kriterien der Handlungsorientierung für Veblen die kulturellen Reste einer archaischen Gesellschaft, die zugunsten der Orientierung an technischen Handlungsmaximen aufzugeben sei.[110]

Unmittelbar ersichtlich wird diese Entwicklung am Wandel des Bedeutungsgehalts von »social control« und »social planning«. Das Beispiel Deweys zeigt, daß mit diesen Begriffen im Verständnis des amerikanischen Pragmatismus ursprünglich keine bloße Sozialtechnik, sondern eher eine Transformation der Gesellschaft im Interesse einer sozialstaatlichen Neuorganisation der Civil Society gemeint war. Zu den Instrumenten dieser sozialen Erneuerungsstrategie zählten neben den Sozialwissenschaften eine interventionistische Sozialstaatsbürokratie sowie die politische Öffentlichkeit. Diese Rückbindung wissenschaftlicher Planung an die Kontrollinstanzen einer partizipatorischen Zivilgesellschaft blieb trotz einer weithin ungeklärten Konzeption von Sozialwissenschaft als Trägerin eines neuen Individualismus bis in Deweys Spätwerk hinein bestimmend und begründete seine Sonderrolle im gesellschaftstheoretischen Diskurs der 20er und 30er Jahre. Was Deweys Entwurf einer durch die Rationalität der Wissenschaft geprägten Lebenswelt von den autoritären Lösungsformeln des »democratic elitism« unterscheidet, ist der Versuch, die Elemente wissenschaftlich-technischer Rationalität zurückzubinden an die diskursiven Prozesse der Zivilgesellschaft:

»We believe profoundly that society requires planning; that planning is the alternative to chaos, disorder, and insecurity. But there is a difference between a society which is planned and a society which is continuously planning – namely, the

---

vice intellectual, an instrument for descriptive reporting and determining the most efficient procedures. The service intellectual never took a position on what should be done but regarded all social and political issues as simple problems of administration.« (S. 27). – Für die Diskussionen innerhalb der amerikanischen Geschichtswissenschaft siehe *Novick*, That Noble Dream.

110 Siehe hierzu *Veblen*, The Place of Science, 19 ff.

difference between autocracy and democracy, between dogma and intelligence in operation, between suppression of individuality and that release and utilization of individuality which will bring it to full maturity.«[111]

Damit brachte Dewey noch in den 30er Jahren die für das politische Selbstverständnis des Progressive Movement konstitutive Vorstellung zum Ausdruck, daß Fortschritt ein wissenschaftliches Fundament benötigt, das sich im Lebenszusammenhang der modernen Gesellschaft praktisch realisieren muß. Im Denkhorizont der Progressive Era steigerte die Wissenschaft mit ihrer Anwendung auf Politik, Gesellschaft und Ökonomie die Effizienz dieser Handlungssysteme und diente damit dem politischen Ziel der Demokratisierung. Für die Intellektuellen des Progressive Movement war es noch ausgemacht, daß Wissenschaft, Demokratie und ökonomische Effizienz in einem wechselseitigen Bedingungsverhältnis zueinander standen. Es handelte sich um verschiedene Aspekte eines einzigen Rationalitätsmodells, das den zeitgenössischen Ideen gesellschaftlichen Fortschritts zugrunde lag. Von Croly ist diese Überzeugung auf dem Höhepunkt des Progressive Movement zu Beginn des Ersten Weltkriegs noch deutlich zum Ausdruck gebracht worden:

»The necessary increase in efficiency can ultimately be derived from only one source – from the more comprehensive and more successful application to industry of scientific methods and of the results of essentially scientific research. The use of scientific methods and results in industry is the natural and inevitable accompaniment of its reorganization in the interest of democratic fulfilment. Industrial democracy will never accomplish its purpose, unless science can be brought increasingly to its assistance; and the needed assistance will have to be rendered in a most liberal measure.«[112]

Mit der Wissenschaft und einem durch sie geprägten »scientific management« verband Croly die Hoffnungen auf die Demokratisierung der Arbeitsbeziehungen sowie auf die Versöhnung von Kapital und Arbeit im Interesse ökonomischer Effizienzsteigerung. Als die entscheidenden Organe dieser Versöhnung fungierten dabei diffus bleibende Formen von »expert administration« und »planning departments« in den Betrieben, die auf der Grundlage wissenschaftlicher Einsicht die ökonomischen Beziehungen zugleich demokratisch und effizient regeln sollten, – eine Strategie, die eine Entpolitisierung sozialer Klassenstrukturen durch die Wissenschaft nahelegte. Die Wissenschaft sollte die Politik als Grundlage der modernen Demokratie ersetzen, – dem entsprach ein seit den 20er Jahren in Anknüpfung an die Grundlagen der Progressive Era entstandener, einseitig auf das professionelle Handlungswissen wissenschaftlich ausgebildeter Experteneliten zu-

---

111 *Dewey*, The Social-Economic Situation and Education, (LW 8), S. 76.
112 *Croly*, Progressive Democracy, S. 397. – Zu den zeitgenössischen Vorstellungen von »industrial democracy« siehe *Derber*, The American Idea; *Dickman*, Industrial Democracy; *Lichtenstein u. Harris (Hg.)*, Industrial Democracy.

geschnittener Begriff von Social Control, – nun allerdings in dezidierter Konkurrenz zu den Prinzipien der politischen Demokratie.[113]

In dieser ideengeschichtlichen Konjunktur von »social planning« und »social engineering« als gesellschaftstheoretischen Kategorien schlug sich das sozialgeschichtliche Phänomen der Professionalisierung nieder. Die Kehrseite des gesellschaftlichen Aufstiegs und der sozialpolitischen Kompetenz der modernen Professionen bildete ein bürokratischer Modernisierungsprozeß, in dem »knowledge« zunehmend zum Herrschaftsinstrument wurde.[114] Er steht in direktem Zusammenhang mit einer Säkularisierung ehemals religiöser Reformmotive, was in der Progressive Era zu einer eigenartigen Gemengelage christlicher Impulse, altruistischer Inspirationen und wissenschaftlicher Einsichten in die Strukturzwänge und Funktionsmechanismen der modernen Gesellschaft führte. Reste des »social ministry« gingen so noch in die Formierung des »social expert« ein und schufen ein Feld, in dem sich die Ideen der protestantisch geprägten alten Mittelklasse und das professionelle Expertentum der neuen wechselseitig überlagerten.[115] Seit den 20er Jahren verflachte jedoch der »sense of mission«, den die modernen Professionen als ein säkularisiertes Erbe ehemals religiös fundierter Reformimpulse übernommen hatten. Mit dem Verlust dieses Bewußtseins sozialer Verantwortung verloren sie zugleich ihre politische Reformkraft und wurden zu systemstabilisierenden Elementen der »corporate society«. In dieser Zeit entstand, teilweise in Anknüpfung an bereits existierende Tendenzen der Progressive Era, teilweise als Gegenmodell zu ihnen, das von Soziologen, Psychologen und Pädagogen getragene System des Social Engineering, das zunehmend alle Lebensbereiche erfaßte und in Familien, Schulen, Sozialhilfeorganisationen, kirchlichen Einrichtungen, Pfadfindergruppen und Seniorenclubs Menschen mit fragwürdigen manipulativen Mitteln zur Demokratie zu erziehen trachtete.[116]

Damit war ein grundsätzlicher Bedeutungswandel von Social Control verbunden: Aus dem Medium einer wissenschaftlich aufgeklärten Selbstreform und reflexiven Selbstorganisation der Gesellschaft wurde ein autoritäres Instrument. Während das Ausgangsmotiv sozialer Planung in der Progressive

---

113 Zur zeitgenössischen Semantik von Social Control siehe *Ross*, Social Control. Dieser Beitrag aus dem Jahre 1904 reflektiert das Aufkommen unpersönlicher Mechanismen der sozialen Integration und entfaltet eine Konzeption von Social Control als Voraussetzung einer »better adaptation« an die Bedingungen der modernen Gesellschaft (S. 432 ff.). – Zur Verfallsgeschichte der in der Progressive Era entstandenen Konzeption von »Politics as Social Control« siehe *Lasch*, The New Radicalism, S. 141 ff.

114 Zur Entstehung der Social Engineering Professions siehe *McClymer*, War and Welfare.

115 *Ebd.*, S. 71. – Zur älteren amerikanischen Mittelklasse siehe *Blumin*, The Emergence, der die Formierung der professionellen New Middle Class jedoch ausblendet.

116 Die Funktionsweise dieses neuartigen Systems von Social Control untersucht *Graebner*, The Engineering.

Era ursprünglich in der Professionalisierung sozialer Reformstrategien bestanden hatte, mit deren Hilfe »charity« zu »social policy« im Sinne einer professionell betriebenen Reformpolitik transformiert werden sollte, bedeutete die weitere Entwicklung die Entkopplung der sozialen Reformstrategien von der Idee einer demokratisch organisierten Zivilgesellschaft zugunsten eines durch Experten gesteuerten Systems sozialstaatlicher Politik. Insofern gibt es einen unmittelbaren Zusammenhang zwischen der Entstehung des amerikanischen Wohlfahrtsstaats und einer sozialtechnisch motivierten Idee von Social Control.

Dabei verwies »social planning« weniger auf ein fest umrissenes Bündel gesellschaftspolitischer Steuerungsmaßnahmen, als vielmehr auf die allgemeine Programmatik einer wissenschaftlich fundierten Lösungsstrategie gesellschaftlicher Problemlagen im Sinne der New Middle Class sowie der Gesellschaftsbilder ihrer Intellektuellen. Bereits in den politischen Utopien des Progressive Movement traten wissenschaftlich geschulte Experten, Techniker und Ingenieure als Baumeister einer rational organisierten Gesellschaft an die Stelle der als korrupt geltenden Parteipolitiker. Wissenschaft, Bürokratie und Politik verzahnten sich bei ihnen zu einem Räderwerk, in dem sich die Grundlagen einer neuen Zivilisationsstufe ausbilden würden.[117]

Ein gutes Beispiel dafür, wie sich die ehemaligen »Progressives« gegenüber den neuen Ideen des Social Engineering öffneten und ihre alten Reformintentionen mit ihnen vereinbaren konnten, ist Charles Beard, bei dem auch eine exakte Datierung der Planning-Euphorie möglich ist: Sie erstreckt sich im wesentlichen auf die Zeit zwischen der ökonomischen Depression im Anschluß an den Börsenkrach und den ersten Jahren des New Deal, in denen er im Gegensatz zu später die Politik Franklin D. Roosevelts noch zustimmend kommentierte.[118] Unter dem Eindruck der Depression sah Beard in sozialer Planung die einzige Möglichkeit, am Prinzip von Sozialstaatlichkeit festzuhalten; auch bei ihm stehen »planning« und »engineering« in einem untrennbaren Zusammenhang mit einer wohlfahrtsstaatlich orientierten Politik.[119] Beard diagnostiziert die Transformation praktischer zu technischen Fragen als eine Folge der ökonomischen Krisenperiode seit den

---

117 Als Abriß des Planning-Diskurses der 20er Jahre mit Schwerpunkt auf den wirtschaftsgeschichtlichen Aspekten der »managerial revolution« und des »corporate capitalism« siehe *Alchon*, The Invisible Hand; *Brown u. Reagan (Hg.)*, Voluntarism. – Oberflächlich ist *Friedmann*, Planning. – Als zeitgenössisches Dokument der Planungs-Ideen der 30er Jahre siehe *Soule*, A Planned Society.

118 Zu Beards Idee des Social Planning siehe *Soule*, Beard, der die liberalen Vorbehalte Beards gegenüber einer totalitären Staatskonzeption akzentuiert, S. 67. – Siehe außerdem zu Beards Verarbeitung der Depressionsjahre und des frühen New Deal *Nore*, Charles A. Beard, S. 139 ff.

119 *Beard*, A »Five-Year Plan« for America, S. 123 ff. – Zu seiner Reflexion des »technological drive in politics« siehe *Charles Beard u. William Beard*, The American Leviathan, S. 5 ff., wo Beard demokratische und technische Instrumente politischer Herrschaft, »rule by experts« und »popular control« zu kombinieren versucht.

späten 20er Jahren und hat sich der politischen Philosophie des »elitist view of politics« geöffnet, ohne dabei die Grenzen der Experten bei der Lösung praktischer Fragen zu übersehen, denen gegenüber er auf dem politischen Prinzip demokratischer Kontrolle beharrte.[120]

Im Mittelpunkt seines Entwurfs einer »planned economy« stehen die Trusts und großen Gesellschaften als diejenigen Instanzen der sozialen Ordnung, die für ein höheres Maß an Planbarkeit gesellschaftlicher Prozesse einstehen und die »competitive anarchy« des liberalen Systems beenden. Als die wichtigste ökonomische Ordnungsfunktion von Social Planning fungiert bei Beard die bewußte Steuerung ökonomischer Prozesse im Interesse einer erhöhten Stabilität des Gesamtsystems: »The only line of action open before those who believe in action runs in the direction of planning – the adjustment of production to efficient demand, the subordination of the profit-making motive to the larger requirement of stability, and the establishment of security founded on a faith in the continuity of fair earnings for labor and capital.«[121]

Zugleich personifiziert Beard die geschichtliche Kontinuität, in der der Planungs-Diskurs der 20er und 30er Jahre mit der Tradition des City Planning seit der Progressive Era steht. Am Beispiel der Urbanisierungsproblematik des frühen 20. Jahrhunderts wird der Zusammenhang zwischen Modernisierungskrise, Professionalisierung und sozialem Reformanspruch deutlich sichtbar. Sie führte zu einem explosionsartigen Ausbau der »city planning professions« und war für die Entstehung einer sozialpolitischen Expertenkultur von paradigmatischer Bedeutung. Stadtplanung und die Stärkung einer mit der Aura unparteilichen und unpolitischen Expertentums ausgestatteten städtischen Exekutive und Verwaltung gegenüber der politischen Herrschaft der Parteien gehörten zu den Grundelementen der zeitgenössischen Reformprogrammatik.[122]

Der lokale Binnenraum der Stadt läßt sich daher auch als ein Entstehungskontext der Ideen sozialer Planung rekonstruieren. Dem »urban progressivism« ging es um die Transformation der Politik zu effektiver Verwaltung,

---

120 Dies dokumentiert ein Beitrag in der »New Republic« aus dem Jahre 1930: *Beard*, Government by Technologists. – Ein uneingeschränktes Bekenntnis zum Social Engineering als einer zukunftsweisenden Macht des gesellschaftlichsten Fortschritts findet sich in *Beard (Hg.)*, Toward Civilization, S. 1 ff., 297 ff. Auch für Beard repräsentieren die »planning professions« die zeitgemäßen Vertreter öffentlicher Interessen und einer gemeinwohlorientierten Politik. Die republikanischen Intentionen des Progressivism werden insofern durch den Planning-Diskurs des New Deal fortgeführt.
121 *Ders.*, The Rationality of Planned Economy, S. 402.
122 Siehe hierzu bereits *Hays*, The Politics of Reform; *ders.*, The Changing Political Structure. – Siehe außerdem *Schiesl*, The Politics; *Teaford*, The Unheralded Triumph. – Zur Bedeutung der Stadtplanung für den amerikanischen Modernisierungsdiskurs seit dem späten 19. Jahrhundert siehe *Boyer*, Dreaming; *Fairfield*, The Scientific Management; *Schultz*, Constructing; *Scott*, American City Planning; *Sutcliffe (Hg.)*, The Rise. – Als hervorragenden Überblick in vergleichender Perspektive siehe *Sutcliffe*, Towards the Planned City.

was in der Leitbildfunktion der innerstädtischen Planungs- und Verwaltungsprofessionen zum Ausdruck kam. Ihre Vertreter waren zugleich »municipal experts« und »urban reformers« und manifestierten damit den untrennbaren Zusammenhang zwischen Professionalisierung und sozialer Reform.[123] Das durch Landschaftsarchitekten, Stadtplaner, Spezialisten für Fragen des Wohnungswesens, Sozialarbeiter und Bauingenieure geprägte innerstädtische Reformmilieu des frühen 20. Jahrhunderts markiert den wichtigsten Ursprungskontext der Planungsideen der 20er und 30er Jahre. Die mit der Aufgabe der Stadterneuerung betrauten Professionen gehörten zu den »major factors of nineteenth-century urban and industrial revolution out of which the planning movement grew.«[124] Der Antrieb zur sozialen Planung stellte vor allem eine Reaktion auf die Urbanisierungs- und Immigrationsproblematik des frühen 20. Jahrhunderts dar, wobei als politische Organisationsform dieser Reformbewegung nicht sogleich eine zentralistische »public policy« fungierte, sondern zunächst ein System freiwilliger und lose miteinander verbundener lokaler Initiativen vorherrschte.[125] In diesem Prozeß der Selbstorganisation politischer Reformgruppen waren die Professionen aus den Bereichen der Stadtplanung und der Landschaftsarchitektur überproportional vertreten und dokumentieren vor allem den engen Zusammenhang zwischen Professionalisierung und sozialer Planung.[126]

Von besonderer Bedeutung für die Applikation professionellen Planungswissens auf die Modernisierungsprobleme einer urbanisierten Gesellschaft wurde das »Bureau of Municipal Research« in New York, das die Prinzipien

---

123 Am Beispiel Beards und des Bureau of Municipal Research in New York rekonstruiert diesen Zusammenhang *Bender*, Intellect, S. 91 ff. – Als deutsch-amerikanischen Vergleich der jeweiligen Reformmilieus siehe jetzt *Lenger*, Großstädtische Eliten.
124 Siehe hierzu die Einleitung des Herausgebers zu *Krueckeberg (Hg.)*, The American Planner, S. 4. – In diesem Zusammenhang sind auch Crolys zahlreiche, üblicherweise im »Architectural Record« publizierten architekturhistorischen Artikel zu erwähnen, die seine gesamte Schaffensperiode durchziehen. Dabei handelt es sich um solche kleineren Arbeiten wie »New York as the American Metropolis«; »American Architecture of Today«; »The Architecture of Ideas«; »New Architecture«; »Portland, Oregon: The Transformation of the City from an Architectural and Social Viewpoint«. – Speziell zur Bedeutung der Wohnungsproblematik innerhalb des politischen Reformmilieus der Progressive Era siehe *Plunz*, A History.
125 Erst die ersten Jahrzehnte des 20. Jahrhunderts brachten regional übergreifende Reformbewegungen wie das »City Beautiful Movement« mit sich (siehe hierzu vor allem *Wilson*, The City). – Mit der Verbreitung der zunächst innerstädtischen Reformbewegungen verbanden sich bei Beard die Hoffnungen auf die zunehmende Planbarkeit der Gesamtgesellschaft: »City planning, having grown into regional planning, will be merged into state and national planning, with technology at its basis.« (*Beard*, The City's Place, S. 215).
126 *Krueckeberg (Hg.)*, The American Planner, S. 22 ff. – Auffällig ist der zunächst noch große Einfluß von Frauen auf die entstehenden Planungsprofessionen während der Progressive Era. Seit den 20er Jahren setzte jedoch ein verschärfter Verdrängungswettbewerb mit männlichen Kollegen ein, der zu ihrer zunehmenden Ausgrenzung aus den Planning Professions endete. Siehe hierzu *Birch*, Woman-Made America; *dies.*, From Civic Worker, S. 405 ff.

technischer Rationalität auf politische Zusammenhänge anzuwenden versuchte. Charles Beard, der für einige Jahre Leiter dieser Einrichtung war, hatte die dort intendierte Symbiose von Politik, Verwaltung und Wissenschaft programmatisch formuliert:

»The purpose of the bureau of municipal research, as set forth in the publications of the New York institution ... is to advance efficient and economical government, to promote the adoption of scientific methods of accounting and of reporting the details of municipal business with a view to facilitating the work of public officials, to secure constructive publicity in matters pertaining to municipal problems, and to collect, classify, correlate, interpret, and publish facts as to the administration of the municipal government.«[127]

In diesen breitgefächerten Bestrebungen einer gesellschaftspolitischen Nutzbarmachung der Wissenschaft manifestiert sich ein beherrschendes Motiv der amerikanischen Kultur im Ausgang der Progressive Era, das von den zeitgenössischen Intellektuellen aufgegriffen und zu Perspektiven zukünftiger Entwicklung ausgearbeitet worden ist. Damit partizipieren sie an einer politischen Strömung, die zunehmend auf die professionellen Experteneliten als wichtigste Gestaltungsfaktoren des sozialen Wandels setzte. Der in der amerikanischen Gesellschaft des frühen 20. Jahrhunderts verwurzelte Glaube an die Wissenschaft wurde auf diese Weise zum Bestandteil der autoritären Gesellschaftsidee des »democratic elitism«, die abschließend rekonstruiert werden soll.

c) Organisierter Liberalismus und autoritäre Herrschaft

Unter politischen Gesichtspunkten korrespondierte dem Aufstieg der Professionen und der Wissenschaft zur »hope of democracy« die Entstehung des organisierten Liberalismus. Er bedeutete die Abkehr von der Tradition des Laissez faire hin zu neuen Formen der politischen Organisation, die im Horizont der Zeitgenossen durch das Ende der Pioniergesellschaft erforderlich geworden waren. In großer Übereinstimmung mit der Frontier-These Turners führte Weyl, ohne Turner selbst zu erwähnen, die Entstehung eines erneuerten Liberalismus auf das Ende der Westexpansion zurück. Diese habe bisher den besonderen Charakter des amerikanischen Individualismus ausgemacht: »What our land is, what our state is, what we are, our present problems and our present hopes, are largely traceable to the hasty occupation of the continent, and to the rapid material development of the nation which the conquest visualized.«[128]

---

127 *Beard*, American City Government, S. 78. – Die große Bedeutung des Bureau of Municipal Research für die Konzeption einer verwissenschaftlichten Politik erwähnen auch *Haber*, Efficiency, S. 110 ff.; *Dahlberg*, The New York Bureau.
128 *Weyl*, The New Democracy, S. 25.

Die Gegenwart erforderte für Weyl eine komplexere Form des politischen Liberalismus, denn die Existenz »freien« Landes hatte einen Individualismus entstehen lassen, der unter den Bedingungen der Gegenwart obsolet geworden war und eine Bedrohung der sozialen und nationalen Integration darstellte: »It made America atomic. It led automatically to a loose political coherence and to a structureless economic system.«[129] Mit der Inbesitznahme des Kontinents hatte sich das Paradigma einer »unregulated society« durchgesetzt, das nun, nach dem Wegfall seiner Existenzvoraussetzungen zugunsten eines neuen Ordnungsmodells transformiert werden müsse. Den mit dem Ende der Pioniergesellschaft verbundenen Modernisierungsproblemen war im Bewußtsein der zeitgenössischen Intellektuellen allein mit einer neuen Organisation von Arbeit, Politik und Gesellschaft zu begegnen. Auch Crolys zugkräftiges und in Übereinstimmung mit Theodore Roosevelt entworfenes Programm des »New Nationalism« verstand sich als eine Reaktion auf die drohende Dekomposition der Nation in der politischen Anarchie der »pioneer democracy«, die zur Herrschaft individualistischer Interessen geführt habe und durch eine Beseitigung der sozialen Schieflagen im nationalen Interesse bewältigt werden müsse. Der Leitwert Crolys ist die nach außen starke und nach innen einige Nation; »efficiency« ist das Mittel, diesen Wert zu realisieren, weil sie die dazu erforderlichen Organisationsleistungen erbringt. Bei Croly stehen Nationalismus, Sozialstaat und Professionalisierung daher in einem wechselseitigen Bedingungsverhältnis zueinander.

»Regulierung« und »Organisation« wurden zu Leitkategorien des »corporate liberalism«, als dessen führende Vertreter die Intellektuellen um die New School for Social Research und die Zeitschrift The New Republic gelten können.[130] Mit ihnen entstand in der Progressive Era eine ausgefeilte Theorie des modernen Interventionsstaats, der auf dem Wege einer Regulierung des politischen, ökonomischen und gesellschaftlichen Systems zu realisieren war: »These three roads are the democratization of government, the socialization of industry, and the civilization of the citizen.«[131]

Der erste dieser Reformkomplexe des organisierten Liberalismus, die Demokratisierung der politischen Herrschaft, zielte auf die Zurückdrängung der bisherigen Zentren politischer Herrschaft: der Parteien und Gerichte. In diesem Zusammenhang entstand eine amerikanische Variante der Konzep-

---

129 *Ebd.*, S. 23.
130 Den Entstehungsprozeß des »corporate liberalism« rekonstruiert *Lustig*, Corporate Liberalism, der allerdings nicht immer hinreichend zwischen den unterschiedlichen Positionen differenziert. – Zur Interpretation der Progressive Era als Durchbruch des Interventionsstaats und einer regulativen Politik siehe vor allem *Chambers*, The Tyranny; *Gould*, Reform; *Keller*, Regulating a New Economy; *ders.*, Regulating a New Society; *McCraw (Hg.)*, Regulation.
131 *Weyl*, The New Democracy, S. 274.

tion der plebiszitären Führerdemokratie.¹³² Sie beruhte auf drei Säulen, die miteinander kombiniert werden sollten: »public opinion«, »executive leadership« und »efficient administration«.

Zum einen implizierte der organisierte Liberalismus die Ermächtigung der öffentlichen Meinung zur maßgeblichen Instanz des politischen Lebens. Darauf zielten die Forderungen des Progressive Movement nach »direct popular government« und der Einführung erweiterter Kontrollrechte in das politische System (»popular control«). In diesem Zusammenhang sind die Forderungen nach der Demokratisierung des Parteiensystems und der parteiinternen Entscheidungsabläufe durch die Direktwahl der Kandidaten und Mandatsträger zu sehen (»direct primaries«) sowie die Akzentuierung plebiszitärer Elemente wie Volksentscheide, Initiativrechte für Gesetzgebungsverfahren und Möglichkeiten der Amtsenthebung von Mandatsträgern (»referendum«, »initiative« und »recall«).¹³³

Den sozialgeschichtlichen Hintergrund dieses Aufstiegs der politischen Öffentlichkeit bildete der zunehmende Einfluß gesellschaftlicher »pressure groups«, die sich aufgrund ihrer Konkurrenz um Machtchancen zu dynamisierenden Elementen der Politik entwickelt hatten und die Grenzen des tradierten Parteiensystems aufzusprengen begannen.¹³⁴ Die Intellektuellen des Progressive Movement begrüßten diese Tendenz:

»The number of civic societies, voters' leagues, ballot associations, woman's suffrage unions, single-tax clubs and the like are increasing steadily and are exercising more and more influence upon the political action of their members. All these associations are competing both with one another and with the traditional parties for the allegiance of a certain proportion of the electorate. They are becoming the most effective formative elements in American public opinion, and more than anything else they justify an increase of direct popular political power and the creation of a system of direct representation.«¹³⁵

Dem Aufstieg der Öffentlichkeit zum politischen Kern der Civil Society entsprach die Privilegierung einer von parlamentarischen Instanzen der repräsentativen Demokratie weitgehend unabhängigen Exekutive. Die Entmachtung der Parteiapparate als Zentren der politischen Herrschaft und sozialpolitischer Leistungsfunktionen sollte durch »executive leadership«

---

132 Mit Blick auf Max Weber siehe hierzu vor allem *Mommsen*, Max Weber, S. 44ff. (»Zum Begriff der ›plebiszitären Führerdemokratie‹«).
133 *Croly*, Progressive Democracy, S. 245ff., 267ff.; *Weyl*, The New Democracy, S. 298ff. – Zum Stellenwert dieser Forderungen und Elemente in der politischen Kultur der Progressive Era siehe *Cronin*, Direct Democracy; *Piott*, The Origins. – Aus der zeitgenössischen Diskussion siehe auch *Barnet*, The Operation.
134 Die Transformation des Politischen durch den Einfluß organisierter »pressure groups« war ein auffälliger Trend der Progressive Era. Dies betonen *Rodgers*, In Search, S. 116; *Link u. McCormick*, Progressivism, S. 47ff. – Zur Analyse des »interest-group liberalism« siehe auch *Lowi*, The End.
135 *Croly*, Progressive Democracy, S. 317f.

flankiert werden, bei der die politischen Führungspositionen in einem komplexen System individuell zurechenbarer Verantwortlichkeiten der Kontrolle seitens der politischen Öffentlichkeit unterstellt werden sollten.[136] Die politische Zielperspektive war die Neuorganisation staatlicher Regierungs- und Regulierungsfunktionen, – und als Königsweg dahin galt das intermediäre Verhältnis zwischen einer gestärkten Exekutive und einer zum effektiven Kontrollmedium emanzipierten politischen Öffentlichkeit. Dieser Konstruktion entsprach ein neuer Führer- und Politikertypus mit individuellem Charisma, der unabhängig von parteipolitischen Apparaten, Zwängen und Loyalitäten der direkten Kontrolle durch das Wahlvolk unterliegt: »The electorate would be intrusting the power not to a party, nor to a system, but to a man, yet it would not be granting to the man an unlimited franchise.«[137]

Einen weiteren Grundpfeiler der politischen Reformkonzeption des organisierten Liberalismus bildete schließlich ein öffentliches Verwaltungssystem und eine umfassende »civil service reform«. Die politische Autorität einer aktiven, effizienten, verantwortlichen und entscheidungsfähigen Exekutive gründete für Croly »in the efficiency of its administrative methods«.[138] Eine starke Regierung fußte auf einer effektiven und weisungsunabhängigen Verwaltung, was ebenfalls die Entmachtung der Parteiapparate als Instanzen politischer Herrschaft erforderlich machte.

Im Zentrum der politischen Reformkonzeptionen stand das rationale Verwaltungshandeln der »social experts«, die in weitgehender Unabhängigkeit von parlamentarischen Instanzen direkt im Dienste der Exekutivgewalten operieren. Insofern existiert auch ein unausgetragenes Spannungsverhältnis zwischen dem emphatischen Begriff der politischen Öffentlichkeit und der gleichzeitigen Entmachtung der Wählerschaft und Staatsbürgergesellschaft durch die Übertragung politischer Herrschaftsfunktionen auf Experten und professionelle Eliten. Konsens bestand darin, daß die Autonomie der Bürokratie gegenüber parteilicher Interessenpolitik und der Irrationalität politi-

---

[136] Kennzeichnend ist in diesem Zusammenhang Crolys Orientierung am sogenannten »Oregon-Plan«, einem Reformkonzept der »People's Power League of Oregon«, das die Stellung der Exekutive stärkte und dabei insbesondere die Position des Gouverneurs mit weitreichenden Machtbefugnissen ausstattete, unter anderem mit dem Recht eigener Gesetztesinitiativen (*ebd.*, S. 292 ff.). Croly sah die Stärke des Oregon-Plans in der Zurückdrängung repräsentativer zugunsten plebiszitärer Elemente sowie in der Engführung von Exekutive und öffentlicher Meinung begründet und hat damit eine politische Grundüberzeugung des Progressive Movement formuliert (*ebd.*, S. 301 f.).
[137] *Ebd.*, S. 297.
[138] *Ebd.*, S. 123. – Die kulturelle Leitbildfunktion von »administration« als Element sozialer Reform betont *Stever*, The Dual Image, der auch die Sonderbedeutung Deweys und des amerikanischen Pragmatismus für die Reflexion des damit einhergehenden Legitimitätsdilemmas herausarbeitet (S. 49 ff.). Stever rekonstruiert die Progressive Era als eine Epoche, in der sich eine von der Politik unabhängige Verwaltung zu einem Kernbestandteil des politischen Systems ausbildete und gleichzeitig mit politischer Legitimität anreicherte (S. 39).

schen Machtstrebens bewahrt werden müsse und nur bewahrt werden könne durch die Installierung politisch unabhängiger Experten im Zentrum der Entscheidungsprozesse: »Administrative efficiency, consequently, can only be secured by the adoption of a method of selecting departmental chiefs which will tend to make them expert public servants rather than politicians. They must divorced from political associations. They must be emancipated from political vicissitudes. The success of their career must depend exclusively upon the excellence of their departmental work.«[139] Bürokratie und professionelle Verwaltungsstäbe werden in der politischen Philosophie des organisierten Liberalismus daher auch zum entscheidenden Agenten der modernen Demokratie, zum »planning department of a progressive democratic state«.[140]

Was den Experten für die Vertreter des organisierten Liberalismus zur integrativen Figur der modernen Gesellschaft machte, war dessen Orientierung an den Rationalitätskriterien der Wissenschaft; seine Autorität gründet in fachlicher Kompetenz und nicht in politischer Legitimität: »His authority, in so far as it exists, is essentially scientific. Whenever he is incompetent or faithless he must be removed, but he must not be removed for reasons that would undermine his independence as an expert. The successful performance of his work depends upon a condition of indifference to political opinion.«[141] Fataler weise bedeutete dies jedoch weniger einen Schutz rationaler Entscheidungen vor dem Zugriff irrationaler Machtinteressen, als vielmehr die Entkopplung autonomer Verwaltungs- und Expertengruppen von den politischen Legitimationsdiskursen der politischen Demokratie, eine Konsequenz, die noch im einzelnen herauszuarbeiten sein wird.

Die zweite von Weyl erwähnte Reformstrategie des organisierten Liberalismus zielte auf die interventionistische Regulierung der »competitive economy« im sozialstaatlichen Interesse. Die Forderungen des Progressive Movement nach einer stärkeren Kontrolle der Eisenbahngesellschaften und ihrer Frachttarife, nach Fabrik- und Arbeitsschutzgesetzen, nach Einführung einer progressiven Einkommenssteuer, nach einer Einwanderungspolitik sowie einer stärkeren Regulierung der Ökonomie im Sinne des Umweltschutzes – um nur einige Beispiele dieser regulativen Wirtschaftspolitik zu nennen – gehörten zu den politischen Standardforderungen des Progressive Movement und manifestieren sich im Werk seiner Intellektuellen in elaborierter Form.[142] Grundlage dieser interventionistischen Industriepolitik war

139 *Croly*, The Promise, S. 336f.
140 *Ders.*, Progressive Democracy, S. 371.
141 *Ebd.*, S. 373.
142 Siehe hierzu neben Weyl und Croly auch vor allem *Beard*, American Government and Politics; *ders. u. Mary Beard*, American Citizenship. – Aus der Forschung siehe *Goldin u. Libecap (Hg.)*, The Regulated Economy; *Keller*, Regulating a New Economy; *McCraw (Hg.)*, Regulation; *ders.*, Prophets.

die wachsende Einsicht, daß »without some subordination of private initiative to public welfare, business itself is impossible.«[143]

Wie bereits erwähnt, wurden dabei – vielfach in Anlehnung an die Bestrebungen des »welfare capitalism« und einer privatwirtschaftlich organisierten Sozialpolitik – die hierarchischen und organisatorischen Strukturen innerhalb der Großunternehmen als Vorbild eines modernen Interventionsstaats begriffen. Insofern läßt sich die von Weyl formulierte Grundidee des organisierten Liberalismus – »government goes into business« – auch mit demselben Recht umkehren.[144]

Auch für Croly waren die Trusts als Verkörperungen ökonomischer Effizienz legitime Begleiterscheinungen eines ökonomischen Konzentrationsprozesses, der durch eine verschärfte Anti-Trust-Politik nicht aufs Spiel gesetzt werden dürfe: »The only reason for recognizing the large corporations as desirable economic institutions is just their supposed economic efficiency; and if the means taken to regulate them impair that efficiency, the government is merely adopting in a roundabout way a policy of destruction.«[145] Dem Ziel ökonomischer Effizienzsteigerung waren Crolys Forderungen nach einer Demokratisierung der innerbetrieblichen Arbeitsbeziehungen sowie sein Plädoyer für mehr Mitbestimmungsrechte der Arbeitnehmer und für die Neuorganisation des Verhältnisses zwischen Kapital und Arbeit im Sinne von »industrial self-government« untergeordnet.[146] Die von ihm eingeklagte »creation of industrial citizens out of wage-earners« diente dem eigentlichen Zweck ökonomischer Produktivität im nationalen Interesse. Demokratie wurde so zum Element von »social efficiency« und zum technischen Instrument einer Befriedung der divergierenden Kräfte im Innern, das den reibungslosen Aufstieg Amerikas zur Weltmacht sicherstellte.[147]

Darüber hinaus dienten Crolys Überlegungen zur »industrial democracy« auch einer Neubegründung des zeitgenössischen Kapitalismus, dessen Legitimität durch die Modernisierungskrisen des frühen 20. Jahrhunderts nachhaltig unterhöhlt worden war.[148] Die Forderungen nach einer Neuregelung industrieller Arbeitsbeziehungen im Sinne größerer Arbeitnehmerrechte war untrennbar verbunden mit der Forderung nach ökonomischer Effizienz-

---

143 *Weyl*, The New Democracy, S. 289.
144 *Ebd.*, S. 276. – In der Möglichkeit dieser Umkehrung zum »business goes into government« ist auch die Plausibilität derjenigen Interpretationen der Progressive Era begründet, die sie als eine Koalition von »big business« und politischen Funktionseliten zum »triumph of political capitalism« interpretiert haben: Siehe hierzu vor allem *Kolko*, The Triumph, S. 279 ff.; *Weinstein*, The Corporate Ideal.
145 *Croly*, The Promise, S. 362.
146 *Ders.*, Progressive Democracy, S. 378 ff.
147 Insbesondere in Crolys »The Promise of American Life« sind die imperialistischen Untertöne seiner politischen Philosophie unüberhörbar.
148 Dies betont *Harris*, Industrial Democracy, S. 66: »All the talk about industrial democracy looks, in retrospect, to have been nothing more than a symptom of liberal capitalism's crisis of confidence at the turn of the century.«

steigerung des gesamten Systems. Die Intellektuellen des Progressive Movement repräsentieren auch in diesem Zusammenhang die Transformation einer moralisch-praktischen zu einer organisatorisch-technischen Frage. In der Forderung nach der Demokratisierung von Arbeitsbeziehungen in den Betrieben dokumentierte sich zunehmend die »language of social efficiency«; Demokratie wurde zum probaten Mittel ökonomischer Rationalisierung.

Unter dem dritten der von Weyl erwähnten Gesichtspunkte dokumentiert der organisierte Liberalismus schließlich die sozialstaatliche Programmatik einer erneuerten Demokratie: »The social goal of the democracy is the advancement and improvement of the people through a democratization of the advantages and opportunities of life. This goal is to be attained through a conservation of life and health, a democratization of education, a socialization of consumption, a raising of the lowest elements of the population to the level of the mass.«[149] Maßnahmen zur Reform des Gesundheitswesens, der Schul- und Bildungspolitik, des Unfall- und Verbraucherschutzes, des Strafvollzugs, der Altersversorgung sowie der Kampf gegen Kinderarbeit und -sterblichkeit waren in diesem Zusammenhang von zentraler Bedeutung.[150]

Diese umfassende Reformprogrammatik erklärt, warum die Intellektuellen des Progressive Movement dem Aufbau einer modernen Sozialstaatsbürokratie einen hohen Stellenwert eingeräumt haben. Diese wurde geradezu zu einem »fourth department«, dem neben Legislative, Exekutive und Judikative eine eigenständige Bedeutung als »custodian of social purpose« zukam.[151] Während die Aufgabe der Exekutive darin gesehen wurde, in Anlehnung an die Prozesse der öffentlichen Willensbildung politische Innovationen durchzusetzen, wurde der Verwaltung die Aufgabe zuerkannt, diese durch administrative Leistungen auf Dauer zu gewährleisten. Ihre Funktion ist die Durchsetzung einer staatlichen Politik im Interesse sozialer Gerechtigkeit.

Die Grundidee des organisierten Liberalismus besagte, daß die neuen Experteneliten in allen drei Aufgabenbereichen – der politischen Demokratisierung, der Regulierung des ökonomischen Systems sowie der Durchsetzung sozialstaatlicher Programme – wesentliche Steuerungsfunktionen übernehmen und für eine nachhaltige Effizienzsteigerung der Politik sorgen. Gerade die nicht-politischen Professionen sollten die notwendige Transformation der Gesellschaft bewerkstelligen.

Im folgenden werden die Grundelemente dieser Position unter drei Gesichtspunkten herausgearbeitet: Zunächst soll die politische Organisations-

---

149 *Weyl*, The New Democracy, S. 320.
150 Der ausgefeilteste Entwurf der sozialstaatlichen Reformprogrammatik des Progressive Movement findet sich bei *Charles Beard*, American Government and Politics, S. 488 ff. (hier: 1949[10]); *ders. u. Mary Beard*, American Citizenship.
151 *Croly*, Progressive Democracy, S. 365, 361.

geschichte der »engineering professions« als der sozialgeschichtliche Hintergrund des organisierten Liberalismus näher beleuchtet werden (1.). In einem weiteren Untersuchungsschritt geht es darum, den implizit elitären Charakter des »engineering progressivism« zu rekonstruieren (2.). Schließlich ergibt sich als Konsequenz des organisierten Liberalismus der Verlust des Politischen als einer eigenständigen Sphäre. Wissenschaft und Expertentum treten das Erbe der politischen Herrschaft an und lösen sie im Zuge ihrer Transformation zu einer »rationalen« Lösungsstrategie der Modernisierungsproblematik ab. In diesem Versuch einer Abschaffung von Herrschaft durch Technik manifestiert sich die amerikanische Variante eines autoritären Ausweges aus den Strukturproblemen der modernen Gesellschaft (3.).

1. Die Progressive Era war die Zeit eines »technological enthusiasm«, in der sich die Erwartung gesellschaftlichen Fortschritts mit der technischen Entwicklung und ihren sozialen Trägern, den ingenieurwissenschaftlichen Professionen verbanden. Die Politik- und Gesellschaftskonzeption des organisierten Liberalismus basiert auf dem Aufstieg dieser neuen Berufszweige im Zusammenhang mit der technischen Revolution seit dem Ende des 19. Jahrhunderts.[152] In dem hier untersuchten Zeitraum wurden die »engineering professions« zu einem Massenphänomen der amerikanischen Gesellschaft und entwickelten sich zu der nach den Lehrern zweitgrößten Profession, deren Mitgliederzahl zwischen 1880 und 1900 von 7000 auf 45 000 anstieg und sich bis 1930 noch einmal auf 230 000 steigerte.[153] Diese Zahlen verdeutlichen, daß sich hinter den intellektuellen Konstruktionen von »efficiency« und »social engineering« ein sozialgeschichtliches Phänomen und zugleich ein organisationsgeschichtlicher Formationsprozeß ersten Ranges verbirgt: der Aufstieg der technischen und ingenieurwissenschaftlichen Berufe zu gesellschaftlichen Leitdisziplinen, die das kulturelle Selbstverständnis der amerikanischen Gesellschaft des 20. Jahrhunderts dominiert haben.[154]

---

[152] Als neuere Beiträge zu einer Sozialgeschichte der technischen Revolution in den USA siehe jetzt *Pursell*, The Machine, S. 203 ff.; *Segal*, Future Imperfect. – Immer noch wichtig ist *Layton (Hg.)*, Technology. – Als eine kulturgeschichtliche Untersuchung der technischen Gesellschaftsutopien zwischen 1880 und 1930 mit Schwerpunkt auf Bellamys utopischem Roman »Looking Backward«, siehe *Segal*, Technological Utopianism. Zu Veblens technokratischer Utopie siehe dort S. 121 ff. – Auch in den USA ist die Technik als Zukunftsmacht nicht unumstritten gewesen. Zu den mit ihr verbundenen Fortschrittserwartungen siehe jetzt vor allem *Wright (Hg.)*, Possible Dreams; *Hughes*, American Genesis. – Zur amerikanischen Fortschritts- und Technikkritik siehe dagegen *Rybczynski*, Taming; *Goldman (Hg.)*, Science.
[153] *Noble*, America by Design, S. 38; *Jordan*, Machine-Age, S. 20.
[154] Siehe in diesem Zusammenhang außer Noble und Jordan jetzt vor allem *Billington*, The Innovators; außerdem *Akin*, Technocracy; *Calhoun*, The American Civil Engineer; *Calvert*, The Mechanical Engineer; *Layton*, The Revolt; *Reynolds (Hg.)*, The Engineer. – Mit Blick auf die Entstehungsgeschichte der technischen Professionen im frühen 19. Jahrhundert siehe *Sinclair*, Episodes.

Die damit verbundene Konjunktur des »social engineering« läßt Rückschlüsse auf gesellschaftliche Kollektividentitäten zu; insbesondere zeugt sie von einem unerschütterlichen Vertrauen der amerikanischen Gesellschaft auf die sozialpolitische Ordnungsmacht von Wissenschaft und Technik.

Dieser sozialgeschichtliche Erfahrungshintergrund erklärt, warum die Progressive Era sowie die Jahre nach dem Ersten Weltkrieg durch intensive Auseinandersetzungen um die gesellschaftspolitische Bedeutung und das Selbstverständnis der technischen und ingenieurwissenschaftlichen Berufe geprägt waren. Der in diesen Diskussionen deutlich werdende Aufstieg von »efficiency« zum Leitwert gesellschaftlicher Entwicklungen verweist auf die Fähigkeit der »engineering professions«, öffentlichkeitswirksame Gesellschaftsbilder zu entwerfen und kulturelle Identitätsangebote zu machen, in denen sich maßgebliche Teile der amerikanischen Gesellschaft wiederzuerkennen vermochten. Dies geschah auf dem Wege der Etablierung einer professionsspezifischen Berufsethik, die vor allem durch drei Elemente geprägt war: Als Agenten des technischen Fortschritts verstanden sich die Vertreter der technischen Professionen als die wichtigste Triebkraft des sozialen Fortschritts; als Repräsentanten objektiven wissenschaftlichen Erkenntnisstrebens fühlten sie sich ferner dazu qualifiziert, soziale Führungsrollen zu übernehmen und als unparteiliche Schlichter sozialer Klassenkonflikte zu fungieren; schließlich sahen sie sich in ihrer Rolle als Experten dazu in der Lage, aus einem Bewußtsein sozialer Verantwortung heraus gesellschaftliche Entwicklungen im Sinne des Gemeinwohls zu steuern.[155]

Von den Intellektuellen des Progressive Movement ist dieser Diskurs über die »Kulturbedeutung« der wissenschaftlichen Fachbildung und der technischen Professionen aufgegriffen und in den Kontext einer Theorie der modernen Gesellschaft gestellt worden. Ihr Denken spiegelt den zeitgenössischen Organisationsprozeß der »engineering professions« und formuliert die in seinem Kontext auftretenden Ideen einer wissenschaftlichen Steuerung der Gesellschaft.[156]

Bezeichnend für die politische Formierung der technischen Berufe ist die Episode der sogenannten »revolt of the progressive engineers«.[157] Zwischen 1910 und 1916 kam es in verschiedenen Suborganisationen der »American Association of Engineers«, insbesondere in der »American Society of Civil

---

155 *Layton*, The Revolt, S. 57. – Zu dem ideengeschichtlichen, publizistischen und organisatorischen Milieu, in dem die Berufsethik der ingenieurwissenschaftlichen Professionen und des »technocratic progressivism« entstanden ist, siehe jetzt vor allem *Jordan*, Machine-Age. – Die Ethik dieser Berufsgruppen war umstritten; zu den verschiedenen Fraktionen, die den Standort und Anspruch ihrer Profession formulierten siehe *Meiksins*, The »Revolt of the Engineers«, S. 402 ff.

156 Die besondere Bedeutung der Intellektuellen um die »New Republic« und die »New School for Social Research erwähnt *Jordan*, Machine-Age, S. 68 ff.

157 Siehe *Layton*, The Revolt; ders., Veblen and the Engineers; *Meiksins*, The »Revolt of the Engineers«.

Engineers« unter der Führung von Frederick Haynes Newell und in der »American Society of Mechanical Engineers« unter der Leitung ihres Vizepräsidenten Morris L. Cooke sowie Henry L. Gantts, einem durch Veblen beeinflussten Maschinenbauingenieur, zu einer politischen Sammlungsbewegung der »progressive engineers«, die 1916 zur Gründung einer neuen Organisation, der »New Machine« führte. Ihr Ziel war, eine neue Berufsethik der technischen und ingenieurwissenschaftlichen Professionen unter Verpflichtung auf die Prinzipien sozialer Verantwortung zu begründen und die Autonomie dieser Berufszweige gegenüber den Profitinteressen der Unternehmen und Kapitaleigentümer durchzusetzen, für die sie arbeiteten. Ein kurzer Blick auf die historischen Sonderbedingungen der amerikanischen Professionalisierungsvariante macht diesen strukturellen Zwang zu einer kulturellen Selbstlegitimierung der neueren Angestelltenprofessionen unmittelbar deutlich: In Deutschland war die Bürokratisierung der Industrialisierung vorangegangen und hatte bereits vor den Modernisierungskrisen des frühen 20. Jahrhunderts eine Schicht öffentlicher Staatsbeamter etabliert, die ohne eine spezifisch professionalistische Selbstlegitimation gesellschaftliche Wertschätzung und Autorität besaß. Diese Beamten stellten für die entstehenden Privatbeamten und späteren Angestelltenprofessionen die normative Bezugsgruppe dar. Demgegenüber fehlte in den USA bis in das 20. Jahrhundert hinein eine vergleichbare, kulturell geachtete Herrschafts- und Verwaltungselite.[158] Die amerikanischen Professionen, aus denen sich die Trägergruppen der inneren Staatsbildung und des bürokratischen Verwaltungsapparats rekrutierten, mußten sich aufgrund fehlender ständisch-bürokratischer Traditionen von Anfang an auf andere Weise legitimieren und konnten nicht umstandslos an bereits existierende kulturelle Autoritätsgaben und Identifikationsangebote anknüpfen. Eine professionalistische Berufsethik, in deren Mittelpunkt die Idee des Gemeinwohls stand, trat als funktionales Äquivalent an die Stelle dieser deutschen, normativ verbindlichen Beamtentradition.

Gleichzeitig mußte das besondere Abhängigkeitsverhältnis der technischen Angestelltenprofessionen von den Profitinteressen der »large corporations«, bei denen sie angestellt waren, kompensiert und kulturell verarbeitet werden. Wie keine andere Profession waren die technischen Berufe mit dem Aufstieg des organisierten Kapitalismus und der großen Privatunternehmen verknüpft. Entsprechend diente die Berufung auf »public service«-Funktionen dazu, sie zu autonomen Triebkräften der gesellschaftlichen Entwicklung zu emanzipieren.[159] Insofern war es für die technischen Angestelltenprofessionen bedeutsam, nicht als »willing servants of business«

---

158 Siehe hierzu im einzelnen *Kocka*, Angestellte, S. 174 ff.; *Skowronek*, Building, S. 177 ff.
159 Einen Einblick in die entsprechenden Motivlagen der »progressive engineers« geben die programmatischen Schriften ihrer führenden Vertreter: *Cooke*, How About It; *Gantt*, Industrial Leadership; *ders.*, Organizing for Work.

zu gelten, sondern sich im Sinne Veblens als eine eigenständige, professionelle Reformressource im bewußten Gegensatz zu den Interessen der Kapitalbesitzer öffentlichkeitswirksam legitimieren zu können, um an kultureller Relevanz zu gewinnen.[160] Langfristig erwies sich dabei jedoch die beanspruchte Führungsrolle als Reformelite im Dienste sozialer Verantwortung aufgrund der Integration der angestellten Ingenieure in die unteren und mittleren Statushierarchien und Karrieremuster der Großbetriebe als eine Illusion. Ihre von den Reformern reklamierte Unabhängigkeit konnte die extreme ökonomische Abhängigkeit, in der sich die technischen Angestelltenprofessionen befanden, keineswegs kaschieren.[161]

Die Bestrebungen der Progressive Engineers standen in einer vermeintlichen Nähe zu den gesellschaftstheoretischen Überzeugungen Veblens, der die Möglichkeit einer Reform des organisierten Kapitalismus durch die Auflehnung der Techniker und Ingenieure gegen die Profitinteressen der Kapitalbesitzer gesellschaftstheoretisch begründet hatte. Sein Verständnis der technischen Professionen als Architekten einer neuen Gesellschaft läßt sich unter Berücksichtigung der Vorgänge innerhalb der American Society of Mechanical Engineers in einen organisationsgeschichtlichen Kontext stellen, denn sie bildeten den zeitgeschichtlichen Hintergrund, vor dem Veblens Ideen entstanden sind.[162]

In der Tat kam es im Jahre 1919 an der New School for Social Research zu einer kurzzeitigen Verbindung zwischen Veblen und den Reformern, die jedoch zum größten Teil auf gegenseitigen Mißverständnissen beruhte. Was von den Progressive Engineers vor allem als ein sozialkonservativer Versuch der Statusbewahrung gedacht war, wurde von Veblen als Beginn einer sozialrevolutionären Bewegung mit dem Ziel einer umfassenden Umgestaltung der Gesellschaft fehlgedeutet, was ihn zu seinen abwegigen Spekulationen eines zukünftigen »Soviet of Technicians« verführte, den er als den organisatorischen Kern einer Transformation des ökonomischen Systems im Sinne des »material welfare« interpretierte: »The situation is ready for a self-selected, but inclusive, Soviet of technicians to take over the economic affairs of

---

160 Diese Strukturzwänge der kulturellen Selbstlegitimierung der »engineering professions« erwähnt *Meiksins*, The »Revolt of the Engineers«, S. 424 ff.

161 Gleichwohl sind in der historischen Forschung die Organisationsversuche der Progressive Engineers sehr unterschiedlich eingeschätzt worden. Vor allem Noble hat die Machtlosigkeit der Engineering Professions gegenüber den Unternehmern und deren Wirtschaftsinteressen betont und sie als wichtige Stützen des organisierten Kapitalismus interpretiert (*Noble*, America by Design, S. 323). Demgegenüber hat Layton in der »revolt of the engineers« einen zwar gescheiterten und fehlgesteuerten, aber doch ernstgemeinten Versuch dieser Professionen gesehen, Einfluß auf die Organisation ökonomischer Prozesse im Sinne ihrer technischen Rationalitätskriterien zu erlangen (*Layton*, The Revolt, S. 252). – Als Sammelband, der den neueren Diskussionsstand dokumentiert siehe *Reynolds (Hg.)*, The Engineer in America.

162 Als Plädoyer für eine derartige Kontextualisierung der zeitgenössischen Ideen des »social engineering« siehe *Haskell*, Veblen on Capitalism, S. 559.

the country and to allow and disallow what they may agree on. ... Their Soviet must consistently and effectually take care of the material welfare of the underlying population.«[163]

Veblen sah die Überwindung des zeitgenössischen Systems allein möglich »on the initiative and under the direction of the country's technicians«.[164] Trotz ihrer bisher uneingeschränkten Loyalität gegenüber den Profitinteressen der Unternehmen, in denen sie beschäftigt waren, setzte Veblen für die Zukunft auf eine von Technikern, Wissenschaftlern und Ingenieuren – dem Kern der »social experts« – gesteuerte Planwirtschaft. Die damit einhergehende Überwindung des Kapitalismus sah er an zwei Bedingungen geknüpft, die einzig durch sie realisiert werden könnten: »to break with the old order of absentee ownership and set up a régime of workmanship governed by the country's technicians.«[165]

Was Veblen als Beginn einer revolutionären Transformation der amerikanischen Gesellschaft mißverstand, war in Wirklichkeit nichts anderes als der Versuch einer Profession, ihren sozialen Status mithilfe der Akkumulation sozialer Leistungsfunktionen zu legitimieren. Sowohl die Aktivitäten der Progressive Engineers innerhalb der A.S.M.E., als auch deren Mißverständnis durch Veblen verweisen auf die nebulösen Erwartungen, die sich mit dem gesellschaftlichen Aufstieg der technischen Professionen in den USA verbanden. Sie spiegeln den Schulterschluß zwischen Wissenschaft, Wohlfahrtsstaat und Social Engineering zugunsten einer elitären Politikkonzeption und eines sozialtechnischen Verständnisses von Gesellschaft.[166]

Trotz der Nähe dieser Reformbewegung der technischen Professionen um Cooke, Gantt und Newell zur politischen Rhetorik des Progressive Movement existieren große Unterschiede zwischen den jeweiligen politischen Intentionen, – insbesondere aufgrund der Marginalisierung von Demokratie und öffentlicher Meinung auf seiten der Progressive Engineers. In ihrer politischen Philosophie besetzten professionelle Eliten und Experten den Platz demokratischer Instanzen und Verfahren der Civil Society, die als Ausdruck einer Herrschaft der Masse und eines politischen Irrationalismus interpre-

---

163 *Veblen*, The Engineers, S. 138 ff. (»A Memorandum on a Practicable Soviet of Technicians«) hier: S. 166. – Zur werkbiographischen Einordnung dieses Buches und zu seinen wechselvollen Konjunkturen siehe vor allem *Bell*, Veblen and the Technocrats. – Die Realitätsferne von Veblens Vorstellungen erwähnt *Layton*, Veblen and the Engineers, S. 64: »One of the strangest predictions in the history of social theory was that of Thorstein Veblen who concluded that the engineers would constitute the revolutionary class in America. ... A group less likely to lead a revolution in America would be hard to imagine. The engineers have been one of the most conservative groups in the nation.«
164 *Veblen*, The Engineers, S. 138.
165 *Ebd.*, S. 163.
166 Eine wirtschaftsgeschichtliche Interpretation dieser Zusammenhänge bietet *Stabile*, Veblen.

tiert wurden. Anders als bei Dewey etwa standen Demokratie und Wissenschaft in keinem wechselseitigen Bedingungsverhältnis zueinander, vielmehr trat die Wissenschaft bei ihnen zunehmend an die Stelle von Demokratie und politischer Öffentlichkeit.[167] Diese von Anfang an existierende, zumeist unausgetragene Spannung zwischen konkurrierenden Reformkonzeptionen und -fraktionen innerhalb des Progressive Movement wurde nach dem Ersten Weltkrieg offensichtlich, als gerade die ingenieurwissenschaftlichen Professionen zu entschiedenen Gegnern der ehemaligen Reformintentionen der Progressive Era wurden. Unter maßgeblichem Einfluß Hoovers, dessen Präsidentschaftskandidatur Cooke explizit unterstützte, wurden sie »part of a conservative reaction against progressivism«.[168]

Im Gegensatz zu der kurzlebigen Reformbewegung der Progressive Engineers gewannen seit den 20er Jahren im Zusammenhang mit dem Durchbruch der »managerial revolution« diejenigen Tendenzen die Oberhand, die in den technischen Professionen aufgrund ihres spezifischen Handlungswissens keine Reformressource, sondern eine entscheidende Stütze des organisierten Kapitalismus sahen. Das Ergebnis war der Zusammenschluß »of the twin forces which together gave shape to modern America – scientific technology and corporate capitalism – by focusing upon their common medium, modern engineering.«[169]

Entgegen den Erwartungen Veblens blieben die Techniker und Ingenieure als Angestellte der Großunternehmen mit Managementfunktionen Diener des organisierten Kapitalismus und wurden nicht zu autonomen Vertretern des Gemeinwohls. Stattdessen gewannen sie eine maßgebliche Bedeutung für die Entstehung einer elitären Demokratiekonzeption, die sich in der Gesellschaftstheorie der zwanziger und dreißiger Jahre als ein Erbe des Progressive Movement abzeichnet.

2. Mit der Reklamierung weitreichender Herrschaftsfunktionen für die entstehenden Experteneliten und Professionen haben die Reformphilosophie des Progressive Movement sowie die Intellektuellen, die sie in den 20er und 30er Jahren zu einer Theorie des »democratic elitism« verarbeitet haben,

---

167 *Layton*, The Revolt, S. 65 f. – Ideengeschichtlich betrachtet verweisen diese Differenzen auf die Heterogenität innerhalb des Progressive Movement selber. In aller Schärfe kommen sie in der Differenz zwischen Dewey und Veblen zum Ausdruck: als Konkurrenz zwischen einer demokratischen und einer elitären Konzeption moderner Gesellschaft. – Dies zeigt *Tilman*, Dewey's Liberalism, der die Unterschiede zwischen den durch Dewey und Veblen repräsentierten Strömungen des Progressive Movement betont, S. 761. – Wenn dagegen Jordan Pragmatismus und »Veblenianism« in einem Atemzug die »philosophical bases of social engineering« nennt, geht diese wichtige Differenzierung verloren (*Jordan*, Machine-Age, S. 13).
168 *Layton*, The Revolt, S. 68; ders., Veblen, S. 72. – Zu den antidemokratischen Implikationen dieser Strömung siehe auch *Jordan*, Machine-Age, S. 86.
169 *Noble*, America by Design, S. XVII.

ihre politische Unschuld verloren: Die Entwicklung ihres gesellschaftstheoretischen Denkens manifestiert den Aufstieg des organisierten Liberalismus zu einer autoritären Konzeption von Demokratie und Gesellschaft.[170]

Es gehört zu den kulturellen Grundüberzeugungen elitärer Demokratietheorien, daß Eliten im Interesse des Gemeinwohls handeln.[171] Diese auf den klassischen Republikanismus zurückgehende Vorstellung ist von der politischen Philosophie der Progressive Era aktualisiert worden, indem sie die Professionen des frühen 20. Jahrhunderts mit Eliten- und Expertenfunktionen im Sinne der »public interests« betraute. Entscheidend ist jedoch in einem solchen Fall die Frage, wer auf welche Weise darüber befindet, was als Gemeinwohl und öffentliches Interesse gelten kann.

Professionalisierung und formales Wissen sind eine strukturelle Bedrohung von Demokratie, da sie naturgemäß kein Alltagswissen, sondern ein Experten- und Elitenwissen repräsentieren und dahin tendieren, praktische Fragen in technische zu transformieren.[172] Die »Tyrannei der Experten« ist daher die politische Kehrseite einer Entpolitisierung der Öffentlichkeit durch die Mechanismen fachlichen Expertentums.[173] Die Herausbildung einer Schicht derartiger Experten mit gesellschaftlichen Steuerungsfunktionen bildet langfristig gesehen die folgenreichste Konsequenz der Progressive Era, weil mit ihr ein bis heute andauernder Siegeszug der modernen Professionen zu maßgeblichen Entscheidungsinstanzen einsetzte.[174] Das Ende der Progressive Era leitete allerdings einen Transformationsprozeß des amerikanischen Professionalismus ein, der in den 20er und 30er Jahren zur Vorherrschaft des Expertenprofessionalismus über den ursprünglichen Reformprofessionalismus der Progressive Era führte; in dieser Zeit vollzog sich der »triumph of the idea of professionals as agents of formal knowledge over the older idea of professionals as ›trustees‹ of socially important knowledge«.[175]

---

170 Dies betont *Lustig*, Corporate Liberalism, S. 245 ff. – Die Herausbildung der »elitist democracy« seit dem Ende des Ersten Weltkriegs läßt sich als eine Verengung des amerikanischen Liberalismus vom »cultural liberalism« der Progressive Era zum »economic liberalism« des New Deal interpretieren. Siehe hierzu *Gerstle*, The Protean Character, S. 1045; *Lawson*, The Failure.
171 *Bachrach*, The Theory, S. 2.
172 Dies betont *Freidson*, Professional Powers, S. 4 f.
173 *Lieberman*, The Tyranny.
174 Dies betonen *Link u. McCormick*, Progressivism, S. 96. – Es ist ein fragwürdiges Unterfangen, die Konjunktur der zeitgenössischen Vorstellungen von »elite leadership« ideengeschichtlich auf den Einfluß bestimmter Denktraditionen zu reduzieren. So ist etwa versucht worden, Crolys elitäre Demokratiekonzeption auf Comte zurückzuführen: *Harp*, Positivist Republic, S. 183 ff. Angemessen lassen sich diese Phänomene nur unter Berücksichtigung der spezifischen Problemkonstellationen des frühen 20. Jahrhunderts erklären, auf die sie eine politische Reaktion darstellten. Sie stehen in einem sozialgeschichtlich rekonstruierbaren Zusammenhang mit den Prozessen von Urbanisierung, Industrialisierung, Professionalisierung, Immigration und der Entstehung des organisierten Kapitalismus als entscheidenden Entwicklungen dieser Zeit.
175 *Brint*, In an Age, S. 5.

Die beiden Seiten, die in der politischen Philosophie des Progressive Movement als »gospel of morality« und »gospel of efficiency« noch zwei Seiten derselben Medaille darstellten, strebten nach dem Ende des Ersten Weltkriegs auseinander, – unter zunehmender Verselbständigung des Professionalisierungsdiskurses von dem mit ihm zunächst noch verknüpften Reformdiskurs.[176]

Bereits in der Progressive Era verbanden sich mit dem Vorgang der Professionalisierung eminent politische Interessen, Erwartungen und Hoffnungen. Der Aufstieg der New Middle Class zum Schrittmacher der gesellschaftlichen Entwicklung, dem der gleichzeitige Abstieg traditioneller Führungsgruppen zu »korrupten« Blockaden des Zivilisationsprozesses korrespondierte,[177] hatte zur Folge, daß die Rationalitätskriterien der Professionen gleichzeitig zu Maximen einer sozialen Reformpolitik wurden. Mit dem Selbstverständnis der Professionen, im Namen öffentlicher Interessen und des Gemeinwohls zu wirken, verband sich der Anspruch auf die Realisierung einer besonderen Form der politischen Vernunft. Sie fühlten sich als »ethical elite«, die ihr professionelles Wissen zum politischen Nutzen der Gesamtgesellschaft einzusetzen wußte.[178] Dies erklärt, warum der New Liberalism eine Verwissenschaftlichung der Politik mit sich brachte: Politik wurde erneut zu einer Angelegenheit der »very few« und ihrer politischen Tugenden, die in ihrer Professionalität und ihrem fachlichen Wissen begründet lagen. Im Gewande des Professionalismus kehrte die elitäre Philosophie des klassischen Republikanismus zurück. Der Efficiency-Gedanke des Progressive Movement lud sich mit politischen Bedeutungsgehalten auf und verband sich erneut mit Ideen von »leadership of the competent«.[179] Der Begriff der »public interests«, die mit den Mitteln einer an professionellen Effizienzkriterien orientierten Politik gewährleistet werden sollte, verschleierte dabei zugleich die realen Interes-

---

176 Die ursprüngliche Verbindung zwischen diesen beiden Diskursebenen des frühen 20. Jahrhunderts betont am Beispiel der Frühgeschichte der amerikanischen Soziologie *Fine*, Progressive Evolutionism, S. 28.
177 *Croly*, The Promise, S. 105 ff., 117 ff., 126 ff., 131 ff.
178 Am Beispiel der Profession des City-Planning zeigt dies *Fairfield*, The Scientific Management, S. 188 ff.
179 *Haber*, Efficiency, S. X. – Siehe außerdem *Furner*, The Republican Tradition. – Vermittlungsversuche zwischen Technik und Republikanismus haben eine lange Tradition in der amerikanischen Kultur; siehe jetzt *Kasson*, Civilizing the Machine, (S. IX). Am Beispiel der utopischen Romanliteratur des späten 19. Jahrhunderts und insbesondere Bellamy's »Looking Backward« rekonstruiert er jedoch auch die zunehmenden Schwierigkeiten, diese Vermittlung der technischen Zivilisation mit der Tradition des Republikanismus zu leisten (S. 181 ff., 234). Die eigentümliche Gemengelage republikanischer Traditionsbestände und typisch »moderner« Elemente in der politischen Philosophie des Progressive Movement findet ihre Erklärung in dieser kulturellen Übergangssituation: Die »Renaissance« des Republikanismus im Kontext des Progressive Movement bedeutete gleichzeitig seine Überwindung.

sen der gesellschaftlichen Interessengruppen, denen diese Politik vor allem diente.[180]

Die hier untersuchten Intellektuellen gehören zu den bekanntesten Vertretern eines Liberalismus, der seine politischen Hoffnungen und Erwartungen auf die Problemlösungsfähigkeit von Wissenschaft, professionellem Expertentum und gesellschaftlichen Eliten setzte. Daher existiert in ihrem Werk auch ein inneres Spannungsverhältnis zwischen demokratischen und autoritären Verfahren der gesellschaftlichen Problemlösung. Eine der schwierigsten Fragen der Progressive Era ist die nach dem Verhältnis, in dem der Demokratiediskurs dieser Zeit mit seiner Akzentuierung der öffentlichen Verfahren der politischen Willensbildung zu dem Effizienzdiskurs steht, der eng mit Vorstellungen des »democratic elitism« verbunden war. Zunächst konnten diese beiden Diskurse offensichtlich noch ungeschieden nebeneinander existieren, ohne daß ein Widerspruch wahrgenommen wurde, später kam es jedoch zu unterschiedlichen Schwerpunktsetzungen, in denen sich das Ende dieser Symbiose andeutete.

Grob vereinfacht kristallisierten sich in diesem Differenzierungsprozeß zwei unterschiedliche Positionen heraus: Die erste Variante ist durch die eher liberalen Positionen Beards, Deweys, Weyls und Crolys der »Progressive Democracy« von 1914 repräsentiert, denen es darum ging, Experten und Eliten auf die demokratischen Mechanismen der politischen Öffentlichkeit zu verpflichten. Bei dieser Variante läßt sich von einem Primat der politischen Demokratie vor der technischen Effizienz sprechen. Die zweite, eher autoritäre Position einer Expertendemokratie ist diejenige Crolys in »The Promise of American Life« von 1909, Lippmanns sowie schließlich Veblens als des wichtigsten Ideengebers des »engineering progressivism«, der die intellektuellen Grundlagen einer elitären Demokratiekonzeption am konsequentesten herausgearbeitet hat.[181] Hier läßt sich umgekehrt von einem Primat der Effizienz vor der Demokratie, oder der Technik vor der Praxis sprechen. Demokratie und »public opinion« sind hier zu bloßen Instrumenten herabgestuft, die dazu dienen, das problemlösende Expertenwissen und -handeln vor dem schädlichen Zugriff parteilicher und partikularer Interessen zu schützen.

---

180 Dies zeigt am Beispiel der innerstädtischen Reformpolitik der Progressive Era *Schiesl*, The Politics, S. 189 ff., 323 ff., der eine zwiespältige Bilanz zieht: Auf der einen Seite steht das vollständige Scheitern des Unparteilichkeitspostulats der neuen städtischen Verwaltungsprofessionen, die sehr wohl interessenorientiert handelten und im Dienste gesellschaftlicher und politischer »pressure groups« standen. Auf der anderen Seite stehen ihre eindeutigen Modernisierungserfolge im Sinne einer finanziellen Konsolidierungspolitik, die überhaupt erst den Ausbau sozialstaatlicher und humanitärer Dienstleistungen - und zwar: »in the public interest« - möglich gemacht hätten. - Ursprünglich geht diese Interpretation bereits zurück auf *Hays*, The Politics of Reform. - Zu den politischen Modernisierungsstrategien der urbanen Eliten und Professionen des frühen 20. Jahrhunderts siehe *Lenger*, Großstädtische Eliten.
181 Siehe hierzu vor allem *Bell*, Veblen and the Technocrats, S. 70.

Seit den frühen 20er Jahren ist die Position des »democratic elitism« vor allem von Lippmann pointiert herausgearbeitet und wirkungsvoll vertreten worden. Im Zentrum seiner Theorie der Gesellschaft steht der »disinterested expert« als der einzige Handlungsakteur, der in der Lage ist, der Komplexität der zeitgenössischen Modernisierungsproblematik gerecht zu werden. Für Lippmann waren die Herausforderungen der »Great Society« nur mit der Hilfe der »specially trained men« zu meistern:

»The Great Society had grown furiously and to colossal dimensions by the application of technical knowledge. ... It could be brought under control only by the technic which had created it. Gradually, then, the more enlightened directing minds have called in experts who were trained, or had trained themselves, to make parts of this Great Society intelligible to those who manage it.«[182]

Lippmann empfiehlt daher die Einrichtung überpolitischer »intelligence departments«, die von unparteilichen Experten besetzt und den Ministerien oder anderen politischen Instanzen zugeordnet werden. Sein Ziel ist die Entwicklung eines umspannenden »net work of intelligence bureaus in politics and industry«, die die Zirkulation von Informationen zwischen Politik, Ökonomie und Gesellschaft herstellen und damit die rationalen Wissensgrundlagen politischer Entscheidungen bereitstellen sollen.[183] Diese Vorstellung einer Herrschaft von Experten basiert auf der Überzeugung, daß die klassische Idee der Öffentlichkeit angesichts des Durchbruchs der Great Society ihre Plausibilität verloren habe und zu einem retardierenden Element des politischen Lebens geworden sei. Seither war die Öffentlichkeit für Lippmann damit überfordert, über die Organisation von Meinungen politische Entscheidungsprozesse zu steuern. Ein professionelles Expertentum tritt daher an die Stelle einer Selbstregierung vergesellschafteter Individuen. Daher betont Lippmann auch »the need for interposing some form of expertness between the private citizen and the vast environment in which he is entangled.«[184]

Dem Ende der Öffentlichkeit als Instrument einer politischen Selbstaufklärung der Staatsbürger zu »competent citizens« entspricht der Aufstieg professioneller Experten, die auf der Basis ihres privilegierten Zugangs zu den herausfordernden Problemlagen der Zeit die relevanten Lösungsstrategien in internen Zirkeln entwickeln und zur Einsatzreife bringen. Sie konstituieren »a kind of professional public consisting of more or less eminent persons. Most issues are never carried beyond this ruling group; the lay publics catch only echoes of the debate.«[185]

---

182 *Lippmann*, Public Opinion, S. 370.
183 *Ebd.*, S. 394.
184 *Ebd.*, S. 378.
185 *Ders.*, The Phantom Public, S. 125. – Mit der Unterscheidung zwischen den Experten als informierten Insidern der Politik und den gewöhnlichen Staatsbürgern als überforderten Outsidern hebelt Lippmann die Grundlagen der Demokratie aus. Das Ergebnis ist eine politische Philosophie, deren »principles differ radically from those on which demo-

Auch Lippmanns Konzeption des »social planning and engineering« besitzt ihren Ursprung in der Idee einer sozialstaatlichen Interventionspolitik. Bereits in seinem Buch »A Preface to Politics« aus dem Jahre 1913 war dieser Gedanke der Elitenherrschaft mit der Idee einer wohlfahrtsstaatlichen Politik untrennbar verbunden. Diese erfordere zwingend die Kompetenzen professioneller Expertengruppen, um die erforderlichen sozialpolitischen Leistungsfunktionen erbringen zu können. Die Idee der sozialen Planung steht deutlich in der Tradition einer sozialstaatlichen Politik, die bei Lippmann von Anfang an mit der autoritären Idee einer Experten- und Elitenherrschaft durchsetzt war:

»Its task is essentially to carry out programs of service, to add and build and increase the facilities of life. ... In that kind of statesmanship there will be a premium on inventiveness, on the ingenuity to devise and plan. There will be much less use for lawyers and a great deal more for scientists. The work requires industrial organizers, engineers, architects, educators, sanitists to achieve what leadership brings into the program of politics. This leadership is the distinctive fact about politics. The statesman acts in part as an intermediary between the experts and his constituency. He makes social movements conscious of themselves, expresses their needs, gathers their power and then thrusts them behind the inventor and the technician in the task of actual achievement.«[186]

Lippmann hat in den zwanziger Jahren ebenso konsequent wie einflußreich eine konservative Transformation des amerikanischen Liberalismus betrieben; er war es vor allem, der die Vorherrschaft des »democratic elitism« in den 20er und 30er Jahren intellektuell bewirkte. Die politische Sonderstellung Deweys resultierte demgegenüber aus dem Umstand, daß er in dieser Zeit einer der wenigen Intellektuellen von Rang war, der diesen Ideen beharrlich Widerstand leistete.[187] Der Vorbehalt Deweys gegenüber jeder Form politischer Elitenherrschaft lautete, daß kein Individuum und keine soziale Gruppe »is wise enough or good enough to rule others without their consent«.[188] Im

---

cratic reformers have proceeded. At the root of the effort to educate a people for self-government there has, I believe, always been the assumption that the voter should aim to approximate as nearly as he can the knowledge and the point of view of the responsible man. He did not, of course, in the mass, ever approximate it very nearly. ... The whole assumption is false. It rests upon a false conception of the way the public acts. No sound scheme of civic education can come of it. No progress can be made toward this unattainable ideal. This democratic conception is false because it fails to note the radical difference between the experience of the insider and the outsider; it is fundamentally askew because it asks the outsider to deal as successfully with the substance of a question as the insider. He cannot do it. No scheme of education can equip him in advance for all the problems of mankind; no device of publicity, no machinery of enlightenment, can endow him during a crisis with the antecedent detailed and technical knowledge which is required for executive action.« (*Ebd.*, S. 146f.).

186 *Ders.*, A Preface to Politics, S. 301f.
187 *Kaplan*, Social Engineers, S. 363ff. Zum Verhältnis zwischen Lippmann und Dewey siehe *Westbrook*, John Dewey, S. 293ff.
188 *Dewey*, Democracy and Educational Administration, (LW 11), S. 218.

Gegensatz zu Lippmann, der sich angesichts der Erfahrung des Ersten Weltkriegs einer elitären Demokratietheorie zuwandte und seinen Glauben an die politische Vernunft der Öffentlichkeit verlor, tilgte Dewey gerade in dieser Zeit alle elitären Elemente seines Denkens und wandte sich der Erneuerung einer Theorie politischer Öffentlichkeit zu.

Mit Recht gilt Dewey daher als der wichtigste Kritiker des »democratic elitism« unter den amerikanischen Intellektuellen der ersten Hälfte des 20. Jahrhunderts. Der politischen Philosophie der Elitenherrschaft setzte er eine Theorie der demokratischen Öffentlichkeit entgegen, die für ihn keine bloße Herrschaftstechnik, sondern ein Grundprinzip menschlicher Lebenspraxis repräsentierte.[189]

3. In der politischen Philosophie des Progressive Movement galten die Vertreter der technischen Berufe als Repräsentanten einer neuen Zivilisationsstufe. Mit ihnen verbanden sich die Erwartungen einer Transformation des Politischen und einer Entschärfung sozialer Klassengegensätze aus dem Geiste unparteilichen Expertentums und wissenschaftlicher Einsicht in die objektiven Grundlagen der modernen Gesellschaft.[190] Das hohe Prestige, das sie in dieser Zeit besaßen, war darin begründet, daß sie die Herrschaft der »private interests« zugunsten des »public good« zu beenden schienen. Diese Ideen bildeten das kulturelle Reservoir, aus dem sich das Phänomen des »social engineering« als einer dominanten Erscheinung der 20er und 30er Jahre speiste. Sie kulminierten in der Technokratiebewegung zwischen Depression und New Deal, als es zu einer Sammlungsbewegung der technischen Professionen kam.[191] Auch diese Bewegung war noch maßgeblich durch die Intellektuellen des Progressive Movement inspiriert und knüpfte insbesondere an die Gesellschaftskonzeptionen Veblens, Crolys und Lippmanns an.[192]

---

189 Näheres hierzu bietet Kapitel 7.
190 *Wiebe*, The Search, S. 132.
191 Zum organisationsgeschichtlichen Hintergrund dieser Bewegung siehe *Jordan*, Machine-Age, S. 207 ff.; generell siehe *Akin*, Technocracy. – Die Führungsfiguren dieser Sammlungsbewegung waren Howard Scott, Walter Rautenstrauch, der Dekan des »Department of Industrial Engineering« an der Columbia-Universität in New York, sowie schließlich Harold Loeb. Letzterer entwickelte in Konkurrenz zu den vorherrschenden sozialelitären Vorstellungen des Social Engineering eine liberalisierte Variante technokratischer Herrschaft, indem er versuchte, sie mit den Verfahren und Instanzen der politischen Demokratie in Einklang zu bringen. Bei ihm handelt es sich um den utopischen Entwurf einer durch technische Experten gesteuerten Überflußgesellschaft, die gleichwohl nicht der autoritären Herrschaft von Technokraten unterliegen sollte (*Loeb*, Life).
192 Ein wichtiges Zentrum dieser Bewegung war zeitweilig die New School for Social Research. – Zur speziellen Bedeutung Veblens für die technokratische Bewegung der 30er Jahre siehe *Akin*, Technocracy, S. XIII, 14 ff.). – Von Charles Beard wurde diese Bewegung begrüßt; allerdings beharrte er auf dem Primat des Politischen und einer demokratischen Organisation der Gesellschaft. Er sah, mit Dewey und im Gegensatz zu Lippmann und Veblen, die Engineers als Diener der Civil Society, nicht als deren Herren. Sie blieben den übergeordneten Prinzipien von »popular control« und »self-government« unterworfen.

Ihr strategisches Ziel war es, die Gesellschaft im Sinne technokratischer Herrschaftsformen und »tayloristischer« Effizienzkriterien umzugestalten. Der vage Slogan dieser Bewegung lautete »government by science – social control through the power of technique.«[193] Seit der Mitte der 30er Jahre wurden die Strömungen des Social Engineering vom einsetzenden New Deal aufgesogen, der sich ihre Motive einverleibte und sie in modifizierter Form fortsetzte. Sie erfuhren ihren Höhepunkt in den 50er und 60er Jahren, um erst danach allmählich der heute vorherrschenden Enttäuschung Platz zu machen.[194]

Das organisations- und ideengeschichtliche Nachspiel des »gospel of efficiency« soll hier nicht weiter verfolgt werden, vielmehr soll abschließend auf eine wichtige Konsequenz des Social Engineering verwiesen werden: auf den Verlust des Politischen als einer Sphäre eigenen Rechts. Bereits an der Gesellschaftstheorie Veblens hatte sich das Fehlen einer dezidiert »politischen« Theorie technokratischer Herrschaftsformen abgezeichnet und diese Unfähigkeit zur Politik bestätigt sich am Beispiel des Social Engineering der frühen 30er Jahre. Auch die »technocrats« blieben eine Antwort auf die Frage schuldig, wie eine durch technische Planungsrationalität und materiellen Überfluß geprägte Gesellschaft politisch organisiert werden könne. Sie konnten auf diese Frage allein schon deshalb keine befriedigende Antwort geben, weil sie die Strategie einer Anti-Politik verfolgten; es ging ihnen darum, praktische Fragen der politischen Herrschaft in technische Fragen sozialer Planung zu transformieren.[195] An die Stelle des Projekts der politischen Demokratie trat die Utopie einer materiellen Überflußgesellschaft mit uneingeschränkten Konsummöglichkeiten, deren Existenz durch die technischen Expertenprofessionen sichergestellt werden sollte. Auf dem Boden gesellschaftlichen Reichtums traten Wissenschaft, Bürokratie und Technik an die Stelle der Politik.

Dieser Verlust des Politischen als einer eigenständigen Sphäre war die augenfälligste Konsequenz der in der Progressive Era einsetzenden technokratischen Bewegung. Ihr Kennzeichen war, daß die Frage nach der Legitimität politischer Herrschaft nicht mehr gestellt wurde, denn sie schien mit der Existenz einer rationalen Verwaltung und bürokratischen Organisation im Interesse ökonomischer Prosperität immer schon beantwortet. In Anknüpfung an die Tradition des »engineering progressivism« und der elitären Demokratietheorien im Stile Veblens und Lippmanns gehörte es zu den Grundüberzeugungen der technokratischen Bewegung, daß die Tradition einer interessegeleiteten Politik durch die »disinterestedness« professionel-

---

193 *Akin*, Technocracy, S. 86.
194 Zu den Konjunkturen technokratischer Ideen in der amerikanischen Gesellschaft des 20. Jahrhunderts siehe im einzelnen *Jordan*, Machine-Age; zur speziellen Bedeutung des New Deal S. 232 ff.
195 Zur »antipolitics« des Social Engineering siehe auch *Akin*, Technocracy, S. 97 ff.

ler Experten an ihr Ende gelangte. Diese gewannen die Aura des Gemeinwohls, hinter der die Marktkräfte und Interessen, denen auch die Professionen unterliegen, verschwanden.[196] Die praktischen Fragen und Probleme, die ehemals politisch, d.h. im Rekurs auf Legitimitätskriterien von Herrschaftsinteressen zu lösen waren, schienen nun unpolitisch und herrschaftsfrei, allein auf der Grundlage wissenschaftlicher Erkenntnis, professioneller Unparteilichkeit und technisch-administrativer Handlungsrationalität geregelt werden zu können.

Die verschiedenen Strömungen des Social Engineering blieben die Antwort auf die Frage schuldig, wie eine durch ökonomische Effizienz, rationale Wissenschaft, soziale Planung und materiellen Überfluß geprägte Gesellschaft politisch regiert werden solle und könne. »Government by science« war die Formel, die Politik auf Verwaltung reduzierte und das Problem der Legitimität, der Anerkennung von Herrschaft durch die Betroffenen mit der Existenz einer technisch reproduzierten Überflußgesellschaft, dem Inbegriff des Public Good, immer schon gelöst sah. An die Stelle des Politischen trat eine Gesellschaftsutopie, in der Wissenschaft und Technik das Erbe des Politischen und der legitimierenden Verfahren der Öffentlichkeit angetreten hatten.[197]

Die Konsequenz dieser Strömungen ist das Ende der Politik als einer Sphäre eigenen Rechts. Praktisch-normative Fragen verschwinden im undurchdringlichen Geflecht »rationaler«, d.h. technisch-wissenschaftlicher Problemlösung. Ein zuverlässiges Indiz dieses politischen Phänomens ist der kulturelle Primat des »administrator«, der bereits für die Intellektuellen des frühen 20. Jahrhunderts die praktische Vernunft des Social Engineering verkörperte. In dieser sozialen Figur kommt die im Kontext des Progressive Movement vor sich gehende Bürokratisierung des öffentlichen Raumes am entschiedensten zur Geltung.[198]

Der sozialgeschichtliche Prozeß der Professionalisierung impliziert die Entmachtung der politischen Herrschaft zugunsten technischen Expertenwissens. In seiner Folge entstand im Kontext der Progressive Era ein neuer Politikbegriff, die Idee einer »politics under the banner of science«, in der politische Entscheidungen zur Angelegenheit vorurteilsloser und fachlich qualifizierter Experten wurden.[199] In den politischen Utopien der Intellektuellen sollten die Interessen des Gemeinwohls nicht mehr auf dem Wege der Interessenpolitik, die durch die Korruptionspraktiken der Parteien end-

---

196 *Larson*, The Rise, S. 220ff.
197 Zur »destruction of the political« als Konsequenz von Professionalisierungsprozessen siehe aus berufssoziologischer Perspektive *Larson*, The Production of Expertise, die auch die Spannung zwischen Professionalismus und Demokratie herausarbeitet (S. 39). – Mit Blick auf die Zeit zwischen Bürgerkrieg und Erstem Weltkrieg rekonstruiert die Spannung zwischen Öffentlichkeit und Expertenprofessionalismus *Bender*, The Erosion.
198 Siehe hierzu *Stever*, The Dual Image; *Gebhardt*, Die Krise des Amerikanismus, S. 253.
199 *Gilbert*, Designing, S. 34f.; *Larson*, The Rise, S. 144.

gültig desavouiert schien, sondern auf dem Wege eines wissenschaftlich fundierten Verwaltungshandelns realisiert werden.

Die Gesellschaftstheorie Lippmanns und Veblens dokumentiert am schärfsten die politische Konsequenz dieser in der Progressive Era einsetzenden Entwicklung: Bei Lippmann verschob sich seit »Drift and Mastery« aus dem Jahre 1914 das Gewicht zwischen politischen und wissenschaftlich-technischen Faktoren der modernen Gesellschaft immer mehr zugunsten letzterer. Hatte er 1913 in »A Preface to Politics« seine Hoffnungen noch auf den charismatischen Politikertypus des »political inventor« gesetzt, der als Gegenpol zum »political routineer« und mit der Rückendeckung sozialer Bewegungen neue politische Entwicklungsschübe einzuleiten vermag, so verschob sich mit »Drift and Mastery« und seinen Arbeiten der 20er Jahre der Schwerpunkt immer mehr zu Wissenschaft und Expertentum als den legitimen Erben des Politischen. Insofern dokumentiert sein Werk das Ende der Politik als einer eigenständigen Sphäre zugunsten einer mit Wissenschaftsanspruch auftretenden Sozialtechnik als Steuerungsmedium der modernen Gesellschaft. Diese kann, von allen Zwängen der politischen Legitimität befreit und unter dem Deckmantel bloßer Rationalität eine tendenziell totalitäre Macht entfalten, da man ihr vernünftig nicht widersprechen kann. Im Vertrauen auf die Abschaffung von Herrschaft entsteht die Gefahr ihrer Totalisierung. Weil Wissenschaft und Technik als angeblich unpolitische Mechanismen des Social Engineering von der Notwendigkeit entlastet sind, sich politisch rechtfertigen zu müssen, können sie sich zu Elementen illegitimer Herrschaft entfalten. Das Ende des Politischen gebiert dessen Ungeheuerlichkeit, indem es den Aufstieg von Herrschaftsinstrumenten ermöglicht, die keinem politischen Legitimierungszwang mehr ausgesetzt sind und einer bewußten Anerkennung durch die Beherrschten nicht mehr bedürfen.

Auch Veblens Gesellschaftstheorie ist durch die Abwendung von Staat und Politik als strukturierenden Elementen der modernen Gesellschaft geprägt. In chronischer Weise vernachlässigt, ja negiert er die Bedeutung politischer Faktoren und begründet eine apolitische Theorie der modernen Gesellschaft, in der technische Steuerungsmedien im Interesse des materiellen Gemeinwohls die ehemals politischen ersetzt haben.[200] Da für Veblen weder der Markt, noch der Staat die erforderlichen Steuerungsleistungen im Sinne des Gemeinwohls erbringen können, lastet die Alleinverantwortung auf der Klasse der Techniker und Ingenieure. Indem er jedoch auf eine politische Begleittheorie der Eliten- und Expertenherrschaft verzichtet, fehlen zu-

---

[200] Zum Fehlen einer Theorie des Politischen bei Veblen siehe auch *Aaron*, Men of Good Hope, S. 237 ff.; *Leathers*, Thorstein Veblen's Theories. – Diese Ideen verweisen einerseits auf frühsozialistische und marxistische Wurzeln seines Denkens, andererseits begründeten sie einen gewissen Einfluß Veblens auf den New Deal. Als einen »prototype of New Deal philosophy« kennzeichnet sein Werk *Harris*, Veblen, S. 3. – Allerdings dürfte sein direkter Einfluß auf den New Deal weitaus geringer gewesen sein. Dies betont mit Recht *Lerner*, Ideas, S. 137.

gleich die Voraussetzungen dafür, ihren totalitären Implikationen entgegenwirken zu können.

Die Wirkungsgeschichte dieser Ideen der Progressive Era im weiteren Verlauf des 20. Jahrhundert ist von einer grundsätzlichen Ambivalenz geprägt: Auf der einen Seite brachte sie die nachhaltige Erschütterung des Glaubens an die Wissenschaft und die Experten mit sich und offenbarte deren Grenzen als Rationalisierungsinstanzen der modernen Gesellschaft. Die szientistischen Lösungsformeln des frühen 20. Jahrhunderts sind heute selber zu einem Teil des Problems geworden. Was in der Progressive Era als eine der größten Hoffnungen auf die Entstehung einer neuen Gesellschaft im Interesse des Public Welfare galt, hat sich im nachhinein eher im Sinne Webers als eine elementare Bedrohung politischer Freiheit erwiesen.

Auf der anderen Seite überrascht die Klarsichtigkeit, mit der die Intellektuellen des Progressive Movement die gesellschaftlichen Entwicklungen des 20. Jahrhunderts bereits thematisiert haben. Liest man sie gegen den Strich ihres eigenen Fortschrittsoptimismus, sind sie von einer erstaunlichen Aktualität, weil sie bereits die Probleme der Gegenwartsgesellschaft und ihrer Professionalisierungs- und Bürokratisierungstendenzen angedeutet haben. Genau in diesem Sinne ist Veblen von Daniel Bell bereits als ein früher Diagnostiker der postindustriellen Gesellschaft wahrgenommen worden: »The central feature of contemporary life is bureaucracy. ... It is an age of the specialist, the expert, and the technician. ... In the coming decades, as any reading of changes in our occupational structure indicates, we will be moving toward a ›postindustrial society,‹ in which the scientist, the engineer, and the technician constitute the key functional class in society.«[201]

Die moderne Gesellschaft ist elementar durch die Monopolisierung von Leistungsfunktionen in den Händen von Expertengruppen geprägt. Damit verbunden ist das Problem, wie eine Abkopplung dieser politischen, bürokratischen, professionellen und Einkommenseliten von den öffentlichen Legitimationsdiskursen der Civil Society vermieden werden kann. Diese reale Gefahr, die bis heute ein beherrschendes Thema der amerikanischen Gesellschafts- und Demokratietheorie geblieben ist,[202] hat bereits Dewey als ein akutes Problem seiner Gegenwart begriffen. Was ihn von den übrigen Intellektuellen seiner Zeit unterscheidet, ist die Tatsache, daß er die Prozesse von Bürokratisierung, Professionalisierung und Verwissenschaftlichung, die er ganz im Sinne seiner Zeitgenossen als Grundlagen der Moderne begriff und

---

201 *Bell*, Veblen and the Technocrats, S. 89. – Ähnlich *Akin*, Technocracy, S. 170: »The modern postindustrial state – with its centralization, its emphasis on replacing politics with administrative decisions, and its meritocratic elite of specially trained experts – bears a more striking resemblance to the progressive formulation, which was the starting point for the technocrats. The progressive intellectuals, progressive engineers, and scientific managers of the early twentieth century saw the outlines of the future political economy with amazing clarity.«
202 Siehe zuletzt *Lasch*, The Revolt, S. 25 ff.

als effiziente Mechanismen der gesellschaftlichen Problemlösung anerkannte, gleichzeitig bereits als zukünftige Gefahren von besonderer Tragweite erkannte und gesellschaftstheoretisch problematisierte.[203] Seine Theorie der politischen Öffentlichkeit, die er seit den 20er Jahren entwickelte, ist als eine Reaktion auf diese Einsicht in die Ambivalenz der zeitgenössischen Lösungsformeln zu verstehen. Dewey verwies darauf, daß weder Markt und Staat, noch professionelle Experten und Eliten in der Lage seien, die mit dem Aufkommen der organisierten Gesellschaft entstandene Modernisierungsproblematik zu lösen, sondern einzig die Civil Society als die politische Gesellschaft der Staatsbürger. Allein die Macht des öffentlich gesprochenen Worts konnte für ihn die drohende Verselbständigung der Eliten von den Erfahrungen und Bedürfnislagen der Staatsbürgergesellschaft verhindern. Insofern repräsentiert die politische Philosophie John Deweys ein Widerlager gegenüber den autoritären Tendenzen des »democratic elitism«, der die Diskurslage im Ausgang der Progressive Era weitgehend prägt. Sie ist das Thema des folgenden Kapitels.

---

203 Brunkhorsts Kritik an der »Unterkomplexität« des amerikanischen Pragmatismus, der in seiner Harmonisierung von funktionaler Differenzierung und Demokratie sowie aufgrund seiner Ausblendung von Demokratie als Rechtsgemeinschaft zugunsten der Demokratie als Kommunikationsgemeinschaft kein Verständnis für die Dialektik des Fortschritts und die Ambivalenzen der Modernisierung besessen habe, berücksichtigt nicht hinreichend die Intensität, mit der sich Dewey und Mead als »public intellectuals« auf die Modernisierungsproblematik ihrer Zeit eingelassen haben (*Brunkhorst*, Solidarität, S. 63 ff.). Brunkhorsts Argument lautet, daß der Pragmatismus die Demokratie letztlich nach dem Modell einer erweiterten Nachbarschaftssolidarität und einer »Solidarität unter Freunden« konzipiert habe und damit nicht in der Lage gewesen sei, der Verunpersönlichung des Sozialen gerecht zu werden und Ideen einer »Solidarität unter Fremden« zu entwickeln. Demgegenüber läßt sich zeigen, daß sich Deweys Rekonstruktionsversuch von Demokratie, Öffentlichkeit und Zivilgesellschaft gerade derjenigen Erfahrung funktionaler Differenzierung verdankt, die seit dem Beginn des 20. Jahrhunderts mit Industrialisierung, Urbanisierung, Professionalisierung, Bürokratisierung und Verrechtlichung einherging.

7. Pragmatismus, Demokratie und zivile Gesellschaft

Unter den amerikanischen Intellektuellen besitzt Dewey eine Ausnahmestellung, weil er es wie kein anderer verstanden hat, die zeitgenössischen Problemlagen als Herausforderungen seines Denkens anzunehmen und die Philosophie auf die Orientierungsbedürfnisse einer breiteren Öffentlichkeit hin zuzuschneiden. Seine Version pragmatistischen Denkens repräsentiert daher auch auf kongeniale Weise den Wandel der amerikanischen Politik, Gesellschaft und Kultur während der ersten Hälfte des 20. Jahrhunderts.[1] Der überragende Einfluß Deweys auf das geistige Klima seiner Zeit legt es nahe, ihn nicht nur als innovativen Denker von hohem Rang zu verstehen, der die philosophischen, pädagogischen und sozialwissenschaftlichen Disziplinen seiner Zeit maßgeblich beeinflußte, sondern in ihm eine Figur des öffentlichen Lebens zu sehen, die das Selbstverständnis der amerikanischen Gesellschaft seit dem Beginn der Progressive Era entscheidend geprägt hat. Seine besondere Bedeutung als »public intellectual« und als »contemporary philosopher of outstanding leadership« wurde auch von den anderen hier untersuchten Intellektuellen anerkannt und insbesondere von Beard deutlich auf den Praxisbezug seines Denkens zurückgeführt: »He is always drawing the worlds of thought and fact into living relations, seeking to make philosophy an instrument of aid in bringing about a more ideal social order.«[2]

Kein anderer Vertreter des amerikanischen Pragmatismus – auch nicht Charles S. Peirce oder William James[3] – hat es wie Dewey vermocht, die Philosophie in der politischen Öffentlichkeit zu verankern und angesichts der Umbrucherfahrungen der Zeit als eine Instanz der kulturellen Orientierung und Selbstdeutung der Gesellschaft zu begründen.[4] Im wesentlichen kristallisieren sich drei Aspekte heraus, um die Deweys Werk kreist: Auf erkenntnis- und wissenschaftstheoretischer Ebene geht es ihm um die Begründung eines Vernunft- und Rationalitätsbegriffs, der die Philosophie und die

---

1 Dies betont *Feffer*, The Chicago Pragmatists, S. 5. – Die repräsentative Bedeutung der Philosophie Deweys in der amerikanischen Kultur betont auch *Ryan*, John Dewey, S. 28. – Zu Dewey als »leading spokesman for American liberalism« siehe auch *Conkin*, Puritans, S. 394.

2 So Beard in seiner Einleitung zu *Bury*, The Idea, S. XXXIXf.

3 Zu ihnen siehe jetzt *Brent*, Charles Sanders Peirce; *Bjork*, William James; *Cotkin*, William James; *Kuklick*, The Rise; *Posnock*, The Trial. – Zum Chicagoer Flügel des Pragmatismus siehe *Feffer*, The Chicago Pragmatists; *Shalin*, G.H.Mead; *Westbrook*, John Dewey.

4 Dies betont *West*, The American Evasion, S. 69. – Siehe hierzu auch *Hollinger*, The Problem; *Joas*, Pragmatismus; *Kloppenberg*, Pragmatism; *Murphy*, Pragmatism. – Knappe, aber ergiebige Überblicke bieten *Martens*, Amerikanische Pragmatisten; sowie speziell zu Dewey *Conkin*, Puritans, S. 345–402. – Zum interdisziplinären Einfluß Deweys siehe auch *Thayer*, John Dewey, S. 69. – Enttäuschend ist *Safford*, Pragmatism.

Wissenschaft als Reflexionsmedien der menschlichen Erfahrung, als institutionalisierte Formen von Social Intelligence, sowie als Instanzen der gesellschaftlichen Problemlösung legitimiert.[5] Auf der sozialphilosophischen Ebene operiert er mit einem Gesellschaftsbegriff, in dessen Mittelpunkt eine »Theorie der Kreativität des Handelns« steht und der die Anpassung menschlicher Lebensformen an die sich wandelnden Umweltbedingungen nicht als eine bloße Affirmation des jeweils Gegebenen konzipiert, sondern als einen experimentellen, fortschritts- und zukunftsoffenen Lernprozeß verständlich macht.[6] Und schließlich legt Deweys politische Philosophie einen Demokratiebegriff nahe, der den Prozeß der politischen Vergesellschaftung an die öffentlichen Diskurse sich frei assoziierender Individuen bindet und die Civil Society als eine demokratische Experimentiergemeinschaft von Bürgern begreift.[7]

Diesen drei Schwerpunkten der pragmatistischen Philosophie Deweys tragen die folgenden Argumentationsschritte Rechnung: In einem ersten Schritt geht es um Deweys Begriff der Erfahrung als einer maßgeblichen philosophischen Kategorie. Als kultureller Ausdruck von »social intelligence« repräsentierte die Philosophie für Dewey nicht mehr ein Seinswissen höherer Ordnung, sondern ein theoretisches Reflexionsmedium der menschlichen Erfahrung. Dewey verstand den philosophischen Diskurs als einen

»Kommentar zu Natur und Leben im Interesse einer intensiveren und gerechteren Würdigung der Bedeutungen, die in der Erfahrung liegen. ... Seine primäre Aufgabe besteht darin, die Güter, die in den natürlich erzeugten Funktionen der Erfahrung enthalten sind, zu klären, zu befreien und auszuweiten. Er ist nicht berufen, eine Welt der ›Realität‹ de novo zu erschaffen, noch in die Geheimnisse des Seins einzudringen, die dem gesunden Menschenverstand und der Wissenschaft verborgen sind. Er hat keinen Vorrat an Informationen oder einen Wissensbestand, der nur ihm eigentümlich wäre. ... Denn so wie die Philosophie keinen privaten Wissensvorrat oder keine privaten Methoden der Wahrheitserlangung hat, so hat sie auch keinen privaten Zugang zum Guten. Ebenso wie sie die Kenntnisse der Tatsachen und Prinzipien von denen übernimmt, die in Forschung und Entdeckung kompetent sind, so akzeptiert sie die Güter, die in der menschlichen Erfahrung verstreut sind. Sie verfügt über keine mosaische oder paulinische Autorität der Offenbarung, die ihr anvertraut wäre. Aber sie hat die Autorität der Intelligenz, der Kritik dieser gemeinsamen und natürlichen Güter.«[8]

---

5 *Campbell*, The Community, S. 1 ff.; *Wilson*, Science, Community, S. 150 ff. – Siehe auch *Diggins*, The Promise, der die pragmatistische Konzeption der Vernunft als Instrument gesellschaftlicher Problemlösung betont, S. 2.
6 Dies betont *Joas*, Pragmatismus, S. 113, 284 ff.
7 Siehe hierzu *Apel*, Der Denkweg, S. 14 f., der die Nähe dieser Gesellschaftskonzeption zu Poppers Idee der »offenen Gesellschaft« betont. – Siehe außerdem *Campbell*, The Community, S. 71 ff.; generell *Westbrook*, John Dewey.
8 *Dewey*, Erfahrung und Natur, S. 380 f. – Dieses nachmetaphysische Verständnis der Philosophie als einer Disziplin, die die Lebenserfahrungen alltäglicher Menschen aufgreift und reflektiert, ohne sie in eine Sphäre des Eigentlichen zu transzendieren, mußte zwangsläufig

Deweys Kernfrage zielt auf die kulturelle Spezifik von Erfahrungen und auf den Prozeß ihrer sozialen Konstitution. Der Erfahrungsbegriff kennzeichnet das Zentrum seiner Philosophie, indem er auf die politischen und gesellschaftlichen Lernprozesse verweist, die den Prozeß der Zivilisation zur Zukunft hin öffnen und damit geschichtlichen Fortschritt ermöglichen. Dewey geht es um die mit der Möglichkeit von Erfahrungen gegebene Zukunftsdimension der Gesellschaft, um den Erhalt »of a world still open, a world still in the making«.[9] Indem Philosophie den Modus der Aneignung von Erfahrung reflektiert, entschlüsselt sie zugleich die kulturellen Fortschrittsbedingungen der Civil Society und die Mechanismen einer Lösung gesellschaftlicher Problemlagen.

Dewey hat den kulturellen Status von Erfahrungen unter anderem am Beispiel der Kunst analysiert, die für ihn ein innovatives Medium und eine Erweiterung des Raums der Erfahrung darstellte. In seiner Ästhetik rekonstruiert er daher die Kunst als »die Schaffung einer neuen Erfahrung« und als »Einübung in neue Arten der Perzeption«, in der eine kulturelle Erneuerung der Gesellschaft möglich wird.[10]

Im Verständnis Deweys erstreckt sich das Aufgabenfeld der Philosophie nicht allein auf die erkenntnistheoretische Dimension der kulturellen Erfahrung, sondern auch auf die sozialen Konstitutionsprozesse von Erfahrungen. In diesem Zusammenhang ist die früher bereits erwähnte soziale Konstruktion des Subjekts im Denken Deweys von entscheidender Bedeutung, denn Erfahrungen sind als kulturelle Voraussetzungen von Zivilisationsprozessen

---

die Verachtung einer deutschen Denktradition zu spüren bekommen, die mit dem Pragmatismus den Verfall der Philosophie zu einer bloßen Wissenschaft identifizierte. Siehe zur deutschen Rezeption des amerikanischen Pragmatismus jetzt *Joas*, Pragmatismus, S. 96 ff., 114 ff. – Speziell zur Pragmatismus-Rezeption der Kritischen Theorie siehe auch *Dahms*, Positivismusstreit, S. 191–225. – Zu den Differenzen zwischen Heidegger und Dewey siehe auch *Rorty*, Overcoming; *ders.*, Heidegger. – Theoriegeschichtlich ist es bemerkenswert, daß der Pragmatismus nach dem Zweiten Weltkrieg erst auf dem Umweg über die deutsche Rezeption durch Apel und Habermas nach Amerika zurückgekehrt ist, wo der Pragmatismus in den 40er und 50er Jahren gegenüber der analytischen Philosophie ins Hintertreffen geraten war. Allerdings erfolgte seine Wiederbelebung zunächst noch unter Vernachlässigung Deweys, der erst seit den 80er Jahren ins Blickfeld geriet. Diese eigenartige Rezeptionsgeschichte erwähnt *Bernstein*, The Resurgence, S. 835. – Auf die Nähe zwischen Dewey und Habermas verweisen *Ryan*, John Dewey, S. 357 sowie *Kloppenberg*, Pragmatism; *ders.*, Democracy, S. 86 f.

9 *Dewey*, Pragmatic America, (MW 13), S. 309. – In ähnlichem Sinne siehe *ders.*, The Development of American Pragmatism, (LW 2), S. 12 f. – Zur Entfaltung seines Programms siehe auch *ders.*, Philosophy and American National Life, (MW 3), S. 73 ff.; *ders.*, What Pragmatism Means by Practical, (MW 4), S. 98–115. – Als ein weiteres Selbstzeugnis des Pragmatismus, das den Zusammenhang zwischen kultureller Erfahrung und gesellschaftlichem Wandel akzentuiert siehe *Kallen*, Pragmatism, S. 308 f. – Zur Bedeutung der Erfahrungskategorie bei Dewey siehe auch *Alexander*, John Dewey's Theory.

10 *Dewey*, Kunst als Erfahrung, S. 155; *ders.*, Erfahrung und Natur, S. 368. – Zu dieser Erfahrungsqualität der Kunst siehe auch *Shusterman*, Pragmatist Aesthetics, S. 11 ff.

angewiesen auf die Existenz einer kommunikativen Grundstruktur des gesellschaftlichen Lebens. Die Konstitution von Erfahrungen und kulturellen Sinnvorstellungen ist für Dewey an das Element gesellschaftlicher Diskursivität gebunden; sie ist eingebettet in den sozialen Lebenszusammenhang miteinander kommunizierender Individuen. Eine Erfahrung ist daher immer gemeinsame Erfahrung, »shared experience«, und realisiert sich allein in Prozessen der Interaktion; daraus erklärt sich der Zusammenhang zwischen kultureller Erfahrung und sozialer Kommunikation. Diesen Zusammenhang gilt es in einem ersten Argumentationsschritt als philosophische Grundlage seiner Theorie der Civil Society herauszuarbeiten (a).

In einem zweiten Analyseschritt geht es um die politischen Implikationen und Konsequenzen dieses Zusammenhangs (b). Deweys politische Philosophie stellt eine kommunikationstheoretische Erneuerung der Idee der Demokratie dar. Deren Primat vor anderen Formen politischer Herrschaft hat Dewey damit begründet, daß sie eine Ausweitung der innergesellschaftlichen Kommunikation und damit eine Steigerung der Möglichkeiten kultureller Erfahrung bedeutet, in der sich nicht nur der Prozeß der Zivilisation dynamisiert und zur Zukunft hin öffnet, sondern auch die Anlagen und Potentiale der Individuen ungehindert entfalten können: »Demokratie hat viele Bedeutungen, aber wenn sie eine moralische Bedeutung hat, dann findet sie sich in der Entscheidung, daß der Prüfstein aller politischen Institutionen und aller industriellen Einrichtungen in dem Beitrag bestehen soll, den sie zum allseitigen Wachstum jedes Mitglieds der Gesellschaft beisteuern.«[11]

Der Zusammenhang zwischen kultureller Erfahrung, sozialer Kommunikation und politischer Demokratie erklärt schließlich die große Bedeutung des Gemeinschaftsbegriffs und der Idee der politischen Öffentlichkeit in der Philosophie Deweys, die abschließend thematisiert werden sollen (c). In Anknüpfung an die amerikanische Tradition der Gemeinschaftsdemokratie läßt sich sein Werk als Variante eines kommunitären Liberalismus verstehen, der die Zukunftsfähigkeit der politischen Demokratie an die Existenz einer deliberativen Öffentlichkeit bindet, in der Elemente dialogischer »face-to-face«-Kommunikation überdauern, »for democracy is a name for a life of free and enriching communion. ... It will have its consummation when free social inquiry is indissoluble wedded to the art of full and moving communication.«[12]

---

[11] Dewey, Die Erneuerung der Philosophie, S. 229. – Die Kategorie Deweys für die Entfaltung individueller Kräfte in demokratisch strukturierten Kommunikationsprozessen war »growth«. Zu ihr siehe im einzelnen Rockefeller, John Dewey, S. 432 ff.

[12] Dewey, The Public and Its Problems, (LW 2), S. 350.

a) Der Begriff der Erfahrung und das Paradigma der Kunst

Der Begriff der Erfahrung ist in der Philosophie Deweys von besonderer Bedeutung, weil er auf die kulturellen Grundlagen der Gesellschaft zielt. Unter zwei Gesichtspunkten soll diese Bedeutung des Erfahrungsbegriffs rekonstruiert werden: Zunächst geht es um den Zusammenhang zwischen Erfahrung, Kommunikation und gesellschaftlicher Entwicklung (1.); später um die Kunst als Paradigma einer innovativen Aneignung von Erfahrungen (2.).

1. Worin besteht die kulturelle Qualität von Erfahrungen? Innerhalb welcher sozialen Prozesse konstituieren sie sich? Und wie läßt sich schließlich die Funktion von Erfahrungen im Prozeß der Zivilisation kennzeichnen? – Mit diesen Fragen sind drei wichtige Erkenntnismotive Deweys markiert, die sich bis in sein Frühwerk zurückverfolgen lassen. In seiner programmatischen Frühschrift »The Relation of Philosophy to Theology« vom Januar 1893 hat Dewey die ihn leitenden philosophischen Intentionen bereits mit dem Begriff der Erfahrung zum Ausdruck gebracht und die Aufgabe der Philosophie in einer universalgeschichtlichen Rekonstruktion der menschlichen Erfahrung gesehen: »Philosophy as a method means interpretation of experience, or the full life of the race in all times and ages as far as we can get at it. Interpretation involves criticism and reconstruction, mental readjustment. ... Philosophy is the standpoint of science extended to all life.«[13]

Ein erstes Erkenntnisinteresse Deweys zielt darauf, die kulturelle Qualität von Erfahrungen zu rekonstruieren. Dieses Motiv hat seinen Ausdruck in »Experience and Nature«, seinem philosophischen Grundlagenwerk aus dem Jahre 1925 erlangt. Einen wichtigen Hinweis auf den Bedeutungsgehalt seines Erfahrungsbegriffs gibt eine unvollendet gebliebene Einleitung zur Neuausgabe von »Experience and Nature«, die Dewey 1949, drei Jahre vor seinem Tod geschrieben, aber nicht vollendet hat.[14] Dort schreibt er: »Das Wort ›Erfahrung‹ wurde verwendet, um summarisch den Gesamtkomplex dessen zu bezeichnen, was spezifisch menschlich ist. [Es ist der] Name für die spezielle Art und Weise ... wie der Mensch ... seine Teilnahme an und seinen Umgang mit der Natur gestaltet hat.«[15] In diesem umfassenden Sinne zielt der Begriff der Erfahrung auf die Summe der kulturellen Wahrnehmungsformen der Welt und der Reaktionsweisen des Menschen auf seine Wirklichkeit. Deweys Pragmatismus gründet in einer philosophischen Anthropologie, die Menschsein durch die Fähigkeit geprägt sieht, der Erfahrung einer prekären, sinnlosen und kontingenten Welt mit der Ausbildung von Sinnstrukturen kulturell zu begegnen. Er leitet die Spezifik des Geistes

---

13 Ders., The Relation of Philosophy to Theology, (EW 4), S. 365.
14 Ders., Experience and Nature, (LW 1). Hier liegt die deutsche Übersetzung zugrunde: ders., Erfahrung und Natur, die unvollendete Einleitung von 1949 dort S. 411 ff.
15 Ebd., S. 413.

aus der kulturellen Kompetenz ab, »die Stabilität des Sinns über die Instabilität der Ereignisse herrschen zu lassen«.[16]

Erfahrungen konstituieren sich also für Dewey in einer Spannung zwischen der prekären Objektivität der Welt und der sinnverbürgenden Subjektivität der Kultur. Dieser Konstitutionsprozeß verbietet es, den Erfahrungsbegriff konstruktivistisch aufzulösen und die Wirklichkeit zu einer Interpretationsleistung des Menschen zu reduzieren, der keine Wirklichkeit der Welt mehr korrespondiert. Von grundlegender Bedeutung für Deweys Erfahrungsbegriff ist daher die Überzeugung, daß sich die Wirklichkeit nicht in Diskurs und Interpretation erschöpft, sondern daß ihnen ein Geschehen entspricht, das interpretiert wird und aus dessen Interpretation überhaupt erst Erfahrung resultieren kann.[17] Es ist bemerkenswert, daß Dewey später den Erfahrungsbegriff aufgegeben und durch den Kulturbegriff ersetzt hat, weil er diese Einheit von Subjekt und Objekt der Erfahrung gewahrt wissen wollte:

»Würde ich *Erfahrung und Natur* heute schreiben (oder neu schreiben) müssen, würde ich das Buch *Kultur und Natur* nennen und die Behandlung spezifischer Gegenstände dementsprechend modifizieren. Ich würde den Terminus ›Erfahrung‹ aufgeben, weil ich zunehmend erkenne, daß die historischen Hindernisse, die einem Verständnis meines Gebrauchs von ›Erfahrung‹ im Wege stehen, praktisch unüberwindlich sind. Ich würde ihn durch den Ausdruck ›Kultur‹ ersetzen, dessen heute üblicher Sinn meine Philosophie der Erfahrung voll und frei tragen kann. ... Ich glaube immer noch, daß aus theoretischen, im Unterschied zu historischen, Gründen sich vieles zugunsten des Gebrauchs von ›Erfahrung‹ sagen läßt, um den umfassenden Gegenstandsbereich zu bezeichnen, den die moderne ... Philosophie charakteristischerweise in die Dualismen von Subjekt und Objekt, Geist und Welt, psychologisch und physikalisch, zerbricht. Wenn ›Erfahrung‹ den umfassenden Gegenstandsbereich bezeichnen soll, muß sie beides bezeichnen, das, was erfahren wird, und die Weise, wie es erfahren wird.«[18]

---

16 *Ebd.*, S. 63. – Die kulturelle Dynamik der Ideen hat Dewey in ihrer eigentümlichen Schwebe zwischen prekärem Dasein und kultureller Sinnbildung angesiedelt. Die Sinnlosigkeit der Welt und der Sinn der Kultur schließen sich nicht wechselseitig aus, sondern bedingen und fordern sich wechselseitig, um menschliche Erfahrung möglich zu machen: »Während die prekäre Natur des Daseins wahrhaftig die Quelle aller Probleme ist, ist sie auch eine unentbehrliche Bedingung der Idealität, die zu einer hinreichenden Bedingung wird, wenn sie mit dem Regelmäßigen und dem Sicheren verbunden ist. Inmitten einer problematischen Welt sehnen wir uns nach vollkommenem Sein. Wir vergessen, daß das, was dem Begriff der Vollkommenheit seine Bedeutung verleiht, die Ereignisse sind, die die Sehnsucht erzeugen, und daß ohne sie eine ›vollkommene‹ Welt einfach ein unwandelbares rohes existierendes Ding bedeuten würde.« (*Ebd.*, S. 75).
17 Auf diesen antikonstruktivistischen Grundzug des Erfahrungsbegriffs verweist auch *Kloppenberg*, Pragmatism, S. 136.
18 *Dewey*, Erfahrung und Natur, S. 450. – Dewey sah den Vorteil des Kulturbegriffs gegenüber dem der Erfahrung darin begründet, daß er es erlaube, die Einheit von Subjekt und Objekt, von Geist und Welt zum Ausdruck zu bringen: »Der Name ›Kultur‹ in seinem anthropologischen ... Sinne bezeichnet den umfassenden Bereich der Dinge, die in einer un-

Eine weitere Frage Deweys zielt darauf, wie sich diese Transformation von Natur zu Erfahrung im Kontext sozialer Beziehungen vollzieht. – Für Deweys Theorie der Gesellschaft ist es von grundlegender Bedeutung, daß er den Prozeß der Kommunikation als den Mechanismus rekonstruiert, in dem sich der zivilisatorische Prozeß der Anreicherung von Erfahrung vollzieht: »Not only is social life identical with communication, but all communication (and hence all genuine social life) is educative. To be a recipient of a communication is to have an enlarged and changed experience.«[19]

In »Experience and Nature« hat Dewey am Leitfaden der Erfahrungskategorie die Idee eines empirischen Naturalismus entfaltet, dessen zentrale Intention darauf zielt, die Spaltung zwischen Subjekt und Objekt der Erfahrung zu überwinden und den kulturellen Prozeß zu entschlüsseln, in dem die Tatsachen der natürlichen Welt zu Tatsachen der menschlichen Erfahrung werden. Im Kern dieses philosophischen Projekts steht eine kommunikationstheoretische Auflösung der Spannung zwischen Außenwelt und Innenwelt:

»Diejenige Eigenschaft der alltäglichen Erfahrung, die von der Philosophie am systematischsten ignoriert worden ist, ist das Ausmaß, in dem sie von den Ergebnissen des gesellschaftlichen Verkehrs und der Kommunikation durchdrungen ist. ... Die soziale Teilnahme, die durch Kommunikation, durch Sprache und andere Werkzeuge bewirkt wird, ist das naturalistische Verbindungsglied, das die oft behauptete Notwendigkeit beseitigt, die Gegenstände der Erfahrung in zwei Welten aufzuteilen, von denen die eine physisch und die andere ideal ist.«[20]

Dewey definiert Kommunikation als den sozialen Mechanismus, durch den Erfahrungen möglich werden und zugleich als ein Phänomen der Kultur, das »uns in den Stand setzt, in einer Welt von Dingen zu leben, die Sinn haben.«[21] Kommunikation läßt sich daher auch als eine soziale Konstitution von Sinn begreifen, in der sich die Welt natürlicher Dinge und kontingenter Ereignisse zu einer Welt kultureller Bedeutungen und Symbole transformiert:

bestimmten Vielfalt von Formen erfahren werden. Er besitzt als Name genau jenes System von inhaltlichen Bezügen, die ›Erfahrung‹ als Name verloren hat. Er benennt Artefakte, die als ›materiell‹ gelten, und Operationen an und mit materiellen Dingen. ... Es ist von grundlegender philosophischer Bedeutung, daß ›Kultur‹ das Materielle und Ideelle in ihren wechselseitigen Beziehungen einschließt ... Statt die vielen Aspekte eines gemeinsamen Lebens zu trennen, zu isolieren und abzusondern, hält ›Kultur‹ sie in ihrer menschlichen und humanistischen Einheit zusammen – ein Dienst, den ›Erfahrung‹ nicht mehr leistet. Was ›Kultur‹ jetzt, im Unterschied zu ›Erfahrung‹, für die Philosophie leisten kann, ist von äußerster Wichtigkeit, wenn Philosophie umfassend sein soll, ohne zu stagnieren.« (Ebd., S. 451 f.).

19 *Dewey*, Democracy and Education, (MW 9), S. 8.
20 *Ders.*, Erfahrung und Natur, S. 11.
21 *Ebd.*, S. 201.

»Kommunikation ist die wunderbarste Sache der Welt. Daß Dinge von der Ebene äußerlichen Stoßens und Ziehens auf eine Ebene übergehen können, auf der sie dem Menschen und dadurch sich selbst enthüllen; und daß die Frucht der Kommunikation Teinahme, Teilhabe ist, ist ein Wunder, neben dem das Wunder der Transsubstantiation verblaßt. Wo Kommunikation besteht, sind alle natürlichen Ereignisse der Überprüfung und Überarbeitung unterworfen; sie werden den Erfordernissen der Konversation neu angepaßt, sei sie ein öffentlicher Diskurs oder jener vorbereitende Diskurs, der Denken heißt. Ereignisse werden zu Objekten, zu Dingen mit einem Sinn (meaning).«[22]

Kommunikation als Erfahrung ermöglicht den Individuen, die miteinander kommunizieren, aus ihrer wechselseitigen Isolierung herauszutreten und an einer Gemeinschaft kultureller Bedeutungen teilzuhaben, in der sich die Möglichkeit von Erfahrung, d.h. die Chancen der kooperativen Umwandlung einer bloß äußerlichen Natur zu handlungsleitendem Sinn steigern und damit die in den Individuen angelegten Entwicklungspotentiale realisieren können. In diesem Zusammenhang ist Deweys soziale Konstruktion des Subjekts von Bedeutung, da sie auf eine innere Dialektik von Individuierung und Vergemeinschaftung aufmerksam macht, in der sich beide Faktoren wechselseitig bedingen und fordern:

»Jede Existenz hat ... Affinitäten und aktive Sehnsüchte nach Verbindung und intimer Vereinigung. Sie ist eine Energie der Anziehung, Ausdehnung und Ergänzung. Die Bindungen und Bande des vergemeinschafteten Lebens sind spontane, unkalkulierte Manifestationen dieses Aspekts der menschlichen Individualität ... Kaum hat jemand sein privates und subjektives Selbst eingerichtet, da verlangt er schon, daß es von anderen erkannt und anerkannt werden soll, selbst wenn er ein imaginäres Publikum oder ein absolutes Selbst erfinden muß, um diese Forderung zu erfüllen.«[23]

Ein drittes Erkenntnismotiv Deweys liegt schließlich in seiner Frage nach der Bedeutung von Kommunikation und Erfahrung für den Fortschritt der Zivilisation geschlossen. Dewey definiert »civilization« als eine Steigerung und Erneuerung der menschlichen Erfahrung und rekonstruiert den sozialen Mechanismus, in dem sich die kumulative Aneignung von Erfahrung vollzieht, als eine Intensivierung der innergesellschaftlichen Kommunikation.

Den Zusammenhang von Erfahrung und Zivilisation bringt Dewey mit der Kategorie »education« zum Ausdruck, die nicht auf ihren pädagogischen Bedeutungsgehalt beschränkt ist, sondern letztlich den gesellschaftlichen Mechanismus des geschichtlichen Fortschritts benennt. Dewey bindet Zivi-

---

22 *Ebd.*, S. 167. – Dewey hat den kommunikativen Prozessen der kulturellen Sinnbildung des öfteren eine quasi-religiöse Qualität zugesprochen, die in der Überwindung einer Welt der Entzweiung durch gemeinsame Erfahrungen zum Ausdruck komme. Dies nennt Dewey die »mystische Kraft der Kommunikation, des Wunders des gemeinsamen Lebens und der gemeinsamen Erfahrung« (*ders.*, Die Erneuerung der Philosophie, S. 254f.).
23 *Ebd.*, S. 236f.

lisation an eine spezifische Assoziationsform und Kooperationsfähigkeit von Individuen, die er »Erziehung« nennt und als einen Modus der Vergesellschaftung begreift, in dem sich durch den Austausch von Erfahrungen der den Individuen zur Verfügung stehende Horizont kultureller Orientierungen erweitert.[24] Das Bedingungsverhältnis, in dem Erfahrung, Erziehung und Fortschritt zueinander stehen, verweist auf eine Zivilisationskonzeption, in der die Möglichkeit geschichtlichen Fortschritts auf der »Befreiung und Erweiterung der Bedeutungen ... die der Erfahrung zugänglich sind« beruht.[25] Dewey versteht Zivilisation als einen ständigen Hinzugewinn an Kommunikationschancen und -mitteln, zu dem ein Ausbau des Eisenbahnnetzes genauso beitragen kann wie eine Schulreform oder eine Transformation des moralischen Bewußtseins. Und sein normatives Beurteilungskriterium der Gesellschaft ist das Maß an kommunikativer Vernetzung und freier Vergesellschaftung, das sie zuläßt und ermöglicht.[26]

Dewey hat die zivilisatorische Erweiterung von Kommunikationsmöglichkeiten als die Chance zu einer uneingeschränkten Entfaltung der den Individuen (oder ganzen Gesellschaften) innewohnenden Anlagen und Qualitäten (»growth«) begriffen. Das über den Charakter einer Zivilisation entscheidende Kriterium ist, ob sie einen Zuwachs an Erfahrungsmöglichkeiten initiiert und damit den Individuen die Chance einräumt, ihr Interesse an Kommunikation, Anerkennung und Vergemeinschaftung zu erweitern. Erst mit dieser Chance realisiert sich für Dewey ein Element von Zukunftsfähigkeit der Civil Society im Sinne einer »continuity of growth«: »Every experience should do something to prepare a person for later experiences of a deeper and more expansive quality. That is the very meaning of growth, continuity, reconstruction of experience.«[27]

Indem der Pragmatismus den Prozeß der Zivilisation als eine kreative Anpassung von Gesellschaft und Politik an die sich geschichtlich wandelnden Umweltbedingungen konzipiert, wird er für Dewey selber zum maßgeblichen Organ einer menschlichen Vernunft, der es nicht um die traditionalistische Festschreibung der Gegenwart, sondern um die kulturelle Erschließung der Zukunft geht. Der Begriff der »creative intelligence«

---

24 Ders., My Pedagogic Creed, (EW 5), S. 93: »I believe that education is a regulation of the process of coming to share in the social consciousness; and that the adjustment of the individual activity on the basis of this social consciousness is the only sure method of social reconstruction.«
25 Ders., Erfahrung und Natur, S. 384.
26 Ders., Democracy and Education, (MW 9), S. 93.
27 Ders., Experience and Education, (LW 13), S. 28. – Dieses Kriterium legt es nahe, die pragmatistische Kategorie der Anpassung nicht als eine traditionalistische Apologie des je Gegebenen zu verstehen, zu der sie Adorno zurechtgestutzt hat: »Anpassung ist die Verhaltensweise, welche der Situation des Zuwenig entspricht. Der Pragmatismus ist darum befangen und eng, weil er diese Situation als ewig hypostasiert.« (*Adorno*, Veblens Angriff, S. 95). Damit hat er jedoch die Spezifik der pragmatistischen Idee des Fortschritts verfehlt.

bringt diese Zukunftsdimension seiner Philosophie der Erfahrung zum Ausdruck.[28]

Es liegt nahe, daß Dewey angesichts dieser Beziehung zwischen Erfahrung und Zivilisation der Wissenschaft eine besondere Bedeutung beimaß, da sie aufgrund ihrer experimentellen Methode eine Steigerung von Erfahrung bewirkte und eine Fortschrittsdynamik erzeuge. Sie repräsentierte insofern »a working pattern of the way in which and the conditions under which experiences are used to lead ever onward and outward.«[29] Allerdings existierte für Dewey neben dem wissenschaftlichen Experiment noch ein weiteres Medium kreativen Handelns und kultureller Erfahrungen: die Kunst. Ihr erkannte er eine paradigmatische Bedeutung für die Generierung und Steigerung kultureller Erfahrungen zu.

2. Die Kunst und die philosophische Disziplin der Ästhetik werden in der Forschungsliteratur zur Geschichte der Intellektuellen sowie zur Theorie der bürgerlichen Gesellschaft gewöhnlich nicht als eigenständige Faktoren berücksichtigt, die Auskunft über das kulturelle Selbstverständnis einer Epoche geben.[30] Damit wird jedoch ihre Bedeutung als Reflexionsmedien der Gesellschaft unterschätzt. Ein bezeichnendes Beispiel für den hohen Stellenwert der Kunst in der amerikanischen Gesellschaftstheorie ist die pragmatistische Ästhetik. Dewey versteht die Kunst als das Paradigma einer Erfahrung im Sinne einer kreativen Interaktion des Menschen mit seiner natürlichen und sozialen Umwelt. Die Ästhetik besitzt in seiner Theorie der Gesellschaft eine besondere Bedeutung, weil sie am Exempel der Kunst den Mechanismus der sozialen Aneignung von Erfahrung verdeutlicht und sich damit als eine theoretische Disziplin ausweist, die der kulturellen Selbstaufklärung der Gesellschaft dient.[31]

Dewey begründet seinen Anspruch, eine Innovation der ästhetischen Theoriebildung eingeleitet und einen »neuartigen Blickpunkt« etabliert zu haben, vor allem mit der »Wiederherstellung der Kontinuität zwischen der

---

28 *Dewey*, The Need for a Recovery of Philosophy, S 64.
29 *Ders.*, Experience and Education, (LW 13), S. 59.
30 Mit Blick auf die Intellektuellen des deutschen Kaiserreichs siehe jedoch *Mommsen*, Bürgerliche Kultur, der »die ästhetischen, literarischen und wissenschaftsimmanenten Kulturideale jener Epoche als eigenständige Faktoren des historischen Prozesses« berücksichtigt (S. 6) und die Zeitdiagnosen der avantgardistischen Kunst des frühen 20. Jahrhunderts rekonstruiert (S. 97 ff.). Siehe jetzt außerdem *ders.*, Kultur und Wissenschaft; *Lichtblau*, Alles Vergängliche. – Im intellektuellen Milieu des deutschen Kaiserreichs wird der Zusammenhang zwischen der Theorie der bürgerlichen Gesellschaft und der philosophischen Ästhetik vor allem am Frühwerk von Georg Lukács deutlich, dessen »Theorie des Romans« und »Entwicklungsgeschichte des modernen Dramas« eine geschichtsphilosophisch untermauerte Kulturkritik der bürgerlichen Moderne enthalten (siehe hierzu auch *Jaeger*, Bürgerlichkeit, S. 185 ff.; *Weisser*, Georg Lukács').
31 Als weiteren Beitrag zur pragmatistischen Ästhetik siehe auch *Kallen*, Art and Freedom. Dort geht es jedoch eher um eine Geschichte der Ästhetik.

ästhetischen Erfahrung und den gewöhnlichen Lebensprozessen.«[32] Seine Ästhetik versteht sich als ein Versuch der erneuten Verknüpfung einer gesellschaftlich »entrückten« und musealisierten Kunst mit den alltäglichen Lebens- und Erfahrungsprozessen und damit als Revision einer philosophischen Tradition, die die »Kunst aus dem Bereich des gewöhnlichen oder gemeinschaftlichen Lebens entfernt«[33] und ihre spezifische Kulturleistung vor allem als eine Transzendierung des Gewöhnlichen in das gesellschaftliche Jenseits einer außeralltäglichen Gegenwelt begriffen hatte:

»Wer es unternimmt, ein Werk über die Philosophie der Kunst zu schreiben, muß ... zunächst einmal zwischen den Kunstwerken als verfeinerten und vertieften Formen der Erfahrung und den alltäglichen Geschehnissen, Betätigungen und Leiden, die bekanntlich die menschliche Erfahrung ausmachen, eine erneute Kontinuität herstellen. Bergspitzen schweben nicht frei; auch ruhen sie nicht einfach auf der Erde. Sie *sind* die Erde in einer ihr greifbaren Erscheinungsform.«[34]

Deweys Ansatz besteht darin, die Kunst als Bestandteil einer alltäglichen Realität menschlicher Erfahrung zu rekonstruieren und sie damit erneut im Zentrum der Gesellschaft zu verankern. In ihr wird soziale Realität nicht kulturell außer Kraft gesetzt, sondern sie kommt in reinerer Form zum Aus-

---

32 *Dewey*, Kunst als Erfahrung, S. 18. – Erst in den letzten Jahren ist dieses Werk als eine folgenreiche Innovation der ästhetischen Theoriebildung erkannt worden. Als eine »Pionierleistung auf dem Feld der ästhetischen Erfahrung« sowie als Vorläufer der neueren Rezeptionsästhetik würdigt sie *Jauß*, Ästhetische Erfahrung, S. 192, 25. – Als den differenziertesten Entwurf einer pragmatistischen Ästhetik interpretiert sie *Shusterman*, Pragmatist Aesthetics, S. IX, 3–33, 34 ff. – Siehe außerdem zu Deweys Ästhetik *Burnett*, The Relation; *Edman*, Dewey and Art; *Mitchell*, Danto. – Zur Entstehungsgeschichte von Deweys Ästhetik siehe vor allem *Westbrook*, John Dewey, S. 387 ff.

33 *Dewey*, Kunst als Erfahrung, S. 13.

34 *Ebd.*, S. 9. – Iser hat die pragmatistische Ästhetik als Gegenentwurf und Kompensationsreserve gegenüber der arbeitsteilig organisierten Gesellschaft interpretiert, der es darum gehe, »das zweckfreie Betrachten der Dinge, ein interesseloses, weil von Verwendung freies Zuwenden zur Welt« erneut zu ermöglichen (*Iser*, Interpretationsperspektiven, S. 51). Damit verkehrt er jedoch das Motiv Deweys in sein Gegenteil. Dewey hat gerade die Instrumentalität – und nicht die Interesselosigkeit – der Kunst betont und darin ihre spezifische Bedeutung für die Konstituion von Erfahrung gesehen: Kunstwerke »erweitern und bereichern die Welt der menschlichen Wahrnehmung. Somit gelangen wir, ohne dem Argument allzu viel Gewalt anzutun, zu einer Schlußfolgerung hinsichtlich der Beziehungen der instrumentellen und der schönen Kunst, die genau das Gegenteil dessen ist, was von auf Absonderung bedachten Ästhetikern beabsichtigt ist; nämlich daß schöne Kunst, die *bewußt* als solche geschaffen wird, in ihrer Qualität eigentümlich instrumentell ist. Sie ist ein Mittel in einem Experiment, das um der Erziehung willen unternommen wird. Sie besteht um eines speziellen Nutzens willen, einer Einübung in neue Arten der Perzeption. Die Schöpfer solcher Kunstwerke haben, wenn sie erfolgreich sind, Anspruch auf die Dankbarkeit, die wir den Erfindern von Mikroskopen und Mikrophonen gegenüber empfinden; am Ende eröffnen sie uns neue Objekte der Beobachtung und des Genusses. Damit erweisen sie uns einen echten Dienst; aber nur ein Zeitalter, das Verwirrung mit Arroganz vereint, wird Werken, die uns diesen speziellen Nutzen erweisen, den exklusiven Namen der schönen Kunst vorenthalten.« (*Dewey*, Erfahrung und Natur, S. 367 f.). – Ähnlich argumentiert *Kallen*, Beauty and Use, S. 317.

druck. Sie wird durch die Kunst nicht überwunden, sondern auf den Punkt gebracht. In diesem Sinne definiert Dewey die Ästhetik als eine »geläuterte und verdichtete Entwicklung von Eigenschaften ... die Bestandteil jeder normalen ganzheitlichen Erfahrung sind. Ich halte diese Tatsache für die einzig sichere Basis, auf die sich die ästhetische Theorie stützen kann.«[35]

Deweys Ästhetik bestätigt am Beispiel der Kunst den Zusammenhang von Erfahrung und Kommunikation, der seiner Philosophie insgesamt zugrundeliegt: Die Kunst ist für ihn ein privilegiertes Medium zur Generierung kultureller Erfahrung, zur Initiierung sozialer Kommunikation und – als Ergebnis beider – zur Dynamisierung des Fortschritts. Daß die Kunst Erfahrungen generiert, ist die Ausgangsidee Deweys. Zur Einlösung seines philosophischen Programms einer Vermittlung von Kunst und Gesellschaft rekurriert Dewey auf den Erfahrungsbegriff, weil sich mit seiner Hilfe die gesellschaftlichen Funktionen der Kunst adäquat zum Audruck bringen lassen. Die Kunst realisiert das Alltagsphänomen, »eine Erfahrung zu machen«,[36] auf eine spezifische Weise. Wie aber führt die Kunst in eine besondere Welt der menschlichen Erfahrung und warum besitzt eine neue und erweiterte Erfahrung eine innere ästhetische Qualität?

Wie gesehen, begreift Dewey menschliches Leben als eine Abfolge von Interaktionen zwischen Innen und Außen, Natur und Kultur, aus der die Möglichkeit von Erfahrungen resultiert. Die Interaktion zwischen Mensch und Umwelt realisiert sich für ihn als ein sozialer Ordnungs- und kultureller Sinnbildungsprozeß, in dem sich die spezifische Menschlichkeit des Menschen als eine Widerstandsleistung gegen Sinnlosigkeit, Disharmonie und Kontingenz behauptet. Dewey verortet Kunst und die ästhetische Qualität einer Erfahrung in der Mitte dieser Dialektik von Natur und Erfahrung. Sie entsteht im Moment des Übergangs von natürlicher Ordnungslosigkeit zu kultureller Ordnung und Harmonie, ja sie »ist« in gewisser Weise dieser Übergang in seiner reinsten Form:

»Weil ... die wirkliche Welt – die, in der wir leben – eine Verbindung von Bewegung und Kulmination, von Bruch und Wiedervereinigung darstellt, wird ein Lebewesen der Erfahrung des Ästhetischen fähig. Immer wieder verliert und findet es den Einklang mit seiner Umwelt. Der Moment, in dem ein gestörter Zustand in einen harmonischen übergeht, ist der Augenblick intensivsten Lebens. ... In einer Welt, die nach dem Modell der unsrigen geschaffen ist, erhält die Erfahrung in den Augenblicken der Erfüllung durch Intervalle der Freude einen rhythmischen Akzent.«[37]

Jede Erfahrung resultiert für Dewey aus einer Auseinandersetzung zwischen Mensch und Natur, aus einer Interaktion zwischen Organismus und Umwelt, in der sich Subjekt und Objekt der Erfahrung wechselseitig durchdringen und

---

35 *Dewey*, Kunst als Erfahrung, S. 59.
36 Siehe hierzu das Kapitel: »Eine Erfahrung machen«, in: *ebd.*, S. 47 ff.
37 *Ebd.*, S. 25.

zu einer punktuellen Identität und Übereinstimmung gelangen. Dewey beschreibt dieses Geschehen und »Machen« einer Erfahrung im Sinne der Transformation einer bloß äußerlichen Wirklichkeit zu einem Teil des eigenen Lebens als quasi-religiösen Zustand einer an den Kontingenzen der menschlichen Lebenspraxis sofort wieder zerbrechenden Versöhnung. In ihm gibt es eine punktuelle Harmonie zwischen Ich und Nicht-Ich.[38] Der Moment, in dem sich diese Erfüllung als Erfahrung vollzieht, besitzt für Dewey eine ästhetische Qualität; das kulturelle Ereignis einer Erfahrung ist daher auch Ursprung und Triebkraft der Kunst. Eine Erfahrung ist die Entgrenzung von Welt und Ich zur Totalität, die Vereinigung von Mensch und Wirklichkeit zu einer ästhetischen Einheit höherer Ordnung und genußvoller Harmonie:

»In dem Maße, in dem Erfahrung eine Erfahrung *ist*, bedeutet sie erhöhte Vitalität. Statt einen Zustand anzuzeigen, in dem man mit den eigenen Gefühlen und Empfindungen eingeschlossen ist, bedeutet sie den aktiven und aufgeweckten Umgang mit der Welt. Auf ihrem Höhepunkt bedeutet sie die vollständige gegenseitige Durchdringung des Ich und der Welt der Dinge und Ereignisse. ... Weil Erfahrung jene Erfüllung bedeutet, zu der ein Organismus in einer Welt der Dinge in seinen Kämpfen und Errungenschaften gelangt, ist sie die Keimzelle der Kunst. Selbst in ihren rudimentären Formen enthält sie das Versprechen jener genußvollen Perzeption, die wir als ästhetische Erfahrung bezeichnen.«[39]

Erfahrungen erweitern den Handlungsraum und die Identität ihrer Rezipienten, indem sie sie zu umgreifenderen Gemeinschaften vernetzen und in komplexeren Wirklichkeitsstrukturen plazieren. Das spezifische Merkmal einer jeden Erfahrung ist es, eine kulturelle Einheit zu stiften, die das Subjekt der Erfahrung in einen Sinn- und Bedeutungszusammenhang mit derjenigen Wirklichkeit stellt, auf die eine bestimmte Erfahrung zielt. Während eine historische Erfahrung die persönliche Identität des Erfahrenden durch dessen Einordnung in umgreifendere Wirkungszusammenhänge und Kontinuitäten erweitert, läßt sich eine politische Erfahrung etwa als eine Form der menschlichen Vergesellschaftung begreifen, in der sich die Zustimmungsfähigkeit und Legitimität von Herrschaft qualitativ und quantitativ erweitert, oder sich Zugehörigkeit und Solidarität auf Bezugsgruppen ausweiten, die vorher nur als äußerliche Natur, als »Wilde« und »Fremde« wahrgenom-

---

38 Dewey bindet eine ästhetische Versöhnung durch Erfahrung im Unterschied zu einer wissenschaftlichen, an das Medium des Experiments und der Reflexion gebundenen Erfahrung an ihre nicht-reflexive Form: »Denn welches Ideal vermag den Menschen aufrichtig zu unterhalten, wenn nicht die Idee einer Umgebung, in welcher sich alle Dinge zur Vollendung und Stützung der Werte verschwören, die man bei Gelegenheit und nur partiell erfährt. ... ›Versöhnung‹ meint das Erreichen eines Ziels in einer unmittelbaren und nicht reflektierten Form, das Erreichen von Perioden harmonischer Kooperation von Mensch und Welt in Erfahrungen, die vollendet sind.« (*Ebd.*, S. 216). Kunst und Wissenschaft geht es zwar übereinstimmend um eine kulturelle Erweiterung des Erfahrungshorizonts, jedoch realisieren sie diesen gemeinsamen Erfahrungsbezug auf grundverschiedene Art.
39 *Ebd.*, S. 28.

men werden konnten und im Zuge einer Erfahrung zu kulturell eigenständigen und anerkennungsfähigen Mitgliedern einer zugleich individueller und universeller gewordenen Menschheit aufsteigen.

Dieselbe kulturelle »Logik« von Erfahrungen rekonstruiert Dewey am Beispiel der ästhetischen Erfahrung. Auch die Kunst repräsentiert eine kulturelle Universalisierung, in der sich eine entzweite Totalität zu einer neuen Ordnung und Einheit zusammenfügt.[40] Menschsein erweitert sich in der Kunst durch die Entpartikularisierung von Identität zu höherstufigen Gemeinsamkeiten und der soziale Vorgang kultureller Entgrenzung repräsentiert für Dewey die Spezifik einer ästhetischen Erfahrung:

»Wir werden sozusagen in eine diese Wirklichkeit transzendierende Welt eingeführt, die gleichwohl die tiefere Wirklichkeit der Welt ist, in der wir mit unseren gewöhnlichen Erfahrungen leben. Wir werden in eine Dimension, die unser Leben übersteigt, hinausgeführt, um uns selbst zu finden. Für solche besonderen Eigenschaften einer Erfahrung kann ich keinen anderen psychologischen Grund finden als den, daß ein Kunstwerk irgendwie den Sinn für ein umhüllendes unbestimmtes Ganzes, der jede gewöhnliche Erfahrung begleitet, zu vertiefen und zu großer Deutlichkeit zu erheben hilft. Dann wird man dies Ganze als eine Ausweitung unserer selbst empfinden. ... Wo nicht Selbstbespiegelung zum Maßstab für Realität und Wert erhoben wird, sind wir Bürger dieser weiten Welt jenseits unserer selbst, und jede angespannte Verwirklichung ihrer Gegenwart mit und in uns ruft ein ausnehmend glückliches Gefühl der Einheit mit sich selbst und der Einheit mit uns hervor.«[41]

Freilich ist diese Kulturleistung der ästhetischen Erfahrung etwas anderes als die Versöhnung einer entzweiten Totalität in der klassischen Ästhetik: Es liegt in der Logik von Erfahrungen begründet, daß sie die innere Dialektik von Problem und Problemlösung, von Natur und Kultur, von Kontingenz und Orientierung, derer sie sich verdanken, nicht zum Stillstand bringen, sondern ihre Fortsetzung überhaupt erst ermöglichen und fortsetzen lassen. Das »Machen« einer Erfahrung gebiert unweigerlich neue Probleme der menschlichen Lebenspraxis, die zu neuen Erfahrungen provozieren. Der Reichtum an kulturellen Erfahrungen setzt den Reichtum an Problemen voraus und erzeugt ihn zugleich.

Als eine weitere Leistung der Kunst begreift Dewey ihre Fähigkeit, »eine Kommunikation zu bewirken.«[42] Kommunikation ist der soziale Prozeß, in

---

40 Allein schon durch ihre bloße Existenz dokumentiert die Kunst für Dewey den inneren Trieb des Menschen, sich kulturell zu erweitern: »Die Tatsache, daß es Kunst gibt, ... beweist, daß der Mensch Stoffe und Energien der Natur in der Absicht nützt, sein Leben zu erweitern.« (*Dewey*, Kunst als Erfahrung, S. 35).
41 *Ebd.*, S. 226f.
42 *Ebd.*, S. 317. – Dewey betont die kommunikative Struktur von Erfahrungen, weil sie sich überhaupt erst im Austausch konstituieren: »Ausdruck von Erfahrung ist öffentlich und teilt sich mit, weil die artikulierten Erfahrungen das sind, was sie auf Grund der Erfahrungen von Lebenden und Toten sind, die ihnen Ausdruck gegeben haben.« (*Ebd.*).

dem sich die ästhetische Erfahrung als eine Entgrenzung des Ich empirisch vollzieht. Die Kunst übernimmt insofern Aufgaben der sozialen Vergemeinschaftung, indem sie eine universale Sprachform symbolisiert, an der prinzipiell jeder partizipieren kann.[43] Dewey verbindet mit der ästhetischen Erfahrung eine Intensivierung der innergesellschaftlichen Kommunikation sowie eine Ausweitung des Horizonts symbolischer Bedeutungen und Sinngehalte, die den Prozeß der kulturellen Vergesellschaftung begleiten und sozialen Zusammenhang stiften: »Kunstwerke, die nicht fern vom Alltagsgeschehen stehen, deren sich die Gemeinschaft auf breiter Ebene erfreut, sind Zeichen – Zeichen für ein vereintes Kollektivleben. Sie sind aber auch ebenso wunderbare Stützen in der Schaffung eines solchen Lebens. ... In dem Maße, in dem Kunst ihr Amt ausübt, ist sie ein Neuschaffen der Erfahrung der Gemeinschaft in Richtung auf eine stärkere Ordnung und Einheit.«[44] Dewey stellt die kommunikativen Elemente der ästhetischen Erfahrung heraus. Ihn interessiert nicht die immanente ästhetische Qualität des Werks, sondern seine soziale Konsequenz und Auswirkung auf die Prozesse gesellschaftlicher Kommunikation.[45]

Die Kunst macht etwas kommunizierbar, was ohne sie nicht zu kommunizieren wäre, weil nur sie spielerisch von Sachzwängen entlastet und soziale Rollendistanz nicht nur zuläßt, sondern sogar fordert und voraussetzt. Sie ermöglicht die Identifikation mit dem, was man nicht ist, aber sein möchte und ermöglicht so die Einübung in neue Handlungsschemate und -rollen. Indem sie Möglichkeitsspielräume menschlicher Interaktion erschließt und Chancen sozialer Verständigung stiftet, die sich im realen Leben niemals ergeben würden, erschließt sie einen kulturell überschießenden Bedeutungsgehalt von Dingen, Situationen, Verhältnissen, Interaktionsformen und Beziehungen, durch den unvorhergesehene Verbindungen und Gemeinschaftsformen denkbar und kommunikabel werden. In dieser Fähigkeit zur Außerkraftsetzung sozialer Rollenzwänge hat Dewey die gesellschaftliche Dynamik einer ästhetischen Erfahrung begründet gesehen:

---

43 In diesem Sinne nennt Dewey auch »Kunstwerke die einzig möglichen Mittel zur vollständigen und ungehinderten Kommunikation von Mensch zu Mensch in einer Welt voller Klüfte und Mauern, die die Gemeinsamkeit der Erfahrung einschränken.« (*Ebd.*, S. 124).
44 *Ebd.*, S. 97.
45 In dieser Wendung von der Werk- zur Wirkungsästhetik hat Dewey bereits die Motive der Rezeptionsästhetik vorweggenommen, bei der ebenfalls die Kategorie der ästhetischen Erfahrung im Mittelpunkt steht. Grundlegend ist hier die Differenzierung zwischen produktiver, rezeptiver und kommunikativer Leistung der ästhetischen Erfahrung (Poiesis, Aisthesis, Katharsis). In der Tradition Deweys geht auch sie über die Werkästhetik hinaus, indem sie die Vielfalt von Kommunikationsprozessen rekonstruiert, in denen die Kunst steht. Siehe hierzu im einzelnen *Jauß*, Ästhetische Erfahrung, S. 17 ff., 62; zur kommunikativen Leistung der ästhetischen Erfahrung in der Katharsis siehe vor allem S. 165 ff.

»Jede Kunst kommuniziert, weil sie Ausdruck ist. Sie macht uns fähig, in lebendiger und vertiefter Form an Bedeutungen teilzuhaben, denen gegenüber wir stumm gewesen sind ... Kommunikation ist der Prozeß, der Partizipation schafft, der gemein macht, was isoliert und für sich war ... Die Menschen verbinden sich auf manche Weise. Doch die einzige Form einer Verbindung, die wahrhaft menschlich ist ... ist die Partizipation an Bedeutungen und Gütern, die in einer Kommunikation hervorgerufen wird. Die Ausdrucksweisen, die die Kunst konstituieren, sind Kommunikationen in ihrer reinen und makellosen Form. Kunst durchbricht Grenzlinien, die Menschen voneinander trennen und die in gewöhnlicher Verbindung undurchlässig sind.«[46]

Die Bedeutung der ästhetischen Erfahrung hat Dewey unter anderem aus ihrer Fähigkeit abgeleitet, die Grenzen menschlicher Interaktion zu überwinden und soziale Zugehörigkeiten, Gemeinsamkeiten und Solidaritäten tendenziell zu universalisieren. In der Kunst wird Menschheit daher als Chiffre und regulative Idee einer universellen, schrankenlosen Kommunikationsgemeinschaft unmittelbar konkret und verständlich:

»Künstlerische Kommunikation setzt sich über Schranken hinweg, die den Menschen vom Mitmenschen trennen. Da Kunst die universalste Form der Sprache ist, und da sie ... dadurch konstituiert ist, daß sie mit der Öffentlichkeit Gemeinsamkeiten aufweist, ist sie auch die universalste und freieste Form der Kommunikation. ... Daß die Kunst Mensch und Natur vereint, ist eine vertraute Tatsache. Die Kunst macht den Menschen auch bewußt, daß sie untereinander eine Einheit bilden, eine Einheit im Hinblick auf ihren Ursprung und ihre Bestimmung.«[47]

Aus der kulturellen Produktion von Erfahrungen resultiert schließlich für Dewey der Fortschritt der Gesellschaft. Die Aneignung und die Kommunikation von Erfahrungen sind Voraussetzungen einer zivilisatorischen Bewegung in eine offene Zukunft hinein. Die Möglichkeit des geschichtlichen Wandels ist bedingt durch eine kulturelle Struktur von Erfahrungen, die weder als bloße Träumerei die Wirklichkeit überspringen, noch sich in reiner Affirmation erschöpfen. Gleichermaßen jenseits von Utopie und Faktizität realisieren Erfahrungen daher »Bedeutungen und Werte, weiter und tiefer als das jeweilige Hier und Jetzt, in dem sie verankert sind«.[48] In einer Erfahrung verschmelzen traditionelle Bedeutungen und herausfordernde Probleme, wodurch sich beide verwandeln und in dieser Verwandlung mit kultureller Bedeutung anreichern. Erst mit dieser Auflading der Wirklichkeit durch kulturelle Sinngehalte im Modus von Erfahrungen sind für Dewey die notwendigen Bedingungen geschichtlichen Fortschritts erfüllt.

In diesem Zusammenhang ist die ästhetische Erfahrung für Dewey von besonderer Bedeutung, weil die lebensweltliche Funktion der Kunst darin

---

46 *Dewey*, Kunst als Erfahrung, S. 285f.
47 *Ebd.*, S. 318.
48 *Ebd.*, S. 320.

besteht, daß sie die Zwangsgeltung der Tradition aufhebt und den Horizont bisher realisierter Bedeutungsgehalte von Erfahrungen erweitert. Sie legitimiert Zukunft als einen Bezugspunkt von Erfahrungen, öffnet den Spielraum menschlichen Handelns und bietet damit Chancen weitergehender Entwicklungen. Deweys Ästhetik hat die gesellschaftliche Rolle des Künstlers vor allem in dieser kulturellen Initiierung geschichtlichen Fortschritts gesehen; der Künstler ringt Zuständen neue Bedeutungen ab, verjüngt sie durch die imaginative Transformation vertrauter Gegebenheiten zu neuen Erfahrungen und schafft damit die Bedingungen gesellschaftlicher Veränderung: »Weil der Künstler ein Liebhaber der noch nicht dagewesenen Erfahrung ist, meidet er Objekte, die bereits ausgeschöpft sind, und daher befindet er sich immer am Ursprungsort der Dinge.«[49]

Eine bemerkenswerte Konsequenz dieser immanenten Geschichtlichkeit der ästhetischen Erfahrung ist es, daß die Kunst aus der Zeitlosigkeit des Schönen heraustritt. Sie verliert ihre Bedeutung einer kulturellen Sphäre, vor der die Veränderungsdynamik der Gesellschaft in der zeitenthobenen Transzendenz des Kunstwerkes zum Stillstand kommt und wird stattdessen selbst der Aufgabe einer ständigen Neukonstitution und Wiedergewinnung von Erfahrung überantwortet. Die Versöhnungsleistung der Kunst kann daher auch immer nur von punktueller Dauer sein. Weil Dewey die ästhetische Erfahrung als Paradigma gesellschaftlicher Erfahrung überhaupt begriffen hat, unterliegt sie auch denselben Prozessen geschichtlichen Wandels wie diese. Als ästhetische Erfahrung dokumentiert die Kunst die ständige Auflösung einer kulturell errungenen Einheit und die strukturelle Bedrohung der Sinnhaftigkeit einer geschichtlichen Welt, – einer Welt, in der Sinn immer nur als Fragment und Augenblick zu haben ist.[50] Erfahrungen im Sinne einer kulturellen Verarbeitung kontingenter Problemlagen repräsentieren daher auch keinen dauernden Besitz, der im Zuge des zivilisatorischen Fortschritts ständig ausgedehnt wird, sondern eher ein unregelmäßiges Intervall aufblitzender Sinnmomente, in denen eine Einheit und Bedeutung menschlichen Lebens greifbar wird, die angesichts der Realität einer kontingenten Natur ständig zergeht. Fortschritt bleibt so eingebettet

---

49 *Ebd.*, S. 167.
50 Diesen Aspekt betont auch *Shusterman*, Pragmatist Aesthetics: Dewey »insists that the unity of aesthetic experience is not a closed and permanent haven in which we can rest at length in satisfied contemplation. It is rather a moving, fragile, and vanishing event, briefly savored in an experiential flux rife with energies of tension and disorder which it momentarily masters. It is a developing process which, in culmination, deconstructively dissolves into the flow of consequent experience, pushing us forward into the unknown and toward the challenge of fashioning new aesthetic experience, a new moving and momentary unity from the debris and resistance of past experiences and present environing factors. Moreover, for Dewey, the permanence of experienced unity is not only impossible, it is aesthetically undesirable; for art requires the challenge of tension and disruptive novelty and the rhythmic struggle for achievement and breakdown of order.« (S. 32).

in eine tragische Grundstruktur der menschlichen Existenz, die in dem Gegensatz und der Spannung zwischen Natur und Erfahrung zum Ausdruck gelangt.[51]

Im Zentrum der Philosophie Deweys steht die Kategorie der Erfahrung, die er in ihrer allgemeinsten Form als eine kreative Interaktion zwischen Mensch und Umwelt begreift, in der sich Natur und Kultur wechselseitig durchdringen und der geschichtliche Prozeß der Zivilisation vollzieht. Pragmatistische Philosophie ist die Reflexion und Rekonstruktion aller Aspekte der kulturellen Erfahrung; auf den politischen Aspekt dieser Erfahrung zielt Deweys Theorie der modernen Demokratie.

b) Die Genese der Zivilgesellschaft im Prozeß der Kommunikation

Auch für die politische Philosophie Deweys sind die Kategorien Erfahrung und Kommunikation von theoriestrategischer Bedeutung, da sie die Strukturmerkmale von Demokratie und politischer Öffentlichkeit auf den Begriff bringen. In seinem Werk zur »Erneuerung der Philosophie« hat er die Intensivierung der sozialen Kommunikation und die durch sie gewonnenen Möglichkeiten kultureller Erfahrung zur Grundlage und Substanz einer demokratischen Gesellschaft erklärt:

»Gesellschaft bedeutet ... viele Zusammenschlüsse, nicht eine einzige Organisation. Gesellschaft bedeutet Vergesellschaftung, das Zustandekommen in gemeinsamem Umgang und Handeln zum Zweck der besseren Verwirklichung jeder Form der Erfahrung, die dadurch, daß sie gemeinsam ist, vermehrt und bestärkt wird. ... Universalisierung bedeutet Sozialisierung, die Ausdehnung des Gebietes und der Reichweite derer, die sich ein Gut teilen. Die wachsende Einsicht, daß Güter nur dadurch existieren und dauern, daß sie mitgeteilt werden, und daß Vergesellschaftung das Mittel der gemeinsamen Teilhabe ist, liegt dem modernen Sinn für Humanität und Demokratie zugrunde.«[52]

Praxis ist in der Gesellschaftstheorie des amerikanischen Pragmatismus eine Interaktion des Menschen mit einer natürlichen oder sozialen Umwelt, die grundsätzlich kontingent und problematisch ist. Die »harten« sozialgeschichtlichen Fakten politischer Herrschaft und sozialer Ungleichheit werden keineswegs in das Wohlgefallen einer harmonischen zwischenmenschlichen Kommunikation aufgelöst, vielmehr steht Kommunikation in unmittelbarem

---

51 Daher führt auch die Reduzierung des Deweyschen Pragmatismus zu einem naiven Fortschrittsglauben und »sunny-side-up liberalism« in die Irre. Neben der Konfliktdimension des politischen und ökonomischen Interessenkampfes stellte die Kontinuität des Negativen die größte Herausforderung seines Philosophierens dar. Dies hat deutlich gesehen *Jacques*, The Tragic World, S. 252.
52 *Dewey*, Die Erneuerung der Philosophie, S. 248f.

Zusammenhang mit System- und Strukturzwängen. Sie repräsentiert den sozialen Mechanismus, der die Objektivität äußerlicher, politischer und gesellschaftlicher Zwänge zu Erfahrungen transformiert, und nimmt diese Zwänge als Herausforderungen kultureller Sinnbildung an. Aus diesem Grunde ist auch der an die Adresse des Pragmatismus gerichtete Vorwurf unberechtigt, er übersehe in der Unterstellung einer grundsätzlich harmonischen Weltordnung die Konfliktdimension des Politischen und den Antagonismus der Interessen. Vielmehr besitzt die Realität des Konflikts und des Kampfes der Interessen einen systematischen Stellenwert im Denken Deweys: Er stellt die Strukturzwänge und Kontingenzen der menschlichen Lebenspraxis nicht nur in Rechnung, sondern setzt sie als notwendige Voraussetzungen von Kultur und Erfahrung voraus.

Die kulturelle Qualität einer Erfahrung, die für Dewey als ästhetische Erfahrung in ihrer reinsten Form zum Ausdruck kommt, realisiert sich nicht allein im Medium der Kunst, sondern ist ein Bestandteil jeder Interaktion des Menschen mit seiner natürlichen und sozialen Umwelt. Entsprechend besitzt Deweys Begriff der Erfahrung nicht nur eine ästhetische, sondern auch eine politische Dimension: Ausgangspunkt seiner Theorie der Gesellschaft ist die Idee eines Zusammenhangs zwischen kultureller Erfahrung, sozialer Kommunikation und politischer Demokratie. Die Suche nach einer zeitgemäßen Legitimation demokratischer Herrschaft bildete den eigentlichen Kern von Deweys Denken, um den sich alle übrigen Aspekte seines Werks gruppieren. Mit ihm läßt sich der amerikanische Pragmatismus als die Rekonstruktion der »culture of democracy« verstehen.[53]

Es ist bereits erwähnt worden, daß die politische Philosophie Deweys in der Überzeugung einer sozialen Konstitution des Individuums wurzelte. Bereits in einem seiner frühesten Beiträge zur Theorie der Demokratie, in dem Aufsatz »The Ethics of Democracy« aus dem Jahre 1888, liegt diese Idee seiner Distanzierung vom Laissez faire-Liberalismus seiner Zeit zugrunde. Es handelt sich hierbei um Deweys Antwort auf ein Buch von Henry Maine unter dem Titel »Popular Government«, in dem dieser die moderne Demokratie als eine Herrschaft der Masse denunziert hatte. Gegenüber dieser Kritik der Demokratie als Verlust von Individualität macht Dewey einen Neuanfang der politischen Philosophie, indem er die Demokratie als eine politische Vergesellschaftung immer schon vergesellschafteter Individuen konzipiert. Eine Konzeption von Demokratie und Gesellschaft als Herrschaft der Masse, in der die Individuen quasi zwangsläufig ihre Individualität verlieren, übersieht den grundlegenden sozialen Tatbestand, daß Individuen im Sinne von »social beings« erst durch Vergesellschaftung Individualität ausbilden können. Individualität ist an das Element wechselseitiger Aner-

---

53 So *West*, The American Evasion, S. 103; *Westbrook*, John Dewey, S. X. – Aus der Forschungsliteratur siehe speziell zu Deweys Theorie der Demokratie auch *Bernstein*, Dewey, Democracy; *Rockefeller*, John Dewey, S. 432 ff.

kennung gebunden und ohne dieses soziale Element gar nicht denkbar. Dieser Gedanke liegt seinem Gesellschaftsbegriff zugrunde, der die Freiheit der Individuen an die Existenz eines übergreifenden Bewußtseins sozialen Zusammenhangs bindet: »We start from the conception of a social organism ... Society, as a real whole, is the normal order, and the mass as an aggregate of isolated units is the fiction. If this be the case, and if democracy be a form of society, it not only does have, but must have, a common will; for it is this unity of will which makes it an organism.«[54] Im Gegensatz zum individualistischen Liberalismus konzipiert Dewey die Gesellschaft als einen sozialen Kosmos, der auf die Partizipation aller angewiesen ist und daher ein ausgeprägtes kommunitäres und republikanisches Element enthält.[55]

Dewey rekonstruiert die Ausblendung der sozialen Dimension menschlicher Lebenspraxis als einen Denkfehler des Individualismus, den er zu beheben sucht. Für ihn werden Subjekte zu unverwechselbaren Individuen erst im Zuge von Interaktionen, in denen sie ihr Handeln an der Existenz anderer ausrichten und sich damit wechselseitig als Individuen anerkennen:

»Not only the state but society has been pulverized into an aggregate of unrelated wants and wills. ... Association in the sense of connection and combination is a ›law‹ of everything known to exist. Singular things act, but they act together. ... The action of everything is along with the action of other things. The ›along with‹ is of such a kind that the behavior of each is modified by its connection with others.«[56]

Hier wird ein Grundelement der pragmatistischen Demokratietheorie greifbar, das insbesondere von Dewey und Mead gemeinsam entwickelt worden ist: Sie setzt die sowohl kognitive wie moralische Fähigkeit von Individuen

---

54 *Dewey*, The Ethics of Democracy, (EW 1), S. 232.
55 Dies betonen *Kloppenberg*, Pragmatism, S. 119 ff.; *Westbrook*, John Dewey, S. 38 ff. – Wie aktuell diese pragmatistische Idee einer dialogischen Konstitution des Selbst für die gegenwärtigen Formen der politischen Theoriebildung ist, zeigt *Taylor*, Multikulturalismus, S. 21 f.: »Wollen wir den engen Zusammenhang von Identität und Anerkennung begreifen, so müssen wir etwas beachten, das von der überwiegend monologischen Orientierung der modernen Philosophie fast unsichtbar gemacht wurde: den *dialogischen* Charakter menschlicher Existenz. Zu handlungsfähigen Menschen, die imstande sind, sich selbst zu begreifen und insofern auch ihre Identität zu bestimmen, werden wir, indem wir uns eine Vielfalt menschlicher Sprachen aneignen. Ich verwende das Wort *Sprache* hier in einem sehr weiten Sinne. Es umfaßt nicht nur die Worte, die wir sprechen, sondern auch andere Ausdrucksweisen, etwa die ›Sprachen‹ der Kunst, der Gestik, der Liebe und dergleichen. Diese Ausdrucksweisen erlernen wir im Austausch mit anderen. Wir erwerben die Sprachen, die wir zur Selbstdefinition benötigen, nicht ›von selbst‹. Wir werden in ihren Gebrauch im Umgang mit anderen Menschen, die wichtig für uns sind, eingeführt – durch die Interaktion mit denen, die George Herbert Mead die ›signifikanten Anderen‹ genannt hat. Die Genese des menschlichen Verstandes ist kein monologischer Prozeß, nicht etwas, das jeder für sich vollbringt; sie ist dialogisch. ... Wir bestimmen unsere Identität stets im Dialog und manchmal sogar im Kampf mit dem, was unsere ›signifikanten Anderen‹ in uns sehen wollen.«
56 *Dewey*, The Public and Its Problems, (LW 2), S. 249 f.

voraus, sich erstens als gleichberechtigte Mitglieder eines sie umgreifenden sozialen Ganzen wahrzunehmen, zweitens die eigenen Interessen und Rollenerwartungen in der Konfrontation mit den legitimen Bedürfnissen der übrigen Gesellschaftsmitglieder zu relativieren und drittens sich im Zuge des »role taking« wechselseitig als Individuen wahrzunehmen.[57] Die alte republikanische Idee des Common Good rekonstruiert der amerikanische Pragmatismus intersubjektivitätstheoretisch als die Kompetenz von Individuen, ihre jeweiligen Interessen und Rollen in Beziehung zueinander zu setzen, sich über ihre Differenzen unter der regulativen Idee wechselseitiger Anerkennung miteinander zu verständigen und damit eine Stärkung der innergesellschaftlichen Solidarität zu bewirken.[58]

Dewey bestimmt das Individuum als »a collection of interacting parts«,[59] das sich erst durch Vergesellschaftung, Kommunikation und freie Assoziierung als Individuum konstituiert. Deweys Position ist nicht anti-individualistisch, sondern die eines Individualismus, der die Individuen von den Beziehungsfeldern her begreift, innerhalb derer sie agieren: »Our faith is ultimately in individuals and their potentialities. In saying this, I do not mean what is sometimes called individualism as opposed to association. I mean rather an individuality that operates in and through voluntary associations.«[60]

Auch Dewey begreift das Selbst zwar als ein Verhältnis, das sich zu sich selbst verhält; auch er sieht Individualität an Selbstreflexivität gebunden. Allerdings ist dieser existentialistische Gedanke des Selbstverhältnisses als Ursprung des Individuums für Dewey nur sinnvoll denkbar, wenn man ihm eine kommunikative Dimension verleiht. Das Individuum kann sich für Dewey nur zu sich verhalten, indem es sich zum Anderen verhält, Existenz ist immer zugleich Koexistenz. Eine Individualität ohne diese soziale Dimension wechselseitiger Konfliktualität und Verständigung wäre demgegenüber ein reines Naturverhältnis und als solches keine kulturelle Erfahrung, da diese an die Bedingung ihrer Sozialität gebunden ist.

---

57 Mit der Kompetenz zu wechselseitiger Rollenübernahme gewinnt der Prozeß der Vergesellschaftung ein selbstreflexives Element, das Mead mit dem Begriff von »social control« zum Ausdruck gebracht hat: »Social control depends, then, upon the degree to which the individuals in society are able to assume the attitudes of the others who are involved with them in common endeavor.« (*Mead*, The Genesis of the Self and Social Control, S. 291). – Zur theoriegeschichtlichen Bedeutung des pragmatistischen Interaktionismus siehe *Joas*, Symbolischer Interaktionismus.

58 Die Bedeutung dieser kommunikativen Kompetenz innerhalb der pragmatistischen Demokratietheorie betont auch *Shalin*, G.H.Mead, S. 942: »The ultimate goal of social reconstruction, as envisioned in social interactionism, is a democratic community based on the ideal of free discourse or organic interaction. ... When the self-consciousness of all individuals is so altered that each can rejoice with the successes, emphathize with the miseries, and help meet the needs of others, that is, when everyone assumes the attitude of the whole society, then the latter is transformed into a truly universal and democratic community.«

59 *Dewey*, The Public and Its Problems, (LW 2), S. 352f.

60 *Ders.*, A Critique of American Civilization, (LW 3), S. 144.

Dieser sozialphilosophische Begriff des Individuums erklärt auch den prominenten Stellenwert des Erfahrungsbegriffs in Deweys Theorie der Demokratie. Indem er die persönliche Freiheit der Individuen unmittelbar an die Bedingung ihrer Integration in Beziehungsstrukturen bindet, wird der kulturelle Spielraum, innerhalb dessen Erfahrungen und Kommunikation möglich sind, zum Gradmesser von Demokratie, Citizenship und persönlicher Freiheit:

»A good citizen finds his conduct as a member of a political group enriching and enriched by his participation in family life, industry, scientific and artistic associations. There is a free give-and-take: fullness of integrated personality is therefore possible of achievement, since the pulls and responses of different groups reenforce one another and their values accord. Regarded as an idea, democracy is not an alternative to other principles of associated life. It is the idea of community life itself. ... The clear consciousness of a communal life, in all its implications, constitutes the idea of democracy.«[61]

Demokratie ist im Verständnis Deweys daher auch nicht auf ein Problem der politischen Herrschaft zu reduzieren und nicht allein durch eine Reform politischer Institutionen zu lösen. Vielmehr erfordert die Ausweitung von Demokratie als »a mode of associated living, of conjoint communicated experience« eine Transformation der menschlichen Lebensführung durch die Erweiterung sozialer Erfahrungs- und Interaktionsräume.[62] Hierin liegt die eigentliche gesellschaftstheoretische Bedeutung des Community-Begriffs: Demokratisierung erfordert mehr als nur die Reform des politischen Systems, er erfordert vielmehr eine Erweiterung von Identität und Solidarität, durch die sich die Individuen als Teilnehmer einer kulturellen Kommunikation wahrzunehmen lernen und damit in letzter Instanz Menschheit als regulative Idee einer universellen Erfahrungsgemeinschaft greifbar wird. Deweys politische Philosophie auf eine romantisierende und sozialkonservative Verklärung traditionalistischer Community-Strukturen festnageln zu wollen, wäre unter Berücksichtigung dieser Aspekte eine Fehlinterpretation. Vielmehr ist für Dewey die Universalisierung identitätsverbürgender Zugehörigkeiten an die Integration der Individuen in ein ausdifferenziertes System von Kommunikationsgemeinschaften gebunden, in denen Individualität als eine auf wechselseitiger Anerkennung beruhende Form des Zusammenlebens erlernt werden kann. Diese lebensweltlich verankerten Kommunikationsgemeinschaften sind es, die die Voraussetzungen für die Produktion von Erfahrungen garantieren und die Kompetenz der wechselseitigen Anerkennung von Individualität entstehen lassen:

---

61 *Ders.*, The Public and Its Problems, (LW 2), S. 327.
62 *Ders.*, Democracy and Education, (MW 9), S. 93. – Zum Verständnis von Demokratie als »a mode of life« siehe auch *Smith*, America's Philosophical Vision, S. 145 ff.

»The extension in space of the number of individuals who participate in an interest so that each has to refer his own action to that of others, and to consider the action of others to give point and direction to his own, is equivalent to the breaking down of those barriers of class, race, and national territory which kept men from perceiving the full import of their activity. These more numerous and more varied points of contact denote a greater diversity of stimuli to which an individual has to respond; they consequently put a premium on variation in his action. They secure a liberation of powers which remain suppressed as long as the incitations to action are partial, as they must be in a group which in its exclusiveness shuts out many interests.«[63]

Die Komplexitätszunahme sozialer Assoziierungen und Verknüpfungen steigert für Dewey die Chance persönlicher Individuierung, weil Individualität nur in sozialen Anerkennungsverhältnissen zu realisieren ist. Identität als Sinnhorizont der individuellen Lebensführung muß in dialogisch strukturierten Situationen ausgehandelt werden, die keineswegs immer harmonisch geregelt sind, sondern »Kampf« und »Konflikt« umgreifen. Gerade mit dem Aufkommen der modernen Individualitätsidee, einer Individualität der Innerlichkeit und Authentizität, verschärft sich das Problem der kulturellen Identitätsbildung und gewinnen dialogische Elemente an Bedeutung. Gerade in der geschichtlichen Situation, in der Individuen nicht mehr konventionell arrangiert werden und Identitäten nicht traditionalistisch festgelegt, sondern bewußt gewählt, entworfen und damit auch riskanter werden, wird deren Anerkennung in dialogischen Prozessen dringlich. Je individualistischer die Formen der menschlichen Identität werden, desto komplexer sind die Prozesse der sozialen Kommunikation, in denen sie eingenommen und anerkannt werden müssen.[64]

---

63 *Dewey*, Democracy and Education, (MW 9), S. 93. – Demokratie im Sinne intensivierter Kommunikation und erweiterter Erfahrung ist die Einheit von Individuierung und Vergemeinschaftung. Daher interpretiert Dewey Demokratie einerseits als eine Freisetzung von Differenz (»liberation of a greater diversity of personal capacities«) und andererseits als Konstitution übergreifender Gemeinsamkeit (»widening of the area of shared concerns«). Sie repräsentiert die unauflösliche Einheit von »greater individualization« und »broader community of interest« (*ebd.*). – Demokratie als Lebensform meint einen Zustand von »associated individuals in which each by intercourse with others somehow makes the life of each more distinctive.« (*Ders.*, Philosophy and Democracy, (MW 11), S. 53).

64 Unter dem Stichwort der »Dialogizität« der menschlichen Identitätsbildung diskutiert diesen bereits von Dewey herausgearbeiteten Konnex zwischen Individuierung und Vergemeinschaftung jetzt *Taylor*, Multikulturalismus, S. 23 ff.: »Von der Entdeckung meiner Identität zu sprechen bedeutet also nicht, daß ich Identität in der Isolation entwickele. Es bedeutet vielmehr, daß ich sie durch einen teils offenen, teils inneren Dialog mit anderen aushandele. Deshalb gewinnt das Problem der Anerkennung mit dem Aufkommen der Idee einer innerlich erzeugten Identität neue Bedeutung. Meine eigene Identität hängt wesentlich von meinen dialogischen Beziehungen zu anderen ab. ... Die aus dem Innern begründete, unverwechselbar persönliche Identität genießt diese selbstverständliche Anerkennung nicht. Sie muß Anerkennung erst im Austausch gewinnen, und dabei kann sie scheitern. Neu ist daher nicht das Bedürfnis nach Anerkennung, neu ist vielmehr, daß wir in Verhältnissen leben, in denen das Streben nach Anerkennung scheitern kann.« (S. 24).

Je dichter das Netz sozialer Einheiten im Sinne kommunikativer Lernfelder gewoben ist, desto mehr Chancen wechselseitiger Anerkennung und Möglichkeiten gemeinsamer Erfahrung ergeben sich für die Individuen. Damit aber erhöht sich zugleich die Wahrscheinlichkeit erfolgreicher Individuierungsprozesse, denn Individualität konstituiert sich innerhalb von Beziehungen, in denen sich die Beteiligten als unverwechselbare Persönlichkeiten wahrnehmen und behaupten können. Die kulturelle Kompetenz, ein Individuum zu sein, ist daher an kommunikative Lernprozesse im Kontext sozialer Gemeinschaften gebunden: »To learn to be human is to develop through the give-and-take of communication an effective sense of being an individually distinctive member of a community; one who understands and appreciates its beliefs, desires and methods, and who contributes to a further conversion of organic powers into human resources and values.«[65]

Was die Demokratie gegenüber anderen Formen politischer Herrschaft auszeichnet, ist die kontinuierliche Ermöglichung von Erfahrung durch Kommunikation, Kooperation und Assoziierung, denn Demokratie ist für Dewey »a name for a life of free and enriching communion.«[66] Sie setzt die Emanzipation der Individuen von inneren und äußeren Fesseln der Erfahrung voraus und realisiert so das Recht des Menschen auf freie Entfaltung (»growth«). Im Medium einer gesteigerten Erfahrung transformiert sich die Gesellschaft von einem Reich der Notwendigkeit zu einem kommunikativ erschlossenen Kosmos kultureller Bedeutungen und Sinnvorstellungen. Dewey hat dies als eine Autonomisierung kultureller Erfahrungsprozesse begriffen, die von allen inhaltlichen Festschreibungen freigehalten werden müßten, weil der Prozeß der Erfahrung niemals im voraus absehbar sei. Auf ihren allgemeinsten Nenner gebracht ist die politische Demokratie für Dewey identisch mit der Entfesselung der kulturellen Erfahrung.[67] Die Freiheit der Demokratie wird damit zur Offenheit zukünftiger Erfahrung.

Ihre Eigenschaft einer zukunftsoffenen Erweiterung der menschlichen Erfahrung stellte die Demokratie für Dewey auch in einen engen Zusammenhang mit der experimentellen Wissenschaft, die er ebenfalls als ein Verfahren der kulturellen Generierung von Erfahrungen gesellschaftstheoretisch privilegiert hat, weil diese den Prozeß der Zivilisation durch die Entwicklung technischen Wissens weitgehend determiniere. Als die vordringliche Aufgabe seiner Gegenwart hat Dewey die Entwicklung eines am Leitbild der Wissenschaft orientierten »social experimentalism« begriffen, der die rationalen Methoden wissenschaftlicher Erfahrungsproduktion auf das Gebiet

---

65 *Dewey*, The Public and Its Problems, (LW 2), S. 332.
66 *Ebd.*, S. 350.
67 Siehe hierzu *Ders.*, Creative Democracy – The Task Before Us, (LW 14), S. 229f.: »Democracy as compared with other ways of life is the sole way of living which believes wholeheartedly in the process of experience as end and as means ... The task of democracy is forever that of creation of a freer and more humane experience in which all share and to which all contribute.«

der Gesellschaft übertragen und dort fruchtbar machen sollte.[68] Der Begriff des »experimentalism« ist in Deweys Philosophie bedeutsam, weil er die Einheit der menschlichen Erfahrung zum Ausdruck bringt und den umgreifenden Mechanismus bezeichnet, durch den in Wissenschaft, Politik und Gesellschaft gleichermaßen Erfahrungen »gemacht« werden. Daß Dewey den Zusammenhang von Wissenschaft und Demokratie betonte und in der Wissenschaft das privilegierte Medium zur Erneuerung der Demokratie erkannt hat, liegt in der gemeinsamen Nähe beider zum Erfahrungsbegriff begründet. Die Bedeutung der Wissenschaft resultierte für ihn aus ihrer besonders ausgeprägten Fähigkeit zur Steigerung der menschlichen Erfahrung, die sie in der Anwendung rationaler Methoden und experimenteller Verfahren erlangt. Aufgrund ihrer Bedeutung bei der Generierung von Erfahrungen plädierte Dewey für die Applikation wissenschaftlicher Erkenntnisverfahren auf Politik und Gesellschaft, deren Probleme sich für ihn nur in dem Maße lösen ließen, wie die experimentellen und hypothetischen Methoden der Wissenschaft in der Lebenspraxis Wirkung entfalten können.[69]

Allerdings verbirgt sich hinter der Symbiose von Wissenschaft und Demokratie weniger ein sozialtechnisches und gesellschaftsplanerisches Motiv, als vielmehr die Überzeugung, daß die Wissenschaft einen Vorbildcharakter für die demokratische Organisation der modernen Gesellschaft sowie für die Verfahren kultureller Sinnbildung, sozialer Kommunikation und politischer Konsensbildung besitzt. Dewey definiert die Demokratie nach dem Vorbild der Wissenschaft als eine Praxis, in der sämtliche Überzeugungen und Verhaltensweisen dem Test der Erfahrung unterliegen. Das Hauptmerkmal demokratischer Verfahrensregeln ist ihre Anpassungs- und Revisionsfähigkeit im Lichte neuer Erfahrungen. Über ihre Angemessenheit entscheidet allein ihre Bewährung in der Lebenspraxis und dieser experimentelle Charakter bringt sie in die Nähe zur Wissenschaft:

»The very heart of political democracy is adjudication of social differences by discussion and exchange of views. This method provides a rough approximation to the method of effecting change by means of experimental inquiry and test: the scientific method. The very foundation of the democratic procedure is dependence upon experimental production of social change; an experimentation directed by working principles that are tested and developed in the very process of being tried out in action.«[70]

---

68 Dewey selber hat seine Philosophie auch als »experimentalism« bezeichnet und damit deutlich gemacht, daß er ihre Hauptaufgabe darin sah, diesen Mechanismus der experimentellen Generierung von Erfahrungen zu reflektieren (*Ders.*, The Development of American Pragmatism, (LW 2), S. 3).
69 Siehe programmatisch hierzu *ders.*, Liberalism and Social Action, (LW 11), S. 51: »The crisis in democracy demands the substitution of the intelligence that is exemplified in scientific procedure for the kind of intelligence that is now accepted.«
70 *Ders.*, Challenge to Liberal Thought, (LW 15), S. 273.

Der gemeinsame Zweck der politischen Demokratie und der experimentellen Wissenschaft besteht in der Ausdehnung der menschlichen Erfahrung. In der Generierung von Erfahrungen kommen die kognitive Rationalität der Wissenschaft und die praktische Vernunft der Demokratie zur Deckung, denn beide orientieren sich an dem Ziel, den Horizont der kulturellen Erfahrung mithilfe der experimentellen Erprobung hypothetischer Annahmen auszuweiten:

»Life based on experimental intelligence provides the only possible opportunity for *all* to develop rich and diversified experience, while also securing continuous cooperative give and take and intercommunication. ... The experimental method solves this problem as no other method can. The experimental method is the only one compatible with the democratic way of life, as we understand it. Every extension of intelligence as the method of action enlarges the area of common understanding. Understanding may not ensure complete agreement, but it gives the only sound basis for enduring agreement.«[71]

Allerdings beschränkt sich in der Sozialphilosophie des amerikanischen Pragmatismus die Vorbildfunktion der Wissenschaft für die Demokratie auf die formale Gemeinsamkeit ihrer jeweiligen Prinzipien der Geltungssicherung, und das ist etwas anderes als die Verwissenschaftlichung der Lebenswelt. Festzumachen ist dies am pragmatistischen Begriff von »social control«, der bei Dewey und Mead kein sozialtechnisches Planungswissen meint, sondern an die Kompetenz vergesellschafteter Menschen gebunden ist, ihr Handeln an Erfordernissen gemeinschaftlichen Zusammenlebens zu orientieren und experimentelle Methoden gesellschaftlicher Problemlösung zu entwickeln. Die Zusammenführung von Wissenschaft und Demokratie im pragmatistischen Begriff von »social control« zielt darauf, die wissenschaftlichen Verfahren hypothetischer Folgenabwägung zum Vorbild einer demokratisch organisierten Gesellschaft zu erheben, die im Gegensatz zum Prinzip des Laissez faire durch die Bereitschaft gekennzeichnet ist, die sozialen Folgen gesellschaftlicher Entwicklungen zu bedenken und die Verantwortung für sie zu tragen.[72]

An Kritik dieser Symbiose von Wissenschaft, Demokratie und Lebenspraxis hat es nicht gemangelt, jedoch unterliegt dieser Kritik häufig ein Mißverständnis des pragmatistischen Begriffs von »social control« und »social planning«. Ein typisches Beispiel dafür ist Tenbrucks Kritik der pragmatistischen Gesellschaftstheorie Meads. Die Entstehung des Pragmatismus im Chicago des späten 19. Jahrhunderts interpretiert Tenbruck als geistige Unabhängigkeitserklärung der amerikanischen Soziologie von europäischen Vorbildern, in der sich das spezifisch »amerikanische Daseinsverständnis« niedergeschlagen und sich die amerikanische Kultur erstmals intellektuell ihrer selbst vergewissert habe.[73] In Orientierung an Max Weber als dem gesellschaftstheo-

---

71 *Ders.*, The Underlying Philosophy of Education, (LW 8), S. 101 f.
72 Diesen Zusammenhang betont *Smiley*, Pragmatic Inquiry, S. 367 f.
73 *Tenbruck*, George Herbert Mead, S. 196, 201 f.

retisch überlegenen Zeitgenossen Deweys und Meads sowie in Verkennung der handlungs- und kommunikationstheoretischen Grundlagen des amerikanischen Pragmatismus unterstellt er diesem die sozialtechnische Instrumentalisierung der Lebenswelt durch die Wissenschaft und versteht ihn als einen intellektuellen Beitrag zur Zerstörung der sozialen Integrität der Alltagspraxis und der Fähigkeit autonomer Wertsetzung.[74] Indem Tenbruck jedoch den amerikanischen Pragmatismus auf einen Ableger der instrumentellen Vernunft und des gesellschaftlichen Utilitarismus reduziert, blendet er jene Handlungstheorie aus, die in Deweys Begriff der Erfahrung zum Ausdruck kommt.[75]

Die Grundidee Deweys lautet, daß die Symbiose von Wissenschaft und Demokratie einen Erfahrungsschub mit sich bringe, in dem sich neue Rationalitätschancen menschlicher Vergesellschaftung ergeben. Diese Symbiose denkt sich Dewey jedoch nicht als eine Unterwerfung der Lebenswelt unter die Autorität der Wissenschaft, vielmehr betont er den Zusammenhang zwischen den formalen Verfahren wissenschaftlicher Wahrheitsfindung und politischer Konsensbildung. Nicht als Träger eines objektiven Wissensbestandes, sondern als ein gesellschaftlicher Diskurs, den Dewey durch Selbstreflexivität, Öffentlichkeit und Intersubjektivität, durch die Fähigkeit zur Selbstkorrektur, durch rationalen Methodengebrauch und den Austausch von Argumenten geprägt sah, vermag die Wissenschaft eine Funktion für die Erweiterung von Erfahrung und zur Demokratisierung der Gesellschaft zu leisten.[76] Als ein solcher Diskurs neben anderen partizipiert sie auch an dem einzigen legitimen Medium, in dem sich für Dewey die maßgeblichen Normen, Orientierungen und kulturellen Sinnvorstellungen einer Gesellschaft ausbilden können. Dieses Medium ist die politische Öffentlichkeit.

c) Politische Öffentlichkeit und kommunitärer Liberalismus

In der Gesellschaftstheorie Deweys besetzt die politische Öffentlichkeit den intermediären Raum zwischen Staat und Privatsphäre. Als ein Element der Zivilgesellschaft repräsentiert sie das Netzwerk sozialer Kommunikationen, in dem sich Erfahrungen bilden. Mit dieser Produktion von Erfahrungen im Medium der politischen Öffentlichkeit erlangt die Civil Society für Dewey erst ihre charakteristische Fähigkeit zur kontinuierlichen Selbsttransforma-

---

74 Ein weiteres Beispiel für diese These ist *Kaufman-Osborn*, John Dewey, S. 1159.
75 Eine angemessenere Rekonstruktion der pragmatistischen Handlungstheorie findet sich bei *Habermas*, Theorie, Bd. 2, S. 11 ff.; *Joas*, Praktische Intersubjektivität; *ders.*, Symbolischer Interaktionismus; *ders.*, Pragmatismus, S. 293 ff.
76 Dies betont *Carey*, Communication, S. 80.

tion und zur Entwicklung zukunftsoffener Strategien gesellschaftlicher Problemlösung. Als ein in der Lebenswelt verankerter und daher pluralistischer Diskurs ist sie für Dewey nicht auf die institutionellen Organe der Massenmedien, Partei- und Verbandsöffentlichkeiten reduzierbar. Vielmehr ist sie als ein System der »voluntary associations«, als ein verzweigtes Organisations- und Vereinswesen auf freiwilliger Grundlage zu verstehen, in dem sich die lebenspraktischen Interessen, Meinungen und Problemlagen der Privatleute artikulieren und in diskursiven Prozessen Lösungen gesucht werden. Diese können dann in das politische System übernommen werden und sich dort zu Entscheidungsprozessen verdichten. Aus dieser Kompetenz, zwischen Privatsphäre und Politik vermitteln zu können, resultiert die Bedeutung der Öffentlichkeit, die das Erfahrungspotential der Lebenswelt zu einem Gestaltungselement der Politik werden läßt.[77]

Im folgenden wird Deweys Konzeption der politischen Öffentlichkeit unter drei Gesichtspunkten herausgearbeitet: Zunächst soll der theoriegeschichtliche Kontext rekonstruiert werden, in dem sie sich entwickelt hat. Dieser Kontext war vor allem durch das gesellschaftstheoretische Konkurrenzunternehmen Walter Lippmanns geprägt, der zeitgleich mit Dewey und in direkter Konkurrenz zu ihm eine Theorie der Öffentlichkeit vom Standpunkt des »democratic elitism« entworfen hat (1.). In einem weiteren Schritt ist der sozialgeschichtliche Erfahrungshintergrund zu beleuchten, vor dem Dewey das Problem der politischen Öffentlichkeit entwickelt hat. Er hat ihn mit der Kategorie der »Great Society« zum Ausdruck gebracht und als ein spannungsvolles Verhältnis zwischen Gesellschaft und Gemeinschaft entfaltet (2.). Schließlich soll der für Deweys Theorie der Zivilgesellschaft konstitutive Zusammenhang von Öffentlichkeit, Kommunikation und Erfahrung rekonstruiert werden. Dieser Zusammenhang hat sich vor allem in Deweys Begriff der »Great Community« niedergeschlagen, der als Kontrast- und Komplementärbegriff zu dem der »Great Society« seinem Entwurf eines kommunitären Liberalismus zugrunde liegt (3.).

1. Der Text, in dem sich Deweys Theorie der politischen Öffentlichkeit kondensiert, ist »The Public and Its Problems« aus dem Jahre 1927.[78] Mit ihm hat Dewey die theoretische Herausforderung angenommen, die von dem seinerzeit einflußreichen Alternativentwurf Walter Lippmanns ausging. Dieser hatte seit den 20er Jahren eine Theorie der Öffentlichkeit aus dem Blickwinkel des »democratic elitism« entwickelt, die sich in seinen Werken

---

[77] Bis heute ist diese Konzeption der Öffentlichkeit ein zentraler Baustein der Theorie der Zivilgesellschaft geblieben. Siehe hierzu *Cohen u. Arato*, Civil Society; *Habermas*, Faktizität, S. 399–467; *Walzer*, Zivile Gesellschaft, S. 64 ff. – Aus dem Kontext der historischen Bürgertumsforschung siehe zur Bedeutung der Öffentlichkeit für die kulturelle Vergesellschaftung des Bürgertums *Lepsius*, Bürgertum, S. 74.
[78] Siehe jetzt auch die von Hans-Peter Krüger herausgegebene und mit einem Nachwort versehene deutsche Ausgabe: *Dewey*, Die Öffentlichkeit und ihre Probleme.

»Liberty and the News« (1920), »Public Opinion« (1922) und »The Phantom Public« (1925) niederschlug.

Im Verständnis Lippmanns benötigt die Demokratie unter den geschichtlichen Bedingungen der »Great Society« keine politische Partizipation der Bürger im Zusammenhang einer deliberativen Öffentlichkeit, in der die räsonierenden Privatleute ihre Meinungen austauschen, um zu konsensfähigen Lösungen zu kommen. Vielmehr braucht sie zuverlässige Informationen, auf deren Grundlage die politischen Entscheidungsträger ihre Entscheidungen treffen können. An die Stelle der Öffentlichkeit informierter und sich wechselseitig informierender Staatsbürger tritt die auf »expertise« beruhende Ersatzöffentlichkeit der Fachleute, die politische Entscheidungen auf der Legitimationsgrundlage ihres Wissens- und Informationsvorsprungs fällen:

> »I argue that representative government, either in what is ordinarily called politics, or in industry, cannot be worked successfully, no matter what the basis of election, unless there is an independent, expert organization for making the unseen facts intelligible to those who have to make the decisions. I attempt, therefore, to argue that the serious acceptance of the principle that personal representation must be supplemented by representation of the unseen facts would alone permit a satisfactory decentralization, and allow us to escape from the intolerable and unworkable fiction that each of us must acquire a competent opinion about all public affairs.«[79]

Die politische Öffentlichkeit ist im Denken Lippmanns kein Medium, in dem sich Bürger über die strittigen Fragen ihrer Lebenspraxis verständigen, sondern ein sozialtechnisch einsetzbares Instrument der Informationsbeschaffung.[80] Die Bereitstellung von Informationen und die realitätsgerechte Repräsentation der Welt ist die Aufgabe der professionellen Experteneliten innerhalb der Massenmedien, die in der gesellschaftlichen Nutzbarmachung ihres Expertenwissens die Sache der Demokratie durch die Objektivierung von Entscheidungsgrundlagen vorantreiben: »Liberty is the name we give to measures by which we protect and increase the veracity of the information upon which we act.«[81] Lippmanns Begriff der Öffentlichkeit zielt nicht mehr auf die für die Intellektuellen der Progressive Era zunächst noch leitende Idee der politischen Demokratie als einer Maximierung von Partizipationschancen, sondern auf einen Professionalisierungsprozeß der Informationsbeschaffung im Kontext der modernen Medienindustrie. Die Herstellung der Freiheit wird damit zur Aufgabe einer Expertenelite, die der Öffentlichkeit zuverlässige Informationen zur Verfügung stellt, auf deren

---

79 *Lippmann*, Public Opinion, S. 31.
80 An diesem Punkt entzündet sich die Kritik Laschs an der Position Lippmanns und sein Plädoyer für Deweys Theorie der politischen Öffentlichkeit: »What democracy requires is vigorous public debate, not information. Of course, it needs information too, but the kind of information it needs can be generated only by debate.« (*Lasch*, The Revolt, S. 162 f.).
81 *Lippmann*, Liberty and the News, S. 68.

Basis erfolgreich gehandelt werden kann und gesellschaftliche Probleme zuverlässig gelöst werden können: »The administration of public information toward greater accuracy and more successful analysis is the highway of liberty.«[82]

»Pubic Opinion« aus dem Jahre 1920 stellt die erste ernstzunehmende Analyse der modernen Medien- und Kulturindustrie in den USA dar. Ihren Kern bildete die Überzeugung Lippmanns, daß der Aufstieg der Massenmedien einen Funktionswandel der politischen Öffentlichkeit anzeige und als solcher auch akzeptiert werden müsse. Öffentlichkeit im Sinne eines partizipatorischen Interaktionsraums der Bürger hatte für Lippmann angesichts der Realität einer komplexer gewordenen Gesellschaft die Aufgabe einer effektiven Kontrolle und Hegung der Politik verloren. Sie war damit überfordert, als diskursives Medium einer politischen Selbstorganisation der Zivilgesellschaft die Existenzvoraussetzungen der Demokratie zu sichern. Für Lippmann war die Öffentlichkeit im klassischen Sinne einer Kontrollinstanz staatlicher Politik überflüssig geworden; übriggeblieben sei nur die technische Aufgabe einer Optimierung von Information. Was Lippmanns Gesellschaftstheorie verabschiedete, war die Idee der Öffentlichkeit als einer Gemeinschaft kompetenter und informierter Bürger, die in ihrer Gesamtheit Staat und Politik zu kontrollieren und realitätsgerechte Lösungen gesamtgesellschaftlicher Problemlagen zu entwickeln vermögen:

»We must assume as a theoretically fixed premise of popular government that normally men as members of a public will not be well informed, continuously interested, nonpartisan, creative or executive. We must assume that a public is inexpert in its curiosity, intermittent, that it discerns only gross distinctions, is slow to be aroused and quickly diverted. ... The public will arrive in the middle of the third act and will leave before the last curtain, having stayed just long enough perhaps to decide who is the hero and who the villain of the piece. ... We cannot, then, think of public opinion as a conserving or creating force directing society to clearly conceived ends.«[83]

Die Öffentlichkeit räsonierender Privatleute begreift Lippmann einzig noch als eine demokratiegefährdende Ansammlung manipulierbarer Individuen, die Entscheidungsabläufe zu beeinflussen versuchen, deren Komplexität das Verständnisvermögen, den Informationsgrad und die Handlungskompetenz des Normalbürgers jedoch übersteigen. Die Öffentlichkeit wird für ihn daher zu einer strukturellen Gefährdung rationaler Politik und muß durch die institutionellen Ersatzöffentlichkeiten der Massenmedien und Politikberater entschärft werden, indem diese zunehmend die Aufgabe einer Steuerung der öffentlichen Meinungsbildung übernehmen. In dem Maße, in dem die klassischen Funktionen der politischen Öffentlichkeit in den Zuständig-

---

82 *Ebd.*, S. 100. – Zu diesem Funktionswandel der Öffentlichkeit bei Lippmann siehe auch *Carey*, Communication as Culture, S. 81.
83 *Lippmann*, The Phantom Public, S. 64f.

keitsbereich medienwirksamer Professionen übergehen und von der politischen Eigentätigkeit der gesellschaftlichen Individuen abgekoppelt werden, steigt die Berechenbarkeit politischer Abläufe. Die Absage an die Prinzipien von »self-rule« und »self-government«, sowie die Entpolitisierung der Öffentlichkeit durch die Informationsmaschinerie der modernen Massenmedien stellte für Lippmann daher auch die wichtigste Garantiebedingung der politischen Demokratie dar.[84]

Mit seinem Buch »The Phantom Public« von 1925, auf das Deweys »The Public and Its Problems« dann unmittelbar antwortete, hatte Lippmann seine Position im Sinne einer elitären Demokratiekonzeption noch einmal radikalisiert. Sein Ausgangspunkt ist hier die Kritik an der »mystical fallacy of democracy, that the people, all of them, are competent.«[85] Die Öffentlichkeit sachlich informierter und politisch handlungsfähiger Staatsbürger, die in verantwortlicher Weise die Kontrollfunktionen von Staat und Regierung übernehmen könnten, ist für Lippmann zerfallen und in ihrer politischen Funktion auch nicht mehr regenerierbar. An die Stelle der Öffentlichkeit als einer Instanz der Civil Society, in der sich die Privatleute zu Bürgern vergesellschaften, tritt bei Lippmann »the fundamental difference between insiders and outsiders«, also die strenge Unterscheidung zwischen Herrschenden und Beherrschten, Wissenden und Unwissenden, Kompetenten und Inkompetenten, Eingeweihten und Uneingeweihten.[86] In einer durch die Herrschaft der Eliten geprägten Demokratie hat sich die Gesellschaft zum Gegensatz zwischen »agents and bystanders« polarisiert, in der die politischen Entscheidungen nicht mehr der Reflexion und Kritik einer diskursiven Öffentlichkeit unterliegen oder auch nur ihrer bedürfen. Stattdessen werden Entscheidungen durch einen engen Zirkel von Führern und Eliten gefällt, die einen sachlichen Informationsvorsprung besitzen und daher adäquate Lösungsstrategien gesellschaftlicher Problemlagen zu entwickeln vermögen. Diese werden dann nachträglich der politischen Öffentlichkeit zur Akklamation vorgelegt.[87] Der Zerfall der politischen Öffentlichkeit erfordert daher für Lippmann auch die Außerkraftsetzung der demokratischen Spielregeln einer partizipatorischen Zivilgesellschaft zugunsten der sozialtechnischen Herrschaftsmittel professioneller Führungs- und Expertengruppen: »The problems that vex democracy seem to be unmanageable by democratic methods.«[88]

---

84 Zur Virulenz von »self-rule« innerhalb der amerikanischen Gesellschaft siehe jetzt *Wiebe*, Self-Rule. Zur Kontroverse zwischen Dewey und Lippmann siehe dort S. 175 ff.
85 *Lippmann*, The Phantom Public, S. 38.
86 *Ebd.*, S. 150.
87 Carey nennt dies treffend die »spectator theory« der Demokratie, in der Entscheidungen von Fachleuten getroffen werden und nur noch einer nachträglich-formalen Zustimmung durch die öffentliche Meinung bedürfen (*Carey*, Communication, S. 82).
88 *Lippmann*, The Phantom Public, S. 189 f.

Anders als Lippmann stellt Dewey die Frage nach der Öffentlichkeit als Strukturelement der Zivilgesellschaft im politischen Interesse ihrer Vitalisierung.[89] Im Gegensatz zu den Konsequenzen, die Lippmann aus der Transformation der politischen Öffentlichkeit gezogen hatte, hielt Dewey an der Idee einer kommunikativ geprägten Zivilgesellschaft als Erfahrungs- und Diskursgemeinschaft partizipierender Bürger fest. Bereits in seiner Rezension von Lippmanns »Public Opinion« verwies er auf die Differenzen zu seinem Verständnis von öffentlicher Meinung:

»The enlightenment of public opinion still seems to me to have priority over the enlightenment of officials and directors. Of course, the expert organization for which Mr. Lippmann calls is inherently desirable. There is no questioning that fact. But his argument seems to me to exaggerate the importance of politics and political action, and also to evade the problem of how the latter is to be effectively directed by organized intelligence unless there is an accompanying direct enlightenment of popular opinion, as well as an ex post facto indirect instruction.«[90]

Für Dewey beschränkt sich die politische Öffentlichkeit nicht auf massenmediale Information und eine realitätsgerechte Repräsentation der Wirklichkeit, sondern meint die politische Selbstkonstitution der Gesellschaft durch die Mitwirkung aller Betroffenen. Die Öffentlichkeit repräsentiert weniger die Summe eines entscheidungsrelevanten Handlungswissens, als vielmehr eine Vergesellschaftung durch Kommunikation. Die Funktionsweise der Öffentlichkeit ist nicht die einer passiven Rezeption von entscheidungsrelevanten Informationen, sondern die einer aktiven Produktion handlungsleitender Erfahrungen; die Individuen sind nicht auf ihren Empfänger- und Beobachterstatus öffentlicher Prozeduren der Entscheidungsfindung beschränkt, sondern fungieren selbst als deren Akteure.[91]

Anders als Lippmann sucht Dewey das politische Heil nicht in einer Professionalisierung des Politischen und in einer elitären Demokratiekonzeption, sondern in der Erneuerung der öffentlichen und lebensweltlichen Dis-

---

89 Siehe vor allem das Kapitel »The Eclipse of the Public« aus *Dewey*, The Public and Its Problems, (LW 2), S. 304 ff. – Zur Entfaltung seines Erkenntnisinteresses siehe S. 312 f.: »What is the public? If there is a public, what are the obstacles in the way of its recognizing and articulating itself? ... Is not the problem at the present time that of securing experts to manage administrative matters, other than the framing of policies? ... What, after all, is the public under present conditions? What are the reasons for its eclipse? What hinders it from finding and identifying itself? By what means shall its inchoate and amorphous estate be organized into effective political action relevant to present social needs and opportunities? What has happened to the Public in the century and a half since the theory of political democracy was urged with such assurance and hope?«
90 *Dewey*, Public Opinion, (MW 13), S. 344.
91 Zu dieser, der Konzeption Lippmanns diametral gegenüberstehenden Funktionsbestimmung der Öffentlichkeit bei Dewey siehe auch *Carey*, Communication, S. 81 f. – Daß Deweys Idee der Öffentlichkeit bis heute aktuell geblieben ist und als Kontrastfolie der gegenwärtigen Entpolitisierung der Zivilgesellschaft fruchtbar gemacht werden kann zeigt *Lasch*, The Revolt, S. 161 ff.

kursbedingungen der Zivilgesellschaft. Er kennt zwar die Bedeutung technischen Expertenwissens für Politik und Gesellschaft unter den empirischen Bedingungen der Moderne an, bindet es aber an die Kontrollfunktionen der Privatleute zurück. Im Gegensatz zu Lippmann ist für Dewey die Autonomisierung professioneller Experteneliten nicht die Lösung, sondern selbst Teil des Problems:

»No government by experts in which the masses do not have the chance to inform the experts as to their needs can be anything but an oligarchy managed in the interests of the few. And the enlightenment must proceed in ways which force the administrative specialists to take account of the needs. The world has suffered more from leaders and authorities than from the masses. The essential need, in other words, is the improvement of the methods and conditions of debate, discussion and persuasion. That is *the* problem of the public.«[92]

2. Eine der gesellschaftstheoretischen Hauptleistungen Deweys ist es gewesen, den tiefgreifenden gesellschaftlichen Strukturwandel, der sich während der Progressive Era mit dem Durchbruch der Moderne vollzog, reflektiert zu haben, ohne dabei in das Fahrwasser einer antimodernen Zivilisationskritik, einer romantischen Verklärung überlieferter Community-Strukturen oder elitärer Politiktraditionen zu geraten. Die amerikanische Sozialgeschichte hat das Ineinandergreifen von Urbanisierung, Industrialisierung, Professionalisierung, Staatsbildung und der Durchsetzung der Marktgesellschaft im Entstehungszusammenhang der Great Society herausgearbeitet. Diese Prozesse führten in ihrer Summe das Ende der Gesellschaft lokaler »island-communities« und »townships« herbei, die noch während des 19. Jahrhunderts die Lebensrealität breiter Bevölkerungsschichten geprägt hatten und nun durch die Strukturen einer funktional organisierten Gesellschaft aufgelöst wurden.[93] Dewey nimmt diese Einsicht bereits vorweg und rekurriert in »The Public and Its Problems« auf ein vielschichtiges Ursachen- und Faktorenbündel, um die Krise der Zivilgesellschaft, die er als »eclipse of the public« begreift, zu erklären und ihre Erneuerung zu betreiben.[94] Unter

---

92 *Dewey*, The Public and Its Problems, (LW 2), S. 365.
93 *Wiebe*, The Search; *ders.*, The Progressive Years. – Auch von der amerikanischen Community-Soziologie ist die Auflösung der tradierten Formen sozialer Vergemeinschaftung rekonstruiert worden. In ihrem Verständnis repräsentiert eine Community ursprünglich eine durch lokale Lebenszusammenhänge geprägte Form der sozialen Integration: »We shall consider a community to be *that combination of social units and systems that perform the major social functions having locality relevance.* In other words, by *community* we mean the organization of social activities to afford people daily local access to those broad areas of activity that are necessary in day-to-day living.« (*Warren*, The Community, S. 9). Modernisierung impliziert dann die Verdrängung lokaler zugunsten funktionaler Mechanismen der Lebensführung: »The type of coherence among local institutions that in earlier times was possible through personal contact and shared norms and values and behavior patterns is also largely gone. In short, the local community is no longer a valid sociological concept, lacking clarity of definition and unimportant as a type of social organization.« (*Ebd.*, S. 438).
94 Siehe hierzu im einzelnen *Dewey*, The Public and Its Problems, (LW 2), S. 304 ff.

ökonomischen Gesichtspunkten sieht er den Durchbruch der Marktgesellschaft als einen problemerzeugenden Mechanismus, der eine neue Ethik wirtschaftlichen Handelns jenseits der Prinzipien des ökonomischen Individualismus erforderlich mache. In politischer Hinsicht erkennt er in der Herrschaft der Parteiapparate,[95] in den von den öffentlichen Kontrollinstanzen der Zivilgesellschaft entkoppelten Bürokratien sowie in der politischen Machtkonzentration im Zusammenhang der inneren und äußeren Staatsbildung ein erhebliches Gefährdungspotential der Demokratie. Mit Blick auf die sozialen Lebenszusammenhänge breiter gesellschaftlicher Gruppen betont er die Folgen von Professionalisierung, Urbanisierung und einer gesteigerten Mobilität der Bevölkerung für die Auflösung einer tradierten »community culture«, die durch die unpersönlichen Mechanismen der Great Society und durch eine funktionale Vernetzung der Individuen auf dem Boden von Klassenlagen und Marktchancen ersetzt wurde. In kulturgeschichtlicher Perspektive rekonstruiert Dewey schließlich den Aufstieg der Massenmedien als Ursache einer Entkopplung der Zivilgesellschaft von den lebensweltlichen Grundlagen der Alltagskommunikation.

Mit diesen verschiedenen Aspekten des sozialen Wandels hatten die tradierten Communities im Verständnis Deweys ihre alte Bedeutung als Zentren der sozialen Vergemeinschaftung verloren. Ihre persönlichen Beziehungsstrukturen waren den unpersönlichen Mechanismen des Marktes sowie der Anonymität einer urbanisierten Umwelt gewichen:

»The local communities without intent or forecast found their affairs conditioned by remote and invisible organizations. The scope of the latter's activities was so vast and their impact upon face-to-face associations so pervasive and unremitting that it is no exaggeration to speak of ›a new age of human relations.‹ The Great Society created by steam and electricity may be a society, but it is no community. The invasion of the community by the new and relatively impersonal and mechanical modes of combined human behavior is the outstanding fact of modern life. In these ways of aggregate activity the community, in its strict sense, is not a conscious partner, and over them it has no direct control.«[96]

Deweys Werk stellt innerhalb der Gesellschaftstheorie des Progressive Movement den anspruchsvollsten Versuch dar, die Spannung zwischen Gesellschaft und Gemeinschaft zu durchdringen und die Konfrontation der Community-Strukturen der amerikanischen Demokratie mit den Systemimperativen der Great Society zu rekonstruieren. Die Spezifik seines Com-

---

95 Vor allem in der Herrschaft der Parteibürokratien hat Dewey ein Indiz für die Schwäche der politischen Öffentlichkeit gesehen. Die Arkanstrukturen der »machines« besetzten die Leerstelle einer Zivilgesellschaft, die nicht in der Lage sei, die Vielfalt der Interessen zu bündeln und ihnen einen politischen Ausdruck zu geben: »When the public is as uncertain and obscure as it is today, and hence as remote from government, bosses with their political machines fill the void between government and public.« (*Ebd.*, S. 310).
96 *Ebd.*, S. 296.

munity-Begriffs besteht darin, daß er sich nicht auf das gewachsene System der partikularen Sittlichkeiten und Vergemeinschaftungsformen der Familien, Nachbarschaften und Gemeinden beschränkt, sondern das System der freien und öffentlichen Zusammenschlüsse der Bürger mit einbezieht und beide auf das ihnen gemeinsame Integrationsmedium kommunikativen Handelns zurückbezieht. Darin kommt eine Semantik des amerikanischen Community-Begriffs zum Ausdruck, die sich von dem im deutschen Sprachraum vorherrschenden Verständnis von Gesellschaft und Gemeinschaft grundlegend unterscheidet.[97] In der deutschen Theorietradition ist der Diskurs über die »bürgerliche Gesellschaft« seit Hegel durch die Antinomie von Gesellschaft und Gemeinschaft geprägt, für die nicht nur das Auseinandertreten von Staat und Gesellschaft, sondern auch die Trennung von Gesellschaft und Kultur kennzeichnend geworden ist. Die von Tönnies vorgenommene Differenzierung zwischen Gesellschaft und Gemeinschaft, Webers Unterscheidung von wertrationalem und zweckrationalem Handeln, sowie schließlich Simmels Begründung der »Tragödie der modernen Kultur« aus der Trennung der subjektiven Kultur der Individuen von der objektiven Kultur der Dinge stimmen bei aller Unterschiedlichkeit im einzelnen zumindest in einem Punkt überein: Während der Begriff der »Gemeinschaft« auf eine wertrationale, d. h. durch lebensweltlich gewachsene Gruppenzugehörigkeiten und Traditionen, individuell zurechenbares Handeln, verhaltensregulierende Normen und kulturelle Sinnvorstellungen konstituierte Form der sozialen Integration zielt, werden mit »Gesellschaft« eher die durch zweckrationale Interessenkalküle, strukturelle Handlungsbedingungen, systemische Mechanismen sowie formalisierte Rechtsbeziehungen geprägten Aspekte der menschlichen Lebensführung benannt.[98]

Diese Differenzierung zwischen Gemeinschaft und Gesellschaft ist mit erheblichen politischen Folgeproblemen belastet. Erst sie hat die Schrumpfung der bürgerlichen Gesellschaft zu einem bloßen System der Bedürfnisse, ihre Reduzierung zur Herrschaft der Interessen, unpersönlichen Lebensmächte und einer rein ökonomischen Zweckrationaltät ermöglicht, die der sich radikalisierenden Kulturkritik der deutschen Intellektuellen im 19. und 20. Jahrhundert zugrunde liegt und deren politische Problematik ausmacht. Seither mußten kulturelle Sinnansprüche und die Prinzipien sozialer Vergemeinschaftung in Opposition zu den Kriterien gesellschaftlicher Rationalität gedacht werden; sie wurden zu Gegenmächten der modernen Gesellschaft, nicht zu ihren integralen Bestandteilen.[99]

97 Siehe hierzu auch *Joas*, Gemeinschaft und Demokratie, S. 49.
98 Ausführlicher hierzu: *Jaeger*, Bürgerlichkeit; *ders.*, Gesellschaft; *Mommsen*, Bürgerliche Kultur, S. 97ff. – Zum direkten Vergleich der Gesellschaftstheorien Webers und Deweys siehe jetzt auch *Brunkhorst*, Solidarität, S. 21ff.; *Kloppenberg*, Democracy.
99 Die Pervertierung des Gemeinschaftsbegriffs durch den Nationalsozialismus hat diesen politisch desavouiert und zwangsläufig die Schwelle erhöht, jenseits der sich im politischen Diskurs der Gegenwart überhaupt noch legitimerweise von Gemeinschaft reden läßt. – Die-

Jedoch sollte diese Erbschaft nicht den Blick auf die völlig andere Semantik des Gesellschafts- und Gemeinschaftsbegriffs verstellen, die in der amerikanischen Begriffstradition von Community und Civil Society zum Ausdruck kommt. Im Gegensatz zum deutschen Begriff der bürgerlichen Gesellschaft fallen hier die ökonomische Zweckrationalität der Society und die kulturelle Wertrationalität der Community nicht auseinander, sondern werden durch die Mechanismen der politischen Öffentlichkeit und durch die Netzwerke der zivilgesellschaftlichen Vereinigungskultur zusammengehalten. In dieser Hinsicht existiert eine fundamentale Differenz zwischen der amerikanischen Theorietradition der Civil Society und der deutschen Semantik der »bürgerlichen Gesellschaft«.

Es war Tocqueville, der überragende Analytiker der amerikanischen Demokratie in der ersten Hälfte des 19. Jahrhunderts und zugleich Erfinder des Individualismus im Sinne einer gesellschaftstheoretischen Kategorie, der die Grundgedanken des kommunitären Liberalismus in den USA begründet hat. Tocqueville war der Überzeugung, daß in den liberal-demokratischen Gesellschaften seiner Zeit, denen als Kindern der Revolution die Zukunft gehöre, allein die individuelle Freiheit in der Lage sei, die Wunden zu heilen, die sie selber schlage:

»Die Freiheit allein kann ... in derartigen Gesellschaften die ihnen eigenen Laster erfolgreich bekämpfen und sie auf dem Abhange, den sie hinabgleiten, zurückhalten. Nur sie vermag die Bürger aus der Vereinzelung, in der gerade die Unabhängigkeit ihrer Lage sie leben läßt, herauszuziehen, um sie zu nötigen, sich einander zu nähren; sie, die Freiheit, erwärmt und vereinigt sie jeden Tag aufs neue durch die Notwendigkeit, sich in der Behandlung gemeinsamer Angelegenheiten miteinander zu besprechen, einander zu überzeugen und sich wechselseitig gefällig zu sein. Sie allein ist fähig, die Bürger dem Kult des Geldes und den täglichen kleinen Plagen ihrer Privatangelegenheiten zu entreißen, um sie jeden Augenblick das Vaterland über und neben ihnen wahrnehmen und fühlen zu lassen.«[100]

Und in seinem Werk »Über die Demokratie in Amerika« entwickelt er unter dem Stichwort »Wie die Amerikaner den Individualismus durch freiheitliche Einrichtungen bekämpfen« die These, daß allein der »freie Zusammenschluß der Bürger«, d.h. das gesellschaftliche System der Voluntary Associations in der Lage sei, die soziale Integration der demokratischen Gesellschaft sicherzustellen.[101] Mit diesen freien Zusammenschlüssen sieht Tocqueville die

---

sen wichtigen Unterschied gegenüber der semantischen Tradition der USA gilt es zu berücksichtigen, da er erklärt, warum es in der amerikanischen Gesellschaftstheorie der letzten Jahre zu einer im deutschen Sprachraum undenkbaren Konjunktur der Gemeinschaftskategorie kommen konnte. Siehe hierzu *Fowler*, The Dance. – Zu den Versuchen, diese Diskussion im deutschen Theorieraum fruchtbar zu machen siehe *Brumlik u. Brunkhorst (Hg.)*, Gemeinschaft; *Honneth (Hg.)*, Kommunitarismus; *Zahlmann (Hg.)*, Kommunitarismus.

100 *Tocqueville*, Der alte Staat, S. 16.
101 *Ders.*, Über die Demokratie, Bd. II., S. 138 ff.

Prinzipien der Gemeinschaft im Kern der Gesellschaft und politischen Öffentlichkeit verankert, denn es handelt sich um ein Netz lebensweltlicher (»face-to-face«) Interaktionen im Kontext lokaler Einheiten des politischen Lebens. Seit Tocqueville dient also der Community-Begriff im gesellschaftstheoretischen Diskurs der USA weniger dazu, in antiliberaler Stoßrichtung die kulturellen Ressourcen zur Zähmung der bürgerlichen Gesellschaft und der egoistischen Bedürfnisse ihrer Individuen zu konservieren, als vielmehr die liberalen Grundlagen der Bürger- und Zivilgesellschaft in den Strukturen der Voluntary Associations freizulegen. Bei Dewey etwa setzen die »local communities« im Sinne kündbarer Zusammenschlüsse den liberalen Gedanken sich frei vergesellschaftender Menschen überhaupt erst in Kraft. Im Gegensatz zur deutschen Theorie der bürgerlichen Gesellschaft können die kommunitären und vergemeinschaftenden Gegengewichte liberaler Automisierungsprozesse im Innern der liberalen Gesellschaft selber lokalisiert und müssen nicht von außen, aus dem Reich vor-, bzw. antigesellschaftlich organisierter Gemeinschaften an sie herangetragen werden.

Mit seiner Theorie der Zivilgesellschaft leistet Dewey eine Analyse der zeitgenössischen Transformationsprozesse im Spannungsfeld von Gemeinschaft und Gesellschaft, ohne eine einlinige Entwicklung von persönlichen zu unpersönlichen Mechanismen der sozialen Integration zu unterstellen. Vielmehr geht es ihm um die Entwicklung differenzierter Prozeßkategorien, mit denen sich nicht nur der Niedergang älterer, sondern auch der Entstehungsprozeß neuer Formen von Vergesellschaftung in den Blick bringen läßt. Geschichte wird so als ein kontinuierlicher Transformationsprozeß sozialer Beziehungen greifbar, der nicht im unvermeidlichen Zusammenbruch gemeinschaftlich organisierter Lebensformen endet, sondern in dem sich Gemeinschaft und Gesellschaft als Modi der sozialen Integration ständig neu arrangieren. Modernisierung versteht Dewey als eine Komplexitätssteigerung sozialer Lebensverhältnisse, die den Individuen die biographische Integration einer ständig wachsenden Anzahl konkurrierender Rollen und Kompetenzen abverlangt, um sich in dem unübersichtlich gewordenen Geflecht gemeinschaftlicher und gesellschaftlicher Bestimmungsfaktoren ihrer Lebenswelt kulturell zurechtzufinden. Daher geht es ihm um die Etablierung eines Theorieprogramms, mit dem sich diese wechselseitige Überlagerung von Gemeinschaft und Gesellschaft rekonstruieren läßt. Es geht ihm um eine Antwort auf die Frage, wie Menschen auf den Verlust ihrer tradierten Formen sozialer Identität durch das Eindringen gesellschaftlicher Systemstrukturen mit der Herausbildung neuer Formen sozialen Zusammenhangs kulturell reagiert haben und in der Gegenwart noch reagieren können.[102]

---

[102] In seiner Tradition steht auch noch Benders Rekonstruktionsversuch des »community changing«: *Bender*, Community. In Absetzung von den verschiedenen Spielarten des »community breakdown model« (S. 46 ff.) geht er davon aus, daß die Integration von Ge-

3. Deweys Rekonstruktion der politischen Öffentlichkeit erfolgte vor dem sozialgeschichtlichen Hintergrund einer massiven Umbrucherfahrung der amerikanischen Gesellschaft. Ihr lag die Einsicht zugrunde, daß die Great Society die tradierten Formen der Öffentlichkeit und die sozialen Bindungskräfte der Zivilgesellschaft zunehmend überforderte. Die bisherigen Niveaus der kulturellen Selbstdeutung, der gesellschaftlichen Selbstorganisation und der politischen Demokratie zeigten sich der komplexer gewordenen Realität nicht mehr gewachsen und hatten zu einem Zustand kollektiver Orientierungslosigkeit geführt.[103] Angesichts dieser Problemlage stellte sich für Dewey die Frage nach der Öffentlichkeit: »What are the conditions under which it is possible for the Great Society to approach more closely and vitally the status of a Great Community, and thus take form in genuinely democratic societies and state? What are the conditions under which we may reasonably picture the Public emerging from its eclipse?«[104]

Daran wird deutlich, daß Deweys Kritik der Great Society auf den Kontrast- und Komplementärbegriff der Great Community zugeschnitten ist.[105] Warum aber thematisiert Dewey das Problem der politischen Öffentlichkeit unter der Leitkategorie der »Great Community« und warum begreift er die Zivilgesellschaft als Bedingung einer Erneuerung der Politik? Denn offensichtlich konnte für Dewey die Lösung der zeitgenössischen Demokratiekrise nicht vom politischen System selber geleistet werden, sondern nur von den Instanzen der Zivilgesellschaft ausgehen: »The need is that the non-political forces organize themselves to transform existing political structures: that the divided and troubled publics integrate.«[106]

Die Kategorie der »Great Community« repräsentiert in Deweys Gesellschaftstheorie eine Organisationsform der politischen Demokratie, in der die Strukturbedingungen der Gegenwart in den kulturellen Deutungshorizont und intentionalen Handlungsspielraum der Öffentlichkeit zurückkehren und dort erneut zu Erfahrungen, d.h. zu kommunizierbaren Phäno-

---

sellschaft und Gemeinschaft im Medium der »civic culture« ständig neu bewerkstelligt werden muß: »As we cast our eyes across the social landscape in the past or in the present, we notice networks of gemeinschaft and gesellschaft linking people and institutions together in a complex pattern of interaction. The advent of this new configuration of society in the nineteenth century represents a fundamental transformation in the experience of community in American history, and we still live with the problems and possibilities produced by this societal revolution.« (S. 142).
103 Siehe *Dewey*, The Public and Its Problems, (LW 2), S. 319.
104 *Ebd.*, S. 333.
105 Er verweist auf die historische Spezifik der amerikanischen Demokratie, die Dewey aus den Bedingungen eines lokal strukturierten Gemeindelebens abgeleitet hat. Die Langlebigkeit dieser Interpretation der amerikanischen Gesellschaft als Aggregat von Gemeinden erwähnt bereits *Dahrendorf*, Die angewandte Aufklärung, S. 80 ff.
106 *Dewey*, The Public and Its Problems, (LW 2), S. 315.

menen der menschlichen Lebenspraxis transformiert werden.[107] Der prominente Stellenwert des Community-Begriffs in Deweys Theorie der Öffentlichkeit resultiert aus dem untrennbaren Zusammenhang, in dem kulturelle Erfahrungen und soziale Kommunikationen zueinander stehen. Er verweist auf die lebensweltlichen Orte intersubjektiver Verständigung und damit auf die Bedingungen einer Generierung von Erfahrungen. Die Erneuerung der politischen Öffentlichkeit bedeutete daher auch vor allem die Rekonstruktion der kommunikativen Voraussetzungen gemeinsamer Erfahrungen und Bedeutungen:

»We have the physical tools of communication as never before. The thoughts and aspirations congruous with them are not communicated and hence are not common. Without such communication the public will remain shadowy and formless, seeking spasmodically for itself, but seizing and holding its shadow rather than its substance. Till the Great Society is converted into a Great Community, the Public will remain in eclipse. Communication can alone create a great community. Our Babel is not one of tongues but of the signs and symbols without which shared experience is impossible.«[108]

Wie bereits gesehen, war Dewey davon überzeugt, daß Erfahrungen notwendige Bedingungen für den geschichtlichen Fortschritt der modernen Gesellschaft und Demokratie darstellten und an die Innovation lebensweltlicher Verständigungsformen gebunden waren, in denen sich die natürliche Welt objektiver Handlungsbedingungen zu einer sozialen Welt gemeinsamer Symbole transformiert. Darin liegt die gesellschaftstheoretische Bedeutung der Community-Kategorie begründet, und nicht in dem Versuch, überlebte Formen der amerikanischen Gemeinschaftsdemokratie in die Epoche der Great Society hinüberzuretten.[109] Im Kern zielt Deweys Programm der

---

107 Dies wird besonders deutlich an Deweys Identifikation von Gemeinschaft und Kommunikation: »There is more than a verbal tie between the words common, community, and communication. Men live in a community in virtue of the things which they have in common; and communication is the way in which they come to possess things in common.« (Ders., Democracy and Education, (MW 9), S. 7). »Communities« sind kommunikativ geprägte Erfahrungsgemeinschaften, die einen besonderen Stellenwert für die innere Fortschrittsfähigkeit der Civil Society besitzen.
108 Dewey, The Public and Its Problems, (LW 2), S. 323 f.
109 Indem Dewey darauf beharrt, daß die politische Ordnung auf gemeinschaftlicher Kooperation beruhen müssen, steht er im Unterschied zu dem an der politischen Philosophie Hamiltons orientierten Croly eher in der Tradition der »Jeffersonian democracy«: »His (Jeffersons) project for general political organization on the basis of small units, small enough so that all its members could have direct communication with one another and take care of all community affairs was never acted upon. ... But without forcing the significance of this plan, we may find in it an indication of one of the most serious of present problems regarding democracy. I spoke earlier of the way in which individuals at present find themselves in the grip of immense forces whose workings and consequences they have no power of affecting. The situation calls emphatic attention to the need for face-to-face associations, whose interactions with one another may offset if not control the dread impersonality of the sweep of present forces. There is a difference between a society, in the sense of an associa-

Great Community auf die Anpassung der ehemals an die Bedingungen lokaler Gemeinschaften gebundenen Alltagskommunikationen an die Realität der modernen Gesellschaft. Umgekehrt sah er die Krisenerscheinungen der Gegenwart in einem Verlust direkter Kommunikation begründet; die eigentliche Kulturproblematik seiner Zeit nistete in »the void caused by the loosening of the bonds which hold persons together in immediate community of experience.«[110] Dieses kulturelle Erbe dürfe nicht verlorengehen, da damit zugleich die Chancen einer freien Selbsttransformation der Zivilgesellschaft verlorengehen würden. Angesichts der Bedrohung der lokalen Integrität der Communities durch den Einbruch funktionaler und überlokaler Bestimmungsfaktoren der Lebenspraxis hielt Dewey an den Prämissen einer dialogischen Alltagskommunikation fest, da sie für ihn ein universelles Phänomen der Kultur und eine transzendentale Voraussetzung der menschlichen Erfahrung darstellten:

»The problem of securing diffused and seminal intelligence can be solved only in the degree in which local communal life becomes a reality. Signs and symbols, language, are the means of communication by which a fraternally shared experience is ushered in and sustained. But the winged words of conversation in immediate intercourse have a vital import lacking in the fixed and frozen words of written speech. Systematic and continous inquiry into all the conditions which affect association and their dissemination in print is a precondition of the creation of a true public. But it and its results are but tools after all. Their final actuality is accomplished in face-to-face relationships by means of direct give and take. Logic in its fulfillment recurs to the primitive sense of the word: dialogue. ... Expansion and reenforcement of personal understanding and judgement by the cumulative and transmitted intellectual wealth of the community ... can be fulfilled only in the relations of personal intercourse in the local community. ... There is no limit to the liberal expansion and confirmation of limited personal intellectual endowment which may proceed from the flow of social intelligence when that circulates by word of mouth from one to another in the communications of the local community. That and that only gives reality to public opinion.«[111]

Dieser gesellschaftstheoretische Bedeutungsgehalt der Gemeinschaftskategorie im Werk Deweys macht auch deutlich, warum der oftmals ihm gegenüber erhobene Traditionalismusvorwurf nicht trifft. Deweys Theorie der

---

tion, and a community. ... Natural associations are conditions for the existence of a community, but a community adds the function of communication in which emotions and ideas are shared as well as joint undertakings engaged in. Economic forces have immensely widened the scope of associational activities. But it has done so largely at the expense of the intimacy and directness of communal group interests and activities.« (*Ders.*, Freedom and Culture, 175 f.). – Die Nähe der politischen Philosophie Deweys zur Tradition der »Jeffersonian democracy« betonen auch *Smith*, America's Philosophical Vision, S. 142; *Rice*, Reinhold Niebuhr, S. 223, 255 f.; *Westbrook*, John Dewey, S. 454 f.
110 *Dewey*, The Public and Its Problems, (LW 2), S. 369.
111 *Ebd.*, S. 371 f.

Great Community ist als der Versuch einer Romantisierung kleinstädtischer Vergemeinschaftungsformen gedeutet worden, die notwendig vor der Realität moderner Systemzwänge scheitern müsse.[112] Dieser Einwand übersieht jedoch den anti-traditionalistischen Charakter des Community-Begriffs bei Dewey. Durch die historische Urbanisierungsforschung ist gezeigt worden, daß Deweys Theorie der Zivilgesellschaft in den Kontext einer sozialwissenschaftlich aufgeklärten Stadt- und Verwaltungsreform gehört, der es darum ging, angesichts des unter dem Druck von Urbanisierung, Industrialisierung und Immigration erfolgten Zusammenbruchs einer urbanen »public culture« neue Modelle sozialen Zusammenhangs zu installieren, nicht aber alte zu bewahren.[113] Die gesellschaftstheoretische Sensibilisierung Deweys für den Verlust dieser Tradition der politischen Kultur und sein Versuch zur Erneuerung einer politischen Zivilgesellschaft läßt sich daher auch sowohl als ein dezidierter »anti-romanticism« von der sozialromantischen Verklärung tradierter Gemeinschaftsstrukturen abgrenzen, als auch von den rassistischen und nativistischen Tendenzen unterscheiden, die sich in den amerikanischen Community-Bewegungen insbesondere während der Zeit der New Immigration ausbreiteten.[114]

Ein gutes Indiz für die antitraditionalistische Stoßrichtung von Deweys Idee der Great Community ist der enge Zusammenhang des amerikanischen Pragmatismus mit der Chicagoer Stadtsoziologie, die sich in der Progressive Era als eine intellektuelle Reaktion auf die Urbanisierungsproblematik des frühen 20. Jahrhunderts etabliert hatte und den Versuch darstellte, die politische Stadt- und Verwaltungsreform auf eine wissenschaftlich abgesicherte Grundlage zu stellen. Wie dem amerikanischen Pragmatismus lag ihr keine romantische Verklärung traditioneller Gemeinschaften zugrunde, sondern eine neue Konzeption von »social control«.[115]

---

112 So *Kreiling*, The Chicago School, S. 319 sowie *Quandt*, From Small Town. Quandt unterstellt Dewey und den anderen Intellektuellen des Progressive Movement eine normative Orientierung an tradierten kleinstädtischen Strukturen, die sie unfähig machte »to come to grips with the issue of basic structural change in American society« (1 f.). Angesichts des zeitgenössischen Zusammenbruchs der tradierten Sozialgefüge durch Urbanisierungsprobleme erscheint dann vor allem Deweys »The Public and Its Problems« als »search for a large-scale version of small-town solidarity« (S. 23) und damit als ein zum Scheitern verurteilter Versuch, den komplexen Problemlagen der Gegenwart mit den Mitteln veralteter Community-Ideen gerecht zu werden (S. 157).

113 Zur Rekonstruktion der Ideenwelt der »urban reformers« des Progressive Movement, denen Dewey ebenso wie Charles und Mary Beard zugerechnet werden können, siehe *Bender*, The Cultures; *ders.*, Intellect, S. 16 ff., 91 ff.; *ders.*, The Erosion.

114 Siehe hierzu *White*, Two Stages, S. 87 f.; *Wiebe*, The Search, S. 44 ff.; *Higham*, Strangers, S. 158 ff.

115 In der Forschung ist die Kooperation zwischen Dewey und der Chicagoer Stadtsoziologie gut belegt; siehe *Bulmer*, The Chicago School; *Diner*, A City, S. 31 ff.; *Lees*, Cities Perceived, S. 299 ff.; *Mellor*, Urban Sociology, S. 204 ff.; *Lindner*, The Reportage. – Mit Schwerpunkt auf Addams siehe *Deegan*, Jane Addams, S. 106 ff., 249 ff.

Zusammenfassend ist die gesellschaftstheoretische Bedeutung von Deweys Theorie der Great Community vor allem darin sehen, daß sie eine liberale Lesart des Gemeinschaftsbegriffs ermöglicht und sich als frühe Variante eines kommunitären Liberalismus verstehen läßt.[116] Die Gemeinschaftskategorie wird bei Dewey zum Zentrum einer liberalen Konzeption der Zivilgesellschaft, da sie nicht auf den Bedeutungsgehalt konventionalistischer Werte- und Lebensgemeinschaften beschränkt ist, sondern das System einer »demokratischen Sittlichkeit« repräsentiert, in dem sich Prozesse von Individuierung und die Konstitution gemeinsamer Erfahrungen wechselseitig durchdringen.[117] Die Konzeptualisierung der Civil Society zu einem sozialen Netz freiwilliger Zusammenschlüsse war Deweys Antwort auf die Frage, in welcher Form verschiedene Individuen gemeinsam miteinander leben können.[118]

Nicht zuletzt wegen der Kategorie der Gemeinschaft ist der amerikanische Pragmatismus als philosophische Unterbietung eines an universalistischen Normen orientierten Liberalismus mißverstanden worden. Dem steht entgegen, daß Deweys Idee der Great Community an die Kategorie der Erfahrung zurückgebunden ist und damit einen bestimmten Modus sozialer Vergemeinschaftung privilegiert: Als Gemeinschaften begreift er Formen freier Assoziierung, die gemeinsame Erfahrungen ermöglichen, wobei Dewey Erfahrungen – wie gesehen – als kulturelle Entgrenzungen der menschlichen Identität begriffen hat. Eine Erfahrung konstituiert sich als ein Vorgang praktischer Problemlösung in der Interaktion zwischen Mensch und Umwelt, in der die Umwelt ihren bloßen Naturstatus verliert und sich zu einem Bestandteil der Kultur transformiert. Eine soziale Erfahrung ist dieser

---

116 Daß es sich bei Deweys Gesellschaftstheorie um eine Spielart kommunitaristischen Denkens handelt, betont *Damico*, Individuality, S. 5f., der aber auch die Schwierigkeiten Deweys bei der Vermittlung von »liberal values and communitarian themes« erwähnt (S. 126). – Zu Deweys »communitarian turn« siehe auch *Ryan*, John Dewey, S. 357ff.; sowie schließlich *Price*, Community and Control, S. 1663, 1673, der am Beispiel Deweys die »communitarian strains in Progressive political thought« rekonstruiert.

117 Zum Begriff der demokratischen Sittlichkeit siehe *Wellmer*, Bedingungen, S. 67, der mit ihm »die soziale Verkörperung liberaler und demokratischer Prinzipien in einer politischen Kultur« bezeichnet. – Daß sich Individualismus und Zivilgesellschaft wechselseitig fordern, betont *Ryan*, John Dewey, S. 359: »Individuals need communities, and liberal communities consist of associated individuals. Modern individuals need flexible, forward-looking, tolerant communities to live in, and such communities can be sustained only by modern individuals who are looking for a meaningful existence in association with similarly autonomous people.«

118 Innerhalb der gegenwärtigen Gesellschaftstheorie ist Deweys Idee der Zivilgesellschaft am entschiedensten von Walzer aufgegriffen worden, der seine Position ganz im Sinne Deweys »ein kritisches Eintreten für freie Vereinigungen« (»critical associationalism«) nennt (*Walzer*, Zivile Gesellschaft, S. 93). – Siehe außerdem *Rosenblum*, Civil Societies; *Sullivan*, Reconstructing, S. 226, der die enorme Bedeutung Deweys für die Liberalismus-Diskussion der Gegenwart aus dessen kommunitärer Konstruktion der Zivilgesellschaft ableitet.

philosophischen Grundidee entsprechend eine solche, in der sich die Individuen der Existenz eines sie umgreifenden Zusammenhangs bewußt werden, ohne durch dieses sie verbindende Allgemeine in ihrer Individualität bedroht zu sein. Eine Erfahrung ist ihrer logischen Struktur nach die Konstitution einer Einheit: Sie hebt den Naturzustand der Entzweiung und des Heterogenen durch die Stiftung eines kulturellen Zusammenhangs auf, in dem sich die Individuen eines sie umgreifenden Allgemeinen bewußt werden. Communities sind, insofern sie Erfahrungen ermöglichen, die sozialen Felder, in denen dies Allgemeine als eine wechselseitige Anerkennung der Besonderheit von Individuen erlernt werden kann und erlernt werden muß, weil es andere Lernfelder von Individualität nicht gibt. Die »demokratische Sittlichkeit« konkreter Erfahrungsgemeinschaften wird so als die notwendige Voraussetzung einer liberalen Gesellschaft freier Individuen denkbar, wie umgekehrt nur die universalistischen Strukturen einer liberalen Gesellschaft die Erfahrungsoffenheit sozialer Vergemeinschaftungsformen ermöglichen. Der moralische Universalismus einer liberalen Bürgergesellschaft und der sittliche Partikularismus konkreter Erfahrungsgemeinschaften bedingen sich daher im Verständnis Deweys wechselseitig.

Das Hauptproblem von Deweys Idee der Zivilgesellschaft bestand darin, auf welche Instanzen sich noch rekurrieren ließ, um die Idee einer Gesellschaft freier Zusammenschlüsse und einer demokratischen Kultur plausibel zu machen, wenn die Community-Strukturen nicht mehr bestanden oder zumindest in Frage gestellt waren, die bisher das lebensweltliche Gerüst einer solchen Gesellschaft gebildet hatten. Dewey löste dieses Problem, indem er der Wissenschaft aufgrund der inneren Affinität ihrer methodischen Verfahren experimenteller Problemlösung mit den Prinzipien der modernen Demokratie einen formalen Vorbildcharakter für die Gestaltung der Civil Society zuerkannte.[119]

Dewey hat sich stets dagegen gewandt, die Wissenschaft als ein autoritäres Regulativ der Lebenswelt zu verstehen. Aufgrund der ihr eigentümlichen experimentellen Form der Wissensproduktion und ihrer Kompetenz zur

---

119 Dies zeigt *Gouinlock*, What is the Legacy, S. 267: »The norms of science are incorporated into those of democracy. In Dewey's ideal, experimental inquiry and democratic behavior become fused. The nature of their combination can perhaps best be suggested by thinking of them as a union of certain moral and intellectual virtues. ... The virtues include a willingness to question, investigate, and learn; a determination to search for clarity in discourse and evidence in argument. There is also a readiness to hear and respect the views of others, to consider alternatives thoroughly and impartially, and to communicate in a like manner in return. One is not irrevocably committed to antecedent convictions, but is ready to qualify or change his views as a consequence of inquiry and communication. There is an urgency to persist in shared discourse in the direction of agreement. These virtues embrace novelty, innovation, growth, regard for the concerns of others, and scientific discipline. They reject the blind following of custom, authority, and impulse. They preclude not only dogmatism and absolutism, but deliberately hurtful conduct as well.« – Siehe auch *ders.*, Excellence, S. 74ff.

Steigerung von Erfahrung repräsentiert sie zwar eine kulturell ausgezeichnete Form gesellschaftlicher Diskursivität. Allerdings konnten für Dewey mit wissenschaftlichen Mitteln keineswegs die konkreten Formen lebensweltlicher Praxis legitimiert, sondern nur die formal-prozeduralen Spielregeln bestimmt werden, denen sie gehorchen müssen, um die von den Individuen beanspruchten Freiheitschancen auch einlösen zu können. Letztlich konnte also die Legitimität der Demokratie und Zivilgesellschaft im Verständnis Deweys nur das Resultat eines ergebnisoffen geführten Diskurses der Staatsbürger im Rahmen der politischen Öffentlichkeit sein.

8. Immigration, nationale Identität und Zivilreligion

Der Modernisierungsdiskurs der Progressive Era war maßgeblich durch den sozialgeschichtlichen Erfahrungshintergrund der »new immigration« geprägt.¹ Zwischen den 1880er Jahren und den Einwanderungsgesetzen von 1921/24, die die Epoche einer weitgehend unregulierten Einwanderung beendeten und die Immigrationspolitik auf eine neue Basis stellten, kam es zu einer Gewichtsverlagerung hin zu südosteuropäischen Einwanderergruppen. Diese Zeit stellte eine neue Stufe der Immigration dar, weil sie neuartige Fremdheits- und Differenzerfahrungen mit sich brachte, die zu einer Polarisierung der Diskussionen um die nationale Identität und die kulturellen Grundlagen der amerikanischen Gesellschaft führten.² Der neue Einwanderertypus war nicht mehr der im Prinzip gleichartige Neuankömmling, der sich den politischen Institutionen, sozialen Beziehungen und kulturellen Normen schnell anzupassen vermochte, sondern der kulturell Fremde, dessen Andersartigkeit auffällig war und dessen soziale Integration längerfristige, sich über Generationen erstreckende Anpassungsleistungen erforderte. Mit den im Zuge der New Immigration ankommenden Einwanderergruppen verband sich die Erfahrung kultureller Fremdheit, die die Vermittlung von Eigenem und Anderem schwieriger machte. »Differenz« wurde auf Dauer zum Element der eigenen Gruppenidentität, weil die »new immigrants« – im Gegensatz zu Indianern und Schwarzen – nicht auf Dauer auszugrenzen waren. Diese neuen Einwanderer repräsentierten in der Wahrnehmung der Zeitgenossen nicht mehr soziale Gruppen, die aufgrund gleichartiger Kulturtraditionen, Bildungsniveaus, politischer Grundüberzeugungen, sozialer Kompetenzen und ökonomischer Lebensstandards schnell zu integrieren waren. Vielmehr gehörten sie zu Ethnien, die eine Gefahr für die kulturelle Homogenität der amerikanischen Gesellschaft darzustellen schienen und eine dauerhafte Bedrohung der angelsächsisch und protestantisch geprägten Kultur des amerikanischen Ostens personifizierten.³

---

1 Eine Gesamtdarstellung der New Immigration fehlt bisher, nützliche Überblicke bieten *Altschuler*, Race, insbes. S. 40ff.; *Archdeacon*, Becoming American, S. 112ff.; *Debonzy (Hg.)*, In the Shadow; *Ehrlich (Hg.)*, Immigrants; *Shenton*, Ethnicity, S. 258ff. – Als zeitgeschichtliche Problembeschreibung siehe *Roberts*, The New Immigration (1912). – Zur Immigration insgesamt siehe *Jones*, American Immigration; *Rischin (Hg.)*, Immigration; *Weisberger*, A Nation; *Yans-McLaughlin (Hg.)*, Immigration. – Als neueren Forschungsüberblick siehe *Vecoli*, From the Uprooted.
2 Zur Geschichte kultureller Fremdheitserfahrungen siehe *Demandt (Hg.)*, Mit Fremden leben; dort insbesondere den Beitrag von *Adams*, Vom Fremden.
3 Simmels soziologischer Typus des »Fremden« kommt diesem Einwanderertypus der New Immigration nahe, weil er ebenfalls als Fremder zum Bestandteil des Gruppenlebens

Aufgrund dieser Entwicklung intensivierten sich in der Progressive Era die Diskussionen um das kulturelle Selbstverständnis und die nationale Identität der USA. Bis zum Ende des 19. Jahrhunderts hatte die ursprüngliche Melting Pot-Idee Crèvecoeurs, die dieser 1782 in den »Letters from an American Farmer« erstmals formuliert hatte, das Selbstverständnis der amerikanischen Gesellschaft dominiert. Sie ging davon aus, daß die Lebensbedingungen Amerikas mit der Zeit von selber einen neuen, eigenständigen Nationalcharakter entstehen lassen würden: den Amerikaner als den »new man«.[4]

Während diese bis ins frühe 20. Jahrhundert hinein gängige Vorstellung der USA als Schmelztiegel der Kulturen im wesentlichen der Erfahrung der älteren Immigration entsprochen hatte, die durch eine ethnisch und kulturell homogene, mittel- oder nordwesteuropäisch geprägte Zuwanderung gekennzeichnet war, kam es mit dem Einsetzen der New Immigration seit den 1880er Jahren zu einer zweigleisigen Entwicklung: Auf der einen Seite nahm unter den »old stock«-Amerikanern die Furcht vor kultureller Überfremdung und einem Verlust der sozialen Homogenität zu, was sich in nativistischen Strömungen sowie in einer verschärften Amerikanisierungspolitik niederschlug;[5] auf der anderen Seite entstanden Ideen eines kulturellen Plu-

wird und es auch bleibt, denn er ist nicht »der Wandernde, der heute kommt und morgen geht, sondern ... der, der heute kommt und morgen bleibt – sozusagen der potenziell Wandernde, der, obgleich er nicht weitergezogen ist, die Gelöstheit des Kommens und Gehens nicht ganz überwunden hat.« (*Simmel*, Exkurs, S. 685). Trotz der Unterschiedlichkeit gegenüber der Situation des Immigranten ergibt sich die Übereinstimmung, daß der »Fremde« als ein Fremder Teil der Gruppe bleibt und auf unbestimmte Zeit einen kulturellen Sonderstatus behält.

4 Eine treffende Merkmalsbestimmung dieses Konzepts bietet *Gleason*, American Identity, S. 38f.: »It was minimalist in what it asked the immigrant to do in order to become an American and optimistic in the expectation that his experience in the new homeland would solidify his commitment to the principles of American democracy. This version of the melting pot also assumed that the conditions of American life, particularly egalitarianism and the opportunity for material improvement, would automatically transform foreigners into Americans – with some help from the common schools. ... Yet with all its liberality and tolerance, the cosmopolitan version of the melting pot was still a theory of assimilation. The idea that the immigrants must change was basic; they were to become new people. The American identity might not be fully formed, but it was far from indeterminate. Some of its features were established by the basic political ideology; others were more vague, deriving in a tacit manner from the majority culture and the evolving experience of the national community. This was the nationality into which the immigrants and their children were expected to merge. In doing so they would enrich it, refine it, or modify it in detail, but no one anticipated fundamental revision.« – Als wichtigsten Erneuerungsversuch der Theorie des Melting Pot in der Zeit der Progressive Era siehe vor allem *Zangwill*, The Melting Pot (1909). – Zur Idee des Melting Pot als Identitätsangebot während der New Immigration siehe *Bischoff u. Mania*, »Melting-Pot«; *Harper*, The Course.

5 Zu diesen nativistischen Tendenzen siehe immer noch *Higham*, Strangers, S. 183 ff., 234 ff.; *Dinnerstein u.a.*, Natives; mit vergleichendem Zugriff siehe *Finzsch u. Schirmer (Hg.)*, Xenophobia. – Zur Geschichte der Amerikanisierungsbewegung siehe *Graham u. Koed*, Americanizing; *Hartmann*, The Movement; *Barrett*, Americanization; aus zeitgenössischer

ralismus, der von der Vereinbarkeit ethnischer Vielfalt und nationaler Einheit ausging.[6]

Vor dem Hintergrund dieser sich polarisierenden Positionen wurde die Immigrationsproblematik und die Frage der nationalen Selbstidentität von den Intellektuellen dieser Zeit formuliert. Insgesamt lassen sich dabei drei Theoriemodelle voneinander unterscheiden: die eher passiv-assimilatorische Tradition des »melting pot«, die aktiv-assimilatorische Strategie der geplanten Amerikanisierung, sowie schließlich die anti-assimilatorische Theorie des kulturellen Pluralismus.[7] Die Gründungsgruppe der New School for Social Research ist in diesem Zusammenhang von besonderer Bedeutung, weil ihre Vertreter das gesamte Spektrum der damaligen Positionen abdecken. Die Unterschiede zwischen Kallens Konzeption des »cultural pluralism« und Crolys Theorie des »new nationalism« lassen die Heterogenität und Inkohärenz des Progressive Movement in dieser Frage deutlich werden.[8] Crolys Werk war durch das Bekenntnis zum Nationalismus Theodore Roosevelts geprägt, der auf die politische Dynamik eines aggressiven und imperialistischen Machtstaats setzte, – ein Bekenntnis, das im Werk Crolys erst mit dem Ausbruch des Ersten Weltkriegs einer »zivileren« Konzeption nationaler Identität Platz machte. Crolys Werk ermöglicht daher auch einen Einblick in die intellektuelle Struktur des amerikanischen Nationalismus.[9] Zudem kennzeichnen ihn mehrere Passagen des »Promise« als einen Rassisten, der von der natürlichen Inferiorität der Schwarzen überzeugt war.[10]

Eine ähnlich restriktive Haltung wie Croly hat auch Charles Beard in der Immigrationsfrage eingenommen und eine aktive Amerikanisierungsstrategie befürwortet. Gleichzeitig plädierte er für radikale Immigrationsbeschränkungen und eine Quotierung der Einwanderer im Interesse ethnischer

---

Sicht siehe *Talbot (Hg.)*, Americanization (1917). – Den inneren Zusammenhang zwischen New Immigration und nativistischen Strömungen rekonstruieren *Chambers*, The Tyranny, S. 74 ff.; *Buenker*, The Progressive Era; *Rabinowitz*, Race, S. 26 f.; *Eisenach*, The Lost Promise, S. 48 ff. – Zum offenen Rassismus der »coercive progressives« siehe *Link u. McCormick*, Progressivism, S. 96 ff. – Zu den ökonomischen Hintergründen der zunehmend restriktiver werdenden Immigrationspolitik des frühen 20. Jahrhunderts siehe *Goldin*, The Political Economy. – Wie umkämpft die ethnische Frage in dieser Zeit war, zeigt *Smith*, Beyond Tocqueville, S. 549.

6 Als Einstiege in dieses Diskussionsfeld siehe *Barth (Hg.)*, Ethnic Groups; *Buenker u. Ratner (Hg.)*, Multiculturalism; *Newman*, American Pluralism; *Ostendorf (Hg.)*, Multikulturelle Gesellschaft.

7 Einen Überblick über diese Konzepte bieten auch *Gleason*, American Identity, S. 38 ff.; *Gordon*, Assimilation; *Guggisberg*, Traditionen. – Beschränkt auf Detailstudien sind *D'Innocenzo u. Sirefman (Hg.)*, Immigration. – Zur wechselvollen Geschichte der Assimilationskategorie siehe jetzt *Kazal*, Revisiting.

8 Diese Heterogenität erwähnt auch *Gerstle*, The Protean Character, S. 1051 f.

9 Siehe hierzu *Forcey*, Croly and Nationalism, S. 21; ders., The Crossroads, S. VIII f.; *Lasch*, Herbert Croly's America, S. 19. – Die Aggressivität dieses Nationalismus Crolys unterschätzt *Dorreboom*, »The Challenge of Our Time«.

10 Hierzu auch *Stettner*, Shaping, S. 50.

Homogenität.[11] In der Zeit des Zweiten Weltkriegs finden sich bei ihm und seiner Frau auch rassistische Argumente; so etwa sprachen sie sich in der Quotenfrage gegen die Zuwanderung japanischer Immigranten als angeblich inferiorer Einwanderergruppe aus.[12]

Die Entstehung des kulturellen Pluralismus als einer eigenständigen Theorie nationaler Identität war eine Reaktion auf derartige nativistische Strömungen. Auch er wurde von Intellektuellen wie Kallen und Randolph Bourne formuliert, die im Gegensatz zu den »Americanizers« der Kultur der Immigranten einen eigenständigen Stellenwert einräumten und Amerika dementsprechend als eine »hyphenated nation« definierten. Sie trugen dem Phänomen Rechnung, daß die Immigranten an ihren kulturellen Traditionen festzuhalten versuchten und gewannen nicht als multikulturalistische Altruisten, sondern als scharfe Beobachter sozialer Realität eine Bedeutung in den zeitgenössischen Diskussionen um die nationale Identität der USA.[13]

Für das Lager der Pluralisten, die eine »radically new theory of American nationality in defense of minority cultures« begründeten und der restriktiven Haltung der Assimilationisten mit multikulturellen oder kosmopolitischen Konzeptionen nationaler Identität gegenübertraten,[14] war die New School von besonderer Bedeutung: Vor allem durch Kallen und seine dort regelmäßig gehaltenen Vorlesungen zum »Cultural Pluralism« wurde sie zum intellektuellen Zentrum einer Theorie nationaler Identität jenseits des »melting pot« und einer erzwungenen Amerikanisierung.[15] Kallen wurde zu

11 *Beard u. Smith*, The Open Door, S. 204ff.
12 *Ch. u. M. Beard*, The American Spirit, S. 594ff. – Im Zusammenhang mit der nativistischen Position Charles Beards ist auch sein Plädoyer für eine Abschottung der USA und für eine »kontinentalistische« Politik seit dem Ende des Ersten Weltkriegs zu sehen. Zu Beards Isolationismus siehe bereits *Breisach*, American Progressive History, S. 192ff.; *Hofstadter*, The Progressive Historians, S. 318ff.; *Nore*, Charles A. Beard, S. 187ff.; generell siehe *Powaski*, Toward. – Daß die isolationistische Wendung Beards in den 30er Jahren eine Neubewertung des vorher kritisierten Jefferson zum »great prophet of American continentalism« und eine dementsprechende Kritik des Internationalismus Hamiltons bewirkte, erwähnt *Noble*, The End, S. 58f. – Auch Beards Polemik gegen die Interventionspolitik Franklin D. Roosevelts erklärt sich aus seinem Isolationismus, der mit der Immigration und der Einmischung in internationale Angelegenheiten die Fortschrittsfähigkeit der USA gefährdet sah.
13 Dies betont *Gordon*, Assimilation, S. 135: »Cultural pluralism was a fact in American society before it became a theory.« – Als Forschungsbeitrag, der die kulturelle Eigenständigkeit der Immigranten und ihren Beitrag zu einer ständigen Transformation des nationalen Selbstverständnisses der USA akzentuiert, siehe *Bodnar*, The Transplanted. – Zu den gegenwärtigen Diskussionen um das Recht von Minderheiten, ihre kulturelle Identität gegenüber Mehrheiten zu behaupten, siehe jetzt das Beispiel des Streits um die »Canadian Charta of Rights«; hierzu *Taylor*, Multikulturalismus, S. 55f.
14 *Higham*, Strangers, S. 304.
15 *Rutkoff u. Scott*, New School, S. 79f. – Eine widersprüchliche Rolle spielte Kallen jedoch bei der Gründung der University in Exile im April 1933 und der Aufnahme emigrierter deutscher Wissenschaftler. Zwischen 1933 und 1944 hielten sich in der Regel zwischen eintausend und zweitausend emigrierte deutsche und europäische Wissenschaftler in den

einem der herausragenden Vertreter einer pluralistischen Konzeption Amerikas und gehörte neben Bourne zu den entschiedenen Kritikern der Amerikanisierungstendenzen, die in der Zeit des Ersten Weltkriegs ihren Höhepunkt erreichten.[16] So wie Bourne in Reaktion auf diese Tendenzen im Jahre 1916 seine Idee eines »Trans-National America« entwickelte, formulierte Kallen mit seiner 1915 in der Zeitschrift »The Nation« publizierten Artikelserie »Democracy versus the Melting Pot« eine pluralistische Konzeption Amerikas als einer »nation of nationalities«.[17] Doch obwohl die beiden als die großen Außenseiter innerhalb des nationalen Diskurses des frühen 20. Jahrhunderts gewöhnlich in einem Atemzug genannt werden, existieren deutliche Unterschiede zwischen ihren Vorstellungen: Während Bournes Ideen des »Trans-National America« letztlich auf eine kosmopolitische Konzeption zielten, die mißtrauisch gegenüber Partikularismen war, ging es Kallen eher um das kulturelle Überleben ethnischer Minderheiten in einem größeren Ganzen. Kallens Theorie nationaler Identität basierte auf dem Prinzip der wechselseitigen Anerkennung von Minderheitenkulturen in ihrer Differenz, – allerdings unter der Autorität gemeinsam akzeptierter Verfassungsprinzipien.[18]

Im Zentrum von Kallens Theorie des kulturellen Pluralismus stand die Frage, wie die verschiedenen Individuen und Gruppen einer Gesellschaft gemeinsam miteinander leben können: »Philosophers call it ›the problem of the One and the Many‹ and find it also the basic problem of existence. Humanly, however, it is the problem of how people who are different from each other shall live together with each other. It is the critical problem of each personal life, of each race, sect, sex, occupational group, political party, sovereign state, and religious establishment.«[19] Damit wurde er zum Philosophen der New Immigrants, der ihrem kulturellen Selbstbewußtsein gegen-

---

USA auf, von denen allein 178 an der New School arbeiten konnten. Sie erwies sich angesichts des antisemitischen Klimas der amerikanischen Universitäten als die einzige Institution, die jüdische Wissenschaftler aus Deutschland vorbehaltlos aufnahm. Auf der einen Seite gingen die Ideen zur Gründung dieser Universität von Exilanten sicherlich auf Kallens Ideen des Cultural Pluralism zurück. Auf der anderen Seite gehörte Kallen jedoch auch zu denjenigen, die sich über eine zunehmende »Germanisierung« der New School beklagten. – Zu dieser Episode im einzelnen *Rutkoff u. Scott*, New School, S. 84 ff., 106; außerdem *Krohn*, Wissenschaft im Exil.

16 *Matthews*, The Revolt.

17 Zu Bourne und Kallen siehe jetzt auch *Wiebe*, Self-Rule, S. 179 f. – Die zeitgenössische Bedeutung Kallens betont auch *Gordon*, Assimilation, S. 141 ff. – Bournes legendären Essay würdigt jetzt *Vaughan*, Cosmopolitanism. – Zur Biographie Bournes siehe *Clayton*, Forgotten Prophet.

18 Zu dieser Differenzierung zwischen Bournes Kosmopolitismus und Kallens Pluralismus siehe *Hollinger*, Ethnic Diversity, S. 57. – Die Bedeutung von Bournes Idee eines »transnational America« für die gegenwärtigen Versuche einer Überwindung des »exceptionalism« erwähnt *Tyrell*, American Exceptionalism, S. 1052. – Als Plädoyer für kulturvergleichende Studien nationaler Identitäten siehe *Kammen*, The Problem, S. 33.

19 *Kallen*, What I Believe and Why, S. 124. – Siehe zu dieser Frage auch *Mann*, The One.

über den Assimilationsforderungen der anglo-saxonischen Orthodoxie auf dem Höhepunkt der nativistischen Strömungen an führender Stelle Gehör verschaffte.[20]

Kallens pluralistischer Entwurf amerikanischer Identität muß vor dem sozialgeschichtlichen Erfahrungshintergrund New Yorks zu Beginn des 20. Jahrhunderts gesehen werden: Als eine »symbolic representation of diversity and difference« bot diese Stadt einen fruchtbaren Boden für die Entwicklung pluralistischer Deutungsmuster, in denen sich eine objektiv existierende Vielfalt unterschiedlicher Lebensformen niederschlug.[21] In einer Stadt, die zwischen 1880 und 1930 ihre Einwohnerzahl von zwei auf sieben Millionen mehr als verdreifachte und deren Bevölkerung zu drei Vierteln aus Immigranten bestand, war die Entstehung multikultureller Denkformen eine naheliegende Reaktion auf eine soziale Realität. Ferner resultierte Kallens Forderung nach Minderheitenrechten aus seiner jüdischen Herkunft und der Schwierigkeit, jüdische Traditionen und Lebensformen im Amerika des frühen 20. Jahrhunderts behaupten zu können.[22]

Bis heute ist Kallens Version des kulturellen Pluralismus aktuell und umstritten zugleich geblieben, weil er erstmals den Americanization- und Melting Pot-Konzeptionen einen dritten Typ nationaler Identität gegenübergestellt hat. Bei ihm wurde Amerika zu einer »nation of nationalities«, deren Prinzip lautete: »*From many, one*, but also *Within one, many*«.[23]

Die Unmöglichkeit einer ethnischen Selbstdefinition der USA erklärt auch das emphatische, ja religiöse Bekenntnis zu den Prinzipien der Verfassung, zu

---

20 *Ratner*, Horace M. Kallen, S. 50.
21 *Bender*, New York in Theory, Zitat S. 64. Bender sieht in New York den einzigen urbanen Kontext, in dem die Erfahrung ethnischer Differenz zur Deprovinzialisierung der amerikanischen Kultur genutzt werden könne: »If New York abandons engagement with difference, who will be left in America to stand against the rising intolerance for difference, against the virulent new provincialism?« (*Ebd.*). – Zur neueren »ethnic history« New Yorks siehe jetzt vor allem *Binder u. Reimers*, All the Nations, die die ethnische Integrationsleistung New Yorks unterstreichen; siehe außerdem, mit Blick auf gegenwärtige Entwicklungen *Foner (Hg.)*, New Immigrants; *Maffi*, Gateway; *Pencak u. a. (Hg.)*, Immigration.
22 Speziell zur Situation jüdischer Einwanderer in New York während der New Immigration, denen auch Kallen entstammte, siehe die immer noch anregende Studie von *Rischin*, The Promised City; sowie *Moore*, At Home. – Noch immer wichtig ist *Higham*, Send These to Me.
23 Dies betont *Walzer*, Pluralism, S. 783. – Ganz im Sinne Kallens definiert Walzer »eine bestimmte Art von Zusammenhanglosigkeit« als ein Grundmerkmal der amerikanischen Gesellschaft im Sinne einer Vereinigung von Staatsbürgern, in der nicht ethnische Kriterien, sondern die Zugehörigkeit zu derselben Verfassung den Amerikaner konstituiert: »Ein durchgreifendes Amerikanisierungsprogramm wäre wirklich unamerikanisch. Es ist nicht undenkbar, daß Amerika eines Tages ein amerikanischer Nationalstaat sein wird, die Vielen vor dem Einen zurückweichen. Für Amerikas Gegenwart gilt dies nicht, noch ist es seine Bestimmung. Amerika hat nicht eine nationale Bestimmung – und ›Amerikaner‹ zu sein, heißt schließlich, das zu wissen und mehr oder weniger damit zufrieden zu sein.« (*Walzer*, Zivile Gesellschaft, S. 197 ff., hier: S. 226). – Zu Kallen als Vorläufer des gegenwärtigen Multikulturalismus siehe auch *Hollinger*, Postethnic America, S. 11 ff., 92 ff.

Freiheit und Demokratie als entscheidenden Merkmalen nationaler Zugehörigkeit.[24] Daher steht auch der Diskurs über die Zivilreligion, zu dessen wichtigsten Vertretern Dewey und Kallen zählen, in einem inneren Zusammenhang mit der Entstehung neuer Ordnungsmodelle nationaler Einheit und kultureller Integration unter dem Eindruck der New Immigration. Die in der europäischen Wahrnehmung sonderbare Kombination einer politischen und einer religiösen Semantik im Diskurs über die Zivilreligion ist bis heute ein auffälliges Phänomen der amerikanischen Kulturgeschichte geblieben. Die irritierende Präsenz Gottes in der Öffentlichkeit, die in der politischen Rhetorik amerikanischer Präsidenten ebenso zum Ausdruck kommt wie in den Fähnchen auf den Gräbern amerikanischer Bürger, zeugt von der Virulenz der Zivilreligion als einer symbolisch-spirituellen, ja heilsgeschichtlichen Bedeutungsverleihung der amerikanischen Nation und Nationalgeschichte.[25]

»E Pluribus Unum« – diese Formel amerikanischer Selbstidentität erweist sich als eine integrative Leistung der Zivilreligion. Ihre Aufgabe ist es, das Verhältnis zwischen kultureller Vielfalt und nationaler Einheit, zwischen Teilen und Ganzem zu organisieren und damit die amerikanische Gesellschaft als eine konsensfähige Lebensform zu legitimieren.[26] Von Anfang an diente sie dazu, die ethnische, kulturelle und religiöse Heterogenität einer Einwanderergesellschaft spirituell zu überwölben. Sie verdankt sich dem Umstand, daß die neue Republik keine andere politische oder kulturelle Macht mit integrierender Wirkung neben sich duldete – ein Phänomen, das zur strikten Trennung von Staat und Kirche führte. Gleichwohl benötigte sie ein einheitsstiftendes Medium; einen die Vielfalt politischer Interessen, kultureller Milieus, ethnischer Wurzeln, religiöser Bekenntnisse und sozioökonomischer Ungleichheiten entschärfenden Grundkonsens, um die zentrifugalen Kräfte des Pluralismus zu bannen. Diese Notwendigkeit, die Einheit einer heterogenen Gesellschaft überpolitisch und zugleich überkonfessio-

---

24 Siehe hierzu *Greenfeld*, Nationalism, S. 484. – Zur Geschichte der amerikanischen Staatsbürgerschaft siehe *Karst*, Belonging; *Kettner*, The Development. – In vergleichender Perspektive siehe *Brubaker (Hg.)*, Immigration.

25 Statt zahlreicher Literaturangaben siehe hier nur *Marty (Hg.)*, Civil Religion, ein Sammelband, der die Intensität der gegenwärtigen Forschungsdiskussion dokumentiert. – Angestoßen wurden die neueren Debatten um die amerikanische Zivilreligion durch *Bellah*, Civil Religion; *ders.*, Religion and Polity; *ders.*, Religion and the Legitimation; *ders.*, The Broken Covenant. – Die Fremdheit dieser amerikanischen Zivilreligion für den europäischen Blick erwähnt *Ostendorf*, Identitätsstiftende Geschichte, S. 206: »Die amerikanische Situation ... ist uns ein ideologisches Rätsel. So gehört die stereotype Abwertung dieses Aspekts der amerikanischen Zivilreligion zum rhetorischen Inventar deutscher Intellektueller.« – Zur nationalen Symbolik der USA siehe auch *Zelinsky*, Nation.

26 *Marty*, A Nation, S. 194. – Das Verhältnis von Religion und Politik sowie die öffentlichen Formen von Religiosität ist vielfach untersucht. Einen Einblick verschafft jetzt *Noll (Hg.)*, Religion. – Als weitere Forschungsbeiträge mit übergreifendem Erklärungsanspruch siehe *Arjomand (Hg.)*, The Political Dimensions; *Douglas u. Tipton (Hg.)*, Religion; *Lugo (Hg.)*, Religion; *Noll*, One Nation; *Sherrill (Hg.)*, Religion; *Wald*, Religion; *Wills*, Under God; *Wohlgelernter (Hg.)*, History.

nell begründen zu müssen, konstituierte die Civil Religion als Symbiose politischer und religiöser Legitimationselemente. Unter diesen Umständen entstand der »American Creed« als eine Artikulation nationaler Identität. Seine Aufgabe im Sinne eines moralischen, überpolitischen Grundkonsenses ist sowohl die symbolische Absicherung des politischen Systems und seiner verfassungsmäßigen Eckwerte wie Demokratie, Freiheit, Rechtsgleichheit, Individualismus, Fortschritt und Selbstverwaltung, als auch die kulturelle Integration einer fragmentierten Gesellschaft.

Tocqueville hatte bereits in den 30er Jahren des 19. Jahrhunderts dem Zusammenhang zwischen Religion und Politik besondere Beachtung geschenkt und damit als erster das Phänomen der amerikanischen Zivilreligion beschrieben, ohne den Begriff bereits zu benutzen.[27] Dieser tauchte erstmals 1955 bei Will Herberg in seinem Buch »Protestant-Catholic-Jew« auf und hatte seinen Durchbruch mit Bellahs Aufsätzen aus den späten 60er Jahren. Seitdem besteht eher die Gefahr, daß mit der Ausuferung des Begriffs das Phänomen verschwindet: Wenn alles religiös ist, ist nichts mehr religiös.[28]

Beginnend mit den Neuengland-Puritanern des 17. Jahrhunderts gibt es über den Republikanismus- und Verfassungsdiskurs des späten 18. Jahrhunderts bis in die Gegenwart die niemals abgerissene Traditionslinie der amerikanischen Zivilreligion. Die Ursprünge dieser Vermittlung von Politik und Religion liegen darin begründet, daß Amerika von Anfang an ein hohes Maß an religiösen Sehnsüchten auf sich vereinigen konnte, indem es als zukünftige Heimat der Einwanderer mit millenarisch übersteigerten Erlösungsphantasien und heilsgeschichtlichen Erwartungen konfrontiert wurde. Die Ankommenden projizierten ihre in der alten Heimat unerfüllt gebliebenen politischen und sozialen Utopien in Amerika als »home of the homeless« hinein und schufen so in Verbindung mit der Experimentierfreudigkeit einer vergleichsweise offenen Einwanderergesellschaft und einem durch die Frontier-Situation zusätzlich erleichterten pluralistischen Voluntarismus von Sekten und Denominationen ein kulturelles Klima, in dem zivilreligiöse Vorstellungen gedeihen konnten.[29]

---

27 *Tocqueville*, Über die Demokratie. Siehe insbes. das Kapitel »Über die Religion als politische Einrichtung betrachtet; wie sie zur Erhaltung des demokratischen Staatswesens in den Vereinigten Staaten machtvoll beiträgt«, Bd. 1, S. 332ff. – Tocquevilles theoriegeschichtliche Bedeutung unterstreicht *Koritansky*, Civil Religion.

28 Eine präzise Begriffsdefinition findet sich allerdings bei *Jones*, Civil and Public Religion: »It may be said that a civil religion exists whenever a majority of the people of a nation or region ascribes ultimacy to aspects of their political society, such as their social ideals or means of governance; when they envision a transcendent goal to the political process; when they believe that a sacred reality is the source of meaning for their history and social order; and when these convictions are expressed through public rituals, myths, symbols, and a set of sacred beliefs.« (S. 1395f.).

29 Zu dem überschwenglichen Erwartungshorizont der ankommenden Europäer als Entstehungsvoraussetzung des amerikanischen »exceptionalism« siehe jetzt *Woodward*, The Old World's New World.

Die Bedeutung dieser Vermittlung von Politik und Religion in der amerikanischen Geschichte dokumentiert sich vor allem in dem traditionell engen Verhältnis zwischen religiösen Erweckungs- und sozialen Reformbewegungen. Die »great awakenings« seit dem 18. Jahrhundert markieren in der Regel Schaltstellen der Nationalgeschichte, indem sie Transformationsperioden kulturell motiviert haben.[30] Besonders deutlich läßt sich die Symbiose von Religion und Politik an der Entstehungsgeschichte des Progressive Movement ablesen, dessen politische Philosophie vielfach religiös inspiriert war. Die Bewegung des Social Gospel läßt sich als religiöser Arm des Progressive Movement verstehen und bestätigt den Zusammenhang zwischen Reform und Religion.[31]

Seit jeher kommt den Intellektuellen eine besondere Bedeutung für die Legitimierung der amerikanischen Zivilreligion zu; daher repräsentiert diese auch wie kaum eine andere Religion den Typus einer Intellektuellen-Religion.[32] Die Rolle der Intellektuellen des Progressive Movement bei der Kontinuierung der zivilreligiösen Tradition bestand in der Wahrung einer kulturell wirksamen Vorstellung des »Ganzen« angesichts des Spezialisierungs- und Segmentierungsdrucks einer professionalisierten Gesellschaft. Sie erinnerten – ganz im Sinne Tillichs – daran, »what is ultimately important in the world« und erneuerten es zugleich.[33] In diesem Sinne handelt es sich bei der Zivilreligion um eine Reflexionsleistung, in der die Wirklichkeit in einen Bezug zu übergreifenden Normen- und Sinnsystemen gerät und damit einen spirituellen Bedeutungsgehalt gewinnt.

Für diese Leistung der Intellektuellen bei der Erneuerung eines zivilreligiösen »sense of the whole« spricht, daß es zwischen 1870 und 1930 zu einer außergewöhnlichen Blüte der amerikanischen Religionsphilosophie gekommen ist, – repräsentiert durch die Schriften von Peirce, James, Dewey, Royce, Santayana, Whitehead und auch Kallen. Sie alle verstanden Religion als eine elementare kulturelle Voraussetzung der amerikanischen Gesellschaft und betrieben Religionsphilosophie im politischen Interesse der Rekonstruktion eines in der zeitgenössischen Modernisierungskrise verlorenen

---

30 Diese These entfaltet im einzelnen *McLoughlin*, Revivals. – Für die Zeit zwischen den 20er Jahren des 19. Jahrhunderts bis zum Bürgerkrieg belegt diesen Zusammenhang von Religion und politischer Reform am Beispiel der amerikanischen Frauenbewegung, des Abolitionismus, sowie des »temperance movement« *Abzug*, Cosmos Crumbling. – Siehe ebenso *Ostendorf*, Identitätsstiftende Geschichte, S. 212f.: »Das awakening von 1730–1750 kulminierte in der Revolution. Das revival von 1800–1830 erbrachte die typisch amerikanischen, demokratischen Reformen des Jacksonianism. Die religiöse Unruhe von 1890–1900 führte zum Progressivismus. Und 1965–1970 entstand die Bürgerrechtsbewegung unter der Führung schwarzer Prediger.«

31 *Crunden*, Ministers; *Reichley*, Religion; speziell zur Progressive Era und zum Social Gospel siehe S. 203ff.; *Gorrell*, The Age.

32 Zu dieser Kategorie siehe in Anlehnung an die Religionssoziologie Max Webers *Kippenberg*, Intellektuellen-Religion.

33 *Dean*, The Religious Critic, S. XXI.

Sinnzusammenhangs moderner Lebensformen. Wie bei den deutschen Intellektuellen des frühen 20. Jahrhunderts blieb auch bei ihnen die Religion als eine »tradierte Bildungsmacht in einer säkularisierten Welt« präsent.³⁴ Die Tendenz zu einer religionsphilosophischen Begründung der amerikanischen Gesellschaft und ihrer politischen Institutionen ist mit den tiefgreifenden Orientierungsproblemen dieser Jahre zu erklären, die den bis zum Bürgerkrieg noch intakten, protestantisch geprägten »God's own country«-Exceptionalism infragestellten³⁵ und neue Vermittlungen von Religion, Nation und politischer Öffentlichkeit erforderlich machten. Vor allem die pragmatistische Religionsphilosophie repräsentiert ein wichtiges Medium, in dem die Gegenwartsproblematik zu neuen Formen eines zivilreligiösen Selbstverständnisses verarbeitet worden ist; in ihr hat sich Amerika kulturell und politisch seiner selbst neu vergewissert. Es waren die radikalen Umbrucherfahrungen der ersten Jahrzehnte des 20. Jahrhunderts, die sie zum »golden age of philosophy of religion« werden ließen.³⁶ Die lange Zeit in der deutschen Philosophie vorherrschende – und bis heute noch immer nicht gänzlich verschwundene – Reduzierung des amerikanischen Pragmatismus auf eine utilitaristische »Philosophie des Dollars« wird der kulturellen Komplexität dieses »Erlösungswissens« nicht gerecht.³⁷

Damit sind die Fragestellungen umrissen, die in diesem Kapitel verfolgt werden: In einem ersten Untersuchungsschritt soll Kallens Theorie des Cultural Pluralism rekonstruiert werden (a). In einem zweiten Schritt geht es um den Zusammenhang zwischen nationaler Identität und Zivilreligion (b). Abschließend soll die Tradition der amerikanischen Zivilreligion am Beispiel der pragmatistischen Religionsphilosophie Deweys und Kallens näher beleuchtet werden (c).

---

34 *Vierhaus*, Religion, S. 98. – Zum kulturprotestantischen Milieu des Deutschen Kaiserreichs siehe jetzt *Hübinger*, Kulturprotestantismus; *Müller (Hg.)*, Kulturprotestantismus. – Mit Blick auf den amerikanischen Kontext siehe *Levinson*, Religious Philosophy, S. 1189, der einen informativen Überblick über die wichtigsten religionsphilosophischen Entwicklungen, Motive und Positionen dieser Zeit gibt.
35 Zur intellektuellen Struktur des frühen amerikanischen Exceptionalism siehe vor allem *Greene*, The Intellectual Construction.
36 Dieses Treibhausklima beschreibt *West*, Keeping Faith, S. 121: »Nowhere in the modern world did philosophers take religion more seriously than in the United States between 1900 and 1940. ... My basic point is simply that for the first four decades of this century most of the major American philosophers were philosophers of religion and that the Golden Age of philosophy of religion in the modern West was primarily an American affair.« – In der Forschung ist in den letzten Jahren vor allem die Religionsphilosophie von William James ins Blickfeld gerückt, siehe zuletzt *Ramsey*, Submitting, der dessen Religionsphilosophie mit dem »collapse of middle class culture« zwischen Bürgerkrieg und den 1890er Jahren korreliert. – Als Überblick siehe auch *Freese (Hg.)*, Religion.
37 Zur Spezifik der pragmatistischen Religionsphilosophie siehe *Joas*, Pragmatismus, S. 126.

a) Der kulturelle Pluralismus und die Anerkennung von Differenz

Von dem Werk Horace M. Kallens, der zeitlebens im Schatten John Deweys stand und heute zumeist als ein Popularisierer des amerikanischen Pragmatismus zur Kenntnis genommen wird,[38] ist seine Theorie des Cultural Pluralism bis heute aktuell geblieben. Von der Amerikanisierungsbewegung aus der Zeit des Ersten Weltkrieges bis zu den neuesten Kontroversen um den Multikulturalismus gehört sie zu den »contested values« der amerikanischen Kultur.[39] Bereits die zeitgenössische Kritik verband mit Kallens Konzeption nationaler Identität die Gefahr eines »balkanized America«, des Verlusts nationaler Einheit und sozialer Integration zugunsten eines ethnischen Separatismus,[40] ein Vorwurf, der bis heute unverändert gegenüber einer pluralistischen Position in der Tradition Kallens erhoben wird: Aufgrund ihrer Privilegierung partikularer Gruppenidentitäten und Loyalitäten bewirke sie zwangsläufig das Auseinanderfallen der USA und die Auflösung ihrer freiheitsverbürgenden Verfassungsnormen. Zum Standardrepertoire der Vertreter des »melting pot« gehört daher die Klage, daß der Multikulturalismus einen Prozeß des »disuniting of America« zur Konsequenz habe: »The bonds of cohesion in our society are sufficiently fragile, or so it seems to me, that it makes no sense to strain them by encouraging and exalting cultural and linguistic apartheid. The rejection of the melting pot points the republic in the direction of incoherence and chaos.«[41] Mit seinen Forderungen nach kultureller Autonomie und Minderheitenrechten bedrohe der »cult of ethnicity« die liberalen Verfassungsprinzipien und damit zugleich die Grundfesten der modernen Demokratie. Zu fragen ist allerdings, ob diese Entgegensetzung von liberalem Universalismus und ethnischem Partikularismus die Spezifik der Position trifft, wie sie zu Beginn des 20. Jahrhunderts von Kallen ausgearbeitet worden ist und ob seine Position nicht vielmehr eine Vermittlungsstrategie zwischen nationaler Einheit und kultureller Differenz, bzw. zwischen Universalismus und Partikularismus anbietet. Die Leitfrage lautet daher, ob Kallen einem neuen »tribalism« Vorschub geleistet hat, oder ob sich seine Version des kulturellen Pluralismus als ein Beitrag zum »stretching of the ›We‹«[42] verstehen läßt, indem er eine individualisierte Version universeller Normen und Legitimitätskriterien der politischen Herr-

---

38 *Cotkin*, Middle-Ground Pragmatists, S. 283; *Kloppenberg*, Pragmatism, S. 107.
39 *Kammen*, Contested Values, S. 121 ff.
40 Dies erwähnen *Shapiro*, Jewish-Americans, S. 158; *Marty*, Modern American Religion, Bd. 2, S. 142.
41 *Schlesinger*, The Return, S. 295. – Zur Kritik des Multikulturalismus siehe *ders.*, The Disuniting. – Eine noch schärfere Kritik enthält *Hughes*, The Culture. – Zur neueren Diskussion siehe *Buenker u. Ratner (Hg.)*, Multiculturalism; *Ostendorf (Hg.)*, Multikulturelle Gesellschaft.
42 *Hollinger*, Postethnic America, S. 113.

schaft entwickelt hat. Zu diesem Zweck sollen zunächst die Grundzüge seines Pluralismus näher herausgearbeitet werden (1.), um im Anschluß daran die Rezeption und Kritik dieser Position näher zu beleuchten (2.).

1. Mit seiner Theorie des kulturellen Pluralismus war Kallen ein Außenseiter des Progressive Movement. Dazu machte ihn sein Bekenntnis zum Recht ethnischer Minderheiten, ihre kulturelle Besonderheit gegenüber Assimilation und Amerikanisierung behaupten zu dürfen. Seine Definition Amerikas als einer »nation of nationalities« war selbst unter liberalen Intellektuellen wie Jane Addams und John Dewey umstritten, weil diese die Anpassung der Immigranten an die politische Kultur Amerikas für unausweichlich hielten.[43]

Kallens Theorie des Cultural Pluralism basiert auf zwei philosophischen Grundvoraussetzungen: zum einen auf dem Verständnis der modernen Demokratie als einer »Orchestrierung« menschlicher Vielfalt, für die eine Anerkennung von Individualität und Differenz konstitutiv ist. Vergesellschaftung wird so als ein Kommunikationsprozeß zwischen Individuen und Kulturen denkbar, die sich voneinander unterscheiden und in ihrer Unterschiedlichkeit zugleich respektieren. Zum anderen definiert Kallen die Nation als politische Einheit vieler Kulturen; sie gibt Individuen und Gruppen das Recht, als Gleiche verschieden und als Verschiedene gleich zu sein.

Seine politische Philosophie wurzelt in der Theorie des Individualismus. Das Recht des Subjekts auf die politische Achtung seiner Persönlichkeit impliziert zwangsläufig das Prinzip der Anerkennung von Differenz, weil die Individualität der Person sinnvoll nur als eine partikulare denkbar ist. Individualität ist dasjenige Element der personalen Identität, mit dem sich die Individuen voneinander unterscheiden und ihre Besonderheit zum Ausdruck bringen. Sie repräsentiert die kulturelle Kompetenz von Subjekten, sich von anderen Subjekten abzugrenzen, sich ihnen gegenüber zu behaupten und sich mit Hilfe dieser Unterscheidung von Anderen zugleich darüber zu vergewissern, wer sie selbst sind und wie sie von den Anderen wahrgenommen und akzeptiert werden wollen.

Kallens Argument lautet, daß sich die Universalität individueller Rechte und die Pluralität partikularer Lebensformen wechselseitig bedingen und fordern,[44] ein Argument, das die philosophischen Begründungsversuche des modernen Multikulturalismus bis heute prägt. Die Universalität der Menschenwürde erfordert, gerade die Eigenschaften zu respektieren, die die Individuen in ihrer Individualität konstituieren: »Wir können das, was universell vorhanden ist – jeder Mensch hat eine Identität – nur anerkennen, indem wir auch dem, was jedem Einzelnen eigentümlich ist, unsere Anerkennung zuteil werden lassen. Die aufs Allgemeine gerichtete Forderung wird

---

43 *Lissak*, Pluralism, hat die Außenseiterposition Kallens betont. Zu den Differenzen zwischen Kallen und den Progressives um Hull House siehe dort S. 147 ff.
44 *Kallen*, Individualism; ders., Cultural Pluralism.

zur Triebkraft der Anerkennung des Besonderen.«[45] Damit erneuert sich derjenige Zusammenhang zwischen Individualismus und Partikularismus, der bereits von Kallen unterstrichen worden ist. Der kulturelle Pluralismus dient bei ihm nicht der Legitimierung der beschränkten Sittlichkeiten und des Ethnozentrismus einzelner Gruppen, sondern der Wahrung des universellen Rechts der Individuen, verschieden zu sein.

Demokratie ist für Kallen dementsprechend »a communion of the different on equal terms«;[46] sie repräsentiert eine Kommunikationsform, in der sich die Individuen oder die sozialen Gruppen, in denen sie sich bewegen, wechselseitig zugestehen, anders zu sein als alle anderen. In der Struktur des modernen Individualismus, der dazu zwingt, die Authentizität der Person als eine Voraussetzung ihrer Menschenwürde anzuerkennen, ermöglicht Demokratie die Erweiterung der Kommunikationsspielräume vergesellschafteter Menschen, die Kallen im Sinne der pragmatistischen Tradition »education« nennt. Erziehung ist für ihn ein Modus von Vergesellschaftung, in dem die Individuen in der Verständigung mit anderen Individuen sich ihrer selbst sicher werden und sich zugleich mit anderen zu höherstufigen Einheiten vergemeinschaften:

»Personality ... is at once unique and multitudinous. Each person is ... ineffably different from the others. These associations it moves in are also multitudinous and unique. Each has its own culture, its own singularity of purpose, operation and expression. A society's existence is strengthened, its life is enriched, in the degree that its members may pass unhindered from it to any other, making free exchange of the thoughts and things of each; in the degree that the members are hyphenated, and the hyphen is a bond of union, a bridge from each to each and all to all. Education, when it is successful, is such a bridging. It equips the learner with the knowledge and skills by whose means he can come into emphatic realization, sympathetic understanding and cooperative association with individuals, occupations and cultures different from his own.«[47]

Kallen verdeutlicht dieses Verständnis von Demokratie und Zivilgesellschaft als einer Vergemeinschaftung durch Anerkennung von Verschiedenheit mithilfe der Metapher des Orchesters. Das Orchester ist gewissermaßen die musikalische Form einer sozialen Verbindung, in der die Teile durch ihren individuellen Beitrag zum Gelingen des Ganzen beitragen und eine harmonische Einheit in der Vielfalt konstituieren: »Orchestrations would sustain and enhance the right to be different. Far from nullifying alternatives, they would amplify the room of alternation and make place for different compositions on different themes in different keys.«[48]

Der politische Pluralismus Kallens, der keineswegs die universalistische Struktur des modernen Individualismus ausblendet, sondern voraussetzt, ist

---

45 *Taylor*, Multikulturalismus, S. 29.
46 *Kallen*, Democracy's True Religion, S. 10.
47 *Ders.*, The Education of Free Men, S. 182.
48 *Ders.*, The Meanings of Unity, S. 241.

eingebunden in eine Zivilisationstheorie, für die die Ausweitung von Anerkennungsleistungen das entscheidende Fortschrittskriterium darstellt. Den Prozeß der Zivilisation konzipiert Kallen als die Geschichte einer sich ausweitenden Kommunikation zwischen unterschiedlichen Kulturen, in der sich die kulturelle Identität von Individuen und Gruppen um die Erfahrung und Anerkennung anderer Individuen und Gruppen erweitert: »We then see the history of the cultures as the tale of the ever greater, more varied and swifter and smoother intercommunication of the diverse and the diversifying.«[49]

Angesichts der zeitgenössischen Kritik an Kallen als einem »Balkanizer« der USA überrascht es, wie unzweideutig er sich zu den einheitsverbürgenden Prinzipien der Unabhängigkeitserklärung und Verfassung bekannt hat. Er verzichtet keineswegs auf das Prinzip der nationalen Einheit und auf ein den Individuen und Gruppen vorausliegendes Allgemeines; nur konzipiert er dieses Allgemeine auf eine pluralistische Weise: als eine Einheit der Verschiedenen.[50] Kallen hält am Universalismus liberaler Prinzipien der politischen Herrschaftslegitimation fest; allerdings nicht in der Form eines Plädoyers, universelle Normen- und Wertsysteme anderen Kulturen gleichsam überzustülpen, sondern durch eine Individualisierung und Pluralisierung universeller Normen.[51] Kallen sah seine Position im Einklang mit den Verfassungsnormen und mit der durch sie gestifteten politischen Kultur. Was ihn an ihnen faszinierte, war ihr Vermittlungsversuch von rechtlicher Gleichheit und kultureller Differenz zu einer Einheit der Verschiedenen:

»The American way is the way of orchestration. As in an orchestra, the different instruments, each with its own characteristic timbre and theme, contribute distinct and recognizable parts to the composition, so in the life and culture of a nation, the different regional, ethnic, occupational, religious and other communities compound their different activities to make up the national spirit. The national spirit is constituted by this union of the different. It is sustained, not by mutual exclusions, nor by the rule of one over others, but by their equality and by the free trade between these different equals in every good thing the community's life and culture produce.«[52]

Seit der Unabhängigkeitserklärung repräsentiert die amerikanische Demokratie für Kallen eine Form der politischen Herrschaft, in der die Anerken-

---

49 Ders., The Education of Free Men, S. 324f. – Daß sich dieses Kriterium der Anerkennung von Differenz zur Grundlage einer Universalgeschichte ausarbeiten läßt, zeigt am Beispiel einer Geschichte der Menschenrechte *Rüsen*, Die Individualisierung. Rüsen geht es um die historische Rekonstruktion von Anerkennungsleistungen der Kulturen in ihrem Verhältnis zueinander, weil so die Einheit der Menschheit als eine auf dem Prinzip wechselseitiger Anerkennung beruhende Kommunikationsgemeinschaft partikularer Kulturen perspektivisch sichtbar wird (S. 187).
50 Dies erwähnen bereits *Altschuler*, Race; zu Kallen und Bourne siehe S. 71 ff.; *Archdeacon*, Becoming American, S. 112 ff.
51 Bei Kallen wird greifbar, was man »eine individualisierende Idee der Menschheit« nennen könnte. Siehe hierzu im einzelnen *Rüsen*, Die Individualisierung, S. 183 ff.
52 *Kallen*, Americanism and Its Makers, S. 13 f.

nung von Individualität eine Bedingung ihrer Legitimität darstellt. Seither ist die »American Idea« eine politische Praxis des Umgangs mit kultureller Differenz. Kallen sieht sein Verständnis des kulturellen Pluralismus daher auch nicht im Widerspruch zum Einheits-, Freiheits- und Gleichheitsbegriff der Unabhängigkeitserklärung; vielmehr bringt sie deren Spezifik zum Ausdruck: »›Equal‹ in the intent of the Declaration, is an affirmation of the right to be different.«[53]

Die Besonderheit Amerikas sah Kallen darin begründet, daß es nicht ethnisch, sondern kulturell und politisch definiert war; für ihn war es »not a race but an intelligence«.[54] Daher lag es für ihn in der Logik der Verfassung begründet, »to divorce citizenship from nationality«.[55] In den USA fehlen die gesellschaftlichen Voraussetzungen eines ethnisch begründeten Begriffs der Nation, da es sich nicht um ein nach ethnischen Kriterien strukturiertes Gemeinwesen handelt, trotz verschiedener ethnischer Zentren, um die sich Zugehörigkeiten kristallisieren. Nicht völkische Kriterien konstituieren die amerikanische Staatsbürgerschaft, sondern das dauerhafte Zusammenleben unter dem gemeinsamen Dach der Verfassung, deren Prinzipien gerade wegen der Unterschiedlichkeit der Kulturen für Kallen konsequent beachtet werden mußten.

Kallen konzipiert die amerikanische Zivilisation als eine Vergesellschaftungsform, die die Einheit der Menschheit in der Vielheit der Kulturen symbolisiert, sie ist »a multiplicity in a unity, an orchestration of mankind.«[56] Was die Einheit Amerikas konstituiert, ist der Pluralismus unterschiedlicher Kulturen, der die nationale Integration nicht in Frage stellt, sondern sie überhaupt erst ermöglicht. Seine Formel für die Einheit lautet daher: »one civilization of many cultures«. Die Verfassung definiert die Nation als eine Pluralität von Lebensformen; ihre Einheit ist die Vergesellschaftung verschiedener Kulturen unter dem Leitprinzip der wechselseitigen Anerkennung von Differenz.

Kallens Kritik des zeitgenössischen Assimilationszwangs speiste sich aus seiner Überzeugung, daß eine Amerikanisierungspolitik im Gegensatz zu diesem Prinzip stehe:

»The democratic way of life rejects alike the exploitation or enslavement of the different, or the ›assimilation‹ of the different into the same. For the democratic way of life American society is open society; Americanization consists in naturalizing differences, in joining them to those already cooperating in the natural enterprise, in enlarging, strengthening and enriching the national being by variation, not repetition. The American way is the way of orchestration. ... The national spirit is constituted by this union of the different.«[57]

53 Ders., The Education of Free Men, S. 110.
54 Ders., Cultural Pluralism, S. 71.
55 Ders., The Structure of Lasting Peace, S. 630.
56 Ders., Culture and Democracy, S. 124.
57 Ders., The Education of Free Men, S. 117. – Zu seiner Kritik zeitgenössischer Amerikanisierungsbestrebungen siehe ders., Culture and Democracy, S. 126ff.

Der kulturelle Pluralismus war daher für ihn nur eine Selbstbehauptung der Immigranten gegenüber den Zumutungen ihrer Assimilierung an die »natives«. Er wurde zum Philosophen der New Immigration, indem er den von den alteingesessenen Amerikanern befürchteten Verlust der ethnischen, sozialen und kulturellen Homogenität als Chance freier Vergesellschaftung begriff. Amerikanisierung bedeutete für Kallen nichts anderes als die Einübung in die politische Praxis der Anerkennung von Differenz[58] Die Einheit Amerikas bedeutete für ihn nicht die Erzwingung von Gleichförmigkeit, sondern Freisetzung von Individualität und Verschiedenheit. In seinem Verständnis erweisen sich die Prinzipien des kulturellen Pluralismus als durchaus vereinbar mit der Idee einer an universalistischen Normen orientierten liberalen Gesellschaft.[59] Das privilegierte Medium der Vergesellschaftung ist daher für Kallen die Zivilgesellschaft, die sich normativ an den universalistischen und zugleich individualisierenden Verfassungsnormen orientiert, aber in sich pluralistisch strukturiert ist.

Wendet man sich nun den Voraussetzungen zu, die für Kallens Version des kulturellen Pluralismus maßgeblich waren, so erweisen sich vor allem zwei Aspekte von grundlegender Bedeutung: zum einen der Einfluß des amerikanischen Pragmatismus mit der soeben angesprochenen Konzeption der Zivilgesellschaft, zum anderen Kallens jüdische Herkunft. – Die bereits am Beispiel Deweys beleuchtete Konzeption einer dialogisch strukturierten Zivilgesellschaft prägt auch Kallens Version des liberalen Individualismus und kulturellen Pluralismus. Stets hat er den Einfluß seines akademischen Lehrers William James betont und sich auf dessen Idee eines »pluralist universe« bezogen, die dieser in dem gleichnamigen Buch aus dem Jahr 1909 entwickelt hatte. Aber auch zu Dewey existierten enge Verbindungen in dieser Frage. Dewey war einer der wenigen Intellektuellen des Progressive Movement, der die Position Kallens unterstützte, wenn auch nur unter der Prämisse, daß die pluralistische »Orchestrierung« nationaler Identität tatsächlich eine Symphonie ergebe und keine Kakophonie sich wechselseitig übertönender Einzelinstrumente.[60] Dieser Nähe Deweys zu Kallens Theorie des kulturellen Pluralismus entsprach Kallens Zustimmung zu Deweys

---

58 *Ders.*, Cultural Pluralism, S. 97f.

59 Dies erwähnt auch *Walzer*, Pluralism, S. 785: »On the basis of some decades of experience, one can reasonably argue that ethnic pluralism is entirely compatible with the existence of a unified republic. Kallen would have said that it is simply the expression of democracy in the sphere of culture.«

60 Dies erwähnt *Lissak*, Pluralism, S. 155: »Expressing his reservations about Kallen's ideas, Dewey stated that he would be willing to adopt the metaphor of America as an orchestra ›upon the condition we really get a symphony and not a lot of different instruments playing simultaneously‹.« – Speziell zur Haltung Deweys in der Immigrationsfrage siehe auch *Eisele*, John Dewey.

Konzeption der Zivilgesellschaft als dialogischem Integrationsmedium partikularer Identitäten.[61]

Deweys Position war wie diejenige Kallens wesentlich durch eine Ablehnung der Melting Pot-Tradition geprägt, der gegenüber er die kulturelle Vielfalt Amerikas betonte. Entsprechend plädierte er für die Anerkennung von Differenz als Legitimitätsprinzip einer Nation, in der die Frage der Staatsbürgerschaft von dem Kriterium ethnischer Zugehörigkeiten entkoppelt war. Ganz im Sinne Kallens verband Dewey mit Amerika die politische Chance zur Freisetzung kultureller Differenz, der eine erzwungene Amerikanisierung der Einwanderer und ihre Assimilation an die etablierte Hegemonialkultur zuwiderlaufe:

»Variety *is* the spice of life, and the richness and the attractiveness of social institutions depend upon cultural diversity among separate units. In so far as people are all alike, there is no give and take among them. ... The United States is very much more interesting and more promising a place just because there is so much local diversity ... Each of these separate localities has its own diversifications to contribute to American life. The theory of the Melting Pot always gave me rather a pang. To maintain that all the constituent elements, geographical, racial and cultural, in the United States should be put in the same pot and turned into a uniform and unchanging product is distasteful. The same feeling that leads us to recognize each others individuality, to respect individuality between person and person, also leads us to respect those elements of diversification in cultural traits which differentiate our national life. ... On the political side I cannot see that the principle of racial and cultural nationality can be the basis for stable political organization in the future.«[62]

Im Gegensatz zu Croly und Beard war Dewey auch ein entschiedener Kritiker des Nationalismus als einer politischen Ideologie, die den ihr ursprüng-

---

61 Dieser von Kallen und Dewey gemeinsam hergestellte Zusammenhang zwischen Individualität und Zivilgesellschaft ist bis heute aktuell. So bei *Gutmann* in ihrem Kommentar zu *Taylor*, Multikulturalismus, S. 122 f.: »Die Einzigartigkeit der Individuen ergibt sich zum Teil auch daraus, wie sie sich auf ihr eigenes kulturelles Erbe und das anderer Menschen, mit denen sie in Berührung kommen, einlassen, wie sie über das Erbe reflektieren und wie sie es verändern. Menschliche Identität wird ... *dialogisch* erzeugt, im Umgang mit anderen. ... Die von einigen politischen Theoretikern formulierte Dichotomie zwischen atomistischen und gesellschaftlich geprägten Individuen ist daher falsch. Wenn menschliche Identität dialogisch erzeugt und konstituiert wird, dann gebietet die öffentliche Anerkennung unserer Identität eine Politik, die Raum läßt dafür, daß wir uns öffentlich über jene Aspekte unserer Identität miteinander beraten, die wir mit anderen Bürgern teilen oder teilen könnten. Eine Gesellschaft, die individuelle Identität anerkennt, wird eine auf gemeinsamer Beratung gründende, demokratische Gesellschaft sein, weil individuelle Identität teilweise durch kollektive Dialoge gestiftet wird.«
62 *Dewey*, The Principle of Nationality, (MW 10), S. 288 f. – Dies schloß nicht aus, daß sich Dewey zu Beginn der 30er Jahre ebenfalls für eine Regulierung der Einwanderung aussprach, weil er eine unbeschränkte Immigration für eine Gefährdung des Lebensstandards und eine Überlastung der auf ethnischer Differenz aufbauenden amerikanischen Kultur erachtete (*Dewey u. Tufts*, Ethics, (LW 7), S. 419 f.).

lich eigenen integrativen Charakter verloren habe und zu einem Element der Trennung und Separierung geworden sei.⁶³ Stattdessen betonte er die Grenzen der Nation als Bezugspunkt von Identität und plädierte für eine ihre Loyalitäts- und Solidaritätsgrenzen überwindende Universalisierung von Zugehörigkeit: »The criterion of the greater good of all must be extended beyond the nation, as in the past it has been expanded beyond confines of family and clan.«⁶⁴

Deweys Kritik der Amerikanisierungstendenzen seiner Zeit stand nicht im Widerspruch zu seinem Beharren auf der Notwendigkeit einer politischen Assimilation der Einwanderer an die Grundsätze der amerikanischen Verfassung. Dewey bestand darauf, daß sie durch die Anerkennung ethnischer Differenz nicht gefährdet werden dürfe und daß es eine Priorität demokratischer Verfassungsnormen vor der Kultur ethnischer Minderheiten geben müsse. Diese seien nur dann anzuerkennen, wenn im Gegenzug die Grundvoraussetzungen der politischen Kultur anerkannt würden.⁶⁵

Neben dem amerikanischen Pragmatismus stellte die jüdische Herkunft Kallens einen weiteren Ursprungskontext seines kulturellen Pluralismus dar.⁶⁶ Als immigrierter Jude hat Kallen die existentielle Notwendigkeit der Anerkennung von Minderheitenrechten am eigenen Leibe erfahren; seine Biographie macht deutlich, warum die Theorietradition des kulturellen Pluralismus aus der Lebenssituation unterprivilegierter Minoritäten erwachsen ist und als eine Reaktion auf deren Erfahrungen verstanden werden muß.

Kallen, der spätere Philosoph der New Immigration, gehörte selber zu den »new immigrants« des späten 19. Jahrhunderts. Im Alter von fünf Jahren kamen er und seine Familie von Schlesien, wo sein Vater als russischer Jude nicht mehr geduldet und 1887 ausgewiesen worden war, in die Vereinigten Staaten. In Boston bekam Kallens Vater eine Stelle als Rabbi in einer deutschsprachigen jüdisch-orthodoxen Gemeinde. Die Familie erreichte

---

63 *Dewey*, The Fruits of Nationalism, (LW 3), S. 156 f.
64 *Ders. u. Tufts*, Ethics, (LW 7), S. 371.
65 *Ryan*, John Dewey, S. 172; *Westbrook*, John Dewey, S. 212 ff. – Diese Differenzierung Deweys zwischen zwei unterschiedlichen Graden von Assimilation – einer politischen und einer kulturellen – ist zuletzt erneuert worden durch *Habermas*, Anerkennungskämpfe, S. 183 f. Auch Habermas differenziert zwischen »zwei Stufen der Assimilation«: Bei der ersten handelt es sich um die Anerkennung der Verfassungsprinzipien des Einwanderungslandes durch die Einwanderer innerhalb des Interpretationsspielraums, der durch die politische Kultur festgelegt ist; bei der zweiten geht es um eine ethisch-kulturelle Assimilation an geltende Lebensformen. Für Habermas ist nur die erste Ebene legitim, nicht gerechtfertigt ist dagegen »die erzwungene Assimilation zugunsten der Selbstbehauptung einer im Lande dominierenden kulturellen Lebensform« (*ebd.*, S. 184). – Diese Differenzierung entspricht weitgehend den Positionen Deweys und Kallens, die ebenfalls die Anerkennung der Verfassungsnormen durch die ethnischen Gruppen als Kehrseite des kulturellen Pluralismus angesehen haben. – Ausführlich zur Position Habermas' siehe jetzt *ders.*, Die Einbeziehung.
66 Daß die amerikanischen Juden neben den Protestanten und im Gegensatz zu den Katholiken eine große Bedeutung innerhalb des Progressive Movement besaßen, betont *Mayer*, Social Reform, S. 1453 ff.

die Vereinigten Staaten zu Beginn der großen Einwandererwellen der 80er Jahre, die auf der einen Seite zu einem sprunghaften Anwachsen des jüdischen Bevölkerungsanteils (in New York City von 3% auf 30% zwischen 1880 und 1917) sorgte, auf der anderen Seite jedoch durch einen zunehmenden Antisemitismus geprägt war, der es schwierig machte, jüdische Kulturtraditionen zu behaupten.[67] Insofern war es kein Zufall, daß ausgerechnet Kallen, der später als Student und Dozent in Harvard zum Objekt antisemitischer Vorurteile wurde, eine Theorie des kulturellen Pluralismus entwickelte, die mit seiner jüdischen Gruppenidentität vereinbar war und das Recht von Minoritäten zur Erhaltung ihrer kulturellen Traditionen ins Zentrum rückte.[68]

Angesichts der ethnischen Konflikte des frühen 20. Jahrhunderts stellte sich Kallen die Frage nach der Vermittlungsfähigkeit zwischen jüdischer Tradition und amerikanischer Demokratie.[69] Seine Theorie des kulturellen Pluralismus thematisierte insofern eine einschneidende Krisenerfahrung der amerikanischen Juden zur Zeit der New Immigration und läßt sich als Reaktion auf einen kollektiven Entfremdungsschock begreifen, dessen produktive Verarbeitung ihn zu »America's first Jewish philosopher« werden ließ.[70] In Reaktion auf die Bedrohung jüdischer Traditionen durch Antisemitismus und Amerikanisierung, aber auch angesichts des aufbrechenden Konflikts zwischen religiöser Orthodoxie und kulturell aufgeschlossenen, säkularisierten Reformjuden,[71] erarbeitete Kallen ein Vermittlungsmodell von Judentum und amerikanischer Demokratie, das eine Verarbeitung des jüdischen »trauma of modernization« leistete.[72] Seine Theorie des kulturellen Pluralismus beruhte auf einer Legitimierung jüdischer Kulturtraditionen zu einem gleichberechtigten Element der

---

67 Zum amerikanischen Antisemitismus siehe immer noch *Higham*, Send These to Me. – Neuerdings siehe *Dinnerstein*, A History, der ihn als ein Strukturelement der amerikanischen Kultur rekonstruiert. – Als Beitrag zur jüdischen Wahrnehmung des Antisemitismus siehe auch *ders.*, Uneasy at Home. – Als Forschungsüberblick siehe *Gerber*, Anti-Semitism. – Ein äußerst problematischer Beitrag mit einer erstaunlichen Nähe zum Jargon des amerikanischen Antisemitismus ist *Ginsberg*, The Fatal Embrace. – Als Überblick über die Geschichte der amerikanischen Juden siehe jetzt auch *Sachar*, A History.
68 *Maxcy*, Horace Kallen's, S. 31.
69 *Klingenstein*, Jews, S. 5.
70 *Rischin*, The Jews and Pluralism, S. 65. – Zu den Erfahrungen kultureller Entwurzelung als Begleitphänomen der amerikanischen Immigration siehe immer noch *Handlin*, The Uprooted, hier S. 259ff. – Speziell zur Situation jüdischer Immigranten in den Städten des frühen 20. Jahrhunderts siehe *Muller*, Immigrants; mit speziellem Blick auf New York *Rischin*, The Promised City; *Moore*, At Home.
71 Dieser Konflikt besaß eine lebensgeschichtliche Komponente in der Biographie Kallens, der sich frühzeitig gegen die Orthodoxie des Vaters auflehnte. Diesen biographischen Hintergrund beleuchtet im einzelnen *Toll*, Ethnicity, S. 153 ff.
72 *Rischin*, The Jews and Pluralism, S. 62. – Als Überblick über die Reaktionen jüdischer Reformbewegungen auf Modernisierungserfahrungen siehe in internationaler Perspektive *Meyer*, Response, speziell zur Situation in den USA siehe S. 225 ff.

amerikanischen Kultur.[73] In ihrem Zentrum stand der Gedanke der politischen Anerkennung von Differenz, der die gesuchte Symbiose von amerikanischer und jüdischer Kultur möglich erscheinen ließ: »By being most particular, one was most American. Kallen solved his dilemma of being Jewish in America by redefining both, *American* and *Jew*, so that the realization of the one became identical with the realization of the other.«[74]

Kallens Emanzipation von der durch den Vater verkörperten Orthodoxie, die bis 1900, als sein Studium in Harvard begann, weitgehend abgeschlossen war, deutete bereits die Richtung an, in die Kallens Symbioseversuch jüdischer und amerikanischer Identitätsangebote wies: Er implizierte eine scharfe Trennung zwischen orthodoxer jüdischer Religion und säkularer jüdischer Kultur und bedeutete die Preisgabe der ersteren, um die letztere unter Anpassung an die Bedingungen der Moderne erhalten zu können.[75] In seiner politischen Konsequenz repräsentiert er eine amerikanisierte Version des Zionismus, den Kallen nicht religiös, sondern ausschließlich politisch begründete. Zionismus bedeutete in seinem Verständnis letztlich die Applikation demokratischer Legitimitätsprinzipien der politischen Herrschaft, die er auf alttestamentarische Grundlagen zurückführte und damit zum Ausdruck jüdischer Kulturtraditionen erklärte, auf den antizipierten jüdischen Staat sowie eine Interpretation jüdischer Geschichte im Lichte dieser demokratischen Prinzipien. Die Legitimitätskriterien politischer Herrschaft, die in der Unabhängigkeitserklärung und der Bill of Rights als Prinzipien der Moderne formuliert worden waren, wiesen in die Richtung einer zunehmenden Anerkennung von Individualität und Verschiedenheit. Zugleich stieß man mit ihnen jedoch ins Zentrum jüdischer Identität und biblischer Traditionen vor, weil im Kontext jüdischer Kultur und Geschichte ein entscheidender Schritt in Richtung einer Universalisierung von Anerkennungsleistungen gemacht worden sei. Kallens Version des kulturellen Pluralismus akzentuierte daher den universalistischen Geist des jüdischen Monotheismus und seiner Idee der Gleichheit aller Menschen.[76]

Kallens kultureller Pluralismus wurde damit zu einem Versuch, die Vereinbarkeit des Zionismus mit der nationalen Zugehörigkeit zu Amerika als

---

73 Dies betont *Pilch* in seiner Einleitung zu *Kallen*, »Of Them Which Say They Are Jews«, S. XII.
74 *Klingenstein*, Jews, S. 50. – Zur Bedeutung seines Reformjudentums für seine Philosophie siehe auch *Konvitz (Hg.)*, The Legacy, S. 23.
75 Der Verbreitung dieser Idee diente die Gründung des »Menorah Journal« im Jahre 1915. Siehe hierzu *Konvitz*, H.M. Kallen.
76 Dies betont *Schmidt*, Horace M. Kallen: The Zionist Chapter, S. 77f. – Zur Vermittelbarkeit seines Zionismus mit der Unabhängigkeitserklärung siehe auch *dies.*, Horace M. Kallen and the »Americanization«; *dies.*, The Parushim; *dies.*, Horace M. Kallen and the »Progressive« Reform. – Außerdem siehe zu Kallens Zionismus *Sollors*, Beyond Ethnicity, S. 181 ff.

einer »union of the different« zu erweisen.⁷⁷ Dieser Vermittlungsversuch machte Kallen zum herausragenden Intellektuellen des amerikanischen Zionismus, weil er den spezifischen Kontingenz- und Verunsicherungserfahrungen einer ganzen Generation amerikanischer Juden entsprach und auf dem Höhepunkt der New Immigration deren Bedürfnisse nach kultureller Orientierung und Zugehörigkeit formulierte. Erst Kallens Version eines amerikanisierten Zionismus erlaubte eine Anhängerschaft zu ihm, ohne sich gleichzeitig den Vorwurf einer politischen Doppelloyalität gefallen lassen zu müssen, denn Zionismus bedeutete im Verständnis Kallens nur die Übertragung der amerikanischen Demokratie (und damit der eigentlichen Substanz jüdischer Traditionen) auf den zukünftigen jüdischen Staat. Gemeinsam mit dem Bundesrichter Louis D. Brandeis, der Kallens zionistische Ideen übernahm, blieb Kallen als Mitbegründer des »American Jewish Congress« und leitende Persönlichkeit der »American Association for Jewish Education« bis zum Ende des Ersten Weltkriegs die Führungsfigur des säkularen Flügels des amerikanischen Zionismus.

2. Kallen, der heute als Begründer des kulturellen Pluralismus gilt, war einer der wichtigsten Gegenspieler des amerikanischen Rassismus im ersten Drittel des 20. Jahrhunderts.⁷⁸ Direkt oder indirekt hat Kallen sowohl die politischen Diskussionen um die multikulturelle Gesellschaft, als auch die wissenschaftliche Immigrationsforschung und »ethnic history« nachhaltig befruchtet. In Übereinstimmung mit seiner These, daß sich Amerika als Nation unter Mitwirkung einer Vielzahl ethnischer Subkulturen konstituiere, werden in der neueren Forschung die aktiven Beiträge der Immigranten und deren kulturelle Erfahrungen akzentuiert. Sie waren Handlungssubjekte, die sich nicht reibungslos einer neuen Umgebung anpassten oder vollständig assimiliert wurden. Vielmehr brachten sie eine eigene Kultur mit und stellten zwischen ihrer alten und neuen Welt Vermittlungen her, in denen sich ganz unterschiedliche Identitäten herausbilden konnten. Assimilation wird auf diese Weise als ein kreativer Prozeß denkbar, in dem sich beide Seiten veränderten, – die Immigranten und die Gesellschaft, in die sie einwanderten: »Immigration altered America. But it also altered the immigrants.«⁷⁹

---

77 Dies zeigt *Shapiro*, Jewish-Americans, S. 157f. Siehe außerdem *Raphael (Hg.)*, What Is American; *Rischin (Hg.)*, The Jews of North America. – Zu den sozialgeschichtlichen Hintergründen des »American Judaism« siehe *Moore*, Social History.
78 *Gerstle*, The Protean Character, S. 1057ff. – Als bedeutendsten philosophischen Exponenten des Pluralismus würdigt ihn auch *Gordon*, Assimilation, S. 141ff.
79 *Handlin*, The Uprooted, S. 4, der Immigration und Assimilierung bereits als eine beiderseits aktiv gestaltete Vermittlung der Kulturen konzipierte. – Kennzeichnend für diese Forschungstendenz ist *Bodnar*, The Transplanted, S. 216, der die aktive Rolle der Immigranten bei der Integration in amerikanische Lebensformen akzentuiert hat und auch methodisch neue Wege gegangen ist. – Siehe außerdem *Zunz*, American History, S. 55, der ebenfalls den Prozeß der kulturellen Integration als einen von den Immigranten mitgesteuerten

Der kulturelle Pluralismus und die Anerkennung von Differenz 331

Unter wissenschaftshistorischen Gesichtspunkten manifestierte sich die Wirksamkeit von Kallens These des Cultural Pluralism im Aufstieg der »Ethnicity«-Kategorie zur Grundlage neuer Forschungskonzepte seit den 60er und 70er Jahren, die die ethnische Vergesellschaftung zugleich als kulturelle Assimilation und als Behauptung kultureller Eigenheiten konzipierten.[80] In politischer Hinsicht wurden seine Ideen, die durch das konservative Klima der 20er und 30er Jahre zunächst in Vergessenheit geraten waren, ebenfalls in den 60er und 70er Jahren im Kontext der amerikanischen Bürgerrechtsbewegung erneut aufgegriffen. Ebenso verraten die neuesten Debatten um den amerikanischen Multikulturalismus deutlich seinen Einfluß.[81]

Zugleich ist Kallen stets Zielscheibe scharfer Kritik gewesen und als Vertreter eines regressiven, politisch fragwürdigen Ethnozentrismus wahrgenommen worden, der auf die Globalisierung der Probleme mit einer Partikularisierung der Identitäten reagiert und damit die tiefsitzenden Ressentiments gegenüber einem multikulturellen Pluralismus nur weiter verschärft habe. In der Tat lassen sich gegenüber Kallens Version des kulturellen Pluralismus eine ganze Reihe von Einwänden geltend machen. Jedoch verweisen die offensichtlichen Grenzen seiner Position weniger auf eine prinzipielle Unfähigkeit, die Anerkennungskämpfe und Zugehörigkeitsprobleme in modernen Gesellschaften zu thematisieren, als vielmehr auf den Umstand, daß seine Theorie auf die spezifischen Problemlagen und Orientierungsbedürfnisse seiner Zeit zugeschnitten war.

Wie bereits erwähnt, wurde Kallen von den Vertretern des Melting Pot der Vorwurf gemacht, er gebe in seiner Forderung nach Minderheitenrechten die nationale Einheit preis. Diese Kritik trifft nicht, weil Kallen an den Verfassungsprinzipien unbedingt festgehalten hat und dies auch tun mußte, um seine Forderung nach einer politischen Anerkennung kultureller Differenz plausibel machen zu können. Damit sich Indivduen und Gruppen in ihrer Differenz wechselseitig anerkennen, muß es eine Instanz geben, auf die sie sich gemeinsam beziehen, um die Respektierung ihrer Individualität sicherzustellen.

Prozeß begriffen und nicht als das bloße Überstülpen einer neuen, fremden Identität. – Zur methodischen Berücksichtigung der Selbsterfahrung von Immigranten siehe auch *Helbich*, »Die Englischen«; *Hölbling u. Wagnleitner (Hg.)*, The European.

80 Dies erwähnt *Rabinowitz*, Race, S. 27 f. – Als Forschungserträge dieses Paradigmas siehe etwa *Glazer u. Moynihan*, Beyond; *dies., (Hg.)*, Ethnicity; *Sollors (Hg.)*, The Invention, siehe darin zur Bedeutung Kallens *Stein*, Defining, S. 84. – Als Überblicksdarstellungen der amerikanischen »ethnic history« siehe *Daniels*, Coming to America; *Olson*, The Ethnic Dimension.

81 Zur Gegenwärtigkeit Kallens in der neueren Diskussion siehe *Auerbach (Hg.)*, Encyclopedia, Bd. 2, S. 467 f.; *Martellone*, National Unity; *Lyman*, Color, S. 8 ff. – Die Aktualität Kallens erkannten in den 70er Jahren bereits *Newman*, American Pluralism, S. 68; *Rischin*, The Jews and Pluralism, S. 85 f. – Zur weitverzweigten Debatte um den Multikulturalismus in den USA siehe *Bak (Hg.)*, Multiculturalism; *Shell*, Die Herausforderung; *West*, Beyond; *Young (Hg.)*, The Rising Tide.

Schwerwiegender sind jedoch bestimmte Schwachpunkte seiner Position, die sich im wesentlichen unter sechs Gesichtspunkten zusammenfassen lassen:

Ein erster möglicher Einwand zielt auf Kallens Ausblendung der politischen Konfliktdimension ethnischer Differenz, die im Innern der ethnischen Gruppen selbst oder aber zwischen ihnen jederzeit aufbrechen kann. Die Freisetzung von Differenz bietet keineswegs nur die Möglichkeit einer Verhinderung ethnischer Konflikte, sondern auch Potentiale ihrer Verschärfung. Die politische Harmonisierbarkeit von Differenz kann beim Zusammentreffen unterschiedlicher Kulturen keineswegs immer als möglich oder gar wahrscheinlich vorausgesetzt werden.[82]

Ein weiterer Einwand zielt auf das bei Kallen ungeklärte Verhältnis zwischen der Partikularität ethnischer Gruppenidentitäten und der sie umgreifenden amerikanischen Staatsbürgerschaft; oder anders formuliert: zwischen den Sonderrechten ethnischer Minderheiten und dem staatlichen Gewaltmonopol. Zweifellos hat Kallen diese Frage nicht befriedigend beantwortet, so daß die über die partikularen Identitäten gesellschaftlicher und ethnischer Gruppen hinausgehende und sie umgreifende Staatsbürgerschaft bei ihm eigentümlich unbestimmt und blaß bleibt. Es wird nicht klar, durch welche politischen Regulierungen und Institutionen sich die verfassungsmäßige Einheit der Nation, die auch Kallen voraussetzt, realisieren soll.[83]

Eine dritte Schwachstelle seiner Theorie ist darin begründet, daß er bestimmte soziale Gruppen, denen fortwährend Anerkennung verweigert wurde, nicht berücksichtigt hat. Besonders auffällig ist in diesem Zusammenhang sein Schweigen gegenüber der Rassen- und Geschlechterproblematik. Daher überzeugt auch die Kritik Highams, daß »the pluralist thesis from the outset was encapsulated in white ethnocentrism«,[84] obwohl Kallen die Schwarzen als anerkennungsfähige Subjekte in den Adressatenkreis des kulturellen Pluralismus miteinbezogen hat. Offensichtlich hat er jedoch davor zurückgescheut, sich dieses Themas anzunehmen und den weißen Rassismus offen als Problem der amerikanischen Geschichte anzusprechen. Daß

---

82 Das betont *Gleason*, American Identity, S. 45. – Siehe außerdem *Cohen*, Reflections, S. 336: »There has been too much ethnic conflict in the United States to think that ethnic diversity is always a force for peace and understanding.« Andererseits sieht aber auch Cohen, daß es für die Probleme einer pluralistischen Gesellschaft nur pluralistische Lösungen im Sinne Kallens geben könne.

83 Deutlich erwähnt dies *Walzer*, Pluralism, S. 784: »Politics must still create the (national) unity it was once thought merely to mirror. And it must create unity without denying or repressing multiplicity. The early pluralist writers ... did not produce a fully satisfying account of this creative process or of the ultimately desirable relation between the political one and the cultural many. ... They had surprisingly little to say about how the different groups were to be held together in a single political order, what citizenship might mean in a pluralist society, whether state power should ever be used on behalf of groups, or what social activities should be assigned to or left to groups.«

84 *Higham*, Send These to Me, S. 208.

er – wie die anderen Intellektuellen des Progressive Movement auch – der Frage der Unterprivilegierung der Schwarzen aus dem Wege ging, markiert eine offensichtliche Grenze seiner Konzeption des kulturellen Pluralismus und der politischen Philosophie des Progressive Movement insgesamt.

Eine vierte Problematik des Cultural Pluralism besteht in seiner potentiellen Zementierung ökonomischer Ungleichheit. Soziale oder ethnische Gruppen können durch ihn darin bestärkt werden, die kulturellen Voraussetzungen ökonomischen Erfolges oder sozialen Aufstiegs bewußt abzulehnen, da sie den »mainstream« repräsentieren, von dem sie sich kulturell unterscheiden wollen.[85] Ohne die Fundierung durch eine sozialpolitische Reformperspektive und ökonomische Umverteilungsstrategie kann die Behauptung kultureller Differenz daher auch zum Legitimationsinstrument existierender Ungleichheit werden: zu einem romantischen Schleier kulturellen Andersseins, hinter dem sich die Realität sozialer Klassenstrukturen und ungleich verteilter Markt-, Macht- und Lebenschancen umso schonungsloser durchzusetzen vermag.[86]

Unter einem fünften Gesichtspunkt ist fraglich, ob Kallens Theorie des kulturellen Pluralismus in der Lage ist, angesichts der Realität funktionaler Differenzierung, verrechtlichter Beziehungen und interkultureller Kommunikation dem Phänomen gerecht zu werden, daß Anerkennungsleistungen und Solidarität zunehmend unter Fremden zu erbringen sind. In diesem Zusammenhang ist gegenüber dem amerikanischen Pragmatismus zuletzt der Einwand erhoben worden, er bleibe einem »unterkomplexen« Politik- und Demokratiemodell verhaftet, weil er das Problem der wechselseitigen Anerkennung von Differenz am Leitfaden einer erweiterten Nachbarschaftssolidarität thematisiere. Damit jedoch blende er genau die Aspekte von Verrechtlichung und funktionaler Differenzierung aus, die unter den Bedingungen moderner Gesellschaften zur »Umstellung von Solidarität unter Freunden auf Solidarität unter Fremden« geführt haben: »Bestimmt man den Begriff demokratischer Solidarität ... als *Erweiterung* der Gemeinschaft gleicher Bürger zur universellen Gemeinschaft gleicher Menschen, dann entgeht einem jedoch der für die moderne Demokratie nicht weniger konstitutive *Formwandel* der gesellschaftlichen Solidaritäten, der vor allem eine Folge der sozialen Evolution und Ausdifferenzierung des Systems des modernen, positiven Rechts gewesen ist.«[87]

Dieser Einwand ist gegenüber Kallen insoweit berechtigt, als er dem Problem der politischen und rechtlichen Institutionalisierung formalisierter und

---

85 Dies erwähnt *Hollinger*, Ethnic Diversity, S. 96 f.

86 Gordons bahnbrechender Rekonstruktionsversuch amerikanischer Assimilationsprozesse war entsprechend der Versuch, Kallens Theorie des kulturellen Pluralismus um die Dimension sozialer Klassenphänomene zu erweitern: *Gordon*, Assimilation; ders., Human Nature.

87 *Brunkhorst*, Solidarität, S. 61.

depersonalisierter Anerkennungsverhältnisse zwischen Individuen und gesellschaftlichen Gruppen keine oder nur geringe Aufmerksamkeit geschenkt hat. Der Einwand verweist auf eine Grenze des amerikanischen Pragmatismus, der es zu keiner rechtsphilosophischen Grundlegung des New Liberalism gebracht hat.[88] Dieses rechtstheoretische Defizit des Pragmatismus steht in Zusammenhang mit einer politischen Philosophie des Progressive Movement, die Recht und Verfassung weitgehend zu bloßen Herrschaftsinstrumenten gesellschaftlich führender Klassen und zu den institutionellen Garanten ihrer ökonomischen Interessen reduzierte. In Crolys Invektiven gegen die Herrschaft der Juristen und Gerichte als Hemmschuhen einer demokratischen Transformation der amerikanischen Gesellschaft, aber auch in Beards Interpretation der amerikanischen Verfassung als Vehikel ökonomischer Interessen kommt diese gesellschaftstheoretische Abwertung rechtlicher Faktoren durch die Intellektuellen des Progressive Movement exemplarisch zum Ausdruck. Die Bedeutung des Rechtsstaats als Institution und Grundlage einer liberalen, funktional ausdifferenzierten Gesellschaft wurde von ihnen eindeutig verkannt.

Der pragmatistischen Theorie der Demokratie mangelt es an einer angemessenen Berücksichtigung der rechtlichen Dimension moderner Vergesellschaftungsprozesse. Auch wenn Dewey im Kontext seiner Theorie der Great Society die Umstellung einer dialogisch strukturierten Alltagskommunikation auf funktional ausdifferenzierte Teilsysteme reflektierte, zu denen unter den geschichtlichen Voraussetzungen moderner Gesellschaften das Recht gehört, blieb seine Theorie der Demokratie, der politischen Öffentlichkeit und der pluralistischen Zivilgesellschaft letztlich dem Paradigma unmittelbarer Gesprächssituationen und Vergemeinschaftungsformen verpflichtet. Aufgrund ihrer Vernachlässigung des Rechts erscheint sie nur bedingt geeignet, das Problem kultureller Vielfalt und wechselseitiger Anerkennunung unter den geschichtlichen Bedingungen funktional ausdifferenzierter und rechtsstaatlich organisierter Gesellschaften angemessen zu erfassen.

Der sechste und schwerwiegendste Einwand, der in den letzten Jahren gegen Kallens Konzept des kulturellen Pluralismus vorgebracht worden ist, besagt schließlich, daß er die verschiedenen Kulturen als in sich stabile Gebilde konzipiert habe, die sich dauerhaft voneinander unterscheiden. Gegenüber diesen Determinierungen von Identität habe er die zivilgesellschaftlichen Mechanismen ausgeblendet, die ethnische Gruppen immer schon in ein Interaktionsverhältnis bringen und damit Prozesse kultureller Vermittlung in Gang setzen. Kallen hat die kulturelle Sonderrolle ethnischer Gruppen darin gesehen, daß die Mitgliedschaft zu ihnen unfreiwillig, durch Geburt und Abstammung festgelegt und daher buchstäblich auf den Leib geschrieben

---

88 Nur äußerst sporadisch und bruchstückhaft hat Dewey sich rechtsphilosophischen Fragen gewidmet; so etwa in *Dewey u. Tufts*, Ethics, (LW 7), S. 214 ff. Das schmerzliche Fehlen einer pragmatistischen Rechtsphilosophie wird dadurch keineswegs behoben.

sei: »Men may change their clothes, their politics, their wives, their religions, their philosophies, to a greater or lesser extent: they cannot change their grandfathers.«[89] Im Gegensatz zu den Vergesellschaftungsformen der Civil Society gehört man der ethnischen Gruppe, in die man hineingeboren wird, für Kallen unfreiwillig hinzu. Indem er diese ethnischen Zugehörigkeiten hermetisch festschreibe, verliere er – so die Kritik – den Blick für die gesellschaftlichen Prozesse, die ethnische Faktoren modifizieren und relativieren können. Mit seiner Akzentuierung einer ethnisch fundierten kulturellen Differenz von Minderheiten bleibe der kulturelle Pluralismus auf eigentümliche Weise selbst ein Moment des weißen Rassismus und erweise sich als ein heimlicher Komplize des Nativismus, indem er dessen ethnisch geprägtes Deutungsschema sozialer Realität übernommen habe. Der kulturelle Pluralismus bleibe daher auch im kategorialen Netz einer rassistischen Konzeption Amerikas intellektuell gefangen.[90]

Die geschilderte Kritik an Kallen besagt, daß er aufgrund einer unterstellten Unentrinnbarkeit von Ethnizität einer hypertrophen Biologisierung sozialer Prozesse verhaftet sei. Interaktionen mit anderen Gruppen oder mit einer sich wandelnden Umwelt können ethnische Faktoren und kulturelle Unterschiede abschleifen und haben dies auch historisch getan. Highams kritisch gegen Kallen gewandte These der »pluralistic integration« zielt auf die Gleichzeitigkeit von Assimilation und Pluralismus als Kennzeichen der amerikanischen »ethnic history«.[91] Die amerikanische Geschichte sei durch massive Assimilationsprozesse gekennzeichnet, durch die sich ethnische Differenzen, Subkulturen und Identitäten in der Generationenfolge tendenziell abgeschwächt oder einander angenähert haben, – darin liege auch die bleibende Plausibilität der Melting Pot-Konzeption der nationalen Identität begründet.[92]

Dasselbe Argument läßt sich jedoch auch kulturkritisch wenden: In diesem Fall übersieht Kallens romantischer Pluralismus nicht nur die erfolgreichen Assimilationsprozesse der amerikanischen Gesellschaft, die es immer wieder geschafft habe, die Heterogenität der Einwanderer kulturell zu integrieren, sondern auch die ausgeprägten Nivellierungstendenzen des moder-

---

89 *Kallen*, Culture and Democracy, S. 122.
90 Zu dieser Kritik an den Vertretern des kulturellen Pluralismus der 20er Jahre siehe auch *Michaels*, Our America.
91 *Higham*, Send These to Me, S. 229 ff.
92 Das betont *Rabinowitz*, Race, S. 38 ff. – Gordons Theorie des »strukturellen Pluralismus« hat dieses Phänomen in Rechnung gestellt: Sie ist der Versuch einer Integration assimilatorischer und pluralistischer Konzeptionen zu einer Theorie der kulturellen Integration, die davon ausgeht, daß spätestens in der zweiten Einwanderergeneration Akkulturationsprozesse auftreten, die zu einer Gemengelage von Gemeinsamkeit und Besonderheit führen. Trotz einer ausgeprägteren Assimilation der Einwanderer als von Kallen vorausgesehen, seien die Phänomene kultureller Differenz und Pluralität niemals vollständig verschwunden, sondern nur durch einen Bestand gemeinsamer Grundüberzeugungen überbaut worden (*Gordon*, Assimilation, S. 234 f.).

nen Kapitalismus, der in der Tyrannei des Marktes sowie in der Unterschieds- und Konturlosigkeit einer kulturindustriell vorgefertigten Welt den kulturellen Reichtum menschlicher Differenz zum Verschwinden bringe.

Dieser letzte Einwand gegenüber Kallens Privilegierung ethnischer Faktoren gegenüber Politik und Zivilgesellschaft wirft die Frage nach einer Begündung amerikanischer Selbstidentität jenseits ethnischer Zugehörigkeiten auf. Insbesondere von David Hollinger ist in diesem Zusammenhang der Versuch gemacht worden, die aktuellen Diskussionen aus der polaren Spannung zwischen Multikulturalismus und amerikanischem Exzeptionalismus herauszuführen und auf eine neue Grundlage zu stellen.[93] Von ihm stammt auch die schärfste Kritik an Kallen als Vertreter eines Ethnozentrismus, dem er die Zivilgesellschaft als Instanz gesellschaftlicher Integrationsleistungen gegenüberstellt. Aufgrund seiner Bedeutung im Kontext der gegenwärtigen Diskussionen ist auf Hollingers Lösungsversuch und die damit verbundene Kritik an Kallens kulturellem Pluralismus ausführlicher einzugehen.

Im Gegensatz zu den Kritikern des Multikulturalismus will Hollinger die gegenwärtige Wendung zum »Ethnos« ernster nehmen und ihr gleichwohl eine kritische Wendung geben. Zu diesem Zweck konzipiert er die Zivilgesellschaft als ein »transethnisches« Instrument der kulturellen Zivilisierung sowohl des pluralistischen Partikularismus wie des nationalen Exzeptionalismus, weil sie als Summe freier Vergesellschaftungsformen die Möglichkeit vielfältiger Bindungen enthält. Gleichermaßen jenseits des Zerfalls der Gesellschaft in verschiedene Ethnien und einer rigiden Amerikanisierung bietet sie in der Orientierung an den universalistischen Prinzipien der Verfassung die Möglichkeit zu einer Freisetzung der Kulturen in ihr jeweiliges Eigenrecht:

»A postethnic perspective on American nationality emphasizes the civic character of the American nation-state, in contrast to the ethnic character of most of the nationalism we read about today. A civic nation can mediate between the species and the ethnos in ways that an ethnic nation cannot. In the context of the worldwide resurgence of ethno-racial particularism, the transethnic solidarity of the American civic nation has much to recommend it. ... I defend the notion of a national culture as an adhesive enabling diverse Americans to see themselves as sufficiently ›in it together‹ to act on problems that are genuinely common.«[94]

Die Zivilgesellschaft bietet aufgrund ihrer intermediären Stellung zwischen dem Universalismus allgemeiner Verfassungsprinzipien und dem Partikularismus konkreter Lebensformen für Hollinger die Chance eines »stretching of the ›We‹«, einer Erweiterung von Identität durch den Austausch der Kulturen. Sie bringt die Identitäten ethnischer Gruppen unter den Bedingungen

---

93 *Hollinger*, Postethnic America. – Als Überblicke der neueren Forschungsdiskussion um den amerikanischen »exceptionalism« siehe vor allem *Adams u. van Minnen*, Reflections; *Appleby*, Recovering; *Shafer (Hg.)*, Is America Different.

94 *Hollinger*, Postethnic America, S. 14f.

der Verfassung in die kulturelle Schwingung einer wechselseitigen Verständigung, öffnet sie gegenüber der Erfahrung kulturellen Anders-Seins und ermöglicht damit die Chance zu zwangloseren Formen der Identitätsbildung: »Postethnicity prefers voluntary to prescribed affiliations, appreciates multiple identities, pushes for communities of wide scope, recognizes the constructed character of ethno-racial groups, and accepts the formation of new groups as a part of the normal life of a democratic society. ... Postethnicity reacts not against commitment but against prescribed affiliations on the basis of descent.«[95] In den auf freiwilliger Teilnahme basierenden Kommunikationsprozessen der Zivilgesellschaft als Kern eines nicht mehr durch ethnische Kriterien strukturierten Amerika werden Identität und Zugehörigkeit von biologischen, durch Abstammung determinierten Größen zu Ergebnissen eines soziokulturellen Prozesses mit ungewissem Ausgang. Die Unmöglichkeit, die amerikanische Nation ethnisch zu definieren, bietet für Hollinger die Chance zur Konstitution einer »civic nation«, in der die Zugehörigkeit zu kündbaren und nicht biologisch zugeschriebenen Vergesellschaftungsformen die maßgebliche Grundlage der nationalen Identität wird: »From a postethnic perspective, the United States certainly can and should be a setting for the development of a great number of voluntary associations of many different sorts, including transnational affiliations.«[96]

Hollingers Ziel ist die Zivilisierung der Nation ohne deren Preisgabe, da sie immer noch zentrale Aufgaben der kulturellen Vergesellschaftung, der sozialen Integration und Solidaritätsbildung sowie der politischen Gewährung von Bürgerrechten zu erfüllen hat, die bisher weder von subnationalen, noch von transnationalen Organisationsformen wahrgenommen werden können. Seine zentrale Differenzierung ist die zwischen ethnischen und zivilen Nationen, wobei er die USA als einen Nationalstaat auf der Grundlage einer postethnischen Nationalität definiert.[97] Als »civic nation« repräsentiert Amerika einen Weg zwischen der kulturellen Zwangsjacke der Amerikanisierung und dem bindungslosen Relativismus des Multikulturalismus: »Being an American amid a multiplicity of affiliations need not be dangerously threatening to diversity. Nor need it be too shallow to constitute an important solidarity of its own.«[98]

Hollinger verbindet seine Position mit einer deutlichen Abgrenzung von Kallens Variante des kulturellen Pluralismus, dem er ein Befangensein in ethnozentrischen Traditionen vorwirft. An die Stelle des Pluralismus im Sinne Kallens setzt Hollinger einen erneuerten Kosmopolitismus, bei dem der Zivilgesellschaft eine besondere Bedeutung als Vermittlerin der partikularen und universalistischen Elemente von Identitätsbildung zukommt:

---

95 *Ebd.*, S. 116f.
96 *Ebd.*, S. 159f.
97 *Ebd.*, S. 133.
98 *Ebd.*, S. 163.

»Pluralism respects inherited boundaries and locates individuals within one or another of a series of ethno-racial groups to be protected and preserved. Cosmopolitanism is more wary of traditional enclosures and favors voluntary affiliations. Cosmopolitanism promotes multiple identities, emphasizes the dynamic and changing character of many groups, and is responsive to the potential for creating new cultural combinations. Pluralism sees in cosmopolitanism a threat to identity, while cosmopolitanism sees in pluralism a provincial unwillingness to engage the complex dilemmas and opportunities actually presented by contemporary life.«[99]

Er identifiziert den Pluralismus Kallens mit einer Strategie sozialer Integration, die die universalistischen, an der Menschheitskategorie orientierten Kriterien politischer Zugehörigkeit aufgeweicht habe zugunsten partikularer Loyalitäten und ethnischer Gemeinschaften. Seinen Sinn hatte der Cultural Pluralism für Hollinger zwar als eine Gegenreaktion auf die verschärften Amerikanisierungstendenzen des frühen 20. Jahrhunderts, nicht aber als ein zukunftsfähiges Modell von Vergesellschaftung im Medium einer modernen Zivilgesellschaft.

Allerdings verdankt sich diese Kritik einer Verzerrung von Kallens eigentlichen Intentionen. Diesem ging es keineswegs um die Behauptung ethnischer Identitäten in kleinen, sich wechselseitig voneinander separierenden Gruppen, sondern um die Initiierung eines kommunikativen Prozesses wechselseitiger Anerkennung zwischen Individuen und jenen sozialen Gruppen, denen sie angehören. In diesem Zusammenhang ist an Kallens Zivilisationsbegriff zu erinnern, der die Geschichte der verschiedenen Kulturen »as the tale of the ever greater, more varied and swifter and smoother intercommunication of the diverse and the diversifying« konzipierte.

Die elementarste Einheit Kallens ist nicht die ethnische Gruppe, der die Individuen zwanghaft zugehören, vielmehr sind es die Individuen selber in der Vielzahl unterschiedlicher Bezüge, in denen sie stehen und sich miteinander vergesellschaften. Unschwer zielt Kallens Metapher des »Orchesters« auf die Summe der freiwilligen Verbindungen, die bei Hollinger die Zivilgesellschaft ausmachen. Nicht die starre Behauptung ethnischer Partikularität, sondern die Anerkennung persönlicher Identität in Prozessen intersubjektiver Verständigung ist das beherrschende Thema des kulturellen Pluralismus Kallens; bei ihm gibt es einen Primat der Individuen vor den sozialen Gruppen, denen sie zugehören:

»It would be wrong, however, to suppose that this life is primarily group life or even more widely social. It is not. It is an individual and private life. The primary aim of society is not self-preservation, but the preservation of its members. Society persists in the interest of the individual, not the individual in the interest of society. Society is the instrument of private happiness, and it is altered and reshaped as it succeeds or fails in safeguarding this happiness for its members. ... The individual is the standard of value, the rest of the world is only its content.«[100]

---

99 *Ebd.*, S. 3 f.
100 *Kallen*, Art, Philosophy, and Life, S. 47; ähnlich *ders.*, Individualism.

Weil die liberale Idee der freien Persönlichkeit die sozialphilosophische Grundlage von Kallens Pluralismus bildet, und nicht etwa die partikularen Sittlichkeiten des klassischen Republikanismus, geht Hollingers Vorwurf des Ethnozentrismus letztlich ins Leere. Auch für Kallen gelten bereits die Merkmale, die eine liberale Zivilgesellschaft gegenüber einer partikularistischen Konzeption des Common Good in der Tradition des klassischen Republikanismus auszeichnen.[101] Seine pragmatistische Version des kulturellen Pluralismus läßt sich bereits als gesellschaftstheoretischer Entwurf einer postethnischen Zivilgesellschaft verstehen, die die nationale Einheit der USA in der Vielheit ihrer Kulturen konstituiert und als Einheit des Verschiedenen zugleich eine »orchestration of mankind« symbolisiert.

b) Zivilreligion als Element der politischen Kultur

»The faith of Americans in their own country is religious. ... It pervades the air we breathe.« Mit diesem Bekenntnis zur religiösen Bedeutung Amerikas artikulierte Croly auf dem Höhepunkt des Progressive Movement eine Grundüberzeugung der zeitgenössischen Intellektuellen, mit der sie eine lange Tradition des zivilreligiösen Diskurses in den USA fortsetzten.[102] Von

---

101 Den Unterschied zwischen der liberalen und der klassisch-republikanischen Konzeption der Gesellschaft rekonstruiert mit Blick auf die jeweilige Praxis sozialer Anerkennung *Bell*, The »Hegelian Secret«, S. 70: »The common good was a unitary good. But a modern civil society – a heterogenious and multi-racial society within the bounds of citizenship – has to establish different rules: the principle of toleration and diversity, and the consensus by plural communities on rules of procedure and rules for negotiation, within the frame of constitutionalism.« – Ebenfalls betont die Affinität zwischen Republikanismus und Ethnozentrismus *Smith*, The »American Creed«, S. 247: »Despite republicanism's attractions for contemporary theorists, any honest assessment of it as an actual American communal tradition must recognize that in legal and political debate it has usually and quite naturally served to assist the repressive side of American ethnocentrism. The resulting longstanding history of invidious discriminations demonstrates that in the United States attention must always be paid to the threats these ideals pose to liberal values.« – Dieser Zusammenhang zwischen Republikanismus und Ethnozentrismus erklärt auch die starken nativistischen Strömungen innerhalb des Progressive Movement, – unter anderem bei Croly und Beard.

102 *Croly*, The Promise, S. 1. – Die religionsphilosophische Entwicklung Crolys dokumentiert den Verfall der politischen Philosophie des Progressive Movement. Gehörte er mit seiner Comte entlehnten Konzeption einer »religion of human brotherhood« bis zum Ersten Weltkrieg zu den einflußreichsten Vertretern amerikanischer Zivilreligion, so änderte sich dies schlagartig mit der Enttäuschung seiner politischen Hoffnungen seit dem Beginn der 20er Jahre. Seine Schriften dieser Zeit verraten die Wendung zu einem mystischen Christentum, das in eine krause Anthropologie und Kulturkritik der modernen Gesellschaft eingebettet war (*Croly*, Behaviorism, S. 368). – Am deutlichsten wird dieser Trend in dem Manuskript »The Breach in Civilization« aus dem Jahre 1920. Croly verzichtete auf die Veröffentlichung dieser Schrift aufgrund einer Intervention seines Freundes Felix Frankfurter, der es als völligen Bruch mit den liberalen Intentionen des Progressive Movement interpretierte. – Zu den Hintergründen siehe *Levy*, Herbert Croly, S. 291 f.

Anfang an verdankte sich das Progressive Movement einem religiösen Motiv, das sich in seiner engen Verbindung zur protestantisch geprägten Reformbewegung des »Social Gospel« niederschlug.[103] Dieses sozialreformerische Awakening war eng mit dem Aufstieg des liberalen Protestantismus seit den 80er Jahren des 19. Jahrhunderts verbunden, der sich nicht nur gegenüber den Herausforderungen der modernen Wissenschaften,[104] sondern auch gegenüber der sozialen Frage öffnete.[105] Die Bewegung des Social Gospel artikulierte die politischen und gesellschaftlichen Reformkonzepte des amerikanischen Protestantismus und bildete mit der Forderung nach neuen Formen sozialer Demokratie und Verantwortung einen Wendepunkt der amerikanischen Religionsgeschichte. Ganz im Sinne eines »social awakening« bildete sie den Versuch zu einer Christianisierung des Sozialen. Der Gott des Social Gospel war ein Gott inmitten der Welt und ihrer Geschichte, und die innerweltlichen Mächte waren Mittel zur Realisierung seines Reiches. Daher wurde die Vermittlung von Religion und säkularer Kultur zum theologischen Programm, das sich in den moralischen Reformimpulsen des Progressive Movement niederschlug.[106]

Zahlreiche personelle Querverbindungen belegen den engen Zusammenhang und die wechselseitige Befruchtung zwischen Religion und Politik, die sich als zwei Seiten derselben Reformbewegung begreifen lassen.[107] Die Bewegung des Social Gospel hatte aufgrund ihrer religiösen Qualifizierung der

---

103 Zum Zusammenhang zwischen Protestantismus und dem Wandel der politischen Kultur in der Progressive Era siehe *Handy*, Protestant Theological Tensions.

104 Zu den Vermittlungsversuchen zwischen Religion und Wissenschaft siehe *Cotkin*, Reluctant Modernism, S. 14 ff.

105 Zu den sozialen Reformideen des Social Gospel siehe jetzt vor allem *Gorrell*, The Age; *King*, An Enthusiasm, der auch die bisherige Deutung dieser amerikanischen Spielart des liberalen Protestantismus als oberflächlichen Moralismus in Frage stellt (S. 49). – Als Überblicke über dessen Theologie und gesellschaftspolitischen Reformvorstellungen siehe *Moorhead*, Theological Interpretations; *Lippy*, Social Christianity; *King*, Liberalism. – Aus der älteren Forschung zum Social Gospel sind noch ergiebig *Hopkins*, The Rise; *Miller*, American Protestantism; *White u. Hopkins*, The Social Gospel, die ihn als eine heterogene Bewegung nur lose miteinander verbundener Reformgruppen begreifen und seinen Zusammenhang mit einer Vielzahl anderer Organisationen des Progressive Movement betonen (S. XVII).

106 Als bekannteste Theologie des Social Gospel siehe vor allem *Rauschenbusch*, A Theology aus dem Jahre 1917 (dt.: Die religiösen Grundlagen der sozialen Botschaft, 1922). – Zu seiner Rolle als Sozialreformer der Progressive Era siehe *Minus*, Walter Rauschenbusch. – Zur sozialen Krisendiagnostik der Theologie Rauschenbuschs siehe vor allem *Hutchison*, The Modernist Impulse, S. 145 ff. – Einen kompetenten Gesamtüberblick über die theologischen Positionen und Strömungen des Social Gospel bietet *Gorrell*, The Age.

107 Besonders deutlich tritt die Bedeutung des Social Gospel für die politische Philosophie des Progressive Movement am Beispiel Deweys zutage. Siehe hierzu *Feffer*, The Chicago Pragmatists, S. 67 ff. – Die religionsphilosophischen Grundlagen seiner Demokratietheorie betont *Crunden*, Ministers, S. 57. – Als gründlichste Darstellung des Verhältnisses zwischen der Religionsphilosophie und politischen Theorie Deweys siehe *Rockefeller*, John Dewey. – Die Bedeutung des Social Gospel für die frühe Sozialphilosophie Meads erweist *Shalin*, G.H. Mead, S. 918 ff.

Gegenwartsgesellschaft zum »kingdom of God on earth« einen enormen Einfluß auf den Wandel des kulturellen Klimas zu Beginn des 20. Jahrhunderts: Mit ihr wurde das religiöse Projekt der Erlösung zur »social matter«, zur Angelegenheit einer sozialpolitischen Steuerung gesellschaftlicher Prozesse im Sinne wohlfahrtsstaatlicher Ideen.[108] Ganz in diesem Sinne hatte der junge Dewey die religionsphilosophische Überzeugung formuliert, daß die Offenbarung Gottes nur »in« der Welt und im Kontext innerweltlicher Erfahrungen geschieht, in denen sich die Welt selbst mit einem religiösen Sinngehalt auflädt:

»Christianity is revelation, and revelation means effective discovery, the actual ascertaining or guaranteeing to man of the truth of his life and the reality of the Universe. It is at this point that the significance of democracy appears. The kingdom of God, as Christ said, is within us, or among us. The revelation is, and can be, only in intelligence. ... It is man's social organization, the state in which he is expressing himself, which always has and always must set the form and sound the key-note to the understanding of Christianity.«[109]

Die Kehrseite dieser Spiritualisierung der Welt war jedoch deren zunehmende Säkularisierung und der rasche Verbrauch ihrer religiösen Inspirationen. Was zunächst als eine »intersection of faith and culture« begann, endete mit dem Eindringen säkularer Denkformen in das kulturreligiöse System des Social Gospel und führte zum Niedergang seiner spirituellen Gehalte zugunsten der rein innerweltlichen Wertsysteme und Sinnkonstrukte der amerikanischen Überfluß- und Konsumgesellschaft des 20. Jahrhunderts. Sie ließen die kulturellen Traditionen und Reformperspektiven des Social Gospel allmählich zu einem Bestandteil und Legitimationsprinzip des amerikanischen Kapitalismus werden: »The social gospel contributed to the reorientation of American culture that validated abundance, consumption, and self-realization. Social gospelers, reformers though they were, created, not a critique of modern capitalism, but rather a consuming faith in the material abundance it promised.«[110]

---

108 *Curtis*, A Consuming Faith, S. 5; *Phillips*, A Kingdom. – Eine knappe aber präzise Skizze der Sozialphilosophie des Social Gospel und seiner Entstehungsgeschichte seit dem Amerikanischen Bürgerkrieg gibt *Ahlstrom*, A Religious History, S. 785–804.
109 *Dewey*, Christianity and Democracy, (EW 4), S. 6f. – Die christliche Überzeugung von der Innerweltlichkeit Gottes machte ihn zu einem engagierten Parteigänger des Social Gospel seit der Mitte der 80er Jahre. Besonders aussagefähig ist in diesem Zusammenhang seine Christologie: »For Dewey, the Body of Christ is not just the church but human society at large, and it is humanity, not exclusively the man Jesus, which is the mediator between the individual and God. By identifying with the shared life of the community, the common good, the individual finds liberation from sin and guilt and unity with God, for the life of the social organism is God. Dewey declares that this is the central meaning of the teaching of Jesus, John, and Paul.« (*Rockefeller*, John Dewey, S. 163).
110 Zu diesem Zusammenhang zwischen der liberalprotestantischen Kulturreligion des Social Gospel und der Entstehung einer säkularen »culture of corporate abundance« siehe *Curtis*, A Consuming Faith, Zitat S. 278. – Den Zusammenhang zwischen Protestantismus und »consumer culture« der 20er Jahre betont auch *Lundén*, Business and Religion.

Die Geschichte des Progressive Movement manifestiert die zunehmende Entkoppelung der sozialpolitischen Reformprogrammatik von ihren ursprünglich religiösen Wurzeln, was zum Teil auch an den gesellschaftstheoretischen Grenzen des Social Gospel lag und an seinem Unvermögen zu einer intellektuellen Durchdringung zeitgenössischer Modernisierungskrisen.[111] Die Religion als handlungsmotivierende Grundlage sozialer Reformen wurde zunehmend durch die Wissenschaft als entscheidende Orientierungsgröße einer regulativen Politik ersetzt. Die liberal-protestantischen Reformsemantik löste sich unter dem Erfahrungsdruck der Zeit allmählich auf und wurde durch eine wissenschaftlich fundierte »public policy« abgelöst; an die Stelle des religiös inspirierten Laien trat der professionelle Experte sozialer Reform.[112]

Die Entwicklung des Progressive Movement dokumentiert trotz der zunächst engen personellen und organisatorischen Verbindung mit dem Social Gospel eine allmähliche Abwendung der Reformkräfte vom Protestantismus, – ein Prozeß, den die Intellektuellen des frühen 20. Jahrhunderts maßgeblich vorantrieben.[113] Mit dem Ende des 19. Jahrhunderts begann die Vorherrschaft einer wissenschaftlichen Reformkonzeption, die mit dem Aufstieg der Philosophie auf Kosten der Theologie verbunden war. Die Entwicklung Deweys steht dafür, daß Naturalismus und Wissenschaft den religiösen Supranaturalismus beerbten und daß sich die Wissenschaft zur wichtigsten Gehilfin der Politik aufschwang. Dieser Prozeß hatte jedoch kein abruptes Ende des religiösen Diskurses zur Folge. Vielmehr erfolgte bei vielen Intellektuellen eine Wendung zur Tradition der amerikanischen Zivilreligion im Sinne eines post-christlichen Verständnisses von Religiosität; Politik, Wissenschaft und Religion gerieten in ein völlig neues Verhältnis zueinander.[114] Die ursprünglichen theologischen Implikationen des Social Gospel kamen dieser religionsphilosophischen Wendung entgegen. Mit der Spiritualisierung innerweltlicher Mächte zu Agenten des Gottesreiches steht

---

111 So *May*, Protestant Churches, in seiner heute methodisch veralteten, an den Führungsfiguren orientierten Personengeschichte des Social Gospel: »The simplicity and optimism of its social analysis did not fit it to lead the way through the deep jungles and morasses of the twentieth century.« (S. 234). – In ähnlichem Sinne siehe *ders.*, The Protestant Response. – Zu den sozialgeschichtlichen Herausforderungen der religiösen Reformbewegungen des frühen 20. Jahrhunderts siehe *Ahlstrom*, A Religious History, S. 731–872. – Die Urbanisierungskrise des frühen 20. Jahrhunderts rekonstruiert als Erfahrungshintergrund der religiösen Reformbewegungen *Cremin*, American Education, S. 19ff., 70ff.
112 Diesen Prozeß betont *Mayer*, Social Reform, S. 1460. – Siehe hierzu bereits Kapitel 6.
113 Siehe hierzu *Lacey*, Religion, S. 2 ff.; *Kuklick*, John Dewey.
114 Zu dieser Zeitströmung, in der sich Politik und Wissenschaft im Gegenzug zu den forcierten Säkularisierungstendenzen und dem Verlust christlicher Heilsvorstellungen mit einem religiösen Bedeutungsgehalt aufluden, siehe *Hollinger*, Justification. – Den Trennungsprozeß von Wissenschaft und Religion im 19. Jahrhundert thematisieren *Bednarowski*, American Religion, S. 38–46; *Croce*, Science. – Als Untersuchung des Verhältnisses zwischen Wissenschaft und Religion im Europa des 16. bis 19. Jahrhunderts siehe *Brooke*, Science.

die Theologie des Social Gospel in enger Beziehung zu der Tradition der amerikanischen Zivilreligion und war in sie überführbar. Auch hierfür ist die religionsphilosophische Entwicklung Deweys ein Beispiel.[115]

Die Intellektuellen des frühen 20. Jahrhunderts formulierten ihre zivilreligiösen Vorstellungen in Distanz zum kirchlichen Christentum. Daher lassen sie sich auch zu den führenden Vertretern des amerikanischen Freidenkertums zählen, wenn sie auch in der Regel nicht in den entsprechenden Institutionen organisiert waren.[116] Als Vertreter des »intellectual gospel« enthält ihr religionsphilosophisches Werk eine deutliche Absage an alle Formen einer supranaturalistischen Religiosität als einer durch rationales Wissen und professionelles Handeln überwundenen Kulturstufe. Für Robinson ist Modernisierung vor allem Säkularisierung, eine kontinuierlich fortschreitende Ersetzung der Religion durch innerweltliche Handlungs- und Deutungssysteme: »Less and less goes on under religious guise. So rich and varied and everchanging are human preoccupations today that it is impossible to bring them within the ancient religious categories. ... It is this worldly tendency that has created suspicions with regard to the older claims that the supernatural directs and controls human improvement.«[117]

Bevor abschließend das intellektuelle Milieu der amerikanischen Zivilreligion in der ersten Hälfte des 20. Jahrhunderts am Beispiel Deweys und Kallens rekonstruiert wird, sollen zunächst die Typen und Funktionen der amerikanischen Zivilreligion näher herausgearbeitet werden: Die Zivilreligion stellt eine symbolische Repräsentation der Einheit von Staat oder Gesellschaft dar. Historisch gesehen ist ihre amerikanische Besonderheit in einer spezifischen Konstellation von Staat und Kirche begründet, deren Beziehung sich bis heute nicht als ein Verhältnis zwischen zwei wohlorganisierten institutionellen Mächten und Parteien darstellt. Vielmehr stehen dem Staat und seiner »universalistischen Theologie der Republik« mehrere hundert verschiedene Sekten und Denominationen gegenüber. Die institutionalisierte Religion oder »das Christentum« als einheitsverbürgende Macht entfällt als

---

115 Dies erwähnen *Gorrell*, The Age, S. 270; *King*, An Enthusiasm, S. 59. – Die Nähe der Philosophie Deweys zur Theologie des Social Gospel unterstreicht auch *Kuklick*, Churchmen. Gemeinsam sei beiden eine Spiritualisierung von Demokratie und Gesellschaft gewesen, indem sie ihnen einen religiösen Bedeutungsgehalt im Sinne der amerikanischen Zivilreligion zuerkannten. Gleichzeitig habe jedoch die Philosophie seit dem späten 19. Jahrhundert die Theologie als System der kulturellen Sinndeutung verdrängt, was in der Blüte der amerikanischen Religionsphilosophie zum Ausdruck komme.
116 Dies betont *Marty*, Free Thought, S. 735. – Ein besonderes Kapitel in diesem Trennungsprozeß von Religion und Wissenschaft stellen die amerikanischen Sozialwissenschaften dar, die ebenfalls in ihrem Impuls gegen die Religion maßgeblich durch Dewey geprägt waren; siehe hierzu *Moore*, Secularization, zur Bedeutung Deweys S. 239. – Als Beitrag zu einer Säkularisationsgeschichte New Yorks im religionsgeschichtlichen Vergleich mit anderen Metropolen des frühen 20. Jahrhunderts siehe *McLeod*, Secular Cities, der allerdings nicht auf die religionsphilosophische Bedeutung der hier untersuchten Intellektuellen eingeht.
117 *Robinson*, Religion, S. 283.

ein kulturell integrierender Faktor der amerikanischen Gesellschaft, wenn sich auch die amerikanische Zivilreligion gewöhnlich im Kontext eines weit definierten Protestantismus konstituiert hat.[118] Weil daher die Nation zum alleinigen Garanten einer übergreifenden Identität wurde, kam dem Staat hier selber eine »churchly function« zu, die zivilreligiös legitimiert werden mußte: »Religious freedom means pluralism. Pluralism means denominationalism and sectarianism. ... And under religious freedom because no denomination could plausibly claim to be or to function as ›the church‹ in the new nation, ›the nation came more and more so to function‹.«[119]

Seit jeher hatten die Intellektuellen für die Reproduktion zivilreligiöser Vorstellungen eine besondere Bedeutung besessen.[120] Ihre entscheidende Funktion war die Formulierung einer wirksamen und überzeugenden Vorstellung des »Ganzen« der menschlichen Existenz und Lebensführung jenseits gesellschaftlicher Heterogenität und kultureller Zusammenhanglosigkeit. Zivilreligion rückt Gesellschaft, Politik und Kultur in ein umgreifendes Sinnganzes, als dessen Teile sie ihre spezifische Bedeutung gewinnen. Die Wirklichkeit kann nur vor dem kulturellen Hintergrund einer religiösen Totalität der Welt interpretiert werden, die das spezifische Thema der Intellektuellen des frühen 20. Jahrhunderts gewesen ist.[121]

---

118 Zu den kulturellen Integrationsfunktionen des amerikanischen Protestantismus insbesondere im 19. Jahrhundert siehe *Noll*, A History; *ders.*, One Nation. – Mit Blick auf die Bedeutung des Christentums bis in die Gegenwart siehe *Lotz (Hg.)*, Altered Landscapes. – Zur kulturellen Bedeutung des Protestantismus in der amerikanischen Geschichte siehe auch *Marty (Hg.)*, Varieties.
119 *Mead*, The »Nation with the Soul of a Church«, S. 65f. – Zur Bedeutung religiöser Freiheit als Grundlage der amerikanischen Zivilreligion während der Formationsphase der Republik siehe *Miller*, The First Liberty.
120 Zu den kulturreligiösen Funktionen der Intellektuellen siehe *Dean*, The Religious Critic. Dean stellt die Zivilreligion in eine Traditionslinie, die die Generierung einer Totalitätsvorstellung als Kernfunktion der Religion begreift. Diese Tradition sei in der ersten Hälfte des 20. Jahrhunderts geradezu paradigmatisch durch John Dewey repräsentiert worden: »As John Dewey once did, I refer to a person's or a people's ›sense of the whole,‹ a sense that binds together and gives relevance to the parts of a person's internal and external worlds. Equally, the sacred refers, not to a supernatural being, but to a historical activity, to whatever is ultimately important within ›the whole‹ as it is understood from a particular culture. Accordingly, ›the religious‹ is not opposed to ›the public.‹ Rather, the religious runs through the public and gives it a kind of coherence, so that without the religious the public is jeopardized.« (S. IX f.).
121 Dean definiert die Aufgaben des »public intellectual« in Spannung zu den Prozessen akademischer Professionalisierung, die gerade die Ausblendung des Ganzen zugunsten fachspezifischer Spezialisierung voraussetzen. Professionalisierung impliziert insofern den Abstieg des Intellektuellen zum Universitätsprofessor. Demgegenüber befrachtet er den »religious critic« mit der Verantwortung für die Entfaltung eines neuen »myth of America«. Damit betont er zwar zu Recht die historische Bedeutung der Intellektuellen für die Reproduktion eines Bewußtseins gesellschaftlichen und politischen Zusammenhangs, allerdings überschätzt er deren prophetische Gaben, wenn er sie in die Pflicht einer Neustiftung zivilreligiöser Überzeugungen nimmt (*ebd.*, S. 173 ff.).

Die Zivilreligion läßt sich als ein Instrument zur Erhaltung der politischen Ordnung angesichts der sozialen, religiösen und ethnischen Vielfalt der amerikanischen Einwanderergesellschaft begreifen, sie »functions to integrate a widely diverse American society; it provides identity and meaning.«[122] Sie repräsentiert eine Kulturreligion im Sinne Durkheims und repräsentiert als solche ein System gemeinsamer Werte und Grundüberzeugungen. Es handelt sich um einen Vorrat an gemeinsamkeitsverbürgenden Symbolen und Sinnvorstellungen, über die sich Nation und Gesellschaft kulturell reproduzieren. Sie ordnet die Individuen in eine höhere moralische Ordnung ein, die es ihnen ermöglicht, sich als eine Gemeinschaft jenseits ihrer individuellen Zwecke zu verstehen. Im Sinne einer Kulturreligion repräsentiert die amerikanische Zivilreligion religiöse Mythen als Fundamente der kollektiven Sinnbildung sowie ein Ritualsystem mit einem religiösen Symbolgehalt, der im Zelebrieren nationaler Fest- und Feiertage periodisch erneuert wird. Hinzu kommt eine Ethik, in der die Grundlagen der politischen und gesellschaftlichen Ordnung – Eckwerte wie Freiheit, Gleichheit, Gerechtigkeit, Demokratie, Fortschritt – einen religiösen Bedeutungsgehalt gewinnen. Ein weiteres Element sind die öffentlich bekundeten, zugleich persönlichen und vergemeinschaftenden Bekenntnisse zur amerikanischen Nation mit religiösem Verpflichtungscharakter, zu denen die Inauguraladressen der Präsidenten genauso gehören wie der an den »flag days« jährlich erneuerte Treueschwur der Bevölkerung auf die Verfassung. Schließlich gehören soziale Institutionen wie das öffentliche Schulsystem oder das Vereinswesen dazu, die diese amerikanische Kulturreligion über lebensweltliche Sozialisationsprozesse ständig reproduzieren und am Leben erhalten.[123] Im Sinne einer vergemeinschaftenden Instanz besitzt die amerikanische Zivilreligion eine zentripetale Kraft, die eine ethnisch heterogene, kulturell hierarchische und ökonomisch ungleiche Gesellschaft ideologisch zusammenhält.[124]

Jenseits dieser Lizenz zur Stiftung eines kulturellen Zusammenhangs angesichts der Heterogenität der Gesellschaft handelt es sich bei der amerikanischen Zivilreligion jedoch keineswegs um ein einheitliches und eindeutig definiertes kulturelles System, vielmehr lassen sich unterschiedliche Strömungen, Typen und Elemente ausmachen, die in einem Mischungs- oder Konkurrenzverhältnis zueinander stehen. Sie besitzt nicht nur einen rechten und einen linken Flügel,[125] sondern läßt sich zu einer ganzen Reihe verschiedener Typen auffächern.[126] Historisch gesehen ist die amerikanische

---

122 *Jones*, Civil and Public Religion, S. 1400.
123 Zur Bedeutung dieser »social and institutional expressions« für die Reproduktion der Zivilreligion siehe *ebd.*, S. 1404 f.; außerdem *Wilson*, Public Religion.
124 *Chidester*, Patterns, S. 85 ff.
125 *Marty*, A Nation, S. 196.
126 Einen Abriß ihrer historischen Entwicklung mit der Präzisierung einiger wichtiger Typen bietet *Marty*, Religion and Republic, S. 53 ff., 77 ff.; *Richey u. Jones*, The Civil Religion

Version der Zivilreligion weder in ihren dogmatischen Inhalten, noch in ihren politischen Funktionszuschreibungen jemals eindeutig festgelegt gewesen, sondern repräsentiert ein politisch, theologisch und intellektuell umkämpftes Terrain. Die verschiedenen Traditionen und Typen der Zivilreligion sind Ausdruck einer Konkurrenz gesellschaftlicher Gruppen im Hinblick auf die kulturelle und politische Definition Amerikas.[127] Im folgenden sollen drei Aspekte typologisch ausdifferenziert werden, denen unterschiedliche Strömungen entsprechen, die aber auch in Kombination miteinander auftreten können und historisch aufgetreten sind. Bei diesen drei Grundbestandteilen der amerikanischen Zivilreligion handelt es sich um das Element des Republikanismus, des Nationalismus und des Universalismus.

1. Ein Aspekt, der allen Varianten der amerikanischen Zivilreligion gemeinsam ist, ist ihr republikanischer Impuls; es handelt sich um Varianten eines religiösen Republikanismus. Insofern ist es auch angesichts der neo-republikanischen Motivierung des Progressive Movement kein Zufall, daß sie gerade in dieser Zeit einen Aufschwung erfuhr und unter maßgeblicher Beteiligung der Intellektuellen eine ihre weitere Entwicklung insgesamt betreffende Weichenstellung erfolgte. Das frühe 20. Jahrhundert war durch eine Kritik an den »reduktionistischen Existenzentwürfen« des amerikanischen Liberalkapitalismus gekennzeichnet und repräsentierten den Versuch einer »Restitution des Bürgers als letzte politische Einheit in der Gesellschaft der Großorganisationen«.[128] Für diese Wiederbelebung des Bürgers als politisches Subjekt war das Kulturelement der Zivilreligion von herausragender Bedeutung, weil es Demokratie und Öffentlichkeit mit starken Sinnunterstellungen versorgte und eine Legitimationsinstanz sowohl der demokratischen Republik, als auch der partizipatorischen Zivilgesellschaft repräsentierte. Croly hatte in seiner Programmschrift des Progressive Movement diesen neo-republikanischen Appell der amerikanischen Zivilreligion an die moralischen Qualitäten und politischen Tugenden der Bürger deutlich formuliert:

Debate; *Jones*, Civil and Public Religion, S. 1400ff. – Außerdem siehe den Typologisierungsversuch von *Wilson*, Public Religion, S. 150ff., der im wesentlichen vier Typen der amerikanischen Zivilreligion voneinander unterscheidet: das »social model«, das die vergesellschaftenden und vergemeinschaftenden Funktionen von Religion betont; das »cultural model«, bei dem die symbolische, rituelle und bedeutungsverleihende Dimension von Religion im Mittelpunkt steht; das »political model«, das die Legitimitätsbedürfnisse des Staates ins Zentrum rückt und die Religion als Mittel der politischen Legitimitätsbeschaffung begreift; und schließlich das »theological model«, für das die zivilreligiöse Dimension von Gesellschaft, Kultur und Politik auf eine Sphäre der Transzendenz verweist, die theologisch gedeutet wird. Dieser Typologie ordnet er die wichtigsten Vertreter des zivilreligiösen Diskurses in den USA zu: dem ersten Robert Bellah, dem zweiten Will Herberg, dem dritten die religiösen Nationalisten in der Tradition Rousseaus, dem vierten Sydney Mead.

127 Dies betont *Whillock*, Dream Believers, S. 387.
128 *Gebhardt*, Die Krise, S. 234ff., hier 236, 245. – Siehe auch *ders.*, Amerikanismus.

»It is very easy and in a sense perfectly true to declare that democracy needs for its fulfillment a peculiarly high standard of moral behavior; and it is even more true to declare that a democratic scheme of moral values reaches its consummate expression in the religion of human brotherhood. Such a religion can be realized only through the loving-kindness which individuals feel toward their fellow-men and particularly toward their fellow-countrymen; and it is through such feelings that the network of mutual loyalties and responsibilities woven in a democratic nation become radiant and expansive.«[129]

Seitdem Tocqueville in seiner Analyse der amerikanischen Demokratie die »Religion als politische Einrichtung« analysiert und als eine kulturelle Existenzbedingung der amerikanischen Republik erkannt hatte, steht die Tradition der Zivilreligion in einem inneren Spannungszusammenhang mit Liberalismus und Republikanismus als konkurrierenden Formen der politischen Kultur. Noch im Kontext der gegenwärtigen Liberalismusdiskussion wird die Tradition der Zivilreligion im Sinne eines religiösen Republikanismus als Voraussetzung zur Überwindung eines liberalen Besitzindividualismus definiert.[130]

Allerdings hatte Tocqueville bei seiner These, daß die Religion eine wichtige Legitimationsgrundlage der amerikanischen Demokratie sei, noch einen weitgehend christlich geprägten Republikanismus im Blick, was ihn von den späteren Strömungen, die sich zunehmend von christlichen Traditionen abkoppelten, unterscheidet: »Der größte Teil des englischen Amerika ist von Menschen bevölkert worden, die sich, nach dem Abfall von der Autorität des Papstes, keiner religiösen Hoheit unterworfen hatten; sie brachten also in die Neue Welt ein Christentum mit, das ich nicht besser beschreiben kann, als indem ich es demokratisch und republikanisch nenne: das sollte die Errichtung der Republik und der Demokratie im geschäftlichen Bereich außerordentlich begünstigen.«[131]

Bereits von Tocqueville wurde der kulturelle Wert der Zivilreligion in der Domestizierung von Kapitalismus und Utilitarismus gesehen. Sie stand im Dienste eines die Individuen verbindenden Allgemeinen, einer moralischen Ordnung des Common Good, und repräsentierte somit deutlich ein republikanisch-kommunitaristisches Motiv. Ganz unverhohlen diente sie der Kritik des Laissez faire-Liberalismus und brachte ihm gegenüber das Erbe einer biblisch-republikanischen Tradition zur Geltung, die besagte, daß Politik, Nation und Gesellschaft nicht auf der alleinigen Grundlage privater In-

---

129 *Croly*, The Promise, S. 452f. – Siehe aus der religionshistorischen Forschung auch *Chidester*, Patterns, S. 83.
130 Die gegenwärtigen Diskussionen sind im wesentlichen durch Robert Bellah inspiriert worden; er ist der entschiedenste Fürsprecher einer zivilreligiösen Fundierung der kommunitaristischen Konzeption der Demokratie. Zuletzt siehe *Bellah*, Citizenship, S. 61. – Eine Würdigung von Bellahs Entwurf der Zivilreligion bietet *Schieder*, Civil Religion, S. 83ff.
131 *Tocqueville*, Über die Demokratie, Bd. 1, S. 332f. – Das republikanische Motiv Tocquevilles betont auch *Tipton*, An American Paradox, S. 280.

teressen bestehen könnten, sondern einer religiös legitimierten moralischen Ordnung bedürften. Indem die Zivilreligion die Transformation privategoistischer Individuen zu »citizens«, zu aktiven Bürgern eines demokratischen Gemeinwesens kulturell begründete, repräsentiert sie ein substantielles Element des amerikanischen Republikanismus:

»Gerade vom Standpunkt des Republikanismus aus ist die Zivilreligion unentbehrlich. ... Eine Republik muß danach streben, in einem positiven Sinn ethisch zu sein und bei ihren Bürgern eine ethische Verpflichtung hervorzurufen. Aus diesem Grund ist es unvermeidlich, daß sie darauf tendiert, eine letzte Ordnung der Existenz, welche republikanischen Werten und Tugenden einen Sinn gibt, in Symbole zu fassen. Diese Versinnbildlichung kann lediglich in der Vereinbarung der Republik selbst als des höchsten Gutes bestehen, oder, wie das in Amerika der Fall ist, in der Verehrung einer höheren Wirklichkeit, welche die Normen aufrechterhält, die die Republik zu verkörpern sucht.«[132]

Trotz ihres republikanischen Vorbehalts gegenüber der Tradition des liberalen Individualismus wäre es jedoch verfehlt, die Tradition der Zivilreligion auf ein antiliberales Element des amerikanischen Konservativismus zu reduzieren; vielmehr ging es ihr immer auch um die Erhaltung der Existenzbedingungen des modernen Liberalismus auf dem Wege seiner kulturellen Selbstbegrenzung und der republikanischen Entschärfung seiner besitzindividualistischen Folgen.[133] In diesem Verständnis dient die Religion dem politischen Liberalismus und gesellschaftlichen Individualismus, indem sie die Individuen kulturell vor dem Totalitarismus des Politischen wie auch des Kapitalismus bewahrt und eine kulturelle Gegenwelt zu den rationalistischen Prinzipien der modernen Gesellschaft am Leben erhält. In dieser Hinsicht besitzt die Zivilreligion eine kulturelle Kompensationsfunktion angesichts der republikanisch unterstellten Unfähigkeit des modernen Liberalismus, allein aus sich selbst heraus eine befriedigende Sinnperspektive des menschlichen Lebens zu eröffnen. Religion wird hier zur existentiell notwendigen Fluchtburg und zum spirituellen Auffangnetz einer verunsicherten Moderne, die ihren Sinn nicht aus sich selbst schöpfen kann, sondern dazu die Dienstleistungen einer ihren Bedürfnissen nach vergemeinschaftenden Beziehungen, symbolischen Bedeutungen, konsensfähigen Werten und metaphysischem Trost entgegenkommenden Religion in Anspruch nimmt, um sich kulturell stabilisieren zu können. Die amerikanische Zivilreligion läßt sich insofern auch als ein kultureller Selbstschutz des Liberalismus verstehen, mit dem dieser sich vor selbstdestruktiven Konsequenzen bewahrt:

---

132 *Bellah*, Die Religion, S. 51. – Siehe ebenso *ders.*, Religion and Polity, S. 116f.
133 Vorländers Identifikation von Zivilreligion und Konservativismus greift zu kurz (*Vorländer*, Neoliberalismus, S. 198). Vielmehr stellte die Zivilreligion immer auch ein Element der kulturellen Selbstlegitimierung des amerikanischen Liberalismus dar.

»Religion has served liberalism in the United States but not because the two have amalgamated to a considerable degree. Indeed, just the opposite is the case. Religion has aided liberalism by being a refuge from liberalism. It has been – and remains – so important in the United States, I will argue, because it provides an escape from liberal culture, a place of comfort where individualism, competition, this worldly pragmatism, and relentless rationalism do not hold sway. In a liberal country, with liberal citizens, religion is a place where one can come home (as the ›real‹ home is less and less) and then emerge refreshed for the battles of life in the liberal world.«[134]

Auch Bellah hat in Anknüpfung an die politische Philosophie Deweys die Aufgabe der Zivilreligion vor allem in der Rekonstruktion einer »public philosophy« jenseits des Konservativismus gesehen und sie damit ebenfalls als Element eines republikanisch erneuerten Liberalismus definiert. In seinem Verständnis sichert die Zivilreligion die kulturellen Voraussetzungen und Existenzbedingungen der liberalen Gesellschaft, indem sie ihr eine öffentlich wirksame Vorstellung ihres Zusammenhangs beisteuert.[135]

Dieses republikanische Element der Civil Religion war ein wichtiges Motiv in der politischen Philosophie des Progressive Movement, dem es in Opposition zu der Tradition des Laissez faire-Liberalismus um die Aktualisierung einer spezifisch modernen Konzeption der »public interests« und des Gemeinwohls ging und das in der zivilreligiösen Tradition unverbrauchte symbolische Vergemeinschaftungsressourcen suchte. In der Wendung zu den regulativen Politikkonzeptionen des frühen amerikanischen Sozialstaats haben, wie der Einfluß des Social Gospel zeigt, vermittelt über die politische Theorie des modernen Republikanismus immer auch zivilreligiöse Vorstellungen eines sozial erneuerten und »versöhnten« Gemeinwesens eine wichtige Rolle gespielt.[136]

Zivilreligion läßt sich daher auch als eine kulturelle Grundlage des amerikanischen Sozialstaats rekonstruieren, der nicht denkbar gewesen wäre ohne die Vitalisierung eines demokratischen Republikanismus, der jenseits der liberalen und individualistischen Minimalbedingungen der modernen Gesellschaft einen zusätzlichen Bedarf an politischer Regulierung sozialer Beziehungen und gemeinsamer Lebensformen postulierte.[137] Die Verpflichtung der Individuen auf die Bedingungen sozialer Gerechtigkeit und Verantwor-

---

134 *Fowler,* Religion and Politics; S. 27. – In ähnlichem Sinne *ders.,* Unconventional Partners.
135 *Bellah u. Hammond,* Varieties, S. XIV.
136 Ganz in diesem Sinne hat noch *Bell,* The Return, die Rückkehr eines Religionstyps vorausgesehen, in dem der Gedanke des »caring« zu neuem Leben erweckt werde und der auf die »moral imperatives of the community« zugeschnitten sei: »In the reaction against central government, large-scale bureaucracy, and the mega-structures of organization, there is a desire to reinstate a private sphere – of family, church, neighborhood, and voluntary association – to take back the function which it has lost of caring: of caring for the afflicted and the ill, of caring for welfare, of caring for each other.« (S. 350).
137 Siehe hierzu im einzelnen Kapitel 4.

tung jenseits der Privatinteressen teilt die Tradition der Zivilreligion mit derjenigen des Sozialstaats. In diesem Sinne ist der amerikanische Wohlfahrtsstaat ein kommunitäres und republikanisches Projekt, das die Tyrannei des Marktes im Sinne der »public interests« zähmt. Wie in der amerikanischen Zivilreligion bildet der »civil spirit« des modernen Republikanismus auch die kulturelle Grundlage des Sozialstaats: »The welfare state expresses a certain civil spirit, a sense of mutuality, a commitment to justice ... Communal provision is required for the whole range of social goods that make up what we think of as our way of life. Not my way of life or yours, but ours, the life we couldn't have if we didn't plan for it and pay for it together.«[138]

2. Bis heute ist dieses republikanische Element der Zivilreligion eine Facette des amerikanischen Nationalismus und Konservativismus gewesen. Zivilreligion wird hier zu einem Ensemble konsensverbürgender und zugleich wandlungsresistenter Motivierungen gemeinsamer Lebensformen. Es geht um die Tabuisierung der politischen Ordnung angesichts der Kontingenzen einer gesteigerten Wandlungsdynamik der modernen Gesellschaft. Zivilreligion ist eine kulturelle Bedingung für den Erhalt der Einheit, indem sie Staat und Nation mit politischer Legitimität ausstattet; sie bleibt ein als notwendig erachtetes Funktionssystem der Gesellschaft, das die Stabilität des Gesamtsystems garantiert. Als eine ritualisierte Verhaltenskultur entlastet sie von dem riskanten Unternehmen einer ständig neuen kulturellen Sinn- und Legitimitätsbeschaffung angesichts der Modernisierungskrisen der Gegenwart, indem sie vorgefertigte Sinnelemente mit starken Plausibilitätsansprüchen anbietet.[139]

Dieser zivilreligiöse Konservativismus überlappt sich mit wesentlichen Aspekten des amerikanischen Nationalismus, der das politische System mit religiöser Legitimität ausstattet, gegen Kritik von innen und außen immunisiert und seine Veränderungsresistenz sicherstellt.[140] Mit ihm gewinnt die Nation selbst einen transzendenten Bedeutungsgehalt und wird zum Gegenstand religiöser Verehrung, – mit Lincoln und Eisenhower als klassisch gewordenen »ceremonial high priests«. Der religiös fundierte Nationalismus instrumentalisiert die Religion zu einer Legitimationsinstanz des Staates und zu einer krisenfesten Grundlage amerikanischer Politik in Krisenzeiten wie der des Kalten Krieges. Verbunden ist dies in der Regel mit einer Sakralisierung der amerikanischen Nation und ihrer Geschichte zur Heilsgeschichte.[141]

---

138 *Walzer*, The Community, S. 11 f.
139 Zum deutschen Pendant dieses zivilreligiösen Konservativismus siehe *Kleger u. Müller*, Mehrheitskonsens.
140 *Chidester*, Patterns, S. 84; *Jones*, Civil and Public Religion, S. 1401 f.
141 Die gegenwärtige Klage der amerikanischen Rechten über den Verlust dieser religiösen Dimension der Nation repräsentiert *Neuhaus*, The Naked.

An theologischer Kritik dieses religiösen Nationalismus hat es angesichts seiner extremen Partikularisierung religiöser Glaubensüberzeugungen durch ihre Ausrichtung an den politischen Zwecken der USA und ihres Wertekanons nicht gemangelt. Im Mittelpunkt stand dabei die Kritik an der mit einem ausgeprägten Sendungsbewußtsein verbundenen moralischen Aufladung amerikanischer Innen- und Außenpolitik sowie an der Zurichtung Gottes auf die Zwecke der Nation, – eines entchristlichten Gottes ohne Tragik und Kreuz; eines Gottes, der für Ordnung, Recht und Gesetz, aber nicht mehr für Liebe, Vergebung und Erlösung zuständig ist.[142]

Bei den liberalen Spielarten der amerikanischen Zivilreligion ist vor allem die religiöse Aufblähung und »Vergötzung« der amerikanischen Nation durch die politische Rechte auf erbitterten Widerstand gestoßen. Angesichts der theologisch und politisch illegitimen Repartikularisierung des weltreligiösen Erbes und seines Gottesbegriffs sehen sie ihre eigene Korrektivfunktion gegenüber dem religiösen Nationalismus gerade darin, »to assure ourselves that our attitude toward the nation does not become idolatrous; that the state does not become God.«[143]

3. Hier wird ein wichtiges Unterscheidungsmerkmal des religiösen Nationalismus gegenüber dem dritten Element der amerikanischen Zivilreligion deutlich: dem Universalismus. Entscheidend ist dabei die Frage, ob Staat und Nation selbst eine religiöse Qualität gewinnen, die Nationalgeschichte also zur Heilsgeschichte wird, oder ob die Zivilreligion eher dazu dient, politisches Handeln mit den normativen Gesichtspunkten und Legitimitätskriterien eines höheren, universelleren Gesetzes zu konfrontieren, es also einem kulturellen Universalisierungsdruck auszusetzen, der letztlich in der Transzendenz Gottes begründet ist. Ganz in diesem Sinne lautet das Argument Bellahs gegenüber den religiösen Nationalisten, daß »die amerikanische Zivilreligion nicht in der Verehrung der amerikanischen Nation besteht, sondern im Verständnis der amerikanischen Erfahrung im Lichte einer letzten und universalen Wirklichkeit«.[144]

Das allen Spielarten der amerikanischen Zivilreligion gemeinsame Element des religiösen Republikanismus kann sich nicht allein im Sinne einer Partikularisierung der nationalen Identität auswirken, sondern sie auch in die Dynamik einer kulturellen Erweiterung bringen. Der religiöse Universalismus repräsentiert insofern ein drittes Strukturelement der Zivilreligion: Es handelt sich um ein Kulturphänomen, das auf die Legitimation der überpolitischen Normen zielt, die einer bestimmten republikanischen Ordnung

---

142 *Kodalle*, Zivilreligion, S. 27 ff.
143 *Mead*, The »Nation with the Soul of a Church«, S. 70. – Im selben Sinne argumentiert gegenüber den religiösen Nationalisten in den USA *Herberg*, America's Civil Religion, S. 87.
144 *Bellah*, Zivilreligion in America, S. 38.

immer schon vorausliegen, nicht auf die partikularen Grundlagen dieser politischen Ordnung selbst.

Die Bedeutung der Religion für die Legitimation von Demokratie als einer politischen Praxis der Anerkennung von Individualität und Differenz ist in der geschichtlichen Tatsache begründet, daß im Kontext der Weltreligionen Universalisierungsleistungen der menschlichen Identität erbracht worden sind, die als meta-politische Qualifikationen des Menschen in seinem Verhältnis zu Gott eine kulturelle Dynamik erzeugt haben, die indirekt zum Wandel und zur Universalisierung der Legitimitätskriterien politischer Herrschaft beitragen konnten.[145] Der Anspruch der Zivilreligion besteht darin, diesen Universalisierungsprozeß weiterzutreiben, indem sie die Reste von Partikularität überwindet, die den monotheistischen Weltreligionen noch zu eigen sind.

Im Verständnis des zivilreligiösen Universalismus geht es nicht um die religiöse Verklärung einer spezifisch amerikanischen Ordnungsidee und Demokratiekonzeption, sondern um die Begründung fundamentaler und universeller Prinzipien, die, wie etwa die Menschenrechte, einer jeden besonderen staatlichen Ordnung immer schon vorausliegen und sie überhaupt erst konstituieren.[146] Sie setzen die Legitimitätskriterien der politischen Herrschaft einem immanenten Universalisierungsdruck aus und transformieren die Zivilreligion damit zur »Weltzivilreligion«,[147] – nicht indem die politische Kultur der USA wie im Falle der religiösen Nationalisten umstandslos auf die Welt übertragen wird, sondern umgekehrt: indem sich die politische Ordnung der USA vor Kriterien zu rechtfertigen hat, die universeller sind als sie selbst und somit auf eine ihr vorausliegende, sie übersteigende Sphäre verweisen, gewissermaßen auf eine Dimension politischer Transzendenz, die historisch gesehen in der jüdisch-christlichen Tradition zum Ausdruck gelangt und auf neuer Stufe fortgesetzt werden muß.

Religion im Sinne des zivilreligiösen Universalismus erschöpft sich nicht in der Rolle eines sozialen oder kulturellen Kitts der Gesellschaft. Funktionalistische Interpretationen der Zivilreligion als Voraussetzung einer erfolgreichen sozialen Integration greifen zu kurz, weil sie die kulturelle Dynamik der Religion unterschlagen. Daher liegt bei der universalistischen Version der Zivilreligion auch der Schwerpunkt auf dem Gedanken einer kulturellen Erweiterung von Identität in der Tradition der biblischen Religionen und ihres Gottesbegriffs:

---

[145] Am Beispiel der Geschichte der Menschenrechte zeigt dies *Rüsen*, Menschen- und Bürgerrechte, S. 10. – Die religiöse Dimension der Anerkennung von Individualität und universeller Menschenwürde in der europäisch-christlichen Tradition betont auch Rockefeller in seinem Kommentar zu *Taylor*, Multikulturalismus, S. 105.
[146] Dies betont *Bellah*, Zivilreligion in Amerika, S. 23.
[147] *Ebd.*, S. 38.

»In all the biblical religions, the ultimate loyalty is to God, in whose hands the nations are as but dust, and not to America. While not infrequently God and country are fused in a conventional piety, it is never forgotten that religious loyalty transcends the nation. So, unlike many other groups, religious communities are often concerned not only with the common good of the nation but also with the common good of all human beings and with our ultimate responsibility to a transcendent God. To forget that is to obscure perhaps the most important thing we need to understand about the role of religion in society.«[148]

Bellahs Konzeption einer »Weltzivilreligion« dient der Erweiterung der politischen Identität über den Rahmen der amerikanischen Nation hinaus. Sie fungiert als ein universalisierendes Element der Kultur sowie als ein Instrument zur Ausbildung transnationaler Loyalitäten, Solidaritäten und Zugehörigkeiten. Letztlich geht es in ihr um die symbolische Konstitution der Weltgesellschaft.[149]

Diese dritte Variante der Zivilreligion stellt die amerikanische Nation unter ein »higher law«, erklärt sie also nicht selbst zur vollendeten Inkorporation eines religiösen Sinns, sondern bewertet ihre moralische Qualität vom Standpunkt einer transzendenten Sinnordnung, vor der sich Nation und Demokratie immer wieder neu zu rechtfertigen haben. Amerika besitzt daher nicht eine immer schon religiöse Qualität, seine Geschichte ist nicht die sinnenfällig gewordene Heilsgeschichte, sondern hat sich religiösen Bewertungsmaßstäben zu unterziehen, die einer universelleren Tradition entstammen.[150] Diese auch durch Will Herberg oder Sydney Mead vertretene Variante steht im direkten Gegensatz zu den Positionen eines religiösen Nationalismus, den sie als Götzendienst und als eine Unterbietung des ethischen Universalismus der Weltreligionen interpretiert. Der zivilreligiöse Universalismus öffnet sich dagegen der Erfahrung einer weltgeschichtlichen Transformation politischer Handlungsnormen und Legitimitätskriterien, die immer komplexere Formen menschlicher Vergesellschaftung und politischer Demokratie – bis hin zur Weltgesellschaft – perspektivisch erschließt und ermöglicht.

---

148 *Bellah u.a.*, The Good Society, S. 181 f. – Aus theologischer Sicht argumentiert in diesem Sinne Bellahs auch *Richardson*, Civil Religion, S. 164.
149 *Bellah u.a.*, The Good Society, S. 219. – So problematisch dieses Buch in seiner moralisierenden Tendenz auch ist, der häufig erhobene Vorwurf, es unterbiete den normativen Universalismus eines liberalen Gesellschaftsmodells zugunsten eines kommunitaristischen Partikularismus, trifft nicht.
150 *Chidester*, Patterns, S. 85. – In einem ähnlichen Sinne erklärt Shils das »Heilige« zu einem notwendigen Bestandteil der modernen Zivilgesellschaft: »Eine civil society muß eine Idee von einem höheren Recht haben, einer Norm oder einem Kriterium für das Gute und Richtige jenseits gegenwärtiger Maßstäbe und jenseits dessen, was einzelne Individuen oder Gruppen für sich anstreben. ... Die letzte Legitimation eines jeden Regimes, selbst bei einer civil society, liegt wahrscheinlich in der Sphäre des Transzendenten.« (*Shils*, Was ist eine Civil Society?, S. 41 f.).

Historisch gesehen ist diese Variante der amerikanischen Zivilreligion in der Regel als »democratic faith« aufgetreten,[151] der sich intellektuell nicht unbedingt in der Bestätigung eines liberalen Common Sense erschöpft. Vielmehr billigt er fundamentalen Verfassungsnormen wie Freiheit, Gleichheit, Gerechtigkeit einen geschichtlich und normativ transzendierenden Charakter zu, weil in ihnen eine zugleich erfahrungsbezogene und utopische Universalisierungsdynamik menschlicher Vergesellschaftung und der Legitimitätskriterien politischer Herrschaft zum Ausdruck kommt. Ganz in diesem Sinne haben Dewey und Kallen die Demokratie als eine politische Praxis der Anerkennung von Individualität und Differenz sowie als eine Konstituierung sozialer Vergemeinschaftungsformen begriffen, in denen sich die »spiritual unification of humanity, the realization of the brotherhood of man« auf eine universellere Weise offenbart als in jeder anderen Religion. Als eine entsubstantialisierte Religiosität, die die dogmatischen Grenzen aller existierenden Religionen aufsprengt und transzendiert, war für sie die politische Praxis unbeschränkter Kommunikation und Demokratie aufgrund der in ihnen erfahrbaren Entgrenzung der menschlichen Identität zur Einheit der Menschheit die einzig noch mögliche Form göttlicher Offenbarung in der Welt. Demokratie als die Summe der politischen, sozialen und spirituellen Lebensformen, in denen normatives Einverständnis und gemeinsame Erfahrungen zwischen vormals getrennten Individuen und Gruppen erzielt werden und sich die Einheit der Verschiedenen in der intersubjektiven Verpflichtung auf anerkennungs- und konsensfähige Prinzipien herstellt, bedeutete für Dewey wie für Kallen eine unmittelbar religiöse Erfahrung. Der junge Dewey brachte, dabei noch ganz unter dem Einfluß des Social Gospel stehend, diese zivilreligiöse Offenbarungsqualität der Demokratie noch mit seinen ursprünglich christlichen Überzeugungen zusammen:

»I assume that democracy is a spiritual fact and not a mere piece of governmental machinery. If there is no God, no law, no truth in the universe, or if this God is an absentee God, not actually working, then no social organization has any spiritual meaning. If God is, as Christ taught, at the root of life, incarnate in man, then democracy has a spiritual meaning which it behooves us not to pass by. ... It is in democracy, the community of ideas and interest through community of action, that the incarnation of God in man (man, that is to say, as organ of universal truth) becomes a living. ... This truth is brought down to life; its segregation removed; it is made a common truth enacted in all departments of action, not in one isolated sphere called religion.«[152]

---

151 *Dawson*, The Religion, arbeitet diesen Typ in der Auseinandersetzung mit der theologischen und religionsphilosophischen Literatur aus der Zeit vor und nach dem Ersten Weltkrieg heraus.
152 *Dewey*, Christianity and Democracy, (EW 4), S. 8f. – Zu Deweys philosophischem Programm der »democratic reconstruction of Christianity« siehe *Rockefeller*, John Dewey, S. 29 ff.

c) Religionsphilosophie und demokratische Legitimität

Am Beispiel Deweys und Kallens soll abschließend die intellektuelle Struktur der Zivilreligion in der ersten Hälfte des 20. Jahrhunderts untersucht werden. Ihre zivilreligiöse Interpretation der Demokratie gehört zu den bis heute einflußreichsten Varianten des religiösen Universalismus und ist zum einen durch eine religionsphilosophische Legitimierung der Demokratie zur privilegierten Form der politischen Vergesellschaftung geprägt (1.); ferner durch einen naturalistischen Gottesbegriff und eine Vermittlung von Religion und Wissenschaft (2.); schließlich durch ihre philosophische Überbietung des Universalitätsanspruchs der monotheistischen Weltreligionen durch eine Entsubstantialisierung der religiösen Erfahrung (3.). Während sich die ersten beiden Implikationen der pragmatistischen Zivilreligion am Beispiel Deweys näher beleuchten lassen, soll der letzte Aspekt vor allem in der Auseinandersetzung mit der Religionsphilosophie Kallens herausgearbeitet werden, der damit seine Idee des kulturellen Pluralismus religionsphilosophisch unterfüttert hat.

1. Deweys erste religionsphilosophische Begründungsversuche seines politischen Denkens gehen bereits auf die Zeit vor 1894 zurück, als sein Wechsel an die Universität Chicago erfolgte. Sie bewegten sich noch ganz im Horizont der protestantisch geprägten Sozialphilosophie des Social Gospel und lassen sich auf das neohegelianische Motiv einer philosophischen Rekonstruktion des Christentums zurückführen. Bereits hier steht die Absicht im Mittelpunkt, das Werk Jesu in der Gegenwart durch den Aufweis der religiösen Bedeutung der politischen Demokratie fortzusetzen:

»As far as we have any evidence, Jesus was the first character in history to bring man to a realization of his unity with God, and do it consciously. And he did it the best any man ever did ... The next religious prophet who will have a permanent and real influence of men's lives will be the man who succeeds in pointing out the religious meaning of democracy.«[153]

Bereits diese frühen, noch christlich geprägten Schriften verdankten sich einem gesellschaftstheoretischen Impuls: Wissenssoziologisch betrachtet stellt die Religionsphilosophie Deweys eine Antwort auf die Bedrohung gemeinsamer Erfahrungen und einer symbolischen Welt des Sozialen angesichts der Modernisierungskrisen seiner Zeit dar. Dieses Motiv seiner Ziviltheologie im Sinne des Social Gospel motivierte auch noch »A Common Faith«, seine religionsphilosophische Hauptschrift aus dem Jahre 1934, bei der ein prag-

---

[153] *Dewey*, The Relation of Philosophy to Theology, (EW 4), S. 367. – Als eine komplette Umformulierung christlicher Lehren interpretiert Deweys Ziviltheologie auch *Rockefeller*, John Dewey, S. 214f. – Auch *Westbrook*, John Dewey, rekonstruiert Deweys Religionsphilosophie als eine Theorie der Zivilreligion: »What Dewey desired above all was a revitalized civic religion, a ›religion of shared experience‹.« (S. 427f.).

matistischer Naturalismus an die Stelle der christlichen Intentionen seiner Frühschriften getreten war. »A Common Faith« war eine unmittelbare Reaktion auf die Weltwirtschaftskrise und die mit ihr einhergehende Bedrohung der sozialen Ordnung; gleichzeitig gab diese Schrift jedoch auch eine philosophische Antwort auf die »religiöse Depression« des amerikanischen Protestantismus, der in seiner liberalen Spielart des Social Gospel während der Progressive Era zwar noch einmal großen Einfluß gewonnen hatte, aber mit den 20er Jahren seine kulturprägende Macht zunehmend einbüßte.[154]

In diesem religionsphilosophischen Hauptwerk der 30er Jahre entwarf Dewey eine Zivilreligion und stellte ihr die Aufgabe der kulturellen Integration einer in sich zerrissenen Gesellschaft, – eine Aufgabe, mit der er die bisherigen Formen der Religion überfordert sah.[155] Deweys naturalistische Konzeption der religiösen Erfahrung versteht sich daher als eine religionsphilosophische Kritik sowohl einer verinnerlichten Mystik als auch einer kirchlich verfassten Religion.

An der Mystik als einer inkommunikablen Form der religiösen Erfahrung fehlten ihm die Elemente diskursiver Selbstreflexivität und einer öffentlichen Begründung von Wahrheitsansprüchen, die er als notwendige Bedingungen jeder menschlichen Erfahrung – auch der religiösen – erkannt hatte: »As a method, it lacks the public character belonging to the method of intelligence.«[156] Zudem vermißte Dewey an den mystischen Erfahrungen einer vorgängigen Einheit von Gott, Mensch und Welt die handlungsmaximierende Spannung zwischen Idee und Wirklichkeit, die er als notwendiges Element einer kontingenten, selbstverantwortlichen Lebenspraxis voraussetzte und in einer weltflüchtigen Mystik verloren gehen sah.[157]

Im Verhältnis zu den kirchlich institutionalisierten Religionen ging es Dewey darum, deren Universalitätsanspruch durch Entsubstantialisierung und Entdogmatisierung zu steigern, – so etwa den christlichen Universalismus der »common brotherhood of all men«, dem er Reste von Partikularität unterstellte, die im Verhältnis des Christentums zu anderen Kulturen und Religionen zum Ausdruck kämen. Obwohl seine Überzeugung des religiösen Charakters der Demokratie ursprünglich der christlichen Tradition entlehnt war und an die vom Social Gospel erneuerte Idee der Innerweltlichkeit Got-

---

154 Diesen Zusammenhang betont *Handy*, The American Religious Depression, S. 83 ff.
155 *Rockefeller*, John Dewey, S. 447 f. – Ein knapper Abriß der religiösen Situation in den USA um 1934, als »A Common Faith« entstand, sowie eine Skizze der wichtigsten religiösen Strömungen dieser Zeit findet sich auf S. 452 ff.
156 *Dewey*, A Common Faith, (LW 9), S. 28.
157 *Ebd.*, S. 35: »There is a marked difference between the union associated with mysticism and the union which I had in mind. There is nothing mystical about the latter; it is natural and moral. ... There is, indeed, even danger that resort to mystical experiences will be an escape, and that its result will be the passive feeling that the union of actual and ideal is already accomplished. But in fact this union is active and practical; it is a *uniting*, not something given.«

tes anknüpfte, war Deweys Religionsphilosophie von Anfang an durch einen deutlich antikirchlichen, ja überhaupt antiinstitutionellen Impuls geprägt. Dewey fragte nach der Spezifik des Religiösen und der religiösen Erfahrung jenseits überlieferter Religionen. Darauf verweist seine Differenzierung zwischen »Religion« und »Religiosität«, mit der er versuchte, von den konkreten Erscheinungsformen der Religion zu abstrahieren und die kulturelle Grundstruktur der religiösen Erfahrung vor jeglicher Institutionalisierung und theologischer Ausdeutung wahrzunehmen. Im Gegenzug zur Usurpation der religiösen Erfahrung durch die christlichen Kirchen suchte Dewey die Substanz des Christentums in anderen Formen der religiösen Erfahrung, da er davon überzeugt war, »that the real Christianity is now working outside of and beyond the organization, that the revelation is going on in wider and freer channels.«[158] Seine Reaktion auf die Notwendigkeit einer neuen Legitimierung von Religion unter den geschichtlichen Bedingungen der modernen Gesellschaft war der Entwurf einer Zivilreligion jenseits aller institutionalisierten Religionen. Im Zentrum seiner Religionsphilosophie steht daher der Begriff der religiösen Erfahrung als einer elementaren Tatsache des menschlichen Bewußtseins; allein in diesem Sinne bildete die Religion ein beherrschendes Thema seiner Philosophie.[159]

Dewey geht es um die philosophische Rekonstruktion der religiösen Erfahrung als Phänomen sozialer Praxis, – diesem Zweck dient die von ihm geforderte »emancipation of the religious from the religion«.[160] Seine Unterscheidung zwischen Religion und Religiosität verweist auf die Existenz zweier unterschiedlicher Erscheinungsformen des Religiösen: Die Wendung von der institutionalisierten Religion zur Religiosität als einer Tatsache des menschlichen Bewußtseins erfolgt aus der Überzeugung, daß die kulturelle Situation der Gegenwart nicht mehr derjenigen entspricht, in der die großen Religionssysteme der Vergangenheit entstanden waren. In der Gegenwart stellt sich für ihn daher die Aufgabe, sich religiös von den Religionen zu emanzipieren, um die Bedeutung der Religion im praktischen Leben erhalten zu können. Sie muß von institutionellen und theologischen Festlegungen entkoppelt werden, um sie in ihrer Bedeutung einer Ethisierung menschlichen Handelns und einer Idealisierung des Faktischen erkennen zu können. Erst dann komme die kulturelle Spezifik und die »mystische« Qualität der religiösen Erfahrung in den Blick, die sich als eine Vorstellung des Gan-

---

158 *Ders.*, Christianity and Democracy, (EW 4), S. 5.
159 *Rockefeller*, John Dewey, S. 57. – Rockefeller rekonstruiert auch den biographischen Hintergrund der religionsphilosophischen Entwicklung Deweys.
160 Dewey konzipiert diesen Gegensatz zwischen Religion und Religiosität als einen nicht-auflösbaren Antagonismus zwischen sich wechselseitig ausschließenden Formen des Glaubens: »The opposition between religious values as I conceive them and religions is not to be bridged. Just because the release of these values is so important, their identification with the creeds and cults of religions must be dissolved.« (*Dewey*, A Common Faith, (LW 9), S. 20).

zen, einer Totalität von Welt und Leben begreifen lasse: »There is no reason for denying the existence of experiences that are called mystical. On the contrary, there is every reason to suppose that, in some degree of intensity, they occur so frequently that they may be regarded as normal manifestations that take place at certain rhythmic points in the movement of experience.«[161]

Seine Religionsphilosophie dient daher auch der Aufdeckung einer prototheologischen Qualität des Religiösen. Als rhythmische Konstitution eines sich in den Kontingenzen der menschlichen Lebenspraxis ständig verlierenden und daher periodisch neu zu gewinnenden Sinnzusammenhangs, des »Universums« als Metapher größtmöglicher Totalität, begreift Dewey das Religiöse als eine elementare Tatsache des menschlichen Bewußtseins: »The self is always directed toward something beyond itself and so its own unification depends upon the idea of the integration of the shifting scenes of the world into that imaginative totality we call the Universe.«[162] Seine Vorstellung einer nicht-dogmatischen Religion, einer »natural piety«, ist begründet in der idealen und intentionalen Grundstruktur der menschlichen Subjektivität, die auf die Generierung von Zusammenhängen sowie auf die Transformation objektiver Realität zu kulturellem Sinn ausgerichtet ist.[163]

Als kulturelle Manifestationen von Intentionalität, Idealität, Normativität und Totalität sind religiöse Erfahrungen von unmittelbarer Relevanz im menschlichen Leben und stellen konstitutive Elemente der sozialen Praxis dar. Diese eminent praktische Struktur der religiösen Erfahrung darf für Dewey nicht verfälscht werden, indem das Religiöse als eine wahre Realität jenseits der Welt bloßer Erscheinungen begriffen werde, denn dann würde das Moralische zum Metaphysischen verklärt und geriete in eine prekäre Verbindung mit dem Übersinnlichen. Ethische Idealität und die faktische Macht des Normativen werden unweigerlich zu Gegenständen metaphysischer Spekulation, wenn sie sich mit dem Glauben an ein übernatürliches Sein verbinden; daher setzt Dewey dem Supranaturalismus tradierter Religionssysteme die praktische Normativität des Idealen entgegen:

»An unseen power controlling our destiny becomes the power of an ideal. All possibilities, as possibilities, are ideal in character. The artist, scientist, citizen, parent, as far as they are actuated by the spirit of their callings, are controlled by the unseen. For all endeavor for the better is moved by faith in what is possible, not by adherence to the actual. ... The inherent vice of all intellectual schemes of idealism is that they convert the idealism of action into a system of beliefs about antecedent reality. The character assigned this reality is so different from that which observation and reflection lead to and support that these schemes inevitably glide into alliance with the supernatural.«[164]

---

161 *Ebd.*, S. 26.
162 *Ebd.*, S. 14.
163 *Ebd.*, S. 18.
164 *Ebd.*, S. 17.

Deweys Qualifizierung der Religion zum »sense of the whole«, zur Aufhebung von Entzweiung und Negativität zugunsten der Erfahrung einer sinnhaften Einheit von Mensch und Umwelt, verleiht der innerweltlichen Konstitution von Zusammenhängen einen religiösen Akzent; Religion wird zu einer kulturellen Reaktion auf die Probleme, Kontingenzen und Herausforderungen der Lebenspraxis im Interesse von Einheit, Kontinuität und Gemeinsamkeit.[165] Religiöse Erfahrungen können für Dewey nicht individualistisch, in einer nach außen verschlossenen, mystischen Innerlichkeit der Person erzeugt werden, sondern nur auf dem Boden kooperativer Formen von Vergesellschaftung gedeihen; sie setzen eine kommunikative Infrastruktur intersubjektiver Verständigung voraus, in der Erfahrungen übergreifender Sinnzusammenhänge gemacht werden können.[166] Seine Deutung der sozialen Kommunikation und politischen Demokratie als Voraussetzungen religiöser Erfahrung geht auf diese Idee von Religion als »sense of the whole« zurück; durch sie wird Religion als ein kultureller Ausdruck derjenigen geschichtlichen Prozesse verständlich, in denen sich eine Komplexitätssteigerung politischer Vergesellschaftung und sozialer Vergemeinschaftung vollzieht. Deweys Philosophie der Erfahrung, seine soziale Konstruktion des Individuums und schließlich seine Theorie der politischen Demokratie erweisen sich daher als religiös fundiert: Die religiöse Erfahrung des Ganzen gründet in einer Universalisierung der individuellen Wahrheiten zu einer gemeinsamen Wahrheit; sie repräsentiert die Existenz konsensfähiger Elemente der Lebenspraxis. Wenn Menschen sich demokratisch zueinander verhalten, indem sie sich im Geiste wechselseitiger Anerkennung miteinander vergesellschaften und damit eine Gemeinsamkeit von Erfahrungen konstituieren, ereignet sich eine innerweltliche Offenbarung Gottes.

Dieser Zusammenhang zwischen praktischer Philosophie und Religionsphilosophie kommt in Deweys kommunikationstheoretischer Begründung der Religion als einer Tatsache des Bewußtseins und der menschlichen Erfahrung zum Ausdruck. Mit der Sprache werden Formen kultureller Verständigung, sozialer Vergemeinschaftung und politischer Anerkennung möglich, die einen religiösen Bedeutungs- und Symbolgehalt besitzen, weil sie der Erfahrung einer Ganzheit entsprechen, die das Wesen der religiösen Erfahrung ausmacht. Daß Gott die Liebe ist, bringt diesen religiösen Charakter von Kommunikation und wechselseitiger Anerkennung für Dewey in seiner großartigsten Form zum Ausdruck:

»Kommunikation ist ebenso Ziel wie Mittel. Sie ist ein Mittel, Kooperation, Herrschaft und Ordnung zu bewerkstelligen. Gemeinsame Erfahrung ist das größte unter allen menschlichen Gütern. In der Kommunikation werden Verbindung und Kontakt, die für Tiere charakteristisch sind, zu Zärtlichkeiten, die un-

---

165 *Quandt*, From Small Town, erwähnt in diesem Zusammenhang Deweys »quasi-religious notion of communion« (S. 75).
166 *Dewey*, Individualism, Old and New, (LW 5), S. 72.

endlich idealisiert werden können; ja, sie werden zu Symbolen der Kulmination der Natur. Daß Gott Liebe ist, ist eine wertvollere Idealisierung, als daß das Göttliche eine Macht ist.«[167]

Mit seiner zivilreligiösen Begründung der politischen Demokratie verband Dewey die Erwartung eines Universalisierungsschubs der Religion über den Partikularismus ihrer bisherigen institutionellen Formen hinaus. Demokratie als die Summe der gesellschaftlichen, politischen und spirituellen Lebens- und Verständigungsformen, in denen Einverständnis und Anerkennung erzielt werden, repräsentierte für ihn die einzig zeitgemäße Idee Gottes und seines Wirkens in der Welt, die zugleich eine universellere Form der Wahrheit als jedes überkomme religiöse System begründete. Er begriff es als die Aufgabe der Intellektuellen im Sinne von »religious critics«, diesen religiösen Wahrheitsgehalt der modernen Demokratie zu formulieren und damit die Grenzen zu überwinden, die die Religion von den alltagsweltlichen Prozessen menschlicher Vergesellschaftung separieren und zu einer Sphäre des Übernatürlichen erheben.[168] Der über das Christentum und die übrigen Weltreligionen hinausgehende Schritt der Zivilreligion hatte für Dewey darin zu bestehen, sie von den Partikularismen, in denen sie bisher befangen waren, durch die Erkenntnis des religiösen Gehalts der politischen Demokratie und gemeinsamer Erfahrungen zu befreien und damit kulturell zu universalisieren.[169]

Die religiöse Bedeutung der politischen Demokratie wurzelte für Dewey in der »mystischen« Kraft und dem religiösen Symbolgehalt gemeinsamer Erfahrungen, in denen sich eine entzweite Totalität mit der Kontrafaktizität des Utopischen und der normativen Macht einer innerweltlichen Transzendenz auflädt, eine Vorstellung, der Dewey in den Schlußworten seines Werks »Reconstruction in Philosophie« emphatisch Ausdruck verliehen hat. In ihnen wird die Tendenz einer Sakralisierung der Kommunikation deutlich, die kennzeichnend für seine Religionsphilosophie geworden ist: »When the emotional, the mystic force one might say, of communication, of the miracle of shared experience is spontaneously felt, the hardness and crudeness of contemporary life will be bathed in the light that was never on land or sea.«[170]

---

167 *Ders.*, Erfahrung und Natur, S. 199.
168 *Ders.*, Christianity and Democracy, (EW 4), S. 10.
169 *Ders.*, Human Nature and Conduct, (MW 14), S. 226f.: »Religion as a sense of the whole is the most individualized of all things, the most spontaneous, undefinable and varied. For individuality signifies unique connections in the whole. Yet it has been perverted into something uniform and immutable. It has been formulated into fixed and defined beliefs expressed in required acts and ceremonies. ... Within the flickering inconsequential acts of separate selves dwells a sense of the whole which claims and dignifies them. In its presence we put off mortality and live in the universal. The life of the community in which we live and have our being is the fit symbol of this relationship. The acts in which we express our perception of the ties which bind us to others are its only rites and ceremonies.«
170 *Ders.*, Reconstruction in Philosophy, (MW 12), S. 203.

2. In Deweys Religionsphilosophie der 30er Jahre sind im Unterschied zu seinen Schriften aus der Zeit der Progressive Era die christlichen Anklänge seiner Zivilreligion getilgt; sie dokumentiert nicht nur die Trennung der religiösen Erfahrung von allen institutionalisierten Religionen, sondern auch die Abwendung vom Supranaturalismus, ohne damit zugleich die Kategorie des Religiösen preiszugeben. Dazu gehörte vor allem die Absage an »the necessity for a Supernatural Being and for an immortality that is beyond the power of nature.«[171] Er entlastete die religiöse Erfahrung von der historischen Hypothek eines übernatürlichen Gottes, weil sie der Spezifik der religiösen Erfahrung, wie er sie verstand, nicht entsprach. Was ihn von den Religionen trennte, war seine Weigerung, von der zweifelsfreien Tatsache, daß es religiöse Erfahrungen gibt, auf die Existenz eines übernatürlichen Seins oder Subjekts zu schließen. Sein Argument lautete stattdessen, daß die Überzeugungskraft einer Religion in dem Maße steigen würde, in dem sie sich ihres supranaturalen Erbes entledigen würde.

Im Verlaufe der 1890er Jahre verschwand im Zuge seiner Kehre vom Neohegelianismus zum Naturalismus und zu einem »naturalistic concept of God« der Gottesbegriff aus seinen Schriften: Gott repräsentierte für Dewey seither eine »unification of ideal values«, die in der sozialen Praxis wirksam wird.[172] Sein Gottesbegriff verweist nicht auf eine besondere Weise des Seins jenseits von Natur und Gesellschaft, sondern auf die Summe aller Ideale, die menschliches Leben und Handeln kulturell auszeichnen und ihnen eine innere Transzendenz verleihen. Damit wird letzlich der Gottesbegriff hinfällig, denn Gott wird zu einer kulturellen Projektionsleistung des Menschen. Was bleibt, ist die Tatsache, daß menschlichem Leben eine innere Idealität zukommt, die nicht mehr auf ein übernatürliches Sein zurückgeführt werden kann. Das »Göttliche« wird zu einem Bestandteil der menschlichen Subjektivität, die aus sich selbst heraus die kulturelle Spannung zwischen Realität und Idealität hervorbringt. Dies ist es vor allem, was Dewey mit seiner Differenzierung zwischen »Religion« und »Religiosität« zum Ausdruck bringen wollte. Er beschränkte sich unter Verabschiedung eines supranaturalistischen Gottesbegriffs auf die »ideale« Qualität der religiösen Erfahrung und entsagte den metaphysischen Implikationen eines übernatürlichen Gottes:

»The reality of ideal ends and values in their authority over us is an undoubted fact. The validity of justice, affection, and that intellectual correspondence of our ideas with realities that we call truth, is so assured in its hold upon humanity that

---

171 *Dewey*, A Common Faith, (LW 9), S. 3. – Siehe hierzu auch *Rice*, Reinhold Niebuhr, S. 284; *Rockefeller*, John Dewey, S. 475.
172 Siehe hierzu auch *Russell*, Unifying, S. 192. – Daß »Gott« in der Religionsphilosophie Deweys zu einer Projektion menschlicher Transzendierungen und Idealisierungen geworden sei, betont auch *Rockefeller*, John Dewey, S. 519.

it is unnecessary for the religious attitude to encumber itself with the apparatus of dogma and doctrine.«[173]

Das historische Erbe des Supranaturalismus identifizierte Dewey demgegenüber mit der Tendenz zur Handlungsminimierung und zu moralischer Verantwortungslosigkeit, weil er mit ihm eine Hemmung der idealen Triebkräfte des menschlichen Lebens und damit der geschichtlichen Selbsttransformation gesellschaftlicher Verhältnisse einhergehen sah.[174] Entsprechend begründete er den Ursprung der Ideale und Werte mit einer inneren Transzendenz der menschlichen Subjektivität rein naturalistisch, ohne den Rekurs auf ein »particular Being ... outside of nature«, dessen Existenz die moralische Qualität menschlicher Ideale und Werte überhaupt nur garantieren und begründen könne.[175] Deweys Naturalismus leugnet daher auch keineswegs die überragende Bedeutung der kulturellen Ideen für die geschichtliche Entwicklung von Gesellschaft und Politik, denn auch für ihn ist alles menschliche Handeln ideengeleitet und kulturell vermittelt. Wogegen er sich wendet, ist der Rückschluß von dieser immanenten Transzendenz der menschlichen Lebenspraxis auf die Existenz eines supranaturalistischen Gottes. Die idealen Elemente sozialer Praxis waren für ihn kein »imaginary stuff. They are made out of the hard stuff of the world of physical and social experience.«[176] Dewey stellte seinen Gottesbegriff ins Zentrum dieser kulturellen Spannung zwischen »Idealem« und »Aktualem«, zwischen utopischer Projektion und objektiver Realität; »Gott« säkularisiert sich damit zu einer kulturell überschießenden, idealen und moralischen Struktur der menschlichen Lebenspraxis:

»This idea of God, or of the divine, is also connected with all the natural forces and conditions – including man and human association – that promote the growth of the ideal and that further its realization. We are in the presence neither of ideals completely embodied in existence nor yet of ideals that are mere rootless ideals, fantasies, utopias. For there are forces in nature and society that generate and support the ideals. They are further unified by the action that gives them coherence and solidity. It is this *active* relation between ideal and actual to which I would give the name ›God‹.«[177]

In vermittelter Form nahm Dewey die religiösen Motive seines philosophischen Frühwerks in die spätere Phase seiner naturalistischen Philosophie hinüber, in deren Zentrum neben der politischen Demokratie die Wissenschaft als weiteres konstituives Element von »social intelligence« stand. Die

---

173 *Dewey*, A Common Faith, (LW 9), S. 30f.
174 *Ebd.*, S. 53.
175 *Ebd.*, S. 33.
176 *Ebd.*, S. 33.
177 *Ebd.*, S. 34f. – Zu Deweys Gottesbegriff und seinen Problemen siehe auch *Rice*, Reinhold Niebuhr, S. 150ff. – Daß das Verhältnis zwischen Idealität und Realität eines der Kardinalprobleme Deweys gewesen ist, zeigt *Rockefeller*, John Dewey, S. 19.

naturalistische Wende seiner Religionsphilosophie und die Plazierung der Religion jenseits des Antagonismus von Supranaturalismus und Atheismus ähnelt dabei jedoch dem Versuch, den sozialen und kulturellen Gebrauchswert der Religion zu erhalten, ohne im Gegenzug den epistemologischen Preis zu zahlen. Dewey ist nicht bereit, das »Opfer des Intellekts« zu erbringen, sondern versucht stattdessen einen Begriff der religiösen Erfahrung zu begründen, der kompatibel wäre mit der wissenschaftlichen Erfahrung und ihren spezifischen Verfahren der Erkenntnisgewinnung.[178] Ebenso wie die politische Demokratie gewann die moderne Wissenschaft in der Ziviltheologie Deweys einen religiösen Akzent. Sie dokumentiert ein Verständnis von Mensch, Gesellschaft und Politik, das mit dem Versuch einer Fortsetzung des religiösen Diskurses jenseits einer übernatürlichen Gottesidee eine verbreitete Grundstimmung des 20. Jahrhunderts und den Nerv der amerikanischen Mittelklasse traf. Die religionsphilosophische Legitimierung von Demokratie und Wissenschaft zu den wichtigsten Lebensführungsmächten der Moderne machte ihn zu einem der führenden Exponenten der Zivilreligion des 20. Jahrhunderts.[179]

Wie die Demokratie gewinnt auch die Wissenschaft für Dewey dann einen religiösen Bedeutungsgehalt, wenn es ihr gelingt, Menschen in ihrem Verhältnis zur natürlichen und sozialen Umwelt kulturell zu orientieren und erfolgversprechend handeln zu lassen. Mit der Generierung von Erfahrungen tritt sie das Erbe des religiösen Supranaturalismus an und gewinnt in der Dialektik von »Natur« und »Erfahrung« bzw. von Kontingenz und Kultur »a definitely religious character«.[180] Indem Dewey den Supranaturalismus als ein Element von Kulturen begriff, die nur geringe Verfügungsgewalt über die Natur besaßen, sah er die Krise der Religionen in der Gegenwart vor allem in dem Fortschritt menschlicher Naturbeherrschung begründet. In dem Maße, in dem diese wächst, schwindet die Religion. An ihre Stelle tritt die bewußte Gestaltung menschlicher Lebensverhältnisse durch »social intelligence« im Sinne einer Generierung von Einheit und Zusammenhang auf der Grundlage wissenschaftlicher Rationalität, politischer Demokratie

---

[178] Dies betont mit Recht *Ryan*, John Dewey, S. 274: »To put it unkindly, one might complain that Dewey wants the social value of religious belief without being willing to pay the epistemological price for it. To put it less unkindly, we may wonder whether in fact, it is possible to have the *use* of religious vocabulary without the accretion of supernaturalist beliefs that Dewey wishes to slough off.«

[179] *Kuklick*, John Dewey, S. 91 f. – Daß in der Religionsphilosophie Deweys neben der Demokratie auch die Wissenschaft das Erbe der Religion angetreten habe, betont *ders.*, Does American Philosophy, S. 185: »The locus of the divine shifted from the supernatural to the natural, and science could be applied to what was formerly supernatural. But there was still a godly residue in things. ... For Dewey man was still redeemed, but the instrumentality was the ostensibly areligious technique of science. In the twentieth century science served what in the nineteenth century was clearly a divine purpose.«

[180] *Dewey*, A Common Faith, (LW 9), S. 38. – Dies betont auch *Rice*, Reinhold Niebuhr, S. 53 f.

und einer sozialstaatlichen Regulierung gesellschaftlicher Beziehungen als Eckpfeilern und Grundwerten der amerikanischen Zivilreligion.

In der Gesellschaftstheorie des amerikanischen Pragmatismus markieren die Kategorien des »Fortschritts« und der »Zivilisation« die Summe aller politischen, gesellschaftlichen und wissenschaftlichen Prozesse, in denen sich Zusammenhang, Einheit und Verbindung herstellt. Damit handelt es sich zugleich um eminent religionsphilosophische Kategorien. Stereotyp ist der Fortschritts- und Zivilisationsbegriff der pragmatistischen Gesellschaftstheorie als der Versuch kritisiert worden, den »American way of life« als Telos und Sinn der Weltgeschichte ideologisch zu rechtfertigen und damit in extremer Weise zu partikularisieren. Unter Berücksichtigung der Religionsphilosophie Deweys und Kallens als pragmatistischen Varianten des religiösen Universalismus läßt sich jedoch zeigen, daß genau das Gegenteil intendiert war: nämlich das Einrücken der Gegenwart in eine universalhistorische Vielfalt der menschlichen Kultur, die in eine offene Zukunft hinein fortgesetzt werden müsse. Der vom Pragmatismus gegenüber dem Partikularismus der Weltreligionen erhobene religiöse Universalitätsanspruch gründet in der Überzeugung, daß die Gegenwart nur ein Zwischenglied in einer Universalgeschichte der Zivilisation darstelle und daß »Fortschritt« nur als das Weiterweben einer Kontinuität menschlicher Kulturleistungen begriffen werden könne, in denen sich ein Bewußtsein von Sinn, Zusammenhang und Totalität herausgebildet habe. Indem Dewey die Vielfalt der religiösen Erfahrung gegenüber jeder Verengung und Substantialisierung in den Blickpunkt rückte, machte er den Versuch, sie in einen universellen Entwicklungsprozeß der Menschheit einzurücken, der jede einzelne Religion als ein Glied dieser Entwicklung noch mit umgreift:

»We who now live are parts of a humanity that extends into the remote past, a humanity that has interacted with nature. The things in civilization we most prize are not of ourselves. They exist by grace of the doings and sufferings of the continuous human community in which we are a link. Ours is the responsibility of conserving, transmitting, rectifying and expanding the heritage of values we have received that those who come after us may receive it more solid and secure, more widely accessible and more generously shared than we have received it. Here are all the elements for a religious faith that shall not be confined to sect, class, or race. Such a faith has always been implicitly the common faith of mankind. It remains to make it explicit and militant.«[181]

Der über die Weltreligionen hinausgehende Universalitätsanspruch der pragmatistischen Zivilreligion war mit der Forderung verbunden, die Begrenztheit aller religiösen Vorstellungen von Sinn, Zusammenhang und Totalität anzuerkennen und den religiösen Universalismus nicht in den Glaubensüberzeugungen bestimmter Religionen aufgehen zu lassen, sondern in

---

181 *Dewey*, A Common Faith, (LW 9), S. 57f.

dem Verhältnis zu suchen, in dem die Religionen zueinander stehen. Dies war zugleich die Idee, mit der auch Kallen seine politische Konzeption des kulturellen Pluralismus religionsphilosophisch begründet hat.

3. Die Religionsphilosophie Kallens kreist um die Frage, ob und wie sich die Einheit der Menschheit in der Vielfalt ihrer Kulturen symbolisieren läßt. Gibt es kulturelle Ausdrucksformen eines die Pluralität menschlicher Lebensformen und die Individualität ihrer Subjekte berücksichtigenden Allgemeinen und Gemeinsamen, das als eine multiversale Totalität die kulturelle, politische und soziale Integration der modernen Gesellschaft sicherstellen könnte? – Kallens Theorie der Zivilreligion versucht eine Antwort auf diese Frage zu geben und steht dabei in engem Bezug zu seiner Theorie des kulturellen Pluralismus. Dieser Zusammenhang äußert sich in der religiösen Rhetorik, in der er die Prinzipien der menschlichen Individualität, der politischen Demokratie und der pluralistischen Zivilgesellschaft legitimiert hat:

»I believe with a firm faith: 1) that people are irreducibly different from one another and that this difference is an inalienable right, to be exercised by all alike, without fear or favor, safely and freely, 2) that the right extends to every form of the human enterprise – religious, cultural, educational, political, economic, scientific, and so on, 3) that people best secure these rights to themselves and to one another by joining together in corresponding societies, little and great, which serve them as collective means to their distributive ends.«[182]

Kallens Zivilreligion repräsentiert eine religionsphilosophische Fundierung des kulturellen Pluralismus als politischer Anerkennung von Differenz. Gegenüber dem Partikularismus der Religionen beansprucht sie ein über sie hinausgehendes Element von Universalität und will eine »Religion über den Religionen« sein, – nicht im Sinne einer »Superreligion« mit einem alle anderen übertrumpfenden substantiellen Wahrheitsanspruch, sondern indem sie die interkulturelle Kommunikation und die wechselseitige Anerkennung der Religionen einfordert. Für Kallen wird Demokratie zu einer Religion, indem sie durch das Prinzip der Anerkennung von Differenz die Einheit des Religiösen in der Vielheit der Religionen konstituiert:

»This *unum* made up by a plurality defines on all levels the process and form of democracy, the free society which, we may say, is the American religion. Democracy may indeed be described as a religion of religions, since in it and through it, different religions formerly at war with one another are reconciled without any diminution of difference and none penalizes any for being different.«[183]

---

182 *Kallen*, What I Believe and Why, S. 147f.
183 *Kallen*, The Education of Free Men, S. 115. – Kallen begründet seine Theorie des kulturellen Pluralismus religionsphilosophisch in Bezugnahme auf Dewey und andere Vertreter einer pragmatistischen Zivilreligion: »Their fighting faith is in that religion of religions we are accustomed to call democracy. The signature of their faith is their acknowledgment and respect for diversity, their understanding that the unity of human cultures

Als die Essenz dieser Zivilreligion begreift er die politische Geschichte der Menschenrechte, weil sie vor allem die Entwicklung kultureller Anerkennungsleistungen von Verschiedenheit dokumentiere.[184]

Unter sozialgeschichtlichen Gesichtspunkten verweist Kallens Theorie der Zivilreligion wie seine Philosophie des kulturellen Pluralismus auf die Anerkennungsproblematik der jüdischen Kultur im Kontext der amerikanischen Gesellschaft des 20. Jahrhunderts; Kallen ging es um eine religiöse Antwort auf die Frage, »how to define Jewishness« in einer nicht-jüdischen Gesellschaft.[185] Im Zentrum seines Denkens stand die Frage, wie jenseits des kulturellen und religiösen Pluralismus die Einheit der Gesellschaft symbolisiert werden kann, – eine Einheit freilich, die die Vielfalt der Kulturen nicht aufhebt und stillstellt, sondern voraussetzt und garantiert.[186]

Wie die Zivilreligion Deweys ist auch diejenige Kallens durch ein anti-institutionalistisches Motiv geprägt: Es geht ihm um die Legitimation einer Religion ohne Kirchen, Dogmen, Priester und theologische Festlegungen des Bedeutungsgehalts der religiösen Erfahrung.[187] Seine Theorie der Zivilreligion basiert auf der lebensweltlichen Vielfalt religiöser Erfahrungen, die sie gegenüber dem Partikularismus kirchlicher Organisationen zur Geltung zu bringen versucht und in ihrem kulturellen Sinnbildungs- und Orientierungspotential freisetzen möchte.[188]

Der über den Universalismus aller Religionen hinausgehende Universalitätsanspruch der pragmatistischen Zivilreligion gründet in dem Verzicht, einen neuen Glauben zu institutionalisieren und zu einem theologischen System zu verfestigen. Stattdessen begreift Kallen die Zivilreligion als die Neuorganisation des Verhältnisses zwischen den Religionen nach Maßgabe

is not an identification but an orchestration, their hope of a federal union of the diverse consisting in their team play, be it in religion, in business, in government, in letters, in the arts, in the sciences. On every level of union, from the tiniest village to the United Nations, the device of its spirit is *E pluribus unum*. It signalizes one civilization of many cultures.« (*Ebd.*, S. 319). – Zu Kallens zivilreligiöser Interpretation von Demokratie und Wissenschaft siehe auch *Ratner*, Some Central Themes, S. 102 f.

184 *Kallen*, Secularism, S. 29 ff.

185 Daß dieses Motiv ein Merkmal des »Civil Judaism« als einer Variante der amerikanischen Zivilreligion darstellte, zeigt *Woocher*, Sacred Survival, S. 20.

186 Ohne Kallen selber zu erwähnen, hat Woocher am Beispiel des »North American Jewish Federation Movement« die Spezifik der jüdischen Zivilreligion anhand ihrer Konstruktion des Verhältnisses von Einheit und Vielfalt herausgearbeitet (*ebd.*, S. 13). – Beschränkt auf die Rolle der jüdischen Religion innerhalb der amerikanischen Religionslandschaft nach dem Zweiten Weltkrieg ist *Wertheimer*, A People Divided. – Als einen Beitrag zur jüdischen Religionsphilosophie in den USA erwähnen Kallens Theorie des kulturellen Pluralismus auch *Karp u. Karp*, Jewish Literature, S. 1031 f.

187 *Kallen*, Why Religion, S. 315 f.

188 *Ders.*, Democracy's True Religion, S. 15: »Secularism opposes ›the priesthood of all believers‹ against the special interest of ›the teaching church.‹ ... On the record, it is secularism which endeavors to keep the ways of life open for any idea of God a believing heart may discover or devise, and bet his life on.«

des Prinzips wechselseitiger Anerkennung. »Secularism«, so lautet sein Terminus für diesen Religionstyp, vermag als das religiöse Dach aller übrigen Religionen zu fungieren, weil er die grundsätzliche Partikularität der Religionen als Ausdruck und Konsequenz einer unverwechselbaren Individualität der Kulturen anerkennt. Bei der pragmatistischen Zivilreligion handelt es sich nicht um eine neue, substantielle Glaubensüberzeugung in Konkurrenz zu den tradierten, vielmehr bringt sie die Religionen in einen Prozeß der interreligiösen Kommunikation und garantiert, daß sie sich in gleicher Freiheit entfalten können:

»In a word, only the secular arm possesses the qualifications that can ensure equal liberty for each communion and can enforce a just peace between all communions. Secularism is the collective security of a nation's or of the world's distributive faiths. Since, in the teaching of each communion, this security is God's will for itself, Secularism, or the equal security of all, is what the teaching of all would lead to. Secularism is the Will of God, then.«[189]

In der Zivilreligion manifestiert sich für Kallen eine Religion über den Religionen, weil sie deren Recht und Freiheit garantiert, verschieden zu sein. Sie konkurriert nicht mit ihnen um die Suprematie, sondern sichert die Existenzvoraussetzungen der vielen Religionen als Repräsentationen kultureller Pluralität und Freiheit: »The religion of Secularism neither competes with any other religion nor displaces any other. On the contrary it is belief in a free and fruitful union of all which should supplement and strengthen each, as a communion of the diverse in equal liberty.«[190]

In ihrer normativen Privilegierung des Prinzips Anerkennung als Legitimitätsgrundlage der verschiedenen Religionssysteme ist die Zivilreligion der Demokratie weder eine realistische Zustandsbeschreibung der Wirklichkeit, noch deren idealistische Verklärung. Vielmehr enthält sie als Religion das Element eines utopischen Vorgriffs, mit dem Kallen ihre spezifische Kulturbedeutung begründete. Angesichts einer durch bloßen Zwang, strukturelle Gewalt und illegitime Macht geprägten Realität verkörpert die pragmatistische Zivilreligion mit ihrer Legitimierung von Demokratie ein Element von Kontrafaktizität, dem Kallen eine handlungsmotivierende Bedeutung beimißt. Die utopische Plausibilität der politischen Demokratie im Sinne eines normativen Prinzips der menschlichen Vergesellschaftung wird durch die

---

189 *Ders.*, Secularism, S. 90.
190 *Ebd.*, S. 11. – Weil die Zivilreligion im Sinne Kallens selber keinen substantiellen Glauben voraussetzt, sondern nur ein bestimmtes Verhältnis der Gläubigen unterschiedlicher Glaubensrichtungen zueinander normativ auszeichnet, kann sie auch mit allen anderen Religionen und Glaubensinhalten koexistieren. Sie beläßt dem Gläubigen seinen Glauben, verpflichtet ihn nur zur expliziten Anerkennung aller anderen Religionen: »When his relations with any or all the others consist in acknowledging, understanding and respecting whatever they are, as they are, and in joining together with them in a reciprocal enhancement of life and liberty, he adds to his particular faith the common faith of Secularism.« (*Ebd.*, S. 12).

Erfahrung einer Negation von Anerkennung nicht außer Kraft gesetzt, sondern konstituiert erst deren religiöse Qualität. Gerade weil die Wirklichkeit den demokratischen Prinzipien politischer Legitimität und intersubjektiver Anerkennung von Differenz widerspricht, bedarf sie der kulturellen Gegenwelt der Zivilreligion als eines kontrafaktischen Elements der politischen Kultur.[191]

Der pragmatistischen Religionsphilosophie geht es um eine Dimension der religiösen Erfahrung vor jeglicher theologischen Fixierung und Institutionalisierung. Sie privilegiert keine bestimmte Religion, sondern ein bestimmtes Verhältnis der Religionen zueinander. Nicht substantielle Gottesbegriffe sind entscheidend, sondern die praktischen Konsequenzen, die sie für das Verhältnis zu denjenigen haben, die eine andere Gottesidee besitzen:

»Secularism accepts the God of every communion as that communion defines its God, but projects no definition of its own. Its concern is not *what* God means to anyone, but with *how* that meaning affects that one's ways with his neighbor who gives God a different meaning.«[192]

Der Gottesbegriff des zivilreligiösen Universalismus im Sinne Kallens ist nicht der einer bestimmten Religion, denn die religiöse Qualität der Demokratie besteht für ihn gerade darin, daß sie nicht nur den Menschen, sondern auch ihren jeweiligen Religionen und deren Göttern das Recht zugesteht, verschieden zu sein. Die Religionsphilosophie des amerikanischen Pragmatismus entwickelt daher keine Gottesidee neben oder über den anderen Göttern der verschiedenen Religionen, sondern privilegiert ein auf dem Prinzip wechselseitiger Anerkennung beruhendes Verhältnis der Religionen zueinander. Weil jeder Gottesbegriff – für Kallen wie für Dewey – in den konkreten Lebensumständen einer Gesellschaft oder sozialen Gruppe angelegt ist und deren Symbolwelten, Erfahrungen und Hoffnungen zum Ausdruck bringt, ist er immer zugleich ein Ausdruck menschlicher Individualität. Mit ihrer Idee Gottes tun Menschen kund, wer sie selbst sind und wie sie die anderen Menschen kulturell wahrnehmen.[193] Damit ist die Anerkennung der verschiedenen Götter eine notwendige Voraussetzung des kulturellen Pluralismus; wird die geschichtliche Vielfalt der Idee Gottes nicht ak-

---

191 *Ebd.*, S. 12.
192 *Ebd.*, S. 14.
193 Von Anfang an gehörte diese Überzeugung eines unmittelbaren Zusammenhangs zwischen Lebenspraxis und kulturreligiösen Symbolen zu den religionsphilosophischen Grundannahmen Deweys: »It is shown that every religion has its source in the social and intellectual life of a community or race. Every religion is an expression of the social relations of the community; its rites, its cult, are a recognition of the sacred and divine significance of these relationships. The religion is an expression of the mental attitude and habit of a people; it is its reaction, aesthetic and scientific, upon the world in which the people finds itself. Its ideas, its dogmas and mysteries are recognitions, in symbolic form, of the poetic, social and intellectual value of the surroundings.« (*Dewey*, Christianity and Democracy, (EW 4), S. 3).

zeptiert, scheitert zwangsläufig das Projekt des kulturellen Pluralismus und damit das der modernen Demokratie als einer politischen Praxis wechselseitiger Anerkennung:

»The symbol ›God‹ may also be used to denote all the gods of all the faiths taken together, not pantheistically, but as a free, federal union acknowledging, respecting, and conserving their individualities but orchestrating their functions in such wise that the faithful of any may feel assurance of help in need from the faithful of every other.«[194]

Unter sozialgeschichtlichen Gesichtspunkten ist die pragmatistische Version der Zivilreligion in der Vielfalt religiöser Glaubensüberzeugungen fundiert, die zu den auffälligsten Besonderheiten der amerikanischen Kultur gehört. Sie trägt diesem religiösen Pluralismus Rechnung und hält zugleich am Prinzip des religiösen Universalismus fest, indem sie darauf verweist, daß sich der Universalitätsanspruch einer Religion nur in der Anerkennung aller anderen realisieren läßt, – ein Anspruch, der für den amerikanischen Pragmatismus keinesfalls relativistisch preisgegeben werden darf.

Dennoch unterbietet sie auch das universalistische Erbe der monotheistischen Welt- und Offenbarungsreligionen, weil nicht alle religiösen Sinngehalte im Rahmen einer »Politik der Anerkennung« und einer philosophischen Aneignung des weltreligiösen Erbes aufzuheben sind: Der Versöhnungsanspruch jeder Zivilreligion kann nur partiell gelingen und muß fragmentarisch bleiben. Als der in diesem Kontext gewichtigste Kritiker der pragmatistischen Zivilreligion kann Reinhold Niebuhr gelten, der mit ihr den Verlust der tragischen Dimension menschlichen Lebens einhergehen sah. Für Niebuhr stellte die Zivilreligion des Pragmatismus das religionsphilosophische Pendant eines »sunny-side-up liberalism« dar, dem es an dem Bewußtsein von Kontingenz fehle, die als Herausforderung und als Zwang zur Religion begriffen werden müsse, – ein Vorwurf freilich, der an dem spezifischen Kontingenzbewußtsein des amerikanischen Pragmatismus vorbeigeht.[195]

Gleichwohl lassen sich die Sinngrenzen einer naturalistischen und politischen Zivilreligion im Stile des Pragmatismus benennen. Eine immanente Grenze hat Kallen selber deutlich gemacht: Ihr Sinnbildungsanspruch endet vor der Erfahrung des Todes, dessen Sinndeutung das Privileg einer supranaturalistischen Erlösungsreligion bleibt. Der Tod macht die an Demokratie und Wissenschaft orientierte Zivilreligion zu einem im Vergleich mit den starken Sinnunterstellungen der alten Offenbarungsreligionen schwa-

---

194 *Kallen*, What I Believe and Why, S. 152.
195 Zur pragmatistischen Konzeption von Kontingenz siehe bereits Kapitel 7. – Zur Kontroverse zwischen Dewey und Niebuhr siehe im einzelnen *Rice*, Reinhold Niebuhr, S. 185 ff.; *Westbrook*, John Dewey, S. 523 ff. – Dewey nutzte auch die Form des Gedichts, um die tragische Seite der menschlichen Existenz zu thematisieren. Eine Ausgabe seiner insgesamt 95 Gedichte stammt von *Boydston (Hg.)*, The Poems. – Zur tragischen Dimension in Deweys Philosophie siehe auch *Jacques*, The Tragic World.

chen Sinnkonzept der Lebenspraxis, das vor der religiösen Herausforderung einer Sinndeutung menschlichen Leidens und Sterbens zwangsläufig scheitert: »With respect to immortality science cannot help us. It denies or is dumb. The life-after-death, hence, is one of the chief remaining precincts of religion.«[196]

Der Partikularismusvorwurf, den die pragmatistische Zivilreligion gegenüber dem kulturellen Erbe der Weltreligionen erhoben hat, läßt sich umkehren: Das Sinndeutungsangebot der Zivilreligion bleibt partikular, weil sie die innerhalb der jüdisch-christlichen Tradition mit den Begriffen von Erlösung und Versöhnung zum Ausdruck gebrachten Orientierungsbedürfnisse und Hoffnungen nicht aufgreifen kann. Sofern sie metaphorisch versuchen, den religiösen Diskurs in andere Sinndeutungssysteme zu übersetzen, verfehlen sie die Spezifik der religiösen Erfahrung und werden zum bloßen Zitat. Religion ist durch Kulturphilosophie nicht substituierbar, weil sie Intentionen und Kontingenzen zum Ausdruck bringt, die in keinem anderen Sinndeutungssystem thematisiert werden können. Die Kehrseite der Universalisierung der religiösen Erfahrung durch die zivilreligiöse Öffnung gegenüber der kulturhistorischen Vielfalt von Religionen ist daher die Partikularisierung der menschlichen Existenz, die durch Erfahrungen und Orientierungsbedürfnisse geprägt bleibt, die sich nur religiös und eben nicht zivilreligiös deuten lassen, – ein Phänomen, dem Kallens Version der pragmatistischen Zivilreligion eher Rechnung zu tragen vermag als diejenige Deweys, weil sie das kulturelle Recht einer supranaturalistischen Religion nicht negiert, sondern als ein weiterhin notwendiges Element der menschlichen Lebenspraxis anerkennt.

Angesichts dieser offensichtlichen Grenzen der Zivilreligion stellt sich daher verschärft die Frage, wie die kulturellen Intuitionen menschlicher Praxis gerettet werden können, die die Zivilreligion wie jede andere weltimmanente Deutungskultur auch unabgegolten läßt, ja lassen muß, wenn sie sich selber treu bleiben will:

»Dabei geht es um die Erfahrung von nicht-nivellierender Gleichheit und individuierender Gemeinsamkeit, um die Erfahrung einer Nähe über die Distanz zu einem in seiner Differenz anerkannten Anderen hinweg, um die Erfahrung einer Verschränkung von Autonomie und Hingabe, einer Versöhnung, die die Differenzen nicht auslöscht, einer zukunftsorientierten Gerechtigkeit, die solidarisch ist mit dem ungesühnten Leid vergangener Generationen, um die Erfahrung der Reziprozität freigebender Anerkennung, eines Verhältnisses, in der ein Subjekt dem anderen assoziiert ist, ohne der entwürdigenden Gewalt des Tausches zu unterliegen – einer höhnischen Gewalt, die Glück und Macht des einen nur um den Preis des Unglücks und der Ohnmacht des anderen zuläßt.«[197]

---

196 *Kallen*, Why Religion, S. 256.
197 *Habermas*, Exkurs, S. 135 f.

Die Zivilreligion kann auf diese Fragen keine befriedigende Antwort geben; sie transformiert die Sinnunterstellungen der erlösungsreligiösen Tradition herunter zu den fragilen Sinnerfahrungen einer Zivilisationsgeschichte der Demokratie als einer politischen Anerkennung von Differenz und Individualität, oder aber zu den Erfolgen der Wissenschaft als einer methodisch angeleiteten Realisierung von »social intelligence«. Sie verinnerweltlicht Transzendenz zur kulturellen Kompetenz geschichtlicher Selbsttransformationen und rekonstruiert »Erlösung« als Universalgeschichte derjenigen Kulturleistungen, in denen erfolgreich Einverständnis und kommunikative Verständigung zwischen Menschen erzielt wurden. Der religiöse Sinn wird zurückgenommen in die politische Legitimität demokratischer Herrschaft und in die einigende Macht gemeinsamer Erfahrungen. Im Vergleich zu den starken Sinnansprüchen der erlösungsreligiösen Tradition sind die Sinnvermutungen der Zivilreligion prekär und schwach: Sie finden ihre Grenze angesichts der Erfahrungen einer tragischen Selbstverfehlung menschlichen Lebens in der fortwährenden Existenz des »Bösen«, angesichts des regelmäßigen Ausbleibens von Einverständnis und dessen Substituierung durch bloßen Zwang sowie schließlich angesichts des unversöhnten Leidens vergangener, gegenwärtiger und zukünftiger Opfer, – Erfahrungen, die allesamt das Sinnbildungspotential der Zivilreligion übersteigen und zur Anerkennung ihrer kulturellen Grenzen angesichts einer strukturellen Abwesenheit von Sinn herausfordern.

9. Rückblick und Ausblick

Das frühe 20. Jahrhundert bildete eine Transformationsperiode der amerikanischen Gesellschaft und des politischen Liberalismus, in der sich die Grundzüge der Moderne ausbildeten. Diesem Prozeß korrespondierte der Aufstieg eines neuen Typus des Intellektuellen, der sich als »public intellectual« den Problemen seiner Zeit zuwandte und einen Beitrag zu ihrem Verständnis zu leisten beanspruchte. Diesem Zusammenhang zwischen Sozialgeschichte und Reflexionskultur der Progressive Era trägt diese Untersuchung Rechnung, indem sie die Modernisierungsproblematik der amerikanischen Gesellschaft während der ersten Hälfte des 20. Jahrhunderts am Leitfaden derjenigen Themenkomplexe rekonstruiert, die das Werk der Intellektuellen dominiert haben. Ganz im Sinne einer funktionalen Äquivalenz erwies sich dabei die Theorie der »Civil Society« ebenso wie das eingangs angedeutete Modell der »bürgerlichen Gesellschaft« in der deutschen Tradition als das beherrschende Instrument zur Kategorisierung zeitgenössischer Erfahrungen.

Die Progressive Era stellte eine Epoche der amerikanischen Geschichte dar, in der es nach dem Zusammenbruch des positivistischen Fortschrittsglaubens des 19. Jahrhunderts und unter dem Eindruck neuer Herausforderungen zu einem tiefgreifenden Wandel des kulturellen Selbstverständnisses und der theoretischen Selbstbeschreibung der amerikanischen Gesellschaft kam. Zu diesen Herausforderungen gehörten erstens die Urbanisierungskrise und der Verlust tradierter Formen der sozialen Integration, zweitens die soziale Frage und die Notwendigkeit einer wohlfahrtsstaatlichen Politik, drittens die Herausbildung neuer Geschlechterverhältnisse, viertens die Prozesse von Bürokratisierung, Professionalisierung, die neue Eliten und Expertenkulturen entstehen ließen, fünftens die Krise der politischen Öffentlichkeit angesichts der Etablierung der »corporate society« und des organisierten Kapitalismus, und sechstens schließlich die Immigrationsfrage sowie das Problem, eine ethnisch heterogene und kulturell pluralisierte Gesellschaft zusammenzuhalten.

Die wichtigste gesellschaftstheoretische Leistung der Intellektuellen des Progressive Movement war es, ein verbreitetes und diffuses Krisenbewußtsein aufzugreifen und im Kontext interdisziplinärer Erkenntnisstrategien und Forschungsperspektiven zu verarbeiten. Sie eröffneten Perspektiven sozialer Reform, die eine Ressource zur Lösung zeitgenössischer Problemlagen darstellten. Zu erinnern ist hier an ihre Innovationen in unterschiedlichen Wissenschaftsdisziplinen, an die Revision eines positivistischen Gesellschaftsbegriffs durch eine neue Theorie sozialen Handelns, an die Etablierung einer neuen Konzeption des Sozialstaats, an die Erweiterung eines parteipolitisch verengten Politikbegriffs, an die Begründung einer professionellen Berufsethik im Sinne sozialer Verantwortung, an die theoretische Rekonstruktion der politischen Öffentlichkeit, sowie schließlich an die Erarbeitung pluralistischer Konzepte nationaler Identität in Opposition zu den rigiden Amerikanisierungstendenzen, die die Immigrationswellen des frühen 20. Jahrhunderts begleiteten. In der Summe dieser Entwicklungen markiert die Progressive Era die Entstehung des New Liberalism.

Die Auseinandersetzung mit diesem modernisierungstheoretischen Diskurs der ersten Hälfte des 20. Jahrhunderts ermöglicht einen historisch distanzierten Blick auf die gegenwärtigen Debatten um Liberalismus und Kommunitarismus als konkurrienden Theorien der Civil Society.[1] Die Entstehungsgeschichte des New Liberalism zeigt, daß der Kommunitarismus nicht als eine rückwärtsgewandte Verklärung der Vergangenheit beginnt, sondern als eine zukunftsorientierte Auseinandersetzung mit den Modernisierungsproblemen des 20. Jahrhunderts. Bei ihm handelt es sich um einen Rekonstruktionsversuch des Liberalismus angesichts der Krise der modernen Gesellschaft.

Im folgenden soll die Aktualität dieser Theorietraditionen des frühen 20. Jahrhunderts für die gesellschaftstheoretische Diskussion der Gegenwart deutlich gemacht werden. Zu diesem Zweck sollen zunächst rückblickartig die wichtigsten Theorieelemente des New Liberalism zu Beginn des 20. Jahrhunderts in Erinnerung gerufen werden (a). In einem zweiten Schritt wird es darum gehen, die intellektuelle Spezifik und die politische Stoßrichtung der kommunitären Spielarten des amerikanischen Liberalismus herauszuarbeiten (b). Abschließend soll vor dem theoriehistorischen Hintergrund dieser Untersuchung die gegenwärtige Diskussionslage beleuchtet werden (c).

a) Die Progressive Era als Wandel der intellektuellen Kultur

Die amerikanische Sozialgeschichte hat das Ineinandergreifen von Urbanisierung, Industrialisierung, Professionalisierung und der Durchsetzung der modernen Marktgesellschaft herausgearbeitet, das der Transformation der amerikanischen Gesellschaft am Beginn des 20. Jahrhunderts zugrundelag. Verbunden waren diese Prozesse mit einem tiefgreifenden Wandel der Mechanismen sozialer Integration sowie mit dem Ende der Gesellschaft der »island-communities«, die noch während des 19. Jahrhunderts die Lebensrealität breiter Bevölkerungsschichten geprägt hatten und nun zunehmend

---

1 Als Einführungen in die Diskussion siehe *Bellah u.a.*, Habits; deutsch: Gewohnheiten; *dies.*, The Good Society; *Brumlik u. Brunkhorst (Hg.)*, Gemeinschaft; *Daly (Hg.)*, Communitarism; *Forst*, Kontexte; *Honneth (Hg.)*, Kommunitarismus; *Wellmer*, Bedingungen; *Zahlmann (Hg.)*, Kommunitarismus.

aufgelöst wurden. Gegenüber den unpersönlichen Mechanismen der neuen Arbeits- und Marktbeziehungen sowie angesichts der Anonymität einer urbanisierten Umwelt hatten sie ihre alte Bedeutung als Zentren der sozialen Vergemeinschaftung weitgehend verloren.[2]

Das Progressive Movement, in dessen politischer Philosophie neue Vorstellungen von Demokratie und Zivilgesellschaft ihren Ausdruck fanden, stellte in den ersten beiden Jahrzehnten des 20. Jahrhunderts die politische Reaktion auf die Transformationskrisen der amerikanischen Gesellschaft dar. Es war durch die Überzeugung geprägt, daß neue Formen der politischen Herrschaft und der sozialen Integration notwendig seien, um die Existenzbedingungen der liberalen Gesellschaft zu wahren. Darauf verweisen solche Leitbegriffe des Progressive Movement wie »new citizenship«, »new liberalism« und »new democracy«.

Seine politische Philosophie war durch die Kritik der etablierten Parteiendemokratie geprägt und stellte im Gegenzug den Versuch zu einer Politisierung gesellschaftlicher Gruppen und der Rekonstruktion der Zivilgesellschaft als einer eigenständigen politischen Kraft dar. Durch eine Vielzahl heterogener Reforminitiativen und Gruppierungen – von der Frauenbewegung über die Civil Clubs bis hin zu den Initiativen des Consumer Movement – drangen neue Inhalte in den politischen Diskurs ein. Dem entspricht die Neuvermessung des Verhältnisses zwischen Öffentlichkeit und Politik, wodurch der gesellschaftliche Bedarf an politischer Regulierung neu definiert und ausgeweitet wurde. Die dramatischen sozialen Folgeprobleme des Laissez faire-Kapitalismus und »rugged individualism« amerikanischer Prägung führten zu ersten Ansätzen eines sozialstaatlichen Interventionismus im Interesse des Gemeinwohls, ein Prozeß, in dessen Zentrum auch der Geschlechterdiskurs jener Epoche verankert war.[3]

Die amerikanischen Intellektuellen des frühen 20. Jahrhunderts waren für die Erarbeitung dieser neuen Politik- und Gesellschaftskonzeption von entscheidender Bedeutung, weil sie, ihrem Selbstverständnis als Public Intellectuals gemäß, die zugleich politische und theoretische Aufgabe einer Problemformulierung und Selbstbeschreibung der modernen Gesellschaft wahrgenommen haben. Die pragmatistische Philosophie Deweys bildete das

---

2 *Wiebe*, The Search; *ders.*, The Progressive Years. – Als einen in der Tradition der Chicagoer Stadtsoziologie stehenden Klassiker der amerikanischen Community-Forschung siehe *Warren*, The Community: »The type of coherence among local institutions that in earlier times was possible through personal contact and shared norms and values and behavior patterns is also largely gone. In short, the local community is no longer a valid sociological concept, lacking clarity of definition and unimportant as a type of social organization. If we are interested in the functions that local communities formerly served, we must now turn to other rubrics: to ethnic groups, to functional associations of various types, and to formal organizations that do not divide themselves up by locality.« (S. 438).

3 Aus der Fülle der neueren Literatur siehe vor allem *Keller*, Regulating a New Economy; *ders.*, Regulating a New Society; *Rueschemeyer u. Skocpol (Hg.)*, States; *Skocpol*, Social Policy.

eigentliche Zentrum der Reformphilosophie des Progressive Movement, ohne die die gesellschaftlichen und politischen Entwicklungen des frühen 20. Jahrhunderts nicht verstanden werden können. Mit gutem Recht läßt sich behaupten, daß die wissenschaftlichen, gesellschaftstheoretischen und sozialpolitischen Innovationen, die von den politischen Intellektuellen der Progressive Era ausgingen und ihnen ihre sozial- und ideengeschichtliche Bedeutung verliehen, im Werk Deweys kulminierten und dort ihren reflektiertesten Ausdruck fanden.[4] In seinem Werk hat Dewey den oftmals diffusen Reforminitiativen jener Epoche und der neuen Theorie der Zivilgesellschaft eine sozialphilosophische Begründung und öffentlichkeitswirksame Programmatik gegeben. Seine Schriften aus den 20er und 30er Jahren können in mehreren Hinsichten nicht nur als Bilanz der Progressive Era und als Versuch ihrer Fortsetzung unter den veränderten politischen Bedingungen der 20er Jahre gelesen werden, sondern auch als systematischer Theorieentwurf der Civil Society.

Unter der Leitkategorie der »great community« als Komplementärbegriff der »great society« enthalten sie das gesellschaftstheoretische und zugleich politische Programm einer kommunitären Erneuerung der modernen Gesellschaft, was Deweys Bedeutung auch noch im Zusammenhang der gegenwärtigen Kommunitarismuskontroverse erklärt.[5] Im Mittelpunkt seiner Theorie der Civil Society steht der Begriff der Öffentlichkeit als Summe der lebensweltlichen Interaktionen und Interpretationsleistungen vergesellschafteter Subjekte. Ausgangspunkt Deweys sind nicht monadische Individuen, die sich erst nachträglich zum Zwecke der Realisierung ihrer Interessen miteinander vergesellschaften; vielmehr sieht er die Gesellschaft von Anfang an durch die »face-to-face«-Kommunikation kulturell vergemeinschafteter Individuen konstituiert. Daher stehen die freiwilligen Assoziationen der Zivilgesellschaft im Zentrum seiner Gesellschaftstheorie.

Die Civil Society im Sinne Deweys ist eine Lebensform von Menschen, die ihre gesellschaftlichen Interessen verfolgen und sich gleichzeitig über die Zwecke, Normen und Sinnvorstellungen ihres Handelns verständigen. Der Begriff der Community bezeichnet die Summe der im System der Voluntary Associations institutionalisierten öffentlichen Kommunikationschancen. Communities steigern den Handlungsspielraum der Gesellschaft, indem sie

---

[4] Die Bedeutung des Pragmatismus in der Theoriegeschichte des amerikanischen Liberalismus betont *Anderson*, Pragmatic Liberalism, S. IX: »Pragmatic liberalism was once the basis of our public philosophy, and it was our dominant mode of social analysis. It shaped the distinctively American disciplines of political science and institutional economics. It greatly influenced our theories of philosophy, education, and law. Pragmatic liberalism formed part of the intellectual background for Progressive reform and the New Deal.«

[5] Wichtig sind in diesem Kontext vor allem *Dewey u. Tufts*, Ethics, (MW 5; LW 7); *Dewey*, The Public and Its Problems (LW 2); *ders.*, Individualism, Old and New (LW 5); *ders.*, Liberalism and Social Action (LW 11). – Speziell von Bellah und Walzer ist seine Konzeption der Zivilgesellschaft aufgegriffen worden.

diejenigen Handlungszwänge und Strukturmechanismen, die die moderne Gesellschaft auch im Bewußtsein Deweys kennzeichnen, diskursiv verflüssigen und somit alltagsweltlichen Interpretationen und politischem Handeln erneut verfügbar machen.

Dewey verarbeitete in seiner Theorie der Civil Society die sozialgeschichtlichen Transformationsprozesse des frühen 20. Jahrhunderts, die die tradierten Formen gesellschaftlicher Assoziierung ausgehöhlt hatten. Er rekonstruierte sie als »eclipse of the public« und meinte damit die Abschwächung der sozialen Bindungskräfte der Gesellschaft und politischen Öffentlichkeit. Angesichts dieser geschichtlichen Erfahrung reagierte Dewey jedoch nicht mit der Beschwörung traditioneller Strukturen von Vergemeinschaftung, sondern machte einen gesellschaftstheoretischen Neuanfang.

Das Hauptproblem war dabei die Frage, auf welche Instanzen sich noch rekurrieren ließ, um die Idee einer Gesellschaft freier Zusammenschlüsse und einer politischen Kultur der Demokratie plausibel zu machen, wenn die Community-Strukturen nicht mehr bestanden, die bisher das lebensweltliche Gerüst der Civil Society gebildet hatten. Deweys Antwort auf dieses Problem bestand darin, daß er der Wissenschaft aufgrund der Affinität ihrer methodischen Verfahren der Wahrheitsfindung und Geltungssicherung mit den Prinzipien der offenen Gesellschaft und modernen Demokratie eine Vorbildfunktion für die Gestaltung sozialer Beziehungen zuerkannte. Dewey griff mit dieser Engführung von Wissenschaft und Demokratie zwar die seinerzeit gängigen Forderungen nach »social efficiency« und »social control« auf, gab ihnen jedoch keine sozialtechnische Wendung im Sinne einer Herrschaft der Experten und der neuen Eliten der New Middle Class. Vielmehr ging es ihm um eine zeitgemäße Vermittlung von Theorie und Praxis. Was die Wissenschaft für seine Theorie der Gesellschaft und Demokratie attraktiv machte, waren die Aspekte von Diskursivität, experimenteller Methode, wechselseitiger Kritik, ferner die institutionalisierte Kompetenz zur Selbstreflexivität und -korrektur im Lichte neuer Erfahrungen, und schließlich die Verpflichtung auf das Prinzip der Öffentlichkeit und der ausschließlichen Geltung des besseren Arguments. Er erkannte einen inneren Zusammenhang zwischen politischer Demokratie und Wissenschaft, weil ihnen gleichartige Methoden des Argumentierens und die regulative Idee eines »unconstrained discourse« zugrunde liegen.[6]

Deweys Theorie der Zivilgesellschaft gehört in die Tradition des kommunitären Liberalismus; ihm ging es nicht um eine Rückkehr zu vormodernen Gemeinschaftstraditionen, sondern um die Freilegung der in den spezifischen Strukturen moderner Gesellschaften angelegten Kommunikationsfähigkeit. Seine Rekonstruktion der Gemeinschaftsdemokratie erlaubt eine

---

6 Zu dieser Bedeutung der Wissenschaft siehe *Dewey*, The Underlying Philosophy of Education, (LW 8), insbes. S. 93 ff., 101 f. – Den von Dewey postulierten Zusammenhang zwischen Wissenschaft und Demokratie betont *Rorty*, Heidegger, S. 18 f.

Vermittlung mit der liberalen Tradition, weil er Communities als erfahrungsoffene und auf Freiwilligkeit basierende Medien einer pluralistischen Zivilgesellschaft begriffen hat.[7]

In vermittelter Form ist das Problem der Intellektuellen des Progressive Movement immer noch ein Hauptproblem unserer Gegenwart: Es besteht in der Reorganisation der Öffentlichkeit zum Medium einer Selbstorganisation der Zivilgesellschaft, das den Einfluß korporativer Instanzen neutralisieren könnte.[8] Das Zentrum des kommunitären Liberalismus im Sinne des Pragmatismus bildet daher die Idee einer partizipatorischen Zivilgesellschaft und der nur in ihr zu erwerbenden »civic competence« der Individuen, an öffentlichen Prozessen politischer Entscheidungsbildung verantwortlich teilzuhaben.[9]

Das gegenwärtige Bewußtsein einer »unerhörten Modernität des amerikanischen Pragmatismus«[10] resultiert wesentlich aus dessen Vermittlung liberaler und kommunitaristischer Intentionen zu einem neuen Modell der politischen Demokratie, in deren Zentrum weder der Staat, noch der Markt oder eine massenmedial erzeugte Kulturindustrie stehen, sondern deren Kern die öffentliche Handlungs- und Erfahrungsgemeinschaft der Bürger bildet. Sein Anknüpfungspunkt sind die herausfordernden Problemlagen der Gegenwart, die im Medium der politischen Öffentlichkeit reflektiert und verhandelt werden. Die Stärke des Pragmatismus liegt dabei in der

---

7 Obwohl Dewey bereits die Position des kommunitären Liberalismus formuliert hat, hat er keineswegs die Probleme einer Vermittlung liberaler und kommunitärer Ideen befriedigend gelöst, insbesondere nicht die Frage nach dem Verhältnis zwischen den direkten und den repräsentativen Elementen des politischen Systems, nach der Struktur politischer Entscheidungsprozesse sowie nach der Beziehung zwischen Wissenschaft und Lebenspraxis. Diese Grenzen betont *Damico*, Individuality, S. 126.

8 Diese Spannung zwischen ziviler und organisierter Gesellschaft betont *Lustig*, Corporate Liberalism, S. 263 f.

9 Dies ist deutlich gesehen worden durch *Anderson*, Pragmatic Liberalism, S. 3 f.: »Pragmatic liberalism is, first of all, a theory of practical political reason that applies not only to the state but to all forms of organized human endeavor: to industry and the professions, the crafts and trades, the schools and sciences. Perhaps the most distinctive feature of pragmatic liberalism then is the proposition that the performance of the diverse functional associations that make up our society is a matter of public concern and that participation in them is a form of public responsibility and an act of citizenship. ... For pragmatic liberalism, each human association has a political aspect and is part of the public life of the society. There is a public interest in the performance of each functional enterprise and in the composite performance of the pluralist regime as a whole. Orthodox liberalism holds that performance is best enhanced by stimulating competition among individuals. Pragmatic liberalism believes that creative effort is naturally collaborative and cooperative and is best promoted by systematic deliberation and argument about the purposes, practices, and responsibilities of a cooperative undertaking. For pragmatic liberalism, such discussion is necessarily a public matter, and it calls for the exercise of practical political reason.«

10 *Joas*, Pragmatismus, S. 7. Auch *Kloppenberg*, Pragmatism, spricht von einem »return of pragmatism« in die gegenwärtige Gesellschaftstheorie (S. 100 f.). – Als philosophischen Erneuerungsversuch des Pragmatismus siehe insbesondere *Putnam*, Renewing Philosophy; mit Blick auf die politische Philosophie *Bernstein*, The New Constellation.

Weite seines Erfahrungsbegriffs, der die Summe der politischen, gesellschaftlichen und kulturellen Mechanismen umgreift, mit denen die Orientierungsprobleme und Herausforderungen moderner Gesellschaften thematisiert werden. Die Zivilgesellschaft wird so als ein Medium der Produktion und Distribution von kulturellen Erfahrungen verständlich, in dem sich eine Gesellschaft zu sich selber verhält und sich dem Test bzw. der Kritik der Erfahrung aussetzt.[11]

Deweys pragmatistische Gesellschaftstheorie war der Mittelpunkt der politischen Philosophie des Progressive Movement und bildete nicht nur den Hintergrund der amerikanischen Reformbewegungen der 60er und 70er Jahre, sondern inspiriert auch noch die gegenwärtigen Debatten um Liberalismus und Kommunitarismus.[12] Im folgenden soll daher auf den gegenwärtig ausgetragenen Streit zwischen Liberalen und Kommunitaristen näher eingegangen werden, der den Blick auf die amerikanische Geschichte erweitert, indem er die periodische Konkurrenz, aber auch die Vermittelbarkeit dieser politischen Positionen aufzeigt. Was die gesellschafts- und modernisierungstheoretische Brisanz Deweys und der durch ihn geprägten Gesellschaftstheorie der Progressive Era ausmacht, ist der Versuch, das individualistische und das kommunitaristische Erbe des amerikanischen Liberalismus unter den geschichtlichen Bedingungen der Industriegesellschaft zusammenzubringen. Darin kommt eine innere Ambivalenz des amerikanischen Liberalismus und zugleich die kulturhistorische Tatsache zum Ausdruck, »that Americans have more than one tradition of political thought from which to draw«.[13]

b) Der kommunitäre Liberalismus in historischer Perspektive

Wohl in keinem anderen Land sind in den letzten Jahren die Voraussetzungen und Probleme der liberalen Gesellschaft in einer solchen Intensität und gleichzeitig so kontrovers diskutiert worden wie in den USA, und das mit

---

11 Dies betont *Kloppenberg*, Pragmatism, S. 102: »Rather than grounding values in the bedrock of timeless absolutes, they urged us to evaluate all of our beliefs – philosophical, scientific, religious, ethical, and political – before the test they considered the most demanding of all: our experience as social and historical beings.«

12 Zur gegenwärtigen Rezeption des Pragmatismus siehe *ebd*, S. 123 ff. – Die herausragende Bedeutung Deweys in der heutigen Gesellschaftstheorie erwähnen auch *Bellah u.a.*, The Good Society, S. 138 ff. sowie *Brumlik u. Brunkhorst (Hg.)*, Gemeinschaft, S. 11: »Könnte es sein, daß die Tradition des Pragmatismus, etwa John Deweys, jene Fragen schon längst gelöst hat, die heute als Spannung von Gemeinschaft und Demokratie erörtert werden?« – *Joas*, Gemeinschaft, sieht in der Verknüpfung von Gemeinschaft und Demokratie im politischen Denken Deweys »ein Moment der Überlegenheit des alten Pragmatismus Amerikas gegenüber dem heutigen Kommunitarismus« (S. 61).

13 *Shain*, The Myth, S. 324.

gutem Grund: Steht doch Amerika, in seinem kulturellen Selbstverständnis wie in der Wahrnehmung der Anderen, geradezu paradigmatisch sowohl für die Realisierung einer Gesellschaft auf dem Boden liberaler Prinzipien und des modernen Individualismus, als auch für deren soziale Schattenseiten. Im Zentrum dieser Debatten steht das Verhältnis zwischen Individualismus und Gemeinwohl und damit die Frage einer postkonventionellen Solidarität. Auf dem Prüfstand steht, wie sich im Kontext einer liberalen Gesellschaft solidarische Beziehungen und Verantwortlichkeiten zwischen Menschen aufrechterhalten lassen, die sich zugleich als individuierte Wesen zueinander verhalten und als solche anerkennen. Die von Walzer und Sandel provokativ gestellte Frage, ob die zu Ende gedachte liberale Gesellschaft etwas anderes sein könne als eine Ansammlung von Fremden,[14] verweist dabei ebenso auf dieses Problem wie die Antwort der Vertreter des Liberalismus, daß in die liberale Gesellschaft immer schon diejenigen Elemente eingebaut seien, die für die Weiterexistenz gemeinschaftlicher Lebensformen und sozialer Verantwortlichkeiten vorausgesetzt werden müßten.[15]

Der gegenwärtige Streit zwischen Liberalen und Kommunitaristen geht um die Frage, ob der Liberalismus der Unterstützung des Kommunitarismus bedarf, um die Minimalbedingungen eines freien und zugleich konsensfähigen Gemeinwesens zu erhalten, oder ob er selber über ein ausreichendes Arsenal an »liberal virtues« und Ideen des Guten jenseits formaler und prozeduraler Prinzipien mit universalistischem Geltungsanspruch verfügt. Genau dies unterstellen nämlich die Vertreter des gesellschaftstheoretischen Liberalismus.[16]

Spricht man vom Kommunitarismus, sind Differenzierungen notwendig, denn die hinter dieser Sammelbezeichnung verborgene Bandbreite an Positionen ist groß. Das Spektrum reicht von einer neokonservativen Kulturkritik der Moderne und dem Hinweis auf die Bedeutung traditioneller Lebens- und Wertegemeinschaften,[17] über die Wiederbelebungsversuche eines Civic Republicanism tugendhafter, d.h. unter der Autorität des Gemeinwohls lebender Bürger,[18] bis hin zu Vorstellungen einer partizipatorischen Basisdemokratie und einer pluralistischen Bürger- und Zivilgesellschaft.[19]

---

14 *Walzer*, Die kommunitaristische Kritik, S. 162; *Sandel*, The Procedural Republic.
15 So etwa *Holmes*, The Liberal Idea. Als engagierte Verteidigungsschrift des Liberalismus gegenüber seinen Verächtern siehe auch *ders.*, The Anatomy; außerdem mit Blick auf das in diesem Zusammenhang zentrale Problem der Rechte von Minderheiten *Kymlicka*, Liberalism. – Siehe schließlich *Macedo*, Charting; *ders.*, Liberal Virtues, S. 284 f.: »Liberalism, I have argued, contains the resources to mount a positive response to its communitarian critics. Liberals have shared values, virtues, and a distinctive form of community, all of which are resources to be exploited in the face of communitarian criticism.«
16 Daß der Liberalismus selber immer schon der Idee sozialer Gerechtigkeit verpflichtet sei, betont *Galston*, Liberal Purposes.
17 *Bloom*, The Closing; *MacIntyre*, Der Verlust.
18 *Sandel*, Democracy's Discontent.
19 *Barber*, Strong Democracy; *Walzer*, Zivile Gesellschaft. – Als Dokumentation seiner Bandbreite siehe *Daly (Hg.)*, Communitarism; *Wolfe u. Hittinger (Hg.)*, Liberalism.

Nähert man sich dem Verhältnis zwischen Liberalismus und Kommunitarismus aus theoriegeschichtlicher Perspektive, erscheint es in einem ungewohnten Licht: Dann wird deutlich, daß der Kommunitarismus kein eigenständiges politisches Prinzip jenseits einer liberalen Gesellschafts- und Demokratiekonzeption repräsentiert, sondern eher deren Kritik im Lichte politischer Intentionen und Erwartungen, die ursprünglich selber mit dem Liberalismus verbunden waren. Es handelt sich um eine periodisch wiederkehrende Modifikation und Erneuerung des Liberalismus, nicht um den Versuch seiner Abschaffung durch ein alternatives Prinzip politischer Legitimität. Dies zeigt sich unter anderem darin, daß Dewey seine politische Philosophie, die noch heute von Vertretern des Kommunitarismus als maßgeblich anerkannt wird, stets als eine Erneuerung des Liberalismus unter den Bedingungen der modernen Gesellschaft verstanden hat und daß sie von den Zeitgenossen auch als eine Variante des »New Liberalism« wahrgenommen worden ist. Ganz in diesem Sinne erklärt auch heute Walzer die kommunitaristische Liberalismuskritik als »ein in Abständen zuverlässig wiederkehrendes Attribut von liberaler Politik und Gesellschaftsorganisation. Kein noch so großer liberaler Erfolg wird sie auf Dauer ihres Reizes berauben und zum Verstummen bringen können. Zugleich wird aber auch keine kommunitaristische Kritik, und sei sie noch so scharfsinnig, jemals mehr sein als eine unbeständige Begleiterscheinung des Liberalismus.«[20]

Angesichts dieser Eigenschaft des Kommunitarismus als einer periodisch wiederkehrenden Selbstkritik und Korrektur des Liberalismus wird deutlich, warum ein bloßer Traditionalismus und Konservativismus mit kommunitaristischen Intentionen im Grunde nicht zu vereinbaren ist, denn der Kommunitarismus setzt den Liberalismus als das dominierende Prinzip der politischen Kultur voraus. Die kommunitaristische Kritik macht nur Sinn, weil und solange es den Liberalismus als Triebkraft einer ständigen Revolutionierung menschlicher Lebensformen und sozialer Verhältnisse gibt. Dieser historische Zusammenhang erklärt, warum das Spannungsverhältnis zwischen Liberalismus und Kommunitarismus nicht allein ein Phänomen der letzten Jahre darstellt, sondern bereits mit dem Liberalismus selber entstanden ist: Seitdem er zur politischen, ökonomischen, gesellschaftlichen und kulturellen Grundlage der modernen Gesellschaft wurde, ist der Kommunitarismus sein kritischer Begleiter. Dem entspricht der theoriehistori-

---

20 *Walzer*, Die kommunitaristische Kritik, S. 157. – Daß sich Liberalismus und Kommunitarismus wie zwei miteinander kommunizierende Röhren zueinander verhalten, wobei letzterer auf die Enttäuschungserfahrungen des Liberalismus mit den Erwartungen einer erneut vereinten Gesellschaft reagiert, erwähnt *Fowler*, The Dance, S. 161: »Community is not a place or a thing; it is a calling, a struggle, a journey. ... Grounded in dissatisfaction with modern liberalism ... modern communitarian thinkers are trying to reconceptualize the world as a more united, more sharing, more meaningful, and more affective place. Innumerable emphases, analyses, and dreams are at work. Yet the project is common, just as it is never ending and ultimately elusive.«

sche Befund, daß den Individualisierungs- und Liberalisierungsschüben der bürgerlichen Gesellschaft in der Regel kommunitaristisch inspirierte Gegenbewegungen entsprochen haben, die auf die mit dem Prozeß der Modernisierung einhergehenden Erfahrungen von Entfremdung und Negativität geantwortet haben: Auf den Individualisierungsschub der Aufklärung folgten die Romantik, die Sittlichkeitsidee des deutschen Idealismus und das Geschichtskonzept des Historismus, denen es darum ging, die befreite Individualität erneut sozial und historisch zu situieren.[21] Auf den Siegeszug des Kapitalismus im 19. Jahrhundert und die mit ihm verbundene Freisetzung der individuellen Interessen reagierte der Marxismus mit seinem utopischen Entwurf menschlicher Vergesellschaftung, in der die sozialdestruktiven Konsequenzen der materiellen Interessen »kommunitaristisch« gebändigt waren und in neue Vergemeinschaftsformen mündeten, die die politischen Freiheitsversprechen des bürgerlichen Liberalismus sozial realisieren sollten. Und schließlich läßt sich die bürgerliche Kulturkritik des frühen 20. Jahrhunderts als eine Antwort auf ein Grundproblem des modernen Liberalismus verstehen, indem sie angesichts der Erfahrung einer rationalistisch entzweiten Gesellschaft auf der Notwendigkeit einer Einbettung der Individuen in umgreifendere kulturelle Sinnzusammenhänge und vergemeinschaftende Lebensformen beharrte.[22] In dieser symbiotischen Beziehung zwischen Liberalismus und kommunitaristischen Gegenbewegungen wird eine Dialektik neuzeitlicher Modernisierung greifbar, die der philosophischen Reflexion der Moderne ihre Spezifik verleiht. Diese Reflexion »hatte seit dem Ausgang des 18. Jahrhunderts unter immer wieder neuen Titeln ein einziges Thema: das Erlahmen der sozialen Bindungskräfte, Privatisierung und Entzweiung; kurz: jene Deformationen einer einseitig rationalisierten Alltagspraxis, die das Bedürfnis nach einem Äquivalent für die vereinigende Macht der Religion hervorrufen.«[23]

Weil sich die kommunitaristische Kritik gewöhnlich auf eine Selbstkorrektur des Liberalismus beschränkt, eröffnet sie auch keine Perspektive politischer Legitimität und kultureller Individualität jenseits liberaler Prinzipien. Was bleibt, ist die Kritik an der Selbstunterbietung des Liberalismus im Hinblick auf die Realisierung menschlicher Freiheit durch den Abbau der sozialen Zusammenhänge, in denen sich diese Freiheit der Individuen allein realisieren ließe. Diesem Abbau von Verbindungen und dem damit einhergehenden »Gemeinschaftsschwund« gegenüber beharren die Vertreter des

---

21 *Rosenblum*, Another Liberalism. – Zur Kontroverse zwischen »Moralität und Sittlichkeit« im deutschen Idealismus des frühen 20. Jahrhunderts als einer wichtigen Etappe dieser Kontroverse zwischen liberalen und kommunitären Spielarten der Philosophie siehe *Kuhlmann (Hg.)*, Moralität.
22 Daß die Spannung zwischen einer kommunitaristischen und einer liberalen Gesellschaftstheorie auch für die Gründergeneration der Soziologie ein Problem war, zeigt am Beispiel Durkheims *Cladis*, A Communitarian Defense.
23 *Habermas*, Der philosophische Diskurs, S. 166.

Kommunitarismus auf der Notwendigkeit assoziierender Elemente der menschlichen Lebensführung auch noch unter den Bedingungen der liberalen Gesellschaft und des kulturellen Individualismus:

»Sie können über diesen Liberalismus nicht triumphieren, sondern höchstens ab und an seine inneren Assoziationskapazitäten verstärken. Die Verstärkung ist jedoch immer nur eine temporäre, da die Dissoziationskapazitäten nicht minder fest internalisiert und hochgeschätzt sind. Das ist der Grund, weshalb die kommunitaristische Kritik zur ewigen Wiederkehr verdammt ist – ein vermutlich gar nicht so fürchterliches Los.«[24]

Das politische Grundmotiv des kommunitären Liberalismus, das aus der Vielstimmigkeit seiner verschiedenen Strömungen hindurchschimmert, besteht weniger in der Negation von Grundprinzipien liberaler Gesellschaften, als vielmehr in deren Modifikation und Ergänzung im Lichte anderer, eher republikanisch, demokratisch und kommunitär geprägter Traditionen des Liberalismus selbst. Der kommunitäre Liberalismus läßt sich daher erstens als eine politische Theorie verstehen, die den liberalen Grundsatz der Priorität individueller Rechte nicht zurücknimmt, sondern auf der Notwendigkeit einer sozialen Verantwortlichkeit der Rechtssubjekte beharrt. Er repräsentiert zweitens eine Position, die den ethischen Universalismus der Menschen- und Bürgerrechte nicht relativiert, sondern mit der Forderung nach einer Erweiterung um die soziale Dimension und der Bewährung in konkreten Situationen konfrontiert. Der kommunitäre Liberalismus gibt drittens in seiner Kritik des »ungebundenen Selbst« nicht das liberale Prinzip der menschlichen Autonomie und des kulturellen Individualismus preis, sondern verweist auf die Realität einer sich immer in Interaktionsverhältnissen und Gemeinschaften konstituierenden menschlichen Subjektivität, die er der liberalen »Kultur der Vereinzelung« entgegensetzt.[25] Viertens schließlich verwässert er nicht den liberalen Grundsatz staatlicher Neutralität gegenüber einer pluralistischen Gesellschaft und ihren miteinander konkurrierenden Ideen des guten Lebens, sondern befördert diese partikularen Werte und Sinnkriterien der menschlichen Lebensführung aus der Sphäre des rein Privaten in den öffentlich-politischen Raum einer Diskursgemeinschaft von Bürgern, die sich über den Austausch von Meinungen vergesellschaften und sich auf diese Weise erst wechselseitig in ihrer Differenz erkennen und in ihrer Individualität anerkennen können. Damit klagt der kommunitäre Liberalismus die Notwendigkeit einer ausdifferenzierten politischen Kultur und

---

24 *Walzer*, Die kommunitaristische Kritik, S. 180. – Zuletzt ist das Argument, daß die Modernisierungskrise der Gegenwart und die Gefährdung der politischen Demokratie in dem Verlust zivilgesellschaftlicher Kommunikationsstrukturen begründet liege durch *Lasch*, The Revolt erneuert worden: »It is the decline of ... communities, more than anything else, that calls the future of democracy into question. Suburban shopping malls are no substitute for neighborhoods.« (S. 8).
25 *Bellah u. a.*, Habits, S. 315 ff.

»demokratischen Sittlichkeit« ein, die als institutionalisierte Lernfelder wechselseitiger Anerkennung allein verhindern können, daß das liberale Prinzip der Trennung von Staat und Gesellschaft autoritäre Konsequenzen zeitigt.[26]

Damit ist das idealtypisch zugespitzte Programm eines kommunitären Liberalismus zumindest angedeutet, das sich nicht in der Position eines bestimmten Autors kondensiert, das sich aber aus dem heterogenen Spektrum derjenigen Strömungen herausarbeiten läßt, die sich als Erneuerung oder Weiterentwicklung, nicht aber als Abschaffung der liberalen Gesellschaft verstehen. Im Kern repräsentiert er die Überzeugung eines wechselseitigen Bedingungsverhältnisses zwischen liberalen und kommunitären Elementen der modernen Gesellschaft: Liberale Gesellschaften benötigen eine periodische Zufuhr von Solidarität im Sinne einer kulturellen Erneuerung, um den durch sie selber forcierten Prozessen von Gemeinschaftsverlust und des Abbaus geteilter Sinnvorstellungen die destruktive Spitze zu nehmen. Diese Aufgabe übernehmen die freien Zusammenschlüsse der Gesellschaft, die als partikularisierte Lernfelder sozialer Vergemeinschaftung fungieren. Diese sind jedoch auf die Existenz der universalistischen Prinzipien einer liberalen Gesellschaft angewiesen. Denn nur eine liberale Gesellschaft kann die Freiheit und Pluralität garantieren, in dem sie gedeihen und diejenigen Prozesse sozialer Vergemeinschaftung in Gang bringen können, die Individualität – im Sinne einer wechselseitigen Anerkennung unverwechselbarer Persönlichkeiten – nicht stillstellen, sondern überhaupt erst ermöglichen.[27]

Betrachtet man die gegenwärtige Kontroverse zwischen Liberalismus und Kommunitarismus aus ideengeschichtlicher Perspektive, dann wird deutlich, daß der amerikanische Liberalismus stets durch eine wechselseitige Überlagerung individualistischer und kommunitaristischer Strömungen geprägt war, die im Verlauf der amerikanischen Geschichte in historisch wandelbaren Formen aufgetreten sind. Er erweist sich insofern als eine mehrdimensionale Form der politischen Theoriebildung. Ganz in diesem Sinne haben die Diskussionen der letzten Jahrzehnte die vielfältigen Ursprünge und Traditionen des politischen Selbstverständnisses der USA deutlich gemacht, in dem kommunitaristische Ideen stets ein Korrektiv gegenüber der dominanten Strömung des Liberalismus gebildet haben.[28]

---

26 *Wellmer*, Bedingungen, S. 64f.
27 Dies betont *Brumlik*, Der ›Kommunitarismus‹, S. 101: »Paradoxerweise bedingen nämlich Kommunitarismus und Liberalismus einander: Nur liberale Gesellschaften sind auf die kommunitäre Zufuhr von Solidarität angewiesen, während kommunitäre Gruppen ihre volle Wirkung nur unter liberalen, pluralistischen Bedingungen entfalten können. Wo nur noch *eine* Ethik, *ein* Wertesystem das Leben bestimmt, entfallen jene Freiheit der Wahl und Freiwilligkeit der Teilnahme, die das Leben in Gruppen erst lohnt.«
28 Dies betont *Ross*, The Origins, die im Gegensatz zu einer rein liberalen Interpretation amerikanischer Politiktraditionen im Sinne von Hartz darauf verweist, »that the consensual framework of American politics that developed in the late eighteenth and early nineteenth

Der amerikanische Liberalismusbegriff ist daher auch nicht eindeutig festgelegt, sondern politisch umkämpft und historisch im Fluß. Hinter ihm verbergen sich unterschiedliche politische Traditionen, die gleichermaßen Anspruch auf das Liberalismus-Prädikat erheben. Diese Bedeutungsvielfalt des Liberalismus ist erklärbar aus dem Fehlen einer feudalen Tradition, die eindeutigere politische Zuordnungen möglich und erforderlich gemacht hätte. Historisch gesehen kann er sowohl die Forderung nach der Minimierung staatlicher Herrschaft bedeuten und der Überzeugung Ausdruck geben, »that government is best which governs least«, als auch die Aufforderung zu einer Expansion staatlichen Handelns im Interesse sozialer Reformen beinhalten und hat dies auch historisch getan.[29]

Liberalismus und Kommunitarismus repräsentieren zwei unterschiedliche Denkformen der bürgerlichen Gesellschaft innerhalb der liberalen Tradition selber, – Denkformen, die Charles Taylor als den »Locke-Strang« und den »Montesquieu-Strang« des modernen Liberalismus voneinander unterscheidet, wobei er den letzteren in der Vermittlung über Tocqueville als den eigentlichen Ursprungsort des gegenwärtigen Kommunitarismus versteht. Sie unterscheiden sich in ihrer jeweiligen Konstruktion des Verhältnisses von Gesellschaft und Politik:

»1. In einem Minimalsinne existiert bürgerliche Gesellschaft dort, wo es freie Vereinigungen gibt, die nicht von der Staatsmacht bevormundet werden. 2. In einem anspruchsvolleren Sinne existiert bürgerliche Gesellschaft nur dort, wo die Gesellschaft als ganze sich selbst durch solche von staatlicher Bevormundung freie Vereinigungen strukturieren und ihre Handlungen durch sie koordinieren kann. 3. Als Alternative oder Ergänzung zur zweiten Bedeutung können wir von bürgerlicher Gesellschaft überall dort sprechen, wo die Gesamtheit der Vereinigungen den Gang der staatlichen Politik entscheidend bestimmen oder beeinflussen kann.«[30]

Für den Kommunitarismus reicht die Existenz einer nicht-politischen Dimension der Gesellschaft im Sinne des Locke-Strangs nicht aus, um die Minimalbedingungen einer liberalen Gesellschaft zu sichern. Vielmehr ist dazu selber eine dezidiert politische Rolle und Bedeutung freier Vereinigungen – »frei« nicht von der Politik, sondern zu ihr – erforderlich, die als eine Sphäre der politischen Öffentlichkeit eine Diversifizierung der politischen Macht bewirken.

Unter Berücksichtigung dieser theoretischen und theoriegeschichtlichen Zusammenhänge läßt sich der Kommunitarismus als ein integraler Bestand-

---

century formed out of the intersection of Protestant, republican, and liberal ideas around the idea of America. Inscribed in that national ideology were not only liberal market values, but Protestant and republican ambivalence toward capitalist development and historical change.« (S. XVIf.). – Siehe im selben Tenor auch *Smith*, Beyond Tocqueville.
29 *Lustig*, Corporate Liberalism, S. 4.
30 *Taylor*, Der Begriff, S. 121f.

teil der liberalen Tradition in den USA begreifen, die im wesentlichen durch zwei Prinzipien politischer Legitimität geprägt ist: durch das Prinzip des kulturellen Individualismus und des »belief in the freedom and dignity of the individual« einerseits, und andererseits durch das Prinzip der nicht allein repräsentativen, sondern aktiven Demokratie im Sinne von »self-rule« und »self-government«, welches besagt, daß »political government must be based on the consent and direction of the governed«.[31] Dieses zweite Prinzip des amerikanischen Liberalismus erklärt, warum der Kommunitarismus mit seiner Betonung basisdemokratischer Elemente, sozialer Verantwortlichkeiten und der Notwendigkeit einer Steuerung sozialer und ökonomischer Verhältnisse im Interesse größerer Verteilungsgerechtigkeit keinen unüberbrückbaren Gegensatz zur liberalen Tradition, sondern eines ihrer zentralen Elemente darstellt. Bei dem amerikanischen Liberalismus handelt es sich um eine politische Theorie, die sich nicht auf die formalrechtliche Legitimierung einer besitzindividualistischen Sozial- und Wirtschaftsordnung im Sinne des Laissez faire beschränken und reduzieren läßt, sondern die immer auch durch die Existenz einer politischen Unterströmung geprägt war, in deren Zentrum die Idee des Gemeinwohls und sozialer Verantwortung stand.[32] Der Kommunitarismus ist keineswegs identisch mit der sozialkonservativen Verpflichtung von Politik und Gesellschaft auf traditionelle Werte, sondern kann in eine liberale Tradition integriert werden, die nicht in einer ungehemmten Durchsetzung besitzindividualistischer Interessen aufgeht.[33] Er erweist sich somit in historischer Perspektive als ein Element der liberalen Tradition, in der sich das Verhältnis zwischen Liberalismus und Kommunitarismus unter dem Eindruck neuer gesellschaftlicher Problemlagen ständig neu arrangiert hat.[34]

Den Kern des kommunitären Liberalismus bildet eine Rekonstruktion des Sozialen und die Wiedergewinnung einer Sprache des Gemeinwohls und der sozialen Verantwortung als zentralen Elementen der politischen Bürgerschaft.[35] Seine Kritik zielt daher vor allem auf diejenigen politischen

---

31 *Garry*, Liberalism, S. 34f. – Zur Virulenz von Self-Government in der amerikanischen Geschichte siehe *Wiebe*, Self-Rule.

32 Zu dieser Spannung zwischen öffentlichen und privaten Interessen siehe *Greenstone (Hg.)*, Public Values.

33 Garry interpretiert die kommunitaristische Gemeinschaftsidee daher auch als ein stabilisierendes Element des Liberalismus: »To resurrect its democratic spirit and sense of common purpose, liberalism must assert a vision of community.« (*Garry*, Liberalism, S. 195).

34 Zur Wandelbarkeit des Liberalismus siehe *Gerstle*, The Protean Character, der auf die Unmöglichkeit hinweist, »to treat the liberal community as a stable political entity or to presume that the criteria for identifying liberals in one period can be applied to another. Any effort to define the liberal community must be firmly located in time and space.« (S. 1047).

35 *Oldfield*, Citizenship, S. 4. – Ein wichtiges Ergebnis der Kommunitarismuskontroverse war, daß sie die nach den Arbeiten Marshalls weitgehend verstummte Diskussion um politische Staatsbürgerschaft wieder neu aufleben ließ. Dies erwähnt *Roche*, Citizenship. – Daß die Grundspannung zwischen Individualismus und Gemeinwohl den Streit prägt, betont auch *Forst*, Kontexte, S. 161 ff. – Die Reformprogrammatik des Kommunitarismus und

Traditionen und Theorien von »citizenship«, die sich auf formal-abstrakte Gerechtigkeitsprinzipien und prozedurale Verfahren der gesellschaftlichen Normenbegründung beschränken, ohne über substantielle Vorstellungen des Guten und sozialer Gerechtigkeit zu verfügen.[36] Entsprechend zeichnet sich der Kommunitarismus durch eine »new rhetoric of citizenship« aus, die die liberale Vertragsidee durch Elemente einer sozialen Staatsbürgerschaft modifiziert:

»The dominant understanding of civil citizenship remains strongly inflected by notions of ›contract‹ and ›independence‹, while social provision has been constructed to connote ›charity‹ and ›dependence.‹ What is missing is a public language capable of expressing ideas that escape those dichotomous oppositions: especially the ideas of solidarity, noncontractual reciprocity, and interdependence that are central to any humane social citizenship.«[37]

Dem entspricht die Aufgabe einer Wiederbelebung derjenigen Institutionen und Diskurse, in denen sich eine Gesellschaft bewußt wird, daß sie auf einem über individuelle Interessen grundsätzlich hinausgehenden kulturellen, normativen und politischen Grundkonsens basiert.[38] Das Problem besteht in einer neu zu findenden Balance zwischen individueller Freiheit und Gemeinwohl, eine Balance, die der kommunitäre Liberalismus allein in der Erweiterung der liberalen Gesellschaft und des kulturellen Individualismus durch die demokratische Infrastruktur einer partizipatorischen Zivilgesell-

---

seine Vorstellungen des Gemeinwohls dokumentiert *Etzioni*, Jenseits; *ders.*, Die Entdeckung. Er rückt den eigenen Rekonstruktionsversuch explizit in die Tradition des Progressive Movement: »Für diese Erneuerung und Neubelebung des öffentlichen Lebens, die eine Politik im Interesse aller wieder ermöglichen soll, braucht es eine große soziale Bewegung nach dem Vorbild des Progressive Movement ... zu Beginn unseres Jahrhunderts.« (*Ebd.*, S. 293).

36 Entsprechend läßt sich der kommunitäre Liberalismus im Schnittfeld unterschiedlicher Diskurse um Staatsbürgerschaft ansiedeln: »The expression ›social citizenship‹ evokes themes from three major traditions of political theory: liberal themes of rights and equal respect; communitarian norms of solidarity and shared responsibility; and republican ideals of participation in public life.« (*Fraser u. Gordon*, Contract, S. 46).

37 *Ebd.*, S. 64. – Zum Bedeutungsspektrum von »citizenship« als politischer Kategorie siehe *Shklar*, American Citizenship, S. 3. – Sie zeigt, daß der Begriff im Zentrum der wichtigsten politischen Debatten der Gegenwart steht: der Debatten um Nationalitäten- und Wahlrechtsfragen, um die Möglichkeit einer partizipatorischen Öffentlichkeit, eines republikanischen Bürgerideals und einer direkten Demokratie, um die Frage ökonomischer Gleichheit und sozialer Gerechtigkeit. Darüber hinaus analysiert sie Citizenship als eine historische Kategorie, die sich im Fluß befindet und die Notwendigkeit erzeugt, das Verhältnis zwischen liberalen und kommunitären Elementen der modernen Gesellschaft ständig neu zu definieren.

38 *Bellah u. a.*, The Good Society, S. 4ff. – Dieses gesellschaftstheoretische Motiv des Kommunitarismus betont auch *Daly (Hg.)*, Communitarism, S. XIII: »While the language of liberty has increased its scope, the language of community has not been similarly expanded into public policy debates and business decisions. Communitarians warn that the language of liberty threatens to take over the private sphere without any reciprocal commitment of individuals to the public good.«

schaft sowie durch die Einführung gemeinwohlorientierter Gerechtigkeitskonzeptionen in das Legitimitätssystem der politischen Herrschaft gewahrt sieht.[39] In seinem Zentrum steht das politische Problem und die gesellschaftstheoretische Herausforderung, eine »common discussion about the public good« zu initiieren, – mit dem erklärten Ziel einer Rekonstruktion gesellschaftlich verknappter Güter wie Solidarität, wechselseitiger Verantwortung und der Anerkennung der gleichen sozialen Lebensrechte und -chancen aller.

Die hier unterstellte Vermittelbarkeit zwischen Liberalismus und Kommunitarismus innerhalb der amerikanischen Theorietradition erweist sich vor allem am Gemeinschaftsbegriff des kommunitären Liberalismus, der seinen Vertretern dazu dient, die Voraussetzungen der sozialen Integration unter den Rahmenbedingungen einer liberalen Gesellschaft autonomisierter Individuen auszuloten. »Gemeinschaft« ist der schillernde Begriff für die Summe derjenigen Elemente der menschlichen Lebensführung, die der Kommunitarismus unter den liberalen Bedingungen der bürgerlichen Gesellschaft und des modernen Individualismus bedroht sieht. Daher steht der Community-Begriff auch im Zentrum der gegenwärtigen Debatten: »There is little doubt that interest in community is *a* major turn in current thinking, if not somehow *the* turn.«[40]

Der prominente Stellenwert des Community-Begriffs als des eigentlichen »watchword of the age«[41] ist auch der Grund dafür, daß er in Deutschland vor dem Hintergrund einer völlig anderen Semantik der Gemeinschaftskategorie oftmals als eine Romantisierung von Traditionen und als Rückfall in vormoderne Zugehörigkeiten, Politikvorstellungen und Gesellschaftsbilder rezipiert wird.[42] Hinter der Semantik der amerikanischen »Gemeinschafts«-Kategorie steht jedoch eine Konzeption der Zivilgesellschaft, die die diskursive Dimension der Gesellschaft zum Ausdruck bringt.[43] Sie zielt auf das Feld öffentlicher Räume, die sich im Zuge der Modernisierungsprozesse seit dem späten 18. Jahrhundert ausdifferenziert haben und als eigen-

---

39 Dies betonen *Bellah u.a.*, The Good Society, S. 107: »The goal must be nothing less than a shift from radical individualism to a notion of citizenship based on a more complex understanding of individual and social happiness.«

40 *Fowler*, The Dance, S. IX. – Zur politischen Semantik des Gemeinschaftsbegriffs siehe auch *Bender*, Community; *Chapman u. Shapiro (Hg.)*, Democratic Community; *Etzioni*, The Spirit (dt.: Die Entdeckung); *Oldfield*, Citizenship; *Poplin*, Communities; *Reynolds u. Norman (Hg.)*, Community; *Stein*, The Eclipse. – Zu den kommunitaristischen Utopien einer kooperativen Gesellschaft siehe *Spann*, Brotherly Tomorrows.

41 *Fowler*, The Dance, S. 3.

42 So identifiziert einer seiner deutschen Kritiker den Kommuntarismus mit der »herzerwärmenden Schwärmerei vom puritanisch gesunden Leben in überschaubar kleinen Kreisen« (*Fach*, Der Zeuge Tocqueville, S. 43). – Siehe zur deutschen Theorietradition der »bürgerlichen Gesellschaft« bereits Kapitel 7 sowie *Jaeger*, Bürgerlichkeit; *Mommsen*, Bürgerliche Kultur, S. 97ff.

43 *Rosenblum*, Civil Societies.

ständige Faktoren der kulturellen Vergesellschaftung wahrgenommen worden sind.⁴⁴ Politische Öffentlichkeit und Zivilgesellschaft repräsentieren somit das Netz derjenigen Kommunikationen, in denen sich die moderne Gesellschaft über sich selbst verständigt und ihre Probleme und Chancen, Normen und Lebensstile, ihre Vergangenheit und Zukunft, ihre identitätsstiftenden Freund- und Feindbilder, Inklusions- und Exklusionspraktiken, ihre sozialen Hierarchien, ökonomischen Mentalitäten und politischen Legitimitätskriterien, kurzum: die kulturellen Sinnhorizonte moderner Lebensformen im ganzen einer kontinuierlichen Reflexion und institutionalisierten Kritik aussetzt.

Es war diese Tradition der Zivilgesellschaft und politischen Öffentlichkeit, die im Angesicht ihrer durch die Imperative der »corporate society« heraufbeschworenen Krise von Dewey und anderen Intellektuellen des Progressive Movement in Erinnerung gerufen und gesellschaftstheoretisch erneuert worden ist. Dewey gebührt in dieser Krise der Zivilgesellschaft vor allem das Verdienst, den Faden Tocquevilles aufgenommen zu haben und sein Denken auf neuer Reflexionsstufe weitergeführt zu haben.⁴⁵

Die wegweisende Bedeutung Tocquevilles für die Theorie der Zivilgesellschaft und die Entstehung des kommunitären Liberalismus ist auf seine Erkenntnis zurückzuführen, daß die Freisetzung der materiellen Interessen durch den Individualismus als einer rational temperierten Form der Selbstsucht die für eine Demokratie erforderlichen politischen Tugenden und Institutionen gefährdet:

»Der Individualismus ist ein überlegendes und friedfertiges Gefühl, das jeden Bürger drängt, sich von der Masse der Mitmenschen fernzuhalten und sich mit seiner Familie und seinen Freunden abzusondern; nachdem er sich eine kleine Gesellschaft für seinen Bedarf geschaffen hat, überläßt er die große Gesellschaft gern sich selbst. ... Er entspringt ebenso sehr den Mängeln des Geistes wie den Fehlern des Herzens. Die Selbstsucht dörrt alle Tugenden im Keim aus, der Individualismus legt vorerst nur den Quell der öffentlichen Tugenden trocken; mit

---

44 Zu diesem zivilgesellschaftlichen Raum räsonierender Bürger siehe immer noch Habermas, Strukturwandel. – Mit Blick auf die amerikanische Variante siehe *Walzer*, Zivile Gesellschaft. – Es gibt bisher noch keine zusammenfassende Rekonstruktion dieses Vergesellschaftungstyps in der amerikanischen Geschichte. Zur »radical reconceptualization of the public sphere« seit dem späten 18. Jahrhundert siehe jetzt jedoch *Brown*, Knowledge is Power; *Warner*, The Letters; *Ziff*, Writing, die den Blick auf die politische Bedeutung der entstehenden literarischen Diskurs- und Reflexionskultur für die Entstehung der politischen Öffentlichkeit lenken.
45 Zu Tocquevilles Theorie der amerikanischen Zivilgesellschaft und der Bedeutung ihrer »mediating institutions« siehe neuerdings *Mitchell*, The Fragility. – Wie aktuell und zugleich umstritten das Werk dieses bedeutenden Interpreten der frühen amerikanischen Demokratie weiterhin ist, zeigt ein Blick in den Forschungsstand: *Boesche*, The Strange Liberalism; *Drescher*, Dilemmas; *Eisenstadt (Hg.)*, Reconsidering; *Lamberti*, Tocqueville; *Mancini*, Alexis de Tocqueville; *Masugi (Hg.)*, Interpreting; *Schleifer*, The Making.

der Zeit aber greift er alle andern an und zerstört sie und versinkt schließlich in die Selbstsucht.«[46]

Als Gegengift des Individualismus und des auf ihn zurückgehenden Abbaus von Solidarität interpretiert Tocqueville bereits die freien Vereinigungen der Zivilgesellschaft, weil sie die gemeinsamen Interessen der Bürger in Erinnerung rufen, die durch den Individualismus der Privatleute außer Kraft gesetzt werden. Sie erhalten das Bewußtsein eines sozialen Zusammenhangs der Bürger, das durch den Prozeß der ökonomischen und kulturellen Individualisierung verloren gehe und »erinnern jeden Bürger beständig und in unzähligen Formen daran, daß er in Gesellschaft lebt.«[47] An die Stelle der mit der Aufgabe der sozialen Integration überforderten Instanzen Staat und Politik tritt die Gesellschaft der Bürger, denn »träte die Regierung überall an die Stelle der Vereinigungen, so wäre die sittliche und die geistige Kraft eines demokratischen Volkes nicht weniger gefährdet als sein Handel und sein Gewerbe. Nur durch die gegenseitige Wirkung der Menschen aufeinander erneuern sich die Gefühle und die Gedanken, weitet sich das Herz und entfaltet sich der Geist des Menschen.«[48]

Für Tocqueville waren bereits der liberale Individualismus und eine kooperativ organisierte Zivilgesellschaft zwei Seiten derselben Münze: Die Autonomisierungs- und Entzweiungsprozesse, die der liberale Individualismus als Kern der modernen Demokratie einleitet, können nur aufgefangen werden, wenn es gelingt, eine Kultur freiwilliger Vereinigungen zu schaffen, die die Minimalbedingungen der sozialen, politischen und kulturellen Integration einer Gesellschaft individualisierter Subjekte garantiert.

Als die entscheidende Leistung der amerikanischen Gemeinschaftsdemokratie erkannte Tocqueville, daß sie die Individuen in den Stand persön-

---

46 *Tocqueville*, Über die Demokratie, Bd. II, S. 113. – Zur Bedeutung des Individualismus im Kontext der amerikanischen Geschichte siehe jetzt *Shain*, The Myth. – Ohne Bezug zu den gegenwärtigen Diskussionen ist der Rekonstruktionsversuch des Individualismus von der Antike bis zur Gegenwart durch *Shanahan*, Toward a Genealogy. – Als philosophischen Essay zur Geschichte des modernen Individualismus nach dem Zweiten Weltkrieg mit einem vergleichenden Blick auf den Konfuzianismus siehe *Ketcham*, Individualism. – Mit ähnlich weitem Erklärungsanspruch siehe *Gray*, Liberalism; sowie *Manent*, An Intellectual History, der theoriegeschichtliche Skizzen des Liberalismus von Machiavelli bis Tocqueville gibt. – Zur pragmatistischen Tradition des Individualitätsbegriffs siehe *Morris*, Western Conceptions, S. 275 ff.
47 *Tocqueville*, Über die Demokratie, Bd. II, S. 121.
48 *Ebd.*, S. 125. – Das freiwillige Vereinswesen wird damit für Tocqueville zum eigentlichen Strukturkern der bürgerlichen Gesellschaft: »In den demokratischen Ländern ist die Lehre von den Vereinigungen die Grundwissenschaft; von deren Fortschritten hängt der Fortschritt aller anderen ab. Unter den Gesetzen, denen die menschlichen Gesellschaften unterstehen, gibt es eines, das genauer und klarer erscheint als alle andern. Damit die Menschen gesittet bleiben oder es werden, muß sich unter ihnen die Kunst der Vereinigung in dem Grade entwickeln und vervollkommnen, wie die gesellschaftlichen Bedingungen sich ausgleichen.« (*Ebd.*, S. 127).

licher Freiheit setzt, ohne gleichzeitig die Voraussetzungen eines politischen Gemeinwesens aufzulösen. Mit einer den liberalen Individualismus flankierenden Zivilgesellschaft hat die amerikanische Demokratie seiner Ansicht nach diejenigen Voraussetzungen für das Überleben des Sozialen in einer durch die Selbstinteressen der Individuen regierten Welt geschaffen, die mit dem Individualismus selber vereinbar waren und nicht in die politische Regression des klassischen Republikanismus führten. Dieser Grundgedanke Tocquevilles, daß die »voluntary associations« einen Transfer zwischen Staat und Gesellschaft im Medium dezentralisierter und zugleich öffentlicher Formen der Selbstregierung leisten und damit die soziale Integration im Stadium der politischen Demokratie sicherstellen, bildet auch noch den Kern des heutigen Kommunitarismus.

Die Unterschiede zu der in der deutschen Theoriegeschichte wirksam gewordenen Gesellschaftskonzeption liegen auf der Hand: Liberalismus und moderne Gesellschaft sind nicht beschränkt auf die Sphäre zweckrationaler Interessenregulierung im Gegensatz zu den kulturellen Ressourcen der Gemeinschaft, sondern selbst durch Prozesse kultureller Vergemeinschaftung gekennzeichnet. Die Civil Society muß daher auch nicht erst durch die antigesellschaftlichen Mechanismen tradierter Gemeinschaftsformen von sich selber erlöst und kulturell transzendiert werden. Der Begriff der Community bezeichnet die Summe der im System der freiwilligen Vereinigungen lagernden und dort institutionalisierten öffentlichen Kommunikationschancen und kulturellen Sinnpotentiale. Communities verweisen auf keine Realität jenseits der Kälte des gesellschaftlichen Rationalismus, sondern steigern den Handlungsspielraum der Gesellschaft, indem sie die Handlungszwänge und Strukturmechanismen, die die moderne Gesellschaft kennzeichnen, kommunikativ verflüssigen und somit alltagsweltlichen Interpretationsleistungen und politischem Handeln erneut verfügbar machen.

Mit der öffentlichen Sphäre der Zivilgesellschaft als Medium der Produktion, Reflexion und Kritik handlungsleitender Motive, konsensfähiger Normen und kultureller Sinnvorstellungen thematisiert der kommunitäre Liberalismus in der Tradition Tocquevilles und Deweys einen Diskursraum moderner Gesellschaften, der in der Tradition einer weberianisch orientierten Gesellschaftstheorie weitgehend ausgeblendet ist. Zumindest besitzt er dort keinen systematischen oder theoriestrategischen Stellenwert. Die neukantianisch geprägte Wissenschaftslehre und die Religionssoziologie Webers sind von der These durchzogen, daß sich Sinn und Kultur im Zuge der zunehmenden Sinnfremdheit der modernen Gesellschaft in das Reich persönlicher Wertsphären und Kulturmächte zurückgezogen haben und zu Angelegenheiten einer dezisionistischen und letztlich irrationalen Wertentscheidung der Individuen geworden sind.[49] Die Fähigkeit zur kulturellen

---

49 Siehe hierzu näher *Jaeger*, Bürgerliche Modernisierungskrise, S. 182 ff.

Sinnbildung, zur Rettung und Kontinuierung des »Kulturmenschentums« im Angesicht einer rationalisierten Gesellschaft und sinnlos gewordenen Welt wird so zu einem Privileg autonomisierter und verinnerlichter Persönlichkeiten, die in einem strukturellen Spannungsverhältnis zu den Anforderungen und Nivellierungen des gesellschaftlichen Alltags stehen. Die Kultur hat sich aus dem Alltag der Zivilgesellschaft für Weber in das außeralltägliche Reich charismatischer Sinngebungen zurückgezogen. Bezeichnenderweise fehlt daher in seinem Werk auch eine gesellschaftstheoretische Explikation desjenigen »give and take of public communication«, das im Zentrum von Deweys Rekonstruktionsversuch der politischen Öffentlichkeit und der kommunitär strukturierten liberalen Gesellschaft steht.

In diesem Zusammenhang wird deutlich, worin die heuristische Bedeutung von Deweys Theorie der politischen Öffentlichkeit für ein historisches Forschungsprogramm bestehen könnte, das nach der Geschichte der modernen Zivilgesellschaft, nach ihrer Genese in den revolutionären Prozessen des späten 18. Jahrhunderts, nach ihrer Ausdifferenzierung während des 19. Jahrhunderts, als auch nach den Ursachen ihrer Krise und ihres Zerfalls in der organisierten Gesellschaft des 20. Jahrhunderts fragt. In Deweys kommunikationstheoretischer Konzeption von Gesellschaft und Demokratie zeichnen sich deutlich die Umrisse eines historischen Forschungsparadigmas ab, mit dem sich konstitutive Elemente moderner Lebens- und Vergesellschaftungsformen rekonstruieren lassen, die in einer allein weberianisch orientierten Gesellschaftsgeschichte gewöhnlich abgeblendet werden. In der Orientierung an Deweys Theorie der »Public« als einem ausdifferenzierten und institutionalisierten Diskursraum vergesellschafteter Bürger lassen sich der betuliche Moralismus, die nachaufklärerischen Banalitäten und die schulmeisterliche Ermahnungsrhetorik des Kommunitarismus zu einem innovativen Blick auf historische Erfahrungsbestände transformieren, mit dem die sozialen und politischen Problemlagen der Gegenwart in neuem Licht erscheinen. In der heuristischen Sensibilisierung, methodischen Operationalisierung und theoretischen Begründung dieser historischen Forschungsperspektive bestehen lohnenswerte Aufgaben einer zukünftigen Gesellschaftsgeschichte.[50]

---

50 Kürzlich noch bezeichnete Wehler das Projekt einer europäischen Zivilgesellschaft im Kontrast zum Erbe des Nationalismus als eine »Utopie, die attraktiv ist und schrittweise realisiert werden kann« (*Wehler*, Nationalismus, S. 277). Um jedoch dieses Projekt nicht nur als Utopie, sondern auch als eine realisierbare Möglichkeit erscheinen zu lassen, bedarf es analytischer Kategorien, mit denen die Struktur der »Zivilgesellschaft« erfaßt werden kann. Zu dieser Aufgabe könnte eine durch Dewey inspirierte Forschungskonzeption einen Beitrag leisten. Sie könnte eine weberianisch orientierte Gesellschaftsgeschichte erweitern, mit der sich die Geschichte der bürgerlichen Zivilgesellschaft nicht rekonstruieren läßt, weil ihr die dazu erforderlichen Grundbegriffe fehlen.

c) Herausforderungen der Gesellschaftstheorie und die Bedeutung der Ideengeschichte

Nach dieser theoriehistorischen Einordnung des kommunitären Liberalismus sollen abschließend noch einige seiner gegenwärtigen Probleme angesprochen werden. Wie zu Beginn des 20. Jahrhunderts artikuliert sich auch in den aktuellen Debatten ein gesellschaftliches Krisenbewußtsein der amerikanischen Intellektuellen, die, noch ganz unter dem Eindruck des neoliberalen Fundamentalismus der Reagan-Ära stehend, mit dem Liberalismus vor allem den Verlust von Solidarität und innergesellschaftlichem Konsens verbinden. Dieser Verlust schlägt sich für sie am prägnantesten in der voranschreitenden Entkopplung der amerikanischen Einkommenseliten von den Normen sozialer Verantwortung und Gerechtigkeit sowie in dem fortschreitenden Zerfall der Gesellschaft in Besitzende und Besitzlose mit zunehmend ungleich verteilten Lebenschancen nieder.[51] Angesichts dieser gegenwärtigen Problemdiagnose stellen sie erneut die Frage nach einer überzeugenden Idee des Gemeinwohls.[52] Was ist das spezifisch »Soziale« unter den Voraussetzungen der globalisierten Ökonomie des späten 20. Jahrhunderts? Lassen sich Formen von Solidarität denken, die angesichts einer verschärften Konkurrenz zwischen Individuen, Gruppen, Nationen und Gesellschaften noch als eine realistische Zielbestimmung und legitime Maxime des politischen Handelns gesellschaftstheoretisch plausibel gemacht werden können? Welche konkreten Handlungsstrategien könnten die Idee des Gemeinwohls erneut mit Leben füllen? Lassen sich schließlich angesichts einer sich totalisierenden Vergesellschaftung des Menschen und seiner zunehmenden Unterwerfung unter die Gesetze marktförmig regulierter Beziehungen Restbe-

---

51 Zur Kritik dieser Tendenzen siehe vor allem *Lasch*, The Revolt.
52 In der Wendung zum »Gemeinwohl« dokumentiert sich keine Rückkehr zum Tugendbegriff des Republikanismus oder die Gefahr, die Macht der Interessen auszublenden, als vielmehr der Versuch, sie in umfassendere Systeme menschlicher Verhaltenssteuerung zu integrieren. Es ist ein Forschungsparadigma im Entstehen begriffen, das die Dominanz der Interessen in Frage stellt und eine neue Sprache zur Rekonstruktion der Public Interests sucht. Siehe etwa *Friedland u. Robertson (Hg.)*, Beyond the Marketplace; *Mansbridge (Hg.)*, Beyond Self-Interest: »The essays in this book constitute a manifesto. They reject the increasingly prevalent notion that human behavior is based on self-interest, narrowly conceived. They argue for a more complex view of both individual behavior and social organization – a view that takes into account duty, love, and malevolence. ... They recognize the extent to which existing institutions depend on public standards and a public spirit. ... This book, however, aims to make thinking about self-interest more subtle, showing that when people think about what they want, they think about more than just their narrow self-interest. When they define their own interests and when they act to pursue those interests, they often give great weight both to their moral principles and to the interests of others.« (S. IX). – Als Abriß des neueren Forschungsstandes zur Wirtschaftsethik seit dem 17. Jahrhundert siehe auch *Mansbridge*, The Rise and Fall.

stände von Lebensformen ausmachen, für die eine Anerkennung der sozialen Lebensrechte und -chancen von Individuen konstitutiv bleibt?

Derartige Fragen markieren bis heute den politischen Interessenhorizont und das Problembewußtsein des kommunitären Liberalismus. In frappierender Dringlichkeit stellen sich gegenwärtig die Fragen neu, die seit dem frühen 20. Jahrhundert, als im Kontext des Progressive Movement das Problemfeld liberaler Gesellschaftstheorie neu abgesteckt und zugleich die Aufgaben des politischen Intellektuellen neu definiert worden sind, bereits das kulturelle Selbstverständnis und den historischen Erfahrungshorizont der modernen Gesellschaft geprägt haben. Mit dem Vorwurf der politischen Romantik, des Neotraditionalismus oder der Rückkehr zu vormodernen Politik- und Gesellschaftstraditionen ist den mit derartigen Fragen verbundenen Strömungen des kommunitären Liberalismus nicht beizukommen, da sie ganz offensichtlich auf einen bloßen Antiliberalismus nicht zu reduzieren sind. Vielmehr formulieren sie Kernprobleme des Liberalismus selbst, an deren Lösung die Zukunft der liberalen Gesellschaft hängt. In der theoriegeschichtlichen Retrospektive kristallisieren sich drei Problem- und Ideenkomplexe des kommunitären Liberalismus heraus, die ihn auch heute noch als Bestandteil des liberalen Diskurses erscheinen lassen: Im einzelnen handelt es sich dabei um die Akzentuierung lebens- und alltagsweltlicher Formen der Vergemeinschaftung (1.), ferner um die Neubewertung republikanischer und partizipatorischer Elemente der Demokratie (2.), sowie schließlich um die Legitimation von Öffentlichkeit und Zivilgesellschaft als Zentren der politischen Kultur eines erneuerten Liberalismus (3.).[53]

1. Unter dem ersten dieser drei Gesichtspunkte zielt die Gegenwartskritik des kommunitären Liberalismus auf die Notwendigkeit persönlicher Formen der Vergesellschaftung, in denen sich im Zuge der primären Sozialisation das Bewußtsein sozialen Zusammenhangs und einer wechselseitigen Verantwortung der Individuen für das Wohlergehen des jeweils anderen ausbilden können. Aus diesem Grunde bildet die im Kontext des Geschlechterdiskurses und des differenztheoretischen Feminismus ausgetragene Kontroverse um die Bedeutung von Mütterlichkeit und anderen weiblich geprägten Lebensformen als Paradigmen einer auf sozialer Verantwortung und persönlichen Beziehungen beruhenden Lebensform einen Kristallisationspunkt der aktuellen Kommunitarismusdebatte.[54]

Die Kritik der Kommunitaristen entzündet sich unter diesem Gesichtspunkt an der bereits von Tocqueville erkannten Dialektik eines liberalen In-

---

53 Ein Interpretationsmodell des Kommunitarismus mit einer Differenzierung zwischen sechs unterschiedlichen Gemeinschaftskategorien enthält *Fowler*, The Dance, S. 1 ff.
54 Siehe hierzu Kapitel 5. – Zur Bedeutung der Geschlechterfrage innerhalb des kommunitären Liberalismus siehe auch die entsprechenden Beiträge in *Daly (Hg.)*, Communitarianism, S. 319 ff., sowie *Pateman*, The Disorder.

dividualismus, der in der normativen Privilegierung der Privatinteressen und utilitaristischen Handlungsmotive den sozialen Zusammenhang und die kulturelle Infrastruktur der demokratischen Gesellschaft gefährdet und damit seine eigenen Existenzgrundlagen unterhöhlt.[55] Grundsätzlich ist dieses vom Kommunitarismus erzeugte Bild einer liberalen Gesellschaft besitzindividualistischer Egoisten und »unencumbered selves«, die sich gemeinsamkeitswidrig zueinander verhalten und eine geschichtliche Kontinuität sozialer Zusammenhänge und kulturell verbindender Sinnvorstellungen beenden, mit ganz unterschiedlichen politischen Zielvorstellungen kombinierbar. Es kann sowohl einem politischen Traditionalismus das Wort reden und dazu dienen, den Liberalismus als Lebensform und politisches Legitimitätskriterium der politischen Herrschaft im ganzen zu verabschieden, um im Partikularismus vormoderner Zugehörigkeiten zu enden. Es kann aber auch als Projektionsfolie eines von seinen besitzindividualistischen Fesseln befreiten, sozial und kulturell erneuerten Liberalismus dienen, dem es darum geht, der Individualität der gesellschaftlichen Subjekte mit ihrer Einbettung in solidarische Anerkennungsverhältnisse und kulturelle Sinntraditionen überhaupt erst Geltung zu verschaffen.[56]

Im ersten Falle repräsentiert der Kommunitarismus die Intentionen eines politischen Konservativismus, der die Bedeutung tradierter Gemeinschaftsformen wie Familie, Ehe, Nachbarschaft und Gemeinde betont. Oftmals gehen sie mit einer expliziten Kritik des Feminismus einher und propagieren ein republikanisch geprägtes Frauenbild, in dem die Frau als kongeniale Trägerin gemeinschaftlicher Werte und Beziehungformen fungiert.[57] Insofern

---

55 *Bellah u.a.*, Gewohnheiten, S. 15 ff. – Die Diskussionen im Anschluß an diese Programmschrift des Kommunitarismus zeigen, daß ihre These eines Siegeszugs des utilitaristischen und expressiven Individualismus über den religiösen und republikanischen einen Nerv amerikanischer Selbstidentität getroffen hat. Eine Zusammenstellung der wichtigsten Beiträge bieten *Reynolds u. Norman (Hg.)*, Community; dort auch *Lasch*, The Communitarian Critique, der auf die politischen Kontinuitäten zwischen Progressive Movement, New Left und Kommunitarismus hinweist (S. 175).

56 Das Werk Bellahs läßt sich eher in diesem zweiten Sinne interpretieren. Seine Kritik des Liberalismus zielt auf die Erneuerung einer »Kultur des Zusammenhangs«, die die Individuen in gemeinsame Lebensformen und Traditionen integriert, ohne die Errungenschaften des Individualismus außer Kraft zu setzen. Für ihn ist ein Neubeginn nur möglich, wenn es gelingt, »Verbindungen und Analogien zu den älteren Sinngebungen des Lebens herzustellen. Damit reden wir nicht einem Neotraditionalismus das Wort, der zur Vergangenheit zurückkehren will. Vielmehr könnten wir zu einer genuinen Tradition zurückfinden, die immer selbstreflexiv und im Zustand der Entwicklung ist.« (*Bellah u.a.*, Gewohnheiten, S. 321).

57 Diese Spielart des Kommunitarismus repräsentiert *Collier*, The Rise, ein Klagelied über die moderne Kultur als Durchbruch individualistischer Selbstsucht. Hier geht alles durcheinander: Die Spielsucht, die Autonomisierung der Gesellschaft, das Verbrechen, der Feminismus, der Alkoholismus, die Syphilis, die sexuelle Verwahrlosung, der libertinäre Hedonismus und die Vergnügungskultur verbinden sich seit dem 18. Jahrhundert zu einem Syndrom, das im gegenwärtigen »triumph of selfishness« (194 ff.) und im vollständigen Ver-

kann auch eine Analyse des Kommunitarismus zu einer Klärung der Frage nach der Spezifik des amerikanischen Konservativismus beitragen.[58]

Die konservative Unterströmung des kommunitaristischen Denkens verkörpert mit ihrem Ruf nach sinnstiftenden Werten, orientierungsfähigen Erzählungen und starken Gemeinschaften einen politischen und gesellschaftlichen Traditionalismus, der die liberale Gesellschaft insgesamt negiert und darin ein in der amerikanischen Geschichte verkörpertes repressives Potential kommunitaristischer Strömungen aktualisiert.[59] Sie ist durch eine Idealisierung der Vergangenheit gekennzeichnet, die die sozialhistorische Wirklichkeit Amerikas seit dem späten 18. Jahrhundert mißdeutet und romantisiert: »Their emphasis on the fragmentation, dissolution, and emptiness of modern society seems to make it difficult for them to see the past other than through rose-colored glasses. Pessimism, despair, and anger about modern society become associated with an idealized portrait of community in the past.«[60]

Allerdings geht die kommunitäre Kulturkritik des Liberalismus keineswegs in Konservativismus und Traditionalismus auf. Der theoriehistorische Exkurs zum Community-Begriff Deweys und Tocquevilles hat deutlich gemacht, daß der kommunitäre Liberalismus selbst auf eine liberale Zivilge-

---

lust der Moral (216 ff.) endet. – Zur Geschichte der amerikanischen Modernitätskritik siehe auch *Gross*, The Past in Ruins. – Von den Strömungen des Kommunitarismus kommen *Bell*, The Cultural Contradictions; *Bloom*, The Closing; sowie *MacIntyre*, Der Verlust dieser sozialkonservativen Kulturkritik der Moderne am nächsten.

58 Dies erfordert eine präzise Begriffsbestimmung konservativer Positionen. Zum amerikanischen Konservativismus siehe jetzt *Brinkley*, The Problem, der die Notwendigkeit neuer Interpretationskonzepte unterstreicht. Seine These lautet, daß angesichts der Hegemonie eines liberalen Interpretationsmusters amerikanischer Geschichte der Blick auf konservative Traditionen verlorengegangen sei, so daß für deren Interpretation keine angemessenen Konzepte bereitstehen: »Conservative traditions in America are diverse and inconsistant: both libertarian and normative, both elite and popular, both morally compelling and morally repellent. They fit neatly into no pattern of explanation with which most historians are comfortable. But scholars have redefined their categories and paradigms repeatedly in recent decades to help them understand areas of the past they had previously neglected. It may be time for us to do so again.« – Außerdem siehe *Shell*, Der amerikanische Konservativismus; *Sexton*, The War on Labor.

59 *Smith*, The »American Creed«, S. 248.

60 *Phillips*, Looking Backward, S. 151. – Phillips identifiziert den Kommunitarismus mit einer konservativen Kulturkritik der liberalen Gesellschaft und mit einer Orientierung an vormodernen Formen der sozialen Vergesellschaftung, der er das liberale Projekt freiwilliger Vereinigungen gegenüberstellt: »Contrary to the view of communitarian writers that social relationships arising from peoples's ascribed position in the community were more significant than social relationships today, it seems to me that relationships based on voluntary choices have a far deeper significance than those based on blind obedience or unthinking acquiescence. Relationships of intimacy between friends of lovers, characterized by the sharing of thoughts and feelings, are more likely to arise from free choice than from social imposition. From a Kantian perspective, those commitments that we actively arrive at ourselves are more truly our own than those that are simply imposed on us. And the less dependent individuals are on social collectivities, the better able they are to make such commitments.« (*Ebd.*, S. 192).

sellschaft freier Vereinigungen setzt. Ihn auf eine konservative Überwindung des Liberalismus zu reduzieren, geht an diesem theoriegeschichtlichen Befund achtlos vorbei. Eine angemessenere Interpretation der kommunitaristischen Liberalismus- und Kulturkritik hat daher zu berücksichtigen, daß der Gemeinschaftsbegriff nicht im Gegensatz zum Prinzip des kulturellen Individualismus steht, sondern gerade der Rekonstruktion der sozialen Bedingungen von Individualität dient.

Unter diesem Aspekt geht es den Spielarten des kommunitären Liberalismus vor allem um die Wiederaneignung einer im Zuge von Modernisierungs- und Rationalisierungsprozessen ausgegrenzten Dimension des Menschlichen, die in der Geschichte des neuzeitlichen Liberalismus seit dem späten 18. Jahrhundert in immer wieder neuen philosophischen, ästhetischen, religiösen, literarischen, politischen Gegenbewegungen formuliert worden ist: »The central promise of these reconstructions is that community membership offers personal, affective satisfactions that formal liberal citizenship does not.«[61] Im Sinne einer Korrektur des utilitaristischen Liberalismus implizieren die kommunitären Positionen also nicht etwa eine Negation des kulturellen Individualismus zugunsten vormoderner Formen der menschlichen Subjektivität, sondern deren Bewahrung in konkreten Lebensformen, in denen sich unverwechselbare Persönlichkeiten als »situated selves« überhaupt erst ausbilden können. In ihrem Zentrum stehen gemeinschaftlich organisierte Lebensformen und persönlich strukturierte Beziehungen, weil in ihnen auf eine nicht-substituierbare Weise Anerkennungsleistungen erbracht werden, die die Voraussetzung für die Ausbildung individueller Identitäten sind und damit zugleich die Bedingungen einer liberalen Demokratie bilden. Nur in lebensgeschichtlich wirksamen und kommunikativ organisierten Gemeinschaften kann die jeweilige Einzigartigkeit von Individuen zur Entfaltung kommen, weil in ihnen soziale und kulturelle Lernprozesse initiiert werden, die den Egozentrismus der materiellen Selbstinteressen relativieren. Sie erst machen es möglich, den konkreten Anderen in der ihm eigenen Bedürfnisstruktur wahrzunehmen und in seiner individuellen Andersartigkeit anzuerkennen.[62] Derartige Lernprozesse, die sich zunächst auf die lebensgeschichtlichen Erfahrungen einer wechselseitigen Achtung und Anerkennung von Individuen im Kontext primärer Sozialisations- und Vergemeinschaftungsformen gründen, bilden eine

---

61 *Rosenblum*, Another Liberalism, Zitat S. 154. – Rosenblum stellt den Kommunitarismus in die Tradition der Romantik und ihrer Liberalismuskritik, – wobei sie mit Romantik nicht eine wirklichkeitsfremde Romantisierung der historischen Realität im Blick hat, sondern ein gesellschaftstheoretisches Konzept, das gegenüber einem besitzindividualistisch restringierten Liberalismus einen unverkürzten Persönlichkeits- und Individualitätsbegriff zur Geltung bringt. – Siehe auch *dies. (Hg.)*, Liberalism.

62 Darauf zielt Rosenblums Erneuerung des Liberalismus aus dem Geiste romantischer Gesellschaftskritik. Im Zentrum des kommunitären Liberalismus sieht sie daher auch den Gedanken des »pluralism and respect for differences« (*dies. (Hg.)*, Liberalism, S. 17).

notwendige Voraussetzung für die Möglichkeit einer weitergehenden Universalisierung von Moralstrukturen, personalen Identitäten und kulturellen Anerkennungsleistungen.

2. Ferner dokumentiert die Gesellschaftstheorie des Kommunitarismus die Wiederkehr eines partizipatorischen Demokratie- und Politikmodells in der Tradition Jeffersons.[63] Das von ihr in den Theoriediskurs der Gegenwart eingebrachte Argument lautet, daß die liberale Demokratie die aktive Mitwirkung der Bürger erfordert und auf die öffentliche Selbstorganisation der Zivilgesellschaft zugeschnitten sein muß, um auf Dauer ein funktionsfähiges System der politischen Herrschaft zu sein.[64]

Mit seiner Forderung nach der Ausweitung politischer Partizipationsspielräume der Bürger verkörpert der kommunitäre Liberalismus eine Tradition republikanischer Politiktraditionen, die bereits im Kontext des Progressive Movement virulent geworden ist. Dem Kommunitarismus geht es um den Erhalt und um die gesellschaftstheoretische Rekonstruktion der Bürgergesellschaft als eines souveränen politischen Handlungssubjekts, eines lebensweltlichen Erfahrungsraums und eines öffentlichen Substrats der sozialen Kommunikation, durch die der Verfall des gesellschaftlichen Lebens zugunsten der Herrschaft der Privatinteressen aufgehalten und eine »new art of citizenship« auf der Grundlage der aktiven Partizipation der Bürger, der sozialen Verantwortung und Solidarität der Mitglieder eines Gemeinwesens füreinander und schließlich der diskursiven face-to-face-Beziehungen der Zivilgesellschaft entwickelt werden können. Diese republikanische Konzeption von Citizenship und Civil Society bildet eine der politischen Kernüberzeugungen des kommunitären Liberalismus; sie besagt, daß durch aktive Partizipation und freie Assoziierung im Kontext der Civil Society Individuen zu Bürgern, zu handlungs- und entscheidungsfähigen Subjekten des politischen Gemeinwesens werden.

Aufschlußreich ist in diesem Zusammenhang die politische Philosophie Barbers, dessen Liberalismuskritik an der »growing paralysis of public institutions« ansetzt und das Gegenmodell einer Demokratie aktiver Bürger entwirft.[65] In seiner Sicht ist die politische Demokratie im Gegensatz zum re-

---

63 Neben Barber siehe als weitere Variante eines gesellschaftstheoretischen Populismus *Boyte*, CommonWealth; *ders.*, Community. – Die Bedeutung von Jeffersons Demokratiemodell im Kontext des kommunitären Liberalismus erwähnt bereits *Dewey*, Freedom and Culture, (LW 13), S. 175f.
64 Daß dieser Aspekt bereits für die Demokratietheorie Deweys wichtig gewesen sei, erwähnt *Smith*, America's Philosophical Vision, S. 142.
65 *Barber*, Strong Democracy, S. XIV. – Barbers Thema ist der Demokratieverlust unter der Herrschaft des politischen Liberalismus: »The position I take here asserts that liberalism serves democracy badly if at all, and that the survival of democracy therefore depends on finding for it institutional forms that loosen its connection with liberal theory. Bluntly expressed, my claim is that strong democracy is the only viable form modern democratic po-

präsentativen Politikmodell des Liberalismus weitgehend identisch mit »self-rule« in der Tradition Jeffersons. Das normative Leitbild ist das einer aktiven Bürgergesellschaft, in der sich die Individuen durch gemeinsame politische Mitwirkung in den Institutionen und Organisationsformen des öffentlichen Lebens auszeichnen: »My argument here is that strong democracy is the only fully legitimate form of politics. ... To be free we must be self-governing; to have rights we must be citizens. In the end, only citizens can be free.«[66] Als wichtigste Aufgaben einer kommunitaristischen Gesellschaftstheorie und Politik im Geiste eines erneuerten Republikanismus stellt sich dabei Barber das Problem der organisatorischen Verknüpfung der lokal und funktional ausdifferenzierten Basiseinheiten der politischen Gesellschaft zu einem »nationwide system of local civic participation«, in dem »self-government« als Instrument zur Erneuerung des Politischen eine konkrete Gestalt und Wirksamkeit entfalten könnte.[67]

Die Liberalismuskritik dieser republikanisch inspirierten Strömungen des kommunitären Liberalismus entzündet sich an dem von ihnen unterstellten »lack of citizen involvement« unter den Bedingungen der liberalen Gesellschaft als eines Agglomerats der Privatleute, die ihren materiellen Interessen nachgehen und das Politische den Institutionen, Parteiapparaten und einer Kaste von Berufspolitikern überlassen. Diesem Verlust des Politischen steht ein alternatives Modell politischer Staatsbürgerschaft gegenüber, das in der amerikanischen Tradition von »self government« als politischer Legitimationsgrundlage der modernen Demokratie den republikanischen Impuls des modernen Liberalismus aktualisiert. Politik ist nicht mehr bloß Sache der professionellen Experten und gewählten Repräsentanten, sondern wird erneut zur Angelegenheit der Bürger, – von daher erklärt sich auch der starke basisdemokratische Impuls des Kommunitarismus. Als eine Spielart des modernen Republikanismus impliziert er die Zurückdrängung einer professionalisierten Politk und der mit ihr befassten Eliten zugunsten der öffentlichen Selbstorganisation der Bürgerschaft zu einem egalitären politischen Handlungssubjekt.[68]

---

litics can take, and that unless it takes a participatory form, democracy will pass from the political scene along with the liberal values it makes possible.« (XIV). – Siehe hierzu auch bereits *Pranger*, The Eclipse.

66 *Barber*, Strong Democracy, S. XVI. – Nicht zufällig rekurriert er auf Rousseau als Begründer des modernen Republikanismus: »The key to politics as its own epistemology is ... the idea of public seeing and public doing. Action in common is the unique province of citizens. Democracy is neither government by the majority nor representative rule: it is citizen self-government. Without citizens there can be only elite/mass politics. ›Create citizens,‹ cried Rousseau, ›and you will have everything you need.‹ Politics in the participatory mode relies in the final instance on a strong conception of the citizen. It makes citizenship not a condition of participation but one of participation's richest fruits.« (S. 211f.).

67 *Barber*, Strong Democracy, S. 269.

68 Als einen der wichtigsten Beiträge der letzten Jahre zu dieser Strömung des kommunitären Liberalismus siehe auch *Sandel*, Democracy's Discontent, S. 121 ff.

Von großer Bedeutung ist in diesem Zusammenhang der historiographische Streit um die Bedeutung liberaler und republikanischer Traditionen in der amerikanischen Geschichte des späten 18. und frühen 19. Jahrhunderts. Die politische Brisanz dieses Streits liegt vor allem darin begründet, daß die Antwort auf die Frage nach der politischen Kultur der USA in nicht geringem Maße davon abhängig ist, wie hoch der jeweilige Anteil von Liberalismus und Republikanismus historisch gewesen ist. Der Streit um die »founding era« ist ein Indikator dafür, wie sich das gegenwärtige Amerika selber versteht oder verstehen möchte. Das erklärt den intimen Zusammenhang, in dem diese Forschungsproblematik mit den gegenwärtigen gesellschaftstheoretischen Kontroversen um Liberalismus und Kommunitarismus steht. In beiden Fällen geht es um das Problem der Vermittlungsfähigkeit unterschiedlicher Traditionen politischer Selbstidentität und Erzählstrukturen der eigenen Geschichte. Während Appleby und Diggins etwa auf die schnelle Zurückdrängung und schließliche Marginalität dezidiert republikanischer Intentionen und Strömungen gegenüber der kulturellen Dominanz des Liberalismus hinweisen, betonen die Vertreter des kommunitären Liberalismus eher die unterschwellig wirksame und durch liberale Tendenzen nur überlagerte Kontinuität republikanischer Politikvorstellungen: »Without an intellectually continuous and coherent development, the republican culture of citizenship has lived from one movement of revitalization to another, as a kind of political underground, often reinvented and partially lost.«[69]

Auch das republikanische Grundmotiv des Kommunitarismus ist mit unterschiedlichen Interessen kombinierbar und bildet für linke wie für konservative Politiktraditionen gleichermaßen eine »usable past«.[70] Zweifellos bietet die Wiederanknüpfung an republikanische Politiktraditionen mit der ihnen eigentümlichen Akzentuierung einer politisch aktiven Bürgerschaft die Gefahr einer repressiven Exklusion von Nicht-Bürgern, rassisch-ethnischen Minderheiten, Frauen, Nationen und Kulturen. Universalistische Legitimationskriterien der politischen Herrschaft im Sinne des politischen

---

69 *Sullivan*, Reconstructing, S. 13. – Als Klage über die Usurpation des Politischen durch den Individualismus, der sich seines republikanisch-kommunitären Erbes entledigt habe, siehe *Diggins*, The Lost Soul.
70 Auf diese Ambivalenz des kommunitären Republikanismus verweist *Kann*, Individualism. Er zeigt, daß sich mit kommunitären Argumenten nicht nur eine radikaldemokratische Strategie in der Tradition der amerikanischen Linken legitimieren läßt, sondern auch eine antiliberale Politik rassischer, geschlechtlicher oder ethnischer Diskriminierung: »This hierarchical facet of traditional republicanism is not lost on modern conservatives. The view from the academic right is that republicanism is also a ›usable past,‹ one that legitimates restrained individualism and reinforces popular quiescence to traditional authority.« (S. 49). – Bei den »participatory intellectuals« als Vertretern eines linken Republikanismus in der Nachfolge der »New Left« handelt es sich neben Barber vor allem um Bellah, Mansbridge, Pateman, Sullivan, Unger und mit Abstrichen auch Walzer, der den republikanischen Intentionen des Kommunitarismus allerdings eher kritisch gegenübersteht. – Zur Tradition und Politikkonzeption der amerikanischen Linken siehe *Flacks*, Making History.

Liberalismus und des kulturellen Individualismus können im Rahmen eines republikanischen Politikmodells zurückgeschraubt werden. Insofern entspricht der Inklusionsdynamik einer egalitären Staatsbürgerschaft und eines politischen Gemeinwesens partizipierender Bürger die Exklusionsdynamik eines Ethnozentrismus, in dem die Grundlagen einer liberalen Politik und Gesellschaft verloren gehen. Die Möglichkeit einer politischen Regression der Staatsbürgerschaft zu einem Instrument der Abschottung nach außen und des Terrors nach innen ist der lange Schatten, der auf die radikaldemokratische Konzeption eines homogenen und republikanischen Gemeinwesens tugendhafter Bürger fällt. Allerdings gilt auch unter diesem Gesichtspunkt, daß sich der kommunitäre Liberalismus nicht in der antiliberalen Erneuerung eines politischen Partikularismus im Stile des klassischen Republikanismus erschöpft.[71] Er erweist sich mit den Grundsätzen einer liberalen Gesellschaft auf der Grundlage universalistischer Verfassungsnormen, rechtsstaatlicher Institutionen und Verfahren, kulturell pluralisierter Lebensformen und individualisierter Lebensgeschichten vereinbar, wenn man das dritte Element ins Spiel bringt, das vor allem in der Tradition der pragmatistischen Gesellschaftstheorie Deweys virulent geworden ist: die Idee einer zivilgesellschaftlich organisierten Öffentlichkeit, die als prozedurales Verfahren der Willensbildung unersetzliche Funktionen für die Demokratisierung der politischen Kultur besitzt.

3. Angesichts der Pluralität moderner Lebensformen, individueller Interessen und öffentlicher Meinungen erweist sich die republikanische Idee einer homogenen, tugendhaften und gemeinwohlorientierten Staatsbürgergesellschaft als eine politische Illusion, die auf der Seite des Liberalismus den Verdacht eines terrorartig erzwungenen Konsenses nährt. Dieser Verdacht, daß in der kommunitären Gemeinschaftsidee eine zwanghafte Homogenisierung gesellschaftlicher Vielfalt zum Ausdruck komme, liegt noch Rawls' Differenzierung zwischen Gemeinschaften und den liberalen Formen gesellschaftlicher Assoziierung zugrunde: »By definition, let's think of a community as a special kind of association, one united by a comprehensive doctrine, for example, a church. The members of other associations often have

---

71 Auch Vorländers Deutung des intellektuellen Neorepublikanismus als eine »rückwärtsgewandte politische Utopie« wird der Vielfalt unterschiedlicher Positionen nicht gerecht (*Vorländer*, Auf der Suche, S. 246). – Vorländer interpretiert den Kommunitarismus als Ausdruck einer erschöpften Linken, deren Kulturkritik in die Nähe konservativer Gesellschafts- und Politikvorstellungen gerät, ohne der Vorherrschaft des Liberalismus brechen zu können: »Die Wiederentdeckung republikanischer Traditionen vermag das liberal definierte amerikanische Selbstverständnis zu korrigieren – ohne jedoch seinen Hegemonialstatus zu gefährden. Der Republikanismus als Ausdruck bürgerschaftlichen Gemeinsinns, als Appell an Tugend und öffentliches Wohl, ist eine Subdominante im liberalen Akkord der amerikanischen politischen Kultur geblieben.« (S. 242).

shared ends but these do not make up a comprehensive doctrine and may even be purely instrumental.«⁷²

Allerdings hatte bereits der Rückblick auf Dewey und Tocqueville gezeigt, daß sich in der politischen Semantik der Community-Kategorie eine Idee politischer Staatsbürgerschaft manifestiert, die die Spannung zwischen republikanischer Gleichheit und individueller Freiheit keineswegs einseitig im Sinne der ersteren auflöst. Communities als Formen freier Assoziierung der Privatleute dienen nicht der Gewährleistung eines einheitlichen politischen Grundkonsenses, sondern basieren auf den liberalen Freiheitsrechten von Individuen, die sich unter den geschichtlichen Bedingungen pluralistischer Lebensformen und Meinungen miteinander vergesellschaften. Aus der Einheit eines souveränen politischen Volkskörpers im Sinne des Republikanismus wird die Zivilgesellschaft als prozedurales, diskursiv gestaffeltes, im Medium der Öffentlichkeit institutionalisiertes und von substantiellen Vorgaben entlastetes Instrument der politischen Meinungsbildung. Das dritte Motiv des kommunitären Liberalismus zielt auf die gesellschaftstheoretische Konzeptualisierung dieser Zivilgesellschaft, auf die Analyse ihrer kognitiven, normativen und politischen Gehalte sowie auf die Rekonstruktion ihrer Genese und gegenwärtigen Probleme.⁷³ Sie repräsentiert den politischen Mechanismus, der im Leistungsvergleich mit Markt und Staat noch am ehesten dazu in der Lage ist, den sozialen und moralischen Zusammenhang der Gesellschaft sicherzustellen und diese zukunftsfähig zu gestalten.⁷⁴

In dieser kommunitaristischen Konzeption der Zivilgesellschaft strömen unterschiedliche Traditionsstränge zusammen, worin eine politische Ambivalenz und theoretische Mehrdeutigkeit begründet liegt. Zu diesen Traditionen gehören die älteren, kommunalistisch und protestantisch geprägten Traditionen des 18. Jahrhunderts, ferner die liberal und individualistisch geprägte Kultur des 19. Jahrhunderts, die bereits den historischen Erfahrungshintergrund Tocquevilles bildete, und schließlich die politische Philosophie des amerikanischen Pragmatismus und der Intellektuellen des Progressive Movement.⁷⁵

Die Vorstellungen der pluralistischen Zivilgesellschaft stehen in Spannung und Distanz zur republikanischen Theorie des Politischen. Dies kommt unter anderem darin zum Ausdruck, daß die politische Bedeutung des Staates

---

72 *Rawls*, Political Liberalism, S. 40.
73 Siehe hierzu vor allem *Walzer*, Zivile Gesellschaft.
74 So argumentiert auch *Wolfe*, Whose Keeper?.
75 Diese unterschiedliche Herkunft der Idee der Zivilgesellschaft erklärt auch, warum sie in historischer Perspektive mit unterschiedlichen Motiven zu vereinbaren war und nicht nur einem kulturellen Pluralismus und einer liberalen Demokratie Anhaltspunkte bot, sondern auch mit ethnischer, rassischer und religiöser Intoleranz sowie mit politischem Traditionalismus und Provinzialismus historisch einhergehen konnte. Zur politischen Ambivalenz dieser zunächst aus dem Kommunalismus des 18. Jahrhunderts hervorgegangenen Zivilgesellschaft siehe *Shain*, The Myth, S. 150 ff.

und der Staatsbürgerschaft durch eine Vielzahl anderer Zugehörigkeiten der Bürger begrenzt und relativiert wird. Gegenüber dem Republikanismus als einer Doktrin, die den politischen Bürgerstatus der Individuen akzentuiert, stehen bei ihr die »zivilen« Lebensbereiche und Tätigkeitsfelder der Individuen in Konkurrenz zum Totalitätsanspruch des Staates, obgleich der Staat maßgebliche Funktionen der Koordinierung und Vernetzung der Individuen behält.[76] Diese tendenziell antirepublikanische Stoßrichtung der pluralistischen Zivilgesellschaft kommt in der politischen Philosophie Walzers deutlich zum Ausdruck, der trotz der offensichtlichen Sonderrolle des Staates als politischem Rahmen möglicher Vergesellschaftungsprozesse dessen beherrschende Bedeutung relativiert. Zwar genießt auch bei ihm noch »die Staatsbürgerschaft einen gewissen praktischen Vorrang unter all unseren anderen wirklichen und möglichen Mitgliedschaften. Das heißt keineswegs, daß wir jederzeit Staatsbürger sein müssen, und in der Politik, wie Rousseau verlangte, den größeren Teil unseres Glückes finden sollen. Die meisten von uns werden woanders glücklicher und nur manchmal in Staatsangelegenheiten verwickelt sein. Aber wir müssen in einem Staat leben, der unser zeitweiliges Verwickeltsein zuläßt.«[77]

Damit ergibt sich das Problem der Vermittlung zwischen den Institutionen des liberalen Rechtsstaats und der politischen Kultur freier Vereinigungen. Angesichts einer nur begrenzten Komplexität, Institutionalisierung und Organisationsfähigkeit freier Assoziationen als Strukturkernen der Civil Society stellt sich die vom kommunitären Liberalismus bis heute unbeantwortete Frage nach dem Verhältnis zwischen den verfassungsmäßigen Ordnungsinstanzen der repräsentativen und parlamentarischen Demokratie auf der einen Seite, und der »kommunikativen Macht« einer diskursiv strukturierten politischen Öffentlichkeit auf der anderen. Denn offensichtlich kann letztere nicht das politische System in eigene Regie und Verantwortung übernehmen, sondern nur als Kontrollinstanz einer verfassungsmäßig fundierten, rechtsstaatlich sanktionierten und administrativ verfassten Ordnung fungieren. Ihre Aufgabe ist eher die Kritik der Macht als deren Übernahme, auch wenn sie durch ihren Einfluß auf politisch relevante Stimmungslagen

---

[76] Dies betont *Forst*, Kommunitarismus, S. 201: »Bürger stehen in verschiedenen Anerkennungsverhältnissen und haben als Mitglieder verschiedener sozialer Gemeinschaften verschiedene Verpflichtungen, und so besteht die Aufgabe der Staatsbürgerschaft darin, diese Verpflichtungen miteinander zu verbinden und demokratische Selbstregierung in politisch-argumentativen Diskursen unter freien und gleichen und zugleich sehr verschiedenen Bürgern zu verwirklichen.«

[77] *Walzer*, Zivile Gesellschaft, S. 92. – Auf der anderen Seite erfordert der Fortbestand einer zivilen Gesellschaft freier Vereinigungen einen politischen Grundkonsens der Privatleute und ihren aktiven Beitrag zu einer politischen Kultur, in der demokratische Institutionen gedeihen können: »Die zivile Gesellschaft wird daran gemessen, ob sie fähig ist, Bürger hervorzubringen, die wenigstens manchmal Interessen verfolgen, die über ihre eigenen und diejenigen ihrer Genossen hinausgehen, und die über das politische Gemeinwesen wachen, das die Netzwerke der Vereinigungen fördert und schützt.« (*Ebd.*, S. 93).

und die öffentliche Meinung, die sich wiederum im Wahlverhalten der Bürger niederschlagen und zu wechselnden Mehrheiten führen können, in direkter oder vermittelter Form auf das politische System einwirkt.[78] Angesichts dieses in Frage stehenden Verhältnisses zwischen liberalem Rechtsstaat und Zivilgesellschaft wird das rechtsphilosophische Defizit des kommunitären Liberalismus schmerzlich bewußt, dem es an einer anspruchsvollen Theorie rechtsstaatlicher Voraussetzungen des liberalen Verfassungsstaats mangelt, – ein Defizit, das bereits bei den Intellektuellen des Progressive Movement in der Ausblendung des Rechts als Faktor von Vergesellschaftung offenkundig geworden ist.

Unter diesen drei hier nur angedeuteten Aspekten leben innerhalb der amerikanischen Gesellschaftstheorie der Gegenwart politische Motive fort, die bereits den Modernisierungsdiskurs des frühen 20. Jahrhunderts kennzeichneten. Die politische Ideengeschichte, wie sie hier unternommen wurde, hat es mit dem Reservoir von Argumenten und dem Laboratorium gedeuteter Erfahrungen zu tun, in denen sich die amerikanische Gesellschaft ihrer selbst und ihrer Probleme kulturell bewußt geworden ist. Dies ist auch der Grund dafür, daß sich ausgehend von den Intellektuellen des Progressive Movement wesentliche Aspekte der amerikanischen Geschichte des 20. Jahrhunderts erschließen lassen. Eine Sozialgeschichte, die sich dieser heuristischen Zugangsmöglichkeit zu den zeitgenössischen Problemlagen, Erfahrungen und Selbstdeutungen verweigert, verzichtet auf Chancen historischer Erkenntnis.

Aber nicht nur darin ist die Relevanz der Intellektuellen des Progressive Movement begründet: Die ideenpolitische Situation des frühen 20. Jahrhunderts wirft auch Licht auf die gesellschaftstheoretischen Debatten der Gegenwart, die bisher durch Ahistorizität und Unkenntnis ihrer eigenen Ursprünge geprägt waren. Ausgehend von dem Modernisierungsdiskurs des frühen 20. Jahrhunderts läßt sich ein reflektiertes Selbstbewußtsein der gegenwärtigen Diskurslage gewinnen.[79]

Zudem bewahrt die Erinnerung an den ideen- und sozialgeschichtlichen Entstehungskontext des kommunitären Liberalismus davor, ihn zu einer so-

---

78 *Habermas*, Faktizität, S. 630.
79 Siehe in diesem Zusammenhang zuletzt Wiebes Kritik an der Ahistorizität der gegenwärtigen Debatte und sein Plädoyer für eine Ideengeschichte der Demokratie: »Although no one must ask history to forecast the future, we do need it to understand where we are and what alternatives actually exist for us. In orienting ourselves, history has three critical contributions to make. First, it frames the problems: it identifies their origins, it gives them an age, and in the process it goes a long way toward revealing how shallow or deep their place in a contemporary culture. Second, it reveals the conditions that each society has set for reconstructing itself. Under what circumstances, that is, has major social change occurred? Third, history inventories the possibilities of change.« (*Wiebe*, Self-Rule, S. 252). – Auch *Eisenach*, The Lost Promise, beklagt das Fehlen einer historischen Dimension der gegenwärtigen Liberalismusdiskussion (S. 205).

zialromantischen Verklärung der Vergangenheit oder zu einer wertkonservativen Wiederbelebung eines vormodernen Republikanismus zu verkürzen. Vielmehr entstand er im Kontext des Progressive Movement nicht als ein Rückzugsgefecht in die Tradition, sondern als eine Avantgardebewegung der aufkommenden Moderne, deren intellektuelle Vertreter als die eigentlichen »liberals« und »modernists« des frühen 20. Jahrhunderts gelten können, indem sie offensive Antworten auf die Krisenerfahrungen ihrer Zeit gaben. In politischer Hinsicht besaßen sie eine große Bedeutung für die Formierung der sozialen Reformbewegungen der Zeit und für die Entstehung einer sozialstaatlichen Politik; unter gesellschaftstheoretischen Gesichtspunkten legitimierten sie einen neuen Typ der liberalen Gesellschaft; und in wissenschaftshistorischer Perspektive schließlich befruchtete ihr Werk nachhaltig die Entwicklung der Kultur- und Sozialwissenschaften des 20. Jahrhunderts. Die amerikanische Sozialstaats- und Bürokratisierungsforschung, die Urbanisierungs- und Professionalisierungsgeschichte, die Geschlechter- und Religionsgeschichte, die »Community-Studies«, die politische Kultur- und Liberalismusforschung, die Ethnizitäts- und Immigrationsforschung, die Diskussionen um Revolution und frühe Republik und nicht zuletzt die amerikanische Wissenschafts-, Kultur- und Ideengeschichte haben durch die Intellektuellen des Progressive Movement wichtige Anregungen erfahren, weil sie Probleme formuliert und zugleich Lösungswege dieser Probleme skizziert haben, die noch heute diskussionswürdig sind. Aus diesem Grunde greift auch der ihnen gegenüber erhobene Vorwurf eines im besten Falle gut gemeinten Reformidealismus, eines flachen Fortschrittsoptimismus oder einer romantischen Verklärung sozialer Vergemeinschaftungsformen der Vergangenheit zu kurz.

Wenn auch die politische Dynamik des Progressive Movement unter der einschneidenden Erfahrung des Ersten Weltkriegs und der danach einsetzenden Reaktionsperiode schnell erlosch und viele seiner politischen Reformforderungen uneingelöst blieben, so haben die langfristig wirksamen Veränderungen des intellektuellen Klimas und des theoretischen Selbstverständnisses der amerikanischen Gesellschaft Ergebnisse gezeigt, die die Bilanz der Progressive Era in einem freundlicheren Licht erscheinen lassen:

»They missed some of their marks because they sought to do so much. And, despite all their shortcomings, they accomplished an enormous part of what they set out to achieve. Progressivism brought major innovations to almost every facet of public and private life in the United States. ... They of course failed to solve all those problems, but no other generation of Americans has done conspicuously better in adressing the political, economic, and social conditions which it faced.«[80]

Deutlich wahrnehmbar haben die Intellektuellen des frühen 20. Jahrhunderts den Modernisierungsdiskurs des 20. Jahrhunderts bis heute geprägt.

---

80 *Link u. McCormick*, Progressivism, S. 117f.

Mit ihrer Konzeptualisierung zeitgenössischer Problemlagen haben sie Standards gesellschaftstheoretischer Analyse gesetzt und auch noch den nachfolgenden Generationen das Niveau diktiert, auf dem ihr Werk fortzusetzen war. Eine ihrer auffälligsten Leistungen war, die gesellschaftstheoretische Sensibilisierung gegenüber den Problemlagen ihrer Gegenwart in konkrete Reformstrategien und interdisziplinär ausgerichtete Forschungskonzepte zu übersetzen. Mit ihnen wurde die Tradition des kommunitären Liberalismus in den USA mehr als der wohlgemeinte Rat tugendhafter Altruisten und republikanisch gesonnener Intellektueller, das Gemeinwohl zu bedenken und über der Verfolgung der eigenen Interessen die der Anderen nicht zu vergessen. Stattdessen haben sie in ganz unterschiedlichen Wissenschaftsdisziplinen und Diskursfeldern Veränderungen und analytische Fortschritte bewirkt, die sich über Jahrzehnte hinweg als tragfähig erwiesen und nun zur Erneuerung anstehen. An ihrem Beispiel läßt sich eine gesellschaftstheoretische Tradition rekonstruieren, der es gelungen ist, komplexe Zeit- und Gegenwartsdiagnosen an konkrete Erfahrungsbestände anzubinden und das Motiv gesellschaftlicher Veränderung nicht in moralischen Appellen, Ermahnungen und Tugendzumutungen enden zu lassen, sondern zu empirisch gehaltvollen und methodisch reflektierten Reformstrategien auszugestalten.[81]

An diesem Punkt beginnt die Aufgabe einer politischen Ideengeschichte, die unsere Gegenwart nicht nur in historische Traditionszusammenhänge stellt und ihr das Bewußtsein des eigenen Gewordenseins verschafft, sondern auch gegenwärtige Handlungsstrategien, Erwartungen und Erfolgschancen der Kritik der historischen Erfahrung aussetzt.

---

81 Daß diese intellektuellen Qualitäten den gesellschaftstheoretischen Strömungen der Gegenwart fehlen, betont *Birnbaum*, The Radical Renewal, S. 173: »Why do its protagonists lack a concrete utopia, a social project, a vision of society?«

10. Literaturverzeichnis

a) Primärtexte

Charles A. Beard

- Politics, New York 1908.
- American Government and Politics, New York 1910, 1914², 1924⁴, 1949¹⁰.
- American City Government, New York 1912 (Neudruck 1970).
- Eine ökonomische Interpretation der Amerikanischen Verfassung, Frankfurt a.M. 1974. (Erstmals unter dem Titel: An Economic Interpretation of the Constitution of the United States, New York 1913).
- Woman Suffrage and Strategy, in: The New Republic, Bd. 1, 1914, S. 22–3.
- American Citizenship, New York 1915 (gemeinsam mit M.R. Beard).
- Economic Origins of Jeffersonian Democracy, New York 1915.
- Rezension von Robert Michels, Political Parties: A Sociological Study of the Oligarchical Tendencies of Modern Democracy, New York 1915.
- Historical Woman Suffrage, in: The New Republic, Bd. 4, 1915, Supplement, S. 1–3.
- The Woman's Party, in: The New Republic, Bd. 7, 1916, S. 329–31.
- Professor Beard's Letter of Resignation from Columbia University, in: School and Society, Jg. 6, 1917, S. 446–7.
- A Statement (on resignation from Columbia University), in: The New Republic, Bd. 13, 1917, S. 249–50.
- The University and Democracy, in: The Dial, Bd. 64, 1918, S. 335–37.
- The Advancement of Municipal Science, New York 1919.
- The Evolution of Democracy: A Summary, in: Cleveland, F.A. und Schafer, J. (Hg.), Democracy in Reconstruction, Boston 1924, S. 486–91.
- The Rise of American Civilization, 2 Bde., New York 1927. (New Edition, Two Volumes in One, Revised and Enlarged, New York 1966) (gemeinsam mit M.R. Beard).
- Ten Years Back. The American People and the World War, in: The Survey, Bd. 58, 1927, S. 5–7, 51–9, 61 (gemeinsam mit M.R. Beard).
- The City's Place in Civilization, in: The Survey, Bd. 61, 1928, S. 213–15.
- Is Western Civilization in Peril?, in: Harper's Magazine, Bd. 157, 1928, S. 264–73.
- Democracy Holds Its Ground. A European Survey, in: Harper's Magazine, Bd. 157, 1928, S. 680–91.
- Introduction, in: ders. (Hg.), Whither Mankind. A Panorama of Modern Civilization, New York 1928, S. 1–24.
- The American Leviathan. The Republic in the Machine Age, New York 1930 (gemeinsam mit W. Beard).
- Government by Technologists, in: The New Republic, Bd. 63, 1930, S. 115–20.
- Individualism and Capitalism, in: Encyclopedia of the Social Sciences, Bd. 1, New York 1930, S. 145–63.
- Introduction, in: ders. (Hg.), Toward Civilization, London 1930, S. 1–20.
- Summary: The Planning of Civilization, in: ders. (Hg.), Toward Civilization, London 1930, S. 297–307.
- The Myth of Rugged American Individualism, in: Harper's Magazine, Bd. 164, 1931, S. 13–22.
- »A Five-Year Plan« for America, in: ders. (Hg.), America Faces the Future, New York 1932 (Neudruck 1969), S. 117–40.

- The Rationality of Planned Economy, in: ders. (Hg.), America Faces the Future, New York 1932 (Neudruck 1969), S. 400–10.
- Introduction, in: Bury, J.B., The Idea of Progress. An Inquiry Into Its Origin and Growth, New York 1955. (Neuauflage der Ausgabe von 1932), S. IX–XL.
- The Future Comes. A Study of the New Deal, New York 1933 (gemeinsam mit G.H.E. Smith).
- The Open Door at Home. A Trial Philosophy of National Interest, New York 1934 (gemeinsam mit G.H.E. Smith).
- Written History as an Act of Faith, in: American Historical Review, Jg. 39, 1934, S. 219–31.
- That Noble Dream, in: American Historical Review, Jg. 40, 1935, S. 74–87.
- That Promise of American Life, in: The New Republic, Bd. 81, 1935, S. 350–52.
- The Discussion of Human Affairs, New York 1936.
- Currents of Thought in Historiography, in: American Historical Review, Jg. 42, 1937, S. 460–83 (gemeinsam mit A. Vagts).
- Democracy and Education in the United States, in: Social Research, Jg. 4, 1937, S. 391–98.
- The Future of Democracy in the United States, in: Political Quarterly, Jg. 8, 1937, S. 495–506.
- The Making of American Civilization, New York 1937 (gemeinsam mit M.R. Beard).
- The Rise of the Democratic Idea in the United States, in: The Survey, Jg. 26, 1937, S. 201–03.
- America in Midpassage, (The Rise of American Civilization, Bd. III), New York 1946[9] (erstmals 1939) (gemeinsam mit M.R. Beard).
- Essentials of Democracy, in: School and Society, Jg. 50, 1939, S. 228–35.
- The Idea of Let Us Alone, in: Virginia Quarterly Review, Jg. 15, 1939, S. 500–14.
- Looking Backward, in: The New Republik, Bd. 51, 1939, S. 74–80.
- Turner's »The Frontier in American History«, in: Cowley, M. und Smith, B. (Hg.), Books That Changed Our Minds, New York 1939, S. 61–74.
- The Old Deal and the New, New York 1941 (gemeinsam mit G.H.E. Smith).
- Public Policy and the General Welfare, New York 1941.
- The American Spirit. A Study of the Idea of Civilization in the United States, New York 1942 (gemeinsam mit M.R. Beard).
- Geschichte der Vereinigten Staaten von Amerika, Zürich 1948. (Originalausgabe: The Beards' Basic History Of The United States, Doubleday 1944) (gemeinsam mit M.R. Beard).
- President Roosevelt and the Coming of the War, 1941: A Study in Appearances and Realities, New Haven 1948.
- Die wirtschaftliche Grundlage der Politik, Stuttgart 1949. (Originalausgabe: The Economic Basis of Politics, New York 1945).
- The Republic. Conversations on Fundamentals, New York 1946.

Mary R. Beard

- The Legislative Influence of Unenfranchised Women, in: The Annals of the American Academy of Political and Social Science, Jg. 56, 1914, S. 54–61.
- Woman's Work in the Municipalities, New York/London 1915.
- A Short History of the American Labor Movement, New York 1920.
- American Women and the Printing Press, in: The Annals of the American Academy of Political and Social Science, Bd. 143, 1929, S. 195–206.
- The Feminist Progression, in: Independent Woman, Jg. 8, 1929, S. 241.
- After Equality – What?, in: Independent Woman, Jg. 9, 1930, S. 227–8, 258.
- On Understanding Women, Westport 1931.
- A Test for the Modern Woman, in: Current History, Jg. 37, 1932, S. 179–83.
- University Discipline for Women – Asset or Handicap? (1932), in: Lane, A.J. (Hg.), Mary Ritter Beard: A Sourcebook, New York 1977, S. 147–51.

- America Through Women's Eyes, New York 1933.
- The College and Alumnae in Contemporary Life, in: Journal of the American Association of University Women, Jg. 27, 1933, S. 11-16.
- The Economic Background of the Sex Life of the Unmarried Adult, in: Wile, I.S. (Hg.), The Sex Life of the Unmarried Adult, New York/London 1987, (Neudruck der Ausgabe von 1934), S. 155-85.
- Is Collectivism the Answer?, in: Independent Woman, Jg. 13, 1934, S. 69 u. 92.
- Women and Social Crises, in: Independent Woman, Jg. 13, 1934, S. 347, 362-3, 376, 400-1; Jg. 14, 1935, S. 3, 30-1.
- Woman As Force In History. A Study In Traditions And Realities, New York 1947.
- Woman's Role in Society, in: The Annals of the American Academy of Political and Social Science, Bd. 251, 1947, S. 1-10.
- The Force of Women in Japanese History, Washington 1953.
- Mary Ritter Beard: A Sourcebook, hg. von Lane, A.J., New York 1977.

Herbert Croly

- New York as the American Metropolis, in: Architectural Record, Bd. 13, 1903, S. 193-206.
- What Is Civic Art?, in: Architectural Record, Bd. 16, 1904, S. 47-52.
- Civic Improvements. The Case of New York, in: Architectural Record, Bd. 21, 1907, S. 347-52.
- The Promise of American Life (1909), hg. von Schlesinger, A.M. Jr., Cambridge/Mass. 1965.
- Progressive Democracy, New York 1914.
- The Future of the State, in: The New Republic, Bd. 12, 1917, S. 179-83.
- A School of Social Research, in: The New Republic, Bd. 15, 1918, S. 167-71.
- Disordered Christianity, in: The New Republic, Bd. 21, 1919, S. 136-39.
- The Breach in Civilization (Ms., Houghton-Library, Harvard University. Als Umbruch: New York, The Macmillan Company 1920).
- The Eclipse of Progressivism, in: The New Republic, Bd. 24, 1920, S. 210-16.
- Liberalism vs. War, in: The New Republic, Bd. 25, 1920, S. 35-39.
- Behaviorism in Religion, in: The New Republic, Bd. 29, 1922, S. 367-70.
- Reconstruction of Religion, in: The New Republic, Bd. 31, 1922, S. 100-02.
- Surely Good Americanism, in: The New Republic, Bd. 32, 1922, S. 294-96.
- Naturalism and Christianity, in: The New Republic, Bd. 34, 1923, S. 9-11.
- Christianity as a Way of Life, in: The New Republic, Bd. 39, 1924, 230-37.
- The Outlook for Progressivism in Politics, in: The New Republic, Bd. 41, 1924, S. 60-64.
- Christians, Beware!, in: The New Republic, Bd. 45, 1925, S. 12-14.
- Consciousness and the Religious Life, in: The New Republic, Bd. 45, 1926, S. 262-65.

John Dewey

- The Ethics of Democracy, in: The Early Works, Bd. 1: 1882-1888, Carbondale and Edwardsville 1969, S. 227-49.
- Christianity and Democracy, in: The Early Works, Bd. 4: 1893-1894, Carbondale and Edwardsville 1971, S. 3-10.
- The Study of Ethics: A Syllabus, in: The Early Works, Bd. 4: 1893-1894, Carbondale and Edwardsville 1971, S. 219-364.
- The Relation of Philosophy to Theology, in: The Early Works, Bd. 4: 1893-1894, Carbondale and Edwardsville 1971, S. 365-68.
- My Pedagogic Creed, in: The Early Works, Bd. 5: 1895-1898, Carbondale and Edwardsville 1972, S. 84-95.

- The School and Society, in: The Middle Works, Bd. 1: 1899–1901, Carbondale and Edwardsville 1976, S. 1–112.
- Philosophy and American National Life, in: The Middle Works, Bd. 3: 1903–1906, Carbondale and Edwardsville 1977, S. 73–78.
- The Realism of Pragmatism, in: The Middle Works, Bd. 3: 1903–1906, Carbondale and Edwardsville 1977, S. 153–57.
- Democracy in Education, in: The Middle Works, Bd. 3: 1903–1906, Carbondale and Edwardsville 1977, S. 229–39.
- What Pragmatism means by Practical, in: The Middle Works, Bd. 4: 1907–1909, Carbondale and Edwardsville 1977, S. 98–115.
- Does Reality Possess Practical Character?, in: The Middle Works, Bd. 4: 1907–1909, Carbondale and Edwardsville 1977, S. 125–42.
- The Bearings of Pragmatism Upon Education, in: The Middle Works, Bd. 4: 1907–1909, Carbondale and Edwardsville 1977, S. 178–91.
- Ethics, in: John Dewey: The Middle Works, Bd. 5: 1908, Carbondale and Edwardsville 1978 (gemeinsam mit J.H. Tufts).
- Democracy and Education, in: The Middle Works, Bd. 9: 1916, Carbondale and Edwardsville 1980.
- American Education and Culture, in: The Middle Works, Bd. 10: 1916–1917, Carbondale and Edwardsville 1980, S. 196–201.
- On Understanding the Mind of Germany, in: The Middle Works, Bd. 10: 1916–1917, Carbondale and Edwardsville 1980, S. 216–33.
- Progress, in: The Middle Works, Bd. 10: 1916–1917, Carbondale and Edwardsville 1980, S. 234–43.
- What America Will Fight for, in: The Middle Works, Bd. 10: 1916–1917, Carbondale and Edwardsville 1980, S. 271–75.
- The Principle of Nationality, in: The Middle Works, Bd. 10: 1916–1917, Carbondale and Edwardsville 1980, S. 285–91.
- The Tragedy of the German Soul, in: The Middle Works, Bd. 10: 1916–1917, Carbondale and Edwardsville 1980, S. 305–09.
- Philosophy and Democracy, in: The Middle Works, Bd. 11: 1918–1919, Carbondale and Edwardsville 1982, S. 41–53.
- America in the World, in: The Middle Works, Bd. 11: 1918–1919, Carbondale and Edwardsville 1982, S. 70–72.
- A New Social Science, in: The Middle Works, Bd. 11: 1918–1919, Carbondale and Edwardsville 1982, S. 87–92.
- What are We Fighting for?, in: The Middle Works, Bd. 11: 1918–1919, Carbondale and Edwardsville 1982, S. 98–106.
- Reconstruction in Philosophy, in: The Middle Works, Bd. 12: 1920, Carbondale and Edwardsville 1982, S. 77–204.
- Pragmatic America, in: The Middle Works, Bd. 13: 1921–1922, Carbondale and Edwardsville 1983, S. 306–10.
- Education as a Religion, in: The Middle Works, Bd. 13: 1921–1922, Carbondale and Edwardsville 1983, S. 317–22.
- Education as Engineering, in: The Middle Works, Bd. 13: 1921–1922, Carbondale and Edwardsville 1983, S. 323–28.
- Review of Walter Lippmann's *Public Opinion*, in: The Middle Works, Bd. 13: 1921–1922, Carbondale and Edwardsville 1983, S. 337–44.
- Human Nature and Conduct, in: The Middle Works, Bd. 14: 1922, Carbondale and Edwardsville 1983.
- Experience and Nature, in: The Later Works, Bd. 1: 1925, Carbondale and Edwardsville 1984, S. 3–328.
- The Development of American Pragmatism, in: The Later Works, Bd. 2: 1925–1927, Carbondale and Edwardsville 1984, S. 3–21.

- Corporate Personality, in: The Later Works, Bd. 2: 1925–1927, Carbondale and Edwardsville 1984, S. 22–43.
- Practical Democracy. Review of Walter Lippmanns *The Phantom Public*, in: The Later Works, Bd. 2: 1925–1927, Carbondale and Edwardsville 1984, S. 213–20.
- The Public and Its Problems, in: The Later Works, Bd. 2: 1925–1927, Carbondale and Edwardsville 1984, S. 235–374.
- Philosophy and Civilization, in: The Later Works, Bd. 3: 1927–28, Carbondale and Edwardsville 1984, S. 3–10.
- Philosophies of Freedom, in: The Later Works, Bd. 3: 1927–28, Carbondale and Edwardsville 1984, S. 92–114.
- Philosophy, in: The Later Works, Bd. 3: 1927–28, Carbondale and Edwardsville 1984, S. 115–32.
- A Critique of American Civilization, in: The Later Works, Bd. 3: 1927–28, Carbondale and Edwardsville 1984, S. 133–44.
- The Pragmatic Aquiescence, in: The Later Works, Bd. 3: 1927–28, Carbondale and Edwardsville 1984, S. 145–51.
- The Fruits of Nationalism, in: The Later Works, Bd. 3: 1927–28, Carbondale and Edwardsville 1984, S. 152–57.
- Progressive Education and the Science of Education, in: The Later Works, Bd. 3: 1927–28, Carbondale and Edwardsville 1984, S. 257–68.
- The Quest for Certainty. A Study of the Relation of Knowledge and Action, in: The Later Works, Bd. 4: 1929, Carbondale and Edwardsville 1984, S. 3–250.
- Individualism, Old and New, in: The Later Works, Bd. 5: 1929–30, Carbondale and Edwardsville 1984, S. 45–123.
- From Absolutism to Experimentalism, in: The Later Works, Bd. 5: 1929–30, Carbondale and Edwardsville 1984, S. 147–60.
- Philosophy, in: The Later Works, Bd. 5: 1929–30, Carbondale and Edwardsville 1984, S. 161–77.
- What I Believe, in: The Later Works, Bd. 5: 1929–30, Carbondale and Edwardsville 1984, S. 267–79.
- Philosophy and Education, in: The Later Works, Bd. 5: 1929–30, Carbondale and Edwardsville 1984, S. 289–98.
- What Do Liberals Want?, in: The Later Works, Bd. 5: 1929–30, Carbondale and Edwardsville 1984, S. 346–48.
- Science and Society (Address), in: The Later Works, Bd. 6: 1931–1932, Carbondale and Edwardsville 1985, S. 49–52.
- Science and Society (Philosophy and Civilization), in: The Later Works, Bd. 6: 1931–1932, Carbondale and Edwardsville 1985, S. 53–63.
- Social Science and Social Control, in: The Later Works, Bd. 6: 1931–1932, Carbondale and Edwardsville 1985, S. 64–68.
- The Need for a New Party, in: The Later Works, Bd. 6: 1931–1932, Carbondale and Edwardsville 1985, S. 156–81.
- Is There Hope for Politics?, in: The Later Works, Bd. 6: 1931–1932, Carbondale and Edwardsville 1985, S. 182–89.
- Ethics (Neuausgabe von 1932), in: The Later Works, Bd. 7: 1932, Carbondale and Edwardsville 1985, (gemeinsam mit J.H. Tufts).
- The Social-Economic Situation and Education, in: The Later Works, Bd. 8: 1933, Carbondale and Edwardsville 1986, S. 43–76.
- The Underlying Philosophy of Education, in: The Later Works, Bd. 8: 1933, Carbondale and Edwardsville 1986, S. 77–104.
- A Common Faith, in: The Later Works, Bd. 9: 1933–1934, Carbondale and Edwardsville 1986, S. 1–58.
- Education and the Social Order, in: The Later Works, Bd. 9: 1933–1934, Carbondale and Edwardsville 1986, S. 175–85.

- The Need for a Philosophy of Education, in: The Later Works, Bd. 9: 1933–1934, Carbondale and Edwardsville 1986, S. 194–204.
- Art As Experience, in: The Later Works, Bd. 10: 1934, Carbondale and Edwardsville 1987.
- Liberalism and Social Action, in: The Later Works, Bd. 11: 1935–1937, Carbondale and Edwardsville 1987, S. 1–65.
- Education, the Foundation for Social Organization, in: The Later Works, Bd. 11: 1935–1937, Carbondale and Edwardsville 1987, S. 226–37.
- The Crucial Role of Intelligence, in: The Later Works, Bd. 11: 1935–1937, Carbondale and Edwardsville 1987, S. 342–44.
- Education and Social Change, in: The Later Works, Bd. 11: 1935–1937, Carbondale and Edwardsville 1987, S. 408–20.
- Freedom, in: The Later Works, Bd. 11: 1935–1937, Carbondale and Edwardsville 1987, S. 247–55.
- The Future of Liberalism, in: The Later Works, Bd. 11: 1935–1937, Carbondale and Edwardsville 1987, S. 289–95.
- Democracy Is Radical, in: The Later Works, Bd. 11: 1935–1937, Carbondale and Edwardsville 1987, S. 296–302.
- Liberty and Social Control, in: The Later Works, Bd. 11: 1935–1937, Carbondale and Edwardsville 1987, S. 360–63.
- The Meaning of Liberalism, in: The Later Works, Bd. 11: 1935–1937, Carbondale and Edwardsville 1987, S. 364–67.
- The Social Significance of Civil Liberties, in: The Later Works, Bd. 11: 1935–1937, Carbondale and Edwardsville 1987, S. 372–75.
- Liberalism in a Vacuum. Review of Walter Lippmann's *An Inquiry into the Principles of the Good Society*, in: The Later Works, Bd. 11: 1935–1937, Carbondale and Edwardsville 1987, S. 489–95.
- Experience and Education, in: The Later Works, Bd. 13: 1938–1939, Carbondale and Edwardsville 1988, S. 1–62.
- Freedom and Culture, in: The Later Works, Bd. 13: 1938–1939, Carbondale and Edwardsville 1988, S. 63–187.
- Democracy and Education in the World of Today, in: The Later Works, Bd. 13: 1938–1939, Carbondale and Edwardsville 1988, S. 294–303.
- The Philosophy of the Arts, in: The Later Works, Bd. 13: 1938–1939, Carbondale and Edwardsville 1988, S. 357–68.
- Creative Democracy – The Task Before Us, in: The Later Works, Bd. 14: 1939–1941, Carbondale and Edwardsville 1988, S. 224–30.
- The Meaning of the Term: Liberalism, in: The Later Works, Bd. 14: 1939–1941, Carbondale and Edwardsville 1988, S. 252–54.
- Art as Our Heritage, in: The Later Works, Bd. 14: 1939–1941, Carbondale and Edwardsville 1988, S. 255–57.
- Challenge to Liberal Thought, in: The Later Works, Bd. 15: 1942–1948, Carbondale and Edwardsville 1989, S. 261–75.
- The Need for a Recovery of Philosophy, in: ders. u.a., Creative Intelligence. Essays in the Pragmatic Attitude, New York 1917 (Neudruck 1970), S. 3–69.
- Modern Philosophy, in: Burkhardt, F. (Hg.), The Cleavage in Our Culture. Studies in Scientific Humanism in Honor of Max Otto, New York 1952, S. 15–29.
- Kunst als Erfahrung, Frankfurt a.M. 1980.
- The Poems of John Dewey, hg. von Boydston, J.A.
- Die Erneuerung der Philosophie, Hamburg 1989.
- Lectures on Ethics 1900–1901, hg. und eing. von Koch, D.F., Carbondale and Edwardsville 1991.
- Erfahrung und Natur, Frankfurt a.M. 1995.
- Die Öffentlichkeit und ihre Probleme, hg. von Krüger, H.-P., Darmstadt 1996.

Horace M. Kallen

- Is Belief Essential in Religion?, in: International Journal of Ethics, Jg. 21, 1910, S. 51–67.
- Pragmatism and Its ›Principles‹, in: The Journal of Philosophy, Jg. 8, 1911, S. 617–36.
- Beauty, Cognition, and Goodness, in: The Journal of Philosophy, Psychology and Scientific Methods, Jg. 9, 1912, S. 253–65.
- The Essence of Tragedy, in: International Journal of Ethics, Jg. 22, 1912, S. 179–202.
- Art, Philosophy, and Life, in: International Journal of Ethics, Jg. 24, 1913, S. 37–54.
- Democracy versus the Melting Pot, in: The Nation, Bd. 100, 1915, S. 217–20.
- The Structure of Lasting Peace, in: The Dial, Bd. 63, 1917, S. 393–85, 439–41, 506–08, 570–74, 627–30 u. Bd. 64, 1918, S. 9–13, 56–58, 99–102, 137–40, 180–86.
- Value and Existence in Philosophy, Art, and Religion, in: Dewey, J. u.a.: Creative Intelligence. Essays in the Pragmatic Attitude, New York 1917 (Neudruck 1970), S. 409–67.
- America and the Life of Reason, in: The Journal of Philosophy, Psychology and Scientific Methods, Jg. 18, 1921, S. 533–51, 568–75.
- Zionism and World Politics. A Study in History and Social Psychology, Garden City/N.Y. 1921.
- Culture and Democracy in the United States. Studies in the Group Psychology of the American Peoples, New York 1924.
- Education, The Machine, and the Worker. An Essay in the Psychology of Education in the Industrial Society, New York 1925.
- Why Religion?, New York 1927.
- Why Freedom is a Problem, in: ders. (Hg.), Freedom in the Modern World, New York 1928, S. 1–24.
- What Is Real And What Is Illusory In Human Freedom, in: ders. (Hg.), Freedom in the Modern World, New York 1928, S. 272–304.
- Frontiers of Hope, New York 1929.
- Indecency and the Seven Arts. And Other Adventures of a Pragmatist in Aesthetics, New York 1930.
- Judaism at Bay. Essays Toward the Adjustment of Judaism to Modernity, New York 1932.
- Individualism. An American Way of Life, New York 1933.
- Consumers, Organize, in: Christian Century, Jg. 51, 1934, S. 858–60.
- A Consumer's Economy, in: Christian Century, Jg. 51, 1934, S. 1276–78.
- A Free Society, New York 1934.
- Philosophy Today and Tomorrow, in: ders. u. Hook, S. (Hg.), American Philosophy Today and Tomorrow, New York 1935 (Neudruck 1968), S. 251–71.
- The Decline and Rise of the Consumer, New York 1936.
- Beauty and Use: A Pragmatic Interpretation, in: The Philosophical Review, Jg. 48, 1939, S. 316–22.
- Freedom and Education, in: Philosopher of the Common Man. Essays in Honor of John Dewey to Celebrate His Eightieth Birthday, New York 1940, S. 15–32.
- Art and Freedom. A Historical and Biographical Interpretation of the Relations Between the Ideas of Beauty, Use and Freedom in Western Civilization from the Greeks to the Present Day, 2 Bde., New York 1942.
- Americanism and Its Makers, Buffalo 1945.
- The Liberal Spirit. Essays on Problems of Freedom in the Modern World, Ithaca 1948.
- The Education of Free Men. An Essay Toward a Philosophy of Education for Americans, New York 1949.
- John Dewey and the Spirit of Pragmatism, in: Hook, S. (Hg.), John Dewey. Philosopher of Science and Freedom. A Symposium, New York 1950, S. 3–46.
- Patterns of Progress, New York 1950.
- Democracy's True Religion, Boston 1951.
- The Meanings of Unity Among the Sciences, in: Henle, P. u.a. (Hg.), Structure, Method and Meaning. Essays in Honor of Henry M. Sheffer, New York 1951, S. 225–41.

- In Remembrance of Charles Beard, Philosopher-Historian, in: Social Research, Jg. 18, 1951, S. 243–49.
- Of Truth, in: Burckhardt, F. (Hg.), Cleavage in Our Culture. Studies in Scientific Humanism in Honor of Max Otto, New York 1952, (Neudruck 1969), S. 30–50.
- »Of Them Which Say They Are Jews«, and Other Essays on the Jewish Struggle for Survival, hg. v. Pilch, J., New York 1954.
- Pragmatism, in: International Encyclopedia of the Social Sciences, Bd. 11/12, New York 1954, S. 307–11.
- Secularism is the Will of God. An Essay in the Social Philosophy of Democracy and Religion, New York 1954.
- Cultural Pluralism and the American Idea. An Essay in Social Philosophy, Philadelphia 1956.
- Liberty, Laughter and Tears. Reflections on the Relations of Comedy and Tragedy to Human Freedom, Northern Illinois University Press 1968.
- What I Believe and Why – Maybe. Essays for the Modern World, hg. von Alfred J. Marrow, New York 1971.
- Consumerism, Cooperatism and the Idea of the Consumer, New York 1973.
- Philosophical Issues in Adult Education, Springfield/Ill., o.J.

Walter Lippmann

- A Preface to Politics, New York 1913.
- Drift and Mastery. An Attempt to Diagnose the Current Unrest (1914), hg. u. eingel. von Leuchtenburg, W.E., Westport 1961, (Neudruck 1978).
- Liberty and the News, New York 1920.
- Public Opinion, New York 1954 (1922).
- Men of Destiny, Seattle/London 1927 (Neudruck 1969).
- The Phantom Public. A Sequel to »Public Opinion«, New York 1925.
- A Preface to Morals, New York 1929. (Deutsche Ausgabe: Die sittliche Lebensform des modernen Menschen, Berlin/Leipzig 1930).
- The Method of Freedom, New York 1934.
- The Good Society, New York 1936. (Deutsche Ausgabe: Die Gesellschaft freier Menschen, Bern 1945).
- Essays in the Public Philosophy. On the Decline and Revival of the Western Society, Boston/Toronto 1955. (Deutsche Ausgabe: Philosophia Publica. Vom Geist des guten Staatswesens, München 1957).

James H. Robinson

- The Conception and Methods of History, in: Rogers, H.J. (Hg.), Congress of Arts and Science. Universal Exposition, St. Louis, 1904, Boston/New York 1906.
- The Development of Modern Europe. An Introduction to the Study of Current History, 2 Bde., New York 1907/1908 (gemeinsam mit Charles A. Beard).
- The New History. Essays Illustrating the Modern Historical Outlook, New York 1912.
- A Journal of Opinion, in: The New Republic, Bd. 4, 1915, S. 9–11.
- The New School, in: School and Society, Jg. 11, 1920, S. 129–32.
- The Mind in the Making. The Relation of Intelligence to Social Reform, New York 1921.
- The Humanizing of Knowledge, New York 1923.
- The Ordeal of Civilization. A Sketch of the Development and World-Wide Diffusion of our Present-Day Institutions and Ideas, New York 1926.
- Religion, in: Beard, Ch.A. (Hg.), Whither Mankind, A Panorama of Modern Civilization, New York 1928, S. 264–86.

- Civilization (1929), in: Encyclopedia Britannica. A New Survey of Universal Knowledge, Bd. 5, Chicago 1962, S. 734–41.
- The Newer Ways of Historians, in: The American Historical Review, Jg. 35, 1930, S. 245–55.
- History of Europe. Our Own Times, Revised Edition, Boston 1935 (gemeinsam mit Charles A. Beard).

Thorstein B. Veblen

- Theorie der feinen Leute. Eine ökonomische Untersuchung der Institutionen, Köln/Berlin 1958 (Neuausgabe Frankfurt a.M. 1993). Originalausgabe: The Theory of the Leisure Class: An Economic Study of the Evolution of Institutions, New York 1899. Seit 1912 unter dem Titel: The Theory of the Leisure Class: An Economic Study of Institutions.
- The Theory of Business Enterprise (1904), Clifton 1973.
- The Place of Science in Modern Civilization and Other Essays (1906), hg. u. eing. von Samuels, W.J., New Brunswick 1990.
- The Instinct of Workmanship and the State of the Industrial Arts (1914), New York 1964.
- The Higher Learning in America. A Memorandum on the Conduct of Universities by Business Men (1918), New York 1965[3].
- The Vested Interests and the Common Man (1919), New York 1964.
- The Engineers and the Price System (1921), New York 1965.
- Absentee Ownership and Business Enterprise in Recent Times. The Case of America (1923), New York 1964.
- The Barbarian Status of Women (1899), in: Essays in Our Changing Order, hg. von Ardzrooni, L., New York 1964[2], S. 50 ff.
- The Economic Theory of Woman's Dress (1894), in: Essays in Our Changing Order, hg. von Ardzrooni, L., New York 1964[2], S. 65 ff.
- What Veblen Taught. Selected Writings of Thorstein Veblen, hg. von Mitchell, W.C., New York 1964[4].

Walter Weyl

- The New Democracy. An Essay on Certain Political and Economic Tendencies in the United States, New York 1912.
- The Brand of the City, in: Harper's Magazine, Bd. 130, 1915, S. 774–5.

b) Forschungsliteratur

Aaker, D.A. u. Day, G.S. (Hg.), Consumerism: Search for the Consumer Interest, New York 1984[4].
Aaron, D., Men of Good Hope. A Story of American Progressives, New York 1961.
Abbott, C., The Metropolitan Frontier: Cities in the Modern American West, Tucson 1993.
Abbott, Ph., Seeking Many Inventions: The Idea of Community in America, Knoxville 1987.
Abzug, R.H., Cosmos Crumbling: American Reform and the Religious Imagination, New York 1994.
Achenbaum, W.A., Social Security: Visions and Revisions, Cambridge/Mass. 1989[2].
–, W(h)ither Social Welfare History?, in: Journal of Social History, Jg. 24, 1990, S. 135–41.
Adams, A. u. Adams, W.P. (Hg.), Die Federalist-Artikel. Politische Theorie und Verfassungskommentar der amerikanischen Gründerväter, Paderborn 1994.

Adams, D.K. u. van Minnen, C.A., Reflections on American Exceptionalism, Staffordshire 1994.
Adams, W.P., Vom Fremden zum Bürger. Einwanderer und amerikanischer Nationalismus, in: Demandt, A. (Hg.), Mit Fremden leben. Eine Kulturgeschichte von der Antike bis zur Gegenwart, München 1995, S. 189–99.
– u. Krakau, K. (Hg.), Deutschland und Amerika: Perzeption und historische Realität, Berlin 1985.
Adorno, Th.W., Veblens Angriff auf die Kultur, in: Kulturkritik und Gesellschaft I: Prismen. Ohne Leitbild (Gesammelte Schriften, Bd. 10,1), Frankfurt a.M. 1977, S. 72–96.
Adrian, Ch.R., A History of American City Government: The Emergence of the Metropolis, 1920–1945, Lanham 1987.
Ahlstrom, S.E., A Religious History of the American People, New Haven 1973².
–, The Problem of the History of Religion in America, in: Church History, Jg. 57, 1988, (Supplement), S. 127–38.
Akam, E.H., Pluralism and the Search for Community: The Social Thought of American Cultural Pluralists, Ph.D.Diss., Univ. of Rochester 1990.
Akin, W.E., Technocracy and the American Dream: The Technocrat Movement, 1900–1941, Berkeley 1977.
Alchon, G., The Invisible Hand of Planning: Capitalism, Social Science, and the State in the 1920s, Princeton 1985.
Alexander, J.C. u. Smith, Ph., The Discourse of American Civil Society: A New Proposal for Cultural Studies, in: Theory and Society, Jg. 22, 1993, S. 151–207.
Alexander, Th.M., John Dewey's Theory of Art, Experience, and Nature: The Horizons of Feeling, Albany 1987.
Allen, A.T., Feminism and Motherhood in Germany, 1800–1914, New Brunswick 1991.
Allen, O.E., New York, New York: A History of the World's Most Exhilarating and Challenging City, New York 1990.
Altschuler, G.C., Race, Ethnicity, and Class in American Social Thought, 1865–1919, Wheeling/Ill. 1982.
Altschull, From Milton to McLuhan: The Ideas Behind American Journalism, New York 1990.
Andersen, K., After Suffrage: Women in Partisan and Electoral Politics before the New Deal, Chicago 1996.
Anderson, Ch., Pragmatic Liberalism, Chicago 1990.
Apel, K.-O., Der Denkweg von Charles S. Peirce. Eine Einführung in den amerikanischen Pragmatismus, Frankfurt a.M. 1975.
Appleby, J., Capitalism and a New Social Order: The Republican Vision of the 1790s, New York 1984.
–, Liberalism and Republicanism in the Historical Imagination, Cambridge/Mass. 1992.
–, Recovering America's Historic Diversity: Beyond Exceptionalism, in: Journal of American History, Jg. 79,1, 1992/93, S. 419–31.
Archdeacon, Th.J., Becoming American: An Ethnic History, New York 1983.
Ariel, Y., On Behalf of Israel: American Fundamentalist Attitudes toward Jews, Judaism, and Zionism, 1865–1945, Brooklyn 1991.
Arjomand, S.A. (Hg.), The Political Dimensions of Religion, Albany 1993.
Arnold, J.L., City Planning in America, in: Mohl, R.A. u. Richardson, J.F. (Hg.), The Urban Experience: Themes in American History, Belmont 1973, S. 14–43.
Ashford, D.E., The Emergence of the Welfare States, New York 1988.
Auerbach, S. (Hg.), Encyclopedia of Multiculturalism, 6 Bde., New York 1994.

Baatz, S., Knowledge, Culture, and Science in the Metropolis: The New York Academy of Sciences, 1817–1970, New York 1990.
Bachrach, P., The Theory of Democratic Elitism: A Critique, Boston 1967.
Bailyn, B., Education in the Forming of American Society, New York 1960.

Bak, H. (Hg.), Multiculturalism and the Canon of American Culture, Amsterdam 1993.
Baker, E.F., Protective Labor Legislation, With Special Reference to Women in the State of New York, New York 1925.
Baker, P., The Moral Frameworks of Public Life: Gender, Politics, and the State in Rural New York, 1870-1930, New York 1991.
-, The Domestication of Politics: Women and American Political Society, 1780-1920, in: Ruiz, V.L. und DuBois, E.C. (Hg.), Unequal Sisters: A Multicultural Reader in U.S. Women's History, New York 1994², S. 85-110.
Banta, M., Taylored Lives: Narrative Productions in the Age of Taylor, Veblen, and Ford, Chicago 1993.
Barbalet, J.M., Citizenship. Rights, Struggle and Class Inequality, Stratford 1988.
Barber, B., The Conquest of Politics. Liberal Philosophy in Democratic Times, Princeton 1988.
-, An Aristocracy of Everyone: The Politics of Education and the Future of America, New York 1992.
-, Strong Democracy: Participatory Politics for a New Age, Berkeley 1994 (1984).
-, Strong Democracy, in: Daly, M. (Hg.), Communitarianism. A New Public Ethic, Belmont 1994, S. 213-24.
Barker-Benfield, G.J., Jane Addams (1860-1935), in: dies. u. Clinton, C. (Hg.), Portraits of American Women: From Settlement to the Present, New York 1991, S. 339-66.
- u. Clinton, C. (Hg.), Portraits of American Women: From Settlement to the Present, New York 1991.
Barloewen, C. von, Werte in der Kulturphilosophie Nord- und Lateinamerikas. Ein systematischer Beitrag zur Geistesgeschichte des amerikanischen Doppelkontinents, Frankfurt a.M. 1989.
Barnard, F.M., Culture and Civilization in Modern Times, in: Dictionary of the History of Ideas, Bd. 1, New York 1973, S. 613-21.
Barnes, H.E., James Harvey Robinson, in: Odum, H. (Hg.), American Masters of Social Science, New York 1927, S. 321-408.
Barnet, J., The Operation of the Initiative, Referendum, and Recall in Oregon, New York 1915.
Barrett, J.R., Americanization from the Bottom Up: Immigration and the Remaking of the Working Class in the United States, 1880-1930, in: Journal of American History, Jg. 79,2, 1992/93, S. 996-1020.
Barrow, C.W., Intellectuals in Contemporary Social Theory: A Radical Critique, in: Sociological Inquiry, Jg. 57, 1987, S. 415-30.
-, Charles A. Beard's Social Democracy: A Critique of the Populist-Progressive Style in American Political Thought, in: Polity, Jg. 21, 1988, S. 253-76.
-, Historical Criticism of the U.S. Constitution in Populist-Progressive Political Theory, in: History of Political Thought, Jg. 9, 1988, S. 111-28.
-, Universities and the Capitalist State: Corporate Liberalism and the Reconstruction of American Higher Education, Madison 1990.
-, From Marx to Madison: The Seligman Connection in Charles Beard's Constitutional Theory, in: Polity, Jg. 24, 1992, S. 379-98.
-, Beyond Progressivism: Charles A. Beard's Social Democratic Theory of American Political Development, in: Studies in American Political Development, Jg. 8, 1994, S. 231-81.
Barry, N.P., The Philosophy of the Welfare State, in: Critical Review, 1990, S. 545-68.
Barth, F. (Hg.), Ethnic Groups and Boundaries: The Social Organization of Cultural Difference, Boston 1969.
Bassin, D. u.a. (Hg.), Representations of Motherhood, New Haven 1994.
Baumrin, B. u. Freedman, B. (Hg.), Moral Responsibility and the Professions, New York 1982.
Bayles, M.D., Professional Ethics, Belmont 1981.
Beale, H. (Hg.), Charles A. Beard. An Appraisal, Lexington 1954.

Beard, R. u. Berlowitz, L.C. (Hg.), Greenwich Village: Culture and Counterculture, New Brunswick 1993.
Becker, S.D., The Origins of the Equal Rights Amendment: American Feminism between the Wars, Westport 1981.
Bederman, G., Manliness and Civilization: A Cultural History of Gender and Race in the United States, 1880–1917, Chicago 1995.
Bednarowski, M.F., American Religion: A Cultural Perspective, Englewood Cliffs 1984.
Bell, D., Ethnicity and Social Change, in: Glazer, N. u. Moynihan, D.P. (Hg.), Ethnicity: Theory and Experience, Cambridge/Mass. 1975, S. 141–75.
–, The Coming of Post-Industrial Society, New York 1976.
–, The Cultural Contradictions of Capitalism, New York 1976.
–, Veblen and the Technocrats, in: ders., The Winding Passage: Essays and Sociological Journeys 1960–1980, New York 1980, S. 69–90.
–, The »Intelligentsia« in American Society, in: ders., The Winding Passage: Essays and Sociological Journeys 1960–1980, New York 1980, S. 119–37.
–, The End of American Exceptionalism, in: ders., The Winding Passage: Essays and Sociological Journeys 1960–1980, New York 1980, S. 245–71.
–, The Return of the Sacred? The Argument on the Future of Religion, in: ders., The Winding Passage: Essays and Sociological Journeys 1960–1980, New York 1980, S. 324–54.
–, The »Hegelian Secret«: Civil Society and American Exceptionalism, in: Shafer, B.E. (Hg.), Is America Different?: A New Look at American Exceptionalism, New York 1991, S. 46–70.
–, Kulturkriege. Intellektuelle in Amerika, 1965–1990, in: Meyer, M. (Hg.), Intellektuellendämmerung? Beiträge zur neuesten Zeit des Geistes, München 1992, S. 113–68.
Bellah, R.N., Civil Religion in America, in: ders., Beyond Belief. Essays on Religion in a Post-Traditional World, New York 1970, S. 168–89.
–, Religion and Polity in America, in: Andower Newton Quarterly, Jg. 15, 1974, S. 107–23.
–, Religion and the Legitimation of the American Republic, in: ders. u. Hammond, Ph.E., Varieties of Civil Religion, San Franzisko 1980, S. 3–26.
–, Zivilreligion in Amerika, in: Kleger, H. u. Müller, R. (Hg.), Religion des Bürgers. Zivilreligion in Deutschland und Amerika, München 1986, S. 19–41.
–, Die Religion und die Legitimation der amerikanischen Republik, in: Kleger, H. u. Müller, R. (Hg.), Religion des Bürgers. Zivilreligion in Deutschland und Amerika, München 1986, S. 19–41.
–, Citizenship, Diversity, and the Search for the Common Good, in: Calvert, R.E. (Hg.), »The Constitution of the People«: Reflections on Citizens and Civil Society, Lawrence 1991, S. 47–63.
–, The Broken Covenant: American Civil Religion in Time of Trial, New York 1992².
– u. Ph.E. Hammond, Varieties of Civil Religion, San Franzisko 1980.
– u.a., Habits of the Heart. Individualism and Commitment in American Life, Berkeley/Los Angeles 1985 (Deutsche Ausgabe: Gewohnheiten des Herzens. Individualismus und Gemeinsinn in der amerikanischen Gesellschaft, Köln 1987).
– u.a., Individualism and Commitment in American Life. Readings on the Themes of Habits of the Heart, New York 1987.
– u.a., The Good Society, New York 1991.
Bellamy, R., Liberalism and Modern Society. A Historical Argument, University Park 1992.
Ben-David, J., The Scientist's Role in Society, Englewood Cliffs 1971.
Bender. Th., Toward an Urban Vision: Ideas and Institutions in Nineteenth Century America, Lexington 1975.
–, Community and Social Change in America, New Brunswick 1978.
–, The Cultures of Intellectual Life: The City and the Professions, in: Higham, J. u. Conkin, P. (Hg.), New Directions in American Intellectual History, Baltimore 1979, S. 181–95.
–, In Retrospect. The New History: Then and Now, in: Reviews in American History, Jg. 12, 1984, S. 612–22.

–, The Erosion of Public Culture: Cities, Discourses, and Professional Disciplines, in: Haskell, Th.L. (Hg.), The Authority of Experts, Bloomington 1984, S. 84–106.
–, New York Intellect: A History of Intellectual Life in New York City, from 1750 to the Beginnings of Our Own Time, New York 1987.
–, Metropolitan Life and the Making of Public Culture, in: Mollenkopf, J.H. (Hg.), Power, Culture, and Place: Essays on New York City, New York 1988, S. 261–71.
–, New York in Theory, in: Berlowitz, L. u.a. (Hg.), America in Theory, New York 1988, S. 53–68.
–, The Culture of the Metropolis, in: Journal of Urban History, Jg. 14, 1988, S. 492–502.
– (Hg.), The University and the City. From Medieval Origins to the Present, New York 1988.
–, Social Science, Objectivity, and Pragmatism, in: Annals of Scholarship, Jg. 9, 1992, S. 183–97.
–, Intellect and Public Life: Essays on the Social History of Academic Intellectuals in the United States, Baltimore 1993.
– u. Schorske, C.E. (Hg.), Budapest and New York: Studies in Metropolitan Transformation, 1870–1930, New York 1994.
– u. Sennett, R., New York und seine Intellektuellen, in: Prigge, W., (Hg.), Städtische Intellektuelle. Urbane Milieus im 20. Jahrhundert, Frankfurt a.M. 1992, S. 182–95.
Benhabib, S., The Generalized and the Concrete Other: The Kohlberg-Gilligan Controversy and Moral Theory, in: Kittay, E.F. u. Meyers, D.T. (Hg.), Women and Moral Theory, Totowa 1987, S. 154–77.
– u. Cornell, D., Feminism as Critique: On the Politics of Gender, Minneapolis 1987.
Bensman, J. u. Vidich, A.J., The New American Society: The Revolution of the Middle Class, Chicago 1971.
Benson, L., Turner and Beard: American Historical Writing Reconsidered, New York 1960, 1966².
von Bergen, W. u. Pehle, W.H. (Hg.), Denken im Zwiespalt. Über den Verrat von Intellektuellen im 20. Jahrhundert, Frankfurt a.M. 1996.
Bering, D., Die Intellektuellen. Geschichte eines Schimpfworts, Stuttgart 1978.
Berkin, C.R., Not Separate, Not Equal, in: dies. u. Norton, M.B. (Hg.), Women in America: A History, Boston 1979, S. 273–88.
– u. Norton, M.B. (Hg.), Women in America: A History, Boston 1979.
Berkowitz, E.D., Social Welfare and the American State, in: Critchlow, D.T. u. Hawley, E.W. (Hg.), Federal Social Policy: The Historical Dimension, University Park 1988, S. 171–200.
–, America's Welfare State: From Roosevelt to Reagan, Baltimore 1991.
–, How to Think about the Welfare State, in: Labor History, Jg. 32, 1991, S. 489–502.
– u. McQuaid, K., Creating the Welfare State: The Political Economy of Twentieth-Century Reform, New York 1988.
Berlowitz, L. u.a. (Hg.), America in Theory, New York 1988.
Bernard, J., Academic Women, Univ. Park 1964.
Bernstein, R.J., John Dewey, New York 1967.
–, Dewey, Democracy: The Task Ahead of Us, in: Rajchman, J. u. West, C. (Hg.), Post-Analytical Philosophy, New York 1985, S. 48–62.
–, The Resurgence of Pragmatism, in: Social Research, Jg. 59, 1992, S. 813–40.
Berry, B.J.L., The Human Consequences of Urbanization, New York 1973.
Bertilsson, M., The Welfare State, the Professions and Citizens, in: Burrage, M. u. Torstendahl, R. (Hg.), Professions in Theory and History: Rethinking the Study of the Professions, Newbury Park 1990, S. 114–33.
Biddiss, M., Intellectual and Cultural Revolution, 1890–1914, in: Hayes, P. (Hg.), Themes in Modern European History, 1890–1945, New York 1992, S. 83–105.
Biel, St., Independent Intellectuals in the United States, 1910–1945, New York 1992.
Billington, D.P., The Innovators: The Engineering Pioneers Who Made America Modern, New York 1996.

Binder, F.M. u. Reimers, D.M., All the Nations under Heaven: An Ethnic and Racial History of New York City, New York 1995.
Birch, E.L., Woman-Made America: The Case of Early Public Housing Policy, in: Krueckeberg, D.A. (Hg.), The American Planner: Biographies and Recollections, Piscataway 1994², S. 149–75.
–, From Civic Worker to City Planner: Women and Planning, in: Krueckeberg, D.A. (Hg.), The American Planner: Biographies and Recollections, Piscataway 1994², S. S. 396–427.
Birnbaum, N., The Radical Renewal: The Politics of Ideas in Modern America, New York 1988.
Bischoff, V. u. Mania, M., »Melting-Pot«-Mythen als Szenarien amerikanischer Identität zur Zeit der »New Immigration«, in: Giesen, B. (Hg.), Nationale und kulturelle Identität als Problem der europäischen Neuzeit, Frankfurt a.M. 1991, S. 518–36.
Bjork, D.W., William James: The Center of His Vision, New York 1988.
Black, N., Social Feminism, Ithaca 1989.
Blair, K.J., The Clubwoman as Feminist: True Womanhood Redefined, 1868–1914, New York 1980.
Bledstein, B., The Culture of Professionalism: The Middle Class and the Development of Higher Education in America, New York 1976.
Bloom, A., The Closing of the American Mind, New York 1987. (Deutsche Ausgabe: Der Niedergang des amerikanischen Geistes, Hamburg 1988).
–, Prodigal Sons: The New York Intellectuals and Their World, New York 1988.
Bloom, H., The American Religion: The Emergence of the Post-Christian Nation, New York 1992.
Blum, D.St., Walter Lippmann: Cosmopolitanism in the Century of Total War, Ithaca 1984.
Blumin, St.M., The Emergence of the Middle Class. Social Experience in the American City, 1760–1900, Cambridge/Mass. 1989.
Bock, G., Weibliche Armut, Mutterschaft und Rechte von Müttern in der Entstehung des Wohlfahrtsstaats, 1890–1950, in: Duby, G. u. Perrot, M. (Hg.), Geschichte der Frauen, Bd. V, Frankfurt a.M. 1995, S. 427–62.
– u. James, S. (Hg.), Beyond Equality and Difference: Citizenship, Feminist Politics and Female Subjectivity, London 1992.
– u. Thane, P. (Hg.), Maternity and Gender Policies: Women and the Rise of the European Welfare States, 1880s-1950s, London 1991.
Bodnar, J., The Transplanted: A History of Immigrants in Urban America, Bloomington 1985.
–, Culture Without Power: A Review of John Higham's *Strangers in the Land*, in: Journal of American Ethnic History, Jg. 10, 1990/91, S. 80–86.
John Bodnar's *The Transplanted*: A Roundtable, in: Social Science History, Jg. 12, 1988, S. 217–68.
Borning, B.C., The Political and Social Thought of Charles A. Beard, Seattle 1962.
Boesche, R., The Strange Liberalism of Alexis de Tocqueville, Ithaca 1987.
Bourdieu, P., Homo Academicus, Frankfurt a.M. 1988.
–, Sozialer Sinn. Kritik der theoretischen Vernunft, Frankfurt a.M. 1993.
Bourne, R.S., War and the Intellectuals: Collected Essays 1915–1919, hg. v. Resek, C., New York 1964.
Bowman, S.R., The Modern Corporation and American Political Thought: Law, Power, and Ideology, University Park 1996.
Boydston, J.A., John Dewey and the New Feminism, in: Teachers College Record, Jg. 76, 1975, S. 441–48.
Boyer, M.Chr., Dreaming the Rational City: The Myth of American City Planning, Cambridge/Mass. 1983.
Boyte, H.C., Community is Possible: Repairing America's Roots, New York 1984.
–, CommonWealth: A Return to Citizen Politics, New York 1989.
Braeman, J., Charles A. Beard: The English Experience, in: Journal of American Studies, Jg. 15, 1981, S. 165–89.

–, What Is the Good of History? The Case of James Harvey Robinson, in: Amerikastudien, Jg. 30, 1985, S. 75–89.
–, The New Deal: The Collapse of the Liberal Consensus, in: Canadian Review of American Studies, Jg. 20, 1989, S. 41–80.
Breisach, E., American Progressive History. An Experiment in Modernization, Chicago 1993.
Brent, J., Charles Sanders Peirce: A Life, Bloomington 1993.
Brewer, J. u. Porter, R. (Hg.), Consumption and the World of Goods, London 1993.
Brickman, W.H., Dewey's Social and Political Commentary, in: Boydston, J.A. (Hg.), Guide to the Works of John Dewey, Carbondale 1970, S. 218–56.
Bridges, A., Rethinking the Origins of Machine Politics, in: Mollenkopf, J.H. (Hg.), Power, Culture, and Place: Essays on New York City, New York 1988, S. 53–73.
van den Brink, B. u. von Reijen, W. (Hg.), Bürgergesellschaft, Recht und Demokratie, Frankfurt a.M. 1995.
Brinkley, A., The Problem of American Conservatism, in: American Historical Review, Jg. 99, 1994, S. 409–29.
–, The End of Reform: New Deal Liberalism in Recession and War, New York 1995.
Brint, St., In an Age of Experts: The Changing Role of Professionals in Politics and Public Life, Princeton 1994.
Brinton, C., The New History: Twenty-five Years Later, in: Journal of Social Philosophy, Jg. 1, 1936, S. 134–47.
Brock, W.R., Investigation and Responsibility: Public Responsibility in the United States, 1865–1900, Cambridge/Mass. 1984.
–, Welfare, Democracy, and the New Deal, New York 1988.
Broesamle, J.J., Reform and Reaction in Twentieth Century American Politics, New York 1990.
Brooke, J.H., Science and Religion: Some Historical Perspectives, New York 1991.
Brown, D.M., Setting a Course: American Women in the 1920s, Boston 1987.
Brown, G., Domestic Individualism: Imagining Self in Nineteenth-Century America, Berkeley 1990.
Brown, J.E. u. Reagan, P.D. (Hg.), Volutarism, Planning, and the State: The American Planning Experience, 1914–1946, New York 1988.
Brown, M.C. u. Halaby, C.N., Machine Politics in America, 1870–1945, in: Journal of Urban History, Jg. 17, 1987, S. 587–612.
Brown, R.D., Knowledge is Power: The Diffusion of Information in Early America, 1700–1865, New York 1989.
Brown, R.E., Charles Beard and the Constitution. A Critical Analysis of »An Economic Interpretation of the Constitution«, New York 1965.
Brownell, B.A., Interpretations of Twentieth Century Urban Progressive Reform, in: Colburn D.R. und Pozetta G.E. (Hg.), Reform and Reformers in the Progressive Era, Westport 1983, S. 3–24.
Brubaker, W.R. (Hg.), Immigration and the Politics of Citizenship in Europe and North America, Univ. Press of America 1989.
–, Citizenship and Nationhood in France and Germany, Cambridge/Mass. 1992.
Bruce, M.C., The Unfinished Universe: William James, Pragmatism, and the American Intellectual, Ph.D.Diss., Yale University 1990.
Bruce, S. (Hg.), Religion and Modernization: Sociologists and Historians Debate the Secularization Thesis, New York 1992.
vom Bruch, R., Gesellschaftliche Funktionen und politische Rollen des Bildungsbürgertums im Wilhelminischen Reich. Zum Wandel von Milieu und politischer Kultur, in: Kocka, J. (Hg.), Bildungsbürgertum im 19. Jahrhundert, Teil IV: Politischer Einfluß und gesellschaftliche Formation, Stuttgart 1989, S. 146–79.
–, Von der Sozialethik zur Sozialtechnologie? Neuorientierungen in der deutschen Sozialwissenschaft um 1900, in: Hübinger, G. u.a. (Hg.), Kultur und Kulturwissenschaften um 1900, Bd. II: Idealismus und Positivismus, Stuttgart 1997, S. 260–76.

- u.a. (Hg.), Kultur und Kulturwissenschaften um 1900. Krise der Moderne und Glaube an die Wissenschaft, Stuttgart 1989.
Brumlik, M., Der »Kommunitarismus«. Letzten Endes eine empirische Frage?, in: Zahlmann, Chr. (Hg.), Kommunitarismus in der Diskussion. Eine streitbare Einführung, Berlin 1992, S. 94–101.
- u. Brunkhorst, H. (Hg.), Gemeinschaft und Gerechtigkeit, Frankfurt a.M. 1993.
Brunkhorst, H., Der Intellektuelle im Land der Mandarine, Frankfurt a.M. 1987.
-, Solidarität unter Fremden, Frankfurt a.M. 1997.
Buechler, St.M., Women's Movements in the United States: Woman Suffrage, Equal Rights, and Beyond, New Brunswick 1990.
Buenker, J.D., The Progressive Era: A Search for a Synthesis, in: Mid-America, Jg. 51, 1969, S. 175–93.
-, Urban Liberalism and Progressive Reform, New York 1973.
-, Sovereign Individuals and Organic Networks: Political Cultures in Conflict During the Progressive Era, in: American Quarterly, Jg. 40, 1988, S. 187–204.
- u.a., Progressivism, Cambridge/Mass. 1977.
- u. Burckel, N.C., Progressive Reform: A Guide to Information Sources, Detroit 1980.
- u. Burckel, N.C. (Hg.), Immigration and Ethnicity: A Guide to Information Sources, Detroit 1977.
- u. Kantowicz, E.R. (Hg.), Historical Dictionary of the Progressive Era, 1890–1920, Westport 1988.
- u. Ratner, L.A. (Hg.), Multiculturalism in the United States: A Comparative Guide to Acculturation and Ethnicity, Westport 1992.
Buhle, M.J. u.a. (Hg.), Encyclopedia of the American Left, New York 1990.
- u.a. (Hg.), The American Radical, Routledge 1994.
Bulman, R.F., »Myth of Origin,« Civil Religion and Presidential Politics, in: Journal of Church and State, Jg. 33, 1991, S. 525–40.
Bulmer, M., The Chicago School of Sociology: Institutionalization, Diversity and the Rise of Sociological Research, Chicago 1984.
Burlingame, D.F. (Hg.), The Responsibilities of Wealth, Bloomington 1992.
Burnett, J.R., The Relation of Dewey's Aesthetics to his Overall Philosophy, in: The Journal of Aesthetic Education, Jg. 23, 1989, S. 51–54.
Burnham, A., New York City: The Development of the Metropolis: An Annotated Bibliography, New York 1988.
Burnham, J.C., The Cultural Interpretation of the Progressive Movement, in: ders., Paths into American Culture: Psychology, Medicine, and Morals, Philadelphia 1988, S. 208–28.
Burrage, M. u. Torstendahl, R. (Hg.), Professions in Theory and History: Rethinking the Study of the Professions, Newbury Park 1990.

Calhoun, Ch.W. (Hg.), The Gilded Age: Essays on the Origins of Modern America, Wilmington 1996.
Calhoun, D.H., The American Civil Engineer: Origins and Conflict, Cambridge/Mass. 1960.
Callahan, R.E., Education and the Cult of Efficiency, Chicago 1962.
Callow, A.B. Jr. (Hg.), American Urban History: An Interpretive Reader With Commentaries, New York 1982.
Calvert, M.A., The Mechanical Engineer in America, 1830–1910, Baltimore 1967.
Calvert, R.E. (Hg.), »The Constitution of the People«: Reflections on Citizens and Civil Society, Lawrence 1991.
Campbell, J., George Herbert Mead: Philosophy and the Pragmatic Self, in: Singer, M.G. (Hg.), American Philosophy, Cambridge/Engl. 1985, S. 91–114.
-, The Community Reconstructs: The Meaning of Pragmatic Social Thought, Illinois 1992.
-, Understanding John Dewey, Chicago 1995.
Cancian, F.M., Love in America: Gender and Self-Development, Cambridge/Mass. 1987.

Caputo, R.K., Welfare and Freedom American Style: The Role of the Federal Government, 1900–1940, Lanham 1991.
Carey, J.W., Communication as Culture: Essays on Media and Society, London 1989.
Carroll, B., Mary Beard's Woman as Force in History: A Critique, in: dies. (Hg.), Liberating Women's History. Theoretical and Critical Essays, Urbana 1976, S. 26–41.
Carson, M., Settlement Folk: Social Thought and the American Settlement Movement, 1885–1930, Chicago 1990.
Cashman, S.D., American in the Age of the Titans: The Progressive Era and World War I, New York 1988.
Cerillo, A. Jr., The Impact of Reform Ideology: Early Twentieth-Century Municipal Government in New York City, in: Ebner, M.H. u. Tobin, E.M. (Hg.), The Age of Urban Reform: New Perspectives on the Progressive Era, Port Washington 1977, S. 68–85.
–, Reform in New York City: A Study of Urban Progressivism, New York 1991.
Chafe, W.H., The American Woman: Her Changing Social, Economic, and Political Role, 1920–1970, New York 1972.
–, Women and Equality: Changing Patterns in American Culture, New York 1977.
–, The Paradox of Change: American Women in the 20th Century, New York 1991.
Chalmers, D.M., The Social and Political Ideas of the Muckrakers, New York 1964.
Chamberlain, M.K. (Hg.), Women in Academe: Progress and Prospects, New York 1988.
Chambers, C.A., Women in the Creation of the Profession of Social Work, in: Cott, N.F. (Hg.), History of Women in the United States. Historical Articles on Women's Lives and Activities, Bd. 8,2, München 1992–94, S. 543–75.
Chambers, J.W., The Tyranny of Change: America in the Progressive Era, 1900–1917, New York 1980.
Chandler, A.D., The Visible Hand: The Managerial Revolution in American Business, Cambridge/Mass. 1976.
Chapman, J.W. u. Galston, W.A. (Hg.), Virtue, New York 1992.
– u. Shapiro, I. (Hg.), Democratic Community, New York 1993.
Chidester, D., Patterns of Power: Religion and Politics in American Culture, Englewood Cliffs 1988.
Childs, M. u. Reston, J. (Hg.), Walter Lippmann and His Times, New York 1959.
Chodorow, N., The Reproduction of Mothering, Berkeley 1978.
Citrin, J. u.a., American Identity and the Politics of Ethnic Change, in: Journal of Politics, Jg. 52, 1990, S. 1124–54.
Cladis, M.S., A Communitarian Defense of Liberalism: Emile Durkheim and Contemporary Social Theory, Stanford 1992.
Clark, B.R., Educating the Expert Society, San Franzisko 1962.
– (Hg.), The Academic Profession: National, Disciplinary, and Institutional Settings, Berkeley 1987.
Clayton, B., Forgotten Prophet: The Life of Randolph Bourne, Baton Rouge 1984.
Coben, St., Rebellion against Victorianism: The Impetus for Cultural Change in 1920s America, New York 1991.
Cohen, D.S., Reflections on American Ethnicity, in: New York History, Jg. 72, 1991, S. 319–36.
Cohen, J.L. u. Arato, A., Civil Society and Political Theory, Cambridge/Mass. 1992.
Cohen, M. u. Hanagan, M., The Politics of Gender and the Making of the Welfare State, 1900–1940: A Comparative Perspective, in: Journal of Social History, Jg. 24, 1991, S. 469–84.
Colburn D.R. und Pozetta G.E. (Hg.), Reform and Reformers in the Progressive Era, Westport 1983.
Coleman, The World of Interventionism, 1880–1940, in: Eden, R. (Hg.), The New Deal and Its Legacy: Critique and Reappraisal, Westport 1989, S. 49–76.
Coll, B.D., Safety Net: Welfare and Social Security, 1929–1979, New Brunswick 1995.
Collier, J.L., The Rise of Selfishness in America, New York 1991.

Collini, St., Public Moralists: Political Thought and Intellectual Life in Britain, 1850–1930, New York 1991.
Commager, H.St., The American Mind: An Interpretation of American Thought and Character since the 1880s, New Haven 1950.
Conkin, P.K., Puritans and Pragmatists: Eight Eminent American Thinkers, New York 1968.
Conover, P.J. u.a., The Nature of Citizenship in the United States and Great Britain: Empirical Comments on Theoretical Themes, in: Journal of Politics, Jg. 53, 1991, S. 800–32.
Conze, W. u. Kocka, J. (Hg.), Bildungsbürgertum im 19. Jahrhundert, Teil I: Bildungssystem und Professionalisierung in internationalen Vergleichen, Stuttgart 1985.
Conzen, K.N., The New Urban History, in: Gardner, J.B. u. Adams, G.R. (Hg.), Ordinary People and Everyday Life: Perspectives on the New Social History, Nashville 1983, S. 67–90.
– u. Ebner, M., Moderne Stadtgeschichtsforschung in den USA, in: Engeli, C. u. Matzerath, H. (Hg.), Moderne Stadtgeschichtsforschung in Europa, USA und Japan, Ein Handbuch, Stuttgart 1989, S. 197–218.
Cooke, M.L., How About It.
Cooney, T.A., The Rise of the New York Intellectuals: Partisan Review and Its Circle, Madison 1986.
–, New York Intellectuals and the Question of Jewish Identity, in: American Jewish History, Jg. 80, 1991, S. 344–60.
–, Balancing Acts: American Thought and Culture in the 1930s, New York 1995.
Cooper, J.M., Pivotal Decades: The United States, 1900–1920, New York 1990.
Cotkin, G., Ralph Waldo Emerson and William James as Public Philosophers, in: Historian, Jg. 49, 1986, S. 49–63.
–, William James, Public Philosopher, Baltimore 1990.
–, Reluctant Modernism: American Thought and Culture, 1880–1900, New York 1992.
–, Middle-Ground Pragmatists: The Popularization of Philosophy in American Culture, in: Journal of the History of Ideas, Jg. 55, 1994, S. 283–302.
Cott, N.F., Feminist Politics in the 1920s: The National Woman's Party, in: Journal of American History, Jg. 71,1, 1984, S. 43–68.
–, The Grounding of Modern Feminism, New Haven 1987.
–, What's in a Name? The Limits of »Social Feminism«; or, Expanding the Vocabulary of Women's History, in: Journal of American History, Jg. 76,2, 1989/90, s. 809–29.
–, Across the Great Divide: Women in Politics Before and After 1920, in: Tilly, L.A. u. Gurin, P. (Hg.), Women, Politics, and Change, New York 1990, S. 153–76.
–, Two Beards: Coauthorship and the Concept of Civilization, in: American Quarterly, Jg. 42, 1990, S. 274–300.
– (Hg.), A Woman Making History: Mary Ritter Beard Through Her Letters, New Haven/Conn. 1991.
–, Putting Women on the Record. Mary Beard's Accomplishment, in: dies. (Hg.), A Woman Making History: Mary Ritter Beard Through Her Letters, New Haven/Conn. 1991, S. 1–62.
– (Hg.), History of Women in the United States. Historical Articles on Women's Lives and Activities, 20 Bde., München 1992–94.
Cowley, M. u. Smith, B. (Hg.), Books That Changed Our Minds: A Symposium, New York 1939.
Cremin, L.A., American Education: The Metropolitan Experience, 1876–1980, New York 1988, 1990².
Critchlow, D.T. u. Hawley, E.W. (Hg.), Federal Social Policy: The Historical Dimension, University Park 1988.
Croce, P.J., Science and Religion in the Era of William James, Bd. 1: Eclipse of Certainty, 1820–1880, Chapel Hill 1995.
Cronin, Th.E., Direct Democracy. The Politics of Initiative, Referendum, and Recall, Cambridge/Mass.

Cross, G., Time and Money: The Making of Consumer Culture, New York 1993.
Crunden, R.M., Ministers of Reform: The Progressives' Achievement in American Civilization, 1889–1920, New York 1982.
–, American Salons: Encounters with European Modernism, 1885–1917, New York 1983.
–, A Brief History of American Culture, New York 1994².
Curry, R.O. u. Goodheart, L.B. (Hg.), American Chameleon: Individualism in Trans-National Context, Kent 1991.
Curtis, S., A Consuming Faith: The Social Gospel and Modern American Culture, Baltimore 1991.

Dahlberg. J.S., The New York Bureau of Municipal Research. Pioneer in Government Administration, New York 1966.
Dahms, H.-J., Positivismusstreit. Die Auseinandersetzungen der Frankfurter Schule mit dem logischen Positivismus, dem amerikanischen Pragmatismus und dem kritischen Rationalismus, Frankfurt a.M. 1994.
Dahrendorf, R., Die angewandte Aufklärung. Gesellschaft und Soziologie in Amerika, Frankfurt a.M. 1968.
–, A History of the London School of Economics and Political Science 1895–1995, Oxford 1995.
Daly, M. (Hg.), Communitarianism. A New Public Ethic, Belmont 1994.
Dam, H., Intellectual Odyssey of Walter Lippmann, New York 1973.
Damico, A.J., Individuality and Community: The Social and Political Thought of John Dewey, Gainesville 1978.
Danbom, D.B., »The World of Hope«: Progressives and the Struggle for an Ethical Public Life, Philadelphia 1987.
Daniels, D., Building a Winning Coalition: The Suffrage Fight in New York State, in: New York History, Jg. 60, 1979, S. 59–80.
Daniels, R., Coming to America: A History of Immigration and Ethnicity in American Life, New York 1991.
Daugert, St.M., The Philosophy of Thorstein Veblen, New York 1950.
Davis, A.F., Spearheads for Reform: The Social Settlements and the Progressive Movement, 1890–1914, New York 1967 (1984²).
Dawley, A., Struggles for Justice: Social Responsibility and the Liberal State, Cambridge/Mass. 1991.
Dawson, H.J., E.B. Tylor's Theory of Survivals and Veblen's Social Criticism, in: Journal of the History of Ideas, Jg. 54, 1993, S. 489–504.
Dawson, J.C., The Religion of Democracy in Early Twentieth Century America, in: Journal of Church and State, Jg. 27, 1985, S. 47–63.
Dean, W., The Religious Critic in American Culture, Albany 1994.
Debouzy, M., (Hg.), In the Shadow of the Statue of Liberty: Immigrants, Workers, and Citizens in the American Republic, 1890–1920, Urbana 1992.
Deegan, M.J., Jane Addams and the Men of the Chicago School, 1892–1918, New Brunswick 1988.
Degler, C.N., In Search of Human Nature: The Decline and Revival of Darwinism in American Social Thought, New York 1991.
Delaney, C.F., Science, Knowledge, and Mind: A Study in the Philosophy of C.S. Peirce, Notre Dame 1993.
Demandt, A. (Hg.), Mit Fremden leben. Eine Kulturgeschichte von der Antike bis zur Gegenwart, München 1995.
Dente, L.A., Veblen's Theory of Social Change, New York 1977.
Derber, M., The American Idea of Industrial Democracy, 1865–1965, Urbana 1970.
Dickman, H., Industrial Democracy in America: Ideological Origins of National Labor Relations Policy, La Salle 1987.
Dietz, M.G., Context Is All: Feminism and Theories of Citizenship, in: Daedalus, Jg. 116, 1987, S. 1–24.

–, Citizenship With a Feminist Face: The Problem With Maternal Thinking, in: Political Theory, Jg. 13, 1985, S. 19–38.
DiGaetano, A., Urban Political Reform: Did It Kill the Machine?, in: Journal of Urban History, Jg. 18, 1991, S. 37–67.
Diggins, J.P., The American Left in the Twentieth Century, New York 1973.
–, Animism and the Origins of Alienation: The Anthropological Perspective of Thorstein Veblen, in: History and Theory, Jg. 16, 1977, S. 113–36.
–, Bard of Savagery: Thorstein Veblen and Modern Social Theory, New York 1978.
–, Power and Authority in American History: The Case of Charles A. Beard and His Critics, in: American Historical Review, Jg. 86, 1981, S. 701–30.
–, The Lost Soul of American Politics: Virtue, Self-Interest, and the Foundations of Liberalism, New York 1984.
–, Republicanism and Progressivism, in: American Quarterly, Jg. 37, 1985, S. 572–98.
–, John Dewey: Philosopher in the Schoolroom, in: Wilson Quarterly, Jg. 13, 1989, S. 76–83.
–, The Rise and Fall of the American Left, New York 1992².
–, The Promise of Pragmatism. Modernism and the Crisis of Knowledge and Authority, Chicago 1994.
–, Die Intellektuellen in den USA von der Aufklärung bis zur Reagan-Ära, in: Comparativ, Jg. 5, 1995, Heft 6, S. 15–43.
Dingwall, R. u. Lewis, Ph. (Hg.), The Sociology of the Professions: Lawyers, Doctors and Others, London 1983.
Diner, S.J., A City and Its Universities. Public Policy in Chicago, 1892–1919, Chapel Hill 1980.
Dinkin, R.J., Before Equal Suffrage: Women in Partisan Politics from Colonial Times to 1920, Westport 1994.
Dinnerstein, L., Uneasy at Home. Antisemitism and the American Jewish Experience, New York 1987.
–, A History of American Antisemitism, New York 1994.
– u.a., Natives and Strangers: Ethnic Groups and the Building of America, New York 1979.
D'Innocenzo, M. u. Sirefman, J.P. (Hg.), Immigration and Ethnicity: American Society – »Melting Pot« or »Salad Bowl«?, New York 1992.
Donnelly, M.C., The American Victorian Woman: The Myth and the Reality, New York 1986.
Donovan, J., Feminist Theory: The Intellectual Traditions of American Feminism, New York 1985.
Dorfman, J., Thorstein Veblen and His America, Clifton 1972⁷ (1934).
Dorreboom, I., »The Challenge of Our Time«: Woodrow Wilson, Herbert Croly, Randolph Bourne and the Making of Modern America, Amsterdam/Atlanta 1991.
Doucet, M. u. Weaver, J., Housing the North American City, Montreal 1991.
Douglas, M. u. Tipton, St. (Hg.), Religion in America: Spirituality in a Secular Age, Boston 1983.
Dowd, D.F. (Hg.), Thorstein Veblen: A Critical Reappraisal, Ithaca 1965.
Dreiser, Th., The Color of a Great City, New York 1916.
Drescher, S., Dilemmas of Democracy: Tocqueville and Modernization, Pittsburgh 1968.
Dubbert, J., Progressivism and the Masculinity Crisis, in: Pleck, E.H. u. Pleck, J.H. (Hg.), The American Man, Englewood Cliffs 1980.
Dubofsky, M. (Hg.), The New Deal: Conflicting Interpretations and Shifting Perspectives, New York 1992.
DuBois, E.C., Working Women, Class Relations, and Suffrage Militance: Harriot Stanton Blatch and the New York Woman Suffrage Movement, 1894–1909, in: Journal of American History, Jg. 74,1, 1987, S. 34–58.
– u.a., Feminist Scholarship: Kindling in the Groves of Academe, Urbana 1985.
– u. Ruiz, V.L. (Hg.), Unequal Sisters: A Multi-Cultural Reader in U.S. Women's History, New York 1990.

Duby, G. u. Perrot, M. (Hg.), Geschichte der Frauen, 5 Bde., Frankfurt a.M. 1992–95.
Dumenil, L., The Modern Temper: American Culture and Society in the 1920s, New York 1995.
Dwyer, J., Dewey's Conception of Philosophy, in: Metaphilosophy, Jg. 22, 1991, S. 190–202.
Dye, N.S., Feminism or Unionism? The New York Women's Trade Union League and the Labor Movement, in: Feminist Studies, Jg. 3, 1975, S. 111–25.
–, Creating a Feminist Alliance: Sisterhood and Class Conflict in the New York Women's Trade Union League, 1903–1914, in: Feminist Studies, Jg. 2, 1975, S. 24–38.
–, As Equals and As Sisters: Feminism, the Labor Movement, and the Women's Trade Union League of New York, Columbia/Mo. 1980.
Dykhuisen, G., The Life and Mind of John Dewey, Carbondale 1973.

Eagleton, T., Ästhetik: Geschichte ihrer Ideologien, Stuttgart 1994.
Ebner, M.H., Urban History: Retrospect and Prospect, in: Journal of American History, Jg. 68, 1981, S. 69–84.
– u. Tobin, E.M. (Hg.), The Age of Urban Reform: New Perspectives on the Progressive Era, Port Washington 1977.
Eby, C.V., Veblens Anti-Anti-Feminism, in: Canadian Review of American Studies (Calgary), (Special issue, Part II, 1992), S. 215–38.
–, Babbitt as Veblenian Critique of Manliness, in: American Studies, Jg. 34, 1993, S. 5–23.
–, Thorstein Veblen and the Rhetoric of Authority, in: American Quarterly, Jg. 46, 1994, S. 139–73.
Eden, R. (Hg.), The New Deal and Its Legacy: Critique and Reappraisal, Westport 1989.
Edgell, St. u. Tilman, R., The Intellectual Antecedents of Thorstein Veblen: A Reappraisal, in: Journal of Economic Issues, Jg. 23, 1989, S. 1003–26.
Edman, I., Dewey and Art, in: Hook, S. (Hg.), John Dewey: Philosopher of Science and Freedom, New York 1950, S. 47–65.
Ehrenreich, B., Fear of Falling: The Inner Life of the Middle Class, New York 1989.
Ehrlich, R. (Hg.), Immigrants in Industrial America, Charlottesville 1977.
Eicher, P., Bürgerliche Religion. Eine theologische Kritik, München 1983.
Eisele, J.C., John Dewey and the Immigrants, in: History of Education Quarterly, Jg. 15, 1975, S. 17–30.
Eisenach, E.J., The Lost Promise of Progressivism, Lawrence 1994.
Eisenstadt, A.S. (Hg.), Reconsidering Tocqueville's Democracy in America, New Brunswick 1988.
Eisenstadt, S.N., Intellectuals and Political Elites, in: Gagnon, A.G. (Hg.), Intellectuals in Liberal Democracies: Political Influence and Social Involvement, New York 1987, S. 157–66.
Ekirch, A.A. Jr., The Decline of American Liberalism, New York 1955.
Ellis, R.J., American Political Cultures, New York 1993.
Ellul, J., The Technological Society, New York 1964.
Elshtain, J.B., The Feminist Movement and the Question of Equality, in: Polity, Jg. 7, 1975, S. 452–77.
–, Public Man and Private Woman: Women in Social and Political Thought, Princeton 1981.
–, Antigone's Daughters, in: Daly, M. (Hg.), Communitarianism. A New Public Ethic, Belmont 1994, S. 335–43.
–, Feminism and the Crisis of Contemporary Culture, in: Melzer, A.M. u.a. (Hg.), History and the Idea of Progress, Ithaca 1995, S. 196–210.
Etzioni, A., The Moral Dimension. Toward a New Economics, New York 1988. (Deutsche Ausgabe: Jenseits des Egoismus-Prinzips: ein neues Bild von Wirtschaft, Politik und Gesellschaft, Stuttgart 1994).
–, The Spirit of Community: Rights, Responsibilities, and the Communitarian Agenda, New York 1993. (Deutsche Ausgabe: Die Entdeckung des Gemeinwesens. Ansprüche, Verantwortlichkeiten und das Programm des Kommunitarismus, Stuttgart 1995).

–, Die Verantwortungsgesellschaft. Individualismus und Moral in der heutigen Demokratie, Frankfurt a.M. 1997.
Evans, P.B. u.a. (Hg.), Bringing the State Back In, New York 1985.
Evans, S.M., Born for Liberty: A History of Women in America, New York 1989.
–, Women's History and Political Theory: Toward a Feminist Approach to Public Life, in: Hewitt, N.A. u. Lebsock, S. (Hg.), Visible Women: New Essays on American Activism, Urbana 1993, S. 119–40.

Fach, W., Der Zeuge Tocqueville, in: Zahlmann, Chr. (Hg.), Kommunitarismus in der Diskussion. Eine streitbare Einführung, Berlin 1992, S. 42–47.
Fairbanks, R.B., Making Better Citizens: Housing Reform and the Community Development Strategy in Cincinnati, 1890–1960, Urbana 1988.
Fairfield, J.D., The Mysteries of the Great City: The Politics of Urban Design, 1877–1937, Columbus 1993.
–, The Scientific Management of Urban Space: Professional City Planning and the Legacy of Progressive Reform, in: Journal of Urban History, Jg. 20, 1994, S. 179–204.
Falcetano, W., Disappearing Intellectuals and Declining Publics, in: Praxis International, Jg. 8, 1989, S. 498–503.
Faragher, J.M. u. Howe, F. (Hg.), Women and Higher Education in American History: Essays from the Mount Holyoke College Sesquicentennial Symposia, New York 1988.
Faulkner, H.U., The Decline of Laissez Faire, 1897–1917, New York 1951.
Feffer, A., Sociability and Social Conflict in George Herbert Mead's Interactionism, 1900–1919, in: Journal of the History of Ideas, Jg. 51, 1990, S. 233–54.
–, The Chicago Pragmatists and American Progressivism, Ithaca 1993.
Ferguson, A., Woman's Moral Voice: Superior, Inferior, or Just Different?, in: Faragher, J.M. u. Howe, F. (Hg.), Women and Higher Education in American History: Essays from the Mount Holyoke College Sesquicentennial Symposia, New York 1988, S. 183–97.
Filene, P.G., An Obituary for the »Progressive Movement«, in: American Quarterly, Jg. 22, 1970, S. 20–34.
–, Him/Her/Self: Sex Roles in Modern America; New York 1974, 1986[3].
Filler, L., Muckrakers: Crusaders for American Liberalism, Chicago 1968[2].
Fine, S., Laisser-Faire and the General-Welfare State: A Study of Conflict in American Thought, 1865–1901, Ann Arbor 1964 (1956).
Fine, W.F., Progressive Evolutionism and American Sociology, 1890–1920, Ann Arbor 1979.
Finegold, K., Experts and Politicians: Reform Challenges to Machine Politics in New York, Cleveland, and Chicago, Princeton 1995.
Fink, L. u.a. (Hg.), Intellectuals and Public Life: Between Radicalism and Reform, Ithaca 1996.
Finzsch, N. u. Schirmer, D. (Hg.), Xenophobia, Racism, Nativism, and National Identity in Germany and the United States, New York 1995.
Fisch, J., Zivilisation, Kultur, in: Geschichtliche Grundbegriffe. Historisches Lexikon zur politisch-sozialen Sprache in Deutschland, Bd. 7, Stuttgart 1992, S. 679–774.
Fisch, M.H., American Pragmatism before and after 1898, in: Shahan, R.W. u. Merrill, K.R. (Hg.), American Philosophy: From Edwards to Quine, Norman 1977, S. 78–110.
Fishkin, J., Deliberative Democracy, New Haven 1991.
Fitzpatrick, E.F., Endless Crusade: Women Social Scientists and Progressive Reform, New York 1990.
– (Hg.), Muckraking: Three Landmark Articles, Cambridge/Mass. 1994.
Flacks, R., Making History: The Radical Tradition in American Life, New York 1988.
Flanagan, M.A., Gender and Urban Political Reform: The City Club and the Woman's City Club of Chicago in the Progressive Era, in: American Historical Review, Jg. 95, 1990, S. 1032–50.
Flanagan, O. u. Jackson, K., Justice, Care, and Gender: The Kohlberg-Gilligan Debate Revisited, in: Sunstein, C.R. (Hg.), Feminism and Political Theory, Chicago 1990, S. 37–52.

Flathman, R.E., Liberalism: From Unicity to Plurality and on to Singularity, in: Social Research, Jg. 61, 1994, S. 671–86.
Flessner, R., Der wohltätige Leviathan: Wohlfahrtspolitik und Sozialstaat in den USA in der neueren Historiographie, in: Archiv für Sozialgeschichte, Jg. 32, 1992, S. 352–83.
Flexner, E., Hundert Jahre Kampf. Die Geschichte der Frauenrechtsbewegung in den Vereinigten Staaten, hg. u. eing. v. Bock, G., Frankfurt a.M. 1978.
Flora, P. u. Heidenheimer, A., The Development of Welfare States in Europe and America, New Brunswick 1981.
Foglesong, R.E., Planning the Capitalist City: The Colonial Era to the 1920s, Princeton 1986.
Foley, M., American Political Ideas: Traditions and Usages, New York 1991.
Foner, N. (Hg.), New Immigrants in New York, New York 1987.
Forcey, Ch., The Crossroads of Liberalism: Croly, Weyl, Lippmann and the Progressive Era, 1900–1925, New York 1961.
Forst, R., Kontexte der Gerechtigkeit. Politische Philosophie jenseits von Liberalismus und Kommunitarismus, Frankfurt a.M. 1994.
Fowler, R.B., Believing Skeptics: American Political Intellectuals, 1945–64, Westport 1978.
–, Religion and Politics in America, Metuchen 1985.
–, Unconventional Partners: Religion and Liberal Culture in the United States, Grand Rapids 1989.
–, The Dance With Community: The Contemporary Debate in American Political Thought, Lawrence 1991.
–, Religion and Liberal Culture: Unconventional Partnership or Unhealthy Co-Dependency?, in: Lugo, L.E. (Hg.), Religion, Public Life, and the American Polity, Knoxville 1994.
Fox, R.W. u. Lears, T.J.J. (Hg.), The Culture of Consumption: Critical Essays in American History, 1880–1980, New York 1983.
Fox-Genovese, E., Placing Women's History in History, in: New Left Review, 1982, S. 5–29.
–, Feminism without Illusions: A Critique of Individualism, Chapel Hill 1991.
Frankel, N. u. F, N.S. (Hg.), Gender, Class, Race, and Reform in the Progressive Era, Lexington 1991.
Fraser, N. u. Gordon, L., Contract versus Charity: Why Is There No Social Citizenship in the United States?, in: Socialist Review, Jg. 22, 1992, S. 45–67.
Fraser, St. u. Gerstle, G. (Hg.), The Rise and Fall of the New Deal Order, 1930–1980, Princeton 1989.
Freeden, M., The New Liberalism: An Ideology of Social Reform, Oxford 1978.
–, Liberalism Divided: A Study in British Political Thought, 1914–1939, Oxford 1986.
Freedman, E.B., The New Woman: Changing Views of Women in the 1920s, in: Cott, N.F. (Hg.), History of Women in the United States. Historical Articles on Women's Lives and Activities, München 1992–94, Bd. 1,1, S. 181–202.
Freeman, J., From Protection to Equal Opportunity: The Revolution in Women's Legal Status, in: Tilly, L.A. u. Gurin, P. (Hg.), Women, Politics, and Change, New York 1990, S. 457–81.
Freese, P. (Hg.), Religion and Philosophy in the United States of America, 2 Bde., Essen 1987.
Freidson, E., Are Professions Necessary?, in: Haskell, Th.L. (Hg.), The Authority of Experts, Bloomington 1984, S. 3–27.
–, Professional Powers: A Study in the Institutionalization of Formal Knowledge, Chicago 1986.
–, Professionalism Reborn: Theory, Prophecy, and Policy, Chicago 1994.
Frevert, U., Bürgerliche Meisterdenker und das Geschlechterverhältnis. Konzepte, Erfahrungen, Visionen an der Wende vom 18. zum 19. Jahrhundert, in: dies. (Hg.), Bürgerinnen und Bürger. Geschlechterverhältnisse im 19. Jahrhundert, Göttingen 1988, S. 17–48.
Freyer, T., Regulating Big Business: Antitrust in Great Britain and America, 1880–1990, Cambridge/Mass. 1992.

Friedland, R. u. Robertson, A. (Hg.): Beyond the Marketplace: Rethinking Economy and Society, New York 1989.
Friedmann, J., Planning in the Public Domain: From Knowledge to Action, Princeton 1987.
Furner, M.O., Advocacy and Objectivity: A Crisis in Professionalization of American Social Science, 1865-1905, Lexington 1975.
-, The Republican Tradition and the New Liberalism: Social Investigation, State Building, and Social Learning in the Gilded Age, in: Lacey, M.J. u. Furner, M.O. (Hg.), The State and Social Investigation in Britain and the United States, New York 1993, S. 171-241.
- u. Supple, B. (Hg.), The State and Economic Knowledge: the American and British Experiences, Washington 1990.

Gabriel, Y. u. Lang, T., The Unmanageable Consumer: Contemporary Consumption and Its Fragmentations, London 1995.
Gagnon, A.G. (Hg.), Intellectuals in Liberal Democracies: Political Influence and Social Involvement, New York 1987.
Galambos, L., The Public Image of Big Business in America 1880-1940: A Quantitative Study in Social Change, Baltimore 1975.
- u. Pratt, J., The Rise of the Corporate Commonwealth: U.S. Business and Public Policy in the Twentieth Century, New York 1988.
Galbraith, J.K., The Affluent Society, New York 1958.
Galston, W.A., Liberal Purposes: Goods, Virtues, and Diversity in the Liberal State, New York 1991.
Gangl, M. u. Raulet, G. (Hg.), Intellektuellendiskurse der Weimarer Republik. Zur politischen Kultur einer Gemengelage, Frankfurt a.M. 1993.
Gantt, H.L., Industrial Leadership, New Haven 1916.
-, Organizing for Work, New York 1919.
Garry, P.M., Liberalism and American Identity, Kent 1992.
Gatens, M., Feminism and Philosophy: Perspectives on Difference and Equality, Bloomington 1991.
Gebhardt, J., Die Krise des Amerikanismus. Revolutionäre Ordnung und gesellschaftliches Selbstverständnis in der amerikanischen Republik, Stuttgart 1976.
-, Amerikanismus. Politische Kultur und Zivilreligion in den USA, in: Aus Politik und Zeitgeschichte. Beilage zur Wochenzeitung »Das Parlament« vom 30. 11. 1990.
Geiger, R.L., To Advance Knowledge: The Growth of American Research Universities, 1900-1940, New York 1986.
-, Research and Relevant Knowledge: American Research Universities since World War II, New York 1993.
Gerber, D.A., Anti-Semitism in American History, Urbana 1986.
Gerhardt, U. u.a. (Hg.), Differenz und Gleichheit: Menschenrechte haben (k)ein Geschlecht, Frankfurt a.M. 1990.
Gerstle, G., The Protean Character of American Liberalism, in: American Historical Review, Jg. 99, 1994, S. 1043-73.
Giesen, B. (Hg.), Nationale und kulturelle Identität. Studien zur Entwicklung des kollektiven Bewußtseins in der Neuzeit, Frankfurt a.M. 1991.
-, Die Intellektuellen und die Nation. Eine deutsche Achsenzeit, Frankfurt a.M. 1993.
Gilbert, J., Designing the Industrial State: The Intellectual Pursuit of Collectivism in America, 1880-1940, Chicago 1972.
Gilbert, J.B., Work Without Salvation: America's Intellectuals and Industrial Alienation, 1880-1910, Baltimore 1977.
Gilcher-Holtey, I., Modelle »moderner« Weiblichkeit. Diskussionen im akademischen Milieu Heidelbergs um 1900, in: Lepsius, M.R. (Hg.), Bildungsbürgertum im 19. Jahrhundert, Teil III: Lebensführung und ständische Vergesellschaftung, Stuttgart 1992, S. 176-205.
Gillette, H.Jr. u. Miller, Z.L. (Hg.), American Urbanism: A Historiographical Review, Westport 1987.

Gilligan, C., In a Different Voice: Psychological Theory and Women's Development, Cambridge/Mass. 1982.
Gilmore, D., Manhood in the Making: Cultural Concepts of Masculinity, New Haven 1990.
Ginsberg, B., The Fatal Embrace: Jews and the State. The Politics of American Anti-Semitism, Chicago 1993.
Ginzberg, L.D., Women and the Work of Benevolence: Morality, Politics, and Class in the Nineteenth-Century United States, New Haven 1990.
Girvetz, H.K., Democracy and Elitism: Two Essays, New York 1967.
Glad, P.W., Progressives and the Business Culture of the 1920s, in: Journal of American History, Jg. 53,1, 1966, S. 75–89.
Glassberg, D., History and the Public: Legacies of the Progressive Era, in: Journal of American History, Jg. 73,2, 1987, S. 957–80.
Glazer, N., American Judaism, Chicago 1989².
–, u. Moynihan, D.P., Beyond the Melting Pot: The Negroes, Puerto Ricans, Jews, Italians, and Irish of New York City, Cambridge/Mass. 1963, 1970².
–, u. Moynihan, D.P. (Hg.), Ethnicity: Theory and Experience, Cambridge/Mass. 1975.
Glazer, P.M. u. Slater, M., Unequal Colleagues: The Entrance of Women into the Professions, 1890–1940, New Brunswick 1987.
Gleason, Ph., American Identity and Americanization, in: Thernstrom, St. (Hg.), Harvard Encyclopedia of American Ethnic Groups, Cambridge/Mass. 1980, S. 31–58.
Glendon, M., Rights Talk: The Impoverishment of Political Discourse, New York 1991.
Goggin, J., Challenging Sexual Discrimination in the Historical Profession: Women Historians and the American Historical Association, 1890–1940, in: American Historical Review, Jg. 97, 1992, S. 769–802.
Goldin, C., Understanding the Gender Gap: An Economic History of American Women, New York 1990.
–, The Political Economy of the Immigration Restriction in the United States, 1890 to 1921, in: dies. u. Libecap, G.D. (Hg.), The Regulated Economy: A Historical Approach to Political Economy, Chicago 1994, S. 223–57.
Goldman, A.H., The Moral Foundations of Professional Ethics, Totowa 1980.
Goldman, St. (Hg.), Science, Technology and Social Progress, Bethlehem/Pa. 1989.
Goodheart, E., The Abandoned Legacy of the New York Intellectuals, in: American Jewish History, Jg. 80, 1991, S. 361–76.
Goodman, L.E., On Justice: An Essay in Jewish Philosophy, New Haven 1991.
Goodman, R.B., American Philosophy and the Romantic Tradition, Cambridge/Mass. 1991.
Gordon, C., New Deals: Business, Labor, and Politics in America, 1920–1935, Cambridge/Mass. 1994.
Gordon, L. (Hg.), Women, the State, and Welfare, Madison 1990.
–, The New Feminist Scholarship on the Welfare State, in: dies. (Hg.), Women, the State, and Welfare, Madison 1990, S. 9–35.
–, U.S. Women's History, in: Foner, E. (Hg.), The New American History, Philadelphia 1990, S. 185–210.
–, Black and White Visions of Welfare: Women's Welfare Activism, 1890–1945, in: Journal of American History, Jg. 78,1, 1991, S. 559–90.
–, Social Insurance and Public Assistance: The Influence of Gender in Welfare Thought in the United States, 1890–1935, in: American Historical Review, Jg. 97, 1992, S. 19–52.
–, Putting Children First: Women, Maternalism, and Welfare in the Twentieth Century, Madison 1993.
–, Pitied But Not Entitled: Single Mothers and the History of Welfare, 1890–1935, New York 1994.
Gordon, L.D., Gender and Higher Education in the Progressive Era, New Haven 1990.
Gordon, M., Assimilation in American Life: The Role of Race, Religion, and National Origins, New York 1964.
–, Human Nature, Class and Ethnicity; New York 1978.

Gorham, E.B., National Service, Citizenship, and Political Education, Albany 1992.
Gorman, P.R., Left Intellectuals and Popular Culture in Twentieth-Century America, Chapel Hill 1996.
Gorrell, D.K., The Age of Social Responsibility: The Social Gospel in the Progressive Era, 1900–1920, Macon 1988.
Gouinlock, J., Excellence in Public Discourse: John Stuart Mill, John Dewey, and Social Intelligence, New York 1986.
–, What is the Legacy of Instrumentalism? Rorty's Interpretation of Dewey, in: Journal of the History of Philosophy, Jg. 28, 1990, S. 251–69.
Gould, C.C., Feminism and Democratic Community Revisited, in: Chapman, J.W. u. Shapiro, I. (Hg.), Democratic Community, New York 1993, S. 396–413.
Gould, L.L. (Hg.), The Progressive Era, Syracuse 1974.
–, Reform and Regulation: American Politics, 1900–1916, New York 1978.
Gouldner, A.W., The Future of Intellectuals and the Rise of the New Class, New York 1979.
Graebner, W., The Engineering of Consent: Democracy and Authority in Twentieth-Century America, Madison 1987.
Graham, O.L, An Enforce for Reform: The Old Progressives and the New Deal, New York 1967.
–, The Great Campaigns: Reform and War in America, 1900–1928, Englewood Cliffs 1971.
Graham, O.L. Jr. u. Koed, E., Americanizing the Immigrant, Past and Future: History and Implications of a Social Movement, in: Public Historian, Jg. 15, 1993, S. 24–50.
Grant, H.R., Insurance Reform: Consumer Action in the Progressive Era, Ames 1979.
Gray, J., Liberalisms: Essays in Political Philosophy, London 1989.
–, Post-Liberalism. Studies in Political Thought, New York 1993.
–, Liberalism, Minneapolis 1995².
Greenbaum, W.N., The Idea of Cultural Pluralism in the United States, 1915–1975, Ph.D.Diss., Harvard Univ. 1978.
Greene, J.P., The Intellectual Construction of America: Exceptionalism and Identity from 1492 to 1800, Chapel Hill 1993.
Greenfeld, L., Nationalism. Five Roads to Modernity, Cambridge/Mass. 1993.
Greenstone, D. (Hg.), Public Values and Private Power in American Politics, Chicago 1982.
Greenwald, M.W., Working-Class Feminism and the Family Wage Ideal: The Seattle Debate on Married Women's Right to Work, 1914–1920, in: Journal of American History, Jg. 76,1, 1989/90, S. 118–49.
Griffen, C., The Progressive Ethos, in: Coben, S. u. Ratner, L. (Hg.), The Development of an American Culture, New York 1983, S. 144–80.
Gross, D., The Past in Ruins: Tradition and the Critique of Modernity, Amherst 1992.
Guggisberg, H.R., Traditionen und Ideale nationaler Identität in den USA, in: Marchal, G.P. u. Mattioli, A. (Hg.), Erfundene Schweiz: Konstruktionen nationaler Identität, Zürich 1992, S. 89–101.
Gulick, L., Beard and Municipal Reform, in: Beale, H. (Hg.), Charles A. Beard. An Appraisal, Lexington 1954, S. 47–60.
Gutmann, A., Democratic Education, Princeton 1987.
– (Hg.), Democracy and the Welfare State, Princeton 1988.

Haber, S., Efficiency and Uplift: Scientific Management in the Progressive Era, 1890–1920, Chicago 1964.
–, The Professions and Higher Education in America: A Historical View, in: Gordon, M.S. (Hg.), Higher Education and the Labor Market, New York 1974, S. 237–80.
–, The Quest for Authority and Honor in the American Professions, 1750–1900, Chicago 1991.
Habermas, J., Strukturwandel der Öffentlichkeit. Untersuchungen zu einer Kategorie der bürgerlichen Gesellschaft, Darmstadt 1980¹¹.
–, Theorie des kommunikativen Handelns, 2 Bde., Frankfurt a.M. 1981.

–, Die Krise des Wohlfahrtsstaates und die Erschöpfung utopischer Energien, in: ders., Die neue Unübersichtlichkeit. Kleine Politische Schriften V, Frankfurt a.M. 1985, S. 141–63.
–, Der philosophische Diskurs der Moderne. Zwölf Vorlesungen, Frankfurt a.M. 1985².
–, Heinrich Heine und die Rolle des Intellektuellen in Deutschland, in: ders., Eine Art Schadensabwicklung. Kleine politische Schriften VI, Frankfurt a.M. 1987, S. 25–54.
–, Erläuterungen zur Diskursethik, Frankfurt a.M. 1991.
–, Exkurs: Transzendenz von innen, Transzendenz ins Diesseits, in ders., Texte und Kontexte, Frankfurt a.M. 1991, S. 127–56.
–, Faktizität und Geltung. Beiträge zur Diskurstheorie des Rechts und des demokratischen Rechtsstaats, Frankfurt a.M. 1992.
–, Die Einbeziehung des Anderen. Studien zur politischen Theorie, Frankfurt a.M. 1996.
–, Anerkennungskämpfe im demokratischen Rechtsstaat, in: Taylor, Ch., Multikulturalismus und die Politik der Anerkennung, Frankfurt a.M. 1997, S. 147–96.
Hall, P., Cities of Tomorrow: An Intellectual History of Urban Planning and Design in the Twentieth Century, Oxford 1988.
Hall, Th.C., The Religious Background of American Culture, New York 1959².
Halpern, B., A Clash of Heroes: Brandeis, Weizman, and American Zionism, New York 1987.
Haltern, U., Bürgerliche Gesellschaft. Sozialtheoretische und sozialhistorische Aspekte, Darmstadt 1985.
–, Die Gesellschaft der Bürger, in: Geschichte und Gesellschaft, Jg. 19, 1993, S. 100–34.
Hamer, D., New Towns in the New World: Images and Perceptions of the Nineteenth-Century Urban Frontier, New York 1990.
Hammack, D.C., Power and Society: Greater New York at the Turn of the Century, New York 1982.
Handler, R., Boasian Anthropology and the Critique of American Culture, in: American Quarterly, Jg. 42, 1990, S. 252–73.
Handlin, O., Immigration as a Factor in American History, Englewood Cliffs 1959.
– (Hg.), The Historian and the City, Cambridge/Mass. 1963.
–, The Uprooted, Boston 1990².
– u. Handlin, L., Liberty in America: 1600 to the Present, Bd. 4: Liberty and Equality, 1920–1994, New York 1994.
Handy, R.T., Protestant Theological Tensions and Political Styles in the Progressive Period, in: Noll, M.A. (Hg.), Religion and American Politics: From the Colonial Period to the 1980s, New York 1990, S. 281–301.
–, The American Religious Depression, 1925–1935, in: Marty, M.E. (Hg.), Trends in American Religion and the Protestant World, New York 1992, S. 81–93.
Hardin, B., The Professionalization of Sociology. A Comparative Study: Germany – USA, Frankfurt a.M. 1977.
Hardison, O.B. Jr., Disappearing Through the Skylight: Culture and Technology in the Twentieth Century, New York 1989.
Hardtwig, W. u. Wehler, H.-U. (Hg.), Kulturgeschichte heute, Göttingen 1996.
Harp, G.J., Positivist Republic: Auguste Comte and the Reconstruction of American Liberalism, 1865–1920, University Park 1995.
Harper, R.D., The Course of the Melting-Pot Idea to 1910, New York 1980.
Harris, A.L., Veblen as a Social Philosopher: A Reappraisal, Chicago 1953.
Harris, B.J., Beyond Her Sphere: Women and the Professions in American History, Westport 1978.
Harris, H.J., Industrial Democracy and Liberal Capitalism, 1890–1925, in: Lichtenstein, N. u. Harris, H.J. (Hg.), Industrial Democracy in America: The Ambiguous Promise, New York 1993, S. 43–66.
Hartmann, E.G., The Movement to Americanize the Immigrant, New York 1948.
Hartz, L., The Liberal Tradition in America: An Interpretation of American Political Thought Since the Revolution, New York 1955.

Haskell, Th.L., The Emergence of Professional Social Science: The American Social Science Association and the Nineteenth-Century Crisis of Authority, Urbana 1977.
–, Veblen on Capitalism: Intellectual History In and Out of Context, in: Reviews in American History, Jg. 7, 1979, S. 553–60.
– (Hg.), The Authority of Experts, Bloomington 1984.
–, Capitalism and the Origins of the Humanitarian Sensibility, in: American Historical Review, Jg. 90, 1985, S. 339–61, 547–66.
Hatch, N.O. (Hg.), The Professions in American History, Notre Dame 1988.
Haupt, H.-G. u. Kocka, J. (Hg.), Geschichte und Vergleich, Frankfurt a.M. 1996.
Häussermann, H. u. Siebel, W. (Hg.), New York: Strukturen einer Metropole, Frankfurt a.M. 1993.
Hawkesworth, M.E., Feminist Rhetoric: Discourses on the Male Monopoly of Thought, in: Political Theory, Jg. 16, 1988, S. 444–67.
Hawley, E.W., The Great War and the Search for a Modern Order: A History of the American People and Their Institutions, 1917–1933, New York 1979.
–, Social Policy and the Liberal State in Twentieth-Century America, in: Critchlow, D.T. u. Hawley, E.W. (Hg.), Federal Social Policy: The Historical Dimension, University Park 1988, S. 117–40.
Hays, S., The Politics of Reform in Municipal Government in the Progressive Era, in: Pacific Northwest Quarterly, Jg. 55, 1964, S. 157–69.
–, The Response to Industrialism, 1885–1914, Chicago 1969[12].
–, Conservation and the Gospel of Efficiency: The Progressive Conservation Movement, 1890–1920, New York 1969.
–, The New Organizational Society, in: Israel, J. (Hg.), Building the Organizational Society: Essays on Associational Activities in Modern America, New York 1972, S. 1–15.
–, Political Choice in Regulatory Administration, in: McCraw, Th.K. (Hg.), Regulation in Perspective: Historical Essays, Cambridge/Mass. 1981, S. 124–54.
–, The Changing Political Structure of the City in Industrial America, in: Callow, A.B. Jr. (Hg.), American Urban History: An Interpretive Reader With Commentaries, New York 1982, S. 240–62.
–, Dreißig Jahre »Neue Sozialgeschichte« in den USA. Eine Bewertung, in: J. Kocka (Hg.), Sozialgeschichte im internationalen Überblick. Ergebnisse und Tendenzen der Forschung, Darmstadt 1989, S. 207–45.
–, From the History of the City to the History of the Urbanized Society, in: Journal of Urban History, Jg. 19, 1993, S. 3–25.
Heclo, H., Welfare and the American Political Tradition, in: Utley, R.L. (Hg.), The Promise of American Politics: Principles and Practice after Two Hundred Years, Lanham 1989, S. 143–60.
Heideking, J., Verfassungsgebung als politischer Prozeß. Ein neuer Blick auf die amerikanische Verfassungsdebatte der Jahre 1787–1791, in: Historische Zeitschrift, Bd. 246, 1988, S. 47–88.
–, Die Verfassung vor dem Richterstuhl. Vorgeschichte und Ratifizierung der amerikanischen Verfassung 1787–1791, Berlin 1988.
Helbich, W., »Die Englischen«: German Immigrants Describe Nineteenth-Century American Society, in: Amerikastudien, Jg. 36, 1991, S. 515–630.
Held, V., Feminism and Moral Theory, in: Kittay, E.F. u. Meyers, D.T. (Hg.), Women and Moral Theory, Totowa 1987, S. 111–28.
–, Mothering versus Contract, in: Mansbridge, J.J. (Hg.), Beyond Self-Interest, Chicago 1990, S. 287–304.
Heller, A. u. Rudnick, L. (Hg.), 1915, the Cultural Moment: The New Politics, the New Woman, the New Psychology, the New Art, and the New Theatre in America, New Brunswick 1991.
Helly, D.O. u. Reverby, S.M. (Hg.), Gendered Domains: Rethinking Public and Private in Women's History, Ithaca 1992.

Hendricks, L.V., James Harvey Robinson. Teacher of History, New York 1946.
Henrich, D. u. Iser, W. (Hg.), Theorien der Kunst, Frankfurt a.M. 1982.
Herberg, W., America's Civil Religion: What It Is and Whence It Comes, in: Richey, R.E. u. Jones, D.G. (Hg.), American Civil Religion, New York 1974, S. 76–88.
Herbst, J., The German Historical School in American Scholarship: A Study in the Transfer of Culture, Ithaca 1965.
Herson, L.J.R., The Politics of Ideas. Political Theory and American Public Policy, Homewood 1984.
Hewitt, N.A. u. Lebsock, S. (Hg.), Visible Women: New Essays on American Activism, Urbana 1993.
Hickman, L.A., John Dewey's Pragmatic Technology, Bloomington 1990.
Higham, J., The Re-Orientation of American Culture in the 1890's, in: ders., Writing American History: Essays on Modern Scholarship, Bloomington 1970, S. 73–102.
–, History. Professional Scholarship in America, New York 1973.
–, Send These to Me: Jews and Other Immigrants in Urban America, New York 1975.
–, Strangers in the Land: Patterns of American Nativism, 1860–1925, New Brunswick 1988[2].
– u. Conkin, P.K. (Hg.), New Directions in American Intellectual History, Baltimore 1979.
Hilgers-Schell, H. u. Karuth, M., Culture und Civilization im Englischen und Amerikanischen bis zum Beginn des 20. Jahrhunderts, in: Europäische Schlüsselwörter. Wortvergleichende und wortgeschichtliche Studien, hg. vom Sprachwissenschaftlichen Colloquium, Bd. 3: Kultur und Zivilisation, München 1967, S. 135–77.
Hirsch, A.R. u. Mohl, R.A. (Hg.), Urban Policy in Twentieth-Century America, New Brunswick 1993.
Hirschman, A., Shifting Involvements. Private Interest and Public Action, Princeton 1982.
Hobson, J.A., Veblen, New York 1971.
Hofstadter, R. (Hg.), The Progressive Movement 1900–1915, Englewood Cliffs 1963.
–, What Happened to the Antitrust Movement? Notes on the Evolution of an American Creed, in: ders., The Paranoid Style in American Politics and Other Essays, New York 1965, S. 188–237.
–, The Progressive Historians: Turner, Beard, Parrington, New York 1968.
–, The American Political Tradition and the Men Who Made It, New York 1974 (1948).
–, Anti-Intellectualism in American Life, New York 1974[7].
–, Social Darwinism in American Thought, Boston 1992.
– u. Metzger, W.P., The Development of Academic Freedom in the United States, New York 1955.
Hölbling, W. von u. Wagnleitner, R. (Hg.), The European Emigrant Experience in the USA, Tübingen 1992.
Hollander, P., American Intellectuals: Producers and Consumers of Social Criticism, in: Gagnon, A.G. (Hg.), Intellectuals in Liberal Democracies: Political Influence and Social Involvement, New York 1987, S. 67–86.
Holli, M.G., Urban Reform in the Progressive Era, in: Gould, L.L. (Hg.), The Progressive Era, New York 1974, S. 133–51.
Hollinger, D.A., Science and Anarchy: Walter Lippmann's Drift and Mastery, in: American Quarterly, Jg. 29, 1977, S. 463–75.
–, Historians and the Discourse of Intellectuals, in: Higham, J. u. Conkin, P. (Hg.), New Directions in American Intellectual History, Baltimore 1979, S. 42–63.
–, The Problem of Pragmatism in American History, in: Journal of American History, Jg. 67,1, 1980, S. 80–117.
–, Inquiry and Uplift: Late Nineteenth-Century American Academics and the Moral Efficacy of Scientific Practice, in: Haskell, Th.L. (Hg.), The Authority of Experts, Bloomington 1984, S. 142–56.
–, In the American Province. Studies in the History and Historiography of Ideas, Bloomington 1985.

–, Ethnic Diversity, Cosmopolitanism, and the Emergence of the American Liberal Intelligentsia, in: ders., In the American Province: Studies in the History and Historiographie of Ideas, Bloomington 1985, S. 56–73.
–, Justification by Verification: the Scientific Challenge to the Moral Authority of Christianity in Modern America, in: Lacey, M.J. (Hg.), Religion and Twentieth-Century American Intellectual Life, Cambridge/Mass. 1989, S. 116–35.
–, How Wide the Circle of the »We«? American Intellectuals and the Problem of Ethnos since World War II, in: American Historical Review, Jg. 98, 1993, S. 317–37.
–, The Knower and the Artificer, with Postscript 1993, in: Ross, D. (Hg.), Modernist Impulses in the Human Sciences, 1870–1930, Baltimore 1994, S. 26–53.
–, Postethnic America: Beyond Multiculturalism, New York 1995.
–, Science, Jews, and Secular Culture: Studies in Mid-Twentieth-Century American Intellectual History, Princeton 1996.
– u. Capper, Ch. (Hg.), The American Intellectual Tradition, 2 Bde., New York 1989.
Holmes, St., The Liberal Idea, in: The American Prospect, Jg. 7, 1991, S. 81–96.
–, The Anatomy of Antiliberalism, Cambridge/Mass. 1993.
Holt, St. (Hg.): Historical Scholarship in the United States, 1876–1901, New York 1938.
Homan, P.T., Thorstein Veblen, in: Odum, H.W. (Hg.), American Masters of Social Science, New York 1927, S. 231–70.
Homberger, E., Scenes from the Life of a City: Corruption and Conscience in Old New York, New Haven 1996.
Honneth, A. (Hg.), Kommunitarismus. Eine Debatte über die moralischen Grundlagen moderner Gesellschaften, Frankfurt/New York 1993.
Hook, S. (Hg.), John Dewey: Philosopher of Science and Freedom, New York 1950.
–, John Dewey and the Crisis of American Liberalism, in: Antioch Review, Jg. 29, 1969, S. 218–32.
– u. Konvitz, M.R. (Hg.), Freedom and Experience: Essays Presented to Horace M. Kallen, London 1947.
Hoopes, J., The Culture of Progressivism: Croly, Lippmann, Brooks, Bourne, and the Idea of American Artistic Decadence, in: Clio, Jg. 7, 1977, S. 91–111.
Hopkins, Ch.H., The Rise of the Social Gospel in American Protestantism, 1865–1915, New Haven 1940.
Horowitz, D., The Morality of Spending: Attitudes Toward the Consumer Society in America, 1875–1940, Baltimore 1985 (1992).
Howe, F.C., The City: The Hope of Democracy, New York 1905.
–, The Modern City and Its Problems, New York 1915.
Hübinger, G., Die europäischen Intellektuellen 1890–1930, in: Neue Politische Literatur, 1994, S. 34–54.
–, Kulturprotestantismus und Politik. Zum Verhältnis von Liberalismus und Protestantismus im wilhelminischen Deutschland, Tübingen 1994.
–, Nationale Reformen in weltpolitischer Perspektive. Die britischen Fabier-Sozialisten und die amerikanischen Progressiven, in: ders. u.a. (Hg.), Universalgeschichte und Nationalgeschichten, Freiburg i.Br. 1994, S. 249–67.
– u. Mommsen, W.J. (Hg.), Intellektuelle im deutschen Kaiserreich, Frankfurt a.M. 1993.
Hudson, W.S., Religion in America: An Historical Account of the Development of American Religious Life, New York 1987.
Hughes, R., The Culture of Complaint: The Fraying of America, New York 1993.
Hughes, Th.P., American Genesis: A Century of Invention and Technological Enthusiasm, 1870–1970, New York 1989.
Hutchinson, R., Social Work and Social Order: The Settlement Movement in Two Industrial Cities, 1889–1930, Urbana 1992.
Hutchison, W.R., The Modernist Impulse in American Protestantism, Cambridge/Mass. 1976.

– (Hg.), Between the Times: The Travail of the Protestant Establishment in America, 1900–1960, Cambridge/Engl. 1989.
–, From Unity to Multiplicity: American Religion(s) as a Concern for the Historian, in: Amerikastudien, Jg. 38, 1993, S. 343–50.
Hutson, J.H., The Constitution: An Economic Document?, in: Levy, L.W. u. Mahoney, D.J. (Hg.), The Framing and Ratification of the Constitution, New York 1987, S. 259–70.
Hyatt, M., Franz Boas, Social Activist: The Dynamics of Ethnicity, Westport 1990.

Isaac, J.C., Republicanism vs. Liberalism? A Reconsideration, in: History of Political Thought, Jg. 9, 1988, S. 349–77.
Iser, W., Interpretationsperspektiven moderner Kunsttheorie, in: Henrich, D. u. Iser, W. (Hg.), Theorien der Kunst, Frankfurt a.M. 1982, S. 33–58.
Itzkoff, S.W., Cultural Pluralism and American Education, Scranton 1969.
–, The Sources of Cultural Pluralism, in: Educational Theory, Jg. 26, 1976, S. 231–32.

Jackson, K.T., The Capital of Capitalism: The New York Metropolitan Region, 1890–1940, in: Sutcliffe, A. (Hg.), Metropolis, 1890–1940, London 1984, S. 319–53.
–, The Encyclopedia of New York City, New Haven 1995.
Jacobson, D.C., Individual and Community in Dewey and Heidegger, Ph.D.Diss, State Univ. of New York 1992.
Jacoby, R.M., The Women's Trade Union League and American Feminism, in: Feminist Studies, Jg. 3, 1975, S. 126–40.
Jacoby, R., The Last Intellectuals: American Culture in the Age of Academe, New York 1987.
Jacques, R.A., The Tragic World of John Dewey, in: The Journal of Value Inquiry, Jg. 25, 1991, S. 249–61.
Jaeger, F., Bürgerliche Modernisierungskrise und historische Sinnbildung. Kulturgeschichte bei Droysen, Burckhardt und Max Weber, Göttingen 1994.
–, Bürgerlichkeit: Deutsche und amerikanische Philosophien einer Lebensform, in: Tenfelde, K. und Wehler, H.-U. (Hg.), Wege zur Geschichte des Bürgertums, Göttingen 1994, S. 171–206.
–, New History: Historismuskritik und Sozialgeschichte in den USA zu Beginn des 20. Jahrhunderts, in: Oexle, O.G. u. Rüsen, J. (Hg.), Historismus in den Kulturwissenschaften. Geschichtskonzepte, historische Einschätzungen, Grundlagenprobleme, Köln 1996, S. 341–67.
–, Gesellschaft und Gemeinschaft. Die Gesellschaftstheorie des Kommunitarismus und die politische Ideengeschichte der »civil society« in den USA, in: Mergel, Th. u. Welskopp, Th. (Hg.), Geschichte zwischen Kultur und Gesellschaft. Beiträge zur Theoriedebatte, München 1997, S. 299–321.
James, G.G., Was Charles Beard an Historical Relativist?, in: Transactions of the Charles S. Peirce Society, Jg. 12, 1976, S. 56–70.
James, W., Pragmatism: A New Name for Some Old Ways of Thinking, New York 1907.
–, The Varieties of Religious Experience: A Study in Human Nature, hg. u. eing. von Marty, M.E., New York 1982.
Jansson, B.S., The Reluctant Welfare State: A History of American Social Welfare Policies, Belmont 1988.
Jarausch, K.H., The Crisis of the German Professions, 1918–1933, in: Journal of Contemporary History, Jg. 20, 1985, S. 379ff.
–, Die Krise des deutschen Bildungsbürgertums im ersten Drittel des 20. Jahrhunderts, in: Kocka, J. (Hg.), Bildungsbürgertum im 19. Jahrhundert, Teil IV: Politischer Einfluß und gesellschaftliche Formation, Stuttgart 1989, S. 180–205.
Jauß, H.R., Ästhetische Erfahrung und literarische Hermeneutik, Frankfurt a.M. 1982, 1984².
Jehlen, M., American Incarnation: The Individual, the Nation, and the Continent, Cambridge/Mass. 1986.

Joas, H., Praktische Intersubjektivität, Frankfurt a.M. 1980.
–, Symbolischer Interaktionismus: Von der Philosophie des Pragmatismus zu einer soziologischen Forschungstradition, in: Kölner Zeitschrift für Soziologie und Sozialpsychologie, Jg. 40, 1988, S. 417–46.
–, Pragmatismus und Gesellschaftstheorie, Frankfurt a.M. 1992.
–, Gemeinschaft und Demokratie in den USA. Die vergessene Vorgeschichte der Kommunitarismus-Diskussion, in: Brumlik, M. u. Brunkhorst, H. (Hg.), Gemeinschaft und Gerechtigkeit, Frankfurt a.M. 1993, S. 49–62.
–, Die Entstehung der Werte, Frankfurt a.M. 1997.
– (Hg.), John Dewey – Philosophie der Demokratie, Frankfurt a.M. 1998.
Johnson, A., Pioneer's Progress. An Autobiography, New York 1952.
Johnson, D.A., Regional Planning for the Great American Metropolis: New York between the World Wars, in: Schaffer, D. (Hg.), Two Centuries of American Planning, Baltimore 1988; S. 167–96.
Johnson, R.N. u. Libecap, G.D., The Federal Civil Service System and the Problem of Bureaucracy: The Economics and Politics of Institutional Change, Chicago 1994.
Jones, D.G., Civil and Public Religion, in: Lippy, Ch.H. u. Williams, P.W. (Hg.), Encyclopedia of the American Religious Experience: Studies of Traditions and Movements, 3 Bde., New York 1988, Bd. 1, S. 1393–408.
– u. Richey, R.E., The Civil Religion Debate, in: Richey, R.E. u. Jones, D.G. (Hg.), American Civil Religion, New York 1974, S. 3–20.
Jones, M.A., American Immigration, Chicago 1992².
Jones, P., William James, 1842–1910, in: Singer, M.G. (Hg.), American Philosophy, Cambridge/Engl. 1985, S. 43–68.
Jordan, B., The Common Good: Citizenship, Morality and Self-Interest, Oxford 1989.
Jordan, J.M., Machine-Age Ideology. Social Engineering and American Liberalism, 1911–1939, Chapel Hill 1994.
Jumonville, N., The New York Intellectuals and Mass Culture Criticism, in: Journal of American Culture, Jg. 12, 1989, S. 87–96.
–, The New York Intellectuals' Defense of the Intellect, in: Queen's Quarterly, Jg. 97, 1990, S. 290–304.
–, Critical Crossings: The New York Intellectuals in Postwar America, Berkeley 1991.

Kadushin, Ch., The American Intellectual Elite, Boston 1974.
Kaelble, H., Der historische Zivilisationsvergleich: Europa und andere Gesellschaften, MS 1995.
Kahn, P.W. Legitimacy and History: Self-Government in American Constitutional Theory, New Haven 1992.
Kallscheuer, O., Individuum, Gemeinschaft und die Seele Amerikas. Die christliche Republik, in: Transit. Europäische Revue, 1992/93, S. 31–50.
Kammen, M., Spheres of Liberty: Changing Perceptions of Liberty in American Culture, Madison 1986.
–, The Problem of American Exceptionalism: A Reconsideration, in: American Quarterly, Jg. 45, 1993, S. 1–43.
–, Contested Values. Democracy and Diversity in American Culture, New York 1994.
Kann, M.E., Individualism, Civic Virtue, and Gender in America, in: Studies in American Political Development, Jg. 4, 1990, S. 46–81.
Kaplan, S., Social Engineers as Saviors: Effects of World War I on Some Liberals, in: Journal of Ideas, Jg. 17, 1956, S. 347–69.
Karier, C., John Dewey and the New Liberalism: Some Reflections and Responses, in: History of Education Quarterly, Jg. 15, 1975, S. 417–43.
–, Making the World Safe for Democracy: An Historical Critique of John Dewey's Pragmatic Philosophy in the Warfare State, in: Educational Theory, Jg. 27, 1977, S. 12–47.
–, The Individual, Society, and Education, Urbana 1986.

Karl, B.D., The Power of Intellect and the Politics of Ideas, in: Daedalus, Jg. 97, 1968, S. 1002–35.
Karp, D.B. u. Karp, A.J., Jewish Literature and Religious Thought, in: Lippy, Ch.H. u. Williams, P.W. (Hg.), Encyclopedia of the American Religious Experience: Studies of Traditions and Movements, 3 Bde., New York 1988, Bd. 2, S. 1015–38.
Karst, K.L., Belonging to America: Equal Citizenship and the Constitution, New Haven 1989.
Kasson, J.F., Civilizing the Machine: Technology and Republican Values in America, 1776–1900, New York 1976.
Katz, M.B., In the Shadow of the Poorhouse: A Social History of Welfare in America, New York 1986.
–, Reconstructing American Education, Cambridge/Mass. 1987.
Katzenstein, M.F. u. Laitin, D.D., Politics, Feminism, and the Ethics of Caring, in: Kittay, E.F. u. Meyers, D.T. (Hg.), Women and Moral Theory, Totowa 1987, S. 261–81.
Kaufmann, F.-X., Religion und Modernität: Sozialwissenschaftliche Perspektiven, Tübingen 1989.
Kaufman-Osborn, T., John Dewey and the Liberal Science of Community, in: Journal of Politics, Jg. 46, 1984, S. 1142–65.
Kazal, R.A., Revisiting Assimilation: The Rise, Fall, and Reappraisal of a Concept in American Ethnic History, in: American Historical Review, Jg. 100, 1995, S. 437–71.
Keller, M., Affairs of State: Public Life in Late Nineteenth Century America, Cambridge/Mass. 1977.
–, Social Policy in Nineteenth-Century America, in: Critchlow, D.T. u. Hawley, E.W. (Hg.), Federal Social Policy: The Historical Dimension, University Park 1988, S. 99–116.
–, Regulating a New Economy. Public Policy and Social Change in America, 1900–1933, Cambridge/Mass. 1990.
–, Regulating a New Society. Public Policy and Social Change in America, 1900–1933, Cambridge/Mass. 1994.
Kennedy, D.M., Over Here: The First World War and American Society, New York 1980.
Kent, R.C. u.a. (Hg.), Culture, Gender, Race, and U.S. Labor History, Westport 1993.
Kerber, L.K., The Republican Mother: Women and the Enlightenment – An American Perspective, in: American Quarterly, Jg. 28, 1976, S. 187–205.
–, Women of the Republic: Intellect and Ideology in Revolutionary America, Chapel Hill 1980.
–, Separate Spheres, Female Worlds, Woman's Place: The Rhetoric of Women's History, in: Journal of American History, Jg. 75,1, 1988/89, S. 9–39.
–, Women and Individualism in American History, in: Massachusetts Review, Jg. 30, 1989, S. 589–609.
–u.a. (Hg.), U.S. History as Women's History: New Feminist Essays, Chapel Hill 1995.
Kessler-Harris, A., Where Are the Organized Women Workers?, in: Feminist Studies, Jg. 3, 1975, S. 92–110.
–, Gender Ideology in Historical Reconstruction, in: Gender & History, Jg. 1, 1989, S. 31–49.
–, A Woman's Wage: Historical Meanings and Social Consequences, Lexington 1990.
–, The Paradox of Motherhood: Night Work Restrictions in the United States, in: Wikander, U. u.a. (Hg.), Protecting Women. Labor Legislation in Europe, the United States, and Australia, 1880–1920, Urbana 1995, S. 337–58.
Ketcham, R., Individualism and Public Life: A Modern Dilemma, New York 1987.
Kettner, J.H., The Development of American Citizenship: 1608–1870, Chapel Hill 1978.
Kidd, St., Redefining the New Deal: Some Thoughts on the Political and Cultural Perspectives of Revisionism, in: Journal of American Studies, Jg. 22, 1988, S. 389–415.
Kimball, B.A, The »True Professional Ideal« in America: A History, Cambridge/Mass. 1992.
King, W.M., Liberalism, in: Lippy, Ch.H. u. Williams, P.W. (Hg.), Encyclopedia of the American Religious Experience: Studies of Traditions and Movements, 3 Bde., New York 1988, Bd. 2, S. 1129–45.

–, An Enthusiasm for Humanity: The Social Emphasis in Religion and Its Accomodation in Protestant Theology, in: Lacey, M.J. (Hg.), Religion and Twentieth-Century American Intellectual Life, Cambridge/Mass. 1989, S. 49-77.
Kippenberg, H.G., Intellektuellen-Religion, in: Antes, P. u. Pahnke, D. (Hg.), Die Religion von Oberschichten, Marburg 1989, S. 181-201.
Kirschner, D.S., The Ambiguous Legacy: Social Justice and Social Control in the Progressive Era, in: Historical Reflections, Jg. 2, 1975, S. 69-88.
–, The Paradox of Professionalism: Reform and Public Service in Urban America, 1900-1940, Westport 1986.
Kittay, E.F. u. Meyers, D.T. (Hg.), Women and Moral Theory, Totowa 1987.
Klatch, R., The Two Worlds of Women of the New Right, in: Tilly, L.A. u. Gurin, P. (Hg.), Women, Politics, and Change, New York 1990, S. 529-52.
Klaus, A., Every Child a Lion: The Origins of Maternal and Infant Health Policy in the United States and France, 1890-1920, Ithaca 1993.
Kleger, H. u. Müller, R. (Hg.), Religion des Bürgers. Zivilreligion in Deutschland und Amerika, München 1986.
– u. Müller, R., Mehrheitskonsens als Zivilreligion? Zur politischen Religionsphilosophie innerhalb liberal-konservativer Staatstheorie, in: dies. (Hg.), Religion des Bürgers. Zivilreligion in Deutschland und Amerika, München 1986, S. 221-62.
Klein, M., The Flowering of the Third America: The Making of an Organizational Society, 1850-1920, Chicago 1993.
Kleinberg, J., American Women in the Twentieth Century, in: Morgan, I.W. u. Wynn, N.A. (Hg.), America's Century: Perspectives on U.S. History since 1900, New York 1993, S. 214-46.
Klingenstein, S., Jews in American Academy, 1900-1940: The Dynamics of Intellectual Assimilation, New Haven 1991.
Kloppenberg, J.T., Uncertain Victory: Social Democracy and Progressivism in European and American Thought, 1870-1920, New York 1986.
–, Morton White's Social Thought in America, in Reviews in American History, Jg. 15, 1987, S. 507-19.
–, Democracy and Disenchantment: From Weber and Dewey to Habermas and Rorty, in: Ross, D. (Hg.), Modernist Impulses in the Human Sciences, 1870-1930, Baltimore 1994, S. 69-90.
–, Pragmatism: An Old Name for Some New Ways of Thinking, in: The Journal of American History, Jg. 83,1, 1996, S. 100-38.
Kocka, J., Angestellte zwischen Faschismus und Demokratie: Zur politischen Sozialgeschichte der Angestellten: USA 1890-1940 im internationalen Vergleich, Göttingen 1977.
– (Hg.), Bürger und Bürgerlichkeit im 19. Jahrhundert, Göttingen 1987.
–, Bürgertum und Bürgerlichkeit als Probleme der deutschen Geschichte vom späten 18. zum frühen 20. Jahrhundert, in: ders. (Hg.), Bürger und Bürgerlichkeit im 19. Jahrhundert, Göttingen 1987, S. 21-63.
–, Bürgertum und bürgerliche Gesellschaft im 19. Jahrhundert. Europäische Entwicklungen und deutsche Eigenarten, in: ders. (Hg.), Bürgertum im 19. Jahrhundert. Deutschland im europäischen Vergleich, Bd. 1, München 1988, S. 11-76.
– (Hg.), Bildungsbürgertum im 19. Jahrhundert, Teil IV: Politischer Einfluß und gesellschaftliche Formation, Stuttgart 1989.
–, »Bürgertum« and Professions in the Nineteenth Century: Two Alternative Approaches, in: Burrage, M. u. Torstendahl, R. (Hg.), Professions in Theory and History: Rethinking the Study of the Professions, Newbury Park 1990, S. 62-74.
Kodalle, K.-M. (Hg.), Gott und Politik in USA: Über den Einfluß des Religiösen. Eine Bestandsaufnahme, Frankfurt a.M. 1988.
–, Zivilreligion in Amerika: Zwischen Rechtfertigung und Kritik, in: ders (Hg.), Gott und Politik in USA: Über den Einfluß des Religiösen. Eine Bestandsaufnahme, Frankfurt a.M. 1988, S. 19-73.

Kolko, G., The Triumph of Conservatism: A Reinterpretation of American History, 1900–1916, Chicago 1967.
Konvitz, M.R., The Legacy of Horace M. Kallen, London 1987.
–, H.M. Kallen and the Hebraic Idea, in: ders. (Hg.), The Legacy of Horace M. Kallen, London 1987, S. 64–75.
Koritansky, J.C., Civil Religion in Tocqueville's *Democracy in America*, in: Interpretation, Jg. 17, 1989/90, S. 389–400.
Koselleck, R. u. a., Drei bürgerliche Welten? Zur vergleichenden Semantik der bürgerlichen Gesellschaft in Deutschland, England und Frankreich, in: Puhle, H.-J. (Hg.), Bürger in der Gesellschaft der Neuzeit. Wirtschaft-Politik-Kultur, Göttingen 1991, S. 14–58.
Koslowski, P. (Hg.), Die religiöse Dimension der Gesellschaft, Tübingen 1985.
Koven, S. u. Michel, S., Gender and the Origins of the Welfare State, in: Radical History Review, Bd. 43, 1989, S. 112–20.
– u. Michel, S., Womanly Duties: Maternalist Politics and the Origins of Welfare States in France, Germany, Great Britain, and the United States, 1880–1920, in: American Historical Review, Jg. 95, 1990, S. 1076–108.
– u. Michel, S. (Hg.), Mothers of a New World: Maternalist Politics and the Origins of the Welfare States, New York 1993.
Kreiling, A., The Chicago School and Community, in: Critical Studies in Mass Communication, Jg. 6, 1989, S. 317–21.
Kroes, R. (Hg.), The Intellectual in America. European Contributions to American Studies, Bd. II, Amsterdam 1979.
Krohn, C.-D., Wissenschaft im Exil. Deutsche Sozial- und Wirtschaftswissenschaftler in den USA und die New School for Social Research, Frankfurt a.M. 1987.
Krome, F., From Liberal Philosophy to Conservative Ideology? Walter Lippmann's Opposition to the New Deal, in: Journal of American Culture, Jg. 10, 1987, S. 57–64.
Kronish, R., Horace M. Kallen and John Dewey on Cultural Pluralism and Jewish Education, in: Konvitz, M.R., The Legacy of Horace M. Kallen, London 1987, S. 90–108.
Krueckeberg, D.A. (Hg.), Introduction to Planning History in the United States, 1983.
–, The Culture of Planning, in: ders. (Hg.), Introduction to Planning History in the United States, New Brunswick 1983, S. 1–12.
– (Hg.), The American Planner: Biographies and Recollections, Piscataway 1994².
Kuhlmann, W. (Hg.), Moralität und Sittlichkeit. Das Problem Hegels und die Diskursethik, Frankfurt a.M. 1986.
Kuklick, B., The Rise of American Philosophy: Cambridge, Massachusetts, 1860–1930, New Haven 1977.
–, Churchmen and Philosophers: From Jonathan Edwards to John Dewey, New Haven 1985.
–, Does American Philosophy Rest on a Mistake?, in: Singer, M.G., (Hg.), American Philosophy, Cambridge/Engl. 1985, S. 177–90.
–, John Dewey, American Theology, and Scientific Politics, in: Lacey, M.J. (Hg.), Religion and Twentieth-Century American Intellectual Life, Cambridge/Mass. 1989, S. 78–93.
Kunzel, R.G., Fallen Women, Problem Girls: Unmarried Mothers and the Professionalization of Social Work, 1890–1945, New Haven 1993.
Kymlicka, W., Liberalism, Community, and Culture, Oxford 1989.

Lacey, M.J. (Hg.), Religion and Twentieth-Century American Intellectual Life, Cambridge/Mass. 1989.
– u. Furner, M.O. (Hg.), The State and Social Investigation in Britain and the United States, Cambridge/Mass. 1993.
Ladd-Taylor, M., Mother-Work: Women, Child Welfare, and the State, 1890–1930, Urbana 1994.
LaFolette, M., Making Science Our Own: Public Images of Science, 1910–1955, Chicago 1990.

Lagemann, E., A Generation of Women: Education in the Lives of Progressive Reformers, Cambridge/Mass. 1979.
Laird, S., Women and Gender in John Dewey's Philosophy of Education, in: Educational Theory, Jg. 38, 1988, S. 111-29.
Lamberti, J.-C., Tocqueville and the Two Democracies, Cambridge, Mass. 1989.
Lane, A.J. (Hg.), Mary Ritter Beard: A Sourcebook, New York 1977, (Boston 1988).
Langewiesche, D., Bildungsbürgertum und Liberalismus im 19. Jahrhundert, in: Kocka, J. (Hg.), Bildungsbürgertum im 19. Jahrhundert, Teil IV: Politischer Einfluß und gesellschaftliche Formation, Stuttgart 1989, S. 95-121.
Larmore, Ch., Political Liberalism, in: Political Theory, Jg. 18, 1990, S. 339-60.
Larson, M.S., The Rise of Professionalism: A Sociological Analysis, Berkeley 1977.
-, The Production of Expertise and the Constitution of Expert Power, in: Haskell, Th.L. (Hg.), The Authority of Experts, Bloomington 1984, S. 28-80.
Lasch, Chr., The New Radicalism in America (1889-1963). The Intellectual as a Social Type, New York 1965.
-, The Culture of Narcissism, New York 1978.
-, The True and Only Heaven: Progress and Its Critics, New York 1991.
-, The Revolt of the Elites and the Betrayal of Democracy, New York 1995.
Lawson, R.A., The Failure of Independent Liberalism, 1930-1941, New York 1971.
Layton, E.T. Jr., Veblen and the Engineers, in: American Quarterly, Jg. 14, 1962, S. 64-72.
-, The Revolt of the Engineers: Social Responsibility and the American Engineering Profession, Cleveland 1971, 1986².
- (Hg.), Technology and Social Change in America, New York 1973.
Lears, T.J.J., No Place of Grace: Antimodernism and the Transformation of American Culture, 1880-1920, New York 1990².
Leathers, Ch.G., Thorstein Veblen's Theories of Governmental Failure: The Critic of Capitalism and Democracy Neglected Some Useful Insights, Hindsight Shows, in: American Journal of Economics and Sociology, Jg. 48, 1989, S. 293-306.
Lebsock, S.O., In Retrospect. Reading Mary Beard, in: Reviews in American History, Jg. 17, 1989, S. 324-39.
-, Women and American Politics, 1880-1920, in: Tilly, L.A. u. Gurin, P. (Hg.), Women, Politics, and Change, New York 1990, S. 35-62.
Lees, A., The Metropolis and the Intellectual, in: Sutcliffe, A. (Hg.), Metropolis, 1890-1940, London 1984, S. 67-94.
-, Cities Perceived: Urban Society in European and American Thought, 1820-1940, Columbia University Press 1985.
Leffler, Ph.K. u. Brent, J., Public and Academic History: A Philosophy and Paradigm, Malabar 1990.
Lehrer, S., Origins of Protective Labor Legislation for Women, 1905-1925, Albany 1987.
Lemert, Ch. (Hg.), Intellectuals and Politics: Social Theory in a Changing World, Beverly Hills 1991.
Lemon, J., Urban Planning in Twentieth-Century North America: From Success to Irrelevancy?, in: University of Toronto Quarterly, Jg. 62, 1993, S. 441-55.
Lemons, J. St., The Woman Citizen: Social Feminism in the 1920s, Urbana 1973.
-, Social Feminism in the 1920s: Progressive Women and Industrial Legislation, in: Labor History, Jg. 14, 1973, S. 83-91.
Lenger, F., Werner Sombart 1863-1941. Eine Biographie, München 1994.
-, Großstädtische Eliten vor den Problemen der Urbanisierung. Skizze eines deutsch-amerikanischen Vergleichs 1870-1914, in: Geschichte und Gesellschaft, Jg. 21, 1995, S. 313-37.
Lenk, K., Das tragische Bewußtsein in der deutschen Soziologie, in: Kölner Zeitschrift für Soziologie und Sozialpsychologie, Jg. 16, 1964, S. 257-87.
Lentricchia, F., Philosophers of Modernism at Harvard, circa 1900, in: South Atlantic Quarterly, Jg. 89, 1990, S. 787-834.
Lepenies, W., Aufstieg und Fall der Intellektuellen in Europa, Frankfurt a.M. 1992.

Lepsius, M.R., Bürgertum als Gegenstand der Sozialgeschichte, in: Schieder, W. u. Sellin, V. (Hg.), Sozialgeschichte in Deutschland. Entwicklungen und Perspektiven im internationalen Zusammenhang, Bd. IV, Göttingen 1987, S. 61–80.
–, Zur Soziologie des Bürgertums und der Bürgerlichkeit, in: ders., Interessen, Ideen und Institutionen, Opladen 1990, S. 153–69.
–, Der europäische Nationalstaat: Erbe und Zukunft, in: ders., Interessen, Ideen und Institutionen, Opladen 1990, S. 256–69.
– (Hg.), Bildungsbürgertum im 19. Jahrhundert, Teil III: Lebensführung und ständische Vergesellschaftung, Stuttgart 1992.
–, Das Bildungsbürgertum als ständische Vergesellschaftung, in: ders. (Hg.), Bildungsbürgertum im 19. Jahrhundert, Teil III: Lebensführung und ständische Vergesellschaftung, Stuttgart 1992, S. 9–18.
Lerda, V.G. (Hg.), From »Melting Pot« to Multiculturalism: The Evolution of Ethnic Relations in the United States and Canada, Rome 1990.
Lerner, G., New Approaches to the Study of Women in American History, in: Carroll, B. (Hg.), Liberating Women's History. Theoretical and Critical Essays, Urbana 1976, S. 349–56.
–, The Majority Finds Its Past: Placing Women in History, New York 1979.
Lerner, M., The Triumph of Laissez-Faire, in: Schlesinger, A.M. Jr. u. White, M. (Hg.), Paths of American Thought, Boston 1963, S. 147–66.
–, Thorstein Veblen, in: ders., Ideas Are Weapons. The History and Uses of Ideas, New Brunswick 1991 (1938), S. 117–41.
–, Charles Beard, in: ders., Ideas Are Weapons. The History and Uses of Ideas, New Brunswick 1991 (1938), S. 152–73.
–, Walter Lippmann, in: ders., Ideas Are Weapons. The History and Uses of Ideas, New Brunswick 1991 (1938), S. 186–93.
Leslie, W.B., Gentlemen and Scholars: College and Community in the »Age of the University«, 1865–1917, University Park 1992.
Levine, D., Jane Addams and the Liberal Tradition, Madison 1971.
–, Poverty and Society: The Growth of the American Welfare State in International Comparison, New Brunswick 1988.
Levine, L.W., Highbrow/Lowbrow: The Emergence of Cultural Hierarchy in America, Cambridge/Mass. 1988.
Levine, S., Degrees of Equality: The American Association of University Women and the Challenge of Twentieth-Century Feminism, Philadelphia 1995.
Levinson, Religious Philosophy, in: Lippy, Ch.H. u. Williams, P.W. (Hg.), Encyclopedia of the American Religious Experience: Studies of Traditions and Movements, 3 Bde., New York 1988, Bd. 2, S. 1189–206.
Levy, D.W., Herbert Croly of the New Republic. The Life and Thought of an American Progressive, Princeton 1985.
Lewis, J.D. u. Smith, R.L., American Sociology and Pragmatism: Mead, Chicago Sociology, and Symbolic Interaction, Chicago 1980.
Lewis, R.W.B., The Jameses: A Family Narrative, New York 1991.
Lieberman, J.K., The Tyranny of the Experts: How Professionals Are Closing the Open Society, New York 1970.
Lichtblau, K., Kulturkrise und Soziologie um die Jahrhundertwende: Zur Genealogie der Kultursoziologie in Deutschland, Frankfurt a.M. 1996.
–, »Alles Vergängliche ist nur ein Gleichnis« – Zur Eigenart des Ästhetischen im kultursoziologischen Diskurs der Jahrhundertwende, in: Hübinger, G. u.a. (Hg.), Kultur und Kulturwissenschaften um 1900, Bd. II: Idealismus und Positivismus, Stuttgart 1997, S. 86–121.
Lichtenstein, N. u. Harris, H.J. (Hg.), Industrial Democracy in America: The Ambiguous Promise, New York 1993.
Liebersohn, H., The American Academic Community before the First World War. A Comparison with the German »Bildungsbürgertum«, in: Conze, W. und Kocka, J. (Hg.), Bil-

dungsbürgertum im 19. Jahrhundert, Teil I: Bildungsbürgertum und Professionalisierung in internationalen Vergleichen, Stuttgart 1985, S. 163-86.
Lindner, R., The Reportage of Urban Culture: Robert Park and the Chicago School, New York 1996.
Link, A.S., What Happened to the Progressive Movement in the 1920's?, in: American Historical Review, Jg. 64, 1959, S. 833-51.
- u. Leary, W.M. (Hg.), The Progressive Era and the Great War, 1896-1920, New York 1969.
- u. McCormick, R.L., Progressivism, Arlington Heights 1983.
Lippy, Ch.H., Social Christianity, in: ders. u. Williams, P.W. (Hg.), Encyclopedia of the American Religious Experience: Studies of Traditions and Movements, 3 Bde., New York 1988, Bd. 2, S. 917-31.
-, Being Religious, American Style: A History of Popular Religiosity in the United States, Westport 1994.
- u. Williams, P.W. (Hg.), Encyclopedia of the American Religious Experience: Studies of Traditions and Movements, 3 Bde., New York 1988.
Lipschultz, S., Social Feminism and Legal Discourse: 1908-1923, in: Yale Journal of Law and Feminism, Jg. 2, 1989, S. 131-60.
Lipset, S.M., The First New Nation: The United States in Historical and Comparative Perspective, New York 1979.
Lissak, R.S., Pluralism and Progressives: Hull House and the New Immigrants, 1890-1919, Chicago 1989.
Livingston, J., Pragmatism and the Political Economy of Cultural Revolution 1850-1940, Chapel Hill 1994.
Loeb, H., Life in a Technocracy, New York 1933.
Loewenstein, B., Der Entwurf der Moderne. Vom Geist der bürgerlichen Gesellschaft und Zivilisation, Essen 1987 (Darmstadt 1990²).
Lotz, D.W. (Hg.), Altered Landscapes: Christianity in America: 1935-1985, Grand Rapids 1989.
Lowi, Th.J., The End of Liberalism: Ideology, Policy, and the Crisis of Public Authority, New York 1969.
Lubling, Y., Persons and Experience: John Dewey's Philosophy of the Self, Ph.D.Diss., Univ. of Nebraska, Lincoln 1992.
Lubove, R., The Professional Altruist: The Emergence of Social Work as a Career, 1880-1930, Cambridge/Mass. 1965
-, The Struggle for Social Security, 1900-1935, Cambridge/Mass. 1968.
-, Housing Reform and City Planning in Progressive America, in: Jackson, K.T. (Hg.), Cities in American History, New York 1972, S. 344-56.
Luckmann, B., Eine deutsche Universität im Exil: Die »Graduate Faculty« der »New School for Social Research«, in: Lepsius, M.R. (Hg.), Soziologie in Deutschland und Österreich 1918-1945, Opladen 1981, S. 427-41.
Luedtke, L.S. (Hg.), Making Amerika: The Society and Culture of the United States, Chapel Hill 1992.
Lugo, L.E. (Hg.), Religion, Public Life, and the American Polity, Knoxville 1994.
Lukes, St., The Meanings of »Individualism«, in: Journal of the History of Ideas, Jg. 32, 1971, S. 45-66.
-, Types of Individualism, in: Wiener, Ph.P. (Hg.), Dictionary of the History of Ideas, New York 1973, Bd. 2, S. 594-604.
-, Individualism, Oxford 1973.
-, Essays in Social Theory, Aldershot 1994.
Lunardini, Chr.A., From Equal Suffrage to Equal Rights: Alice Paul and the National Woman's Party, 1910-1928, New York 1986.
-, Alice Paul (1885-1977), in: Barker-Benfield, G.J. u. Clinton, C. (Hg.), Portraits of American Women: From Settlement to the Present, New York 1991, S. 449-70.
Lundén, R., Business and Religion in the American 1920s, Westport 1988.

Lundgreen, P., Wissen und Bürgertum. Skizze eines historischen Vergleichs zwischen Preußen/Deutschland, Frankreich, England und den USA, 18.–20. Jahrhundert, in: Siegrist, H. (Hg.), Bürgerliche Berufe, Göttingen 1988, S. 106–24.
Lustig, R.J., Corporate Liberalism: The Origins of Modern American Political Theory, 1890–1920, Berkeley 1982.
Lyman, S.M., Color, Culture, Civilisation: Race and Minority Issues in American Society, Urbana 1994.

Macedo, St., Liberal Virtues: Citizenship, Virtue, and Community in Liberal Constitutionalism, New York 1990.
MacDonald, K.M., The Sociology of the Professions, London 1995.
MacIntyre, A., Der Verlust der Tugend, Frankfurt a.M. 1987.
MacLean, I. u.a. (Hg.), The Political Responsibility of Intellectuals, New York 1990.
Maffi, M., Gateway to the Promised Land: Ethnic Cultures on New York's Lower East Side, New York 1995.
Mahoney, D.J., A Newer Science of Politics: *The Federalist* and American Political Science in the Progressive Era, in: Kesler, Ch.R. (Hg.), Saving the Revolution: *The Federalist Papers* and The American Founding, New York 1987, S. 250–64.
Mancini, M., Alexis de Tocqueville, New York 1994.
Manent, P., An Intellectual History of Liberalism, Princeton 1994.
Manicas, P.T., A History and Philosophy of the Social Sciences, New York 1987.
–, Pragmatic Philosophy and the Charge of Scientism, in: Transactions of the Carles S. Peirce Society, Jg. 24, 1988, S. 179–222.
Mann, A. (Hg.), Immigrants in American Life, New York 1968.
–, The One and the Many: Reflections on the American Identity, Chicago 1979.
Manning, C., The Role of Non-Face-to-Face Interpersonal Communication in the Transformation of American Society, New York 1993.
Mansbridge, J.J. (Hg.), Beyond Self-Interest, Chicago 1990.
–, Organizing for the ERA: Cracks in the Facade of Unity, in: Tilly, L.A. u. Gurin, P. (Hg.), Women, Politics, and Change, New York 1990, S. 323–38.
Marcell, D.W., Progress and Pragmatism. James, Dewey, Beard, and the American Idea of Progress, Westport 1974.
Marcus, A.I. u. Segal, H.P., Technology in America: A Brief History, San Diego 1989.
Martellone, A.M., National Unity, Assimilation and Ethnic Diversity in the United States, in: Lerda, V.G. (Hg.), From »Melting Pot« to Multiculturalism: The Evolution of Ethnic Relations in the United States and Canada, Rome 1990, S. 9–23.
Martens, E., Amerikanische Pragmatisten, in: Höffe, O. (Hg.), Klassiker der Philosophie, Bd. II, München 1981, S. 225–50.
Marty, M.E., A Nation of Behavers, Chicago 1976.
–, Modern American Religion. Bd. 1: The Irony of It All, 1893–1919, Chicago 1986.
–, Religion and Republic: The American Circumstance, Boston 1987.
–, Free Thought and Ethical Movements, in: Lippy, Ch.H. u. Williams, P.W. (Hg.), Encyclopedia of the American Religious Experience: Studies of Traditions and Movements, 3 Bde., New York 1988, Bd. 2, S. 731–40.
–, Modern American Religion. Bd. 2: The Noise of Conflict, 1919–1941, Chicago 1991.
– (Hg.), The Writing of American Religious History, New York 1992.
– (Hg.), Trends in American Religion and the Protestant World, New York 1992.
– (Hg.), Civil Religion, Church and State, New York 1992.
– (Hg.), Varieties of Protestantism, New York 1992.
Masugi, K. (Hg.), Interpreting Tocqueville's Democracy in America, Savage 1991.
Mathiopoulos, M., Amerika: Das Experiment des Fortschritts. Ein Vergleich des politischen Denkens in den USA und Europa, Paderborn 1987.
Matthes, J. (Hg.), Zwischen den Kulturen? Die Sozialwissenschaften vor dem Problem des Kulturvergleichs, Göttingen 1992.

Matthews, F.H., The Revolt Against Americanism: Cultural Pluralism and Cultural Relativism as an Ideology of Liberation, in: Canadian Review of American Studies, Jg. 1, 1970, S. 4–31.

Matthews, F., Role Models? The Continuing Relevance of the »New York Intellectuals,« in: Canadian Review of American Studies, Jg. 19, 1988, S. 69–88.

–, Present Pasts. From »Progressive« to »Liberal« in Intellectuals' Understanding of American History, 1925–50, in: Canadian Journal of History, Jg. 26, 1991, S. 429–54.

Matthews, R.K., Liberalism, Civic Humanism, and the American Political Tradition: Understanding Genesis, in: Journal of Politics, Jg. 49, 1987, S. 1127–53.

Maxcy, S.J., Horace Kallen's Two Conceptions of Cultural Pluralism, in: Educational Theory, Jg. 29, 1979, S. 31–39.

May, H.F., The End of American Innocence: A Study of the First Years of Our Own Time, 1912–1917, New York 1959.

–, The Protestant Response to Industrial America, New York 1963.

–, Protestant Churches and Industrial America, New York 1963.

–, Ideas, Faiths, and Feelings. Essays on American Intellectual and Religious History, New York 1983.

May, J., Antitrust in the Formative Era: Political and Economic Theory in Constitutional and Antitrust Analysis, in: Ohio State Law Journal, Jg. 50, 1989, S. 258–395.

Mayer, J.A., Social Reform After the Civil War to the Great Depression, in: Lippy, Ch.H. u. Williams, P.W. (Hg.), Encyclopedia of the American Religious Experience: Studies of Traditions and Movements, 3 Bde., New York 1988, Bd. 3, S. 1441–61.

Mayer, R.N., The Consumer Movement: Guardians of the Marketplace, Boston 1989.

McCarthy, M.P., Urban Optimism and Reform Thought in the Progressive Era, in: Historian, Jg. 51, 1989, S. 239–62.

McClay, W.M., The Masterless: Self and Society in Modern America, Chapel Hill 1994.

McClellan, E. u. Reese, W.J. (Hg.), The Social History of American Education, Urbana 1988.

McClelland, Ch.E., Escape from Freedom? Reflections on German Professionalization, 1870–1933, in: Torstendahl, R. u. Burrage, M. (Hg.), The Formations of Professions: Knowledge, State, and Strategy, Newbury Park 1990, S. 97–113.

–, The German Experience of Professionalization: Modern Learned Professions and their Organizations from the Early Nineteenth Century to the Hitler Era, Cambridge/Mass. 1991.

McClelland, P.D., The American Search for Economic Justice, Cambridge/Mass. 1990.

McClosky, H. u. Zaller, J., The American Ethos. Public Attitude Toward Capitalism and Democracy, Cambridge/Mass. 1984.

McClymer, J.F., War and Welfare: Social Engineering in America, 1890–1925, Westport 1980.

McCorkle, P., The Historian as Intellectual: Charles Beard and the Constitution Reconsidered, in: American Journal of Legal History, Jg. 28, 1984, S. 314–63.

McCormick, R.L., Progressivism: A Contemporary Reassessment, in: ders., The Party Period and Public Policy: American Politics from the Age of Jackson to the Progressive Era, New York 1986, S. 263–88.

–, Public Life in Industrial America, 1877–1917, in: Foner, E. (Hg.), The New American History, Philadelphia 1990, S. 93–117.

McCraw, Th.K., The Progressive Legacy, in: Gould, L.L. (Hg.), The Progressive Era, New York 1974, S. 181–201.

– (Hg.), Regulation in Perspective: Historical Essays, Cambridge/Mass. 1981.

–, Prophets of Regulation, Cambridge/Mass. 1984.

McDonagh, E.L., Representative Democracy and State Building in the Progressive Era, in: American Political Science Review, Jg. 86, 1992, S. 938–50.

McDonald, L., The Women Founders of the Social Sciences, Ottawa 1994.

McElvaine, R.S., The Great Depression: America 1929–1941, New York 1985.

McGerr, M., Political Style and Women's Power, 1830-1930, in: Journal of American History, Jg. 77, 1990, S. 864-85.
McGraw, Th.K., Prophets of Regulation, Cambridge/Mass. 1984.
McKelvey, B., The Emergence of Metropolitan America, New Brunswick 1968.
-, American Urbanization: A Comparative History, Glenview 1973.
McLeod, H., Secular Cities? Berlin, London, and New York in the Later Nineteenth and Early Twentieth Centuries, in: Bruce, S. (Hg.), Religion and Modernization: Sociologists and Historians Debate the Secularization Thesis, New York 1992, S. 59-89.
McLoughlin, W.G., Revivals, Awakenings, and Reform: An Essay on Religion and Social Change in America: 1607-1973, Chicago 1978.
McNaught, K., American Progressives and the Great Society, in: Journal of American History, Jg. 53, 1966, S. 504-20.
Mead, G.H., The Philosophies of Royce, James, and Dewey in Their American Setting, in: International Journal of Ethics, Jg. 40, 1930, S. 211-32.
-, The Genesis of the Self and Social Control, in: ders., Selected Writings (1924-25), hg. v. Reck, A.J., New York 1964, S. 267-93.
-, The Philosophy of John Dewey, in: International Journal of Ethics, Jg. 46, 1935, S. 64-81.
-, Ästhetische Erfahrung, in: Henrich, D. u. Iser, W. (Hg.), Theorien der Kunst, Frankfurt a.M. 1982, S. 343-55.
Mead, S., The »Nation with the Soul of a Church«, in: Richey, R.E. u. Jones, D.G. (Hg.), American Civil Religion, New York 1974, S. 45-75.
Meiksins, P., The »Revolt of the Engineers« Reconsidered, in: Reynolds, T.S. (Hg.), The Engineer in America: A Historical Anthology from Technology and Culture, Chicago 1991, S. 399-426.
Meiland, J.W., The Historical Relativism of Charles A. Beard, in: History and Theory, Jg. 12, 1973, S. 405-13.
Mellor, J.R., Urban Sociology in an Urbanized Society, London 1977.
Melton, G., The Encyclopedia of American Religions, Detroit 1987².
Metzger, W.P., The Academic Profession in the United States, in: Clark, B.R. (Hg.), The Academic Profession: National, Disciplinary, and Institutional Settings, Berkeley 1987, S. 123-208.
Meyer, M.A., Response to Modernity: A History of the Reform Movement in Judaism, New York 1988.
Michaels, W.B., Our America: Nativism, Modernism, and Pluralism, Durham 1995.
Michalski, K. (Hg.), Europa und die Civil Society, Stuttgart 1991.
Miller, R.M., American Protestantism and Social Issues, 1919-1939, Chapel Hill 1958.
- u. Cimbala, P.A. (Hg.), American Reform and Reformers: A Biographical Dictionary, Westport 1996.
Miller, W.L., The First Liberty: Religion and the American Republic, New York 1985.
Miller, Z.L., The Urbanization of Modern America: A Brief History, New York 1973.
Mills, C.W., White Collar: The American Middle Classes, New York 1953.
-, Sociology and Pragmatism: The Higher Learning in America, New York 1966.
Mink, G., The Lady and the Tramp: Gender, Race, and the Origins of the American Welfare State, in: Gordon, L. (Hg.), Women, the State, and Welfare, Madison 1990, S. 92-122.
-, The Wages of Motherhood: Inequality in the Welfare State, Ithaca 1995.
Minus, P.M., Walter Rauschenbusch: American Reformer, New York 1988.
Mitchell, J., The Fragility of Freedom: Tocqueville on Religion, Democracy, and the American Future, Chicago 1995.
Mitchell, J., Danto, Dewey and the Historical End of Art, in: Transactions of the Charles S. Peirce Society, Jg. 25, 1989, S. 469-501.
Mitchell, W.C., Thorstein Veblen's Institutional Approach, in: ders., Types of Economic Theory From Mercantilism to Institutionalism, hg. v. Dorfman, J., Bd. 2, New York 1969, S. 599-699.

Mohl, R.A., The History of the American City, in: Cartwright, W.H. u. Watson, R.L. Jr. (Hg.), The Reinterpretation of American History and Culture, Washington 1973, S. 165–205.
- (Hg.), The Making of Urban America, Wilmington 1988.
-, Shifting Patterns of American Urban Policy since 1900, in: Hirsch, A.R. u. Mohl, R.A. (Hg.), Urban Policy in Twentieth-Century America, New Brunswick 1993, S. 1–45.
- u. Richardson, J.F. (Hg.), The Urban Experience: Themes in American History, Belmont 1973.
Mollenkopf, J.H. (Hg.), Power, Culture, and Place: Essays on New York City, New York 1988.
- u. Castells, M. (Hg.), Dual City: Restructuring New York, New York 1991.
Mommsen, W.J., Bürgerliche Kultur und künstlerische Avantgarde 1870–1918. Kultur und Politik im deutschen Kaiserreich, Frankfurt a.M. 1994.
- (Hg.), Kultur und Krieg. Die Rolle der Intellektuellen, Künstler und Schriftsteller im Ersten Weltkrieg, München 1995.
-, Kultur und Wissenschaft im kulturellen System des Wilhelminismus: Die Entzauberung der Welt durch Wissenschaft und ihre Verzauberung durch Kunst und Literatur, in: Hübinger, G. u.a. (Hg.), Kultur und Kulturwissenschaften um 1900, Bd. II: Idealismus und Positivismus, Stuttgart 1997, S. 24–40.
Monkkonen, E.H., America Becomes Urban: The Development of U.S. Cities and Towns, 1780–1980, Berkeley 1988.
Montgomery, S.L., Minds for the Making: The Role of Science in American Education, 1750–1990, New York 1994.
Moore, D.D., At Home in America: Second Generation New York Jews, New York 1981.
-, Social History of American Judaism, in: Lippy, Ch.H. u. Williams, P.W. (Hg.), Encyclopedia of the American Religious Experience: Studies of Traditions and Movements, 3 Bde., New York 1988, Bd. 1, S. 291–310.
Moore, R.L., Directions of Thought in Progressive America, in: Gould, L.L. (Hg.), The Progressive Era, New York 1974, S. 35–53.
-, Learning to Love American Religious Pluralism: A Review Essay, in: American Jewish History, Jg. 77, 1987, S. 316–30.
-, Secularization: Religions and the Social Sciences, in: Hutchison, W.R. (Hg.), Between the Times: The Travail of the Protestant Establishment in America, 1900–1960, Cambridge/Engl. 1989, S. 233–52.
Moorhead, J.H., Theological Interpretations and Critiques of American Society and Culture, in: Lippy, Ch.H. u. Williams, P.W. (Hg.), Encyclopedia of the American Religious Experience: Studies of Traditions and Movements, 3 Bde., New York 1988, Bd. 1, S. 101–15.
Morgan, I.W. u. Wynn, N.A. (Hg.), America's Century: Perspectives on U.S. History since 1900, New York 1993.
Morone, J.A., The Democratic Wish: Popular Participation and the Limits of American Government, New York 1990.
Morris, B., Western Conceptions of the Individual, New York 1991.
Morris, D. u. Shapiro (Hg.), John Dewey: The Political Writings, New York 1993.
Moss, D.A., Socializing Security: Progressive-Era Economists and the Origins of American Social Policy, Cambridge/Mass. 1996.
Müller, H.M. (Hg.), Kulturprotestantismus. Beiträge zu einer Gestalt des modernen Christentums, Gütersloh 1992.
Muller, T., Immigrants and the American City, New York 1993.
Mumford, L., The Culture of Cities, New York 1938.
Muncy, R., Creating a Female Dominion in American Reform, 1890–1935, New York 1991.
Munslow, A., Discourse and Culture: The Creation of America, 1870–1920, New York 1992.
-, The Progressive Era, 1900–1919, in: Morgan, I.W. u. Wynn, N.A. (Hg.), America's Century: Perspectives on U.S. History since 1900, New York 1993, S. 14–45.

Muraskin, W.A., The Social Control Theory in American History: A Critique, in: Journal of Social History, Jg. 9, 1976, S. 559-69.
Murphey, D.D., Liberalism in Contemporary America, Virginia 1992².
Murphy, A.E., John Dewey and American Liberalism, in: ders. u.a. (Hg.), Reason and the Common Good, Englewood Cliffs 1963, S. 247-61.
Murphy, J.P., Pragmatism: From Peirce to Davidson, Boulder 1992.
Murphy, P.L., World War I and the Origin of Civil Liberties in the United States, New York 1979.
Murray, D. (Hg.), American Cultural Critics, Exeter 1996.
Myers, G.E., William James: His Life and Thought, New Haven 1986.

Naparstek, A.J. u. Martin, G.T. Jr., Welfare Problems of the Cities, in: Mohl, R.A. u. Betten, N. (Hg.), Urban America in Historical Perspective, New York 1970, S. 349-56.
Nauta, L., Changing Conceptions of Citizenship, in: Praxis International, Jg. 12, 1992, S. 20-34.
Nelson, W.E., The Roots of American Bureaucracy, 1830-1900, Cambridge/Mass. 1982.
Neuhaus, R.J., The Naked Public Square: Religion and Democracy in America, New York 1984.
Newman, W.M., American Pluralism: A Study of Minority Groups and Social Theory, New York 1973.
Niethammer, L. u.a., Bürgerliche Gesellschaft in Deutschland. Historische Einblicke, Fragen, Perspektiven, Frankfurt a.M. 1990.
Nipperdey, Th., Kommentar: »Bürgerlich« als Kultur, in: Kocka, J. (Hg.), Bürger und Bürgerlichkeit im 19. Jahrhundert, Göttingen 1987, S. 143-48.
Nisbet, R.A., History of the Idea of Progress, New York 1980.
Noble, A.G., (Hg.), To Build a New Land: Ethnic Landscapes in North America, Baltimore 1992.
Noble, D.F, The New Republic and the Idea of Progress, 1914-1920, in: Mississippi Valley Historical Review, Jg. 38, 1951, S. 387-402.
-, Herbert Croly and American Progressive Thought, in: Western Political Quarterly, Jg. 7, 1954, S. 537-53.
-, Veblen and Progress: The American Climate of Opinion, in: Ethics, Jg. 65, 1955, S. 271-86.
-, The Theology of Thorstein Veblen, in: Qualey, C.C. (Hg.), Thorstein Veblen, New York 1968, S. 72-105.
-, America by Design: Science, Technology, and the Rise of Corporate Capitalism, New York 1977.
-, Frederick Jackson Turner and Charles Beard: International Capitalism or International Democracy, 1880-1920, in: ders., The End of American History. Democracy, Capitalism, and the Metaphor of Two Worlds in Anglo-American Historical Writing, 1880-1980, Minneapolis 1985.
-, Thorstein Veblen: The Economist as Scientist and Prophet, in: ders., The Paradox of Progressive Thought, Minneapolis 1985, S. 199-227.
Noddings, N., Caring: A Feminine Approach to Ethics and Moral Education, Berkeley 1984.
-, Ethics from the Standpoint of Women, in: Rhode, D.L. (Hg.), Theoretical Perspectives on Sexual Difference, New Haven 1990, S. 160-73.
Noll, M.A., One Nation under God? Christian Faith and Political Action in America, San Franzisko 1988.
- (Hg.), Religion and American Politics: From the Colonial Period to the 1980s, New York 1990.
-, A History of Christianity in the United States and Canada, London 1992.
Nolte, P., Ideen und Interessen in der Amerikanischen Revolution. Eine Zwischenbilanz der Forschung 1968-1988, in: Geschichte u. Gesellschaft, Jg. 17, 1991, S. 114-40.

–, Die amerikanische Revolution als Bruch des gesellschaftlichen Bewußtseins. Politischer, ökonomischer und soziokultureller Mentalitätswandel von 1750 bis 1800, in: Zeitschrift für historische Forschung, Jg. 18, 1991, S. 425-60.
–, Der Markt und seine Kultur – ein neues Paradigma der amerikanischen Geschichte?, in: Historische Zeitschrift, Band 264, 1997, S. 329-60.
Nore, E., Charles A. Beard: An Intellectual Biography, Carbondale 1983.
Norgren, J. u. Nanda, S., American Cultural Pluralism and Law, Westport 1988.
Novick, P., That Noble Dream: The »Objectivity Question« and the American Historical Profession, New York 1988.
Nuechterlein, J.A., The Dream of Scientific Liberalism: The New Republic and American Progressive Thought, 1914-1920, in: Review of Politics, Jg. 42, 1980, S. 167-90.
Nugent, W., Crossings: The Great Transatlantic Migrations, 1870-1914, Bloomington 1992.

Offen, K., Feminism and Sexual Difference in Historical Perspective, in: Rhode, D.L. (Hg.), Theoretical Perspectives on Sexual Difference, New Haven 1990, S. 13-20.
–, Defining Feminism: A Comparative Historical Approach, in: Bock, G. u. James, S. (Hg.), Beyond Equality and Difference: Citizenship, Feminist Politics and Female Subjectivity, London 1992, S. 69-88.
Okun, M. Fair Play in the Marketplace: The First Battle for Pure Food and Drugs, De Kalb 1986.
Olafson, F.A., The School and Society: Reflections on John Dewey's Philosophy of Education, in: Cahn, St.M. (Hg.), New Studies in the Philosophy of John Dewey, Hanover 1977.
Oldenziel, R., Gender and the Meanings of Technology: Engineering in the U.S., 1880-1945, Ph.D.Diss., Yale Univ. 1992.
Oldfield, A., Citizenship and Community: Civic Republicanism and the Modern World, London 1990.
O'Leary, K.C., John Dewey, Herbert Croly, and Progressive Democratic Theory, Ph.D.Diss., Yale Univ. 1990.
–, Herbert Croly and Progressive Democracy, in: Polity, Jg. 26, 1994, S. 533-52.
Oleson, A. u. Voss, J. (Hg.), The Organization of Knowledge in Modern America: 1860-1920, Baltimore 1979.
Olson, J.S., The Ethnic Dimension in American History, New York 1994².
O'Neill, W., Everyone Was Brave: A History of Feminism in America, Chicago 1971.
Orloff, A.Sh., Gender in Early United States Social Policy, in: Journal of Policy History, Jg. 3, 1991, S. 249-81.
–, The Political Origins of America's Belated Welfare State, in: Weir, M. u.a. (Hg.), The Politics of Social Policy in the United States, Princeton 1988, S. 37-64.
Ostendorf, B. (Hg.), Multikulturelle Gesellschaft: Modell Amerika?, München 1994.
–, Identitätsstiftende Geschichte: Religion und Öffentlichkeit in den USA, in: Merkur, Jg. 49, 1995, S. 205-16.
Osterhammel, J., Sozialgeschichte im Zivilisationsvergleich. Zu künftigen Möglichkeiten komparativer Geschichtswissenschaft, in: Geschichte und Gesellschaft, Jg. 22, 1996, S. 143-64.

Pannenberg, W., Civil Religion? Religionsfreiheit und pluralistischer Staat: Das theologische Fundament der Gesellschaft, in: Koslowski, P. (Hg.), Die religiöse Dimension der Gesellschaft, Tübingen 1985, S. 63-75.
Parrington, V.L., Main Currents in American Thought, 3 Bde., New York 1958.
–, American Dreams: A Study of American Utopias, New York 1964.
Parrish, M.E., Anxious Decades: American Prosperity and Depression, 1920-1941, New York 1992.
Parry, G., Conclusion: Paths to Citizenship, in: Vogel, U. u. Moran, M. (Hg.), The Frontiers of Citizenship, New York 1991, S. 166-202.

Pateman, C., The Patriarchal Welfare State, in: Gutmann, A. (Hg.), Democracy and the Welfare State, Princeton 1988, S. 231-60.
–, The Disorder of Women: Democracy, Feminism and Political Theory, Cambridge/Engl. 1989.
–, Equality, Difference, Subordination: The Politics of Motherhood and Women's Citizenship, in: Bock, G. u. James, S. (Hg.), Beyond Equality and Difference: Citizenship, Feminist Politics and Female Subjectivity, London 1992, S. 17-31. (Deutsche Fassung: Gleichheit, Differenz, Unterordnung: Die Mutterschaftspolitik und die Frauen in ihrer Rolle als Staatsbürgerinnen, in: Feministische Studien, Jg. 10, 1992, S. 54-69).
– u. Gross, E. (Hg.), Feminist Challenges: Social and Political Theory, Boston 1987.
Payne, A., Reform, Labor, and Feminism: Margaret Dreier Robins and the Women's Trade Union League, Urbana 1988.
Pegram, Th.R., Partisans and Progressives: Private Interest and Public Policy in Illinois, 1870-1922, Urbana 1992.
Pells, R.H., The Liberal Mind in a Conservative Age: American Intellectuals in the 1940s and 1950s, New York 1985.
Pencak, W. u.a. (Hg.), Immigration to New York, Philadelphia 1991.
Peritz, R.J.R., Competition Policy in America, 1888-1992: History, Rhetoric, Law, New York 1996.
Perkin, H., The Rise of Professional Society: England Since 1880, London 1989.
Perry, E.I., Women's Political Choices After Suffrage: The Women's City Club of New York, 1915-1990, in: New York History, Jg. 62, 1990, S. 417-34.
Perry, L. Intellectual Life in America: A History, Chicago 1989².
Pettegrew, J., Man As Individual: F.J. Turner and the Reconstruction of Individualism in Turn-of-the-Century Social Science, in: Mid-America, Jg. 74, 1992, S. 125-47.
Pflaum, M., Die Kultur-Zivilisations-Antithese im Deutschen, in: Europäische Schlüsselwörter. Wortvergleichende und wortgeschichtliche Studien, hg. vom Sprachwissenschaftlichen Colloquium, Bd. 3: Kultur und Zivilisation, München 1967, S. 288-422.
Phillips, D.L., Looking Backward: A Critical Appraisal of Communitarian Thought, Princeton 1993.
Phillips, P.T., A Kingdom on Earth: Anglo-American Social Christianity, 1880-1940, University Park 1996.
Piott, St.L., The Origins of the Initiative and Referendum in America, in: Hays Historical Journal, Jg. 11, 1992, S. 5-17.
Plunz, R., A History of Housing in New York City: Dwelling Type and Social Change in the American Metropolis, New York 1990.
Pocock, J.G.A., The Machiavellian Moment. Florentine Political Thought and the Atlantic Republican Tradition, Princeton 1975.
Poelvoorde, J.J., The American Civil Religion and The American Constitution, in: Goldwin, R.A. u. Kaufman, A. (Hg.), How Does the Constitution Protect Religious Freedom?, Washington 1987, S. 141-67.
Pole, J.R., The New History and the Sense of Social Purpose in American Historical Writing, in: Transactions of the Royal Historical Society, Jg. 23, 1973, S. 221-42.
Poplin, D.E., Communities: A Survey of Theories and Methods of Research, New York 1979².
Porter, G., The Rise of Big Business, 1860-1920, Arlington Heights 1992².
Posnock, R., Henry James, Veblen and Adorno: The Crisis of the Modern Self, in: Journal of American Studies, Jg. 21, 1987, S. 31-54.
–, The Trial of Curiosity: Henry James, William James, and the Challenge of Modernity, New York 1991.
–, The Politics of Pragmatism and the Fortunes of the Public Intellectual, in: American Literary History, Jg. 3, 1991, S. 566-87.
Potter, D.M., People of Plenty: Economic Abundance and the American Character, Chicago 1954.

Powaski, R.E., Toward an Entangling Alliance: American Isolationism, Internationalism, and Europe, 1901–1950, Westport 1991.
Pranger, R.J., The Eclipse of Citizenship: Power and Participation in Contemporary Politics, New York 1968.
Price, D., Community and Control: Critical Democratic Theory in the Progressive Period, in: American Political Science Review, Jg. 68, 1974, S. 1663–78.
Prigge, W., (Hg.), Städtische Intellektuelle. Urbane Milieus im 20. Jahrhundert, Frankfurt a.M. 1992.
Prinz, M., Brot und Dividende. Konsumvereine in England und Deutschland vor 1914, Göttingen 1996.
Pulley, K.J., The Constitution and Religious Pluralism Today, in: Wells, R.A. u. Askew, Th.A. (Hg.), Liberty and Law: Reflections on the Constitution in American Life and Thought, Grand Rapids 1987, S. 143–55.
Pursell, C., The Machine in America: A Social History of Technology, Baltimore 1995.

Quandt, J.B., From Small Town to the Great Community: The Social Thought of Progressive Intellectuals, New Brunswick 1970.

Rabinowitz, H.N., Race, Ethnicity, and Cultural Pluralism in American History, in: Gardner, J.B. u. Adams, G.R. (Hg.), Ordinary People and Everyday Life: Perspectives on the New Social History, Nashville 1983, S. 23–45.
Raeithel, G., Geschichte der nordamerikanischen Kultur, 3 Bde., Weinheim/Berlin 1987–89.
Rajchman, J. u. West, C. (Hg.), Post-Analytical Philosophy, New York 1985.
Rammstedt, O., Zweifel am Fortschritt und Hoffen aufs Individuum. Zur Konstitution der Soziologie im ausgehenden 19. Jahrhundert, in: Soziale Welt, Jg. 36, 1985, S. 483–502.
Ramsey, B., Submitting to Freedom: The Religious Vision of William James, New York 1993.
Raphael, L., Historikerkontroversen im Spannungsfeld zwischen Berufshabitus, Fächerkonkurrenz und sozialen Deutungsmustern. Lamprecht-Streit und französischer Methodenstreit der Jahrhundertwende in vergleichender Perspektive, in: Historische Zeitschrift, Bd. 251, 1990, S. 325–63.
–, Die Verwissenschaftlichung des Sozialen als methodische und konzeptionelle Herausforderung für eine Sozialgeschichte des 20. Jahrhunderts, in: Geschichte und Gesellschaft, Jg. 22, 1996, S. 165–93.
–, »Vom Sozialphilosophen zum Sozialingenieur?« Die Position der anwendungsorientierten Sozialwissenschaften in der französischen Wissenschaftskultur der Jahrhundertwende, in: Hübinger, G. u.a. (Hg.), Kultur und Kulturwissenschaften um 1900, Bd. II: Idealismus und Positivismus, Stuttgart 1997, S. 296–318.
Raphael, M.L., (Hg.), What Is American about the American Jewish Experience?, Williamsburg 1993.
Ratner, S. (Hg.), Vision and Action. Essays in Honor of Horace M. Kallen on his 70th Birthday, New Brunswick 1953.
–, Some Central Themes in Horace Kallens Philosophy, in: ders (Hg.), Vision and Action. Essays in Honor of Horace M. Kallen on his 70th Birthday, New Brunswick 1953, S. 83–111.
–, Horace M. Kallen and Cultural Pluralism, in: Konvitz, M.R., The Legacy of Horace M. Kallen, London 1987, S. 48–63.
Rauschenbusch, W., Die religiösen Grundlagen der sozialen Botschaft, München 1922 (Orig.: A Theology for the Social Gospel, 1917).
Rawls, J., Die Idee des politischen Liberalismus. Aufsätze 1978–1989, Frankfurt a.M. 1992.
–, Political Liberalism, New York 1993.
Reese-Schäfer, W., Was ist Kommunitarismus?, Frankfurt a.M. 1994.
Reich, R.B. (Hg.), The Power of Public Ideas, Cambridge/Mass. 1988.

Reichley, A.J., Religion in American Public Life, Washington 1985.
Rendall, J. (Hg.), Equal or Different: Womens Politics, 1800–1914, New York 1987.
Reps, J.W., The Making of Urban America: A History of City Planning in the United States, Princeton 1965.
Revell, K.D., Beyond Efficiency: Experts, Urban Planning, and Civic Culture in New York City, 1898–1933, Ph.D.Diss., Univ. of Virginia 1994.
Reynolds, C.H. u. Norman, R.V. (Hg.), Community in America. The Challenge of Habits of the Heart, Berkeley 1988.
Reynolds, T.S. (Hg.), The Engineer in America: A Historical Anthology from Technology and Culture, Chicago 1991.
Rhode, D.L. (Hg.), Theoretical Perspectives on Sexual Difference, New Haven 1990.
–, Theoretical Perspectives on Sexual Difference, in: dies. (Hg.), Theoretical Perspectives on Sexual Difference, New Haven 1990, S. 1–12.
Riccio, B.D., Walter Lippmann: Odyssey of a Liberal, New Brunswick 1994.
Rice, D.F., Reinhold Niebuhr and John Dewey: An American Odyssey, Albany 1993.
Richardson, Civil Religion in Theological Perspective, in: Richey, R.E. u. Jones, D.G. (Hg.), American Civil Religion, New York 1974, S. 161–84.
Richey, R.E. u. Jones, D.G. (Hg.), American Civil Religion, New York 1974.
Riesenberg, P., Citizenship in the Western Tradition: Plato to Rousseau, Chapel Hill 1992.
Riesman, D., Thorstein Veblen: A Critical Interpretation, New York 1953.
–, Die einsame Masse. Eine Untersuchung der Wandlung des amerikanischen Charakters, Darmstadt 1956.
Rimlinger, G., Welfare Policy and Industrialization in Europe, America, and Russia, New York 1971.
Ringer, F.K., Die Gelehrten. Der Niedergang der deutschen Mandarine 1890–1933, Stuttgart 1983.
–, Differences and Cross-National Similarities among Mandarins, in: Comparative Studies in Society and History, Jg. 28, 1986, S. 145–64.
–, Fields of Knowledge. French Academic Culture in Comparative Perspective, 1890–1920, Cambridge/Mass. 1992.
Rischin, M., The Promised City: New York Jews, 1870–1914, Cambridge/Mass. 1962.
–, The Promised City: New York's Jews, 1870–1914, New York 1970.
– (Hg.), Immigration and the American Tradition, Indianapolis 1976.
–, The Jews and Pluralism: Toward an American Freedom Symphony, in: Rosen, G. (Hg.), Jewish Life in America: Historical Perspectives, New York 1976, S. 61–91.
– (Hg.), The Jews of North America, Detroit 1987.
Ritter, G.A., Der Sozialstaat: Entstehung und Entwicklung im internationalen Vergleich, München 1989.
Roberts, J.H., Darwinism and the Divine in America: Protestant Intellectuals and Organic Evolution, 1859–1900, Madison 1988.
Roberts, P., The New Immigration, New York 1912.
Robertson, D.B., The Bias of American Federalism: The Limits of Welfare State Development in the Progressive Era, in: Journal of Policy History, Jg. 1, 1989, S. 261–91.
Rochberg-Halton, E., Meaning and Modernity: Social Theory in the Pragmatic Attitude, Chicago 1987.
Roche, M., Citizenship, Social Theory and Social Change, in: Theory and Society, Jg. 16, 1987, S. 363–99.
Rochester, St.I., American Liberal Disillusionment: In the Wake of World War I; University Park 1977.
Rockefeller, St.C., John Dewey's Ethical Idealism: An essay in the Philosophy of Religion, New York 1976.
–, John Dewey: The Evolution of a Faith, in: Wohlgelernter, M., (Hg.), History, Religion, and Spiritual Democracy. Essays in the Honor of Joseph L. Blau, New York 1980, S. 5–34.
–, John Dewey: Religious Faith and Democratic Humanism, New York 1991.

Rodgers, D.T., The Work Ethic in Industrial America, 1850-1920, Chicago 1978.
-, In Search of Progressivism, in: Reviews in American History, Jg. 10, 1982, S. 113-32.
-, Contested Truths: Keywords in American Politics since Independence, New York 1987.
-, Republicanism: The Career of a Concept, in: Journal of American History, Jg. 79, 1992, S. 11-38.
Rohe, K. (Hg.), Englischer Liberalismus. Ideen- und sozialgeschichtliche Untersuchungen, Bochum 1986.
-, Sozialer Liberalismus in Großbritannien in vergleichender Perspektive. Zur Gesellschaftstheorie des New Liberalism 1880-1914, in: Holl, K. u.a. (Hg.), Sozialer Liberalismus, Göttingen 1986, S. 110-25.
Roosevelt, Th., The New Nationalism, hg. v. Leuchtenberg, W.E., Englewood Cliffs 1961.
Rorty, R., Consequences of Pragmatism, Minnesota 1982.
-, Overcoming the Tradition: Heidegger and Dewey, in: ders., Consequences of Pragmatism, Minnesota 1982, S. 37-59.
-, Heidegger wider die Pragmatisten, in: Neue Hefte für Philosophie, Jg. 23, 1984, S. 1-22.
-, The Priority of Democracy to Philosophy, in: Peterson, M.D. u.a. (Hg.), The Virginia State for Religious Freedom, New York 1988, S. 257-82.
-, Intellectuals in Politics, in: Dissent, Jg. 38, 1991, S. 483-90.
Rose, M.H., Machine Politics: The Historiography of Technology and Public Policy, in: Public Historian, Jg. 10, 1988, S. 27-47.
Rosenberg, Ch.E., No Other Gods: On Science and American Social Thought, Baltimore 1976.
Rosenberg, R., The Academic Prism: The New View of American Women, in: Berkin, C.R. u. Norton, M.B. (Hg.), Women of America: A History, Boston 1979, S. 318-41.
-, Beyond Separate Spheres: Intellectual Roots of Modern Feminism, New Haven 1982.
-, Divided Lives: American Women in the Twentieth Century, New York 1992.
Rosenblum, N.L., Another Liberalism: Romanticism and the Reconstruction of Liberal Thought, Cambridge/Mass. 1987.
- (Hg.), Liberalism and the Moral Life, Cambridge/Mass. 1989.
-, Civil Societies: Liberalism and the Moral Uses of Pluralism, in: Social Research, Jg. 61, 1994, S. 539-62.
Ross, D., Socialism and American Liberalism: Academic Social Thought in the 1880s, in: Perspectives in American History, Jg. 11, 1977/78, S. 5-79.
-, Liberalism, in: The Encyclopedia of American Political History, hg. v. Greene, J.P., Bd. 2, New York 1984, S. 750-63.
-, The Origins of American Social Science, Cambridge/Mass. 1991.
-, An Historian's View of American Social Science, in: Journal of the History of the Behavioral Sciences, Jg. 29, 1993, S. 99-112.
- (Hg.), Modernist Impulses in the Human Sciences, 1870-1930, Baltimore 1994.
-, Grand Narrative in American Historical Writing: From Romance to Uncertainty, in: American Historical Review, Jg. 100, 1995, S. 651-77.
Ross, E.A., Social Control: A Survey of the Foundations of Order, New York 1901.
Rossiter, M.W., Women Scientists in America: Struggles and Strategies to 1940, Baltimore 1982.
Rothschild, J. (Hg.), Machina ex Dea: Feminist Perspectives on Technology, Elmsford 1983.
Rotundo, A., American Manhood: Transformations in Masculinity from the Revolution to the Modern Era, New York 1993.
Rouner, L.S. (Hg.), Civil Religion and Political Theology, Notre Dame 1986.
Rubin, J.S., The Making of Middlebrow Culture, Chapel Hill 1992.
Ruddick, S., Maternal Thinking, in: Trebilcot, J. (Hg.), Mothering: Essays in Feminist Theory, Totowa 1984, S. 213-30.
-, Maternal Thinking: Toward a Politics of Peace, Boston 1989.
Rueschemeyer, D., Professional Autonomy and the Social Control of Expertise, in: Dingwall, R. u. Lewis, Ph. (Hg.), The Sociology of the Professions: Lawyers, Doctors and Others, London 1983, S. 38-58.

- u. Evans, P.B., The State and Economic Transformation: Toward an Analysis of the Conditions Underlying Effective Intervention, in: Evans, P.B. u.a. (Hg.), Bringing the State Back In, New York 1985, S. 44-77.
- u. Skocpol, Th. (Hg.), States, Social Knowledge, and the Origins of Modern Social Policies, Princeton 1996.
- u. Van Rossem, R, The Verein für Sozialpolitik and the Fabian Society: A Study in the Sociology of Policy-Relevant Knowledge, in: Rueschemeyer, D. u. Skocpol, Th. (Hg.), States, Social Knowledge, and the Origins of Modern Social Policies, Princeton 1996, S. 117-62.

Rüsen, J., Menschen- und Bürgerrechte als historische Orientierung. Vorschläge zur Interpretation und didaktischen Analyse, in: Fröhlich, K. u. Rüsen, J. (Hg.), Menschenrechte im Prozeß der Geschichte, Pfaffenweiler 1990, S. 1-30.
-, Konfigurationen des Historismus. Studien zur deutschen Wissenschaftskultur, Frankfurt a.M. 1993.
-, Theorie der Geschichte, in: ders.: Historische Orientierung. Über die Arbeit des Geschichtsbewußtseins, sich in der Zeit zurechtzufinden, Köln 1994, S. 71-100.
-, Die Individualisierung des Allgemeinen – Theorieprobleme einer vergleichenden Universalgeschichte der Menschenrechte, in: ders., Historische Orientierung. Über die Arbeit des Geschichtsbewußtseins, sich in der Zeit zurechtzufinden, Köln 1994, S. 168-87.
-, Historisches Lernen. Grundlagen und Paradigmen, Köln 1994.
Russell, J.M., Unifying the Ideal, the Actual, and the Self: Dewey's Idea of God, in: Religious Humanism, Jg. 22, 1988, S. 188-94.
Ruether, R.R. u. Keller, R.S. (Hg.): Women and Religion in America, Vol. 3: 1900-1968, San Francisco 1990.
Russett, C.E., Sexual Science: The Victorian Construction of Womanhood, Cambridge/Mass. 1989.
Rutkoff, P.M. u. Scott, W.B., New School. A History of The New School for Social Research, New York 1986.
Ryan, A., John Dewey and the High Tide of American Liberalism, New York 1995.
Ryan, B., Feminism and the Women's Movement: Dynamics of Change in Social Movement Ideology and Activism, New York 1992.
Ryan, M., Women in Public: Between Banners and Ballots, 1825-1880, Baltimore 1990.
-, Gender and Public Access: Women's Politics in 19th Century America, in: Calhoun, C. (Hg.), Habermas and the Public Sphere, Cambridge/Mass. 1992, S. 259-88.
Rybczynski, W., Taming the Tiger: The Struggle to Control Technology, New York 1983.

Sachar, H.M., A History of the Jews in America, New York 1992.
Safford, J.L., Pragmatism and the Progressive Movement in the United States: The Origin of the New Social Sciences, Lanham 1987.
Sandel, M.J., Liberalism and the Limits of Justice, Cambridge/Engl. 1982.
-, The Procedural Republic and the Unencumbered Self, in: Political Theory, Jg. 12, 1984, S. 81-95.
-, Democracy's Discontent. America in Search of a Public Philosophy, Cambridge/Mass. 1996.
Sapiro, V., The Gender Basis of American Social Policy, in: Cott, N.F. (Hg.), History of Women in the United States. Historical Articles on Women's Lives and Activities, München 1992-94, Bd. 17,2, S. 713-30.
Sarvasy, W., Beyond the Difference versus Equality Policy Debate: Postsuffrage Feminism, Citizenship, and the Quest for a Feminist Welfare State, in: Signs, Jg. 17, 1992, S. 329-62.
Sassoon, A.S. (Hg.), Women and the State: The Shifting Boundaries of Public and Private, Boston 1987.
Scanlon, J. u. Cosner, Sh., American Women Historians, 1700s-1990s: A Biographical Dictionary, Westport 1996.
Schaffer, D. (Hg.), Two Centuries of American Planning, Baltimore 1988.

Schaffer, R., The New York City Woman Suffrage Party 1909–1919, in: New York History, Jg. 43, 1962, S. 269–87.
–, America in the Great War: The Rise of the War Welfare State, New York 1991.
Scharf, L. u. Jensen, J.M. (Hg.), Decades of Discontent: The Women's Movement, 1920–1940, Boston 1987.
Schaub, E.L., Dewey's Interpretation of Religion, in: Schilpp, A. (Hg.), The Philosophy of John Dewey, La Salle 1971² (1939), S. 393–416.
Scheffler, I., Four Pragmatists: A Critical Introduction to Peirce, James, Mead, and Dewey, New York 1974.
Schieder, R., Civil Religion. Die religiöse Dimension der politischen Kultur, Gütersloh 1987.
Schieder, W. (Hg.), Religion in der Gesellschaft, Stuttgart 1993.
– (Hg.), Religion und Gesellschaft im 19. Jahrhundert, Stuttgart 1993.
Schiesl, M.J., The Politics of Efficiency: Municipal Administration and Reform in America, 1880–1920, Berkeley 1977.
Schilpp, A. (Hg.), The Philosophy of John Dewey, La Salle 1971² (1939).
Schleifer, J.T., The Making of Tocqueville's Democracy in America, Chapel Hill 1980.
Schlesinger, A.M. Jr., The Disuniting of America: Reflections on a Multicultural Society, New York 1992.
–, The Return to the Melting Pot, in: Takaki, R. (Hg.), From Different Shores: Perspectives on Race and Ethnicity in America, New York 1994², S. 293–5.
Schmidt, S., Horace Kallen and the Americanization of Zionism, Ph.D.Diss. 1973.
–, The Parushim: A Secret Episode in American Zionist History, in: American Jewish Historical Quarterly, Jg. 65, 1975, S. 121–39.
–, Horace M. Kallen and the »Progressive« Reform of Zionism, in: Midstream, Jg. 22, 1976, S. 14–23.
–, Horace M. Kallen and the »Americanization« of Zionism. In Memoriam, in: American Jewish Archives, Jg. 28, 1976, S. 59–73.
–, Horace M. Kallen: The Zionist Chapter, in: Konvitz, M.R., The Legacy of Horace M. Kallen, London 1987, S. 76–89.
Schmitt, R., Beyond Separateness: The Social Nature of Human Beings – Their Autonomy, Knowledge, and Power, Boulder 1995.
Schneider, D. u. Schneider, C.J., American Women in the Progressive Era, 1900–1920, New York 1993.
Schneirov, M., The Dream of a New Social Order: Popular Magazines in America, 1893–1914, New York 1994.
Schorske, C.E., Fin-De-Siècle Vienna: Politics and Culture, London 1980.
Schröder, I., Wohlfahrt, Frauenfrage und Geschlechterpolitik. Konzeptionen der Frauenbewegung zur kommunalen Sozialpolitik im Deutschen Kaiserreich 1871–1914, in: Geschichte und Gesellschaft, Jg. 21, 1995, S. 368–90.
Schulin, E., German and American Historiography in the Nineteenth and Twentieth Centuries, in: Lehmann, H. u. Sheehan, J.J. (Hg.), An Interrupted Past. German Speaking Refugee Historians in the United States After 1933, Cambridge/Mass. 1991, S. 8–31.
Schultz, St.K., The Morality of Politics: The Muckrakers' Vision of Democracy, in: Journal of American History, Jg. 52, 1965, S. 527–47.
–, Constructing Urban Culture: American Cities and City Planning, 1800–1920, Philadelphia 1989.
Scott, A.F., Natural Allies: Women's Associations in American History, Urbana 1991.
Scott, J.W., Gender: A Useful Category of Historical Analysis, in: American Historical Review, Jg. 91, 1986, S. 1053–75.
–, Gender and the Politics of History, New York 1988.
–, American Women Historians, 1884–1984, in: dies., Gender and the Politics of History, New York 1988, S. 178–98.
–, Deconstructing Equality-versus-Difference: Or, the Uses of Post-Structuralist Theory of Feminism, in: Feminist Studies, Jg. 14, 1988, S. 33–50.

–, History and Difference, in: Cott, N.F. (Hg.), History of Women in the United States. Historical Articles on Women's Lives and Activities, München 1992–94, Bd. 1,2, S. 466–91.
Scott, M., American City Planning since 1890, Berkeley 1969.
Sealander, J., Feminist against Feminist: The First Phase of the Equal Rights Amendment Debate, 1923–1963, in: South Atlantic Quarterly, Jg. 81, 1982, S. 154–56.
Seckler, D.W., Thorstein Veblen and the Institutionalists. A Study in the Social Philosophy of Economics, London 1975.
Seeleib-Kaiser, M., Explaining the Welfare State: The Weakness of Traditional Theories, in: Amerikastudien, Jg. 39, 1994, S. 597–610.
Segal, H.P., Technological Utopianism in American Culture, Chicago 1985.
–, Edward Bellamy's *Looking Backward* and the American Ideology of Progress through Technology, in: Magazine of History, Jg. 9, 1989, S. 20–25.
–, Future Imperfect: The Mixed Blessings of Technology in America, Amherst 1994.
Seidelman, R., Disenchanted Realists. Political Science and the American Crisis, 1884–1984, Albany 1985.
Seideman, D., The New Republic: A Voice of Modern Liberalism, New York 1986.
Seidman, St., Romantic Longings: Love in America, 1830–1980, New York 1991.
Seigfried, Ch.H., The Missing Perspective: Feminist Pragmatism, in: Transactions of the Charles S. Peirce Society, Jg. 27, 1991, S. 405–16.
– (Hg.), Feminism and Pragmatism, Sonderheft von Hypatia, Jg. 8, 1993, Bloomington 1993.
–, Pragmatism and Feminism: Reweaving the Social Fabric, Chicago 1996.
Seligman, E.R.A., The Economic Interpretation of History, New York 1902.
Sennett, R., Civitas. Die Großstadt und die Kultur des Unterschieds, Frankfurt a.M. 1991.
–, The Conscience of the Eye: The Design and Social Life of Cities, New York 1990.
Sexton, P.C., The War on Labor and the Left: Understanding America's Unique Conservatism, Boulder, 1991.
Shafer, B.E. (Hg.), Is America Different? A New Look at American Exceptionalism, Oxford 1991.
Shain, B.A., The Myth of American Individualism. The Protestant Origins of American Political Thought, Princeton 1994.
Shalhope, R.E., The Roots of Democracy. American Thought and Culture, 1760–1800, Boston 1990.
–, Republicanism, Liberalism, and Democracy: Political Culture in the New Nation, in: Proceedings of the American Antiquarian Society, Jg. 102, 1992, S. 99–152.
Shalin, D.N., G.H.Mead, Socialism, and the Progressive Agenda, in: American Journal of Sociology, Jg. 93, 1988, S. 913–51.
Shanahan, D., Toward a Genealogy of Individualism, Amherst 1992.
Shanley, M.L. u. Pateman, C. (Hg.), Feminist Interpretations and Political Theory, University Park 1991.
Shannon, Chr., Conspicious Criticism: Tradition, Autonomy, and Culture in American Social Thought from Veblen to Mills, Baltimore 1996.
Shapiro, E., Jewish-Americans, in: Buenker, J.D. u. Ratner, L.A. (Hg.), Multiculturalism in the United States: A Comparative Guide to Acculturation and Ethnicity, Westport 1992, S. 149–72.
Sharistanian, J. (Hg.), Gender, Ideology, and Action: Historical Perspectives on Women's Public Lives, Westport 1986.
– (Hg.), Beyond the Public/Domestic Dichotomy: Contemporary Perspectives on Women's Public Lives, New York 1987.
Shefter, M., Political Incorporation and Containment: Regime Transformation in New York City, in: Mollenkopf, J.H. (Hg.), Power, Culture, and Place: Essays on New York City, New York 1988, S. 135–57.
– (Hg.), Capital of the American Century: The National and International Influence of New York City, New York 1993.

Shell, K., Der amerikanische Konservativismus, Stuttgart 1986.
-, Die Herausforderung der amerikanischen Identität durch die Entwicklung alternativer Kulturen, in: Amerikastudien, Jg. 36, 1991, S. 531–44.
Shenton, J.P., Ethnicity and Immigration, in: Foner, E. (Hg.), The New American History, Philadelphia 1990, S. 251–70.
Sherrill, R.A. (Hg.), Religion and the Life of the Nation: American Recoveries, Urbana 1990.
Shils, E., Intellectuals, in: International Encyclopedia of the Social Sciences, Bd. 5, New York 1968, S. 399–415.
-, Intellectuals, Tradition and the Tradition of Intellectuals: Some Preliminary Considerations, in: ders., Center and Periphery. Essays in Macro-Sociology, Chicago 1975, S. 111–26.
-, Was ist eine Civil Society?, in: Michalski, K. (Hg.), Europa und die Civil Society, Stuttgart 1991, S. 13–51.
Shklar, J.N., American Citizenship: The Quest for Inclusion, Cambridge/Mass. 1991.
Shusterman, R., Pragmatist Aesthetics: Living Beauty, Rethinking Art, Oxford 1992.
Siegrist, H. (Hg.), Bürgerliche Berufe: Zur Sozialgeschichte der freien und akademischen Berufe im internationalen Vergleich, Göttingen 1988.
Simmel, G., Exkurs über den Fremden, in: Soziologie. Untersuchungen über die Formen der Vergesellschaftung, Leipzig 1908, S. 685–91.
-, Die Großstädte und das Geistesleben, in: Brücke und Tür, Stuttgart o.J., S. 227–42.
-, Philosophie des Geldes, Frankfurt a.M. 1989.
Sinclair, A., The Better Half: The Emancipation of the American Woman, Westport 1981 (1965).
Sinclair, B., Episodes in the History of the American Engineering Profession, in: Hatch, N.O. (Hg.), The Professions in American History, Notre Dame 1988, S. 127–44.
Singer, M.G., (Hg.), American Philosophy, Cambridge/Engl. 1985.
-, The Context of American Philosophy, in: ders. (Hg.), American Philosophy, Cambridge/Engl. 1985, S. 1–20.
Sinopoli, R.C., Liberalism, Republicanism, and the Constitution, in: Polity, Jg. 19, 1987, S. 331–52.
-, The Foundations of American Citizenship: Liberalism, the Constitution, and Civic Virtue, New York 1992.
Sklar, K.K., Hull House in the 1890s: A Community of Women Reformers, in: Signs, Jg. 10, 1985, S. 658–77.
-, American Female Historians in Context, 1770–1930, in: Cott, N.F. (Hg.), History of Women in the United States. Historical Articles on Women's Lives and Activities, München 1992–94, Bd. 8,1, S. 33–46.
-, The Historical Foundations of Women's Power in the Creation of the American Welfare State, 1830–1930, in: Koven, S. u. Michel, S. (Hg.), Mothers of a New World: Maternalist Politics and the Origins of the Welfare States, New York 1993, S. 43–93.
-, Florence Kelley and the Nation's Work: The Rise of Women's Political Culture, Bd. I: 1830–1900, New Haven 1995.
-, Two Political Cultures in the Progressive Era: The National Consumers' League and the American Association of Labor Legislation, in: Kerber, L. u.a. (Hg.), U.S. History as Women's History: New Feminist Essays, Chapel Hill 1995, S. 36–62.
Sklar, M.J., The Corporate Reconstruction of American Capitalism, 1890–1916: The Market, the Law, and Politics, Cambridge/Mass. 1988.
-, The United States as a Developing Country: Studies in U.S. History in the Progressive Era and the 1920s, New York 1992.
Skocpol, Th., Bringing the State Back In: Strategies of Analysis in Current Research, in: Evans, P.B. u.a. (Hg.), Bringing the State Back In, New York 1985, S. 3–43.
-, Protecting Soldiers and Mothers. The Political Origins of Social Policy in the United States, Cambridge/Mass. 1992.
-, Social Policy in the United States: Future Possibilities in Historical Perspective, Princeton 1994.

- u. Amenta, E., Did Capitalists Shape Social Security?, in: American Sociological Review, Jg. 50, 1985, S. 572–75.
- u. Ikenberry, J., The Political Formation of the American Welfare State in Historical and Comparative Perspective, in: Comparative Social Research, Jg. 6, 1983, S. 87–148.
- u. Ritter, G., Gender and the Origins of Modern Social Policies in Britain and the United States, in: Studies in American Political Development, Jg. 5, 1991, S. 36–93.
Skowronek, S., Building a New American State: The Explosion of National Administrative Capacities 1877–1920, Cambridge/Mass. 1982.
Sleeper, R.W., The Necessity of Pragmatism: John Dewey's Conception of Philosophy, New Haven 1986.
Smiley, M., Pragmatic Inquiry and Social Conflict: A Critical Reconstruction of Dewey's Model of Democracy, in: Praxis International, Jg. 9, 1990, S. 365–80.
Smith, B.G, Seeing Mary Beard, in: Feminist Studies, Jg. 10, 1984, S. 399–416.
–, The Contribution of Women to Modern Historiography in Great Britain, France, and the United States, 1750–1940, in: American Historical Review, Jg. 89, 1984, S. 709–32.
–, Gender and the Practices of Scientific History: The Seminar and Archival Research in the Nineteenth Century, in: American Historical Review, Jg. 100, 1995, 1150–76.
Smith, D., The Chicago School: A Liberal Critique of Capitalism, New York 1988.
Smith, J.E., America's Philosophical Vision, Chicago 1992.
Smith, M.C., Social Science in the Crucible. The American Debate over Objectivity and Purpose, 1918–1941, Durham 1994.
Smith, P., The Rise of Industrial America, New York 1990.
Smith, R.M., The »American Creed« and American Identity: The Limits of Liberal Citizenship in the United States, in: Western Political Quarterly, Jg. 41, 1988, S. 225–51.
–, Beyond Tocqueville, Myrdal, and Hartz: The Multiple Traditions in America, in: American Political Science Review, Jg. 87, 1993, S. 549–66.
–, Unfinished Liberalism, in: Social Research, Jg. 61, 1994, S. 631–70.
Smojee, A.H., The Political Theory of John Dewey, New York 1968.
Sochen, J., The New Woman: Feminism in Greenwich Village, 1910–1920, New York 1972.
Sollors, W., Beyond Ethnicity: Consent and Descent in American Culture, New York 1986.
– (Hg.), The Invention of Ethnicity, New York 1989.
Solomon, B.M., In the Company of Educated Women: A History of Women and Higher Education in America, New Haven 1985.
Sombart, W., Der moderne Kapitalismus, Berlin 1916².
Soule, G., A Planned Society, New York 1931.
–, Beard and the Concept of Planning, in: Beale, H. (Hg.), Charles A. Beard. An Appraisal, Lexington 1954, S. 61–74.
Spann, E.K., Brotherly Tomorrows: Movements for a Cooperative Society in America, 1820–1920, New York 1989.
Stabile, D.R., Veblen and the Political Economy of Technocracy: The Herald of Technological Revolution Developed an Ideology of »Scientific« Collectivism, in: American Journal of Economics and Sociology, Jg. 46, 1987, S. 35–48.
Stanfield, J.R., Veblenian and Neo-Marxian Perspectives of the Cultural Crisis of Late Capitalism, in: Lournal of Economic Issues, Jg. 23, 1989, S. 717–34.
Staples, W.G., Castles of Our Conscience: Social Control and the American State, 1800–1985, New Brunswick 1990.
Staudenmaier, J.M., Recent Trends in the History of Technology, in: American Historical Review, Jg. 95, 1990, S. 715–25.
Stearns, P.N., Be a Man! Males in Modern Society, New York 1990².
Sunstein, C.R. (Hg.), Feminism and Political Theory, Chicago 1990.
Stave, B.M., Urban Bosses and Reform, in: Mohl, R.A. u. Richardson, J.F. (Hg.), The Urban Experience: Themes in American History, Belmont 1973, S. 182–95.
Steel, R., Walter Lippmann and the American Century, Boston 1980.
Steffens, L., The Shame of the Cities, New York 1904.

Steigerwald, D., Wilsonian Idealism in America, Ithaca 1994.
Stein, J., Defining the Race 1890–1930, in: Sollors, W. (Hg.), The Invention of Ethnicity, New York 1989, S. 77–104.
Stein, M.R., The Eclipse of Community: An Interpretation of American Studies, Princeton 1972².
Stettner, E.A., Shaping Modern Liberalism: Herbert Croly and Progressive Thought, Lawrence 1993.
Stever, J.A., The Dual Image of the Administrator in Progressive Administrative Theory, in: Administration and Society, Jg. 22, 1990, S. 39–57.
Stimson, Sh.C., Reflections on the Economic Interpretation of the Constitution, in: Hart, V. u. ders. (Hg.), Writing a National Identity: Political, Economic, and Cultural Perspectives on the Written Constitution, New York 1993, S. 145–65.
Strasser, S., Satisfaction Guaranteed: The Making of the American Mass Market, New York 1989.
Sullivan, W.M., Reconstructing Public Philosophy, Berkeley 1986.
–, Work and Integrity: The Crisis and Promise of Professionalism in America, New York 1995.
Summerscales, W., Affirmation and Dissent: Columbia's Response to the Crisis of World War I, New York 1970.
Susman, W.I., Introduction: Toward a History of the Culture of Abundance, in: ders., Culture as History. The Transformation of American Society in the Twentieth Century, New York 1984, S. XIX-XXX.
Sutcliffe, A. (Hg.), The Rise of Modern Urban Planning, 1800–1914, London 1980.
–, Towards the Planned City: Germany, Britain, the United States, and France, 1780–1914, Oxford 1981.
– (Hg.), Metropolis, 1890–1940, London 1984.
de Swarte Gifford, C., Women in Social Reform Movements, in: Ruether, R.R. u. Keller, R.S. (Hg.), Women and Religion in America, 2 Bde., New York 1981–86, Bd. 1, S. 294–340.

Talbot, W. (Hg.), Americanization, New York 1917.
Tariello, F. Jr., The Reconstruction of American Political Ideology, 1865–1917, Charlottesville 1982.
Taylor, Ch., Negative Freiheit? Zur Kritik des neuzeitlichen Individualismus, Frankfurt a.M. 1988.
–, Cross-Purposes: The Liberal-Communitarian Debate, in: Rosenblum, N. (Hg.), Liberalism and the Moral Life, Cambridge/Mass. 1989, S. 159–82.
–, Sources of the Self. The Making of Modern Identity, Cambridge/Mass. 1989.
–, Der Begriff der »bürgerlichen Gesellschaft« im politischen Denken des Westens, in: Brumlik, M. u. Brunkhorst, H. (Hg.), Gemeinschaft und Gerechtigkeit, Frankfurt a.M. 1993, S. 117–48.
–, Multikulturalismus und die Politik der Anerkennung, Frankfurt a.M. 1997.
Teaford, J.C., The Unheralded Triumph: City Government in America, 1870–1900, Baltimore 1984.
–, The Twentieth-Century American City, Baltimore 1993².
Tedlow, R.S., New and Improved: The Story of Mass Marketing in America, New York 1990.
Tenbruck, F.H., George Herbert Mead und die Ursprünge der Soziologie in Deutschland und Amerika. (Ein Kapitel über die Gültigkeit und Vergleichbarkeit soziologischer Theorien), in: Joas, H. (Hg.), Das Problem der Intersubjektivität. Neuere Beiträge zum Werk George Herbert Meads, Frankfurt a.M. 1985, S. 179–243.
–, Bürgerliche Kultur, in: ders., Die kulturellen Grundlagen der Gesellschaft. Der Fall der Moderne, Opladen 1989, S. 251–72.
Thayer, H.S., Meaning and Action: A Critical History of Pragmatism, New York 1968 (1981).

–, John Dewey, 1859–1952, in: Singer, M.G. (Hg.), American Philosophy, Cambridge/Engl. 1985, S. 69–89.
Thelen, D.P., The New Citizenship: Origins of Progressivism in Wisconsin, 1885–1900, Columbia 1972.
Thernstrom, St. (Hg.), Harvard Encyclopedia of American Ethnic Groups, Cambridge/Mass. 1980.
Thomas, R.E., A Reappraisal of Charles A. Beard's An Economic Interpretation of the Constitution of the United States, in: American Historical Review, Jg. 57, 1952, S. 370–75.
Thomas, W.B. u. Moran, K.J., The Politicization of Efficiency Concepts in the Progressive Period, 1918–1922, in: Journal of Urban History, Jg. 17, 1991, S. 390–409.
Thompson, D.F., The Democratic Citizen: Social Science and Democratic Theory in the Twentieth Century, Cambridge/Engl. 1970.
Thompson, J.A., Reformers and War: American Progressive Publicists and the First World War, Cambridge/Mass. 1987.
Thurner, M., »Better Citizens Without the Ballot«: American Anti Suffrage Women and Their Rationale During the Progressive Era, in: Journal of Women's History, Jg. 5, 1993, S. 33–60.
Tilly, L.A. u. Gurin, P. (Hg.), Women, Politics, and Change, New York 1990.
Tilman, R., Veblens Ideal Political Economy and Its Critics, in: American Journal of Economics and Sociology, Jg. 31, 1972, 208–17.
–, Dewey's Liberalism versus Veblen's Radicalism: A Reappraisal of the Unity of Progressive Social Thought, in: Journal of Economic Issues, Jg. 18, 1984, S. 745–69.
–, Thorstein Veblen and His Critics, 1891–1963: Conservative, Liberal, and Radical Perspectives, Princeton 1992.
– (Hg.), A Veblen Treasury: From Leisure Class to War, Peace, and Capitalism, Armonk 1993.
Tipton, St.M., An American Paradox: The Place of Religion in an Ambiguous Polity, in: Arjomand, S.A. (Hg.), The Political Dimensions of Religion, Albany 1993, S. 273–85.
Tobin, E.M., Organize or Perish: America's Independent Progressives, 1913–1933, New York 1986.
Tocqueville, A. de, Über die Demokratie in Amerika, hg. von Mayer, I.P. u. Eschenburg, Th., u. Zbinden, H., 2 Bde., Stuttgart 1962.
–, Der alte Staat und die Revolution, hg. von Oelckers, Th., München 1978.
Toll, W., Ethnicity and Freedom in the Philosophy of Horace M. Kallen, in: Rischin, M. (Hg.), The Jews of North America, Detroit 1987, S. 153–68.
Torstendahl, R. u. Burrage, M. (Hg.), The Formation of Professions: Knowledge, State, and Strategy, Newbury Park 1990.
Trachtenberg, A., The Incorporation of America: Culture and Society in the Gilded Age, New York 1982.
Trattner, W.I., Progressivism and World War I: A Reappraisal, in: Mid-America, Jg. 44, 1961, S. 131–45.
– (Hg.), Social Welfare or Social Control?, Knoxville 1983.
– (Hg.), Biographical Dictionary of Social Welfare in America, New York 1986.
Trebilcot, J. (Hg.), Mothering: Essays in Feminist Theory, Totowa 1984.
Trolander, J.A., Professionalism and Social Change: From the Settlement House Movement to Neighborhood Centers, 1886 to the Present, New York 1987.
Tronto, J., Women's Morality: Beyond Gender Difference to a Theory of Care, in: Signs, Jg. 12, 1987, S. 644–63.
Tropea, J.L., Rational Capitalism and Municipal Government: The Progressive Era, in: Social Science History, Jg. 13, 1989, S. 137–58.
Turner, B.S., Outline of a Theory of Citizenship, in: Sociology, Jg. 24, 1990, S. 189–217.
Turoff, B., Mary Beard as Force in History, Dayton 1979.
Tyrell, I., American Exceptionalism in an Age of International History, in: American Historical Review, Jg. 96, 1991, S. 1031–55.

Vaughan, L.J., Cosmopolitanism, Ethnicity, and the American Identity: Randolph Bourne's »Trans-National America«, in: Journal of American Studies, Jg. 25, 1991, 443-59.
Vecoli, R.J., From the Uprooted to the Transplanted. The Writing of American Immigration, in: Lerda, V.G. (Hg.), From »Melting Pot« to Multiculturalism: The Evolution of Ethnic Relations in the United States and Canada, Rome 1990, S. 25-53.
Veysey, L.R., The Emergence of the American University, Chicago 1965.
-, Higher Education as a Profession: Changes and Continuities, in: Hatch, N.O. (Hg.), The Professions in American History, Notre Dame 1988, S. 15-32.
Vidich, A.J. (Hg.), The New Middle Classes: Life-Styles, Status Claims and Political Orientations, Washington Square/N.Y. 1995.
Vierhaus, R., Religion und deutsche Bildungsschichten im 19. und 20. Jahrhundert, in: Festschrift für Y. Ariele, Jerusalem 1986, S. 95-106.
Vogel, U. u. Moran, M. (Hg.), The Frontiers of Citizenship, New York 1991.
-, Is Citizenship Gender-Specific? in: dies.u. Moran, M. (Hg.), The Frontiers of Citizenship, New York 1991, S. 58-85.
Vogt, W.P., Identifying Scholarly and Intellectual Communities: A Note on French Philosophy, 1900-1939, in: History and Theory, Jg. 21, 1982, S. 267-78.
Vorländer, H., Neoliberalismus und liberale Tradition in den USA, in: ders. (Hg.), Verfall oder Renaissance des Liberalismus? Beiträge zum deutschen und internationalen Liberalismus, München 1987, S. 191-211.
-, Auf der Suche nach den moralischen Ressourcen Amerikas, in: Neue Politische Literatur, Jg. 33, 1988, S. 226-51.
-, Auf der Suche nach der gerechten Gesellschaft: Zur ideenpolitischen Tradition des sozialen Liberalismus in Europa und Amerika, in: liberal, Jg. 35, 1993, S. 74-83.
-, Hegemonialer Liberalismus. Politisches Denken und politische Kultur in den USA 1776-1920, Frankfurt a.M. 1997.

Waechter, M., »Scientific History« in den Vereinigten Staaten. Sozialer Evolutionismus als Theoriemodell, in: Comparativ, Jg. 5, 1995, S. 32-49.
-, Die Erfindung des amerikanischen Westens. Die Geschichte der Frontier-Debatte, Freiburg i.Br. 1996.
Wald, K.D., Religion and Politics in the United States, New York 1992².
Walkowitz, D.J., The Making of a Feminine Professional Identity: Social Workers in the 1920s, in: American Historical Review, Jg. 95, 1990, S. 1051-75.
Wallace, J.M., Liberal Journalism and American Education, 1914-1941, New Brunswick 1991.
Walter, E., The Rise and Fall of Leftist Radicalism in America, Westport 1992.
Walzer, M., Pluralism: A Political Perspective, in: Thernstrom, St. (Hg.), Harvard Encyclopedia of American Ethnic Groups, Cambridge/Mass. 1980, S. 781-87.
-, The Community, in: The New Republic, Bd. 186, 1982, S. 11f.
-, Kritik und Gemeinsinn. Drei Wege der Gesellschaftskritik, Berlin 1990. (Orig.: Interpretation and Social Criticism, Cambridge/Mass. 1987).
-, Socializing the Welfare State, in: Gutmann, A. (Hg.), Democracy and the Welfare State, Princeton 1988, S. 13-26.
-, Zweifel und Einmischung. Gesellschaftskritik im 20. Jahrhundert, Frankfurt a.M. 1991. (Orig.: The Company of Critics: Social Criticism and Political Commitment in the Twentieth Century, New York 1988).
-, Zivile Gesellschaft und amerikanische Demokratie, hg. u. eing. v. Kallscheuer, O., Berlin 1992.
-, Die kommunitaristische Kritik am Liberalismus, in: Honneth, A. (Hg.), Kommunitarismus. Eine Debatte über die moralischen Grundlagen moderner Gesellschaften, Frankfurt/New York 1993, S. 157-80.
Ward, D. u. Zunz, O. (Hg.), The Landscape of Modernity: Essays on New York City, 1900-1940, New York 1992.

Ware, C.F., Greenwich Village, 1920–1930: A Comment on American Civilization in the Post-War Years, Berkeley 1994.
Ware, S., Beyond Suffrage: Women in the New Deal, Cambridge/Mass. 1981.
–, Holding Their Own: American Women in the 1930s, Boston 1982.
Warner, M., The Letters of the Republic: Publication and the Public Sphere in Eighteenth-Century America, Cambridge/Mass. 1990.
Warren, R.L., The Community in America, 1978³.
Waterhouse, D.L., The Progressive Movement of 1924 and the Development of Interest Group Liberalism, New York 1991.
Watkins, T.H., The Great Depression: America in the 1930s, Boston 1993.
Watts, S.L., Order Against Chaos: Business Culture and Labor Ideology in America, 1880–1915, New York 1991.
Webb, G.E., The Evolution Controversy in America, Lexington 1994.
Wehler, H.-U., Wie bürgerlich war das Deutsche Kaiserreich?, in: Kocka, J. (Hg.), Bürger und Bürgerlichkeit im 19. Jahrhundert, Göttingen 1987, S. 243–80.
–, Deutsches Bildungsbürgertum in vergleichender Perspektive – Elemente eines »Sonderwegs«?, in: Kocka, J. (Hg.), Bildungsbürgertum im 19. Jahrhundert, Teil IV: Politischer Einfluß und gesellschaftliche Formation, Stuttgart 1989, Stuttgart 1989, S. 215–37.
–, Nationalismus, Nation und Nationalstaat in Deutschland seit dem ausgehenden 18. Jahrhundert, in: Herrmann, U. (Hg.), Volk – Nation – Vaterland, Hamburg 1996, S. 269–77.
Weinstein, J., Organized Business and the City Commissioner and Manager Movements, in: Journal of Southern History, Jg. 28, 1962, S. 166–82.
–, The Corporate Ideal in the Liberal State, 1900–1918, Boston 1968.
Weir, M. u.a. (Hg.), The Politics of Social Policy in the United States, Princeton 1988.
Weisberger, B.A., A Nation of Immigrants, in: American Heritage, Jg. 45, 1994, S. 75–91.
Weisser, E., Georg Lukács' Heidelberger Kunstphilosophie, Bonn 1992.
Welchman, J., Dewey's Ethical Thought, Cornell University Press 1995.
Wellborn, Ch., Twentieth Century Pilgrimage: Walter Lippmann and the Public Philosophy, Baton Rouge 1969.
Wellmer, A., Bedingungen einer demokratischen Kultur. Zur Debatte zwischen »Liberalen« und »Kommunitaristen«, in: ders., Endspiele: Die unversöhnte Moderne, Frankfurt a.M. 1993, S. 54–80.
Welter, B., The Cult of True Womanhood: 1820–1860, in: American Quarterly, Jg. 18, 1966, S. 151–74.
Wenocur, St. u. Reisch, M., From Charity to Enterprise: The Development of American Social Work in a Market Economy, Urbana 1989.
Wertheimer, J., A People Divided: Judaism in Contemporary America, New York 1993.
West, C., The American Evasion of Philosophy: A Genealogy of Pragmatism, Madison 1989.
–, Keeping Faith: Philosophy and Race in America, New York 1993.
–, Beyond Eurocentrism and Multiculturalism, 2 Bde., Monroe 1993.
Westbrook, R.B., John Dewey and American Democracy, Ithaca 1991.
–, Doing Dewey: An Autobiographical Fragment, in: Transactions of the Charles S. Peirce Society, Jg. 29, 1993, S. 493–511.
Whillock, R.K., Dream Believers: The Unifying Visions and Competing Values of Adherents to American Civil Religion, in: Presidential Studies Quarterly, Jg. 24, 1994, S. 375–88.
White, M., The Revolt against Formalism in American Social Thought of the Twentieth Century, in: Journal of the History of Ideas, Jg. 8, 1947, S. 131–52.
–, The Intellectual versus the City: From Thomas Jefferson to Frank Lloyd Wright, Cambridge/Mass. 1962.
–, Two Stages in the Critique of the American City, in: Handlin, O. (Hg.), The Historian and the City, Cambridge/Mass. 1963, S. 84–94.
–, Pragmatism and the Scope of Science, in: ders. u. Schlesinger, A.M. (Hg.), Paths on American Thought, Boston 1963, S. 190–202.

–, Social Thought in America: The Revolt against Formalism, Boston 1968².
–, Pragmatism and the American Mind: Essays and Reviews in Philosophy and Intellectual History, New York 1973.
–, The Origin of Dewey's Instrumentalism, Octagon 1977.
White, R.C. Jr. u. Hopkins, C.H., The Social Gospel: Religion and Reform in Changing America, Philadelphia 1976.
Wiebe, R.H., The Search for Order, 1877–1920, New York 1967.
–, The Progressive Years, 1900–1917, in: Cartwright, W.H. u. Watson, R.L. (Hg.), The Reinterpretation of American History and Culture, Washington 1973, S. 425–42.
–, The Segmented Society: An Introduction to the Meaning of America, New York 1975.
–, Businessmen and Reform: A Study of the Progressive Movement, Chicago 1989 (1962).
–, Self-Rule: A Cultural History of American Democracy, Chicago 1995.
Wikander, U. u.a. (Hg.), Protecting Women. Labor Legislation in Europe, the United States, and Australia, 1880–1920, Urbana 1995.
Wilford, H., The New York Intellectuals: From Vanguard to Institution, New York 1995.
Williams, P.W., America's Religions: Traditions and Cultures, New York 1990.
Wills, G., Under God: Religion and American Politics, New York 1991.
Wilson, D.J., Science and the Crisis of Confidence in American Philosophy, 1870–1930, in: Transactions of the Charles S. Peirce Society, Jg. 23, 1987, S. 235–62.
–, Science, Community, and the Transformation of American Philosophy, 1860–1930, Chicago 1990.
Wilson, J.F., Public Religion in American Culture, Philadelphia 1979.
Wilson, L., The Academic Man. A Study in the Sociology of a Profession, London/New York 1976.
Wilson, R.J., In Quest of Community: Social Philosophy in the United States, 1860–1920, New York 1968.
Wilson, W.H., The City Beautiful Movement, Baltimore 1989.
Wilson, W., The New Freedom, hg. v. Leuchtenberg, W.E., Englewood Cliffs 1961.
Wissot, J., John Dewey, Horace Meyer Kallen and Cultural Pluralism, in: Educational Theory, Jg. 25, 1975, S. 186–96.
Withington, A.F., Toward a More Perfect Union: Virtue and the Formation of American Republics, New York 1991.
Wittrock, B. u. Wagner, P., Social Science and the Building of the Early Welfare State, in: Rueschemeyer, D. u. Skocpol, Th. (Hg.), States, Social Knowledge, and the Origins of Modern Social Policies, Princeton 1996, S. 90–114.
Wobbe, T., Gleichheit und Differenz: Politische Strategien von Frauenrechtlerinnen um die Jahrhundertwende, Frankfurt a.M. 1989.
Wohlgelernter, M. (Hg.), History, Religion, and American Democracy, New Brunswick 1993.
Wolfe, A., Whose Keeper? Social Science and Moral Obligation, Berkeley 1991.
Wolfe, A.R., Women, Consumerism, and the National Consumers' League in the Progressive Era, 1900–1923, in: Cott, N.F. (Hg.), History of Women in the United States. Historical Articles on Women's Lives and Activities, München 1992–94, Bd. 18,2, S. 350–64.
Wolfe, C. u. Hittinger, J. (Hg.), Liberalism at the Crossroads: An Introduction to Contemporary Liberal Political Theory and its Critics, Lanham 1994.
Woloch, N., Women and the American Experience, New York 1984.
Woocher, J.S., Sacred Survival: The Civil Religion of the American Jews, Bloomington 1986.
Wood, B.D. u. Anderson, J.E., The Politics of U.S. Antitrust Regulation, in: American Journal of Political Science, Jg. 37, 1993, S. 1–39.
Wood, G.S., The Creation of the American Republic: 1776–1787, New York 1969.
–, Interests and Disinterestedness in the Making of the Constitution, in: Beeman, R. u.a. (Hg.), Beyond Confederation Chapel Hill 1987, S. 69–109.
Woodward, C.V., The Old World's New World, New York 1991.

Wortman, M.S., Domesticating the Nineteenth-Century American City, in: Cott, N.F. (Hg.), History of Women in the United States. Historical Articles on Women's Lives and Activities, München 1992–94, Bd. 17,1, S. 335–76.
Wright, J.L. (Hg.), Possible Dreams: Enthusiasm for Technology in America, Dearborn 1992.
Wunderlin, C.E. Jr., Visions of a New Industrial Order: Social Science and Labor Theory in America's Progressive Era, New York 1992.
Wynn, N.A., From Progressivism to Prosperity: World War I and American Society, New York 1986.
Yans-McLaughlin, V. (Hg.), Immigration Reconsidered: History, Sociology, and Politics, New York 1990.
Yates, J.A., Control Through Communication: The Rise of System in American Management, Baltimore 1989.
Yeatman, A., Gender and the Differentiation of Social Life into Public and Domestic Domains, in: Social Analysis, Jg. 15, 1984, S. 32–50.
–, Despotism and Civil Society: the Limits of Patriarchal Citizenship, in: Stiehm, J.H. (Hg.), Women's Views of the Political World of Men, New York 1984
–, Women, Domestic Life and Sociology, in: Pateman, C. u. Gross, E. (Hg.), Feminist Challenges: Social and Political Theory, Boston 1987, S. 157–72.
Young, C. (Hg.), The Rising Tide of Cultural Pluralism: The Nation-State at Bay?, Madison 1993.
Young, J.H., Pure Food: Securing the Federal Food and Drugs Act of 1906, Princeton 1989.
Young, L.M., Women's Place in American Politics: The Historical Perspective, in: Cott, N.F. (Hg.), History of Women in the United States: Historical Articles on Women's Lives and Activities, München 1992–94, Bd. 18,2, S. 745–85.

Zahlmann, Chr. (Hg.), Kommunitarismus in der Diskussion. Eine streitbare Einführung, Berlin 1992.
Zangwill, I., The Melting Pot, New York 1909.
Zelinsky, W., Nation into State: The Shifting Symbolic Foundations of American Nationalism, Chapel Hill 1989.
Zeltner, Ph.M., John Dewey's Aesthetic Philosophy, Amsterdam 1975.
Ziff, L., Writing in the New Nation: Prose, Print, and Politics in the Early United States, New Haven 1991.
Zilversmit, A., Changing Schools: Progressive Education Theory and Practice, 1930–1960, Chicago 1993.
Zimmermann, L., Mary Beard: An Activist of the Progressive Era, in: University of Portland Review, Jg. 26, 1974, S. 15–36.
Zunz, O., American History and the Changing Meaning of Assimilation, in: Journal of American Ethnic History, Jg. 4, 1985, S. 53–72.
–, Making America Corporate, 1870–1920, Chicago 1990.

Register

a) Sachregister

Bürgerliche Gesellschaft 20–24, 300f.
– Gemeinschaft/Gesellschaft 387–391, 396f.

Columbia University 46f.

Erziehung 59f.
Evolutionismus 77–81

Fortschrittstheorie 75–81
Frauenbewegung 15, 33f., 152–172
– Gleichheit und Differenz der Geschlechter 169–171, 184–200
– Mütterlichkeit 192–199, 393
– Organisationswesen und Professionalisierung 165–171
– Politikbegriff 159–165
– sozialer Feminismus 172–184, 189–192
– Staatsbürgerschaft 198f.

Ideengeschichte 28–31, 403–405
Immigration 36, 310–315, 330
Individualismus/Individualismuskritik 51–54, 76f., 88–91, 97f., 110–113, 116, 242f., 388–390
– Individualitätsbegriff Kallens 136–140
– Individualitätsbegriff des sozialen Feminismus 189–192
Intellektuelle 20–31, 38–40, 46, 63–74, 109–117, 318f., 373–378, 403–405
Interventionismus 78f.
– Kritik des Laissez Faire 79

Kommunitarismus/kommunitärer Liberalismus 37, 378–391
– gegenwärtige Diskussion 392–405
– Republikanismus 397–400
Konsum/Konsumgesellschaft 130–141
Kultureller Pluralismus 36, 312, 320–339

New Deal 261

New Liberalism 19, 49–63, 256, 334, 380
– Organisierter Liberalismus 243–249, 255

New Republic 47
New School for Social Research 41, 47f., 252
New York 31f., 42–47, 315

Organisierter Kapitalismus 210–218
– Trusts 217f., 247

Positivismuskritik 78–81
Pragmatismus 35f., 284, 334, 377f., 401
Professionen/Professionalisierung 16–19, 203f., 207–225
– Berufsethik 222–224
– Eliten und Experten 60–63, 66f., 246, 254–265
– Frauenbewegung 166–170
– Politik 254–265, 260–265
– soziale Reform 220–225
– technisch-ingenieurwissenschaftliche Professionen 249–254
Progressive Era/Progressive Movement 10–19, 32–37, 96f., 255f., 342, 372–374, 404f.
– Demokratietheorie 55–63
– Progressive History 81–91, 102–107
– Republikanismus 49–51, 58–60, 66f., 76f., 256, 346–350, 397–400

Rechtsphilosophie 334, 403
Religionsphilosophie 318f.

Social Control/Social Planning 34f., 44, 234f., 236–239, 259
– Organisierte Gesellschaft 202–207
Social Gospel 12, 318, 340–343
Sozialstaat/Interventionsstaat 13f., 33, 97f., 108–151, 349f.
– Bürokratisierung 119–124
– Interventionismus und regulative Politik 119–124, 243–248
– Maternal Welfare State 15, 155–172, 192–199
– Rolle der Intellektuellen 115–117

Urbanisierungsproblematik 41–47, 305 f.
- New York Bureau of Municipal Research 44 f.
- Stadtplanung 17, 240–242

Verbraucherschutz 131

Wissenschaft/Verwissenschaftlichung 26 f., 98–102, 204–206, 225–242
- bei Dewey 71–73, 228–235, 289–292, 308 f., 363 f., 376
- Universitäten 226 f.
- Wissenschaftstheorie 64–74

Zivilgesellschaft 387 f.
- bei Dewey 283, 292 f., 297–30
- kultureller Pluralismus 336–339

- in der gegenwärtigen Diskussion 400–403
Zivilisationsbegriff 78, 81–91
- bei Dewey 273 f., 364
Zivilreligion 36, 316–319, 339–371
- bei Croly 339, 346 f.
- bei Dewey 355–365
- bei Kallen 365–370
- bei Tocqueville 347 f.
- Demokratie 354
- Grenzen 370 f.
- Nationalismus/Konservativismus 350 f.
- Protestantismus 344
- Republikanismus 346–350
- Rolle der Intellektuellen 344
- Universalismus 351–355, 365 f.

b) Personenregister

Addams, Jane 153, 321
Adorno, Theodor W. 69 f.

Baker, Paula 160
Barber, Benjamin 397 f.
Bäumer, Gertrud 176
Beard, Charles
- Demokratietheorie 71
- Geschichtstheorie 103–107
- Immigrationsfrage 312 f.
- New York Bureau of Municipal Research 44 f., 241 f.
- ökonomische Interpretation 92–98
- Politikbegriff 52, 88, 91–98
- soziale Planung 239–242
- Sozialstaat 117–122
- Zivilisationsbegriff 81 f., 84–91, 104–107
Beard, Mary 33 f.
- historiographisches Werk 153–155, 179–184
- politische Bedeutung 155 f., 172–178
- Zivilisationsbegriff 81 f., 84–91, 104–107
Bell, Daniel 264
Bellah, Robert 349, 351, 353
Blackstone, William 180
Bourne, Randolph 313 f.

Croly, Herbert
- Nationalismus 312
- Sozialstaat 14
- Zivilreligion 339, 346 f.

Dewey, John
- Demokratie 55, 259 f., 264 f., 269, 284–292, 354, 360
- Elitenkritik 259 f.
- Erfahrung 35, 267–275, 283 f., 290 f., 307 f., 360
- Erziehung 273 f.
- Gemeinschaft/Gesellschaft 287, 299–308
- Gottesbegriff 361 f.
- Individualismus/-kritik 54, 284–289
- Kommunikation 269, 272 f., 279 f., 283, 286–289, 297
- kommunitärer Liberalismus 269, 307 f., 375–378
- kultureller Pluralismus 321, 325–327
- Kunst/ästhetische Erfahrung 275–283
- Öffentlichkeit 292–309
- Philosophie 80 f., 230 f., 266 f., 270
- politischer Intellektueller 25, 35, 45, 266 f., 375
- Sozialstaat 118 f., 125–130
- Streit mit Lippmann 293–297
- Wissenschaft 71–73, 228–235, 289–292, 308 f., 363 f., 376
- Zivilgesellschaft 283, 292 f., 297–309, 376
- Zivilisation 273 f., 364
- Zivilreligion 354–365

Hegel, Georg W.F. 300
Herberg, Will 353

Hofstadter Richard, 86
Hollinger, David 227f., 336–339

James, William 325
Jaspers, Karl 24

Kallen
- Amerikanische Verfassung 323f.
- Demokratie 322
- Differenz 326
- Individualitätsbegriff 321f.
- jüdische Herkunft 325, 327–330
- Konsumgesellschaft 136–140
- Kritik an Kallen 331–339
- kultureller Pluralismus 312–315, 320–339
- Sozialstaat und Consumerism 136–141
- Zionismus 329f.
- Zivilisation 323f.
- Zivilreligion 365–371
Kelley, Florence 153

Lerner, Gerda 153f.
Lippmann, Walter
- Bedeutung der Experten und Professionen 207f.
- Demokratie 61
- Elitenherrschaft 258–260, 263
- Öffentlichkeit 293–297

Madison, James 94
Mann, Thomas 24
Mead, George H. 285f., 292
Mead, Sydney 353

Paul, Alice 169, 173

Rawls, John 400f.
Robinson, James H.
- Geschichtstheorie 82f., 102f.
- Zivilisationsbegriff 82–84
Roosevelt, Theodore 312

Sandel, Michael 28f., 51, 57f., 134f., 379
Simmel, Georg 23f., 147, 176, 300
Sombart, Werner 147
Spencer, Herbert 77f.

Taylor, Charles 384
Tenbruck, Friedrich H. 291f.
Tocqueville, Alexis de 55f., 301f., 317, 347f., 388f., 401
Tönnies, Ferdinand 300
Turner, Frederick J. 90f., 242

Veblen, Thorstein
- Geschlechtertheorie 200f.
- ingenieurwissenschaftliche Professionen 252f., 263
- organisierter Kapitalismus 212–217
- Sozialstaat 141–151
- Wissenschaft 67–70, 236
- Zivilisationstheorie 142f.

Walzer, Michael 38f., 379, 382, 402
Weber, Max 66, 147, 222, 264, 291, 300, 390f.
Weyl, Walter
- Individualismus 242f.
- Konsumgesellschaft 132–136
- Sozialstaat 132